友好：让学校更生态

——生态课堂与生态型德育的实施

主　　编　施慧丽

研究指导　王钰城

文匯出版社

《学校新优质集约发展文丛》总序

  教育均衡发展体现的是一种公平公正的理念,这不仅是世界教育发展的潮流,而且也是教育现代化的核心理念。20世纪末以来,随着世界经济的发展,公平正义越来越成为国际社会关注的重要问题,教育公平日益成为教育现代化的基本价值体现,成为世界各国教育发展的基本出发点,尤其是教育均衡发展问题,日益成为许多国家制定教育政策的基本原则。诺贝尔奖获得者弗里德曼教授曾指出,政府的职能主要有四个:建立国防和外交,维护司法公正,提供公共产品,扶助社会弱势群体。"提供公共产品,实现教育公平,政府是天生的'第一责任人'。谁也不能代替,谁也代替不了。"(周洪宇:教育公平论,人民教育出版社,2010.3)20世纪90年代国际上提出了"全纳教育"思想、"每个孩子都重要"等教育均衡思想与实践。关注每一个学生的成长,这是教育均衡发展的必然逻辑,是践行教育均衡发展的核心精神,也是人类社会追求的公平教育,具有普适性。

  教育区域发展正是体现了这样的教育发展潮流。集团化办学超越了一所学校的办学范畴,在区域层面上对优化资源配置和提高教育质量产生影响。在教育发展的失衡中最突出的是城乡教育的失衡。20世纪20年代,陶行知、晏阳初等在农村开展平民教育,是区域推进教育改革的大胆尝试。20世纪末,上海开展了教育小区探索实践。上海出现的现代教育小区的建设是社会、经济高速发展和上海城市功能定位要求教育改革与之适应的结果。"教育小区的建设为提高全体学生和市民素养创造了有利条件,奠定了物质和组织基础,为未来教育的发展创造了更大的空间,教育小区建设将成为上海教育进入新世纪的重要标志"(王钰城,2000.1),教育发展要顺应人民群众对接受更多更好教育的新期盼。

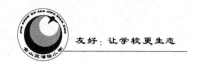

　　教育均衡发展中首先是保障教育入学机会的均等,让所有的孩子上好学,这是教育公平的底线。教育公平的核心是教育过程的平等,办好每一所家门口的学校,提供教育质量不断进步的教育。教育公平的追求应该是教育结果的平等,办好人民满意的教育,建好人民满意的学校。教育公平的实现过程就是教育公共产品生产与提供方式的创新。通过均衡使所有学校优质发展,这是均衡发展的重要价值取向。我们必须按照科学的教育质量观要求,把"为了每一个孩子的健康快乐成长"作为出发点和落脚点。在教育价值取向上,要从过度追求现实功利转向追求教育对人的发展的价值,高度重视学生的身心发展、终身发展。在学生培养模式上,必须树立"为了每一个学生终身发展"的理念,即关心全体学生的成长,要改变高度统一的标准化模式,更加注重有利于学生社会化与个性化协调发展。在教师专业成长上,要从单纯强调掌握学科知识和教学技能转向更加注重教育境界和专业能力的提升。通过教育价值观倡导,促进学校提高教育质量和办学水平,创新发展理念和发展模式,全面实施素质教育。

　　金山小学教育集团的发展在教育理念上贯穿教育均衡思想,以"儿童友好"为特征。"儿童友好"强调儿童享有一个人的全部权利,儿童优先。金山小学教育集团的各所学校从不同的教育实践角度践行以学生发展作为学校发展的表征,以营造健康的集团教育生态圈为实现形式,"儿童友好,金色童年,绿色心灵"成了集团的行动呼唤,亲儿童以达亲众生,建构健康的区域集团教育生态成了我们的努力。"构建教育的生态"本质上就是以生态文明指导学校自身变革。学校的改革与发展在于生态关系的构建,在学校教育观念上、制度上与学校行为方式上,推进学校整体生态化,为儿童健康成长营造一个良好的区域教育生态圈,使学校具有可持续发展的能力。我们追求的教育生态是儿童友好的学校生态,这样的生态支持与关爱着儿童的健康成长,努力把学校建设成为儿童友好型学校。这样的学校对儿童的关照应当是无微不至的,有着有利于儿童成长的环境、丰富多彩的儿童精神文化环境、良好的学校儿童保护与服务、对儿童参与权利的保障等多方面的目标与举措。"儿童友好"融入课程文化,实现"以生为本"的教育教学,促进每一个儿童的成长和发展。"儿童友好"融入各类课程,培育儿童健康的学习方式,催生儿童民主意识,构建儿童主体道德。当今教育发展的趋势,以生态文明引导社会发展,以生态文明引导教育发展,以教育生态滋润教育,以教育反哺教育生态,形成教育发展与教育生态营造的双向建构。金山小学教育集团成员学校共处上海西南的东海之滨,山阳、钱圩、漕泾、廊下有着深厚的历史底蕴、丰富的文化精神、浓郁的教育传承,正是这些东海之滨的金山城镇孕育着充满活力的学校教育,培育着良好的教育生态。

金山小学教育集团的发展在实践形态上坚持办学规律,遵循教育规律。《学校新优质集约发展文丛》展现了金山小学的表现性德育,激发儿童内在的生命活力,让孩子们以敢表、乐表、善表的精神,表真、表善、表美、表新,在学习和实践中增长才干,提升能力,为终身发展打下良好基础,使学生的精神面貌、涵养、个性、气质、习惯展现出他们鲜活的内心世界。钱圩小学从悠久的钱圩文化与校本体育优势项目中凝练了以"成为一个崇尚规则幸福的人"的教育理念,培育学校的"六维度规则教育",走出一条现代规则教育校本化之路。漕泾小学从原先的"追求适合学生发展的生态教育探索"中,不断梳理与更新学校办学的实践,从"生态教育"走向"教育生态",逐步清晰了学校发展的方向:生态的教育,即教育生态化,使漕泾小学的教育更健康,成为儿童友好型学校。学校从生态课堂与生态型德育着手,实现"儿童友好,让学校更生态"的教育追求。山阳小学从以"矢志如山、胸怀朝阳、善小养真、勤学自强"的"山小精神"为引领,以金山嘴渔村渔文化、山阳故事、山阳民乐等山阳精品文化为新支点,通过以校本课程为载体,进一步弘扬与传承山阳传统文化,增强来沪随迁子女对"第二家乡"的认同感、归属感和凝聚力,形成共有的精神家园。廊下小学与石化五小也在不断发展。这些集团成员学校依托集团化办学的优势,形成了集成发展态势,取得了显著的办学实绩,形成了学校办学的特色。

在办学集团化集成发展中我们要正确认识与实践两个关系:

一是学校发展与集团化发展的关系。我们以项目引领方式解决学校发展面临的发展问题,发挥引领辐射作用,以促进共同体学校整体提升为基本原则,推进教育集团工作。集团主持学校金山小学以"基于金色童年课程的表现性学习"品牌的本质精神,以"为每个学生提供适合他们发展的教育"为导向,发扬示范带动效应。同时我们以共同发展为纽带,通过集团成员学校的学校管理、队伍建设、教育科研、学生活动、

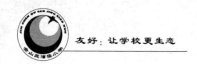

学校文化等方面互动,开展学习、交流、展示等活动,在如何凝聚学校发展主题以及落实路径上开展活动,借助专家的智力支持,实现资源共享、优势互补、共同进步、整体提高。有针对性地解决学校发展面临的困惑与瓶颈,增强集团各校整体实力,达到学校内涵发展的目的,并总结与形成对集团化办学的新认识。营造健康的教育生态已经成为集团各学校的共识与积极的行动。

二是学校教育特色与学生发展之间的关系。通过这几年的实践,表明学校教育特色的确定与建构必须是为了学生的发展。集团各学校所确立的素质教育实验项目都是指向学生发展,是学生发展中最基本的、终身受益的,也是事关学校发展全局的,落实学生培养目标并具有普适性的。集团成员学校的发展表明教育集团应该聚焦在办学理念与资源共享的共识上、实践形态的一致性与校本化上,使集团工作有着可行性、适宜性。

在集团化办学过程中,我们认识到学校的核心竞争力是文化力。学校教育文化必定在过程中孕育,在过程中发展,而不是把学校教育理念看成是装饰品作为摆设,或当口号喊喊而已。办学特色是学校文化的具体体现,是学校文化的物化。学校特色发展不是单纯追求"不同",而是要在遵循教育规律上做得更好;不是文字表述上的"特",而是实践成果上的出色。我们的特色不是追求"特"而"特",不是奇思怪想、人无我有,而要有教育价值。学校特色是学校经过长期努力,在办学过程中形成的教育或教学的优势,并能成为学校文化的一部分。办学特色不是少数学生或教师的特长项目,而是全校师生认同和参与的,也是为社会或社区所认可的,有一定的社会影响。学校办学特色应该是在遵循教育规律上做得很出色,经验很鲜明,成效很认可,这才能超乎其他学校而凸显。我们只有端正对"特色"的理解,理清思路,才能明确方向。

在集团化办学过程中,我们感受到学校教育理念孕育必须聚焦。这就需要学校在办学过程中,为了确立学校教育理念,对其作出教育价值的理解和判断,作出符合学校实际和教育发展需要的选择,并作为学校发展的目标以及全校师生行动的导向。在聚焦过程中,学校必须立足高点,站得高,才能看得远。学校选择的教育价值理念、教育特色应该具有发展的潜质,学校教育理念孕育必须坚持融合。学校教育理念真正确立的标志应该是其融合于学校方方面面的生活之中。学校教育理念的融合程度是学校教育理念发展水平的标尺。融合既是目标,也是手段,融合是孕育学校教育理念的重要手段。学校教育理念要融合在学校的教育、教学和管理之中,要融合在师生的品格之中。学校教育理念孕育"坚持数年必有成效"。学校教育理念作为一种组织精神,是组织成员的价值观念和信念的集中反映,是组织成员共同愿景的前提基础,是组织成员心中一股令人深受感召的力量,遍及于组织各方面的活动中,从而使各种不同的活动融汇起来,为完成共同的目标不断努力。富有独特魅力的学校教育理念是促进学校发展,走向成功的坚强柱石。学校教育理念培育不可能一蹴而就,需要坚持,不跟风、不唯上,按照教育规律,在具体的学校情境下培育属于自己的学校教育理念,也只有"坚持数年",才"必有成效"。

在教育集团化办学中,成员学校在办学实践中不仅清晰了校本化发展路径,总结与形成了一些对集团化办学的有益认识,而且也形成了反映集团化办学中学校个性化发展的经验,形成了这套《学校新优质集约发展文丛》丛书。这套丛书共分两套,由四本专著组成:第一套《幸福德育:滋养金色童年》,这套文著有金山小学的《表现性德育的理性实践》与钱圩小学的《"六维度"规则教育的实践创新》,其书名中"幸福"来自钱圩小学的理念:"成为一个崇尚规则幸福的人","童年"来自金山小学的"基于金色童年课程的表现性学习"。第二套《教育生态:滋润绿色心灵》,这套文著有漕泾小学的《友好:让学校更生态——生态课堂与生态型德育的实施》、山阳小学的《一场春风化雨的实践》,其书名中的"教育生态"来自漕泾小学的办学理念,"滋润"来自山阳小学的"春风化雨的实践"。

《学校新优质集约发展文丛》丛书所表征的"为学生提供适合他们发展的教育"这个理念对整个集团学校教育提出了高要求,是我们追求的教育理想,也是我们行动的号角。我们确信,不因为是理想而不追求,不因为是高标准而不行动,我们正在用积极的行动实践我们的教育理念。

周梅　王钰城

2021 年 1 月于上海

目　　录

目　录

目　录

第一章　友好：让学校更生态

一、儿童友好：国际教育的共识

（一）儿童友好的国际视野

联合国成立以来,儿童的幸福和权利始终是它关心的一个主要问题。联合国最初采取的行动之一就是于 1946 年 12 月 11 日设立了联合国儿童基金会。1948 年,联合国大会通过的《世界人权宣言》承认儿童必须受到特殊的照顾和协助。以后,联合国在一般性的国际条约如国际人权公约和专门针对儿童权利的文件,即 1959 年 11 月 20 日的《儿童权利宣言》中都始终强调保护儿童的权利。

《儿童权利公约》(*Convention on the Rights of the Child*)1989 年 11 月 20 日第 44 届联合国大会第 25 号决议通过,是第一部有关保障儿童权利且具有法律约束力的国际性约定,1990 年 9 月 2 日生效。截至 2015 年 10 月,缔约国为 196 个。该公约旨为世界各国儿童创建良好的成长环境。中国于 1991 年 12 月 29 日批准《儿童权利公约》。同时声明,中国将在符合其宪法第 25 条关于计划生育的规定的前提下,并据《中华人民共和国未成年人保护法》第 2 条的规定,履行公约第 6 条所规定的义务。1992 年 3 月 2 日,中国常驻联合国大使向联合国递交了中国的批准书,从而使中国成为该公约的第 110 个批准国。该公约于 1992 年 4 月 2 日对中国生效。

《儿童权利公约》强调儿童享有一个人的全部权利。这是基于人人享有一切人权(All human rights for all. Tous les droits de l'homme pour tous.),儿童优先。该公约规定了世界各地所有儿童应该享有的数十种权利,如姓名权、国籍权、受教育权、健康权、医疗保健权、受父母照料权、娱乐权、闲暇权、隐私权、表达权等,其中包括最基本的生存权、

全面发展权、受保护权和全面参与家庭、文化和社会生活的权利:

1. 生存权——每个儿童都有其固有的生命权和健康权,包括有权接受可达到的最高标准的医疗保健服务。

2. 受保护权——不受危害自身发展影响的、被保护的权利,包括保护儿童免受歧视、剥削、酷刑、虐待或疏忽照料,以及对失去家庭的儿童和难民儿童的基本保证。

3. 发展权——充分发展其全部体能和智能的权利。儿童有权接受正规和非正规的教育,以及儿童有权享有促进其身体、心理、精神、道德和社会发展的生活条件。

4. 参与权——参与家庭、文化和社会生活的权利。儿童有参与社会生活的权利,有权对影响他们的一切事项发表自己的意见(表达权)。

在受保护权上,例如,美国刑法中把虐待儿童列为四种类型,对儿童身心进行全面保护:

(1) 身体虐待(Physical Abuse)。如打屁股、扭耳朵等。或者因照料不周,造成孩子的身体伤害。

(2) 性虐待(Sexual Abuse)。比如,触摸儿童身体私处、对儿童"露阴"、要求儿童进行性行为(不管得逞与否)、对儿童展示黄色作品。

(3) 忽视(Neglect)。比如,没有给孩子提供基本的衣食住行条件,不为孩子提供应有的医疗、教育,以及照顾不周导致孩子受伤。

(4) 心理感情虐待(Psychological/Emotional Abuse)。比如,逼迫孩子做不喜欢做的事、责骂、吓唬、恐吓、过度的惩罚。

《儿童权利公约》还确立了 4 项基本原则: 无歧视、儿童利益最大化(涉及儿童的一切行为,必须首先考虑儿童的最大利益)、生存和发展权以及尊重儿童的想法。该《公约》通过确立卫生保健、教育以及法律、公民和社会服务等多方面的标准来保护儿童的上述权利,明确了国际社会在儿童工作领域的目标和努力方向。《儿童权利公约》指出,缔约方应确保儿童均享受《公约》中规定的各项权利,不因儿童、其父母或法定监护人的种族、肤色、性别、语言、宗教、政治身份、出身、财产或残疾等不同而受到任何歧视。缔约方为确保儿童的福祉,应采取一切适当的立法和行政措施。各相关部门和机构在制定相关政策和落实中以儿童利益最大化作为首要考虑。《儿童权利公约》包含了一整套普遍商定的准则和义务,在追求一个公正、彼此尊重以及和平的社会过程中,将儿童放在中心位置。该公约建立在各种不同的法律制度和文化传统基础上，是一套普遍接受的不容商榷的标准和义务。这些基本标准——也称人权——规定了各国政府应当尊重的最低权利和自由。这些标准是互相依赖、不可分割的；我们不能不顾一些权利，或者以一些权利为代价，来确保其他某些权利。

儿童是人类的未来，是社会可持续发展的重要资源。儿童应在家庭环境里，在幸福、宽容、理解的气氛中，充分而和谐地发展其个性；家庭是社会的基本单元，是儿童成长的第一场所，应获得必要的保护和协助；社区是家庭获得支持的最近平台，应调动社区所有资源，促进家庭和儿童的幸福安康。1996年，联合国儿童基金会发起"儿童友好城市运动"，从而在世界范围开启了"儿童友好"的社会与教育的潮流。"儿童友好"包含着三个要义：第一，平等，承认儿童的权利主体地位，尊重儿童的感受；第二，发展，关注儿童周围环境和个体的变化；第三，互动，重视儿童与成人、儿童与家庭、儿童与儿童之间的交流与反馈。在联合国的推动下，世界上不少国家开展了"儿童友好城市""儿童友好社区"与"儿童友好学校"的建设。儿童友好社区是对儿童权利和儿童福利体系的社区化演进，能为少年儿童提供安全、幸福、可靠的成长环境，能从社区中获益，能享受社区中有益于身心健康的建筑以及自然环境，在社区中关注少年儿童的呼声，尊重少年儿童的权益，培养、认同并实现少年儿童独特的贡献和潜力。

（二）儿童友好型城市

随着城市化矛盾日益凸显，儿童身心健康问题被正式提上了讨论圆桌，许多人口密集型城市都开始对创建儿童友好型城市积极响应。联合国倡议创建儿童友好型城市。"儿童友好型城市"源于1996年6月5日联合国在伊斯坦布尔召开的第二届人类居住会议。在这个大会上，联合国儿童基金会发起了一项"儿童友好型城市创建"的提议并获得通过，这项提议旨在联合各地政府部门和社会组织等，通过立法、城市规划等方法，依照联合国《儿童权利公约》，提升和保障儿童权益。

根据联合国儿童基金会的定义，"儿童友好型城市"是"一个明智政府在城市所有方面全面履行《儿童权利公约》的结果，不论是大城市、中等城市、小城市或者社区，在公共事务中都应该给予儿童政治优先权，将儿童纳入决策体系中"。儿童友好型城市中，政府应当承诺赋予儿童

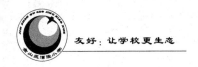

以下12项权利：儿童们有能力去影响这个城市有关于他们自己的决策；可以自由表达自己想要一个怎么样的城市；可以参与家庭、社区和社会生活；可以得到基本的医疗健康和教育服务；有安全的饮水资源，周边有方便的医疗所；需要被保护，免受暴力对待和虐待，也不会被利用；可以自己一个人在街上安全出入；可以独自约见朋友玩耍；所在城市中有可以容纳植物和动物的绿色空间；生活在一个未被污染的环境；可以参与文化和社会活动；不管种族、宗教、收入、性别和身体状况，都享有平等的权利接受城市服务。

建设儿童友好型城市在全世界范围内颇受重视。联合国"儿童友好型城市"倡议提出至今，全球已有3 000多个城市和社区参与倡议，其中，丹麦哥本哈根、德国慕尼黑、加拿大多伦多、日本大阪、美国丹佛等，都是知名的"儿童友好型城市"。(刘媛、黄征、汪甦：《武汉响应联合国"儿童友好型城市"全球倡议》，《长江日报》2019年7月26日第16版。)我国在近年来也开始了儿童友好型城市建设的实践，2015年湖南省长沙市提出创建儿童友好型城市，并将其列入城市发展和教育发展规划之中。2016年深圳将"积极推动儿童友好型城市建设"纳入深圳市"十三五"总体规划。2018年2月6日，深圳市妇女儿童工作委员会发布《深圳市建设儿童友好型城市行动计划(2018—2020年)》，从儿童安全保障、儿童友好型空间拓展、儿童参与实践行动、儿童社会保障、儿童友好宣传推广和儿童公共政策研究六个方面对深圳儿童友好型城市建设进行了三年规划。

2015年6月2日《中国妇女报》在一篇《共同建设一个儿童友好型社会》的评论员文章指出："城市越来越大，马路越来越宽，楼房越来越高，车流越来越密，但你可曾注意到，可以供孩子自由活动的空间却越来越少？我们或许都经历过带着孩子外出购物或办事时，孩子因无处可去而到处乱跑调皮捣蛋。虽然头疼，但我们却很少想到，某种程度上，'熊孩子'的出现其实也是城市设计的不足所导致的结果。我国的许多城市这些年来兴建了大量现代化公共场所，但这些场所多集中于为成年人提供服务，往往忽视了儿童的需求。"同时还提出"要为孩子们创造一个更好的成长环境和发展空间，需要关注的远不止是城市设计的'儿童友好'"。联合国《儿童权利公约》规定了儿童的生存权、发展权、受保护权和参与权，这些权利的实现体现在社会生活的方方面面。

其中最简单的例子是儿童的交通安全。如今,车祸已成为威胁中国儿童生命的最大"杀手",恐怕没有多少家长放心让年幼的孩子自己在外面行走,但如果连这一点都做不到,儿童的权利怎能谈得上完整?再比如儿童的消费安全问题,如何为孩子买到安全又有保障的服装、食品和玩具,是所有家长都头疼的问题。如果我们的孩子不得不在劣质商品的威胁下长大,我们又怎能告诉他们这个社会是爱他们的?事实上,一个真正的儿童友好型社会对儿童的关照应当是无微不至的,它至少还包括有利于儿童成长的社会舆论环境、优质的家庭教育、丰富多彩的儿童精神文化环境、良好的社区儿童保护与服务、对儿童参与权利的保障等多方面目标,而要实现这些,则需要整个社会的努力。

2018 年 3 月上海市妇联提出了"推进儿童友好型城市建设",指出"加快推进本市儿童友好型城市建设的任务迫在眉睫",强调指出"上海在儿童友好型城市的建设中,应该以'亲儿童以达亲众生,提升城市文化内涵,又增强城市可沟通性'为目标",并提出了具体建议:加大理念宣传,形成全社会共同尊重儿童的良好氛围;完善法规政策,切实保障儿童合法权益不受侵犯;加强保障措施,营造儿童交通安全的城市环境。儿童友好型城市建设是一项系统性的工程,在具体的实现路径上,可以根据上海当前的城市结构特点,从先进行基层社区的儿童友好建设,将儿童友好的概念逐步向社会各个层面和区域延伸,继而完成儿童友好型城市建设。

当今,"儿童友好"在全世界越来越受到关切,儿童友好城市和社区建设也深入发展。2019 年 5 月联合国儿童基金会颁布了《构建儿童友好型城市和社区手册》。该手册简明扼要地概括了一系列实践、常见挑战以及从中汲取的经验教训,包含一套构建儿童友好型城市的分步骤指南,方便各地结合当地机构、优先事项和需求,做出因地制宜的调整。《手册》还提供了一个经过修订的行动框架,旨在提供有关实施、监督、评估的指导意见,以及一套覆盖广泛的全球基本标准,目的是在全球范围精简"儿童友好型城市倡议",以提升效率,为联合国儿童基金会的儿童友好型城市认证提供依据、奠定基础。《构建儿童友好型城市手册》以精练的措辞,提供了在全球各地创建儿童友好型城市的指导意见,包括有关创建儿童友好型城市的目标、分步骤指南、行动框架、联合国儿童基金会认可儿童友好型城市的基本标准。

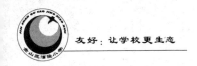

2020 年 1 月中国社区发展协会根据国家标准化委员会、民政部《团体标准管理规定》和中国社区发展协会《团体标准制定程序及管理办法》规定，经中国社区发展协会标准工作委员会审查通过，批准发布 T/ZSX 3—2020《儿童友好社区建设规范》团体标准。该标准自 2020 年 1 月 13 日发布并实施。

《儿童友好社区建设规范》适用于评价和指导所有儿童友好社区建设，是评定社区是否为儿童友好社区的主要依据，并为儿童友好社区建设提供技术指导。同时，该标准吸取了国际国内多地先进经验，涉及制度建设、文化建设、空间营造、服务提供、人员管理等多个方面，将为全国各城市儿童友好社区建设提供蓝本。在该《规范》中提出了儿童友好型社区建设的四项原则：儿童至上，关于儿童的一切举措，应最大限度地保护儿童；普惠公平，让每一个儿童都能平等享受儿童权利和儿童福利；儿童参与，鼓励儿童有权对影响到其本人的一切事物及程序发表自己的意见并获得重视，有权就其在家庭和社区事务的发展提出自己的看法和意见等；共建共享，儿童是社区发展成果的创造者，也是社区发展成果的享有者。

二、友好学校：我国教育的践行

在这样"儿童友好"的社会大背景下，近年来，我国的"儿童友好"学校创建正在起步。"儿童友好型学校"发展有三个主要范式。

（一）直接的"儿童友好型学校"创建

所谓的直接的"儿童友好型学校"创建模式是以明确的儿童友好型学校为目标，采取相应行动策略与举措的模式。例如长沙市在 2018 年开始全面推进儿童友好型学校创建，该市教育局 2018 年 9 月颁发《长沙市儿童友好型学校建设导则》。该《导则》的总则明确了三个问题：

1. 儿童友好型学校建设总体要求

以联合国《儿童权利公约》《中国儿童发展纲要（2011—2020 年）》和《湖南省儿童发展规划（2016—2020 年）》为指导，在长沙创建儿童友好型城市的总体框架内，坚持以儿童为本，突出"儿童优先、儿童平等、儿童参与"理念，贯彻"无歧视原则、儿童利益最大化原则、尊重权利与尊严原则、尊重儿童观点原则"，重视"儿童生存权、发展权、受保护权、参与权",全面保障教育供给,优化儿童环境,确保儿童安全,保护儿童身心健康,保障儿童的合法权益,创设儿童友好的校园环境,促进儿童健康成长、全面而有个性发展。

2. 儿童友好

儿童指18岁以下的任何人。儿童友好指全社会对儿童的卫生、营养、健康、教育、环境、权益、参与等在内的一切行为,均应以儿童的最大利益为首要考虑因素,共同推动健康、教育、福利、法律保护、空间环境等儿童规划重点领域不断取得长足发展。

3. 儿童友好型学校

指以儿童发展为中心,师生、家长、社会民主参与学校管理,倡导儿童优先、儿童平等和儿童参与的理念,儿童发展环境良好,儿童权益依法保护,儿童观点充分表达,儿童安全有效保障,促进儿童德、智、体、美、劳等全面发展的学校。

(二)以"爱生学校"创建切入

以"爱生学校"创建切入儿童友好学校建设,是殊途同归。20世纪90年代后期联合国儿童基金会(UNICEF)等国际组织与东亚一些国家开展了基础教育合作项目,项目的名称是"面向爱生的学习环境"(Towards Child-friendly Learning Environments),项目取得了比较好的成效。国际教育界对此予以充分的关注,并于2000年8月在泰国举办了专题国际研讨会。当时,我国教育部也派人参与了研讨。由此,"爱生学校"的概念和思想引入国内,并把最初强调学校是"儿童友好的环境"(Child-friendly environment)逐步变成了"儿童友好的学校"(Child-friendly school),简称为"爱生学校"。"爱生学校"项目由联合国儿童基金会和教育部基教一司联合实施,倡导"以学生发展为本"的理念,注重"儿童视角",改善教与学的关系,同时密切学校、家庭和社区的联系,从全纳与平等、有效的教与学、安全健康与保护、参与和谐四个维度创建儿童友好型学校。

例如,2010年10月,北京市海淀区引进联合国儿童基金会"爱生学校"项目,依托项目理念的先进性和标准的科学性,进行区域教育资源整合和整体改进,取得了较为显著的实施效果。北京市海淀区参照联合国儿童基金会"爱生学校"项目核心理念与评价标准,实施"全纳"的入学政策,通过资源整合和布局调整,保障区域内每一个学生平等接受

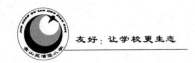

优质教育的权利；提升教师专业化水平，促进区域教育内涵发展；着眼于儿童发展需要，创建学习乐园；促进学校主体多方参与，建立民主管理制度。"爱生学校"项目的根本要求是尊重每一个学生接受优质教育的权利，促进每一个学生健康成长，这一要求与海淀区教育的核心价值观是高度一致的，为学校发展提供了科学的框架和标准。海淀区高度重视"爱生学校"项目引进与推广工作，成立了由区教委副主任牵头的领导小组，组建了由49所中小学（其中中小学各半）组成的项目实验小组。区教委采取多种形式，对全体中小学校干部和骨干教师进行培训，对"爱生学校"的基本理念、实践策略以及各个维度的核心理念进行深入解读。基于"爱生学校"四大评价标准，海淀区进行了全方位的工作推进。

（三）从教育生态切入创建儿童友好学校

这是一种从生态系统思想更高层面上推进儿童友好学校创建的一种模式。2017年9月由中办、国办颁布的《关于深化教育体制机制改革的意见》中明确指出，"营造健康的教育生态"。构建教育的生态本质上就是以生态文明指导学校自身变革。学校的改革与发展在于生态关系的构建，在学校教育观念上、制度上与学校行为方式上，推进学校整体生态化，为儿童健康成长营造一个良好的学校教育生态，使学校具有可持续发展的能力。我们追求的教育生态应该是儿童友好的学校生态，这样的生态支持与关爱着儿童的健康成长，我们的学校应该成为儿童友好型学校。这样的学校对儿童的关照应当是无微不至的，有着有利于儿童成长的环境、丰富多彩的儿童精神文化环境、良好的学校儿童保护与服务、对儿童参与权利的保障等多方面的目标与举措。"儿童友好"融入课程文化，实现"以生为本"的教育教学，促进每一个儿童的成长和发展。"儿童友好"融入各类课程，培育儿童健康的学习方式，催生儿童民主意识，构建儿童主体道德。

例如，上海市崇明区教育局与上海三知教育信息咨询中心在2016年6月开展了为期两年的"建构区域教育生态圈、营造生态型学校群的理论与实践研究"项目，在八所中小学与幼儿园实验单位扎实推进生态型学校创建，立足实践，对区域教育生态圈、生态型学校创建在理论上提出了不少新见解、新观点，丰富与建构了实践新形态。该项目所指"生态型学校"是以教育生态学为理论基础，将学校作为一个具有生命活力的生态系统,通过全面整合学校内外资源,增进学校内部以及学校与外部之间的协调,维护系统中诸要素的良性互动,使学校各育融合,学校可持续发展,实现学生健康成长。在操作上,生态型学校是以教育生态学为指导,从全纳与平等、有效的教与学、安全与健康、参与与和谐四个维度,从学校的德育生态、课程生态、课堂生态、管理生态四个方面,将教师、学生、家长和社区群众联合起来着力构建的学校。该项目强调生态型学校的实质也是儿童友好型学校。这样的学校有着六项元素:可持续发展为教育理念,以基础素养为价值取向的教育内容,以丰富性、情境性、建构性为特征的教育形式,以开放、生成、互动展开的教育过程,具有全纳的、温暖的、支持性的学习与成长环境,以师生生命与智慧和谐、可持续发展为办学目标。该项目也建构了"生态型学校创建的指标体系",以此引领学校推进生态型学校创建的实践。

建设儿童友好生态型学校旨在促进学校儿童权利和儿童福利体系的学校化演进,从学生日常学习与生活学校延伸至全社会营造儿童友好氛围,促进儿童健康幸福成长。营造的教育生态应该是关注儿童的教育平等,承认儿童的权利主体地位,尊重儿童的感受,儿童最大利益原则、儿童优先原则、无歧视原则与儿童参与原则得以落实;应该是关注儿童的健康发展,营造适宜儿童生活与学习的环境;应该是关注儿童与环境的互动,重视儿童与成人、儿童与家庭、儿童与儿童之间的交流与反馈,获得安全感与幸福感。儿童友好应该成为生态型学校文化的精神内核。生态型的学校,让每个儿童都能享有公平优质的教育。

生态型学校创建不仅实践儿童友好学校的理念与《儿童权利公约》的要求,也融合着《中国爱生学校标准》的精神。儿童友好学校犹如一个理想的生态园,为园中的每一生命体提供最适宜生存的空间,让我们的儿童都能得到最天然的生长。

三、友好型学校:漕泾小学办学的追求

(一)营造健康的学校教育生态的动因

金山区漕泾小学从一所传统办学学校嬗变为儿童友好型学校,经历了教育观念与教育行为改变,有着艰辛的办学发展的历程。2014 年

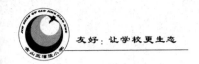

在落实上海市教委与金山区教育局新优质学校集群发展中，开展了学校内涵与特色发展的教育改革。眼看着学校中存在的非生态化的现象，我们思索着如何解决的路径。

我们从朴素的学校办学实际中，感受到了学校中的生态问题。当时，国家也提出了生态文明建设的号召，生态文明建设更是因为自身的优越性而被人们关注。教育是否应该关注生态问题，成为我们学校领导与教师思考的问题。我们逐步认识到，教育的生态文明问题正在获得国内教育界前瞻性的关注，而且健康的教育生态的营造也符合国际的教育趋势。从学校的教育教学中，我们也感受到健康的教育生态不但能够优化海量的教学资源，激发学生学习的兴趣，更给予了学生一个展现自我个性和能力的平台。借助此平台，学生的个性得以解放与发展。教师设计了丰富多彩的教学活动，学生不但与老师有了多元化的交流与对话，更是在自主合作和探究中学习。在此过程中收获的不仅是知识，更是思考问题和动手实践的能力，感受到了学习的趣味性，在点滴的进步中发现自己的闪光点，肯定自己，增强自信心。学生学习的内容也不单单是书本知识、科学知识，更能够依据自身的特点，把所学、所思、所感的内容与现实生活有机地联系起来。长期浸润在健康的课堂生态里，学生的人格发展健全，心理健康成长。师生间是良性的、平等的、多元的沟通与交往。健康的教育生态可以更好地助力素质教育的推进，为社会提供更优质的教育。学校健康的教育生态营造是回应国家生态文明的建设，对学校教育发展有着积极作用。健康的教育生态有利于转化学校教育发展的限制因子，对教育结构进行调整优化，破除陈旧的观念，摒弃落后的机制，从而更好地助力素质教育的推进，最终为社会提供更优质的教育。

健康的教育生态能够优化教学资源，激发学生学习的兴趣。国家每年在教育方面投入大量的人力、物力、财力，为教师的教学提供了大量的资源，而健康的课堂生态就能够整合这么多优秀的教学资源，教师的课堂教学有了多样化的选择，丰富了课堂。而教师们根据自身的需求，选取合适的教学课件，这不但充实了教材内容，增加了学习的趣味性，而且增强了学生学习的动机。

健康的教育生态有利于学生个性的解放与发展。传统的教学组织形式是以集体教学为主，教学方式是以教师讲授为主，这容易导致培养出的学生类型单一、人才结构单一、创造力不足,但在生态课堂上,教师根据教学的纲要和目标、本班学生的实际情况,选择合适的教学手段,在授课时给学生思考的自由,给其机会展现个性与思想,做到尊重学生的多样性,促进学生的个性解放与发展。

健康的教育生态有利于设计丰富多彩的课堂教学活动,培养学生自主学习与探究的能力。教师可以采用分组教学的组织形式,丰富课堂活动中师生交流的数量、组织方式和类型。师生间的互动是多元化的。健康的课堂生态呈现了一系列精心设计的课堂教学活动,完成了师生间、生生间的良性互动。课堂上,教师不再是一个权威者与控制者,而只起到组织者和引导者的作用。许多教学活动是由学生自己动手探究来完成,因此"实践与探究"作为学生"学习"的最基本途径。

健康的教育生态有利于构建学生健康成长的环境,促进学生人格的健康发展。在生态化的学校里,教师会关注学生的身心发展特点,努力为学生营造出宽松、自然的教育环境。学习氛围较宽松,而不是传统教育中围绕分数或是升学率营造出的压抑氛围。教师对学生的评价也是比较多元化的,不但注重最终的学习结果,也关注到学生学习过程、探究过程中的优秀之处。学生的自信心得到了培养并且发展,学生的人格得以健全。师生间的相处更是平等的、多元的、和谐的。

健康的教育生态有助于学生的心理健康发展。教师的心理素质和心理健康水平不佳时,会及时调整自己,不把消极的情绪带进课堂中。努力地为学生营造生态课堂,教师变相体罚、侮辱性的批评或嘲讽行为减少甚至消失,这对保护学生的幼小心灵有着非常积极的意义。教师以包容理解的方式进行教育,以生态化的方式与学生进行交流。在健康的学校教育生态中,学生们的心理得以健康发展。

(二)走向教育生态建构的学校发展新阶段

漕泾小学在学校"十三五"发展规划中,明确提出了"以人为本,开发潜能"的办学理念,同时,也确立了"追求适合学生发展的生态教育探索"的学校发展统领性核心项目。当时学校还处在关于环境教育认识上的生态教育,主要对学生进行环境保护方面的教育。随着对生态问题的认识发展,我们认识到生态教育与教育生态有着不同,教育生态是教育的基础,是教育健康发展的保障。我们学习到教育生态对学校发

展的重要价值。

伴随着生态文明社会形态的诞生，我们要从满足受教育者的各种发展需求出发，用人本、和谐、共生的理念做指导，既要主动开展"生态的教育"，将可持续发展的知识、意识和行动纳入学校课程、教学、管理和评价中，培养适应和促进生态文明社会所需要的未来人才；又要积极构建"教育的生态"，要将生态文明的基本理念渗透到学校的课程、教学、管理和评价各个环节中，创生生态校园、生态课程、生态德育、生态课堂等，实现学校自身的生态变革。

学生发展应该遵循阶段性年龄特征和个性化差异的特性。追求适合学生发展是指教师要站在满足学生各种发展需求的立场上，不断提供符合其发展阶段的教育情境，适时给予各种发展机会，使每个学生的潜能得以发挥，并从学习活动中获得成功的满足，以加强自信心，保持并增进继续学习的兴趣，谋求自我的充分发展。

据此，本项目的内涵：伴随着生态文明社会形态的诞生，我们要从满足受教育者的各种发展需求出发，用人本、和谐与共生的理念做指导，既要主动开展"生态的教育"，又要积极构建"教育的生态"，在培养适应和促进生态文明社会所需要的未来人才的同时，努力探索学校生态教育的模式与策略。

"追求适合学生发展的生态教育探索"核心项目提出的目标是：

1. 通过"生态教育"的理论探索，形成对追求适合学生发展的生态教育的共识；

2. 通过"生态教育"的行动实践，构建基于校情、生情的追求适合学生发展的生态教育模式及相关策略；

3. 通过"生态教育"的全方位探索，进一步提升教育质量和办学水平，促进办学内涵可持续发展，努力创建"生态教育"特色学校。

本项目的实施内容有四个方面：

1. 营造"书香溢校园"的生态校园探索；

2. 开发以"丰富生活体验"为主要内容的生态课程探索；

3. 构建以"好习惯伴我行"为主要内容的生态德育实践；

4. 打造以"学科核心素养培育"为指向的生态课堂实践。

学校也制定了《漕泾小学"十三五"发展规划实施评价指南》（如下）：

参照标准 评价维度		评价参照标准	评定等级			备注
			优良	合格	须努力	
项目实施	生态校园	**生态环境优化**：校园绿化、净化、美化上新台阶,书香溢校园气息浓郁。 **规章制度健全**：各项工作均有章可循、依规而行,全员教工认同度与执行力高。 **校园精神彰显**：精、气、神有效提升,学校更具凝聚力与向心力。				
	生态德育	**德育观念**：具有"大德育"意识,"育人"为己任行为随处可见。 **德育网络**："三位一体"作用明显,校、班、队活动丰富多彩。 **德育实效**：学生行为习惯、品德进步大,学校德育工作受表彰多。				
	生态课程	**课程理念**：课程观发生明显转变,全员投入学校课程建设之中。 **课程计划**：精心编制学期课程计划,积极引导开设个性化课程。 **课程执行**：严格执行课程计划,"推门课"抽查到位率100%。				
	生态课堂	**教学理念**："为学而教"认识到位,"以学定教"行为跟进明显。 **教学方式**：注重学习过程与方法的指导,注重学习支架搭建。 **教学效能**：课堂目标达成度高,学习负担适度,学习能力增强。				
	队伍建设	**管理网络**：组织机构齐全,司其职,负其责,服务意识强,工作受好评。 **运行机制**：各类规章制度完善,一切依规而行;讲诚信,求效益。 **教科研成果**：立项课题质和量明显提升,研究成果发表或获奖质优量增,成果转化为效益明显。				

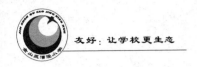

续　表

参照标准 评价维度		评 价 参 照 标 准	评 定 等 级			备注
			优良	合格	须努力	
保 障 措 施	管理保障	**管理理念新**："以人为本"意识强，追求师生、学校共同发展目标明，调动全员积极性措施有力。 **运行机制活**：学校各项工作规划性强且都有监控、评估、改进举措，部门协调机制、层级管理作用明显。 **社会满意度高**：定期开放并展示办学成果，自觉接受教育内部与社会监督；办学成效测评满意率高。				
	师资保障	**师德素养高**：教工职业忠诚度高，广受学生家长和社会各界好评。 **专业能力强**："专业"达标率100%，教育、教学、科研能力及驾驭信息技术能力等明显提升。 **梯队结构合理**：区、校级骨干队伍壮大，青年教师成长迅速，学科分布均衡。				
	后勤保障	**生态环境优化**：校园净化、绿化、美化上新台阶，校园环境面貌改善明显。 **运行机制健全**：后勤服务工作均有章可循、依规而行，全员教工认同度、自律度高。 **保障功能彰显**：服务体系建设效果显著，"花园单位"续创成功。				

　　2017年漕泾小学在优质学校集约发展中，不断梳理与更新学校办学的实践，从"生态教育"走向"教育生态"，逐步清晰了生态的教育，即教育生态化，使漕泾小学的教育更健康，成为儿童友好型学校。学校领导、专家与师生一起反思与研讨后，提出了"友好：让学校更生态"的教育理念，并进一步明确了当前以生态课堂与生态德育的实施推进生态型学校创建的实施战略，实现儿童友好学校。两年来，学校与上海三知教育信息咨询中心携手开展了"生态型儿童友好学校建设"的实践，通过培训、研究与实践，不断推进项目的实施。在实践中学校明确了漕泾

小学要建设成为一所"让儿童受到尊重和关爱、快乐和安全、充满活力、提倡均衡发展、体现人性化的生态型儿童友好学校",也就是通过友好的管理、友好的课堂、友好的班级生活、友好的家校牵手、友好的顶层设计构建充满关爱、温馨的儿童友好学校,促进儿童的全面成长,为儿童成长筑起一座美丽而璀璨的生态学校。漕泾小学运用了"学校管理:回归儿童立场;课堂教学:激发儿童参与;学校教育:沟通儿童生活;家校牵手,共促儿童成长;顶层设计,让合作更美好"五条主要策略来实施生态型儿童友好学校建设,学校以生态德育、生态课堂为突破口,积极建构"儿童友好生态型学校",取得了良好的成效。

实践与思考

用关心的视角办教育

《大趋势》的作者认为"我们周围的高技术越多,就越需要人的情感"。1989 年 11 月,联合国教科文组织在中国召开了"面向 21 世纪教育国际研讨会",大会通过了《学会关心:21 世纪的教育——圆桌会议报告》,认为学会关心是 21 世纪教育的发展主题。人们需要学会的关心有:关心自己,包括关心自己的健康,关心自己的家庭、朋友和同行;关心他人;关心社会和国家的利益;关心人权;关心其他物种;关心地球的生活条件;关心真理、知识和学习。

在开展"以关心为特征的生态型德育"实践中,教师需培育我们的学生具有关心的意识、关心的品质、关心的能力和关心的行为。在笔者看来,我们的教师,首先应该具有以上素养,要用关心的视角来用心做好教育。

校园巡视后的思考

例子一:11 月 25 日,周一上午第二节课,我去音乐教室听课,发现音乐教室里的日光灯因老化问题而发出很响的轰鸣声,已经影响了老师的上课与学生的听课,令听课老师也感觉到身处这个环境非常不舒服。听了半节课之后,我实在无法忍受,通过微信班子群向总务主任报修,第二天小乔师傅告诉我已经把灯管全部更换了。

例子二:11 月 27 日,雨天,周三上午第四节课,我去三(1)班教室听课,发现离黑板最近的两个日光灯不亮,另外一个日光灯光线呈红色,在我看来已经影响到学生看黑板的清晰度,教室里的光线亮度估计不能达标。下课后我马上把图片发到微信班子群里,总务处马上有落实。

在 12 月 2 日的教工大会上,我把以上两个例子向全体教工做了描述,并且提出三个问题:

问题一:这些灯都是我去了之后坏的吗?(不是吧,已经坏了一段时间了。)

问题二:相关的老师报修过吗?为什么坏了一段时间了,坏得已到影响师生听力与视力的程度了,还没有修呢?(了解下来,有的报修过,有的没有报修过。)

问题三:如果是我们自己的孩子坐在这个教室里上课,我们看到这些灯坏了,会是什么心情呢?(一定很着急吧,希望赶快修好。)

作为管理者,我向全体教工沟通三点想法:

1. 在我们开展"以关心为特征的生态型德育"实践中,教师需培育我们的学生具有关心的意识、品质、能力和行为。作为教师,我们首先应该具有以上素养,要用关心的视角来做好我们的教育。希望我们每一个教职工都要把我们的学生当作是自己的孩子一样对待,要从保护孩子的视力健康、为孩子创设良好的学习环境和生活环境的角度出发,做好我们该做的、能做的。

2. 从关心学生、关心学校的角度出发,全校的教工都应该具有主动发现、及时解决问题的意识。教室、专用教室等设施设备需要维修的,希望上课的老师及时报修。其他公共场所的设施设备有损坏的或者有安全隐患的,看见的老师也要主动报修,要有主人翁的意识。同时,希望总务处加强巡查,及时发现问题,及时解决问题,并且跟进了解问题解决后的情况。

3. 当我去听课或者巡视校园,发现一些设施设备的问题后,马上向总务处报修,总务处也是在第一时间马上落实好。听起来很不错,其实多次出现这种情况的话就是不正常的,说明这项工作我们的管理机制还不完善,需要我们改进,马上完善工作机制。(在与总务处、技术部门充分沟通的基础上,12 月 6 日,发布了我校新的报修流程与通道,即通过网络平台进行报修,留下图文痕迹,维修者完成维修后在平台进行回复,报修者针对维修效果可以做评价,总务主任、校长都可以看到以上操作。)

关心，办教育的一种方向

关心，是做教育的一种态度。作为一种教育态度，关心是对学生生命的尊重与呵护，传递给学生的是教育的温度。诺丁斯认为，"关心存在于关心者与被关心者之间的关系中，它始于关心者，结束于被关心者"。教师与学生建立起一种关心的关系，教师要作为关心者来关心学生，在以上的案例中，相关的教师应该及时发现电灯有问题的现象，可以告诉学生老师要及时报修，为大家营造更安全的学习环境，让学生感受到老师对他们的关心，感受到学校生活的温暖。

关心，是做教育的一种形式。教育应该围绕关心主题来重新组织，这就要求我们把"关心"作为一种教育的形式。首先教师要成为关心者，其次教师有责任帮助学生发展关心能力。在上述的案例中，如果教师示范关心，成了关心者，就能促成师生间关心关系的形成，也能为学生提供关心的榜样，让学生在这个过程中学会关心他人、关心环境，学会与周围的人与物建立一种关心的关系，在此过程中发展关心品质。

关心，是做教育的一种方向。学会关心，是 21 世纪教育所致力的目标。以关心为特征的生态型德育是一种方向的引导，在学生的道德认知、道德体验与道德践行上积极地引导学生，引导学生"学会关心、向善行善"品行的发展，注重学生的人性表现。关心，意味着对学生的爱护，意味着帮助学生，意味着对学生的一种期待，我们要关注学生的自然发展、和谐发展与充实发展，并且大力提倡让我们的学生"学会关心"，倡导一种反映时代精神的新型的"关心"价值观。

遵循关心教育的原则

以关心为特征的生态型德育要求坚持正确的德育原则，从生命的高度来看待师生的发展，从而形成学校德育可持续发展的良好状态。在实践的过程中，应该要遵循以下原则：

1. 和谐原则。生态型德育是一个诸多要素的良性互动过程，强调师生之间的民主、平等、和谐与合作，即在教师指导下，师生共同参与、自我教育和双向影响。德育过程的实质可理解为是师生和谐互动、教学相长、品德共进的过程。因此，只有以和谐互动为杠杆，才能有效地激发学生自我教育的能力，实现真正意义上的主体道德发展。

2. 整体原则。传播知识，增强生活及生存能力，只是教育的部分使

命,教育肩负的更为重要的使命是陶冶人性,铸造健康饱满的人格,塑造德才兼备的新一代。学校德育要培养具有高度文化修养与高尚道德的全面发展的人,必须提升教师的教育理念,从学生整体素质的提高上定位德育的价值。

3. 发展原则。学生的思想道德状况,在变化中思考,在变化中选择,在变化中寻求。生态型德育要尊重学生在品德形成过程中的自主、能动作用,让学生在德育过程中积极活动,自主体验,使教师的教力、学生的学力和学校发展的动力共同形成可持续发展的健康的、稳定的、良好的教育状态。

以关心为特征的生态型德育将生态学原理渗透到学校德育中,用生态的世界观及方法论来定位学校德育,优化德育的自然生态、社会生态、文化生态和心理生态。只要我们的教师坚持以人为本,以关心的视角思考教育、实践教育,具有关心学生、关心校园的意识与行为,那么学校德育一定能呈现出勃勃生机,师生一定能展现出可持续发展的良好状态。

第二章　儿童友好生态型学校的基本认识

一、让我们的学校生态更健康

(一) 学校是一个生态系统

"生态"现在通常指生物的生活状态,指生物在一定的自然环境下生存和发展的状态,也指生物的生理特性和生活习性。生态(Eco-)一词源于古希腊字,意思是指家(house)或者我们的环境。"生"表示是活着的、有生命的,表示可以发育的物体在一定的条件下发展、长大;"态"是指姿态、情况、形状、样子。生态即生命体或可以发育的物体在一定的条件下或活动环境中发展、成长的情况、状态。"生态"是指生物与环境及共同生活于环境中的各个个体间或种群间的种种关系,即生物的生存状态。生态揭示了生命体之间以及生命体与无机世界之间存在着的一种极其复杂的相互关联。只要有生物存在,就必然有其活动的环境,就必然组成一个相对的生态系统。

教育总是以一个生态系统而存在与发展,这个系统就是教育生态系统。研究教育生态系统是遵循教育规律的必然。人是教育活动的主体和客体。教育的发展离不开教育的生态环境,彼此之间存在着协同进化的关系。学校教育生态是指学校这个特定的范围中,教育主体的存在与发展的状态,也就是教育主体与其环境之间的关系,这就是教育与教育外部的关系状态。同时,也是教育系统内部诸要素之间的交互作用及其与外部环境之间的物质、能量和信息的互动关系所形成的状态,这是教育内部的关系状态。

学校教育生态是学校教育与学校教育外部的关系状态,以及学校教育系统的内部关系状态。这两种关系都是学校教育的诸要素之间的

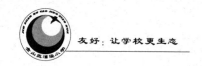

交互作用及其与外部环境之间的物质、能量和信息的互动关系所形成的状态。对于一所学校而言，由于每所学校的发展历史不同与现在的办学条件差异，会形成每所学校不同的教育生态。学校教育生态以学校师生的发展为主线，与学校生态环境因子相互联系，并作用于学校的物质环境、精神环境，形成一种学校生态系统。

（二）学校生态中的非儿童友好现象

学校是学生学习、成长的地方，也是师生作为主体人的精神交流场所，是激发他们生命活力、展现他们多彩自我的舞台，是师生点燃灵感、激发创新、集聚智慧的场所。但在实际的学校学习与生活中，学生想说爱你不容易；课堂学习，学生主动精神常受压抑，老师说什么学生记什么；师生关系，常常就像"警察抓小偷"……非生态的教育现象在学校中屡见不鲜，学习教育出现了较为严重的"水土流失"、营养不良、生态失调、压抑个性、失去灵性、远离生活，到必须转变的时候了，构建良好的学校教育生态已经凸显出来。

从生态学的视角来审视学习教育，当今学校教育中存在的生态文明缺失现象较多。其中最突出的非生态性教育行为表现在师生关系上，对学生"师源性心理伤害"较多。"师源性心理伤害"是由于教师的心理素质和心理健康水平不佳，对学生的心理健康造成程度不一的伤害，例如教师变相体罚、侮辱性的批评或嘲讽。有些教师常常以居高临下、盛气凌人的态度对待学生，甚至用刁钻、刻薄的语言对学生讽刺挖苦，常常有"你真笨""没出息"等语言。教师对学生不公正、歧视和偏见，常错误对待学生。师源性心理伤害所造成的危害对学生身心发展，以及对教育、教学产生不可低估的负面影响。

非生态教育环境中，教师常常扮演着课堂权威和课堂学习的控制者，学生则理所当然地居于被主宰、被控制的地位。学生甚至失去了在自然常态下正常的心理、行为反应，一切围着升学率转。教师起到的不是作为一个创造性的激发者、学习的引导者、潜能的开发者、高品位生态的营造者、生命活力的调节者的作用。角色的错位打断了课堂里正常和谐的相互交流与影响，并形成了一套强化和惩罚体系，使得师生之间、生生之间的关系和互动变得异化。

在学校中非生态性教学还表现在教学内容和方法上。常见于教师的教学内容过多，超越学生生理、心理可以健康承受的范围，导致学生的习得性无助感,认为自己笨,读书读不好。尽管现在不断降低要求,但至今还是让我们感到忧虑。课堂教学中许多教师在很大程度上是在"克隆"学生,课堂教学基本遵守着"赶鸭子""填鸭子""考鸭子",最后学生都变成了无个性、无特色、无活力的唯书、唯教师、唯标准答案的"板鸭子"。传统的课堂教学以一个模子、一种方式、一个标准把原本千姿百态、生动活泼的学生加工成"标准件",课堂教学方法的工具性和机械性不仅湮灭了教与学过程的生命活力,也异化了教育的意义。

非生态性教育损害了学生的心理健康,导致学生注意力不集中、学习焦虑、抑郁、学业不良、厌学等一系列的心理问题,甚至永远无法弥补。在教育、教学实际中,有的教师不反思自己的言行是否符合职业道德要求,相反却滥用教师的权力,有的教师甚至强词夺理、推卸责任,把过错一概归咎于学生。"人类灵魂的工程师"却成了"学生心灵的摧残者"。这种专制、无情的师生关系破坏着学校教育的生态。这些非生态现象的存在足以令人警醒,教学超载、关系失衡、无视人性、权力控制、缺少和谐的教育必须转变,使之成为学生健康成长的教育生态。

(三)学校教育的生态化

教育生态化是我国教育改革与发展的重要方向。教育非生态现象不仅表现在宏观的基础教育均衡发展中存在的教育供给和需求的结构性失衡、教育资源配置重点和教育质量优化方向的失衡上,而且也表现在微观的学校教育中存在的严重非生态教育现象。这是一个迫切需要解决的问题。构建绿色、和谐、可持续的教育生态环境,为学生全面发展健康成长提供"绿色生态",实现"绿色"教育。上海市教育委员会《关于〈上海市中小学生学业质量绿色指标(试行)〉的实施意见》中指出,"建立良好教育生态的有效保障",生态化的教育在本质上体现了当前基础教育转型发展的走向。学生的发展需要有良好的生态环境,建立学校德育、课程、教学与管理的内外部良好关系,建构学生健康成长的生态系统,培育学生良好的生态素养。"让学校更生态"意味着让学校的教育更生态化,学校的教育生态更健康。

什么是"学校更生态"?这是指让学校健康的生态特征更明显、更突出。这意味着学校教育生态更符合生态特征:适宜性、丰富性、生命性、民主性、共生性、开放性、均衡性、整体性等。这个过程就是学校生态化的过程。学校生态有以下八个主要特征:

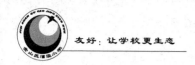

1. 适宜性

生态学有着基本的最适度法则：一个生物能够出现，并且能够成功地生存下来，必然要依赖各种复杂的条件合理存在。生物对一种生态因子的忍耐范围是有限度的，"过"和"不及"都是有害的。健康教育生态的基本属性就是适宜性，即适者生存。学校的生态环境要适应学生成长的身心规律，尤其是适宜学生学习。教育生态需要保护，也就是需要合理地对待生态系统。如果教育方法不合理，则学生成长必遭损害。生态化的教育方法首先要合目的性，有利于促进学生健康成长，必须改变制造一种思维模型的"加工场"，以一个模子、一种方式、一个标准把原本千姿百态、生动活泼的孩子都加工成"标准件""通用件"。健康的教育生态是适宜于学生健康学习与成长的生态，以期实现学生可持续发展的价值。

2. 丰富性

丰富性是维持生态系统稳定性的重要因素。生态学认为，一个复杂的生态系统，总是比一个简单的生态系统更稳定，对于外界环境影响的反应能力也更强。生态意味着生命及其环境的多样性。教育生态的丰富性不仅表现在生态主体的丰富性上，而且也表现在学校生态环境的丰富性上，多样性意味着丰富性，没有多样性，生态的主体必然会受限制，甚至萎缩、消亡。因此在教育生态中让每一个学生都发展得好才是生态丰富性的表征，偏爱部分学生是反生态的。小学教育生态丰富性，还表现在教育生态中主体与环境的教育活动的内容、形式的丰富性，教育内容与方式不能单一，失去多样性也就失去教育生态发展的良好条件。

学校教育生态的丰富性还表现在教育生态因子的多样性。学校教育生态系统是由不同的教育生态因子构成的。生态环境中对教育生态主体产生影响的因子称为生态因子。例如，课桌、实验设施等物质因子，各班课程表、学校作息表等制度因子，课程设置、教学方法等课程因子等。生态因子具有质的多样性，例如物质与非物质、稳定与变动因子等。

3. 生命性

生长和发展是人的本性，发展是生命的权利，是生命的目标。教育生态应该成为生命发展的良性生态，这里的发展是师生双方的共同发展，是彼此生命发展意义的自觉，是对生命的虔诚和负责。教育生态中的"生命发展"意指生命的天性就是生长发展,生长和发展是人的本性,发展是生命的权利,是生命的目标。生命发展就是生命在良好教育生态中的生生不息和蓬勃向上。我们以生态系统主体的良好发展为终极目标,以符合生态发展的规律与原理,积极营造为师生生命发展的良性生态环境,促进处于教育生态中的师生获得健康的发展。教育生态强调学生是生命体,更是能思想的生命体,应该把教师、学生看作在教育这个特殊环境中相互作用,用更符合生态原理的方式来营造教育生态。

4. 民主性

人类社会生态系统的最大特点是民主性,这不同于自然生态。学校教育生态系统中的主要关系是生命体的关系,如师生关系、生生关系、教师关系、管理者与师生关系、课程与师生关系、教学与师生关系等。无论是从专业上考量、还是从人际关系上考量,这些关系基本衡量标准就是民主性,关系有关方是平等的还是不平等的、是民主的还是专制的。学校教育生态的民主性程度是各种关系状态的直接的表征。学校教育生态应该建立民主的关系,具有民主平等的氛围,教育教学与管理民主化,建立平等、民主、尊重、信任、友好与合作的师生、生生之间的人际关系。

5. 共生性

教育生态的一个重要特征是共生性。生态学认为,生物生活在一起,一方的存在以另一方的存在为条件而长期共生;同时又直接或间接地发生着联系,师生之间的关系也是一种互利共生的生态关系。共生是不同教育生态主体之间的积极关系。教师是相对于"学生"而言,离开了学生,教师价值就成了无源之水。相反,学生离开了教师,学习上就困难重重,这就是"教学相长"的生态意蕴。学生之间、教师之间也是共生关系。学生之间的共生关系,正如《礼记·学记》中提到的"独学而无友,则孤陋寡闻"。

6. 开放性

学校教育生态内部,教育目标、内容、评价以及管理机制体系等,相互之间都一直进行着交互。在教育过程中,任何一种要素或因子都不是,也不可能是完全孤立封闭的。互联网突飞猛进发展的今天,学校生态系统的开放对学校的德育产生着不可忽视的影响。如果忽视教育生态系统的内外开放性,对生态系统内外各因素的变化不能把握,对教育

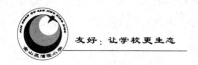

过程不做及时、相应的调整,就会严重影响学校教育生态系统的实际功效。学校教育生态不断地通过与校外的家长、社区、政府职能部门、企事业单位等建立多种联系,通过这些开放性的联系使学校教育系统具有不断地与外界环境进行交互、学校以此不断优化自己发展的条件。

7. 均衡性

在教育生态中,主体与环境之间、主体各个群集之间,通过能量流动、物质循环和信息传递,使它们互相间达到高度适应、协调和统一的状态。学校教育生态系统中自然生态环境、社会生态环境和规范生态环境三种环境因子内部以及它们之间的关系,教育生态主体——师生、师师和生生之间的关系等这一系列生态关系链的良好运转是教育生态系统平衡与否的关键所在。在课堂教学中,在不考虑其他生态因素的影响下,输入学生没有掌握的信息和知识,经过学生的内部"加工",形成解决问题的能力。而若教师输入过多的信息到课堂,必然引起课堂生态的失衡。为了达到新的平衡,必然要求师生调整教与学,以促成动态稳定。学校生态的均衡性表现在学校五育并举,偏废任何一育都将造成学生全面发展受到不利影响。

8. 整体性

生态学的重要原理之一:生态系统原理。这条原理强调生态系统是生物系统与环境系统互相依赖和相互作用构成的自然整体。所有有机体与其所生存的环境间都存在着互为依存、互为因果的相互关系。生态课堂是由各部分组成的有序、稳定、完整的生命共同体,由师生和教学环境交互作用形成整体。首先表现为师生与课堂环境的相互影响,如:在班级人数适宜的环境中进行教学活动,主体的精神饱满、心情愉悦。其次,课堂主体之间的相互作用、相互适应,如:教师在成功"塑造"学生时,学生也反之影响教师,师生间相互认可、谐振共鸣。

教育生态的整体性还表现为生态系统的综合性。学校生态系统由众多生态因子组成,相互交互,对学校教育产生综合的影响,满足育人所需要的生物的、社会的和精神的条件。在学校时空范围内不仅有着多元的主体,而且也有复杂的自然生态环境、社会生态环境、文化生态环境。这三种环境及其生态因子在教育过程中相互作用,形成平衡或者失调、竞争或者协同等复杂的情况和关系。

二、我们的儿童友好生态型学校

（一）我们的理念："儿童友好，让学校更生态"

我们学校在建设"儿童友好生态型学校"的过程中，确立了"儿童友好，让学校更生态"这个办学理念，并以此引领我们的办学实践。

"儿童友好，让学校更生态"理念有着丰富的内涵：

1. "儿童友好，让学校更生态"体现了人类对教育的愿望，是基于对人的生命价值的最基本的思考。这是人性的焕发、人道的呼唤，人们对下一代成长的期盼。

2. "儿童友好，让学校更生态"是对教育"以学生为本"的最本质诠释，是人文主义思想的集中表达，承认人的生命意义，尊重教育生态对儿童发展的价值。

3. 我们的理念突出"儿童友好"，是以可持续发展为价值取向，是生态文明进步的重要体现，也是学校办学的方向和目标，推进全纳教育，实现学生的终身可持续发展需要。这是学校办学理念、办学目标、培养目标、校训、教风、学风的教育哲学思考。

4. "儿童友好，让学校更生态"本质上体现了教育生态观，可持续发展是教育生态观的核心，遵循教育发展的客观规律，以学生终身发展为宗旨，确立教育为了每一个孩子的观念，为每个学生提供适合他们发展的教育。强调尊重、关心、保护学生，公平公正地对待每个学生，并在教育教学过程中平等对待所有学生。

5. "儿童友好"这个理念符合 2015 年的《仁川宣言》——"教育 2030：迈向全纳和平等的有质量的教育以及全民终身学习"的宗旨，充分体现了公平教育和教育机会均等的思想。学校教育必须关注每一个学生，无论他的生理是否有缺陷、学习是否有困难、行为是否有问题，都是我们学校服务的主体。

6. "儿童友好，让学校更生态"体现了"教育面向未来"的教育价值取向。我们的学校教育从教育内容到教育形式，都要为儿童提供最适宜的教育，是对承担"明天"责任的今天教育的行动诉求。

7. "儿童友好，让学校更生态"充分体现了《儿童权利公约》中儿童最大利益、尊重儿童权利的理念。

8. "儿童友好，让学校更生态"强调学校是一个健康的生态系统，教

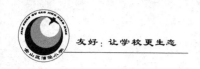

育必须关心认同最充分的发展。"儿童友好,让学校更生态"体现了教育的"发展性"这个基本价值。

9."儿童友好,让学校更生态"强调尊重、关心、保护学生,公平公正地对待每个学生。这也是我国教师专业伦理的基本要求。

10."儿童友好,让学校更生态"不仅指对学生友好,还要对教师、家长等友好,增强合作,消除偏见与歧视,促进教育公平。

"儿童友好,让学校更生态"这个教育理念对学校教育提出了高要求,是我们学校教育的理想,是我们教育工作者的追求,也是我们行动的号角。我们确信,不因为是理想而不追求,不因为是高标准而不行动,应该用积极的行动实践我们的教育理念。

（二）我们理解的儿童友好生态型学校

"儿童友好生态型学校"的提出就是为了使我们的学校生态更健康。我们学校正是以建设生态型儿童友好学校为目标,坚持不懈地努力着。

"生态型学校"是以教育生态学为理论基础,将学校作为一个具有生命活力的生态系统,通过全面整合学校内外资源,增进学校内部以及学校与外部之间的协调,维护系统中诸要素的良性互动,使学校各育融合,学校可持续发展,实现学生健康成长的学校。生态型学校有着相同的本质特征,但是又有着不同的类型。我们学校以"儿童友好"为指向,建设生态型儿童友好学校。"儿童友好"是指儿童受到尊重和关爱,获得快乐和安全,儿童充满活力,得以健康成长。儿童友好型学校是以"对儿童友好"为特征的学校,符合生态的本质特征——共生。

儿童友好生态型学校(Child Friendly Eco-School)是指通过友好的管理、友好的教育、友好的班级、友好的家校合作、友好的顶层设计构建充满对儿童尊重与关爱,体现人性化的,充满活力,为儿童快乐、安全、全面成长营造健康生态的学校。(王钰城,2014)儿童友好生态型学校是指儿童受到尊重和关爱,快乐和安全,充满活力,提倡均衡发展,体现人性化的学校。这样的学校是通过友好的管理、友好的课堂、友好的班级生活、友好的家校牵手、友好的顶层设计构建充满关爱、温馨的儿童友好学校,促进了儿童的全面成长,为儿童成长筑起了一座美丽而璀璨的生态型学校。

儿童友好生态型学校的本质就是与儿童和谐共生,在学校办学中与儿童建立友好的关系。儿童友好生态型学校强调对儿童充满友好，应该是尊重儿童、认可儿童价值的学校，倾听儿童的声音、向儿童学习的学校，所有儿童都有机会、充满希望的学校。实现师生全面和谐、可持续的发展，学校成为师生的生命乐园、智慧学园和幸福校园。

"儿童友好生态型学校"是学校办学的方向和目标，是推进素质教育的需要。儿童友好生态型学校体现了生态文明。儿童友好生态型学校是一个极为健康的生态系统。犹如一个理想中的生态园，为园中的每一棵树、每一朵花、每一株小草、每一个小动物都创造一个最适宜生存的空间，在这样的生态园中，每一种生物都能得到最天然的生长。

三、关心：儿童友好生态型学校的内核

如何创建儿童友好生态型学校，要把理念转化为实践，生命需要得以关心，发展需要得到支持。"关心与支持"就成为儿童友好生态型学校创建的内核。"关心与支持"是一个整体，"关心"不仅是一个教育目标与内容，而且也是教育的态度与手段。"关心"对"支持"有着导向作用，"支持"是"关心"的具体表现。通过"支持"实现关心，通过"关心"实现支持，因此不能绝然割裂。联系中又有区别，"支持"在操作上更强调载体，例如教学上通过支持性作业，实现对学生学习的关心，在德育上更多地创设情境，关心学生道德品质的发展。"关心"更多地通过关系，各种关系的建立、发展，例如和谐的师生关系、亲密的人与自然关系等。这种关系的建立与发展主要依靠通过不同的生活中需求以及其应对。

"学会关心：21 世纪的教育"（Learning to Care for Others——the Aim for the Education in the 21st Century）是 1989 年 11 月 27 日至 12 月 2 日联合国教科文组织在我国北京召开的"面向 21 世纪教育国际研讨会"会议报告的总标题，是 21 世纪教育所致力的目标。这个口号的提出是继 20 世纪 70 年代初提出"学会生存"之后，教育观念、伦理观念和教育发展方向的又一次重大变革与更新，它标志着世界教育的发展又将进入一个新的历史阶段。1972 年《学会生存：教育世界的今天和明天》的报告正式确认保罗·朗格朗于 20 世纪 60 年代中期提出的终身教育理论。这一理论突出的是个人适应社会的问题，鼓励竞争，提倡在竞争中求生存求发展。然而，仅有竞争是不够的，社会的发展更需要合作。只有在合作中才能体现个人价值，只有合作才能解决人类面临

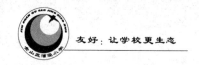

的各种问题。不管是解决一个国家的生存和发展问题，还是解决全球性问题，都需要倡导一种全球合作精神。这正是"学会关心"提出的背景之一。

　　世界著名教育家诺丁斯一再强调"关心是一切成功教育的基石"，她还指出，"并非所有人都同意关心的重要性"，还进一步指出，"你也会发现所谓的关心行为如何给被关心者生活带来显而易见的痛苦。你更会发现，有的行为被公认为是关心，但实际上那些行为对特定的被关心者，甚至对未来整整一代人的有害影响不过是被掩盖了而已"。(诺丁斯.学会关心：教育的另一种模式[M].北京：教育科学出版社，2004：1-4)在深刻地指出关心的重要性的同时，揭示了关心需要观念上的认同与能力上的可实现性，更需要有对待各种关系的高尚伦理道德。这就告诉了我们教育需要生态化，师生的关心品质极其重要。

　　"关心"也是一种教育关系，即教育生态关系中的一种。"在教育过程中对学生发展的支持主要表现在三个方面：一是学生与教师的关系。学生与教师的关系是主体间关系。在支持性教育的本义上发展的主体是学生，而支持性教育的支持者是教师，教师支持学生发展是学生发展的重要条件，学生发展需要教师的支持，这是教学的价值所然。正确把握好学生与教师的关系是实施学生发展支持的前提条件。二是学习与教学的关系。学习与教学的关系是主体行为方式关系。学是个体主体行为，任何人不可能替代。教是教师的行为，是为学生学习提供的支持。教师的教是为学生的学服务的。学习与教学的关系是互为依托、互为促进的。支持性行为正是学习与教学的耦合才能实现。在这对关系中要凸显以学习为中心，以学定教。要以学生学习方式的转变为教师教学方式转变的前提，而不是以教师的教为中心。三是发展与支持的关系。学生发展与教师的支持是结果关系。教师的支持性教育为学生的发展提供了更大可能。学生的发展主要是依靠学生的主体性，即发展的内部动因。外部的支持应该通过学生内因发生影响作用，推动学生的发展。同时提高外部支持的质量，使之成为可以促进学生发展的影响是十分重要的"。(王钰城，2016)正是这种教育生态关系才能有力地支持学校儿童友好生态型学校发展，即为学生的健康发展提供生态化的关心与支持。

　　"支持"不仅是儿童友好生态型学校的一项理念，也是实现的手段，更是一种能力。儿童的成长不仅需要关心,而且也需要支持,因为儿童是正在成长中的个体,是在成熟中的群体。对待儿童成长的支持是衡量一所学校的标尺,当学校成为追逐功利的时候,已经脱离了教育的责任,脱离了教育支持儿童成长的友好本质。儿童友好生态型学校强调的支持是教育支持,即具有扶持、帮助、鼓励与干预,使儿童适应环境、完成学习与成长任务的举措。教育支持的形式很多,有物质支持、行为支持、精神支持等,其目的在于为儿童顺利发展创设条件或者帮助摆脱不利困境。

教育支持是在学校教育生态中展开的,要处理好三对生态关系。一对关系是学生与教师的关系,这是教育生态中的主体关系,即生态中的生命体间的关系,在一定范围中的主体——师生共生。但是这个关系又是主体间性关系,教师要支持学生的成长。支持性教育在本义上发展的主体是学生,而支持性教育的支持者是教师。教师支持学生发展是学生发展的重要条件,学生发展需要教师的支持,这是教育的价值所然。正确把握好学生与教师的关系是实施"支持"的前提条件。另一对关系是学生与教育的关系。这是学校生态中的主体与生态环境的关系。"支持"中的学生是学校教育生态中的主体,而教育,包括教学等,都是主体外的环境。通过教育教学作用于学生,这就是生态环境作用于主体。教育生态中教育又通过教师的教育作用于学生,学习与教学的关系成了主体间性行为方式关系。学习是个体主体行为,任何人不可能替代。教学的教师行为,是为学生学习提供的支持。教师的教是为学生的学服务的。学习与教学的关系是互为依托,互为促进的。正是学习与教学的耦合才能实现"支持"的目标。在这对关系中要凸显以学习为中心,以学定教。要以学生学习方式的转变为教师教学方式转变的前提,而不是以教师的教为中心。学生与教育的关系成为学校教育生态的衡量器。还有一对关系是发展与支持的关系,这是教育生态因子间的关系。发展是目的,支持是手段,这两者都是教育生态的因子,但是发展是主体内部因子,而支持是外部环境因子。"支持"中的学生发展与教师的支持是结果关系。"支持"中的学生发展应该是全面的、健康的发展,是一个进步变化的过程。教师的支持性教育为学生的发展提供了更大可能。学生的发展主要是依靠学生的主体性,即发展的内部动因。外部的支持应该通过学生主体发生影响作用,推动学生

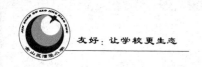

的发展。同时提高外部支持的质量,使之成为可以促进学生发展的影响是十分重要的。

简而言之,通过生态化的"关心与支持",促进儿童发展,才能实现真正的友好生态型学校的发展。

四、儿童友好生态型学校建设的基本原则

儿童友好型学校是以儿童发展为中心,师生、家长、社会民主参与学校管理,倡导儿童优先、儿童平等和儿童参与的理念,儿童发展环境良好,儿童权益依法保护,儿童观点充分表达,儿童安全有效保障,促进儿童德智体美劳等全面发展的学校。在创建儿童友好生态型学校时,我们遵循"儿童优先、儿童平等、儿童利益、儿童参与"的原则。

(一)儿童优先原则

《儿童权利公约》第六条规定,"1. 缔约国确认每个儿童均有固有的生命权。2. 缔约国应最大限度地确保儿童的存活与发展。"确保儿童的生命权、生存权和发展权的完整,所有儿童都享有生存和发展的权利,应最大限度地确保儿童的生存和发展。《儿童权利公约》指出,应确保儿童均享受《公约》中规定的各项权利,不因儿童、其父母或法定监护人的种族、肤色、性别、语言、宗教、政治身份、出身、财产或残疾等不同而受到任何歧视。确保儿童的福祉,应采取一切适当的立法和行政措施。各相关部门和机构在制定相关政策和落实中以儿童利益最大化作为首要考虑。

儿童友好型学校建设应遵循儿童身心发展规律,坚持"儿童为本"理念,本着"学生优先",为学生的学习与生活提供最大和最方便的空间。学校的办学应以儿童为本。要确保每个孩子接受公平、优质的教育,尊重孩子维护身心健康的合法权益,针对儿童个性与特点因材施教,提供平台让每个儿童享有平等参与各项活动的机会等。

儿童友好学校要为每一个儿童创设一个最适宜生存的生态,每一个儿童都能得到最自然的生长。儿童友好学校要在学校、教师、家长各个层面为儿童的生存和发展营建自由、多元、共生的生态环境,倡导各方形成合力,全面促进儿童发展。尊重、关心、保护学生,公平公正地对待每个学生是儿童友好的基本要求。

（二）公平对待原则

《儿童权利公约》第六条规定,"缔约国应遵守本公约所载列的权利,并确保其管辖范围内的每一儿童均享受此种权利,不因儿童或其父母或法定监护人的种族、肤色、性别、语言、宗教、政治或其他见解、民族、族裔或社会出身、财产、伤残、出生或其他身份而有任何差别"。每一个儿童都平等地享有公约所规定的全部权利,公平对待每一个儿童,不受到任何歧视。友好学校强调教育者理解、接纳、珍惜学生文化背景的多样性,反思教育中存在的歧视和偏见,增强教育公平意识,在日常教学中体现公平原则,消除偏见与歧视,为儿童提供更具包容性和平等、友好的环境,促进教育公平,为每个学生平等地享受成功的教育消除障碍。

儿童友好强调尊重儿童的生存权、保障儿童的发展权。每个儿童都应在学校教育中得到平等对待,在学校层面创建以学生发展为中心、以保障儿童权利为本的教育质量模式,确保学校在教育教学过程中平等对待所有学生。儿童友好学校要致力于使儿童免受任何形式的体罚,无论是学校内还是学校外。儿童属一个弱势群体,学校应制定相关的条例和制度,确保儿童免受任何形式的体罚和各种形式的虐待。在学校制度上为保护儿童提供保障,这是儿童友好学校最基本的特征。

无歧视原则要求儿童人格得到尊重,心声得到倾听;学生愿意主动上学,突出了主体地位,体现了以人为本的理念,能激发学习兴趣,提高学习动力和自尊心,在宽松、民主和谐氛围中专心学习与生活;孩子们有良好的行为和积极的态度,能更好地接受教育,培养多种生活技能,培养创新精神和实践能力,使身心得到健康发展。

（三）最大利益原则

《儿童权利公约》第三条规定,"关于儿童的一切行为,不论是由公私社会福利机构、法院、行政当局或立法机构执行,均应以儿童的最大利益为一种首要考虑"。这就是要求儿童的最大利益,改变从成人角度去思考一切、去谋求最大化利益。涉及儿童的一切行为,必须首先考虑儿童的最大利益。儿童友好学校的教育必须从儿童的发展出发开展教育活动,但是现实中,仅从学校或者教师的利益出发的荒唐事情不少,例如教师开公开展示课,常常会去试教,反复试教,这是明显不符合儿童教育生命价值的现象,为什么习以为常?是功利主义的教育观冒头,

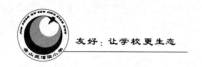

而不顾儿童最大利益原则。媒体曝光有领导到学校,让学生雨下听打着伞的领导讲话,漠视学生健康符合儿童利益最大原则吗?

最大利益原则要求学校成为一个让师生受到尊重和关爱、快乐和安全、宽松和谐、没有暴力和欺凌、提倡均衡发展、体现人性化的理想场所。我们学校分别从"实施有效的教育教学""创设以人为本的设施空间""营造安全的内外环境""提供公平的全纳教育""保障身心健康的权益""维护儿童参与的权利"方面落实儿童最大利益原则,为儿童身心健康保驾护航,促进儿童健康成长、全面而有个性发展。

(四) 儿童参与原则

儿童参与原则强调要让儿童参与到与他们有关的事务中去,因为他们才能代表他们最大的利益。成年人只有了解了儿童的要求,才能维护儿童最大的利益。

儿童参与首先就得认真充分听取他们的意见,尊重儿童的意见。《儿童权利公约》第十二条规定,"缔约国应确保有主见能力的儿童有权对影响到其本人的一切事项自由发表自己的意见,对儿童的意见应按照其年龄和成熟程度给以适当的看待"。

任何事情涉及儿童,均应听取儿童的意见。所有儿童,无论他们出生在哪里、属于哪个种族或民族,无论是男孩还是女孩、富有还是贫穷,都必须得到充分的机会,成为社会有用的成员,并且必须享有发言权,他们的声音也必须获得倾听。要实施由全社会共同承担责任的有效的教育,必须让儿童发表他们的意见,并且赋予他们被倾听的权利,以及让他们参与决策对他们有影响的事情。其次,这样的教育还必须是孩子、教师、家长和社会广泛参与,相互作用并形成合作关系。

我们秉持以"从一米的高度看世界"和"蹲下来和孩子说话"的理念,建设儿童友好生态型学校。"一米的高度看世界"就是从儿童的高度认识儿童的世界,儿童眼中的世界是真实的、亲密的、平等的、安静的。"蹲下来和孩子说话"就是儿童的地位,成人与儿童的地位平等。儿童是学校的主人,要倾听他的心声,接纳他们的合理化建议,让他们参与班级的管理和决策等。儿童是学习的主体,教师要转变观念,关注他们的学习经历、参与态度,培养强烈的参与意识,并积极地进行体验与尝试,实现向"学生为中心"的教学转变。让学生充分发挥自己的潜能,积极参与创新活动,要团结同伴、助人为乐、礼貌待人、善于交际与合作,要认真思考勤于动手、主动学习,初步树立终身学习的意识,为学会学习、学会生存、学会做人奠定良好的基础。我们的学校应该真正成为一个尊重儿童、认可儿童价值的世界,一个倾听儿童的心声向儿童学习的世界,一个所有儿童都有机会、充满希望的世界。

儿童友好生态型学校建设必须坚持"无歧视原则、儿童利益最大化原则、尊重权利与尊严原则、尊重儿童参与原则",重视"儿童生存权、发展权、受保护权、参与权",以儿童友好创建良好的学校教育生态,全方位谋划学校发展,不断增强儿童幸福感、自由感和公平感,促进儿童健康成长、全面发展。

第三章　以"支持"为特征的
生态课堂的建构

一、打造以"支持"为特征的生态课堂

(一)"生态课堂"的概念

我们认为首先应明晰什么是生态课堂,概念不清,无法正确实施生态课堂的实践。课堂是学校教育的主渠道,学校的课堂指的是在学校中被用来进行教学与学习活动,旨在掌握知识、发展智力和能力、培养品德和促进个性发展的场所。

生态课堂是指通过课堂生态中的物质、能量、信息资源的支持,促进师生与课堂环境的良性互动,增强课堂要素的活力,有利于师生健康成长的一种课堂。生态课堂是生态化了的课堂,具有良好的支持师生发展的生态。生态课堂是一种课堂范式,例如传统课堂,存在着很多非生态问题,教师处在专制地位。主知课堂,它的本质是工具性的。而生态课堂是以生命发展为核心的凸显生态特征的课堂范式,也就是说生态课堂以具有良好生态为其特质。

生态课堂是指课堂作为一个微观的生态系统,学生、教师、环境三者之间形成的人的因素、物质因素和精神因素相互依存、相互制约,课堂中每一个生态因素良性多元互动,确保师生生命质量,促进师生积极发展,显现强盛生命活力的学习与生活的场所。

课堂生态是学校教育生态的主要组成部分。从生态的角度,课堂是一个丰富的、复杂的、具有生命活力的生态系统。课堂生态是指师生与课堂环境及共同生活于课堂中的各个个体间或群体间的种种关系。课堂生态是特指课堂中教育主体与环境之间相互作用的关系状态,也就是指学生、教师、环境三者之间的人的因素、物质因素和精神因素三

者之间相互依存、相互制约,呈多元互动的关系状态。

生态课堂取决于课堂生态的状况。课堂生态有着多种的可能,可以是正向的课堂生态,有利于学生的成长,也可能是负向的课堂生态,不利于学生的健康发展。课堂具有独特的课堂生态主体(教师和学生)和课堂生态环境,是由教师、学生、环境之间交互作用共同使课堂成为有机的生态整体。创建生态课堂,促进课堂生态的优化,使师生成为合作的探索者、平等的对话者、合作的学习者。

关注生态课堂可以促进教学改革从宏观着眼、微观着手,将教育生态观念贯穿在教学过程中,彻底改革教学超载、关系失衡、无视人性、话语泛滥、权力控制、缺少和谐的课堂。非生态的课堂是一种畸形的教育模式,其结果必然导致学生在学习中的主体性被践踏,学生的个性发展遭压抑,课堂的生命活力被扼杀。改变教师/学生、意义/情景等二元对立、抛弃线性发展模式,使之成为具有积极意义的生态课堂,建设良性的生态课堂是学校教育改革的必然。

(二)"生态课堂"的内涵

生态课堂建设需要正确把握其内涵,并以此区分生态课堂与非生态课堂。生态课堂的内涵是极为丰富的,表现出强盛的活力。

1. 具有生命的课堂

课堂是一个丰富的、复杂的、具有生命活力的生态系统。课堂作为课程与教学活动系统,其最本质的特点是生命性。生态课堂中的教与学是师生社会的、精神的、生理的、心理的因素和环境因素相互依存的生命过程,关注由认知领域扩展到生命全域。关注生命的多样性,注重包容性。

2. 师生共生的课堂

生态课堂是一种共生的课堂,师生在课堂中地位平等,关系民主,互相尊重。生态课堂关注课堂中的主体与环境良性互动。生态课堂应该为教师、学生、文本之间多元对话提供生态环境,成为促进师生共同成长的学园。

3. 民主平等的课堂

生态课堂关注优化课的生态,使教学成为一个主动的、开放的、丰富的交互过程,而不是单向的、专制的、标准化的教学过程。生态课堂中的师生关系是民主平等的,学生有着充沛的安全感,学生个性化发

展得到鼓励。民主平等的课堂关注多元理解与个体的解释性、事物的情境性,宽容、允许不同意见的存在。

4. 多元对话的课堂

课堂是为教师、学生、文本之间多维的对话过程提供的生态环境。与生态课堂观相适应的教学必然是与生活、与学生经验多向、多元的对话。生态课堂有着群落生态,通过转变课堂中的教师行为、学生行为,调适失衡的课堂群体生态,不同生态位的学生间相互合作,平衡课堂群体生态,改善课堂生态。

5. 开放发展的课堂

生态课堂是开放的,不应是线性的、封闭的。强调教育、教学的动态生成性,非预先设定、非线性。强调教育的不可重复性,重视个体差异性,关注学生个体的价值和体验。生态课堂是以学生为本的课堂,关注人性、突出发展,满足学生的成长需要,展现其多彩自我的舞台,是师生点燃灵感、激发创新、集聚智慧的平台。

6. 创生发展的课堂

积极的生态是生命活力的基本保障,是生命创生的必要条件。生态课堂是学生学习、成长的地方,是学生作为主体人的思想和情感交流场所,其激发学生生命活力、凸显学生人性、唤醒学生自由天性,关注主体意识的提升和个性的解放,把学生从束缚他们全面成长的生态中解放出来。

“我学习,我快乐,我收获”正是生态课堂的写照。我们在课题研究中,努力把握生态课堂的内涵,以便正确引导生态课堂的建构,而不是贴标签式地猛闹一番。

(三) 生态课堂要素、结构

1. 课堂生态的要素

课堂生态系统主要由主体与环境两大部分组成,环境的要素可以分为四类:

○ 物质要素

(1) 课堂自然因素。教室内部物体的颜色、教室的采光、温度、噪声。

(2) 课堂时空因素。教学时间的密度、节奏和效率,课堂空间的组织形式、空间密度。

(3) 课堂设施因素。课桌、座椅、讲台、黑板等课堂基础设施,现代化教学手段等课堂教学辅助设施。

○ 社会要素

(1)组织因素。课堂教学总是以一定的组织形式进行。不同的组织形式在课堂互动、交流、参与、竞争等方面对学生产生的影响各有特色。充分发挥课堂组织因素之长,营造生动活泼的课堂气氛,才能使学生的个性得到充分发展。

(2)制度因素。课堂活动有着一定制度规范着教师与学生的教学行为与学习行为。课堂制度有显性的,也有隐形的。

(3)班级政治。这包括班级的社会关系、班级的干群关系、学生中实际存在的不同地位等。班级政治中特别重要的是班级中民主与自由的观念。

(4)班级经济。这包括贫富学生间的关系等。

○ 规范要素(又称精神因素等)

(1)信息因素。课堂教学过程是师生间信息传递和交流的过程,信息传递的渠道、媒体、风格等构成的传播方式会制约信息的可接受度,所传递和交流的信息的新颖性、丰富性、科学性、形象性则是形成积极、活跃的课堂心理气氛的重要因素。

(2)文化因素。文化是课堂的养分,课堂不仅是以传授和学习文化为主要的活动,其本身也充盈着浓厚的文化底蕴。教师文化、学生文化、性别文化、制度文化、课程文化等等既独立又交叉,既一致又冲突,学生的发展是诸多课堂文化共同作用的结果。

(3)道德因素。课堂中的各种道德观念、道德行为等,其中尊重、关爱学生是一个十分重要的课堂生态道德要素。

(4)法制因素。师生各种权利在课堂中得到尊重与维护,特别是学生的合法权利得到尊重。

○ 心理因素

(1)课堂人际因素。课堂是教学实施者、学习参与者进行人际交流的社会环境,在这种特殊的环境中,学习者与教师之间、学习者之间通过多向的交往,形成复杂的人际关系,它们弥漫于课堂之中,时时刻刻影响着课堂气氛、课堂活动方式和学习结果。

(2)课堂心理场因素。这主要指课堂中师生所表现出来的心理状况,例如,积极的情绪、坚定的意志等心理所形成的心理氛围会影响师

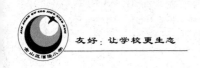

生的行为。成功的课堂更依赖于课堂上师生的内在状况及彼此的互动与交往。

（3）课堂社会心理因素。例如模仿、流行、舆论等因素。舆论由意见构成，课堂舆论因课堂教学问题或者矛盾而产生并互相感染。课堂舆论是反映课堂教学的"晴雨表"，是左右课堂心理气氛的工具。在现代学校教育中，课堂舆论的作用和力量越来越大，成为影响教师、学生教育思想和课堂教学行为的重要因素。

了解了课堂生态系统的要素，我们在构建生态课堂时才可以有的放矢，用科研促进教学又符合了本校的办学理念。

2. 课堂生态的结构

课堂生态是由课堂生态主体(师生)和课堂生态环境共同构成的。顾晓东将生态课堂定义为"由生命体(教师和学生)与教学生态环境(物质环境和精神环境)构成的统一体，包括物质环境和精神环境。物质环境包括自然、时空、设施等因子。精神环境包括教学信息、课堂文化、师生情感、课堂制度、人际关系、课堂氛围等因子。各因子之间的'关联'表现为相互影响、相互作用，并存在着物质流、能量流和信息流"。在课堂上教师、学生与课堂生态环境各要素之间相互作用、相互影响，进行着物质循环、能量流动和信息流通，从而构成了课堂生态系统的基本结构。研究课堂生态的基本结构，就要从课堂生态的基本要素出发，分析课堂生态环境要素的组成，探讨教学方法、课堂管理等课堂生态环境要素的作用。

（1）课堂生态主体结构

课堂生态的主体是教师与学生随着新课程改革与新的教学技术的实施，师生的生态角色发生了很大变化。与传统的生态角色相比，教师的生态角色主要体现在：教师是文化信息的传播者，教师是学生潜能的开发者，教师是学习活动的引导者，教师是意义建构的组织者，教师是人际关系的协调者，教师是心理健康的保健者。学生的生态角色与传统角色相比，也有很大区别。学生不仅是环境的适应者，还是环境的制造者和利用者，实现着自身的自主发展。学生的生态角色主要体现在：学生是知识意义的主动建构者，学生是学习过程的自我监控者，学生是享受学习的快乐成功者。教师在生态的课堂中依然处于一个至关重要的地位，教师需要为学生创建一个真实有效的学习环境，让学生在课堂中的投入力度增强。教师在教授课程的过程中需要展现一个正能量的情绪,让学生能够达到一个活跃的思维程度,从而实现课堂生态的最根本目的,使教师、学生、教材、教学环境在动态的相互作用中形成一个教育生态系统。

(2)课堂生态环境结构

课堂生态环境可分为客体性课堂生态环境、派生性课堂生态环境和客体性课堂生态主体三类。每一类环境都含有其独特的要素。客体性课堂生态环境是指那些独立于课堂生态主体的主观意识而客观存在的课堂生态环境因素,主要包括一些物理因素,如教室温度与湿度、颜色与光线、课桌椅、仪器设备、图书资料等。它们是课堂教学赖以进行的物质基础和基本条件,是课堂环境不可缺少的组成部分。派生性课堂生态环境是指那些由课堂生态主体派生而形成的课堂生态环境因素,主要包括教材、教学方法与手段、班级人际关系、班级学习风气、班级规模、班级管理制度以及课堂气氛等因素。它们是课堂生态环境的最重要的组成要素,既包括人类的知识和思想、集体的价值和规范,又包括个人的理想和观念、人生的态度和信念,说到底派生性课堂生态环境就是社会环境和规范环境的组合。客体性课堂生态主体是指作为客体性环境因素而存在的课堂生态主体,这主要是就教师的个人因素和学生的个人因素而言的。教师的个人因素包括专业素质、文化修养、个性倾向等,学生的个人因素包括家庭背景、知识结构、个性倾向等。根据课堂生态结构,我们要很好地布置课堂环境。

二、以"支持"为特征的生态课堂

我们学校建设以"支持"为特征的生态课堂。生态课堂必然要有课堂生态给予关心,创设一个"支持场",发挥课堂生态的整体功能。"支持"是生态课堂本质的必然,体现课堂生态思想与方式。

生态课堂中的"支持"主要表现在:课堂民主是支持的核心,通过物质循环、能量转换、信息传递获得支持,通过优化、修复课堂生态给予支持,调节课堂中的主体关系、教与学两大关系实施支持。

(一)把握"支持"的三对关系

生态课堂中实施"支持"要把握三对关系

1. 学生与教师的关系

"支持"中的学生与教师的关系是主体间关系。"支持"首先要解决

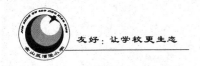

关心谁的问题。"支持"在本义上，发展的主体是学生，而"支持"的关心者是教师，因此"关心"中必然存在着学生与教师的关系。教师关心学生发展是学生发展的重要条件，学生发展需要教师的关心，这是课堂的价值所然。正确把握好学生与教师的关系是实施"关心"的前提条件。

2. 学习与教学的关系

"支持"中的学习与教学的关系是主体行为方式关系。学习是个体主体行为，任何人不可能替代。教学是教师的行为，是为学生学习提供的关心。教师的教是为学生的学服务的。学习与教学的关系是互为依托，互为促进的。正是学习与教学的耦合才能实现"支持"的目标。在这对关系中要凸显以学习为中心，以学定教。要以学生学习方式的转变为教师教学方式转变的前提，而不是以教师的教为中心。

3. 发展与支持的关系

"支持"中的学生发展与教师的关心是结果关系。"支持"中的学生发展一个是全面的健康的发展，学生的发展是一个进步变化的过程。教师的关心为学生的发展提供了更大可能。学生的发展主要是依靠学生的主体性，即发展的内部动因。外部的关心应该通过学生主体发生影响作用，推动学生的发展。同时提高外部关心的质量，使之成为可以促进学生发展的影响是十分重要的。

（二）"支持"的三要素

1. 主体要素：学生

学生作为支持的主体是从发展主体角度上考量"支持"的。这同教育的主体是学生道理一样。"支持"意味着关心学生的学习(广义的学习)，没有学习过程中的学生主体性，就无法实现学生的发展。能力的发展就是个体身上的潜能转化为现实的能力。这种转化发生在学生个体身上，而不是教师身上。学生的能力发展只能靠自己的努力，任何人都不能替代学生个体去操作、锻炼。没有他们亲自的实践，难以发展学生个体的能力。只有学会，不可能教会。只有学生自己有了学习愿望，才能产生教学的效果，才能转化。

教师是支持的提供主体，是关心活动的提供者，而学生是关心活动的发展主体。这两者有区别有联系。学生如何实现发展目标是"支持"的逻辑起点。"支持"强调主体性突出学生是学习活动的主体，是学习活动的行为主体。凸现主体性就是要以学生为中心，学生的学习需要是首要因素,支持学生学习的教学应该建立在学生学习基础和学习需求之上,改变学生被灌输、被接受、被冷落、被忽视的局面。

2. 目标要素：发展

"支持"主要指向学生的发展,重点在支持学生的能力发展,学会做人,学会做事。能力不仅指认知上的能力,也包括社会性能力、人文性能力,例如爱的能力、合作的能力、民主的能力等。通过能力培养促进学生多元整体发展。能力的发展的实质是"展开",即"能力"的发生和发展的连续过程。"支持"要关注能力的内容、能力的形式、能力发展的过程。这些因子不是静态的,而是动态的。在"支持"展开中这些能力的因子进行互动,从而促进能力的发展。它们互动连结,互为影响,互为制约,从而使能力发展过程多变、丰富。

3. 载体要素：活动

活动是"支持"的载体,支持儿童发展需要通过活动这个载体,学习活动、交往活动,包括作业。例如对学生的精神鼓励这种支持也离不开师生的交往活动。活动是学生能力得以获得与提升的载体。能力发展在具体的活动中,特别是学习任务的过程中通过实际的"做",即"行动"来获得发展,强调"做"的过程中的思考及经验转化。各种能力发展必须通过活动、实践、操作,学习能力的培养同样也需要通过活动、实践、操作才能获得与发展。

活动作为目标与过程的中介,必须关注活动的能力指向,选择与运用适当的活动。关注活动的运用,同一活动也会有不同的效果。活动必须创新,以适应学生不同的学习,达到发展目标。要关心学生的活动,即支持学生展开活动的过程,支持学生在活动中表现得更好、更出色。

(三)"支持"的主要结构

"支持"的结构是指生态课堂中"支持"的要素所构成的联结,也是"支持"这特定的系统内部各要素之间的稳定联系形式以及其与外部环境之间的关系形式。"支持"之所以和其他的方式有区别,就在于它的结构上的差异,其要素是能力、作业、表现,以及它们作为主要结构成分,并在运作上显现出以学生发展的特点和功能上不同。如果以知识为要素特征的教学模式则是传授性教学,就不是学生发展关心性教学。如果要素与结构发生了改变,那么这个教学模式也就发生质变。基于

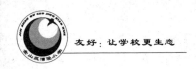

能力的取向，与表现的形式，形成了具有以表现为规定性的支持性教学。

支持性教学结构是以要素关系建构的，从而通过要素结构产生学生发展功能。

"支持"要素之间的关系结构可以这样表述：

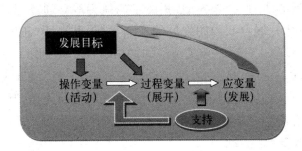

在上述示意图上，我们可以看到三个变量，自变量活动对过程变量——展开起着操作变量功能，通过这个过程变量引起了发展这个应变量，达到学生目标能力的发展，使发展目标实现。同时我们也可以从图式中看到发展目标，即学生在发展目标上，对整个发展过程起着引领作用，对操作变量、过程变量与应变量起着影响。支持对变量的作用过程产生作用。

"支持"是通过教育者创设一定的活动或者作业，让学生在一定情境中主动实践、表现等，获取知识技能，把握方法与过程，培养情感态度，以学生外显表现行为的发展，优化学生的个性，锻炼基本能力，促进学生自我实现和创新精神发展的行动与行为。生态课堂中的"支持"是由要素、结构形成的一种功能，对以此为主要功能的生态课堂就是"以支持为特征的生态课堂"。

三、把握生态课堂的六大特征

我们对实践进行的归纳提炼，提出了"以支持为特征的生态课堂"具有系统性、支持性、适宜性、丰富性、差异性、民主性六大特征，并以此把握课堂生态。

1. 系统性

生态学的重要原理之一是生态系统原理。这条原理强调生态系统是生物系统与环境系统互相依赖和相互作用构成的自然整体。所有有机体与其所生存的环境间都存在着互为依存、互为因果的相互关系。课堂生态是由各部分组成的有序、稳定、完整的生命共同体,由师生和教学环境交互作用形成整体。同时作为一个生态系统,遵循着"要素—结构—功能"这一系统原理,即基于系统的关键的支持要素,并由此形成支持结构,产生支持功能。

2. 支持性

支持性是我们学校生态课堂的重要特征。师生与课堂环境通过"支持"活动与行为相互影响。课堂中发展主体学生与支持提供主体之间相互作用、相互适应,如:教师在成功影响学生时,学生也反之影响教师,师生间相互认可、谐振共鸣。生态课堂中的支持主要由生态系统中物质、能量和信息交换来实现支持。能量的转换就是一种支持,例如教师的教育爱就是一种能量,可以转化为学生爱的能力的提升。课堂生态中生态平衡需要支持,这种支持也就是课堂生态的修复、维持与优化。这种支持是动态的、相对的,总是处在既平衡又不平衡这样一种不断运动、变化和发展的过程中。

3. 适宜性

生态学有着一条基本的法则——最适度法则,意思是一个生物能够出现,并且能够成功地生存下来,必然要依赖各种复杂的条件合理存在。生物对一种生态因子的忍耐范围是有限度的,"过"和"不及"都是有害的。在课堂教学中,如果教师输入过多的信息,会引起课堂生态的失衡,为了达到新的平衡,就得要求师生调整教与学,以促成新的均衡。生态课堂中的各因子是互为适宜的,课堂作业要适合学生的可接受性,学生的可接受性也制约于作业的水平。生态课堂在一定的时间内和相对稳定的条件下,通过多种支持,使课堂中的各教育生态因子、结构和功能处于相互适应和协调的动态之中。生态课堂也涉及其生态因子的三种状态:最小量、最大量、最适度。最适度的"度"是生态因子质和量的统一。生态课堂中的群体也都有自己最适宜的群聚度,不当的群聚度会影响教育群聚的活动和效能。

4. 丰富性

生态学的基本观点之一即是尊重生命的多样性和促进生命的共生性。生态意味着生命及其多样性,尊重生命多样性构成了生态的基础。在一个生态系统中各种生物体共生是生态丰富性的集中表现。在课堂

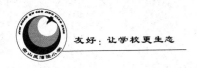

上让每一个学生都发展得好才是生态丰富性的表征,偏爱部分学生是反生态的。正如世界上的生物千姿百态一样,丰富性意味着多样性,没有多样性,生态的主体必然会受限制,甚至萎缩、消亡。

"以支持为特征的生态课堂"也是丰富多彩的。首先是主体的丰富性,师生都是各具特点与差异的生命体,也有自己发展的需要与权利,课堂中不同学生、教师的多样性保证了课堂活动的稳定性。学生不断成长的过程,本身就意味着多样性和丰富性的增长。同时其丰富性还表现在课堂教与学的内容、形式的丰富性,教学内容与方式不能单一,失去多样性也就失去课堂生态发展的良好条件。课堂生态的丰富性才可能实现学生由"容器"向"人"的转变,师生由此在生命与生命的碰撞中激发情感、达成共识,并在生命与生命的互动和对话中走向自主与和谐、自由与创造。

5. 差异性

生态课堂普遍存在着差异性,正是这些差异构成了生态课堂的丰富性、多样性。课堂生态系统中的生态因子具有差异性,形成了不同班级的课堂生态的差异,不同课堂生态因子也有着其自身的发展阶段性上的差异,从而表现出其影响力的强弱。差异表现在各课堂生态因子上的差异以及这些因子结构的差异,从而产生课堂功能整体上的差异。

生态课堂中学生的差异是关键。差异意味着每个学生个体都蕴含着一份独一无二的本质,独特的心、独特的能力、独特的个性,以及独特的生活经验。生态课堂强调"单数"的"多种",摒弃"唯一"的"复数"。学生发展的差异这不仅是目的,我们不是培养"同一"的学生,人的同一违背"生物多样性原则",而且也是方法论,即应该通过具有差异的方式培养不同的学生。传统的课堂教学视学生为毫无生机的容器,教师则是操作工,年复一日,他们一丝不苟地把书本知识,甚至是应试知识,顽强地灌入"容器",削弱了学生的主体意识,丧失了创新精神与实践能力。歌德曾经说过,世界上没有两片完全相同的树叶,更不可能有个性特征完全相同的人。每一个学生都是独特的,课堂中谁也不能代替谁或取代谁,他们对自己的需求有着深刻的理解,对周围的世界有着自己与众不同的解读。每个生命的个体都是平等而有尊严的,每一个生命都有着自己的天赋以及不可估量的潜能。

6. 民主性

民主性是教育生态的基本特征。平等的师生关系是课堂生态的基本标准,师生关系的民主是核心。民主,在一定意义上来说是一种在不同利益、不同思想观点之间进行调节平衡,于无序中实现有序的机制,是对社会或集团产生稳定、凝聚作用的重要因素。因此课堂中平衡各种利益主体的关系是民主平等的基础。

生态课堂的教学民主要求师生把民主精神贯穿于教学过程的实践活动之中。教学民主强调在课堂教学过程中建立起民主平等、互相尊重、互相信任、互相合作的师生关系,突出学生的学习主体地位,使教学具有民主的性质,成为民主的活动。它要求师生在教学活动中建立人格平等的师生关系,平等参与,把学习的权力真正交给学生。生态课堂的民主性要求增强教师的民主意识与能力,培养学生的民主思想、民主精神、民主参与能力,以民主化的教育造就一代富有个性和创新精神的新人。

生态课堂的民主性强调教师不仅要有科学精神,更要有民主意识来从事教育教学工作。传统教学则过于强调教师的权威性而忽视学生的自主性,形成了以知识传授为中心、以知识灌输为基本方式、以知识再现能力为终极目标的教学体系,教师、书本、课堂"三中心"始终在教育的时空范畴内运转,导致了人格塑造的畸形化和心智发展的偏狭化,学生的主体地位难以确立。很多教师注重研究教法,却忽视教学民主。许多教师在课堂上喜欢"静",于是用"管"来压制学生的"动",以显示师道之尊严。优化课堂生态,使教学过程成为师生合作、平等对话、共同学习的过程,把教学过程看作是一种各种教学要素的民主交往的过程。陶行知先生有名言:"你的教鞭下有瓦特,你的冷眼里有牛顿,你的讥笑中有爱迪生。"教师要尊重、信任每一位学生,尤其要以一颗真挚的爱心,去接近每一位学生,让学生受到激励、鼓舞、感化、召唤。

第四章 生态课堂建构的校本实践

"以支持为特征的生态课堂"在运作时有四种支持形式：学习支持、情感支持、资源支持与评价支持。

一、"四大支持"之一：学习支持

学习支持是通过创设一定的教与学活动,让学生在一定情境中主动学习获取知识技能,把握方法与过程,培养情感态度,为学生发展能力与养成良好个性提供学习上的支持。学习支持也就是教学支持,学习必须通过过程实现,也需要通过教师的教学予以支持。对学生的学习给予支持,也可以说是教师通过教学给予学生学习上的支持。学习支持依托教与学的组织形态,以一定的教与学的形式与方式展开。

(一) 教与学形式的多样性支持

教学组织形式(organizational form of teaching)是教学活动的一定结构方式,受教育普及的程度、学科性质、教学任务制约,其发展变化反映社会生产方式的要求。教学组织形式是指教学活动中教师与学生为实现教学目标所采用的结合方式,教学组织形式与教学行为方式紧密相连。通过课堂教学组织形式的改变,可以使教学活动在时间和空间上得到重组,师生活动的密度、强度和效度,以及师生互动关系会得到增强,教学的内容、方式、技术、评价会发生新的变化,从而促进或推动课堂生态化。教学组织形式的变化可以促进教学支持转化为学习支持,教学组织形式的变化可以促进教学方式、教学过程的改变,从而促进学生学习方式的转变与优化,努力实现教与学组织形式功能"最优化""最大化"。我们通过探索有利于学生学习的课堂组织形式,使教师与学生更好地融为一体,在教学中最大限度地体现师生关系平等,为课堂生态的优化提供条件。

我们在运用课堂组织形式表现策略时要注意以下几点：

1. 提高课堂上的教学关照度

通过改变课堂组织形式提高教育、教学关照度,从而提高学生表现的充分性与表现质量。教育教学充分性在国际学术上是有衡量标准的。一般采用教育关照度来考量。通过改变教学组织形式与学习方式,可以提高教学关照度,让每个学生都获得较多的教学服务,从而实现学生学习的充分性。例如,英语课堂里分组进行句段操练,提高了每个学生获得的组内语言表达的时间机会。

2. 提高师生教与学的交互

教学过程中如果没有实质性的师生、生生互动,难以提高教与学的充分性。教学组织形式的改变应该以有利于师生互动为导向,通过促进师生间的互动,提高学生学习的质量。例如,剧院式的座位排列,形成了教室中演唱者中心,有利于学生进入表演的角色,以及"观众"与"演员"间的交流。通过小组学习等教学组织方式的改变,增进了师生间、学生间的交往密度和融洽度,让学生学习表现的广度和深度有相应的扩展。师生的交流机会增多,学生的学习效率也会提高,使学生有更多的时间与教师交往,得到老师的个别化教育,充分享受教育资源。

3. 灵活运用多元教学组织方式

课堂教学必须改变单一化、模式化、静态化的接受式的教学模式,倡导动手实践、自主探究、合作交流的新型学习方式,在小组学习的基础上,整合全班教学、个别化辅导,师生教与学的活动空间更大了,每个学生可以获得充分的学习机会,学生参与活动,发表自己见解的时间充裕了,面向全体,因材施教,分类辅导,促进每个学生在原有基础上都得到发展变成了现实。

"组际合作与竞争"的关系,将传统教学与师生之间单向交流改变为师生、生生之间的多向交流。小组学习必须明确分组学习的任务。在采用小组教学组织方式时要注意：异质与同质机动编组,要根据教学的需要以及学生的情况,做出合理的抉择。固定与临时灵活编组,学习小组不一定是固定的,根据教学内容与学生情况,可以是临时性的,为具体的教学活动而组建。组数与组员人数平衡编组,组数与组员人数获得平衡,发挥出最大效用。按照专业、学科不同编组,一般动手的

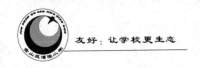

课型,小组规模宜小,才能保证每个学生真正获得操作机会。灵活切换课堂教学组织方式,目的是照顾到班级中学生之间的差异,灵活掌握教学要求和进度,并及时调整教学结构优化教学,以提高课堂表现性学习活动程度为重点,充分体现生态课堂的适宜性与丰富性。

(二) 注重教学行为的绿色

教师与学生的角色地位以及权利是在两者关联的活动中表现出来的。教学行为的属性可以集中表现出教师的教育观念以及行为的影响作用。教师生态的课堂教学行为是生态课堂重要的保障。本课题提出了课堂教学行为绿色化的基本要求:

● 讲究课堂教学卫生,控制教学进度、注意教学难度,优化教学过程,减轻学生过度的学习紧张,避免学生产生学习心理障碍或者心理卫生问题。

● 注重净化教学语言。教师语言必须规范,体现职业道德。教师的言语应该传递对学生的热爱、对教育的热爱,不允许教师使用粗鲁的语言,不训斥学生,不挖苦学生,让学生有一个健康的语言生态环境。

● 避免片面不合理行为。教师在课堂教学中必须转变关注的兴奋点,从只关注成绩转变到全面关注成长,转变到关注学生的生命状态。教师的目光应该从"短视"到"远视"。关注每个学生生命个体在课堂中的情绪、意志、注意力诸方面的变化,关注学习过程与方法是否科学,关注情感态度价值观的形成。

● 增强民主行为。教师要减少强制行为,以民主平等的行为处理师生关系,课堂时间,减少教学中的预设,让学生跟着老师转来转去的教学方法应该叫停,摒弃"考什么就教什么"。关注学生的学习过程,正确处理学生的学习行为,尊重学生的见解,甚至包括学习错误,使自主选择成为可能。

● 尊重学生个性行为。教师在课堂教学过程中关注学生个性健康,尊重学生个体个性意识、自主的精神以及合作意识、创造精神的发展。尊重学生的价值观念,尊重学生个体的解释性,尊重学生的质疑与独立思考,尊重学生的个性发展。切忌以教师为标准的唯我独尊的行为。

我们学校在建设生态课堂中从学生权利的回归、教师角色的转变以及课堂教学行为绿色化三方面着手,促进学生学得主动、教师教得生动局面的形成。

（三）生态化作业的合理实施

1. 什么是"生态化作业"

○ 生态化作业的界定

作业是指在教学中师生或者学生单独完成的任务，是师生课堂活动的主要载体。作业不是练习、回家作业，而是学生或者师生共同活动的任务。没有作业及其实施也就没有教与学。

我们认为，生态作业是指以学生可持续发展为理念，以生态"六性"为特征的，为学生学习设计、运用的具有难度适切性、形式多样性、目标合理性的作业。简而言之，生态作业是一种生态特征明显的作业、生态化了的作业。

○ 生态化作业的内涵

（1）生态作业是课堂生态建构的重要内容。师生课堂教与学活动依托生态作业这个载体展开。如果作业是非生态的，必然导致学生学习受到发展障碍，犹如自然生态中生命体因生态受到破坏导致生命受到威胁乃至消亡。

（2）生态作业是主体与环境互动的作业。生态作业作为教育生态系统中的一个微观的子系统，应该是突出学生主体，"以学定教""以学为主""先学后教"。

（3）生态作业由认知领域扩展到生命全域，是教师、学生、作业之间多维的对话过程。只关注知识的作业是非生态的，无法使学生生命体获得全面的健康的成长。关注学生的精神成长是教育本义，忽视学生精神成长的作业必须抛弃。

（4）生态作业必须符合减负的基本要求。生态作业应该是绿色的，有利于学生终身发展、健康成长。

○ 生态化作业与传统作业的区别

（1）传统作业的价值取向较为功利，是分数、应试，会采用题海战术，成为加重学生学业负担过重的杀手。生态作业要让学生学会学习，提供人文与科学两方面充分发展的丰富养料，从而丰富学生的精神生活，促进学生精神世界的提升。

（2）传统作业的界定狭窄，出现这种情况是由于传统教育的局限性，例如以教材为中心、以知识为中心，反映到作业上必然把作业作为

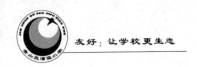

练习。生态作业的作业界定系统化，包括各种调查、测量、科技制作、社会实践、美术作品、文艺表演、主题活动等，符合生态的丰富性特征。

（3）传统作业强调学生是完成作业的被动接受者，而不是作业的主体。作业的设计忽视学生主体的条件与意愿，而是被驱使着完成。生态作业强调学生主体，体现学生的发展需要，充分考虑学生学习的可能性与必要性，学生对作业的设计与运用有着自主的多方面的选择，例如作业内容、作业方法、作业时空，甚至作业伙伴的可选择。

（4）传统作业重在"homework"，被理解为回家作业，主要起巩固所学知识的作用，因此容易导致学生作业负担过重的问题。生态作业是在教学过程的全程中运用实施，使教学的载体得到更多的关注，更注重作业的过程与方法。

（5）传统作业题型都是司空见惯的那一类，以知识为中心设计作业、练习卷与试卷。答案不过是课堂讲解或课本内容的翻版，没有体现对学生创造能力的培养与挖掘，也不会关注学生学习经历的丰富，学生做起来也是索然无味，常有抄作业现象。生态作业强调作业的多样性，以适应作业促进学生能力发展的需要。

（6）传统作业形式单一，主要以书面练习为主，机械式重复直至熟练。生态作业以强调学生的经历、经验和兴趣为导向，为学生创造尽可能大的作业与学习的时空，突出作业是为了让学生在多种操作活动中学习。

2. 生态化作业的设计要点

生态作业设计应该遵循基本要求，作业要有明确的教与学的目标指向性，作业是实现教学、学习目标的载体，有着明确的学习内容的规定性。作为预设性的作业设计是作业运用的前提，同时又受作业运用的检验。生态作业实施包括作业设计、运用与评价等环节，也包括作业目标、作业内容、作业方法、作业时空以及作业环境的选择、确定与运用。生态作业实施既要服从于所选定的目标，还要受制于完成作业的条件等因素，更受到学生的生理条件和心理特征制约，也就是作业实施在本质上是生态系统的主体与环境以作业为载体在互动中完成教与学。

生态化作业设计的要点：

（1）价值导向

设计生态化作业时首先要对作业进行价值判断，要设计怎样的作业、是否符合素质教育的要求、是否符合教育生态文明价值等。当前不少教师设计作业忽视价值判断,只是为作业而作业。对有关作业对学生发展有什么价值更是不做判断或者不会判断,这是一个严重的问题。作业目标的指向性就是为什么要设计与运用这个作业,作业指向什么目标、学生能获得什么、这些作业目标与整体教学目标是否一致等。设计生态化作业时必须优先考虑这个问题,明确作业目标的价值指向。

(2)目标明晰

在正确的教学目标导向下,教师设计的作业要有明晰的具体目标,这个作业到底要解决什么问题,作业要成为低消耗高效能的教与学活动,才能减轻学生作业负担。作业突出能力培养,关注学科学习能力培养。不少教师备课的教学目标十分空泛,犹如口号式。有的目标例如"培养学生的自信心"等每节课都可以使用。这违背了教育生态的"适宜性"的基本要求。因此,教学目标的生态化必须十分清晰、具体、可检测,适合所教的学生。

(3)基于学情

在教学实际中我们可以发现,即使同一节课,不同的教师会设计出不同的作业。除了对教学目标的把握不同外,还存在着对所任教学生的学情把握不同。学生的学习基础是作业设计难易度的依据。

作业设计中要解决学情分析"空无化",针对不少教案中无学情分析,因此作业难易度无法把握,学校提出学情分析的具体要求。针对学情分析"笼统化",学校规定不能以空泛的话语替代实质的学情分析,例如不能笼统出现"学生学习不积极""学习基础差"之类话语,要具体分析学生已经学过什么相关的知识、有什么能力、哪些地方不足、对本节课学习有什么影响等,因此要设计什么样的作业。克服学情把握上的"主观化",要求对学生学习具体的内容与相关作业的原有基础、可能遇到的困难进行课前调查与把握。克服学情分析"狭窄化",学情分析不能停留在知识的掌握上,忽视学生认知、情感、行为以及相关能力的现状分析、现状与要求之间距离的分析等。"为学习者设计作业",研究学生的实际情况,优化作业的教与学过程。

(4)注重适宜

作业设计、运用与评价时要遵循生态的适宜原则。基于教材规定性选用作业,考虑作业内容的适宜性,符合教材内容与儿童身心发展水

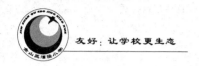

平的规定性,设计与选择作业。作业内容是否脱离教学内容、作业是否能合理服务于学生学习目标内容,这就是说作业不是由教师随意确定的,而是要依据课程教材所确定的教学内容的规定性。教材对作业的内容范围具有限定性,不能超课标教学要求或者教材要求设计作业。教师通过教材的解读,依据课程标准,运用教育生态观念,尤其是生态作业观,科学、合理地设计作业。教材中的作业(练习)要合理处理。教材上适切的作业要优先用好,这是大多数;教材上作业不完善必须补充的,应该调整与完善;教材上作业不合理的不用,明显有错误的不用,不符合学生学习规律的不用。

(5) 形式多样

生态化作业应该是丰富的、多样的,这是指适应作业内容要求形式的多样性,但绝不是数量上的追求。作业形式的多样性,是为了克服追求分数,而大动量的机械式的重复作业劳动、搞作业疲劳战。作业类型、形式决定了学生的学习活动形式,作业类型的多样性,才能使作业生态丰富,提供良好的学习"土壤"。贫瘠的学习"土壤"是难以让学生的学习"茂盛"的。例如数学的作业除了计算以外,可以是测量、制作、调查统计等。

通过教材的解读,依据课程标准,运用教育生态观念,尤其是生态作业观,科学、合理地设计作业。不同形式作业可以组合运用,例如,口头作业、书面作业,课堂作业、回家作业。设计的作业要避免简单的重复抄写,或机械的死记硬背,或枯燥的题海苦练,或呆板的知识仿效,或钻牛角尖的偏题怪题。

(6) 可接受性

生态化作业的最大优点就是让学生可持续发展,也就是作业是为了学生的发展,不是难倒学生、不是压压学生,而是为了让学生有所得,要考虑学生的可接受性。教师所提供给学生的作业,无论在内容上,还是作业的形式上,包括学生完成作业的方法等都应该适合学生的认知水平、学习基础以及生理、心理发展水平。要考虑作业环境条件。学生从事与完成作业的外部环境是否具备,有的作业要测量、有的要实验、有的要社会考察等,以及完成作业的时间是否充分等,这些都必须充分考虑。因此,我们在生态化作业上,为了最大化学生的可接受性,提出了"三词经":"优先",即先用教材上的好作业;"必须",即补充作业必须是必要的,必须是内容上、数量上适宜的;"选择",即不能照搬,整张整张不加选择地用。

3. 生态化作业的运用要点

如何用好作业是很关键的,即使同样的作业,不同的教师使用,其结果也会是不同的,甚至很不同,这就是一个作业运用的问题。

生态化作业运用的基本要点是"尊重、自主、弹性、并用、表现"。

(1) 尊重:以民主的精神实施作业

教师实施作业的方法必须民主。避免强制作业、训斥作业,甚至罚做作业。

以民主的精神,采取引导的方式实施作业,可以激发学生学习兴趣,点燃思维的火花。

关注作业实施时把学习的主动权交给学生。

(2) 自主:作业完成的方式上允许学生选择

允许学生可以根据自己的实际选择作业,让学生有时间、有机会去选择作业,去表现,获得体验与感悟;去创造,能够实践与应用。

有的教师喜欢采用强制性的作业完成方式,以题海战的方式实施作业。作业完成的质量,不是通过简单重复的作业量来提高。通过典型的作业,让学生掌握学科的原理、公式或者事实性知识,通过作业学习思维方法和学习方法。

(3) 弹性:作业实施上要有差异

弹性作业要体现多层次教学要求,不同层次学生作业要有弹性。学生在完成基本作业后,可选做一定的拓展性作业。对困难学生,首先关注基本作业,务求让学生真正有所学得;也可布置少量的针对其知识缺陷的作业,逐步通过补缺补差,赶上班级的学习水平;也可以在作业完成时间上采取弹性。

(4) 并用:作业实施要激发学生动手、动口、动脑

"听讲课堂上加上视觉因素,会增加 14% ~ 38% 的记忆。"(Pike,1984)教学中的一张图纸比仅仅说话的效率要高上 3 倍。作业应该是多通道的,要充满变化。多种感觉器官参与作业活动可以提高作业的效益。完成作业不仅是认知活动,而且也有着情意活动。如果没有学生的兴趣、没有正确的动机,学生的作业常会出现问题。学习不完全是认知过程,还包括意志情感过程。生态作业应该提供学生多种感觉器

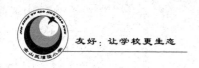

官参与的学习活动,以多种感觉通道形成综合的学习方式。因此,在实施作业时教师要关注学生情意系统与认知系统的互动,以提高作业的效率。

(5) 表现：要让学生充分发展能力

能力只有在表现中才能发展。在作业运用过程中,要多让学生去思考,去体验、感悟,去创造、实践、应用。生态化作业实施的关键在于提供学生目标能力上的表现机会,促进学生依托作业展开表现,在表现中学习。在作业的实施中教师要克服以自己的讲授活动,或者以教师问学生答的方法取代学生的自主活动,客观上减少了学生的表现机会。作业运用过程中,教师要对目标能力提供充分的学习时机,而不能主次不分,要区分关键的能力与次要的能力。在一定的教学时间里,要突出目标能力地教与学。因此,必须抓住主要的目标能力的作业,以带动整个教学。如果只是在非主要的目标能力培养上下足功夫,会导致本末倒置,能力培养目标不能达成。在作业运用时不是作业越多越好,绝对不能陷入题海战术。依托作业精心组织教学过程,发挥作业的表现功能,教师要高质量地把备课的书面作业设计变成有效的学生学习。作业不能搞数量中求质量,只能是以高质量减少不必要的数量。作业质量的一个很重要的标准是作业实施中能否把握住能力指向,也就是要培养学生的目标能力。

方法案例

儿 歌 诵 读 法

在小学英语课堂教学中,支持教学的资源丰富多样,有图片资源、媒体资源、歌曲资源、生活资源、情境资源与情感资源等。对于低年级学生来说,英语儿歌充满童趣,富有动感,词句简单,内容生动,形式活泼,韵律优美,深受孩子们的喜爱。

儿歌诵读法是指教师根据课时的教学目标与教学内容,适当地选取学生感兴趣的英语儿歌,让学生在课前、课中或课后用不同的方法诵读。儿歌诵读让英语课堂活起来。在教学中,通过诵读英语儿歌,有利于创设民主、融洽、轻松、愉快的课堂氛围,调动学生学习英语的主动性和积极性,有利于学生培养语感、提高模仿能力、巩固语言知识等,并不断修复与优化我们的课堂生态,让我们的英语课堂充满成长性与生命的活力。

一、案例展现

2A M3U2 In my room 这个单元的重点词汇是四个名词 bag、box、desk、chair 和表示方位的单词 on、in,重点句型是 Put ... in/ on ...,让学生在学习活动中学会整理自己的书包、书桌和房间。由于祈使句句型的学习比较枯燥,对于二年级的学生来说,只会做出 OK 或者 All right 的回答,无法整合旧知与新知进行对话,所以选择与编写一些儿歌让学生诵读与巩固,是比较合适的,可促进师生互动、生生互动,增强课堂的活力。

第一课时,在学习整理书包的语境中学习相关词汇和句型。

课前,集体诵读学过的儿歌,最后一首是 An apple and a bag. A big apple and a big bag. A big apple is in a big bag. 从这首学生非常熟悉的儿歌中引出 bag 这个单词开始新授学习。学习了 desk 和 chair 之后,老师让学生把这两个单词放到学过的儿歌中说一说,于是大家各显神通,出炉了好多朗朗上口、句型丰富、意义连贯的儿歌,令课堂充满了创造的活力。

学生 1:A desk, a chair, I can see.

A desk, a chair, For you and me.

学生 2:Look! A desk!

Look! A chair!

Look! A desk and a chair.

A big desk and a big chair.

学生 3:Is it a desk? Is it a chair? A desk and a chair.

Is it a desk? Yes, it's a desk.

Is it a chair? Yes, it's a chair.

在学习了介词 on、in 之后,教师示范边做动作边唱儿歌,在有节奏的诵读中巩固词组:On, on, on the desk. In, in, in the desk.学生也边做动作边唱儿歌 On, on, on the book. In, in, in the book 等等,在诵读中理解与表达方位。

第二课时,在学习整理书桌和房间的语境中巩固相关词汇和句型。

先是出示 Kitty 的书桌,学习用品放得很凌乱,老师和学生一起讨

论应该如何整理干净这张书桌。为了让学生先把思维与表达的重点放在这些学习用品应该处于哪一个位置,所以设计了"连线完成句子"与"师生合作完成儿歌"的环节。

T：Put the books　　　　　P：in the bag

T：Put the pencils　　　　　P：in the pencil case

T：Put the rubber　　　　　P：in the pencil case

T：Put the ruler　　　　　　P：in the pencil case

T：Put the pencil case　　　P：in the bag

教师带领学生拍手打节奏诵读以上儿歌,在有节奏的朗读中,学生的朗读兴趣更高了,对祈使句句型的朗读更上口了。

收拾好 Kitty 的书桌与 Ben 的房间之后,一起学习本单元的儿歌:

I love my room　　　　　　I love my room

Like Kitty and Ben.　　　　Like Kitty and Ben.

I use the box　　　　　　　I keep it clean

Every day!　　　　　　　　Every day!

之后,教师引导学生要爱护自己的教室,每天保持教室的干净,并和学生一起创编了新的儿歌,学生在诵读中增强了应该保持教室干净的责任感。

I love my classroom　　　　I love my classroom

Like Kitty and Ben.　　　　Like Kitty and Ben.

I use the bin　　　　　　　I keep it clean

Every day!　　　　　　　　Every day!

二、案例分析

英语儿歌内容、形式多样,是丰富的教学资源。教师运用儿歌的方式也是多种多样的,儿歌可以用来开始一堂课或结束一堂课,或用来实现从一项语言活动向另一项语言活动的过渡;也可以用来引出新的语言知识点,进行语言操练和语言巩固;还可以用来调节课堂气氛,吸引学生的注意力;甚至还可以与做游戏和讲故事等其他活动整合在一起进行各种语言技能的训练等。根据英语儿歌的不同内容与特点,教师可以在教学中有效地、创造性地运用儿歌,在本课中主要有以下几种方式。

1. 创设生活情境,在儿歌诵读中体现课堂的开放性

《趣味英语语法》的作者埃克斯利(Eckersleym)说:"凡是能激发学

生喜爱英语学习的方法,便是教英语的好方法。"一首好的英语儿歌,可以让学生在语言学习的同时,得到一份快乐的体验,培养学生的学习兴趣和学习热情。因此,利用图片、声音、实物、多媒体、故事等创设接近生活化的情境,让学生在情境中诵读英语儿歌。在本节课中,on 和 in 是两个比较抽象的介词,为了避免学习枯燥,更为了理解介词的意思,在学习 on、in 之后,教师创设真实情境,把一本书分别放在桌子上和桌子里面,一边做动作一边说儿歌: On, on, on the desk. In, in, in the desk.然后学生跟着老师一起做动作、说儿歌,在学生理解意思并能准确表达的基础上,让学生自己创设情境,改变地点边做动作边说儿歌,比如 On, on, on the book. In, in the book 等等,这样动一动、说一说,学生的兴致就非常高,他们借助一定的动作来理解、掌握和运用所学语言,既激发了他们学习的兴趣,又使课堂学习呈现开放性。因此我们要创设各种与学生的生活紧密联系的情境,以情激趣,全方位、多角度地激发学生的好奇心与求知欲,让他们始终在兴趣盎然中诵读儿歌、体验生活。

2. 组织趣味游戏,在儿歌诵读中体现课堂的丰富性

游戏是学生喜闻乐见的一项活动,是学生在非常轻松、愉快的氛围中学习语言的一种非常行之有效的方法,学生通过游戏活动来诵读儿歌,既符合学生的心理特征,让他们在玩中学、学中玩,又丰富了学习方式,使知识变得易懂、易学,让学生在快乐中学习。在本课中,师生一起讨论应该如何整理干净 Kitty 的书桌,为了让学生的思维聚焦在介词词组的表达上,教师设计了"连线完成句子"的练习,搞明白这些学习用品应该处于哪一个位置,之后开展"师生合作朗读儿歌"的游戏,老师读前半句,学生齐读后半句,考查学生是否听得专注、是否说得准确。比如教师说上半句 Put the books,学生马上接下半句 in the bag;教师说上半句 Put the pencils,学生马上接下半句 in the pencil case……在学生对答如流的情况下,师生拍手打节奏诵读整首儿歌。在有节奏的朗读中,学生对祈使句句型的朗读越来越上口,在接龙游戏中降低学习压力,还增加了很多乐趣。又如,我们在诵读 Thin boy up, Fat boy down. You like to play, Up and down. 的儿歌时,双手伸展做跷跷板一头升高一头降下的动作,在模拟玩跷跷板的游戏中促进学生对儿歌的理解,让英语儿歌变得更生动有趣,让我们的英语课堂也更丰富多彩。

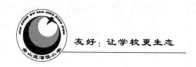

3. 启迪儿童思维,在儿歌诵读中体现课堂的生长性

课堂是学生创生发展的场所,英语课堂既要培养学生的语言能力,同时也要培养他们的思维能力。在英语儿歌的教学中,学生通过续编儿歌、创编儿歌,既能学得情趣盎然,又可以促进思维的发展。在课堂教学中,教师应该选择学生感兴趣的、有一定词汇基础的内容,让学生进行英语儿歌的创编,在创编儿歌的过程中既复习巩固所学的儿歌,又运用了新学的词汇或句型,同时还培养了学生的创造性思维能力,可谓一举多得。本课中,在学习了新单词 desk 和 chair 之后,老师鼓励学生把这两个单词放到学过的儿歌中说一说,目的是在旧知中巩固新知,同时训练学生的创造性思维能力。学生们个个跃跃欲试,把本学期学过的甚至还有上学期学过的儿歌都能基本准确地替换诵读,而且语义基本连贯,课堂充满了成长的张力与生命的活力。又如,在学习了本单元 I love my room 这首儿歌之后,教师给出了替换词 classroom(替换 room)、bin(替换 box),引导学生创编新的儿歌。身处于自己的教室,桌椅整齐,地面干净,学生很有自豪感,对自己教室的热爱之感油然而起,大家都发自内心地表达 I love my classroom, Like Kitty and Ben. 指着教室里的垃圾桶,大家能真切地表达 I use the bin, Every day! 最后,是一种庄严的承诺 I keep it clean, Every day! 在这首儿歌的诵读中,学生的思维在发展,语言在提升,责任感也在增强。

三、操作要点

儿歌诵读法的作用与优势有很多,但是操作要点也必不可少,需要注意以下几个方面。

1. 儿歌的学习应说做结合,帮助学生理解

对于低年级学生来说,所学的词汇量比较少,对于儿歌的学习需要图片、肢体动作甚至是中文解释的辅助。当我每次指着图片、做着动作解释儿歌的时候,能感受到我的学生们每一双眼睛都是发光的,当他们理解了儿歌的内容后,朗读起来感觉有趣味,乐在其中。否则只是小和尚念经,不明白读的是什么意思,没有理解,便没有意义与乐趣。低年级学生乐于表现,模仿能力强,对表演性活动十分偏好。学生会读儿歌之后,让他们根据自己对儿歌的理解配上有趣的动作,辅助学生对儿歌进行记忆,同时满足他们好动的心理。老师可以选择其中一个学生的动作作为集体统一动作,也可以综合选择合适的动作形成集体统一动

作,学生们一边做着自己喜欢的动作,一边诵读儿歌,心里可真是美美的! 但是这对教师课堂教学秩序的管理也是一种挑战,需要随时关注。

2. 儿歌的诵读手段要多样,避免简单雷同

英语儿歌诵读是教师为儿童的英语学习创设条件和提供机会,让儿童参与各种丰富多彩的活动,在人物、环境、材料等交互作用的过程中学习英语,发展听说能力。我们要恰当运用儿歌的简易性与趣味性,充分调动学生的积极性,让孩子们在欣赏中学习,在学习中体会,在体会中创造,由此获得知识和情感,为未来的英语学习奠定基础。所以,儿歌诵读的手段一定要多样,课前的集体诵读可以改变为让一个或几个学生领诵、边诵读边表演等,拍手读儿歌可以改变为踩脚、拍肩、同桌互拍等。这样,诵读儿歌的情趣就有了。运用英语儿歌也可以进行多种听力训练,例如教师可以将儿歌里的重要词汇抽出来,让学生听完后填空;可以将儿歌的句子顺序打乱,让学生在听后进行排序等。多样化地用好英语儿歌,可以达到有效训练学生口语与听力的目的,也能保持学生学习的动力。

3. 儿歌的运用要点拨引导,体现学科育人

在低年级的教材上,很多英语儿歌都有育人价值,能让孩子们懂得一些做人的道理,感受世间的美好。教师要懂得适时点拨与引导,才能更好地发挥学科育人的作用。比如本单元的儿歌 I love my room,教育学生要喜爱自己的房间,并养成收拾房间的好习惯,保持房间的整洁与美观;比如 2A M2U2 有一首儿歌 She's my mummy, Kind and dear……描绘了其乐融融的一家人,激发学生"我爱我家"的情感。许多英语儿歌中还蕴含着丰富的文化内涵,教师在教学中应当对其加以充分利用,有些儿歌充分体现了中西方国家的文化特征,教师可以将它们融入英语教学,让学生在轻松愉快的学习过程中学到语言并感受到语言的文化内涵。

儿歌诵读体现了"让英语课堂活起来"的教学理念,它倡导尊重生命和共同发展,注重教学的开放性和生成性,为学生的英语学习提供了有力且有效的资源支持,促进生态课堂的构建。在小学英语教学中适切地运用儿歌诵读,可以丰富课堂学习内容,提高学生学习英语的积极性,培养学生的文化素养,提高课堂教学效益。

(施慧丽)

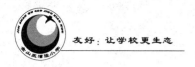

游戏支持法
——课堂也能"玩"出精彩

生态课堂是能唤醒学生,使其自觉学习的课堂,是让学生充满愉悦感的课堂。因此,根据低年级学生的心理特征,我以学生喜闻乐见的"游戏"为支持,在教学中采用"游戏支持法"。这是一种将游戏与课堂学习内容相结合的教学模式,能激发学生对学习的积极性与主动性,优化课堂教学效率,使课堂教学更符合学生需求,更生态化。以下是我在执教《我多想去看看》一课中利用"游戏支持法"的几个片段与思考。

一、方法呈现

【片段一】

试教时情境:

师:出示任务单(如图1)。

师:今天我们要认识一位新朋友,他来自哪里?他想去哪里看看?请你们自己读读课文第一自然段找找答案。

接收到老师指令后,学生开始自学第一自然段。经过几分钟的学习后,仅有几位学生举手回答问题。

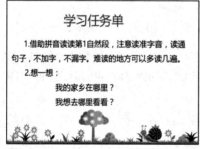

图1

图2

正式上课时情境:

师:引出卡通人物"鹏鹏"并播放录音(如图2)。

鹏鹏(播放录音):我想离开家乡,出去看看。小朋友们你们想和我一起去吗?

生:(激动地大声喊道)想!

鹏鹏(播放录音):我需要会思考、善倾听、敢发言的小朋友和我一起出发,我会通过两个任务考验你们,先去看看第一个任务。

(生)认真仔细地阅读任务单,积极主动地自学课文完成任务。充分准备后争先恐后地举手回答问题。

根据低年级学生对卡通人物的喜爱,以及爱玩、好胜的心理,我在课堂中引入了卡通人物"鹏鹏",并从鹏鹏的口中布置闯关任务。通过有趣的教学游戏,使学生积极、主动地参与到课堂教学活动中,培养对语文学习的热爱。

【片段二】

游戏一:翻翻乐(如图3)

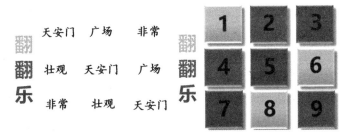

图3

游戏规则:30秒内快速读词,并记住词语位置。时间到后遮住词语,老师翻开一个词语学生大声朗读,并找出这个词语还在哪个位置上。

学生表现:在急促的倒计时音乐中,学生们全神贯注地朗读词语,声音从大到小,最后直至一片寂静,大家都投入到紧张的记忆中。有的用手指连线,寻找规律;有的在手心快速默写,记住字形;有的遮住眼睛,在心中默记。到了找词语的环节,学生们激动地大声读出认识的词语,争先恐后地抢答出词语的位置。

游戏二:地图冒险(如图4)

游戏规则:学生们乘坐汽车从天山前往北京,一路上会遇到许多困难。每读出一个词语就能前进一格。到达终点后,就能进入北京,欣赏北京的独特风貌。

学生表现:在欢快的音乐声中,学生们一个接一个地朗读词语,看着汽车一点点往前,他们越来越激动,声音越来越响。通过课后检测,这些词语绝大部分学生都已牢记于心。

图 4

低年级课堂中,识字教学是重点之一,但识字教学往往是学生觉得最枯燥的环节,学生注意力比较分散,学完后遗忘率较高。在巩固环节,将学习内容用游戏形式呈现,丰富了课堂的学习形式,提高了学习效率。

【片段三】

课堂情境:

师:鹏鹏在北京参观时,发现了一份寻人启事,有个小朋友和鹏鹏一样,在寻找志同道合的"同路人"。你们想和他一起去参观祖国的大好河山吗?

生:(异口同声)想!

师:鹏鹏把寻人启事放在了你们的抽屉里,自己拿出来读一读。

(生)迫不及待地拿出寻人启事,仔细朗读寻人启事上的内容。(如图5)

师:勇闯两关就可以和他一起去哦!下节课我们再进行选拔大赛。

课后,学生按照提示自学第二自然段。大部分孩子学习积极性高。从反馈中看出学生学习成果较好。

《我多想去看看》一课共有两小节,这两节内容类似,结构相同。课堂上我着重教学第一小节,然后将学习过程归纳成了"寻人启事"这一份游戏任务单。学生在闯关的过程中,进行学法迁移,锻炼了自主学习的能力。

寻人启事

小伙伴们：

　　如果你想领略(lǐng lüè)祖国的大好河山，如果你想出去看看，如果你能完成我的挑战(tiǎo zhàn)，那就加入我吧！

　　请你们仔细读读课文第2自然段，勇闯两关！

第一关：我会读

宽宽的公路　遥远的新疆　美丽的天山　洁白的雪莲

第二关：我会说

因为（　　　　　），所以我想去（　　　）看看。

图5

二、案例分析

(一) 游戏激趣,营造愉悦氛围

在传统的教学模式中,课堂教学常常表现为教师讲、学生听,教师问、学生答。这样的课堂"死气沉沉"、枯燥乏味,学生提不起学习的热情。因此,构建一个能激发学生学习兴趣的语文生态课堂尤为重要。片段一中的两个情境分别是我在教学同一个学习内容时的两种设计策略。试教时,我直接出示任务单,由老师布置任务,孩子们表现平平,积极性不高。经过反思,我改变了教学方法,把自己的身份从课堂发布命令的"主宰者"转变成"服务者",在学习中为学生搭桥牵线。有趣的游戏情境助学生们快速进入角色,他们把自己当作游戏中的人物,在愉快的氛围中学习。闯关任务激发了学生的学习兴趣,提高了活动的参与度,让学生更好地投入到课堂,构建一个良好的小学语文生态课堂。

(二) 游戏巩固,丰富学习形式

多样的教与学的形式能帮助我们更好地构建语文生态课堂,同时提高学生的学习效率。教师可以紧紧围绕课堂教学中的重点、难点设计不同的游戏形式,丰富教学活动。如片段二中,我在识字教学中穿插学生喜爱的游戏形式,利用读、记、说等形式,调动学生眼、耳、口、手等多种感官,复习巩固已学的字词。多样的游戏形式适宜低年级学生的需求,能帮助他们集中学习注意力,调动积极性,通过两个游戏,学生对

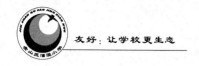

字词的掌握有了明显改善。

（三）游戏实践，锻炼学习能力

古语云："授之以鱼，不如授之以渔。"生态课堂中，教师应立足于促进学生的发展，不仅仅教会学生知识，更要引导学生自主探究，在活动中不断感悟课堂中所学到的知识，把抽象的知识具体化，掌握学习的方法，提高自主学习的能力。如片段三中，课后，学生在老师创设的游戏情境中利用课堂上积累的学习经验，独立思考、尝试，完成学习任务。从之后的反馈情况看，大部分学生能将课堂上学到的方法运用到新问题的解决中，大大提高了自主学习的能力。

三、操作要点

为了使游戏教学更符合生态课堂的要求，更好地促进学生发展，我们在游戏环节的设计中，也有许多值得注意的地方。

（一）目标明确，内容合理

构建生态课堂必须服务于语文教学，能让学生在玩中学、学中玩。因此，教师要明确认识到，课堂中的游戏是为了教学而服务的，而不仅仅只是玩游戏。如果教师在设计游戏时只单纯地考虑娱乐价值，而忽略了教学目标，那么就违背了生态课堂的教学理念。因此，我们要在结合教学内容、教学重点的基础上做全面考虑，设计合理的游戏内容，使其贴合教学目标，同时合理控制每节课中的游戏时间，避免陷入为了游戏而游戏的误区。此外，低年级学生认知水平有限，容易只重视游戏形式而忽略了游戏内容，教师要发挥智慧，通过一定的方法，引导学生将注意力放到教学内容中，让学生将游戏和知识有机地融合起来，在玩乐中提高学习效率，真正构建一个有效的生态课堂。

（二）形式丰富，加强趣味

教学形式丰富多样是生态课堂的重要特征之一。但在实际教学中，大部分老师只会使用一些简单、单一的游戏，例如叫号游戏、摘苹果、开火车等。这些传统的游戏形式已经无法激发学生兴趣。因此，教师要关注游戏的丰富性，开发设计不同的游戏形式、活动形式，调动学生眼、耳、口等不同的感官。在进行游戏设计前，教师可以全面了解学生的兴趣爱好，并结合具体教学内容，有针对性地选择最适合的游戏策略，满足学生的学习兴趣及教学需求，打造适合学情，且形式多样的生态课堂。

(三) 尊重差异,扩大参与

每个学生都是一个独立的个体,性格、能力各有不同,有的善于表现,有的默默无闻。因此,在一个和谐的生态课堂中,教师要尊重学生个性与能力的差异,主动满足学生的成长需求,结合学生实际设计不同类型、不同难易程度的游戏,不能使游戏成为一部分学生的专属,要使每个学生(特别是后进生)都能在活动中体验学习的乐趣,加强学习的积极性,提高学习能力。

以"游戏"为支持的生态课堂改变了过去以教师为中心的学习模式。只要我们使用得当,孩子们便能主动、积极地投入课堂,在生动活泼的气氛中、欢乐愉快的活动中享受学习带来的乐趣。 (王嘉琳)

民 主 教 学 法

一、方法阐述

民主教学通过教学关系的民主化,教会学生自主学习,通过老师的教的逐渐减少和学生的学的逐渐增加,完成从"扶"到"放"的教学全过程,最后达到"用不着教"。民主教学所遵循的第一原则就是摒弃讲授式,即使是新授课,教师也不直接讲授新知识,而是尊重学生自己的思维和发现,其核心就是教学民主,不是一言堂、教学专制。

二、教学案例描述

《动物的休眠》教学片段:

师:谁来试试? 第一个举手的是你,请你来。

生:夏天的傍晚,蝙蝠在捕捉蚊子和夜蛾。等到冬天的时候,蚊子和夜蛾死的死、躲的躲,蝙蝠要怎么办呢? 它躲到屋檐下和山洞里冬眠。等到春天来的时候,蚊子和夜蛾都活跃了,蝙蝠才又开始新的生活。所以这就叫冬眠。

师:孩子,首先我要表扬你能用自己的话说,你真勇敢! 只不过,到底选择哪些内容来说呢? 你好像不是很确定,是吗?

(生点头)

师:同学们,让我们再来读读课文。刚才是大声读,这次请你默读课文,注意做到不出声、不动唇、不指读。边读边想:哪些内容与蝙蝠的冬眠有关? 圈出有关的词语,也可以是短句。

(生圈画,师巡视)

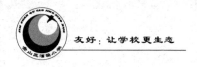

师：从你圈出的词语当中选择一个和大家交流一下。

生：我圈的是"集体睡眠"。

师：好的，把这个词语写在卡片上。还有不一样的吗？

生：我圈的是"生命活动几乎停止"。

师：哦，这个是个短句，也很重要。我给你一张长卡片，请你把它写下来。还有不同的吗？

生：我圈的是"成团成簇"。

师：好的，把这个词写下来。

生：我圈的是"千里跋涉"。

师：那是写蝙蝠吗？读书可得再仔细一些哦。

师：来，像刚才这样，从你们圈出的词语当中选择一个把它写在卡片上。注意字要写大一点。

（生写卡片）

师：好的，贴到黑板上去。

（生贴卡片）

师：好了，我们来看黑板上的这些信息。同学们，老师发现你们很会读书。这里大部分的词语都是和蝙蝠的冬眠有关的，这些内容都会读吗？请你读读看。

（师拿"房檐"卡片，生读）

师："檐"是个生字，是指屋顶伸出的边沿，一起来读。

生：房檐。

师：文章里还有一个词叫——

生：屋檐。

师："檐"这个字的笔画特别多，写的时候可要注意，撇、点不能忘。来，用手在桌面上写一个檐字。

（师将"避风寒""僻静"两张卡片放在一起）

师：有没有发现这两个词中有两个字长得特别像？有什么好方法区别它们？

生："避"字是走之旁，"僻"字是单人旁。

师：你发现了它们的部首不一样。

生："避"是走之底，表示逃避的意思。"僻"是单人旁，表示偏僻。

师：所以是单人旁，真好。他识记形声字是有好方法的。同学们，在课文中还有一个字长得和这两个字很像,就是——

生:壁。

师:组词是——

生:崖壁。

师:壁,是指陡峭山石,所以壁的部首是——

生:(齐)土。

师:是土字底。我们在学习形声字的时候就可以用形旁表义的方法进行区分。有没有发现,黑板上的这些内容有些在说同一个方面,比如说这介绍的是蝙蝠冬眠的——

生:(齐)地方。

师:我们再来看动物冬眠的时间,这个时间你觉得合适吗?(手指卡片:春暖花开)

生:(齐)不合适。

师:动物从什么时候开始呀?

生:(纷纷)入冬之前。

师:从这个表示时间的词,我们就知道蝙蝠冬眠了——

生:一个季节。

师:什么季节呀?

生:冬天。

师:蝙蝠冬眠了整个冬天。

(板书:整个冬天)

三、对案例的分析

1. 教学民主化体现在和谐的师生关系上

和谐的师生关系有利于增加师生间的情感,有利于促进教学任务的推进。所以课堂上应充分体现和谐的师生关系,老师应以平等的眼光看待每一个学生,能关注到学生的闪光点,能及时地鼓励和评价学生,让学生感受到教师的关爱。

2. 教学民主化体现在和谐的课堂关系上

课堂教学既是学生的认知过程,更是思维活动的过程。要求学生能主动地设计、管理自己的学习,积极探索与创新。这也要求老师把学生置于主体地位,成为课堂的主人。老师的"导"表现为对学生的导知识、导规律、导方法、导能力、导情感。教师与学生处在求知、创新的同

一起跑线上,和学生共同探讨问题,分享资源,共享成果,最终实现共同成长。

四、操作要点

1. 民主教学应化繁为简、化难为易

学生的认知能力比较弱,对于一些新知识的学习比较困难。作为老师,应采用由浅入深的教学方式。一点一点新知识的引入,一小步一小步地把学生引入知识的深入,这样更容易使学生学习起来容易、轻松愉快。

2. 民主教学应营造宽松和谐的课堂气氛

宽松和谐的课堂气氛,决定了课堂信息传递的有效性,直接影响着学生在课堂上学习水平的发挥。民主、和谐的气氛,可以使学生获得积极向上的情感体验,而且能充分调动学生学习的积极性。语文课,有的时候比较枯燥,老师应适当调节课堂气氛,来缓解学生学习上的疲劳。如《动物的休眠》中,让学生动一动,学习蝙蝠捕捉飞蛾、蚊子的动作。老师把微笑带进课堂,做一个具有亲和力的老师。

3. 民主教学应给予学生更多的学习时间与空间

教师应改变原有的教学模式,让学生成为课堂学习的主人,把课堂上的大部分学习时间交给学生,让学生自己去发现问题,自己去解决问题。在小组合作中,在相互讨论中,学习新知识,掌握新技能。比如比较"辩、辨、辫、瓣"四个形近字,让学生自己去观察字形的区别,然后通过自己的理解去感受它们在语境中的意思。这样的习得,学生记得更牢。

师生的关系是平等的,民主式教学注重的是学生思维的开发、能力的培养和习惯的养成。

(陆慧群)

情境激趣法

新课程背景下小学数学课堂的观念不断更新,教学方法不断改进,课堂已成为师生互动的过程。要想打造小学数学生态课堂,可以通过情境激趣法,充分调动学生的积极性。情境激趣法是指在小学数学课堂中,教师通过运用现代化的技术等来创设有趣的情境,使课堂更加地趣味化,使教学方式适宜学生的学习,提高学生的学习接受性,调动学生的积极性和求知欲的一种方法。这有利于创设教学与学生发展的真正统一的生态课堂。

一、案例呈现

《周长》是上海市九年义务教育课本小学数学三年级第二学期第六单元的内容,这部分教学内容在《教学基本要求》中属于"图形与几何"的知识。学生经过前面的学习,已经认识了三角形、长方形、正方形等平面图形。在此基础上,本课将进一步认识平面图形的周长,既有规则图形的周长,也有不规则图形的周长。这样编写的原因是由于生活中存在大量的不规则图形,把不规则图形的周长列入学生的认识范围,是为了更好地帮助学生建立起周长的概念,为后面学习长方形、正方形以及其他图形周长的计算做好准备。

由于我们是农村学校的学生,又只有三年级,所以我就挑选了大家非常熟悉的龟兔赛跑的故事引入本课的重点。平时上课我也不太注意让学生自己进行思考、讨论,所以本节课我重点放在让学生自己去探索、去思考、去讨论总结出周长的定义。

出示图片:龟兔赛跑的场景

老师:"龟兔赛跑的故事你们都听过吗?"

学生齐说:"听过。"

老师:"今天,老师来讲一个不一样的龟兔赛跑的故事。乌龟和兔子约定了今天在菜园比赛,比赛规则是:绕着菜园跑一周,看谁先到。乌龟虽然知道自己比不过兔子,但是它没有放弃,它去菜园练习了几遍。请你们看清楚乌龟是怎样运动的? 谁能用自己的语言来描述一下?"

一名学生马上举手说道:"乌龟沿着菜园的边跑了一圈。"紧接着,另一个学生补充道:"乌龟从起点开始又回到了起点。"

老师:"你们观察得真仔细,发现了其中的关键。"

老师边说边出示运动路线:"我们将乌龟出发的点作为起点,它从起点开始沿着菜园的边跑了一周,最后回到起点。那小乌龟想把这里作为起点可以吗? 那它该怎么运动呢?"

通过刚才老师一边说一边出示运动路线,学生能理解乌龟如何绕菜园的边跑了一周。所以,很快有学生举手,并愿意上台画出乌龟的运动路线。有一名平时胆子很小的学生上台边说边画。

老师:"你今天真棒,愿意将自己的想法分享给同学们!"

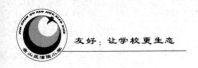

再换了一个起点问学生,学生们都非常积极,又请了一名学生发言。

老师:"你真像个小老师,说得非常完整(竖起大拇指)。"

接着,学生们自己根据之前的动画演示,表达了自己的观点,归纳出了结论:"小乌龟可以从任意起点开始,沿着菜园的边跑一周,只要最后回到起点。"

老师:"接下来,比赛要开始了,它们想请小朋友们做裁判,你们愿意吗? 比赛规则还记得吗?"

学生们非常愿意参与到老师给他们设立的角色当中,并牢记了规则,有一名同学就说道:"绕着菜园跑一周,看谁先到。"

出示了四种不同情况的比赛动画,让学生们作为小裁判来判定谁赢了比赛,要做一个公平的小裁判员。通过龟兔赛跑的故事告诉他们,作为学生要脚踏实地地做任何事情。

第一场比赛结束,一位学生举手说:"小乌龟赢了,因为小兔子没有回到起点。"

第二场比赛结束,另一个小朋友抢着说:"还是小乌龟赢了。"又有小朋友补充道:"小兔子没有沿菜园的边跑,抄了小路。"

小兔子还是不认输,它要和小乌龟进行第三场比赛。这次,同学们都说着:"仍旧是小乌龟赢了,小兔子还是没沿着边跑。"

可是小兔子还是不甘心啊,它要和小乌龟进行第四场比赛。看完比赛后,同学们一起感叹道:"这小兔子终于赢了一次。"

通过刚才的四次比赛,让学生体会到了什么是周长,学生可以用自己的话来概括周长的概念。

二、案例分析

情境激趣法,主要是要符合学生的年龄、性格等特点,创设适合他们的情境,调动学生的兴趣,活跃课堂气氛,使学生能够沉浸在情境中,在收获快乐的同时,也能让学生收获知识。

1. 创造生动的情境,增强学生学习的主体性

在过去的教育中,我们的课堂都是以教师为主体,教师在讲台上洋洋洒洒地讲了一大串,然而,学生只是抬头望月,美景依旧,徒感其美。结果对于问题,学生们"一听就懂,一做则错"。这样的教学方式,虽然能让学生更加"敬佩"老师,但是也使彼此之间的距离更加疏远。在小

学数学生态课堂中,学生的兴趣是关键,只有学生对知识产生兴趣,才会有想学习的欲望。现在根据三年级学生的认知水平,创设了符合他们年龄和心理特点的情境,以学生熟悉的龟兔赛跑的情境做引入,但是故事又与学生知晓的有所不同,从而调动学生的积极性和好奇心,让学生沉浸在创设的情境中,提起他们学习的兴趣,能让他们主动参与进课堂,使学生成为课堂的主人,而老师在一旁起着抛砖引玉的作用。

2. 以多媒体为辅助,在情境中体验抽象的概念,提高学生学习的适切性

运用多媒体技术是为了减少学生学习的难度,在课堂上能支持学生主动学习,使学生成为课堂的主人。传统的教育方式就是课堂上教师的满堂灌,学生在下面只管接受知识,这样不仅限制了学生的交流,还局限了学生的思维发展和想象能力。学生只知道接受抽象的理论知识,把它牢记在脑海中,在遇到相应问题的时候进行套用,却不理解、不知道这个结论是如何得出来的。所以,为了让学生更好地理解抽象的知识点,借助多媒体,我们将抽象的概念融入有趣的情境中,让学生在情境中轻松体验到抽象的知识。就像这节课中周长这一概念,通过先讲解比赛要求和出示小乌龟练习时的运动路线,并让学生上台来指出它的路线,使学生了解了比赛规则和初步感知"一周"的含义,再通过让学生做裁判参与到四次比赛中,让他们沉浸在创设的情境中,而不只是一个旁观者,这样可以更好地体会到"一周"的概念。

3. 多元对话,创造师生共生的课堂

学生在课堂上获得了启发,得到了独特的感悟之后,他们便产生了交流的欲望。这时,教师应及时组织学生交流,在生生交流中使信息联系和反馈在多层面、多方面展开,产生互动效应,极大地提高课堂的教学价值。如本节课中,我问学生乌龟的运动路线是怎么样的,一个学生举手说道:"乌龟沿着菜园的边跑了一圈。"学生这样回答,说明他已经动脑筋了,说到了"菜园的边"。紧接着,另一个学生补充道:"乌龟从起点开始又回到了起点。"在这一教学环节中,我把更多思考、表达的机会还给学生,让学生们大胆地表达自己的想法。

师生对话在课堂中也有着不小的作用。教师应根据学生的状况,适时地提出能促使学生进一步思考的话题,给学生搭建适当的"对话平台",使学生的认识得到深化。如本节课最后归纳什么是周长,通过刚

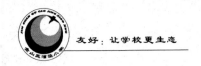

才的四场比赛,我就提问:"现在你们觉得什么是周长?"学生们都能发表自己的一些想法,可是并不完整,这个时候,我通过再一次描绘小乌龟的运动路线让学生体会。学生会对这一概念理解更加深刻,能在这情境中用自己的话描述出"周长"这一概念:像最后一次比赛那样,它们俩都是从起点出发,沿着菜园的边跑一周再回到起点,正好是菜园的一周。再经过我的适时点拨,可以将周长的概念提炼得更加精准。

4. 评价支持,创造民主的课堂

课堂是教师与学生交流的场所,教师的语言是教学的灵魂,它直接影响着学生的学习兴趣和教师的教学效果。评价的正确与否,对促进学生的发展起着至关重要的作用。《新课标》指出:"要关注学生的个体差异,使不同的人在数学上得到不同的发展。"评价的方式也需要生态化,因为每一个学生都是独一无二且不可复制的,学生之间的差异是本身就存在的,由他们所处的文化环境、家庭背景和自身思维方式的不同决定的。评价的方式也需要有差异性,所以,在课堂上对于优秀的学生回答出简单的问题,只需轻描淡写地做出评价就可以,避免他们过于骄傲;而对于学困生能举手发言,首先给予他们肯定与鼓励,如果回答正确,可稍做夸张的表扬。

三、操作要点

1. 合适的情境导入

根据不同年龄层次的学生和他们的心理,创设适合他们的有趣的情境,可以通过他们熟知的故事情节或者动画人物为切入点,进行一定的改编。

2. 多媒体的正确运用

通过多媒体软件的播放,配上合适的音乐和对白,但是音乐不能太突兀,不然会让学生的注意力转移到音乐上。这样的情境可以引起学生的好奇心,调动他们的积极性,又因为与学生所知晓的事物有所区别,也会激发他们对未知事物的求知欲。

3. 过程的轻松体验

不能让学生有那种为了上课而体验,而是让他们真的投入到这个情境中去,沉浸其中,所以在创设情境的时候,最好有适合他们的角色,让他们去扮演,能更好地让他们进入到这个情境中。在情境中去体验、感受抽象的知识,有助于学生理解,而不是死记硬背记住。在体验的过程中,让他们畅所欲言,进行思维的碰撞,自己发现问题、探究问题、总结归纳结论。

4. 时机的准确把握

教师在课堂中要调动学生的积极性,虽然学生是课堂的主体,但是老师要掌控好课堂的进程,不能有所偏离。其次,在体验过程中,要充分调动学生进行竞争,通过学生自己发现问题,引发他们激烈讨论,使他们碰撞出思维的火花,教师也要适时进行适当的点拨。当然,教师还要进行及时的评价,这样既能激起学生的竞争意识,又能使学生认真投入到这节课中,使课堂气氛更加活跃。

小学数学生态课堂的教学模式,是教师、学生与课堂环境的相互促进与和谐统一的关系。在这个环境中,学生可以充分发挥主体性,在和谐、民主的学习环境中,充分地调动学习积极性,使学习活动更加具有生动性、趣味性、启发性;另外,学生在生态课堂中学习,可以与教师互动,一同探索,进而进行发散思考,使学习效果得到有效的提高。小学数学的学习离不开学生的兴趣,所以在小学数学生态课堂中可以充分利用小学生的这一特点,在教学中创设有趣的情境,可以引起学生的好学之心,这样学生既能愉快地学习,又能掌握知识。

(黄如怡)

游 戏 乐 学 法

对于学生来说,游戏是他们认识世界的途径。游戏乐学法顾名思义就是以游戏的形式教学,使学生在轻松的氛围中,在欢快的活动中,甚至在竞争中不知不觉地学到教材上的内容,或者学到必须掌握的课外知识。小学低年级学生具有好动、贪玩、好奇心强、注意力不集中的特点,而游戏化教学法很符合小学低年级学生的身心发展规律。

游戏乐学法就是在生态课堂中以游戏为载体,使学生在轻松愉快的氛围中、在欢快有趣的活动中,甚至在竞争中不知不觉地学到教材上的内容,进而使课堂教学更适应学生的需求。通过游戏充分调动学生的学习激情,让他们从"苦学"变为"乐学",从被动的"要我学"变为主动的"我要学",在玩中得知、乐中求真,因此产生的师生间的多元互动会让整个课堂充满生命力。

一、方法呈现

《我的太阳》是书画版小学美术一年级第一学期第四单元"灿烂的

天空"中的第一课。由于太阳是与人们生活密切联系的事物,关于太阳的歌曲、儿歌也十分丰富,在一年级学生绘画的过程中经常出现各种各样的太阳,学生们都乐于表现它。本课的重点是画出不同表情的太阳,难点是变化五官和光芒,设计独特的太阳造型。

【教学片段一:猜谜语游戏,提高学生的适应性】

出示谜语

师:我们一(1)班的小朋友都非常聪明,老师这里有一个猜谜语的游戏,你们想来猜一猜吗?

生:想。

师:一个圆球天上转,四周光芒亮闪闪。万物生长都靠它,送来光明和温暖。你们来猜一猜这是什么呢?

生:老师,我知道,这是太阳。(争先恐后地举手)

师:对了,是太阳。

师:那我们的太阳有什么作用呢? 请你说。

生1:太阳可以把被子晒得又松又软,让我们睡觉起来很舒服。

生2:太阳可以给绿色植物提供能量,让水果又大又甜。

生3:太阳还可以发电。

…………

师:你们真是太聪明了,看来你们平时一定很善于观察,能说出这么多太阳的作用。太阳是我们不可缺少的好朋友,就像我们身边的好伙伴一样,今天我们就一起来画一画我们的好朋友太阳吧。

生:好。

(通过猜谜语游戏,吸引学生的注意力,让学生的注意力从课间快速适应到课堂中,体现生态课堂的适应性。)

【教学片段二:演一演游戏,营造课堂的共生性】

1. 出示一张微笑着的太阳图片

师:看! 老师的太阳是个快乐的小朋友,那你们的太阳是什么样子的呢? 他的脸蛋上会有什么样的表情呢? 请你们小组之间互相交流讨论下。

(教师巡视)

师:你的太阳是什么样子的啊?

生1:我的太阳是哈哈大笑的样子。

师：那你的太阳一定是遇到了开心的事情吧,那哈哈大笑是怎么样的呢?

生1：就是眼睛眯成一条线,嘴巴张得很大,合不拢嘴,像我这样子。

师：哇,你可真棒啊!表情做得真到位啊。你的太阳呢?是什么样子的呢?

生2：我的太阳是生气的样子,他的眉头皱起来。

师：哦?生气的样子,你可以表演给我看下吗?你的太阳因为什么生气啊?

生2：嗯,像这个样子。因为我喜欢赖床,太阳晒屁股了还不肯起来,所以他生气了。

师：哦,那你可一定要改一改这个坏毛病了。

…………

2. 说一说、演一演、看一看

师：我说停我就停,刚刚小朋友们讨论得非常激烈啊,那谁先来说一说?（学生说）

师：老师发现你们的太阳表情都不一样,那老师请这几名小朋友上来,表演一下你们太阳的表情,好吗?其他的小朋友在下面仔细观察他们的表情,猜一猜分别是什么表情。（有嘿嘿笑的太阳公公、张大嘴很惊讶的太阳姐姐、一脸严肃的太阳叔叔……）

师：刚刚这几名小朋友表演得真棒,栩栩如生。老师这里也有几幅各种表情的太阳图片,我们一起来看一看,有没有你的太阳呢?

（设计演一演表情的游戏,创设轻松愉快的氛围,达到师生相互促进、教学相长的目的,进而营造出课堂的共生性。）

【教学片段三：比一比添画游戏,创造课堂开放性】

师：现在呢黑板上有四个太阳脸蛋,上面还缺了他的表情和光芒,老师想请四个小组分别派一个代表上来把他画完整,然后我们来小组之间比一比谁画的太阳造型最独特。规则：1）每组一个代表,时间限定2分钟。2）绘画过程中不可以看别人的作品。3）下面的小朋友不可以有提示,安静观看。现在你们可以讨论派谁上去、画什么样造型的太阳,一起为你们小组想一个独一无二的太阳造型。

（教师巡视）

生1：我上去画。

生2：是我上去画。（两个人开始争论起来）

师：你们讨论得怎么样了？派谁上去画了吗？

生1：我，我，是我。

生2：我，是我才对。

师：咦？怎么有两个代表呢？我们的游戏规则是只能派一个代表，组长现在怎么办呢？

生3：你们可以分别说一说你们太阳的造型，选择最受欢迎的一个。

师：对了。两个人都说一说，选择一个最受欢迎的，然后再小组一起想一个独一无二的太阳造型，也可以和之前其他小朋友的太阳造型结合在一起，对不对啊？我们要小组合作合力完成哦。

生们：嗯。

师：好，时间到，请每组的代表上来吧。下面的小朋友在看他们画的同时，你自己也可以想一想，如果是你，你会画成什么样子的太阳呢？现在时间开始。

（学生绘画）

生1：你把太阳的眼睛和嘴巴画得再大一点。

生2：你不能这样画，应该让太阳的表情夸张些。

师：老师知道我们的小朋友都非常热心，乐于助人，但是我们游戏规则其中一条是下面的小朋友不可以有提示，安静观看。你可以在心里画一画你的太阳造型。看一看哪一个小组最遵守规则。（教室瞬间安静了）

师：好，2分钟时间到了，时间一到就要停笔了。我们一起来看一看，评一评哪一组太阳造型最独特啊？

生1：我喜欢第一组的太阳，他这个太阳的眼睛都眯成了一条线，非常可爱，周围的光芒是三角形的。

生2：我喜欢第三组的太阳，这个太阳戴着眼镜，嘴巴张开在哈哈大笑。太阳旁边的光芒由直线和圆圈组成的，非常漂亮。

…………

师：发现大部分小朋友都喜欢第三组的太阳，老师也很喜欢这一组的太阳。不仅表情丰富，而且太阳周围的光芒是点和线组成的，用到了我们之前学到的知识,很棒。我们表扬下这个小组。

全班:棒棒棒!你们真棒!

(在比一比添画竞赛游戏的过程中,自主讨论、探究和体验给太阳加上表情和光芒,营造开放的、多维互动的生态课堂。)

二、方法分析

"寓教于乐"为现代教育所提倡,而将游戏引入其中是激发生态课堂活力性的不二法门。在小学美术课堂中与学生进行游戏互动,更能够引发他们的想象力,营造良好的课堂氛围。

1. 吸引学生注意力,提高学生的适应性

经过一个课间的玩耍,学生的思维处于活跃状态,在这个时候引入猜谜语游戏,不光能迅速吸引学生的注意力,让他们能有愉快轻松的心态,又能让学生快速适应到课堂中,提高他们的适应性,更能使教学达到事半功倍的效果。一节课 35 分钟,对于低年级的学生而言,注意力最多维持几分钟。在本案例中通过谜语引出太阳,让学生们说一说太阳的作用,每个人都兴趣高涨、七嘴八舌,主动参与到课堂中,课堂一下子具有了生命力与活力。

2. 创设良好的教学氛围,营造课堂的共生性

生态课堂追求的是师生共生的课堂,即师生相互促进、教学相长。在本案例中让学生联系生活实际,把常看见的表情通过表演的形式呈现出来。在小组讨论、教师加入讨论的过程中,关注学生的反馈信息,发挥教师的引导作用,及时做出互动性的教学决策等。在猜一猜表情的过程中加入了师生互动、生生互动,为创建健康、和谐的师生关系奠定了坚实的基础,又让学生的潜力可以得到充分发挥,进而获得高质量的课堂教学效果。在整个游戏的过程中,教师和学生相融共生,实现了共同成长。

3. 培养学生的创新力和想象力,创造课堂的开放性

生态课堂需要教师转变传统的教学方法,使其从原来的灌输式教学模式转变为学生主动学的模式。在具体实施过程中,教师应多采用启发式、讨论式、开放式的方法为学生营造开放的、多维互动的生态课堂。在本案例中采用了比一比的添画游戏,这种竞技类游戏可以营造良好的探究学习氛围,激发学生对知识的渴望,从而培养学生的创新能力和想象力。在游戏的过程中,让学生从无意识的"玩"到有意思

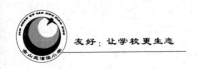

的"玩"，激发他们的创造力和想象力，在体验学习中获得知识、发展能力。

三、方法要点

游戏乐学法的优点很多，但是在美术课堂中的操作要点也必不可少，需要从以下几方面进行努力。

1. 要适合学生年龄特点

低年级课堂创设的游戏作为激发学生学习兴趣的教学方式，在游戏内容的设计上要符合低年级学生的心理年龄，因为不同的年龄阶段有不同的游戏要求。在小学低年级的美术课堂上，学生们喜欢各种各样的小游戏，他们喜欢通过小游戏的形式来学习新的知识。我们作为教师可以抓住这一年龄阶段学生的特征创设贴近学生生活的游戏内容及活动方式，通过游戏真正激发学生的参与热情。

2. 要适时引入

小学生的注意力一般维持在15～20分钟，难以持久。当学生出现疲倦时就是游戏发挥特长的时候，恰当地设计并使用一个游戏，活跃一下课堂气氛，让他们轻松轻松。教师应根据教学的要求充分考虑，选择合适时机，以确定放在一节课的哪个环节才能最大限度地发挥游戏教学的功用。

3. 要适度合理

美术课的学科特点规定授课时老师的讲解、示范时间少，要求精讲多练，一般讲课时间限制在15分钟左右。教师要注意游戏的量度，一般采用2～3个为宜。游戏过多、时间过长，势必影响教学内容的讲授和训练，喧宾夺主，把美术课变成不伦不类的课。

4. 要有组织性

在教学中，我们不能只为让学生放松、玩乐才安排游戏，归根结底，游戏是为教学服务的。在游戏以前，我们必须指定相应的规则，没有规则，游戏过程就会很"乱"，有规则才能"活而有序"。除了常规的组织教学方法外，还可以在组织游戏时借助简明的规则语言(如：规则中提出下面的小朋友不可以有提示，安静观看，你可以在心里画一画你的太阳造型。看一看哪一个小组最遵守规则)和肢体语言(如：用食指轻遮嘴唇"嘘")来实现有序的组织。

游戏乐学法能让学生自由地探索，能为课堂增添一抹亮色，更能启

发学生的创造天赋,春风化雨,润物无声,从而实现游戏教育的真正价值。 （朱　眈）

游　戏　激　趣　法

传统的小学英语教学方式已经无法满足当下不断发展的革新教育标准,生态化教学是符合教育要求的一门新教育模式,这一生态教学环境有利于小学英语教学的转换和选择更好的创新方向。因此,创建小学英语生态课堂,对学生轻松学习英语起着关键作用。游戏作为低年级英语教学手段之一不仅能激发学生的学习兴趣,也能帮助教师突破教学中遇到的重难点,使我们的低年级英语课堂更加生态化。游戏激趣法是指运用多种儿童化的方式,引发学生对学习的注意力,进而对学习内容产生学习的倾向的一种方法。通过游戏激趣法能很好地激发学生的学习兴趣,让学生在轻松愉快的环境下学习,促进合作交流,陶冶情操。

一、案例呈现

游戏激趣必须有序、有情、有效、有趣,游戏要结合儿童的生活。下面以《1A M4U2 In the zoo》中 3 个比较典型的游戏为例,作了一定的游戏机制说明:

游戏一:

【游戏名称】Golden eyes

【游戏目标】能够在游戏中复习巩固本节课所学的单词:duck、chick、cow、pig。要求能够正确地读出单词,并能够根据单词熟练找出相应的动物的图片。

【游戏规则】

1. 这一游戏活动借助多媒体来进行演示,学生根据电视屏幕上闪现的图片,快速反应上一课时所学农场动物。

2. 要求会说的孩子看到出示在电视屏幕上的图片,可以站起来说。

T：Last class, we meet many

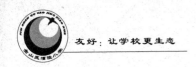

farm animals on the farm. Now, let's play a game — Golden eyes! Are you ready?

　　S：Yes!

　　T：Ok! Ready ... go!

　　S：Wow! Let's go!

　　游戏二：

　　【游戏名称】Guess, guess, guess

　　【游戏目标】能够在猜谜游戏中,通过一些关键提示词,如 brown、red、peach 引出新授单词：monkey。

　　【游戏规则】

　　由教师播放 Baby Duck 出的谜语,在教师 start 的命令后,学生举手示意,由教师随机抽取学生猜。

音乐(Go, go, go)

T：Wow! A new house! It it bear's house? Is it panda's house? Can you read and guess?

　　S：(生读,自由猜。)

　　T：Who can try?

　　S1：Bear?

　　T：No, it's not a bear. It likes peaches.

　　S2：Monkey?

　　T：Bingo! You're right. Follow me, monkey.

　　S：Monkey.

　　游戏三：

　　【游戏名称】Draw and say

　　【游戏目标】能够在游戏中复习巩固本节课所学的句型：It's a _____. 要求能够正确表达自己所见到的动物。

　　【游戏规则】

　　1. 这一活动可以采用多媒体来进行,学生根据老师 PPT 上出示的图片,正确熟练地表达自己所见到的动物。

　　2. 学生在回答时,注意回答的完整性,是整个句子的输出而不是某一单一的单词。

T：Today, Mama Duck and Baby Duck visit many zoo animals.
Now Mama Duck want to play a game with Baby Duck. Now you're Baby. Are you ready?

S：Yes!

音效起

T：Stop! What's this?

S：It's a tiger.

......

在游戏结束后,教师及时进行以激励为主的总结和评价。对在游戏中表现出色的优胜者给予肯定性、赞美性语言,通过发小红花、小奖品等形式,使他们获得的成功和进步内化为稳定的动力机制。多诱导、多激励的语言,有助于建立和谐的师生关系,给学生以成功的体验,帮助他们树立英语学习的心理优势,使我们的英语课堂氛围更加和谐,达到生态化课堂的要求。

二、案例分析

在本课时的教学设计中,大量穿插了各种各样的游戏,从学生的学习状态和学习兴趣来看,无疑是非常成功的,达到了生态化课堂的要求。

1. 巧用游戏,激发兴趣,创设愉悦的学习氛围。本节课的课前准备环节,首先以一首节奏感强烈的英语儿歌,创设欢快的英语氛围,帮助学生进入良好的学习状态。复习上一课时内容采用的是 Golden eyes 这一游戏方法,复习巩固上一课时农场动物的词汇,引出本课新授动物园动物的词汇,游戏简单,整个课堂很快形成了英语学习氛围,学生的兴奋点自然而然转到新课的学习上。这样的游戏教学法,让课堂成为学生的快乐之源,最大限度调动学生的学习积极性,提高学习效率,提升课堂教学质量。

2. 巧用游戏,增强体验,丰富学生的学习感知。每节课都有要求学生重点掌握的内容,它往往又是课文的难点,如果仅靠教师反复地教读,再三叮咛反而效果不一定尽如人意。本课时的新授环节中,我采用了 Guessing game 的形式让学生猜动物,提升学习兴趣。学生通过一些关键信息如 brown、cute、peaches 轻松猜出谜底。除此以外,在本课

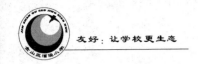

时4个单词的教学上,我都采用了丰富的肢体语言辅助教学,学生能根据老师的动作猜出相应的动物。在这样游戏教学模式下,学生的学习兴趣一次次被激发,学习热情一次次被点燃,学生的学习主体地位也能够得以体现,也就达到了生态课堂的最终目的。

3. 巧用游戏,促进合作,实现学生全面发展。要训练学生使用某种语言结构并牢固掌握,就需要反复地复习巩固,而往往复习环节容易成为单调重复乏味的"炒旧饭",学生容易产生厌烦情绪。根据学生这一学习心理,在本课时的复习环节,我设计了3个小游戏以达到复习的效果。在此时,学生的热情高涨,达到了一个高潮,充分证明了课堂游戏把单调乏味的复习巩固环节变得生动活泼,妙趣横生,使学生在轻松愉快的环境中复习巩固旧知识。

三、操作要点

小学一年级是英语学习的启蒙阶段,在课堂中适当使用游戏,更能让学生体验到学习英语的快乐,帮助学生树立学好英语的信心。在整节课的教学中是以游戏贯穿始终,让游戏激发学生的学习兴趣,让游戏化教学使我们的课堂更加生态化。在闯关游戏的大背景下,穿插多个小游戏引到了课堂教学中。游戏学生都喜欢玩,能够让学生在游戏中学习,学生更乐于在游戏中主动学习,充分调动起学生学习的积极性和主动性,从而达到生态化课堂的要求。

1. 游戏的设计要有意义。教师要根据学生的年龄特征和英语水平设计适合不同学生的游戏。游戏要有针对性,要为教学而服务,而非为了游戏而游戏。在游戏前,教师尽量用简单的英语和肢体语言演示游戏的规则,避免太过复杂。如:在本堂课的最后复习巩固环节,所设计的游戏的难度是层层递进的,先是趣味读单词,其次是以 Bingo 的形式复习单词图片的配对,再次是以你画我猜的形式进行问答。在游戏中要做到有条不紊,收放结合,才能达到良好的教学效果。

2. 游戏形式要多样化。如果一直使用同一个游戏,就会显得没趣,难以引起小学生的兴趣,在设计游戏时还应注意游戏的类别要多样化,否则就达不到想要的效果还浪费了时间。比如:在传统课堂上,我们常见的连线游戏和看图片读单词的游戏,这些游戏的过程比较机械,难以激发学生兴趣,而本节课中运用了 Bingo 和 Golden eyes 两个趣味游戏,就大大提升了学生学习的激情。这就说明我们教师要不断设计能吸引学生眼球的游戏,更新游戏的种类和玩法,去了解学生的喜好,设计出学生感兴趣的游戏。

3. 游戏过程要有秩序。游戏的顺利开展,需要较为完备的规则。游戏规则是根据游戏任务而提出的,每个游戏参加者必须遵守行为规范及行为结果的评判处理规定。如:在本课时复习巩固环节的游戏——Draw and say,教师先跟学生演示一遍,让学生了解游戏规则,以便游戏更好地开展,最终实现核心句型:It's a _____. 规则的解说不一定非要用语言,可以运用示范法,让学生更直观地了解游戏规则。在游戏结束后要结合游戏开展评价,适当进行言语或物质的奖励。

英语教学是一门科学也是一门艺术,游戏教学活动作为小学课堂教学活动类型的一种,能很好地激发学生的学习兴趣。改进传统教学模式、增加英语课堂游戏,多方法、多手段,那我们的师生关系将更加和谐,课堂氛围更加活跃,使我们的课堂更加生态化。 （徐　洁）

游 戏 学 习 法

生态课堂需要有生态型的教学支持,三年级的学生对游戏有天生的爱好心理,因此教师以游戏为支持学生学习的方式。游戏学习法是指教师将教学内容通过游戏的方式,寓教于游戏支持学生的学习,既激发学生学习兴趣,又使学习内容更适宜于学生接受的方法。通过游戏向学生传递知识和信息,将游戏作为与学生沟通的平台,使信息传递的过程更加生动,从而脱离传统的单向说教模式,让学生在轻松、愉快、积极的环境下学习,使学生成为课堂的主人,体现了课堂的生态思想与方式,真正实现了以人为本、尊重人性的教育。

本案例以"放苹果"一课为例,主要通过创设六个游戏活动,让学生在动手操作的过程中发现苹果与抽屉之间的关系,并尝试用"抽屉原理"解决简单的实际问题,逐步培养学生的思维能力,获取数学知识,让学生感悟到数学与实际生活的密切联系,培养学生的主体性和创造性。下面简单阐述如何通过游戏化学习法让学生更好地融入生态课堂中,使课堂更具有生命力。

一、方法呈现

1. 创设游戏情境

抽屉原理对于三年级的学生来说太过抽象,所以本案例以小胖过生日的情境引入为学生构建一个生态型的学习课堂,贴近学生的生活实际,引发学生共鸣。之后再引导学生玩抢凳子的游戏,并在游戏过程中发现问题:"有人被淘汰了,游戏如何继续?""为什么每次总会有一个人被淘汰?""如果淘汰的人一定要坐下去的话,会出现什么情况?"在一个个问题的指引下,让学生初步感知现实生活中存在着的一种现象,不管怎么坐,总有一个凳子上至少坐两个同学。以游戏化的生态学习方式帮助学生在无形中感悟数学的思想方法,初步感知抽屉原理。

教学片段一:

师:今天是小胖的生日,他邀请小朋友们一起去他家玩游戏。第一个游戏是抢凳子,现在有 3 个凳子,要请 4 个同学上来玩,音乐开始,请同学围着凳子绕圈走,音乐停止,马上坐到凳子上,没坐到的即淘汰。谁愿意上来玩?

生:我!我!我!(学生积极举手,兴趣高昂)

一轮游戏后……

师:现在有一个同学被淘汰了,这个游戏该如何继续呢?

生:可以拿掉一个凳子继续玩。

游戏继续,只剩一个凳子,两个人的时候暂停。

师:为什么每次总会有一个人被淘汰呢?

生:因为人比凳子多一个。

师:如果淘汰的人一定要坐下去的话,会出现什么情况?

生:两个人会坐在一个凳子上。

师:像这样简单的游戏中,却蕴含了一个非常重要的数学原理。今天就让我们一起走进数学广场来研究这个原理。

2. 巧设游戏环节

游戏环节的设计是构建生态课堂非常重要的因素。因此,在设计游戏环节的时候,将"放苹果"这一主要的游戏环节又分为了两个小的游戏环节"3 个苹果放入 2 个抽屉"和"4 个苹果放入 3 个抽屉"。在游戏过程中,学生通过自己动手、同桌合作、小组合作等方式,借助双色片摆一摆,发现苹果与抽屉之间的关系:$n+1$ 个苹果放进 n 个抽屉,则至少有一个抽屉里的苹果不止一个。在生态课堂的游戏活动中,学生从被动接受知识变为主动探索,从而帮助学生初步建立数学模型,使学习的过程变得精彩而不再枯燥无味。

教学片段二：

师：小胖有个难题想考考你们,如果现在有 3 个苹果,要放入两个抽屉里,你知道有几种不同的放法吗?用双色片代替苹果,用长方形纸片代替抽屉跟你同桌一起试一试吧！摆完后,将结果记录在学习任务单上。

学生交流反馈 4 种放法：

放 法	抽屉 1	抽屉 2
第 1 种	3	0
第 2 种	2	1
第 3 种	1	2
第 4 种	0	3

师：如果现在苹果和抽屉都变多了,要把 4 个苹果放入 3 个抽屉里,你知道有几种不同的放法吗? 赶紧发挥你们四人小组的智慧试一试吧！

学生分工合作,齐心协力找出所有的放法,并选一名代表交流反馈小组的 15 种放法。

放 法	抽屉 1	抽屉 2	抽屉 3	放 法	抽屉 1	抽屉 2	抽屉 3
第 1 种	4	0	0	第 9 种	0	1	3
第 2 种	0	4	0	第 10 种	2	2	0
第 3 种	0	0	4	第 11 种	2	0	2
第 4 种	3	1	0	第 12 种	2	1	1
第 5 种	3	0	1	第 13 种	0	2	2
第 6 种	1	3	0	第 14 种	1	2	1
第 7 种	0	3	1	第 15 种	1	1	2
第 8 种	1	0	3				

师：为什么很多小组不能找到所有的放法呢? 在摆的时候要注意什么?

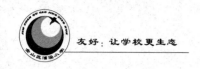

生：摆的时候要按顺序,可以先 4 个一摆,然后再 3 个一摆、2 个一摆,这样就不会重复和遗漏了。

师：如果现在有 5 个苹果放入 4 个抽屉里,又会出现什么结果呢? 6 个苹果放入 5 个抽屉里呢? ……你发现了什么?

生：只要放的苹果数比抽屉数多 1,那么不管怎么放,至少有一个抽屉里的苹果不止一个。

师：这个发现就是有趣的"抽屉原理"。"抽屉原理"又称"鸽笼原理",最先是由 19 世纪德国数学家狄里克雷提出的,所以又称"狄里克雷原理"。

3. 游戏联系生活

在生态课堂中设计有趣、有层次的游戏活动能培养学生的思维能力,从而帮助学生更好地感知数学是源于生活,又用于生活。学生在理解了"抽屉原理"后,设计基础性的趣味游戏能让学生更好地理解题目中什么是"苹果",什么是"抽屉"。最后开放性地练习,让学生自己设计题目,能提高学生的学习兴趣和应用意识。学生在游戏过程中通过对"抽屉原理"的灵活应用感受数学的魅力,感悟数学规律的普遍性,从而将生态课堂与实际生活有机融合在一起。

教学片段三:

师：现在我们来玩一个游戏,同桌两人轮流掷一颗骰子,出现相同点数之后马上举手告诉我,你们掷了几次出现了相同的点数?

学生非常兴奋,立刻拿起骰子掷了起来,不一会儿就有了结果。

生：我们掷了 5 次,我们掷了 3 次,我们掷了 6 次……

师：老师发现每组小朋友掷的次数都不太一样,你们知道至少掷几次肯定会出现相同的点数吗?

生：我觉得要掷 7 次,因为骰子有 6 个点数,所以掷到第 7 次的时候肯定会有相同的点数出现。

师：看来掷骰子已经难不倒你们了,小胖还准备了扑克牌想跟大家一起玩,但是他把大小王拿掉了,你们四人小组每人可以任意抽五张牌。抽完之后请小组内抽到两张一样花色的小朋友起立。

所有的学生都陆续站起来了。

师：你们发现了什么?

生：每个小朋友都抽到了两张一样的花色。

师：为什么每个小朋友都能抽到两张一样的花色呢？

生：因为只有 4 种花色，所以不管怎么抽取，第 5 张肯定和之前 4 张中的一张是同一花色。

师：如果不拿掉大小王，你们知道至少抽几次才能保证有两张是同一花色的牌吗？

生：我觉得要抽 7 次，因为除了 4 种花色的牌，还有两张大小王。

师：你们发现了什么？

生：只要抽的张数比花色多一张，就一定会有两张是同一花色的牌。

师：你们都很聪明，现在老师想请你们帮我一个忙，老师一个星期有 6 节数学课，请你们帮老师排一排课表，思考一共有几种排法。

小结：其实抽屉原理在我们的实际问题中有着广泛的应用。比如 6 只鸽子飞回 5 个鸽笼，至少有两只鸽子要飞进一个鸽笼里。366 名学生中，至少有两名学生是同一天过生日……课后请小朋友自己设计一道"抽屉原理"的问题考考同学。只要物体数比抽屉数多 1，那么只要把物体平均分之后，就肯定会出现至少有一个抽屉里的物体不止一个的情况。

二、案例描述与分析

在生态课堂中学生通过参与教师设计的游戏活动来解决问题，不仅能激发学生的学习兴趣，更重要的是在游戏过程中培养学生的高阶思维能力，帮助学生更好地理解和掌握知识，提高学生的数学素养，帮助学生发展。因此，生态课堂是师生智慧充分展现的场所，是师生共同的舞台，学生可以在生态课堂里体验生动的学习情境、活泼的课堂气氛、积极的师生交流、多样的互动方式，并在师生的共同努力下解决问题。

在二年级的时候，学生已经学习过《位值图上的游戏》，对数位的移动有了一定系统化的思维。因此，本案例采用游戏化的学习方式，以小胖过生日的情境引入，在一个个小游戏中引导学生理解并内化抽屉原理，促进学生数学模型思想的形成。三年级学生的思维方式带有明显的直观性、具体性、形象性的特点，而抽屉原理比较抽象，学生不易理解，因此游戏化的学习方式成了生态课堂的主要形式。

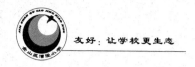

1. 在游戏化的生态课堂中感悟数学知识

在生态课堂中,游戏化的学习方式能帮助学生更好地落实数感、符号意识、几何直观、推理能力、应用意识和创新意识等课程目标,增强其数学应用意识和创新意识。由于数学建模是一种缜密的推理活动,感悟数学模型思想的过程又是一种思维不断演进与发展的过程。因此,在本案例中,首先通过抢凳子的游戏给学生创设了一个活泼的生态课堂氛围,激发学生的学习兴趣,让学生经历"抽屉原理"的探究过程,从而初步感知"抽屉原理"。

2. 在游戏化的生态课堂中认识数学本质

游戏化的学习过程其实是让学生在课堂中对现实世界"数学化"的过程。因此,在生态课堂中设计动动手的小游戏,有利于发展学生的类推能力,形成比较抽象的数学思维,帮助学生认识数学的本质。有趣的游戏活动能让学生在生态课堂中积极参与,并且在探究如何放苹果的游戏过程中,不断观察、分析、判断、推理,从而慢慢理解并抽象出抽屉原理,构建一个生态化的学习课堂。

3. 在游戏化的生态课堂中提高应用意识

生态课堂应是生活化的课堂,而数学本就来源于生活。因此,对于知识技能的掌握,还是要回到解决实际问题中去,让学生体会到数学与外部世界的紧密联系。游戏化的学习方式不仅能提高学生学习数学的兴趣和应用意识,也能更好地与之后的课程学习衔接,有利于学生的后续发展。在掷骰子、抽扑克、排课表等生活化的游戏中,让学生尝试对一些简单的实际问题加以"模型化"。同时在自己设计问题的过程中,使学生感知到课堂的生态化,从而提高学生对数学知识的应用意识。

三、操作要点

1. 生态课堂游戏情境的设定需要依据学生的年龄特征

生态课堂应是学生感兴趣的课堂,而学习兴趣是最好的老师,孩子都有好奇、好动的天性,特别喜欢游戏活动,因此游戏化的学习方式适合学生爱动的年龄特征,能有效激发他们的探究欲望,促进学生对抽象概念的理解。

三年级学生的思维主要以动作思维、形象思维为主,抽象思维尚弱,注意力集中的时间较短,所以营造一个轻松活泼的生态课堂氛围是尤为重要的。所以本案例以小胖过生日的情境引入,让学生参与其中,激发学生的学习兴趣,使孩子对情境的代入感更强,对学习更加地投入,对知识的掌握也更深入,使学生能在轻松愉快的学习氛围中学到知识,快乐成长。

2. 生态课堂游戏活动的设计需要激发学生的学习潜能

学生在生态化的课堂活动中应是积极主动的,而数学知识、数学思想和方法必须由学生在现实的数学实践活动中理解和发展。所以要想使教育与游戏达到完美自然的融合程度,那么学习任务就必须成为游戏化教学中的一种关键的游戏要素被学生所感知。所以在设计游戏活动时,要使游戏和学习任务自然地衔接起来。在生态课堂中,设计有效、有趣的数学活动就显得尤为重要。游戏活动能让学生在愉快的氛围中体验数学知识的形成,感受数学与生活的密切联系,并在参与游戏活动的过程中,不断开动脑筋,感受集体合作的魅力,感受数学知识的魅力,从而形成学习数学的内因和动力,让学生快乐学习、开心学习。

在生态化的课堂学习环境中,学生可以在生态课堂里畅所欲言,在师生的共同努力下解决问题。教师是学习的促进者,为学生提供学习的支架,激发学生的学习动机。对于三年级的孩子来说,驱动他们学习的是现实生活中的问题或他们在现实生活中正思考着的问题。因此,在生态课堂中的游戏不仅仅是游戏,更重要的是让学生感受到生活中处处有数学,从而体现数学学习的价值,促进学生知识的理解与合作探究,并辅助学生进行元认知反思,提供学习反馈,从而培养学生的学习能力,激发学习潜能。

(邓安梅)

情境表演法

情境表演法是通过情境创设,使学习的内容更适宜于学生的学习,提高学生学习适宜度的一种方法。低年级小学生的思维主要以形象思维为主,在语文课堂教学中恰当运用表演能有效提升学生的参与度,增强课堂的活力,适合小学生的思维特点。情境表演法是指教学过程中学生在老师的指导下,把课文中某些词句的意思或者是故事情节,依据自己的理解用动作、神情等手段形象地表现出来,从而提高学生学习适宜度,构建生态课堂的一种方法。对于小学生尤其是低年级学生来说,

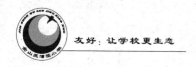

理解字词、感悟情趣较为抽象,是学习的难点,通过情境表演,可以充分调动学生的感官,拉近学生与文本的距离,促进师生与课堂环境的良性互动,让学生设身处地地去学习、感悟。

一、方法呈现

《荷叶圆圆》是沪教版一上"看拼音读课文识字"单元中的课文。课文描写了圆圆的、绿绿的荷叶,是小水珠的摇篮,是小蜻蜓的机场,是小青蛙的歌台,是小朋友的凉帽。文章洋溢着童真、童趣。结合语境初步理解常用词语的意思,感受荷叶给大家带来的快乐是重点,我采用了"情境表演法"来落实重点。教学过程如下:

片段一:

教师:出示课件,显示课文句子"小水珠躺在荷叶上,眨着眼睛"和一颗小水珠在荷叶上滚动的动态图片。

教师:我们都来做一回小水珠。微风轻轻吹过,荷叶轻轻摇摆,小水珠也随着荷叶左一摇、右一摇,左一摇、右一摇。

学生跟着老师的节奏轻轻摇晃身体。

教师:小水珠,(走到学生面前)你有什么感觉呀?

学生脸上笑意洋洋,继续轻轻摇晃着。

学生1:我感到很舒服,就像小时候睡在摇篮里。

学生2:我感觉很好玩儿,心里很开心。

学生3:我感到轻轻摇摆很快乐。

教师:你们都是可爱又快乐的小水珠,让我们一起高兴地读读句子。

接着,我又领着学生来表演小蜻蜓。

教师:出示课文句子"小蜻蜓立在荷叶上,展开宽宽的翅膀"。

教师:小蜻蜓们,你们的翅膀呢?

学生兴奋地站起来,直直地展开手臂。

教师:我们开始飞行了,飞过绿绿的草地,飞过美丽的花园,来到小河边,看见了绿绿的、圆圆的荷叶,去休息一会儿吧!

学生齐读句子,边读句子边上下挥舞翅膀,朗读轻快活泼。

教学中,通过让学生表演小水珠和小蜻蜓,学生学着小水珠的样子轻轻摆动身体,扮演小蜻蜓到处飞翔,使学生更快地进入课文的意境,让学生更生动地体会小水珠和小蜻蜓的快乐,提高了学生学习的适宜性。

片段二:

教师:(背着手,蹲下身,抬头看天)老师也想来做一只小青蛙。我坐在荷叶上,看见蓝蓝的天空就唱:"呱呱,天蓝蓝的,真美呀。"那只聪明的小青蛙,能看到什么,又唱些什么?

学生模仿老师的动作,交流。

学生1(神气活现地):呱呱,水清清的,真美啊!

教师:你的表情很神气,像一个大歌星!

学生2(面带微笑地):呱呱,荷花红红的,真美啊!

教师:你是一只爱观察的小青蛙!

学生3(声音响亮地):呱呱,荷叶圆圆的,真美啊!

教师:看来你很喜欢你的舞台呢!唱得特别起劲特别响亮,这就叫放声歌唱。小青蛙坐在荷叶上,就像是一位歌星在舞台上表演节目呢。

在此环节中,师生共同表演,体现了表演的多样性。表现形式的多样性使课堂更加生动,进一步提高了教学的交互性,生态化程度更高。

二、案例分析

1. 创设情境,增加多样性

一年级的孩子喜欢模仿,活泼好动,根据这一特点,我设计了表演体验环节,通过表演的多样性来创设不同的情境,增加情趣。为了让学生有直观生动的感受,我通过多媒体出示一池碧绿的荷叶,动态图演示小水珠滚动,板贴小水珠和摇篮,创设情境。"现在我们都是小水珠,一阵微风吹过,荷叶轻轻晃动,我们左一摇、右一晃,就像——躺在摇篮里。小水珠,你感觉怎么样啊?"学生很开心,在演一演中感受到快乐、舒服的感受。学着小蜻蜓,飞一飞,读一读课文,孩子们也很感兴趣,在生动多样的表演中感受课文的情趣性,提高了学习的适宜性,课堂也因此变得更加生机盎然。

2. 师生参与,增强共生性

在学习中收获快乐是生态课堂的基本标准,语文课堂中通过创设生动的情境让老师和学生共同演一演是一种有效的途径。在教学中要发挥老师的主导性,充分调动学生学习的积极性,吸引学生主动参与到课堂中来,在自主的学习中掌握知识,获得能力。一年级的小学生活泼

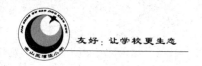

好动,注意力集中的时间短。通过角色扮演小水珠、小青蛙、小蜻蜓,学生学习的兴趣被激发,感受到了乐趣,在轻松的演一演中,学生既得到了放松,也获得了独特的个体感受,在此基础上,感受到荷叶给大家带来的无穷乐趣。

3. 搭建支架,提高适宜性

一年级是学习规范表达的关键时期,在本课中,我注重示范引导,通过表演,让学生积累课文语言,学习用规范的句式表达,提高学习适宜性。例如,在学习"小青蛙"的部分,我先表演示范"现在我就是一只小青蛙,我坐在荷叶上,看见蓝蓝的天,我就唱:'呱呱,天蓝蓝的,真美啊!'"为学生搭建学习支架,提供资源支持。然后请学生自己尝试:"你就是那只小青蛙,你会看到什么,说些什么呢?"学生不仅在情景表演中提高了积极性,充分发挥了想象,丰富了文本,而且能在老师提供的句式支持下进行表达练习,在表达实践中慢慢积累规范的语言。

三、操作要点

1. 适度的运用

表演应立足文本,紧扣文本,指向语文学习,为化解教学重难点服务,而不是仅仅为了活跃课堂气氛而演。尤其是对于低年级学生,教师要在学生表演时引导学生将注意力放回到文字中,通过表演加强理解和感悟,摒弃假热闹。另外表演所占的时间不能过长,挤占学生思考的时间。尤其是到了高年级,要把时间更多地留给学生与文本对话,静静思考。

2. 有机的结合

表演能帮助学生感性地理解理性的文字,省去教师枯燥的讲解。为了更好地发挥表演的效果,要创设良好的情景,通过图片、文字、音乐、视频等多种手段有机结合,多角度调动学生的积极性。如:播放恰当的背景音乐,营造整体的环境;出示丰富的图像资料,运用头饰等道具,让学生快速地进入情境。对于学生的表演,教师要多鼓励,让学生在富有安全感的课堂里,全身心地投入其中。

3. 教师的参与

生态课堂中,教师要演绎好"导演"身份,参与活动中进行示范,对学生的表演进行点拨、指导。教师首先要深入地研读教材,充分酝酿思考,通过自身的实践不断与学生互动,参与到学生的活动中,了解学生的真实状态,提供有效帮助。在互帮互学中,为学生做好示范和指导,形成真正的"学习共同体",促进师生的共同发展。

总之,在低年级的语文教学中,立足文本和学生实际,创设生动有趣的学习情境,适时、适度、适量地巧用表演,给学生表达和展示的权利,"演"出语文课的精彩,一定能使学生收获更丰富、更真实的体验,构建创生发展、师生共生的生态课堂。

(刘慧慧)

合 理 运 用 法

生态课堂以有序、有情、有效、有趣为特征,通过多样的教学手段,实现教学与学生发展的真正统一的课堂。生态课堂强调课堂内的良性互动,增强课堂要素的活力,有利于师生健康成长。"支持"是生态课堂本质的必然,体现课堂生态思想与方式。合理运用法是指在课堂中运用合适多样的教学方式,帮助学生顺利达成学习目标的一种方法。获得学习的成就感是课堂教学永远的追求,合理有效的教学方式能让学生体验成功。教师要巧妙设计教学环节,激发学生的思维,使学生思维达到活跃的状态,从而使课堂呈现鲜活惊喜不断的局面。

一、案例呈现

《天上偷来的火种》是五上第四单元的一篇课文,讲述的是普罗米修斯为人类盗取火种甘愿忍受酷刑的希腊神话。本课的教学目标是学习在默读中圈画批注,仔细品读重点词句,随时记录读文时的疑惑和体会,通过对人物语言行为的品读,感受普罗米修斯正义、善良、智慧、仁爱、顽强的形象。

师:普罗米修斯是希腊神话中正义的化身,而他正义的形象就是通过语言与行为的描写来展现的,让我们同桌互读他和宙斯交锋的两组对话。同桌互读时要注意一点,在第一组对话中,普罗米修斯的语言是被转述了,请你根据前面读到的内容展开想象,补上直接语言。

同桌合作分角色朗读练习。(练得很投入)

师:请一组去掉提示语直接对话,注意读出人物的态度,也要注意读出提示语仍旧在的感觉。

请两组学生朗读,第二组在第一组的基础上有很大进步,同学们情不自禁为他们鼓掌。

师:从刚才同学的朗读中,从他们的语言中你感受普罗米修斯有

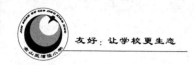

怎样的性格特点?

生:(回答踊跃)坚定、勇敢、造福人类、不畏强权……

师:刚才我们通过朗读体会到了普罗米修斯善良仁爱坚定的特点,接下来我们通过其他内容进一步去感悟他身上具备的精神。我们要用找句子、圈画关键词并联系上下文的方法进行学习。请看我们的学习任务:

1. 默读课文,圈画最打动你的词句,做一做批注。

请注意:

有些词看似可有可无,然而细细一品,大有深意;

有些句子联系上下文来看,就对人物的精神有了更深刻的感悟。

2. 带着你的感受反复朗读圈画的词句。

3. 与同桌交流这些词句带给你的感受。

师:在大家学习之前,老师想先汇报一下自己的学习成果(PPT 呈现)。打动我的句子是:"他的动作是那样迅速,那样机敏,太阳神一点也没有察觉。"从"迅速、机敏、一点儿"等词语看出普罗米修斯动作快,所以太阳神根本没有觉察到,联系上文,因为宙斯不允许普罗米修斯把火种带给人类,如果太阳神发现了普罗米修斯的行为,那他一定会报告给宙斯,普罗米修斯的盗火行为就会失败。他只有这样做,才能达到为人类偷取火种的目的,从这里看出普罗米修斯非常机智,想得很周到。

师:听懂老师交流的方法了吗?现在请同学们根据学习任务单的提示进行学习。

学生自学后进行交流。

师:普罗米修斯面对可怕的刑罚不吭一声,联系上文他看到人类过着悲惨生活时的表现,你有什么想对他说的?

出示提示:

普罗米修斯十分不忍的是,偷取火种后,他一声不吭,忍受着。我想对普罗米修斯说:……

生回答(略)

二、案例分析

语文教学倡导由分析内容转向以策略为导向的教学,注重读法、写法、学法的指导,以提升阅读能力、运用语言能力以及学习能力。在教师提供的上述教学过程中,主要采用了以下几种教学方式:

1. 同桌合作学习。本片段中一共运用了两次同桌合作学习。一次是朗读普罗米修斯和宙斯的两段对话。文中普罗米修斯和宙斯对比鲜明,一个仁慈无私,一个自私残忍。学生十分喜欢这样的朗读方式,在最后表现的时候读得很投入,同学们的掌声就是对他们最好的鼓励。第二次同桌合作学习是在学习单的引导下进行交流。先同桌交流然后再全班交流的方式,使学生心中有底,既实现了同桌之间的资源共享,也让学生有了先期操练的机会,以便在全班交流时能更自信地回答。

2. 师生合作学习。在进行本课重点学习内容之时,老师依据学习单的提示先做示范,选择文中的一个句子进行了品读。在老师回答之后,学生的学习有方向了,在后面的交流中更大胆,回答的语句更流畅、更完整。

3. 学生自主学习。高年级学生要注重培养他们的自主学习能力,借助学习单引导学生自主学习是一个很好的学习方式。在本片段中,老师把学习要点呈现在屏幕上,给了学生思考建议,学生在阅读理解时就会去寻找那些容易被忽视的词语,而联系上下文更是高年级学生阅读能力的重要组成部分。因为有了充足的时间,有了明确的操作途径,所以学生都能在原有基础上有所提高。

三、操作要点

生态课堂的建构特点之一就是要有教与学形式的多样性,全班形式、分组形式、个别化形式要灵活切换。通过以上教学的实践,我觉得实现三种形式的转化要注意以下三点:

1. 教学方式的选择要为达成学习目标服务。在课堂中,所有的教学必须以学生学习为主线去设计,必须让学生真正的学习过程能够发生并展开。课堂中选择教学方式的出发点就是为了让学生更有效地学习,能够更多地通过学习获得学习的成功,体验学习的快乐。

2. 教学方式的选择要依据文本特点进行。在选择教学方式之前,教师首先要认真深入研读文本,从文本字词的特点、修辞的运用、谋篇布局等方面细致分析,对教学内容进行整合、重组,然后用最合适的教

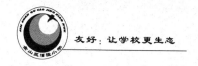
学方式去完成。

3. 教学方式的选择要依据学生的学习能力进行。要让学生体验成功，必定要进行精准的学情分析，要了解学生的已知和未知，在此基础上，教师才能去考虑不同的教学方式。在上面的教学片段中，因为学生的阅读经常停留于浅阅读状态，所以教师通过示范学习、学习单任务提醒等方式来引导学生深入阅读、自主思考，从而提高阅读能力，体验学习获得成功的喜悦。

（李　梅）

玩演结合法

《上海市中小学音乐课程标准(试行稿)》中指出："实践与创造是培养音乐能力的基础。"它要求教师在教学中应努力创设实践环境，激励学生能动地参加集体性、多样性、探索性的整体艺术实践活动，那么，在小学音乐教学中生态课堂的发展必然也离不开整体艺术实践活动。在我们上海市小学音乐教材中，小学低年级唱游课程设置了"玩""创"，在我们的课堂教学中，应该如何利用"玩"和"演"有效地实现课堂教学中的教学内容、开发学生的想象力和创造力，从而实现生态课堂呢？这是我所深思的问题。

玩演结合法是一种依据儿童身心特征，通过创设玩与演的教学环节，增强学生学习兴趣的同时激发学生学习技能，使音乐教学更适宜学生的学习的一种方法。现以我亲历的歌唱教学《理发师》一课中的"玩"和"演"环节为例研讨这个方法。

"玩"和"演"教学内容对我们学校三年级孩子来说是非常喜欢和感兴趣的内容，他们平时接触音乐的时间较少，生活环境没有音乐的熏陶，因此他们喜欢音乐课堂，喜欢表现自己、表现音乐。在《理发师》这首歌曲中，歌词描绘了理发店里老爷爷在理发劳动时的场景，歌词中模仿剪刀"咔嚓、咔嚓"的象声词也特别形象生动。结合歌曲欢快活泼的音乐情绪、生动有趣的歌词，在本案例中我设计了多个"玩"和"演"的教学内容，演绎了一场丰富多彩的"理发店"劳动场景。

一、案例描述

歌曲《理发师》是一首澳大利亚民歌，歌曲以活泼的旋律生动地表现了"理发师"老爷爷劳动时的情景。歌曲为大调式，曲调为不规整的四句一段体结构。第一、二、四乐句都是四小节，其中第一、二乐句采用模进的旋律创作手法。第三乐句只有三小节,也是本歌的高潮句。歌曲的歌词简单易懂、朗朗上口,运用了很多象声词,极易被学生接受。

【案例描述1】

这一堂课学习的内容是澳大利亚民歌《理发师》,在经过课前律动热身后,我带学生一起复习音乐儿歌,表演"快乐的理发师"。学生和我一起随着音乐律动,在表演过后,我问学生:"在我们刚才朗读的儿歌中,用了哪几种小音符的节奏呢?"

学生都纷纷举起手来,有一个学生回答说:"走、跑、爬呀",听到这位学生的回答我马上表扬这位学生"你回答得很正确"。

话音刚落,另一个学生就高高地举起了小手,他一脸不满意地说"老师,应该是跑跑",听到这位学生的回答,我才恍过来,在我们的儿歌节奏中"跑"是以两个音符一起出现的,完整地回答应该是"跑跑",于是我马上纠正刚才那名学生的错误,再接着表扬这名学生"你的小眼睛观察得真仔细"。

这个学生的回答,瞬间让我联想到了上一节课学习的"2/4拍的含义",我可以利用这首小儿歌表演中使用的节奏,让学生了解在2/4拍中二分、四分、八分音符的时值,于是我马上就接着问学生:"你们知道在2/4拍中一小节可以出现几个这样的小音符吗?"小朋友马上就开始回忆儿歌中出现的小音符,不一会儿就有学生举手回答"2/4拍中一小节有两个走",其他学生好像都明白了,很多学生都举起手来,接着请了两个学生回答:"2/4拍中一小节有两个跑跑。""2/4拍中一小节有一个爬呀。"

顺着小朋友的这股热劲,我又想到了一个方法利用小乐器伴奏加强他们对2/4拍中音符时值的学习,我选择了三个小乐器,分别是"小铃""沙球""双响筒",让小朋友们为刚才说出的三个音符组成的三条节奏选择小乐器伴奏,再次提高他们的学习热情,一下子教室的气氛就热闹起来了。"沙球用跑跑的节奏""小铃用爬呀的节奏""双响筒用走的节奏",看着他们热情高涨,我让小组长下发小乐器,以小组叠加的方式让他们用小乐器为歌曲《理发师》伴奏,一场丰富、有趣又有教学意义的表演又开始了。

【案例描述 2】

在掌握了整首歌曲的演唱技巧之后，为了让学生能更深刻地体会到《理发店》劳动，在最后的拓展部分，我设计了一个《理发店》情境表演的环节，加入了一个创新性的教学内容"创编歌词"。

我问学生："理发店里的理发师除了剪头发以外还会做些什么？"

课堂的气氛再一次热闹起来："吹头发""染头发""烫头发""洗头发"。

"那你们能模仿其他理发工具发出的声音吗？比如电吹风吹头发的声音、喷头洗头发的声音等。"

学生又开始争着要模仿起来，这个时候有一个小朋友问我说："老师，理发店里是不是还有扫地的理发师啊？"这位小朋友的回答，引导了我的想象。理发店里除了"理发师"以外还有其他的工作人员，比如收银员、老板、清洁工等，这些角色不都是可以表演的角色吗？于是顺着这个小朋友提出的问题，我回答他说："一般情况下，在理发店里，扫地的都是打扫卫生的阿姨，你们想一想，理发店里除了理发师以外还有什么其他的工作人员吗？"

学生根据我提出的问题，都积极地展开了联想和想象，有的说"数钱的老板""说欢迎光临的人""擦桌子的""扫地的"。

根据学生的想象，我把学生分成三组展开讨论，分别为"小歌手组""小乐手组""小演员组"，给每组分配不同的任务：小歌手组的小朋友在小组长的带领下创编一段新的歌词，组长可以给组员排一个队形；小乐手组的小朋友选择自己喜欢的小乐器为歌曲伴奏；小演员组的小朋友选择自己喜欢的角色，表演理发店里的各种劳动场景。这样，一场丰富多彩的"理发店"情境表演就开始了,学生在各自的小组中演绎着自己喜欢的角色,体验着"理发店"劳动的快乐和乐趣。

二、反思与分析

"玩"和"演"的教学方法是以表现音乐、感受音乐为目标,通过各种音乐活动,让学生在游戏、活动中感受音乐的情绪,体验音乐学习的乐趣,学习各种音乐知识,从而培养学生对音乐学习的兴趣,促进生态课堂的发展。

案例反思一:关注学生,促进发展性的生态课堂。

关注学生是生态课堂的重要表现之一。本节课的教学设计预想是通过"玩"和"演"的音乐活动,让学生在音乐活动中感受音乐,学习音乐知识。但是在课堂中由于对学生的关注程度不够,因此在视唱歌谱、歌曲的时候,学生的音准出现了问题,而我没能更好地关注学生的掌握程度去解决这一问题。因此,在平时的课堂中教师应该要多和学生融为一体,多关注学生的学习习惯、学习掌握程度,在课堂上多留心个别学生,给予学生更多的鼓励,通过一些评价手段帮助学生更好地掌握学习。

案例反思二:结合学情,实现全面性的生态课堂。

有效的生态课堂应该是全面关注学生发展的课堂。学生是课堂的主体,老师是学生的引导者。在本节课的教学设计中,有很多活动都是以教师为引导者,和学生一起实践表演。原本的设计是以学生为主,教师只是起一个辅助作用,但是在课堂中,不同班级的学情不一样,有的班级学生比较内向、有的班级学生比较活泼,因此,出现了老师变成课堂主体的问题。结合本节课的教学内容和教学目标,教师要针对不同

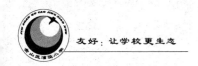
班级的学情设计不同的教学方法,让学生成为课堂的主体。针对比较内向、文静班级里的孩子,教师可以用自己更加夸张的教态和语态,更加形象、生动的表演,带动学生一起参与表演和活动,多和学生有肢体上的互动、语言上的互动。

案例反思三:角色转变,发展灵活性的生态课堂。

教师在教学中的灵活性、学生在学习中的活跃性等都是课堂灵活性的重要表现,生态课堂的发展必然也离不开课堂的灵活性。情境教学是音乐教学法中很常见的教学方法,在教学中教师可以根据学生喜欢的动画角色、课堂中需要用到的角色等来创建新的角色。在本节课的教学设计中,我创设了"理发店"里"理发师"这一角色,但是在演绎这一角色的过程中,我并没能真正运用这一角色的优势,把自己转变成这一角色引导学生进行学习。经过第一次的试教,在失败的教训基础上,我进行了反思。在角色转变的过程中,我利用新的角色表演,让学生在课堂上能感受到我不再是他们的老师,而是一名"理发师",经过这样角色转变后的课堂,教师的每一句话、每一个动作,都非常活泼具有童趣性,很好地带学生一起扮演了"理发师"这一个角色,学生都很喜欢,学习的兴趣也大大提高。

三、操作要点

1. 拓展"玩"和"演"的教学方法

音乐知识的学习一直是孩子们难以掌握的部分,很多学生对音乐知识的学习都比较表浅,学习不扎实。在课堂教学中,以学生的知识面为主,教师的思维和学生的思维可能存在差距,因此教师可以根据学生的知识面即时地拓展音乐知识,在学生了解相关知识的情况下,鼓励学生、表扬学生了解更多的知识,通过拓展知识,鼓励学生主动地学习,促进生态课堂的发展。

2. 创造"玩"和"演"的教学方法

《上海市小学音乐学科教学基本要求(试验本)》中对"音乐表现"和"音乐创造"两大块内容提出了合理的依据和归纳。表现音乐、创造音乐的主体就是学生,学生在创造音乐的过程中,不管是从表演还是创编歌词等方面,都可以很好地激发学生的学习兴趣。根据学生自己的个性,在教学过程中要注重学生的个性差异,尽可能地根据学生创造的内容开展活动,这样在表演的过程中,学生才会有兴趣,才会对自己的创造有信心,才能更好地实现生态课堂的发展。

3. 转变"玩"和"演"的教学方法

根据不同课程的教学目标和教学内容,音乐教师要善于改变自己,改变自己的教学方法、教学设计,甚至教学中的角色。在不断改进自己的教学中,学习新的教学方法,探索适合自己学生学情的教学方法,让学生通过不同的方法和途径获得知识,体验音乐学习的快乐和乐趣,培养学生终身学习音乐的乐趣和意识,更好地实现生态课堂。 （周　莹）

小组合作法

基于全球化的发展趋势,愈发提倡国与国、人与人之间的合作共赢。在如此背景下,我国素质教育要求教育者在教学活动中不仅要重视学生知识能力的培养,而且要提升学生的综合素养,其中很重要的一点就是教会学生如何与他人合作、交往。另外,我们现在普遍采用的是班级授课制,这是把一定数量学生按年龄特征和学习特征编成班组,使每一班组都有固定的学生和课程,由教师根据固定的授课时间和授课顺序(课程表),根据教学目的和任务,对全班学生进行连续上课的教学制度。在班集体中学习,学生彼此之间由于共同目的和共同活动集结在一起,可以互相观摩、启发、切磋、砥砺;学生可与教师及同学进行多向交流,互相影响,从而增加信息来源或教育影响源。另外教师在教学中引入小学语文合作教学法,用以满足教与学这两方面新出现的需要,并最终促进小学语文教学水平的全面提高。

一、方法阐述

课堂教学中师生交往形式是多种多样的,但学生之间和小组之间的交往尤为重要,更重要的是学生个体间的交往。小组合作学习是在班级授课制背景上的一种教学方式,即在承认课堂教学为基本教学组织形式的前提下,教师以学生学习小组为重要的推动力,通过指导小组成员展开合作,发挥群体的积极功能,提高个体的学习动力和能力,达到完成特定的教学任务的目的。此方法有助于培养学生的团队协作能力、交际能力与实践能力,对教学活动具有重要的促进作用。目前,小学语文课堂中的合作学习模式主要采用小组合作学习的形式。全班分成若干小组,4～6 名学生为一组,围坐在一起,老师分配学习任务,小组成员通过充分交流、讨论、合作来解决问题,展示成果,最后由老师和同

学及时给予点评反馈和总结。在这个过程中,学生合作互助,共同实现学习目标,从而获得在认知、情感和社会性等方面的成长。

二、案例呈现

《繁星》是语文第七册第七单元的一篇文章,本单元的学习重点是根据课文题目、重点句子、课文的线索等归纳课文的主要内容。归纳《繁星》这篇课文的主要内容采用了"小组合作学习法"。过程如下:

教师:出示表格,内容包括三次巴金看到星空的时间、地点、所见和感受。

【教师布置小组学习任务】

1. 先组内合作朗读课文的三个小节。

2. 在文中圈画出描写三次观看星空的时间、地点、所见和感受的句子,并填写表格。

3. 组内交流填写的内容。

【学生开始小组学习】

组内先合作朗读课文三节,然后自己画出相关信息并填写表格,最后组内一起讨论。

【教师巡视】

【指导第一组】

3号学生说:第二次巴金看到星空的感受是"星光在我们的肉眼里虽然微小,然而它使我们觉得光明无处不在"。

教师:好的,这是你读后的看法。其他小朋友谈谈你们的想法吧!

1号学生:我觉得刚才他找的句子前半句是星空的样子,后半句是感受。

教师:嗯,你很会读书,那你认为哪一句是第二次巴金看到的星空的感受?

1号学生:作者的感受应该是这一句"好像它们就是我的朋友,它们常常在和我谈话一样"。

教师:嗯,能说说你是怎么找到这句话的吗?

1号学生:这句话是出现在课文第二节的,对应的就是第二次感受。而且句子中出现了一个词"好像"。

教师:"好像"说明了什么? 组内其他成员能说说吗?

其他学生:说明这是作者的想象,不是真正看到的。

教师:没错,大家真会读书。3号小朋友明白了吗?

3号学生:明白了。

【指导第五组】

4号学生说:巴金第三次看到了半明半昧的星。他觉得自己是一个小孩子,现在睡在母亲的怀里了。

教师:你的句子找得比较准确,作者除了看见半明半昧的星之外,还看到什么了呢?

3号学生说:应该还看到这些星星"摇摇欲坠"。

教师:真不错,你发现了一个非常关键的词汇"摇摇欲坠",这个词语写出星星怎么样?

3号学生:感觉星星快要掉下来了。

教师:是的,它写出了星星高悬在空中,快要掉落的样子。4号小朋友,这个词你刚才为什么没发现呢?

4号学生:因为我只看到前面这句话了。

教师:那你认为以后再找信息的时候应该怎么做呢?

4号学生:我们读的时候不能只看到前面,不看后面。

教师:你总结得很好。我们找信息的时候不能只看部分,而是要完整地看,仔细地找。

【全班交流】

教师:分别请三个同学填写表格内容。

生交流,师指导并评价。

教师:通过表格不难发现,课文是按照什么顺序写的?

生:时间顺序。

教师:没错,我们就可以抓住时间,归纳课文主要内容。

出示:从前在家乡七八月的夜晚,我看见天上……

教师:谁能以此为开头,结合表格内容说说课文主要内容?

生交流,师点评,同桌再次互说一次。

三、案例分析

小组合作学习对于优化课堂教学,提高教育教学水平,具有积极的意义。合作学习可让学生成为课堂的主人,为学生展示自我提供良好的平台。

1. 合作学习目标要适切

合作学习是目标导向性活动,在组织学生进行合作学习过程中,要确定好适合的学习目标,目标既不能过多、过难,也不可过于简单。《繁星》所在单元主要是要求学生学会归纳课文主要内容的方法,因此课中借助表格,先填写三次观看星空的时间、地点、所见和感受,再指导进行归纳内容,这个学习任务既符合本单元的学习重点,又有可操作性。

2. 合作学习方法需到位

虽然小组学习是一种比较自由的学习形式,但在有限的课堂内我们不能随意进行小组合作学习。学生明确了目标,但是不能找到合适的方法完成是会大大降低学习效率的。在初期合作学习时,大多数学生没有合作的经验,往往不知道怎么学,这时就需要教师及时介入。在小组合作开始之际,我就告诉学生要组内先合作朗读课文,然后再自己圈画出相关信息并填写,最后展开小组讨论。在讨论期间,我及时走进小组,指导学生主动参与讨论。当组内成员学习遇到困难时,鼓励其他成员献计献策。此外,组内合作中难免有意见相左的时候,学生要学会尊重他人的看法,认真倾听,虚心接受他人的评价,同时也能公正、客观地评价他人。

3. 合作学习评价要有时效性

评价是判断合作学习成果不可或缺的重要手段。积极正面的评价有利于学生的学习,增强学生的自信心和团队建设感。科学的评价机制应该是多元化的,其中包括学生参与与互动、自评与他评相结合等科学的评价方式。在本次教学中,我注重了教师对学生的评价、学生的自评和互评。生生互评和自评可以更好地发挥学生的自主性,激发他们的学习热情。

四、操作要点

1. 小组合作学习拓宽了学生学习空间

小组合作让学生个体间的竞争关系转变为"组内合作"关系,使传统的师生单向交流转为生生、师生间的多向交流,学生有更多表现自己的机会,平时不爱在全班发言的学生,借此机会可以在小组内表达自己的想法,提升自己的胆量,提高自己的口头表达能力。同时,学习氛围也变得轻松、愉悦。

2. 小组合作学习提高了学习效率

在合作学习中,组内的每一个成员都有着共同的学习任务,为更好地完成任务,大家会集思广益,集其所能,如此一来,复杂的问题就变得容易解决了。小组合作学习还是同学间互帮互助的过程,在这个小集体中,彼此的情感得到有益的沟通,增强了大家的集体意识,为解决问题,大家拧成一股绳,互给建议,从而提升学习效率。

3. 小组合作学习让学生变成学习主体

小组合作过程中,每个成员并非马上参与到合作学习的行列,而是自己要先进行个人的学习理解,在此基础上再讨论交流。而且每个学习者都"动"起来参与讨论,从被动的旁观者变成主动的参与者,学生的主观能动性就被调动起来,学习的主体地位也就更加凸显。 (孙雯亚)

实践与思考

小学英语"生态课堂"的语境创设
——《3B M2U1 Animals》教学课例

在教育转型的今天,语境设计教学越来越受到教学工作者的重视。上海市教研员朱浦老师这样解读语境:"英语教学离开了语境设计便失去了语言的本质和生命力,语言教学就淡而无味。"因此我们在教学中要通过不同形式的语境,把复杂的教学内容分解,降低学生的学习难度,使学习任务变得相对容易,帮助学生穿越"最近发展区",从而在培养学生思维发展的同时,实现教学目标。

笔者尝试将"语境设计"运用到小学英语语篇教学中。下面我选取了牛津小学英语《3B M2U1 Animals》进行尝试。本次学习的主要目的是理解文本大意,能表演课文。通过实践证明,不同形式的语境创设,可有效地提高学生学习兴趣和情感体验。

一、创童趣语境,营造多元对话课堂

教学片段一: Pre-task

在本课时的主人公介绍时,我采用图片的形式引入,选取了孩子们很熟悉的卡通人物 Dora 作为导入,把学生引入情境"小记者比赛"中来。然后以 Free talk 为载体,通过游戏的形式来复习之前学习的交际用语,把孩子们带入语言环境中来,尝试在学生与 Dora 对话中,引出今

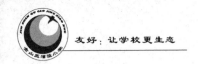

天的话题：

D：Do you like animals?

S：Yes, I do.

D：What animal do you like?

S：I like pandas. (I like lions/ chicks.)

D：My favorite animal is monkey. What is your favorite animal?

S：My favorite animal is panda. They are big. They are white and black. They like bamboos. They can climb trees. They're super.

分析：该教学环节属于 Pre-task 的复习环节，基于单元整体设计的理念，教师延续了上一课时的情境，即"小记者比赛"。在该童趣般的情境中，通过主人公 Dora 与班中学生的相互问答，巧设猜测性疑问，激发学生对主人公 Dora 的进一步了解，活跃了学生思维。基于学生所喜爱的卡通人物，基于学生已有知识、经验等，因此学生能从不同角度说一说自己喜欢的动物：What? How? Why? 通过创设这样的童趣语境，学生既复现了上一个课时的单词，更演绎了上一课时的语篇。

二、以视频语境,构建师生共生课堂

教学片段二：While-task

学生通过观看视频，发现 Dora 带大家来到马戏团观看动物达人秀，并神奇地将我们熟悉的学科老师俞老师(语文老师)、孙老师(数学老师)与我本人(英语老师)请到了达人秀现场担当评委。这样的视频情境创设，配合音乐的辅助，顿时让学生精神倍增。此时我抛出了问题，即 What animals can you see? What can they do? 让学生带着这两个问题感知整个故事，继而引出了本课的新授内容。例如：

T：Today Dora would like to take us to the circus. Look! Here we are.

(播放马戏团表演视频)

S：Wow!

(学生都很惊叹的表情,感到很神奇)

T：Now we are in the circus. Look! There's a talent show in the circus. Mr Yu, Miss Sun and Cici are coming. Hey, the show is beginning. Do you want to have a look?

S：Yes.

(学生观看动物表演视频。播放完毕后……)

T：What animals can you see? What can they do?

S1：Monkeys can ride bicycles.

S2：Elephants can draw well.

S3：Lions can ride horses.

分析：教师先让学生在视频中感受了故事的引子,而非整个故事的内容,这非常巧妙与高明,既给故事设置了悬念,又激发了学生的兴趣与好奇心。通过视频语境的呈现,让学生形象直观地感受到了故事情境,两个问题的建立为学生搭建了又一个很好的支架,串联了整堂课,是一个水到渠成的问题情境。在问题解决的过程中,教师利用图文并茂的板书,师生之间一问一答,你来我往,帮助学生形象地了解了故事梗概,师生共生课堂凸显无疑。

三、构真实语境,凸显自主合作课堂

教学片段三：Post-task

文本理解结束后,我又设计了两个拓展活动,一个是对课文内容的朗读与演绎,另一个则是本课的一个亮点——做动物卡片。这些活动均是由四人小组合作完成,在活动推进过程中,由小组长分配任务,通过在激烈讨论、互帮互助的情况下,四位组员将自己喜欢的动物以文字的形式记录下来,并拿着动物卡片上台进行讲述。在最后的评价过程中,我则不断用口头激励与表扬的方式鼓励学生,让他们感受到团结合作的乐趣。

T：In Dora's eyes, everyone is special. Now please work in groups of four, tell your friends what animal you like, and them make an animal card.

(待老师布置好任务后,小组长马上带领组员分配任务,进行言语描述,并组员之间相互指出错误,加以改正。最后将描述性的文字写在动物卡片上。)

S1：Look at the elephants. They're big and strong. They like bananas. They can water the flowers. In my eyes, they're so clever!

S2：Look at the dogs. They're small and lovely. They like bones. They can play with the balls. In my eyes, they're super!

……

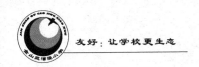

分析：本堂课坚持了语境创设的教学理念，在本环节，我创设了一个制作"动物卡片"的真实语境，通过四人小组的形式来合作完成任务，不仅培养了小组长的领导能力，同时也兼顾到了不同层次的学生，让这群学生在组员的帮助下，也能完成任务，最后四人上台共同说说自己喜欢的动物。

由于时间的关系，在组内学生共同完成任务后，我只是泛泛进行了评价，缺少针对性，所以从学生的眼神中看出了几分失落感；同时如果有时间的话，我可以加入一个子任务，即美化你的动物卡片。如此一来，即使是同组内同学，完成任务后得到的评价也可以有所区分，我相信这更能激发学生学习的积极性。

通过对本课案例的研究，我得知："英语生态课堂"可以通过开放的环境，保持"生态平衡"；通过语境的创设，使学生更好地体验和感悟课堂教学的意义，使课堂教学效益得以真正提高，使学生得以可持续发展。课程标准提出：语言能力是小学英语教学的出发点和归宿，学生通过英语学习发展语用能力。这些都是基于真实、有意义的语境中进行。在课堂上，教师可以通过创设合适的情境，设计丰富多样的活动，为学生提供语用体验的平台，学生有事可做、有话可说，形成"用英语做事情"的能力。平衡的生态课堂中，教师更注重学生的快乐、师生关系的融合、学生个性的凸显、团队合作能力的提升。

总之，生态课堂下的语境教学强调以学生为中心。爱因斯坦曾说："只有善于思维的人才能将知识灵活地运用于实际问题的解决中来，才能实现知识向智慧、能力的转化。"在教学过程中应该根据学生的情况具体问题具体分析，进行适当的调节。在语境教学中学生的学习主动性加强了，教师教学和评价也就更多元化，从而提高学生对文本的整体感知力，发展学生的语言运用能力，使教学体现生态课堂的适宜性、共生性这些主要特征。

（刘慧燕）

二、"四大支持"之二：情感支持

（一）情感支持的两个着手点

我们学校在建设生态课堂中实施的情感支持从学生权利的回归和教师角色的转变两个方面着手，为学生提供感情支持，改善与优化师生关系。

情感支持是指通过爱与关心来建立教师与学生间的双向接纳关系和爱的情感联系,为学生的成长营造良好的情感氛围,激发良好的社会情感,促进学生的健康发展。通过情感支持,促进师生间增强情感的抒发、情感的交流、情感的激发,丰富学生的情感体验,使学生情感世界受到潜移默化的感染和熏陶,建立起对人类、对自然、对一切美好事物的关爱之情,进而养成对生活积极乐观的态度和对美好未来的向往与追求。同时,情感支持是因为学生的发展具有强烈的情感驱动性。

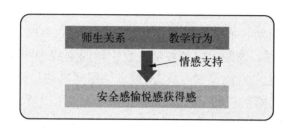

生理心理学研究表明,人的左半脑主管逻辑思维,右半脑主管形象思维。学生的学习活动、智力发展必须以左右半脑的均衡发展为物质基础。

因此,在教学过程中,教师既要注意发挥学生左右半脑各自的功能,又要注意发挥左右半脑协调运动的功能。在教学中运用情感因素,则有利于活化学生右半脑,并促使左右两半脑同步、协调和均衡的发展。因为学生在轻松愉快的心境中学习时,右半脑处于兴奋状态,这种兴奋状态不断地向左半脑扩散,使主管逻辑思维的左半脑也处于兴奋状态,则有助于学习效率的提高。

现代教学论认为,教学不是纯粹的认知过程,而是师生认知活动与情感活动交互作用的过程。也就是说,在教学活动中,除了知识对流的一条主线外,还有情感对流的一条主线,教学活动是在知识、情感两条主线相互交融、相互促进和相互制约下完成的,知识通过情感这种媒介能够更好地被学生所接收。而教师没有真挚、强烈的情感的教学是枯燥无味的,这样的教学会阻碍学生认知的发展,自然不能激发学生乐学、好学的意向。教学若要成功,需以情感为纽带。

（二）情感支持实施的两个要点

情感支持实施要注意两个要点:

第一，要确保学生权利。

这是从生态课堂的主体要素角度提出的操作要点。生态课堂中要确保学生权利，这是实施情感支持的基础。生态课堂强调通过确保学生生命发展权利，把学生应该享有的权利还给学生，从而使学生获得安全感、愉悦感。我们在课堂中强调以下五项权利必须归属学生：

（1）自由表达与展示的权利。自由表达是学生精神成长的必要条件，要让学生获得课堂话语权，也就是自由表达思想、情感、观点、意见、看法的权利。把课堂的话语权交还给学生之后，教学过程才可能成为学生精神健康成长的沃土。

（2）充分质疑和争辩的权利。课堂教学过程应该成为学生学习、探究和交流的过程。鼓励学生在教学过程中对同学或老师提出自己的不同观点、想法，也可以围绕学习任务，提出问题解决的思路、方法等。

（3）允许出错的权利。在课堂教学中允许学生出错，并把学生的出错当作学生的学习资源。允许学生敢于尝试，敢于动手做，不怕困难，不怕失败。教师不能对学生学习过程中的出错进行指责，稍对教师的设定越雷池半步，就给予严厉训斥。

（4）自选学习内容和安排活动的权利。为了保持生态中的多样性，课堂要充分给予学生选择学习的权利。在自主学习中给学生更多的选择学习内容、选择学习方式、选择学习时间、选择学习伙伴等的自由。我们允许学生选择自己的学习内容，在备课时注意创设学生可以选择学习内容和方法的可能，例如美术课中对于同一主题作品的创作，学生可以自主选择不同的美术表达方式。

（5）把评价权利还给学生。课堂中要改变教师把持评价"生杀予夺"大权的做法，让学生在学习过程中充分参与评价，并运用多种评价，开展自评，也可以同伴或者小组互评。

在建构生态课堂中，把学生的权利落实到位，学生作为主人在课堂学习中的地位就得到了保证。课堂就会出现一人为师和生生为师共存、"七嘴八舌"共存的充满活力的局面。

第二，注重教师的角色转换。

这是从生态课堂的主导因子——教师的角色转换提出的操作要点。在生态课堂建设中，教师角色过强会导致学生生命力的削弱，或者扼杀，教师角色过弱，也无法参加生态课堂，导致课堂生态系统紊乱。

相对于课堂的其他环境要素,教师也是生态课堂的主体。强化教师在生态课堂建构中的作用,首先要端正教师的角色。教师在教学过程中扮演着各种不同的生态角色,以发挥多样的教育功能,全面和谐地促进学生发展。教师应该是一个创造性的激发者、学习的引导者、潜能的开发者、高品位生态的营造者、生命活力的调节者,生态课堂同样呼唤教师主导角色的真正回归。

(1)从"先生"转变成"导师""导引者"。没有这个角色的转变,课堂不可能为学生提供各种需要的、到位的、温暖的服务,更不能为学生学习与成长创设自由、和谐、快乐的生态体验场。教师必须从传统的传道、授业、解惑的"先生"转变成不止是论资排辈的象征的"先生"。教师要引导学生从不懂到懂、知之不多到知之甚多、晓之不深到晓之较深。这个过程是学生认同教师、教师产生影响力,使自己成为学生的导师。教师要成为合作、民主的榜样,决不能成为学生身边专制的形象,不能言行霸道、狭隘,教师要心胸开阔,人格高尚,充溢着人性,成为学生人生的导师。

(2)从"教头"转到"导演"。我们强调学生应该成为课堂的活动主体和展示主体。教师不应该是霸占教台,强制学生听教,成为"教头"。教师应该充当导演的角色,让学生站在舞台的中心,演出精彩的学习,而不是代替学生的学习。教师的活动更多地应该退居到"后台"。教师应该努力做到先学后教,指导学生学习,为学生的学习提供支持。

(3)从"主讲者"转变到"善喻者"。教师应该做自己作为教师该做的事,要回归到"教"的本义上去,研究"喻",以"善喻"为追求。教师要做到巧妙引导而决不牵着学生鼻子走,做到规范要求而决不压抑学生的自由发展和个性张扬,做到适度启发打开思路而决不把答案和结论直接告知学生。

(4)从"主宰者"转变成"服务者"。教师要从高高在上、无所不知的主宰学生的高台上走下来,了解学生,蹲下来与孩子对话,不是对学生发号施令,而是与学生平等对话、民主协商,热情给予帮助。教师要端正自己的职业性质,是教育服务者,应该为学生提供各种需要的、到位的、温暖的服务,为学生的学习与成长创设自由、和谐、快乐、尝试的生态体验场。

(5)从"蜡烛"转变成"朋友"。传统的教师价值观认为,教师是"蜡

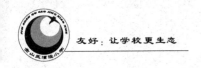

烛"，其实教师不是在教育学生的同时毁灭自己，而是与学生共同进步，成为学生的朋友。教师也不应该把学生看作"花草"，学生首先应该是人。正因为是人，就不应该是按照自己愿望强行加工塑造学生灵魂。朋友就是可以互相帮助、互相信赖的关系。教师应该成为学生的朋友，在学生学习与生活中的知心朋友。

生态课堂中的教师应该是导师、导演、善喻者、服务者与朋友角色。只有具有民主平等精神的教师，才能为学生提供充沛的情感支持。

方法案例

快乐互动法

生态课堂是快乐的课堂，是师生共生的课堂、充满民主的课堂。就小学低年段的数学课堂教学，我们更要关注学生在学习过程中的幸福指数。当他们幸福指数越高，他们的学习效果就会越好。

从事教师职业至今已经是第六个年头，由于一直从教低年龄段，发现在备课上课的过程中，应站在学生的角度思考，去关注学生的生活，倾注自己的感情，让学生乐在其中。快乐互动法是指教师在教学过程中通过师生、生生互动，创设快乐的学习氛围，调动学生学习积极性的一种方法。

一、案例展现

《大家来做加法》是一年级第一学期第五单元整理与提高中的一课时。本课时就提供了一张加数为 0~10 的加法表，让学生去不同方向不同颜色观察，从而发现规律。作为复习课，特别是计算的复习课，对于学生而言比较枯燥乏味，而且没有获得新知识的成就感，所以无法激起学生学习的欲望。特别对于一年级学生而言，刚刚进入小学阶段，注意力集中的时间显然较其他年龄段要短很多，需要老师用不同方式方法去提醒。这样就会打断整节课的节奏，对于学生对于老师都有影响。

为了让学生在这节课中获得更多的幸福感，更加主动参与课堂，快乐学习，所以本节课我加入了不少游戏，不少与老师的互动，学生自己的操作，让复习课变得不一样。

两分钟预备铃，进行小游戏"找规律"。

第一环节：寻找 6×6 的加法表中的规律。

师:我们相处有 3 个多月了,让我们一起来做一个小测试,看看我们是否有默契。我将这些算式按某一个规律进行排列,请你们自己观察,大胆猜测我接下来会选取哪一个算式。

教师选取算式,学生观察。0+0,0+1,0+2,0+3,0+4……

生:(大声地说道)0+5。

师:哇,你真棒!我们真有默契。(竖起大拇指)其他同学继续哟。1+0,1+1……

生:1+2,1+3,1+4,1+5。

师:看来经过了 3 个月的相处,我们都有默契了,那你们能说一说,你怎么知道我要选取这个算式的呢?

生:(高高举起手)我发现其中有规律。第一个加数不变,第二个加数每次都在+1。

师:你解释得真清晰,大家听懂了吗?谁还能来说说你是怎么知道我心中所想?

生:竖着观察,发现第一个加数都不变,第二个加数每次都在+1。

师:(我激动地说道)真厉害,你连观察的顺序都说得很清楚。接下来,默契大考验要增加难度。请你们根据你们发现的秘密,一起把加法表补充完整,看看是否和我的一样好吗?

全班合作,一起将加法表补充完整。

师:揭晓老师的加法表。果然 3 个月的相处,我们默契十足。你们知道吗?这个小小加法表中,蕴藏着很多秘密。除了我们刚才竖着发现的规律,还有很多哟。我给你们提供一根透明色带和加法表,请你们从不同的方向再去观察一下,比一比谁发现的秘密多。

学生开始利用透明色带寻找秘密。

…………

第二环节:寻找 11×11 加法表中的规律。

师:我们所学过的加法算式远远不止这些。接下来,我们一起用我们发现的小秘密将加法表扩大,好不好?

…………

师:小朋友们,你们都很棒,利用规律将加法表在扩大。那么扩大的加法表全部都有这样的规律吗?让我们再次来验证一下好吗?拿出你们的透明色带和加法表。请你们同桌合作从不同发现去观察,说一

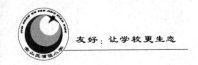

说你们发现的规律。

生：我是竖着观察的,第一个加数不变,第二个加数依次加一。

生：我是横着观察的,第一个加数依次加一,第二个加数不变。

生：我是斜着观察,第一个加数依次加一,第二个加数依次加一。

生：我也是斜着观察,我发现第一个加数依次加一,第二个加数依次减一。

师：你们不仅发现了规律,更重要的是你们掌握了发现规律的方法,就是有序观察。其实这张加法表蕴藏的规律都是我们 3 个月来学到的知识。只要你用心去发现,你一定能有收获。

二、案例分析

生态课堂,就是要让学生在一个无拘无束的环境中,快快乐乐探究,快快乐乐合作。

1. 创造快乐的氛围,在游戏中体现课堂的丰富性

以往课堂上的导入多数以设置一个假想的情节,比如圣诞节来了、学校运动会到了等,虽然有一定的趣味性,但与学生的实际生活有些偏离,而且时间一长,学生觉得没有多大的意思,没有实实在在给学生一种乐趣。对于低年级学生,游戏的吸引力是无敌的。在本课,利用两分钟进行了一个网络小游戏,成功吸引学生的注意力,学生能实实在在参与其中。既让学生做好了课堂学习的准备,又激起了学生学习的欲望。让他们在游戏中,感受生态化课堂的幸福感,无拘无束地学习。

2. 创造快乐考验,在探究中体现课堂的民主性

学生最喜欢与老师拉近距离,能与教师产生独一无二的交流,能猜到老师心中所想是一种无与伦比的快乐、幸福。在寻找 6×6 的规律中,我利用"默契考验"这一形式,考验师生之间的默契,也是给学生一个机会,来猜一猜老师的心里想法。消除以往教师高高在上的地位,师生平等交流,成为他们游戏中的朋友。学生在游戏中不知不觉中去寻找算式之间的规律,没有任何太多目的性的要求,最终发现自己能猜到老师的想法,也发现加法表的规律。学生们能在一个放松的情景下,快乐地、主动地去探究,在无意间掌握数学知识,体验到学习数学的乐趣。

3. 创造快乐互动,在合作中体现课堂的共生性

以往的操作中,总是要束缚学生,告诉学生要怎么做、不能做什么,让学生失去操作的乐趣。本节课中,我相信学生的能力,充分放手,让

他们自己操作。没有任何约束下的动手操作,才能让学生体验其中的快乐。当学生掌握了小加法表的规律后,便直接放手让学生去发现,让同桌两一起合作探究。相互合作,取长补短,将知识点进一步巩固。而且生生之间的合作,没有师生合作那么有压迫感,两人间的合作,也比 4 人小组有更多的展现自己的时间和机会。

三、操作要点

正如苏霍姆林斯基所说:"教师应当始终把引发学习和发展的内在动力即个性兴趣和求知欲摆在首位。"要让学生主动地、快乐地学习,在备课时需要记住以下几点。

1. 生态化的学生学习情景

数学课堂要让学生快乐地学习。对于执教教师而言更重要的是尊重学生、了解学生,所创造出来的学习情景应该要符合学生心理的特点。作为教师,我们应该知道,小学生特别是低年龄段的学生只有在无拘无束的情景中,他们学习的情趣才能真正激发出来,快乐学习并获得幸福感。所以在课堂的导入部分需要巧妙设计,从学生角度出发,让他们抛开学习的压力,进入课堂,让他们带着一种"初生牛犊不怕虎"的冲动去开启新课堂。而不是从一个成人的角度,刻意营造一个假想的情景,讲授课程,直奔主题,目的性太过明显。

2. 生态化的教师课堂语言

数学是一门科学,数学知识是非常谨慎的,数学语言必须要精准、要严密,特别在解决数学问题的过程中不能有任何的虚假。一板一眼的语言并不能让学生感受到快乐。对于小学生特别是一年级学生而言有些强人所难,勉强并不是学习的最好途径。所以要利用富有趣味性的、童趣的语言来引导学生,增添乐趣,让学生们快快乐乐地去学习、去探究。就如"猜一猜老师接下来排哪一个算式""利用我们发现的秘密,将其扩大"等语言,充满游戏化趣味化。让学生们感受到去探究的不是一个任务,而是一个与老师一起进行的游戏,有趣而又有效地让学生去发现加法表的规律并运用规律。同时,利用夸张的动作表情,吸引学生们的注意。

3. 生态化的课堂互动

小组合作是生态课堂顺利实施的重要组织形式,有了小组合作的基础才能更好地进行生态课堂的改革。通常主要有两种分组方式:一

第四章 生态课堂建构的校本实践

种是基于一年级的两人互助式,同桌两个人就是一个自然的互助学习小组,这种主要针对一年级,学生年龄小,动作慢,两人小组能够迅速覆盖到每个学生,让每个学生有交流的机会。另外一种便是三到六人模式。其实不管哪种关键在于能够让掌握能力较强的来帮助能力较弱的,从而达到真正的小组讨论。所以在日常教学中,老师需要根据学习内容,设定讨论内容。并时刻关注每对同桌的学习进度,从而进行学习任务的调整安排。对于第二种小组合作模式,就要明确分工:一号是组长,负责组织讨论与合作;二号当纪律员,负责维持合作时的纪律;三号是记录员,负责记录本组合作学习的情况;四号是汇报员,负责将本组合作情况向全班做汇报。由于每个学生各司其职,少了盲目性与争吵,小组合作变得快乐而有效果。一段时间后,成员间可以调换任务,让每一个学生对小组中的四个角色的工作都有所了解、都会做。小组合作日臻成熟,也体现出课堂合作文化的建立。

生态课堂就是有趣快乐的课堂,学生可以获得安全感、愉悦感和获得感。

（张　蓓）

情 境 助 学 法

一、方法的阐述

课堂是师生活动的生态环境,课堂教学的任务之一就是要创设有利于学生成长的教学情境。情境助学法是指通过创设一定的体育情境,帮助学生理解体育动作,并进行操练的方法。在体育课中,运用情境助学法,就是利用多媒体、语言、情景等创设一定的学习情境,激发学生动作学习兴趣,积极主动进行学练。小学体育生态课堂应是情景的课堂,在低年级体育教学中巧用情境助学法,改变传统体育教学模式,极大丰富教学内容,有效点燃学生激情,助长学生的学习能力,激励其直面困难、克服困难,培养其优秀的品质和品格,提高课堂教学质量和效果。

二、教学案例描述

在本次教学中,教学对象为二年级的学生,所以在立定跳远教学中采用情境助学法。在课程开始部分以"去郊游"为主题,激发学生学习兴趣。

在热身部分,我引导学生以标志盘为汽车的方向盘,开着小汽车去郊游,随即学生拿起标志盘进行散点慢跑。在慢跑中,有效使用社会交通规则,边慢跑边以"遇到红灯"提醒学生,学生以"踩刹车"来回应我的口令,既使学生更投入到情境中,又让学生了解正确的行车规则。

在基本部分,我以"第一站公园到了,在公园里的池塘边看到好多小青蛙,各位小朋友能不能学习小青蛙的动作呢?"为情境,引导学生进行立定跳远的学习。首先小青蛙需要学习怎么跳,其次以标志盘为荷叶,要求学生自主尝试可以跳过几片荷叶,最后,我以"随着小青蛙慢慢长大,荷叶也在慢慢长大"提醒学生以身体为契机,拉长标志盘与标志盘之间的距离,评价学生跳过身体的哪个部位。在学习中,学生们的注意力完全被吸引住了,我明显感觉到孩子们充满了干劲。

在综合活动,我以"我们准备回家了,看,前面有山洞,我们准备钻山洞了"为情境进行上肢力量的练习,先是两人合作,一人搭一人钻,再是小组合作,三人搭一人钻,最后是集体搭和钻。

在放松部分,我又以"我们回到家了,开了一天的车,我们小朋友身体都有点累了,那我们一起放松放松吧"为情境,在音乐的衬托下引导学生进行放松练习。既放松了身体,又愉悦了身心。课的最后,我和学生们一起加油鼓劲,锻炼了身体、磨炼了意志,我们的脸上充满了笑容,这样的课堂一切都是水到渠成。

三、案例分析

1. 快乐情境构建体育课堂生态环境

情境教学法在小学阶段,尤其是在低段体育教学中十分实用,符合学生的心理和生理需求,创设情境并把学生思绪带入其中,在潜移默化中自己寻找解决办法,以情境为引,以探究为手段,吸引着学生自主前行。本案例通过学生们开车去郊游,整堂课以情境贯穿,激发学生自主探究的意识,在学习能力方面高于传统体育教学,主动改善自己的动作错误,勇敢面对自己的不足,真正做到在情境中学习和探究。这有助于体育课堂生态的构建,让学生回归自然,体验不同生活环境、学习环境。

2. 创新思维丰富体育生态课堂教与学方式

教师在开始部分是让学生通过对青蛙、袋鼠、兔子等动物的模仿,开创思维,感受立定跳远。在综合活动中让学生自主创想山洞,在有限的时间内成功搭成牢固的山洞,激励着学生探索更有效的方式来完成挑战。这是教学活动内容的创新过程,也是教与学方式的丰富过程。

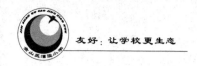

3. 自我追求的满足感构建体育生态课堂不一样的快乐体验

传统的教学，教师示范、学生模仿，教师指导、学生练习，学生有时候会懈怠，即使学生的动作质量不够好，老师也不会说点什么。所以，在课程中让学生挑战不同远度和不同身体部位的立定跳远，有了亲身挑战赛加入，在学生心里就多了一个激励，挑战成功的满足感更是别人无法体会的。

四、操作要点

1. 生态课堂的构建需要合适的情境导入

确立主题时要符合知识性、趣味性、思想性的要求和低年级儿童心理特点、年龄特点。立定跳远这一教学要选择符合教学主题、体育教学规律、课标要求、学生认知特点、能力和发展水平的教学素材，以及设计与主题紧扣的教学情境。

2. 生态课堂的构建离不开交往与互动

在"生态"理念的背景下，教师作为引导者不再以"权威"身份出现，强调师生之间、学生之间的动态信息交流的平等性，学生的心态会变得更加主动和积极。教师不仅是课堂的引导者，还是体育知识的分享者，帮助学生实现二次成长。

3. 生态课堂的构建离不开开放与生成

教学强调开放性实质就是要解放学生的内心世界，让他们不再将体育训练当作一种负担，而是以开放的心态面对体育训练过程中出现的问题。依据学生的变化调整教学思路，课堂将会变得更加动态化。

生态课堂是以学生为主体，强调每一个学生的需求、欲望和意识，兼顾学生的个性发展，实现教学与学生发展的真正统一的课堂。体育是一门以运动为主的学科，将生态理念引入体育课堂，就是要将学生、教师与运动项目以平衡的理念相互结合，注重学生的内心感受。学生能感受到体育训练的趣味性，能以开放的心态面对体育训练。在生态课堂中，体育教师要充分认识到课堂构成因素的复杂性，重视课堂每个环节对学生心理和生理的影响，让学生在"生态课堂"中感受运动的乐趣，幸福快乐地成长。

（黄　雯）

平 等 交 流 法

"老师"这个称呼对学生而言是有威信的。但在"老师"前面加一个姓就会变得有趣了许多。"我最喜欢的是张老师。因为她很关心我""我最喜欢的是王老师。她的课很精彩""我最害怕陈老师,他好凶"等等。加了不同的姓,老师就从职业具体到个人了。因此,每一个老师都有自己独特的性格和教学风格。

一、方法阐述

在本案例中,我遵从了"生态课堂"自由、安全、归属的标准,尊重了学生的个性,与之平等相处,放低教师的姿态,拉近师生之间的关系。走进"问题"学生的内心,在平等、自由的相处模式中站在"问题"学生的角度去理解他,帮助学生解决问题。平等交流法是指教师要以平等的态度聆听学生的话语,理解学生想要表达的事情与愿望,并站在学生的角度上与之交换看法并对学生加以引导的一种教育方法。

二、案例呈现

(一)他居然回应我

某天上午第二节课,问题学生 W 正在爬三楼教室门口的栏杆,情况很危险。(今年学生 W 班的音乐课是我执教的,并且一年级的时候也是我教的。虽然时隔三年,但我对 W 同学还是有所了解。三年前,我在教学中针对 W 学生也调整了一些教学方法,对 W 同学也是有更多的关心和鼓励,给予他一个"支持场"。因此,拉近了我和 W 同学的距离,也为我们现在的相处打下了基础。)当发现他在攀爬门口栏杆的时候,我赶紧跑过去。让我没有想到的是,我走近他时,他一直躲避我。我很意外,突然不知所措。我知道如果他一直在这里会有越来越多的老师过来询问。于是,我决定放慢节奏,慢慢地接近他。我先让他知道我是关心他的。我依旧是三年前那个"支持"他的音乐老师。我告诉他,我喜欢他,他表现很棒,想邀请他去我的办公室,但他没有任何反应,依旧是躲避我。我知道以教师的姿态再怎么关心他都没有效果。于是,我跟他说:"W 同学,我很喜欢你的,你为什么不理我呀!我以为我们是好朋友,我喜欢你,你也会喜欢我。我想带你去你想要去的地方。可是,你不理我,我好伤心。"我边说边靠近他,他没有躲避我了。我紧接着说:"你想去哪里呀?我们一起去好不好?只要不是男卫生间都可以!"他突然笑了,我再次走近他,他愿意让我拉着手臂了。我很开心,很欣慰。原来当我放下教师的姿态,像小朋友一样向他索求被爱,他居然会回应我。我们之间的距离一下子就近了。我们一起走到了队

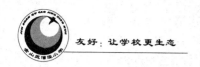

室。我告诉他这是队室，也就是"你"的地盘，放心地去探索吧！虽然，他现在很安全，我们关系也很融洽，但我知道我不能立马问他爬栏杆的原因。我选择给他自由的时间去探索队室里的一切事物。当他看见队室墙壁上的照片时，我拿出了手机要求给他拍照，他很开心，摆了很多的造型。看见他的笑容我特别欣慰，我也不想打破他的好心情，让他继续玩耍。在此期间，我也时不时和他聊上几句。他边玩边回答我。在这样融洽的氛围里，我无意间问他："你为什么会站在教室外面呀？有什么不开心的事情吗？可以跟我说哦！"他告诉我，有一位同学骂他是神经病。仅此而已，于是我也选择随意的回答，不要让他感觉到我前面的一切都是为了这件事而铺垫，而是真诚地和他交流。

（二）敞开了心扉

在这样的一次愉快的交流过程中，我知道 W 同学对我打开了心扉。基于这个班的学情，我调整了自己的教学方法，用更加童趣的教学语言设计更多的游戏环节，让 W 同学能够愿意参与到音乐活动中。

在上《老爷爷赶鹅》第二课时时，我让孩子们自由选择歌曲中的角色和伙伴们进行歌表演。让我惊喜的是 W 同学积极举手，要求担任老爷爷一角。这可是一个很有挑战性的角色，不仅仅要和老大哥交流，还要兼顾自己身边的那群鹅。没想到，这个老爷爷表演得很出色，得到了同学们的阵阵掌声。我也乘机给予他更多的肯定，肯定他在音乐活动过程中出色的地方。同时，也表扬全班同学的团结合作才能演绎出这么精彩的情景。

在接下来的一个月的音乐课中，我通过丰富的教学活动、多样的评价方式让他在快乐的学习中体会到集体学习的乐趣和感受集体的力量，加强 W 同学与同学们的交流，让他敞开心扉，结交朋友，彻底地解决他的"神经病事件"。

三、案例分析

（一）放低姿态，促进师生之间的信任

"问题"学生有很多，然而这些"问题"往往和他的家庭有直接的关系。在我们今后遇到类似的"问题"学生时，我们首先要放低姿态，从"蜡烛"转变成"朋友"。导师、导演、善喻者、服务者与朋友，才是生态课堂中的教师。只有具有民主平等精神的教师，才能为学生提供生态课堂环境。在平等的关系中，我们甚至可以低姿态地去索求孩子的被爱。

案例中,一开始我想方设法阐述我是为他好,我不会责怪他,但始终不见成效。然而,当我放低姿态,站在他的角度以朋友的身份告诉他,没有他的喜欢,我很难受。他一直躲避着我,我多么失望,这种索求学生被爱的状态才是我得到 W 同学信任的原因。

（二）设计支持的课堂游戏,促进学生交流

课间的交流让我们走近了"问题"学生,课堂上需要我们给学生创设一个"支持场",充分发挥课堂生态的整体功能。给他们更多的情感支持,给予学生自由表达与展示的机会,用积极有效的评价语言鼓励"问题"学生积极参与到学习活动中去,让他感受到融入集体的快乐。同时,我们也要设计更多的游戏让同学们在游戏中行使自己自由表达和展示的权利,让课堂学习"生态化"。

四、操作要点

（一）建立平等的师生关系

案例中,当 W 同学出现问题时,我们先要给予他一个"支持场",让他知道老师是他的朋友,老师可以帮助他解决生活和学习中的任何问题,哪怕只是他的一个倾诉对象。只有建立了信任关系,才能走进孩子的内心。很多时候,我们会提前去了解学生的家庭情况。其实不然,当你和他具有平等关系后,孩子会回答你的所有疑惑。当事人的回答和倾诉才是他最真实的家庭状态。在实际教学中,我们都有这样的体验。一个课堂上调皮捣蛋的学生,课后被老师叫到办公室,当你问起他的家庭情况时,他有说不完的话,甚至在叙述的过程中几度哽咽。此时,你所了解的学生的实际情况才是最真实的。

（二）设计支持的游戏,促进学生的交流

课堂上短短的 35 分钟,不足以让我们了解学生的"问题"。那么,通过课间的交流得到了"问题"学生的信任之后,则又需要我们在课堂上给学生创设一个"支持场"。充分发挥课堂生态的整体功能,给他们更多的情感支持。在有趣的游戏活动中,给予学生自由表达与展示的机会。用积极的语言鼓励"问题"学生积极参与到学习活动中去,让他感受到融入集体的快乐。

（刘　芳）

境 美 唤 情 法

"境美唤情法"是指教师在教学中营造一种美的情境,以美的情境

激发学生的学习激情和学习智慧,最终使得学生的情感和智慧相互融合的生态课堂的营造方法。通过"境美唤情法",学生们的学习激情会被充分调动,因此产生的师生间的多元互动会让整个课堂充满了生命力,与此同时,学生们也能在课堂上体会到学习的愉悦感和主动探究的获得感。

一、案例展现

《大自然,谢谢您》是部编版《道德与法治》一年级下册的一篇文章,本课分为两个栏目:"大自然的礼物"侧重引导学生去发现大自然与人类衣食住行等物质生活方面的密切联系,感悟大自然对勤劳的人们的丰厚回报;"大自然中的快乐"引领学生走进大自然,感受与大自然共处和活动时的快乐、和谐。两个主题都有助于激发学生对大自然的兴趣,培养学生感恩大自然的情感。我执教的是课文的第二课时"大自然中的快乐"这一板块,整个教学过程中我采用了"境美唤情法",分别在不同环节、不同教学活动中使用。教学过程如下:

(一)复习导入,唤醒旧知(略)

(二)互动交流,体验快乐

1. 跟着老师寻找春天的快乐

(1)分享老师眼中春天的快乐

师分享自己在春天拍摄的美景视频,并以亲切口吻讲解视频内容:"春天的大自然中盛开着艳丽的桃花、粉嫩的樱花,还有路边盛开的小野花。竹笋宝宝从土地里探出头来,王老师喜欢在田野找豆耳朵、蒲公英还有油菜花。春天也会飘起绵绵细雨,天晴了,蜜蜂弟弟和蝴蝶姐姐开始忙碌起来,鸭子妈妈带着宝宝们悠闲地逛着。王老师最爱在田里收菜了,青菜、荠菜还有新鲜的胡萝卜,别提有多好吃了。其实,春天的快乐就在我们的家门口呢!"

师微笑问道:"小朋友们喜欢春天吗?"(生异口同声答喜欢)"春天的快乐远不止视频里的这些,小朋友们回忆一下,你们在春天的大自然中找到了哪些快乐?"(生迫不及待想要分享,纷纷举起小手)

(2)分享自己眼中的春天的快乐

生1喜悦地讲述着自己和父母去动物园喂小动物的愉快经历。

生2高高举着小手,抢着回答自己和小伙伴们在户外写生的情景。

生3自豪地描述着自己在自家农田帮奶奶种菜的难忘经历。

......

师总结春天的快乐,播放搜集到的小朋友的游玩照片,看着自己的照片出现在屏幕上同学们开心地笑着,回忆满满,涌上心头……

2. 小组合作寻找大自然中的快乐

师出示夏秋冬代表性的图片,引导思考:夏天、秋天、冬天又有着怎样的快乐呢?并布置小组合作任务。

第一小组迫不及待地向大家展示关于夏天的任务单,并激情洋溢地在大屏幕上讲解自己在夏天游玩的愉快经历,台下的同学们纷纷点头表示赞同。

师就小组图片内容采访:"夏天有这么多快乐的事,你最喜欢哪一件?"

生洋溢着笑容回答:"我最喜欢游泳,夏天的水很凉快,很舒服。"

师播放夏令营视频,激起学生的生活经历,笑着问道:"夏令营有什么吸引你的地方吗?"

生1一脸自信得意地回忆道:"我喜欢爬山,锻炼身体。"

生2迫不及待分享道:"我喜欢和爸爸妈妈一起到山里去玩,那儿很凉快。"

师等着孩子讲完,礼貌地接过话茬,总结说:"对呀,夏天到山里避避暑、爬爬山、游游泳,一定很快乐!有机会一定要去夏令营里玩一玩。"

秋天、冬天小组根据经历滔滔不绝地与同学交流,有着相同经历的同学情不自禁连连点头,部分孩子跃跃欲试地举着小手要讲述自己独特的经历。

(三) 激发情感,感恩自然

1. 教师布置小组活动《搭建美丽家园》

学生在组内分工合作,有条不紊地搭建自己的"美丽家园",一边培土、种多肉植物、摆放道具,一边你一句我一句地聊着自己对大自然的印象。

师通过实物投影展示小组作品,并笑着点评:"只要我们齐心协力,就会让天更蓝,水更清,空气更清新,环境更优美。"

2. 指名对大自然说一句话:大自然_____。

生1满怀对大自然的感恩之情,回答说:"大自然,谢谢您给我们带

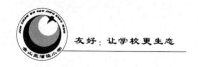

来了那么多快乐。"

生2指着身上衣服，笑容可掬地回答："大自然，谢谢您让我们穿漂亮的衣服，吃好吃的食物。"

生3展开手臂，朝向窗外的景色，赞美道："大自然，谢谢您让我们看到了美丽的景色。"

……

3. 师生其乐融融地唱着歌曲《大自然，我美丽的家》，再次感谢大自然。

二、案例分析

"境美唤情法"最主要的目的就是把学生带入优美、适切的情境中，把课程内容与学生活动结合起来，形成一个具有生命力的课堂，使他们在情感、心理、角色体验的作用下，主动地投入到学习中。

1. 境美唤情——适切化的媒体情境唤醒学生的生活经验

媒体情境的创设可以达到生动鲜活、真实直观的效果，为生态课堂的营造注入源源不断的动力。本节课中的媒体情境就是指运用包括图片、视频、歌曲、文字材料等多媒体资源营造与教学目标相适应的情境，通过媒体情境的创设，让课堂氛围活跃起来，让学生思维活泼起来，唤醒孩子们的生活经验。

本节课中，孩子在感受"大自然中的快乐"时，先欣赏到了"王老师眼中的春天"，在美妙的大自然图片和最熟悉的老师的话语之下，孩子们从自己的记忆深处开始搜集自己在春天中游玩的场景和游玩经验，在这样的记忆唤醒之后，再来说一说大自然带给自己的快乐时就有所共鸣了，这一情境下的交流才是孩子内心深处最真实的想法。在唤醒情感认识的基础上，再看到平时的自己和大自然亲密接触的每场场景时，更能产生对大自然的喜爱之情，奠定良好的情感基调。

2. 情智交融——生活化的问题情境激发学生的思维火花

教师提出的问题要在学生生活经验的基础上，才会有探究的意义。因此，生活化的问题情境可以为开放化、多元化的生态课堂提供一些新的支持。

本节课中，通过小组合作寻找"夏、秋、冬的快乐"这一问题情境，让孩子们结合生活经验交流、展示，将自己的感受融入自己的智慧中，用语言来表达，没有限制和规定，充分发挥主观能动性。孩子们四人一组在小组长的带领下,拿到了自己的生活照,在组内结合图片内容简单地用语言介绍照片背后的故事,将自己的所见所闻分享给小伙伴,互换彼此之间的生活经验。同时,有明确目的的小组活动,孩子们在交流中也可以互相学习言语表达,互相批评指正,甚至互相提问回答,真正培养学生的思维能力。

3. 情促学成——社会化的角色情境提升学生的学习适切性

除了创设媒体情境、问题情境外,我们还可以创设与教学目的相对应的角色情境,学生通过角色体验,能更快地提升学生的学习适切性,学生在这样充满创新、发展养分的课堂中才能茁壮成长。

道德与法治课所涉及的教学内容大多与社会生活有关,具有一定的社会性和真实性,所以在教学过程中除了本着"从生活中来"的教育理念外,还要学会"到生活中去"。本课中"搭建美丽家园"这一学习活动就是让孩子体验"环境守护者"的角色,让孩子在感受到大自然的美好之后,孩子们用花草树木、人物和动物装扮自己的"家园",用自己的行动去设计人类和自然和谐相处的画面,从心底里感受到大自然的美丽,进而对大自然心怀感恩,产生爱护环境的意识。

三、操作要点

1. 择美造境——情境要充分地挖掘与利用

运用"境美唤情法"构建生态课堂教学的第一步就是重视情境内容的"挖掘与利用",在道德与法治课堂中,教师不仅是课堂教学的实施者,也是课程资源的整合者和开发者,因此,教师需要认真地对教学情境进行设计。教学情境要适切,要为这节课的教学目标所服务,切不可胡乱设计与使用,因此,教师要对情境内容进行充分的挖掘和利用。一节课中,开头创设情境以激趣,中间通过情境设置将课堂推向教学高潮,收尾使用情境可进行情感升华或促进学习输出。另外,情境的创设还要根据具体教学内容和年级特点,更多的是综合使用。在使用情境教学法的过程中,要把握以下原则:第一,贴近教学实际、社会实际、学生生活实际的原则;第二,要为道德与法治的核心素养与学科素养服务,要引导学生内化于心、外化为行。教师要加强《道德与法治》的核心素养与学科素养的学习,钻研教材内容,解析教材编写目的,通过一个个具体的情境去体现,形成一定的知识网络,最终为学生的学科素养和能力服务。

本节课，我紧扣"快乐"二字，在开头环节，我努力将孩子们在大自然中感受到的快乐还原到课堂中，于是我选择了最贴近学生生活、贴近教学实际的方法——搜集游玩照片，将孩子们的快乐瞬间再现到大屏幕上和孩子们的手上，达到最大化情境教学功效。在中间环节，通过小组合作寻找"夏、秋、冬"的快乐这一问题情境，让孩子们结合生活经验交流、展示，将自己的感受融入自己的智慧中，用语言来表达。在最后的总结环节，是要让孩子对大自然的感情有进一步升华的重要环节，通过一首朗朗上口的歌曲《大自然，我美丽的家》配合孩子们的照片，让他们将对大自然的感恩内化于心、外化为行。

2. 以情启智——教师要善抓时机营造生态课堂的交互性

生态课堂中，师生之间的行为是交互的，这就需要教师将"以课堂为中心"的观念转变为"以学生为中心"。作为教师，要善于抓住即时生成的课堂要素，创设适切的情境，促使师生与课堂环境的良性互动。第一，在教学中，抓住关键问题进行师生共同探究，引导学生互相质疑，各抒己见，共同得出结论，这样的做法要比老师一言堂强得多。第二，在引导学生时，不仅要传授知识，还要着重引导学生掌握学习知识的正确途径和方法，并在此基础上独立思考。俗话说"授之以鱼，不如授之以渔"，教师要鼓励学生主动思考、勇于探索，只有这样，学生才能产生自觉学习的浓厚兴趣，随之才能产生对知识的习得。

在让孩子观看了《夏令营》的视频之后，孩子们纷纷对夏令营的吸引之处有话要说，但是他们最多能说到的就是"爬山很好玩儿"，那这时我就抓住小组展示中一张"游泳"的照片提问"这位游泳小达人是谁"，请照片中的小朋友说说照片的来历，并适时找其他孩子说说游泳的趣事，感受"夏天戏水之乐"，在师生互动交流中达到了教学的目的。

3. 和促境生——教师要创设和谐民主的师生关系

在生态课堂中，教师与学生是互生的关系，教师需要努力营造一个和谐、民主的课堂氛围，这样的情感氛围是教学过程有效的重要保障。因此，有效的情境创设还需考虑到师生平等、民主、和谐关系这一层面。师生双方的地位是平等的，教师不能控制、操纵学生，更不能把自己的意志和想法强加于学生，平等的互动交流可以促进教学情境的生成。

在一开始分享老师眼中的春天之乐时，先让孩子一起欣赏老师拍摄的视频，待激发了孩子的生活经历之后再请孩子交流，这样和谐的氛围奠定了这节课的生态基调。

总之,"境美唤情法"可以为学生提供一个宽松、适切的学习环境,学生在贴近社会生活的过程中所获得的能力提高、观念以及行为方式的转变,往往是其他途径所难以达到的,从而真正实现知识与情感的内化于心、外化于行。

（王秋艳）

激 励 促 情 法

"情趣"即是情感和兴趣,是非理性的一个重要方面,它具有自发性与冲动性的特点。激励促情法是通过在教育过程中尊重和培养学生的社会性情感质量,发展他们的自我情感调控能力,促使他们对学习、生活和周围的一切产生积极的情感体验,并在积极的情感体验影响下产生的一种积极探究某种事物或从事某种活动的意识倾向,形成独立健全的个性和人格特征的方法。

《语文新课程标准》指出:"阅读是学生的个性化行为,应引导学生钻研文本,在主动积极的思维和情感活动中,加深理解和体验,有所感悟和思考,受到情感熏陶,获得思想启迪,享受审美乐趣。"这就要求教师在教学中必须充分地尊重学生的好玩、好动、好奇和好强等天性,前瞻性地设计教学环节,充分调动起学生的情趣,使他们能以满腔的热情投入到学习中去,从而对于有效地完成每一活动起到积极的推动作用。

一、案例描述

现以 28 课《斯塔笛的藏书》为例。

师:"我"在斯塔笛家看到的只是他的藏书,那么"我"又从哪些地方感受到斯塔笛是个热爱读书的人呢? 仅仅是从他父亲那儿听到的吗? 还从哪儿知道的?

生:(静默)

师:你能从板书中找到答案吗?

生 1:(生看到:不超 50 字——很喜欢去)我亲耳听斯塔笛说的话。

师:他的话说了多少?

生 2:不会超过 50 个字。

师:斯塔笛这 50 个字的话会和哪些内容有关呢?

生 3:书从哪里来的? 因为"小心地保存""用心积攒着每一个铜子儿"等词语不可能是作者在他家当天看到的,肯定是斯塔笛告诉他的。

师：你回答问题声音很响亮，并且能抓住句子中的关键词语进行思考，你很会学习！那么，他"小心地保存所有的书"、收集亲戚们的书，还"用心积攒着每一个铜子儿"买书，仅仅是为了使自己的图书室里的图书更多吗？

生3：不是，他收藏书的目的是为了看书。

师：说明他不仅喜欢藏书，而且还喜欢读书。这50个字还会和哪些内容有关？

生4：还会和变换排列顺序有关。我从找到的句子第2小节的最后一句"他还总是自得其乐地变换排列顺序"中知道的，因为"总是"说明是一个经常性的行为，不可能是作者当天看到的。

师：你根据句子里的限定性词语理解了课文，真不错！他将书按顺序排列，那么，在排列顺序之前，他是怎么知道哪些是故事书、哪些是旅行记、哪些是诗集的呢？

生4：在排列顺序之前都认真地读过，所以才知道按怎样的顺序排列。从这儿也可以看出他平时就爱读书。

师：你的思维很缜密，分析得头头是道！谁还来交流？

生5：还会和斯塔笛如何整理书籍有关。我找到的句子在第3小节"他常站在自己的书柜前，掸掸尘，翻翻书页，查看一下书的装订线"。正如刚才所说，"常"说明是斯塔笛的平日所为，并非是"我"在那一天看到的情景。

师：你不仅认真倾听别人的发言，而且还善于思考，真会读书！谁也来说一说？

生6：我找到的句子在第3小节"他每买回一本新书，都会擦亮封皮，才放上书架，过一会儿又把它拿下来看，把书当作宝贝珍玩一样"。我从"每……都"中看出，这也是一个经常性的动作。

师：你体会得很好！这里的"擦亮封皮""放上书架""拿下来看"等一系列的动词短语说明了什么？他仅仅是把书当作宝贝珍玩吗？

生6：不是的，他爱惜书，其实是想书能保存得久一些、好一些，这样以后就能长久地读书了。

师：你根据句子中一系列的动词说出了自己的理解，让我们看到了一个爱读书的斯塔笛。(出示交流的这些句子)这么多的信息，斯塔笛却只用了不超过50个字告诉我。现在你能不能把斯塔笛告诉我的不超过 50 个字的话有序地写下来呢?

二、案例分析

《斯塔笛的藏书》是五年级上学期第六单元的一篇课文。本文的难点在于让学生体会斯塔笛是个爱读书的孩子。而"我"在斯塔笛家里看到的是他是如何爱书的,听到的话语也就他父亲的那一段话,那如何能体会到他是个爱读书的孩子呢? 围绕着这一教学目标,在上述案例中,教师通过以下方法来激发学生的学习情趣。

（一）运用激励性的语言,鼓励促趣

法国教育家第斯多惠说:"教学的艺术不在于传授本领,而在于激励、唤醒和鼓舞。"语言激励是精神激励的最主要的一种方式,更能唤起学生的学习动机,有助于学生树立自信心,将潜在的巨大内驱力释放出来,努力完成任务,实现目标。

上述案例中,教师运用"你体会得很好""你的思维很缜密"等富有感染力的激励性的语言,因人而异地肯定了学生大声发言、认真倾听及通过抓关键词语来理解文本的良好的学习习惯,使学生感受到了教师的关心和尊重,体验到学习的成就感,树立了努力学习的自信心;同时,对于学生未及时捕捉到的信息,教师使用类似于"他仅仅是为了使自己的图书室里的图书更多吗?""他仅仅是把书当作宝贝珍玩吗?"这样富有引导性的语言启发、鼓励学生深入思考,促使学生产生进一步探究的情趣。

这些激励性的语言犹如阵阵春雨滋润了学生的心田,使他们获得积极的情感体验,产生了学习语文的浓厚情趣,令看似普通的课程变得生动活泼、妙趣横生,学生在轻松、愉悦的心理状态下高效地学习。

（二）挖掘文本中的空白,设疑激趣

小学语文文本中的空白,是文本中作者没有写出来或是没有明确写出来的、召唤读者想象的未定性的意蕴空间。那些藏匿在文本中的"空白",等待着教师引导学生去发现、去填补和阐释。在课堂上,利用文本中的空白,巧妙设疑,激发学生探索问题的热情,让他们亲自去探索思考,丰富他们的情感体验。

针对教师提出的"那么'我'又从哪些地方感受到斯塔笛是个热爱读书的人呢? 仅仅是从他父亲那儿听到的吗?"这一问题,在学生难以解答时,教师手指板书,引导学生联系前面的质疑环节中提出的几个问

题,发现隐匿在文本中的"空白"——斯塔笛亲口对"我"说的那不超过50字的话。这段不超过50字的话,在文中根本没有提及。而纵观整篇文章,它又是那么不可或缺,对理解"斯塔笛是个爱读书的孩子"这一中心思想有着举足轻重的作用。

在案例中,教师引导学生钻研文本,从"总是""常""每……都"等表示频率的限定性词语中逐步感知,斯塔笛"用心整理""排列"等一系列动作无不表达出他平时就爱读书的迹象,加深了对文本的理解和体验。然后通过设计"你能把斯塔笛告诉我的不超过50个字的话有序地写下来吗?"这样一个疑问,让学生将自己的感悟和思考进行了个性化的填补,建立起文本和读者沟通的桥梁,激发了学习兴趣,使学生获得了思想启迪,逐步体会到在爱书的表象下隐藏着"斯塔笛是个爱读书的孩子"这一文章主题,因而斯塔笛的形象在"我"的心中渐渐变得高大起来。这与后文"读书使他成熟,思想深邃",以至于"我"把他这个同辈当作长辈、对他心生敬意的内容相契合,提升了对阅读情感领悟的价值,进一步凸显了教学的情趣。

知"情"了于心,识得无穷"趣"。情趣教学使教师站在学生的角度审视自己的教学行为,达到一种师生间的"共情",因而拥有更加和谐的师生关系,营造更加民主的课堂氛围,给予学生更加积极的学习体验,从而让课堂更加灵动、更加生态,为学生撑起一片成长的晴空,任情智飞扬!

（金忠英）

实践与思考

我 和 小 宋

生态课堂是具有生命的课堂,师生共存的课堂。生态课堂的师生关系是拥有安全感、获得感、愉悦感的。在与小宋同学的相处中,我试着由"先生"变成了"导师",由"教头"转到了"导演",由"主讲者"变成了"善喻者",由"主宰者"转变成"服务者",由"蜡烛"成为"朋友"。

我和小宋同学的故事是在劳技课后的最后一项整理工作中开始的。

一天,上好劳技课,大家都在井然有序地整理桌面。突然听见小宋同学那桌有争吵声,原来他在为课后课桌的整理跟同桌很不开心,他嚷嚷着"这张纸屑是你的,你没有捡起来!""这个固体胶是你的,你没有把它放好。""你怎么这么慢呀?跟你同桌真不开心,快点好吗?"当他在与同桌发生争执时,我用以往的解决方法对他们两个说:"不管是谁的,现在它就在你们桌上,请你们把它收拾好。两人合作,又快又好。"他的同桌马上利索地收拾着两人的课桌。可他说不干,不是他的就不收拾。顿时,我无语了,没有什么好的良策了。

课后我对他们两个的情况了解了一下。小宋:比较自律,自己能把自己的事情处理好,但是其他的事就表现出一副不大关心、不大热情的心态。而小宋同学的同桌:动作比较慢,反应比较缓,做事比较拖拖拉拉。知道了这些消息后,我打算从小宋开始我的"生态师生"计划了。

第一步,由小宋同学一个人收拾课桌,同时计时,让小宋看看一个人收拾花的时间,为了加深他的印象,我特地选了产生纸屑特多的《车辆模型》,忙得他没有工夫说话,额头上都是亮晶晶的汗,弄得他身上手上衣服上都是一粒粒小纸屑。等他忙完,我特地强调了一下时间,足足4分钟,还安慰了一下他:"小宋同学,今天辛苦了。谢谢你的劳动。"第二步,让小宋同学和同桌一起收拾课桌,看着他们忙碌的样子,我在旁边鼓劲:"好样的,两人合作,真的是又快又好,只花了1分钟,桌面干净,工具摆放整齐,好样的。谢谢你们两人的合作,给我们带来干净的课桌。"听到我的表扬,小宋有点难为情了,我赶紧补上:"小宋同学,你看看你们两个小朋友一起整理才花1分钟,上次你一个人足足花了4分钟,这个工作效率怎么比呀!"小宋同学若有所思地看着我,也不言语。慢慢地、慢慢地,小宋同学和同桌因为谁的纸屑、谁的工具的所属争论声越来越稀了,两人的合作越来越默契。在此期间,我实施了第三步,大大地增加两人之间的情感"催化剂",经常有意无意地拜托小宋同桌帮小宋拿把剪刀,帮小宋同学摆摆椅子,帮小宋同学擦擦桌子,在不知不觉中,潜移默化地改善着两人的关系。渐渐地、渐渐地,小宋同学会主动帮同桌收拾,自觉地揽下大部分活儿,不再埋怨。

虽然课后整理课桌是一件很微小、很烦琐的事情,但通过这么一个小小的细节,却可以为我们的师生关系打开新的视野,在我和小宋的互动中,我意识到只有具有民主平等精神的教师,才能为学生提供生态课堂环境。

（徐峰英）

三、"四大支持"之三：资源支持

资源支持是生态课堂建设的重要支持之一，生态需要通过生态物质交换、能量转换与信息传递这三大要素的运行得以发展，因此生态课堂需要丰富的资源来支持其生态的动态均衡发展。课堂资源是一个由多种不同要素构成的复杂系统，广义的课堂资源是指影响课堂活动的全部条件，包括物质的和精神的，它可以是物理环境和心理环境。生态课堂建设中一般有三个方面的资源支持：物质上的设施资源支持、能量上的文化资源支持与信息上的课程资源支持。

（一）设施资源支持

课堂是学校特定的教育教学实施场所，这个场所有着多种物质设施。好的课堂物质环境是指能对学生学习效率、效果起促进作用的物质因素。包括：合乎现代教学需求的教学设备，如能满足现代多媒体的设备等；配备完整、质量合格的课堂设施，如课桌椅等；舒适、简洁的周身环境，如干净的课室环境、安静的课堂周边环境能使学生静心学习。

物质环境主要有课堂设施及其形成的环境条件、空间布置，设施资源不仅包括物质设施本身，还包括这些设施所带来的环境条件，如光线、温度、空气以及色彩等，还有课堂设施所产生的物理空间的安排。这些设施资源在生态课堂建设中要积极运用好。

在生态课堂的设施资源中非常重要的还有对学生发展具有特别意义的专用教室，如音乐专用教室、美术专用教室、自然专用教室等，这些教室提供了课堂教学的专门功能。在生态课堂中要充分挖掘这些教室里的设施资源，为教与学提供适宜的、丰富的资源。

现代多媒体技术在生态课堂的运作中有着重要的作用，有助于教学形式的多样性、适宜性、开放性的凸显。现代技术多媒体在学生学习中可以提供来自视觉和听觉等多种通道的信息，具有集成性、形象性、生动性的特点。多媒体技术的发展为学习环境的设计提供了新的可能性。与文本相比，多媒体能够整合图像、动画、声音、文本等多种信息于一体，能够为学习者创造更为真实、生动、形象的认知条件。在生态课堂中，教师要正确运用多媒体设施，发挥现代技术的资源作用，一是要增强课堂教学与多媒体技术的整合，二是要提高多媒体技术使用的有效性。我们在生态课堂中要注意以下四项：

1. 多媒体选择的实用性

生态课堂中多媒体的选择要根据教学内容,需要通过教学多媒体进行教学时应该尽可能使用,而不是越多越好。多媒体使用缺少价值考量,甚至产生负性作用,板书已经悄然消失。教学中应该避免乱用多媒体,多媒体的使用多少并不一定与教学水平成线性关系。由于不必要使用而使用,花出的教学准备时间和物力以及教学时所消耗的时间等会导致教学成本过高。世界著名的传播大师美国的韦尔伯·施拉姆(Wilbur Schramm)曾经提出一个多媒体选择或然率公式:

$$多媒体选择的或然率(P) = \frac{多媒体产生的功效(V)}{所付出的代价(C)}$$

这个施拉姆公式用以描述人们对某种信息或者说某种多媒体的选择的概率。施拉姆公式提示我们一个多媒体的效用越大,而使用这个多媒体付出的代价越小,那么这个多媒体被选择的概率越大。

2. 教学多媒体使用的适用性

教学多媒体都有自己的功能,也有其局限性。这就决定了教学多媒体有着自己的使用范围。对特定的教学内容和不同特征的学习者,例如年龄、认知特点上的差异,只有选择适宜的教学多媒体,才可能获得最优的教学效果。

3. 教学多媒体运用的准备性

教学多媒体需要进行设计和准备,才能在教学过程中发挥积极的作用。多媒体技术为现代教学提供了有效的手段,但是需要精心设计课件。教学的多媒体,尤其是多媒体课件主要依靠教师的创造。这需要积累经验和资料,建立课件库,在进行教学多媒体设计时可以提供课件制作的资源支持。

4. 教学多媒体组合的集成性

教学多媒体是多种多样的,又各具长处和短处。而在不同的教学单元、不同的课时中,即使在同一课时不同的教学环节中,不同的教学内容也需要与之适应的教学多媒体,不可能一种教学多媒体可以在整个教学过程中一直都是适宜的,也就是教学多媒体不可能是单一的使用,而是集成的。这样的教学特点要求我们在教学多媒体设计时运用多种教学多媒体以适应教学的需要,并且根据教学内容的展开合理组

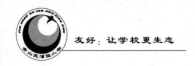

织教学多媒体。

5. 教学多媒体采用的适时性

教学多媒体设计时应该考虑多媒体最佳作用时机。一要及时配合教学内容的展开,发挥多媒体的优势;二是要适时提高学生学习的心理状态,激发学生的学习兴趣和兴奋状态等。

（二）文化资源支持

生态课堂建设需要文化资源支持,我们利用文化资源转化为课堂文化,为课堂生态化提供有力的支持。支持生态课堂建设的文化资源的丰富程度和质量高低直接对生态课堂的发展产生重大影响。

与生态课堂相适应的课堂文化否定那些过时、陈旧的传统课堂文化因素,提倡建立师生平等、和谐的课堂气氛。教师应当宽容待人,要有爱心、有热心、有耐心、有恒心、有信心,激发学生的学习热情。教师要放下架子,在教学过程中,与学生教学相长。生态课堂的新课堂文化,强调师生互动、共同探讨的教学模式,让学生自己去体验、去认识、去探究,从而达到自我完善、自我提高来促使其生命的发展。要关注学生的可持续发展,关注学生的发展过程,关注课堂文化生态对课堂的支持。要把学习主动权交给学生,充分调动、发挥学生的主体性,让学生主动参与学习、自主学习,鼓励学生多样化的学习方式,拓宽学生学习的空间,促进学生富有个性的学习。

我们实施文化资源支持时要关注以下各点:

1. 关注多种文化资源的利用

教师要充分利用与挖掘课堂的文化资源,这是指校内外文化中能够传承下来,可资为教育利用的那部分文化内容和形式。可资支持的文化资源主要包括学校文化资源、班级文化资源以及校外文化资源。这些文化资源要通过课堂活动作用于师生,对课堂的教与学起到导向、改进、优化的作用。

2. 关注课堂文化的生命价值

生态课堂的课堂文化中,教师必然以教育的神圣使命为依据,对课堂进行全新的思考和定位,努力构建平等民主、和谐共处、互动合作、自主探究的课堂文化,赋予课堂以生命价值。学校还必须建构积极的教师文化,必须对现有学校文化进行更新、转化与优化,提升学校文化的品质,促进课堂文化的建设,形成关爱学生身心、关注生命发展的充满生命活力的课堂。

3. 关注课堂文化的关爱要义

以关爱作为支持的主要方式。爱是一种沟通、一种包容、一种接纳、一种力量。在课堂上,教师只有真正关爱学生,学生才会感到被信任,才会接纳该教师的全部,才能向教师毫无保留敞开自己的心扉,提出自己的疑问,说出自己的见解。特别是那些后进生,只有教师付出真诚的爱心,才能消除他们心中自卑的阴影,唤醒他们的自信心,才能使他们从教师的关爱中体验情感的支持,从而参与到班级集体的教学活动中来,从中获得学习的乐趣,增强他们学习的信心。师生真情关爱、民主平等,使得师生和谐共处、情感交融、愉悦互动,大大地提高了学生学习的积极性。

4. 关注课堂文化的尊重落实

文化资源支持首先表现在教师要把关爱学生的身心、尊重学生的人格作为首要任务来实施。支持的要义集中在"尊重学生",或者说"尊重就是支持"。教师要尊重学生的人格,关注个性差异,满足不同学生的学习需要。没有尊重学生的课堂,就不会有互动;没有尊重学生的课堂,将会"死水一潭",甚至会产生师生抵触的局面。要尊重学生,关注生命的发展。只有这样的课堂,师生才能进行心与心的交流,学生的身心才能得以舒展,思维活跃;相反,没有尊重的课堂就没有体现生命的"需要",更谈不是生命的发展。

5. 关注环境文化的熏陶

课堂文化又一个重要方面就是环境文化。课堂环境文化建设一方面要做好课堂教室的布置,使"每面墙壁会说话"。班级也应该在教室里放置一些花卉、图书等,通过环境文化的营造改变教室的单调乏味,从而使课堂洋溢生气。另一方面要重视班风与学风的建设,形成对课堂教与学的正确价值观念、制度与行为。加强四种班级中四种育人环境建设,为学生成长提供支持。班级要依据班情,创建勤奋合作的课堂环境、丰富多彩的活动环境、优化美化的教室环境、融合和谐的人际环境,为学生健康成长提供文化支持。

(三)课程资源支持

1. 认识课程资源支持的价值

全面把握课程资源的认识,是实施课程资源支持的前提。课程资

源是课程实施的必不可少的条件,是课程得以实施的必要支持。课程资源是指形成课程的要素来源与必要而直接的实施条件。课程资源与课程存在着十分密切的关系。课程实施的范围和水平,一方面取决于课程资源的丰富程度,另一方面更取决于课程资源的开发和运用水平,也就是课程资源的适切程度。有课程就一定有课程资源作为前提。但是它们毕竟还不是一回事,课程资源的外延范围远远大于课程本身的外延范围,因为一方面条件性课程资源并不能作为素材成为课程的组成部分,另一方面即使是素材性资源也不能直接构成课程,它还只能是备选材料,它只有在经过教育学加工并付诸实施时才能成为课程。

在不同教育情境下的课程资源状况可能存在着相当大的差别,真正缺乏的是对于课程资源的识别、开发和运用的意识与能力。目前带有共同性的问题是对于课程资源的地位和作用重视不够,由于课程资源意识的淡薄而导致大量课程资源特别是素材性资源被埋没,不能及时地加工、转化和进入实际的中小学课程,造成许多有价值的课程资源的闲置与浪费。一些中小学甚至把教科书当成唯一的课程资源,课程资源的概念十分狭隘。要澄清课程资源的概念,强化课程资源意识,提高对于课程资源的认识水平,因地制宜地开发和利用各种课程资源。

按照课程资源的功能特点,可以把课程资源划分为素材性资源和条件性资源两大类。其中,素材性资源的特点是作用于课程,并且能够成为课程的素材或来源,例如,知识、技能、经验、活动方式与方法、情感态度和价值观以及培养目标等方面的因素,就属于素材性课程资源。条件性资源的特点则是作用于课程却并不是形成课程本身的直接来源,但它在很大程度上决定着课程的实施范围和水平。比如,直接决定课程实施范围和水平的人力、物力和财力,时间、场地、媒介、设备、设施和环境,以及对于课程的认识状况等因素,就属于条件性课程资源。现实中的许多课程资源往往既包含着课程的素材,也包含着课程的条件,比如图书馆、博物馆、实验室、互联网络、人力和环境等资源。按照课程资源空间分布的不同,大致可以把课程资源分为校内课程资源和校外课程资源。校内外课程资源可以包括素材性课程资源和条件性课程资源,校内课程资源的开发和利用应该占据主要地位,但是不能忽视校外课程资源的开发利用。按照美国课程论专家泰勒的说法:"(1) 要最大限度地利用学校的资源;(2) 加强校外课程;(3) 帮助学生与学校以外的环境打交道。"([美] 拉尔夫·泰勒:课程与教学的基本原理.人民教育出版社.1994 年版,第 123 页)我们不仅要最大限度地利用学校内部的课程资源,也要帮助学生与学校以外的环境交往,加强利用校外课程资源。我们应该引起重视的倒是建立校内外课程资源的转化机制,学校要善于合理发掘和运用社区及其他兄弟学校的课程资源,健全校内外课程资源的相互转换机制。很重要的是,如何把校内外的课程资源转化为生态课堂的支持性的课程资源。

2. 课程资源支持实施的要点

(1) 充分挖掘课程资源

正如谚语"巧妇难为无米之炊"所言,没有课程资源也就没有课程可言。教师要打破教材是唯一的课程资源的观念,课程资源很丰富,有着多种校内外课程资源,要有强烈的课程资源意识。善于利用校外课程资源,包括自然与人文环境,各种机构、各种生产和服务行业的专门人才等资源,不但可以而且应该加以利用,使之成为学生学习和发展的课程资源;开发和利用课程实施的各种条件,包括图书馆、实验室和各种活动场馆、专用教室等的合理建设与使用。素材性课程资源的开发和利用是基础性课程资源,相对于条件性课程资源的开发利用,具有更大的实在性、丰富性和发展性。对于条件性课程资源来说,首先保证的是实施课程最基本的时间和空间,比如课时保证,必需的场地、物资和设备。

教学活动的资源是课程资源的重要组成部分,教学活动的资源是微观层次的课程资源,是更为细节的部分,与一般课程资源的开发相比,它更强调特定群体和情境的差异性与独特性。要建立课程资源管理数据库,拓宽校内外课程资源及其研究成果的分享渠道,提高使用效率。

(2) 注重课程资源筛选

课程资源支持力度首先取决于课程资源的价值与质量,因此教师要对课程资源进行选择。适用的就是最好的,不能只看表面现象或者流行的。课程资源的筛选必须注意两个重要原则。一是优先性原则。学生需要学习的东西很多,远非学校教育所能包揽,因而必须在可能的课程资源范围内和在充分考虑课程成本的前提下突出重点,精选那些

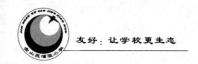

对学生终身发展具有决定意义的课程资源,使之优先得到运用。对学生的课程学习进行综合了解,做出恰当的判断,筛选出重点内容并优先运用于课程。二是适应性原则。课程的设计和课程资源的开发利用不仅要考虑典型和普通学生的共性情况,更要考虑特定学生对象的具体特殊情况。如果要为特定教育对象确定恰当的目标,那么仅仅考虑他们已经学过的内容还不够,还需要考虑他们现有的知识、技能和素质背景。课程资源选择的合理程度成了课程资源支持力度的标尺。

(3) 关注学生课程资源转化提供的支持

课程资源支持中非常容易忽视学生的课程资源。学生在课程学习中,也会产生课程资源,特别是素材性课程资源。学生对学科课程知识的理解、能力的发展、价值观与情感态度形成的课堂学习中会不断有各种困惑、思考、质疑等生成,这就是动态的素材性课程资源。教师要注意发掘学生生活经验方面的课程资源,引导学生将书本知识转化为实践能力。否则,有些学生就可能因为不用而将学习内容忘记得一干二净,整个课程教学的成效就会受到损失;还有一些学生可能因为学习远离生活而导致课程教学活动变得越来越抽象,越来越困难。这些课程资源要为教师所觉察,并转化为支持学生学习的教学行动。

(4) 充分关注家长课程资源转化提供的支持

家庭中拥有十分丰富的课程资源,家庭物品资源、家长资源和家庭活动资源等等,如果能合理开发和高效利用这些资源,可以丰富学校课程资源,弥补学校资源的不足,整合课程资源使学校的课程更丰富。而家庭课程资源的开发与利用却一直备受冷落,没有得到足够的重视,导致课程资源开发的不完全状态,造成不少课程资源的闲置与浪费。

家庭课程资源是指蕴藏在家庭中的各种有形的和无形的可以成为课程的要素来源和实施的条件的资源,包括人力、物力、活动等各个方面。每个家庭都会有用于基本生活的生活用品与生活设施、学习和娱乐设备,例如冰箱、空调、电脑、电视、照相机、摄像机、书刊、乐器、玩具、运动器材等。它们的使用都可能与课程学习有关系,是十分丰富的课程资源。家庭成员经常会共同进行各种各样的活动,这些活动包括共同学习活动、共同娱乐活动和共同生活活动等。在这些活动中获得的经验可以成为丰富的课程资源。不同的家长有着不同的职业背景、知识背景、特长爱好和生活体验,这也可能成为学生学习和成长的财富,是一种丰富的课程资源。

(5)关注社区课程资源转化提供的支持

社区课程资源是课程资源支持的重要部分。社区课程资源支持首先要开发社区课程资源。但是,社区课程资源常被忽视。课程资源开发中存在着两个误区:其一是课程资源的开发仅限于校内课程资源,而对大量可资利用的社区课程资源视而不见,严重制约着学校课程的发展;其二是社区课程资源为学校的利用局限于德育的功能,没能充分利用所有社区课程资源的所有育人功能。这两个误区限制社区课程资源的开发,导致学校不能利用社区课程资源,制约学生的全面发展。开发社区课程资源可以消除课程资源认识上的误区,转变人们的课程资源观念。

开发社区课程资源有利于学校课程的发展与完善。学校积极地组织开发社区课程资源,必将在课程内容上更多地关注学校及其所在社区的一些具体特点,有效地将社区文化、物质环境等方面的特点组织进课程教学,从而扩展课程内容。在课程实施上改变传统的"教师教书,学生背书"的教育方式,并以此带动教育方法、教育手段、教育组织形式等方面的变革,从而提高学生的主体性,发展学生的实践能力、学习兴趣和创新能力;在课程评价上使社区内的专家、学者、教师、学校管理者、家长以及其他社区人士都参与进来,从而保证课程评价的科学性。

方法案例

链接生活法
——"品""社"相融,以《上海人来自五湖四海》为例

生活是儿童了解社会、认识社会的起点,也是儿童社会经验的直接来源。儿童的生活与经验对于儿童的成长具有独特的价值与意义。"品德与社会"学科要充分发挥课堂主渠道作用,积极探寻教材内容与现实生活的链接点,让学生的品德养育和社会性发展在走向生活、走近生活乃至走进生活的过程中融合促进、循序上升。

"链接生活法",指的是在品德与社会学科学习中,要以生本教育为基本理念,以教学内容生活化、多元化为基本依托,或利用儿童熟悉的

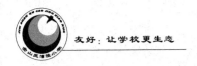

社会生活事件和生活经验,或模拟典型化的社会生活情境,或指导学生进行实践体验和社会探究,将生活元素融入教学要素中,激发学生学习兴趣,给予学生生动有力的学习支持,形成教和学的良性互动,实现学生多元发展。

一、方法呈现

《上海人来自五湖四海》是《品德与社会》四年级第一学期第三单元的内容。这一单元从上海人的构成、上海的城市精神和学做文明市民三部分来引导学生以上海人的精神风貌为荣,学做可爱的上海人。本课是第一部分的第 2 课时,主要是通过学习和探究,知道来自五湖四海的上海人为上海的发展注入了多姿多彩的活力,学着与来自不同地区的人友好交往与交流、互相尊重。

片段 1:联系实际,感受上海人来自五湖四海

1. 组织班内全体学生交流:你来自哪里?

2. 出示"漕泾小学学生户籍分布图",讨论:你们有什么发现?

3. 观看视频(九亭小学),交流:你听到了什么?

4. 揭示课题,了解新上海人的定义。

说明:本片段的主要目标是引导学生从同学交流、图表以及视频中获得与"上海人来自哪里"的主要信息并能初步得出结论。

片段 2:小组活动,探寻上海人的祖籍

1. 出示老师完成的"我的家庭小调查""我妹妹家小调查",交流:你有什么发现?理解"户籍""出生地"和"籍贯"的含义。

2. 小组活动:"探寻上海人的祖籍",要求:(1) 根据自己调查表上的信息,小组合作完成统计,填写"上海户籍学生表"和"非上海户籍学生表";(2) 认真观察表格,完成填空题。

3. 集体完成四(1)班"探寻上海人的祖籍"统计表和"静安小学四(2)班'探寻上海人的祖籍'统计表"并做对比,讨论:统计结果有什么不同? 为什么?

4. 出示教材内容,小结:上海是一个典型的移民城市。

说明:本片段主要是通过组织学生参与调查和小组统计活动,读懂表格上的数据所表达的信息,分析"上海人"的构成,能解释上海被称为"移民城市"的缘由,并能说出上海作为移民城市的一些特点。

片段 3:讲述故事,体会新上海人的贡献

1. 交流：你的父母在哪里工作？做什么？

2. 交流课前小调查"我的邻居"：有哪些人来自外地？他们从事着什么样的工作？

3. 讲述"胡老师的一天"，交流：胡老师遇到哪些新上海人？

4. 学习课文第 51 页"相关链接"《上海市荣誉市民》。

说明：本片段主要是通过收集相关资料或者回忆生活经历，谈谈"新上海人"的信息，从而认识身边的新上海人，初步感知他们为建设上海、发展上海作出的巨大贡献。

二、方法分析

《品德与社会》是一门以品德教育为核心、促进学生社会性发展的教材，具有学科综合性、生活性、互动性的特点。链接生活，能立足学生的生活基础与生活经验，将生活德育理念落到实处，使认知教育与实践体验相互促进，既培养能力又锤炼品格。

1. 实现教学目标的生本化

本课主要的话题是"上海人来自哪里"，这不仅与学生的生活实际密切相关，而且大多数学生具有这方面的经历与体会。至于具体的经历与体会，老师能依据自己的经验有所判断，但为了了解更精准的学情，课前，我设计并开展了社会小调查活动，引导学生调查了自家三代人的户籍、出生地和籍贯，调查了自家邻居的原籍以及他们所从事的工作。我对学生的调查情况进行了汇总统计，在此基础上，对"通过调查活动，分析上海人的构成，能解释上海被称为移民城市的缘由"这一教学目标有了更明确的认识，即在教学中要引导学生去关注班级调查的结果和"移民城市"这一结论之间的不对应，利用老师提供的补充资源去探究其中的原因，以此真正理解上海被称为移民城市的缘由，并能说出上海作为移民城市的一些特点。

2. 实现教学内容的多元化

围绕本课学习的主要目标，这一课立足于学生现实生活体验、贴近社会生活和学生实际、着眼于促进学生发展，精心选取贴近生活的不同教学素材，实现内容的多元化。比如，在引导学生感受"上海人来自五湖四海"时，不仅组织班内每个学生交流自己的老家，更展示了全校外省市户籍学生分布图，让他们读一读、数一数学校 404 名外省市户籍学生分别来自哪些省、直辖市和自治区，学生在交流中表示"这一结果让

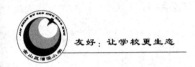

人惊讶,没想到我们学校的学生来自 21 个省市自治区,真的是来自五湖四海"。再如,围绕"认识身边的新上海人,初步感知他们为建设上海、发展上海作出的贡献"这一教学目标,我在教学中讲述了自己一天中所碰到的新上海人,用学生熟悉的生活场景和人物去激发学生参与交流讨论的热情,也为学生的交流做了较好的示范。在学生交流自己的父母、邻居所从事的工作之后,又组织学生围绕"作为上海人或者新上海人,我们能为上海做些什么"这一话题开展讨论,以此强化学生的认识、指导学生的行为。

3. 实现教学过程的生命化

怀特海在《教育的目的》一书中说:"学生是有血有肉的人,教育的目的是为了激发和引导他们的自我发展之路。"我在设计学习活动时,努力体现"以学生发展为本"的理念,而链接生活这一方法的运用,更保证了学生主体地位的体现。《上海人来自五湖四海》这一课的课前主要活动是社会小调查,开展"我的家庭"和"我的邻居"两项调查活动。全班 26 名学生大多数能独立完成,个别学生也在大人协助下完成,通过调查活动,不仅获得了关于户籍、出生地、籍贯等一些信息,而且在调查过程中获得了多方面能力的锻炼。课中主要活动之一是小组合作完成"上海户籍学生表"和"非上海户籍学生表"并得出结论:"我们小组上海市户籍有多少人,其中籍贯是外省市的有多少人。"活动前,我先组织学生观察比较"我的家庭"和"我妹妹的家庭"三代人情况表,让学生进一步明确"户籍""出生地""籍贯"的含义,在此基础上再让学生开展小组探究活动。因为有方法引路,课前学生都做了比较详细的调查,又是学生熟悉的话题,所以从课堂气氛和实施情况看,几乎所有的学生都参与了交流。

三、操作要点

要有效实施"链接生活"策略,前提是教师要牢固树立"教学即生活"和"生活即教学"的观念,关键是要以学生发展为本,以目标为导向,使知识技能呈现、获得、运用于多元化的生活情境中,让"品社小课堂"和"社会大课堂"有机融合,而不是将现实生活生拉硬拽、照搬照用。

1. 尊重儿童立场

学生是课堂学习的主人,学情是课堂教学的起点。教师为什么教、教什么、怎样教根本上都应该由学情决定。因此,链接生活,首先要链接的是学生的真实生活。学生在真实的生活世界里感受、体验、领悟，并得到各方面的发展，这些已有的经验和发展弥足珍贵。教师在教学前不仅要弄清楚教材本身的重点、难点、关键点，更要采用多种形式去深入了解儿童的真实生活，去了解和发现儿童对教学内容的"已知""未知""能知"和"想知"，从而在教学目标的制定上做到尊重儿童的生活经历，抓准教学内容和学生已有生活经验之间的链接点，有效发挥儿童已有生活经验和生活经历的作用，使教学目标的制定更集中、更明确、更适切，实现教学目标的生本化。

2. 注重多元链接

在《品德与社会》学习中，链接生活的意义在于对儿童生活的引导，目的是要促进学生的深度学习。因此，在链接时要注重多元链接、精妙整合。要以目标为导向，依据教材内容特点，遵循儿童成长的规律和与时俱进的原则，对现实生活进行整理和筛选，去挖掘现实生活中隐藏的教育因素，从儿童熟悉的日常生活中选取有代表性的、具有普遍意义或典型意义的事例进行加工，以符合儿童认知水平的形式加以呈现，创设能让学生主动发现问题、提出问题和解决问题的现实情境，设计指向教学目标、适合并能促进学生发展的学习活动。可以列举生活案例、展示生活画面，激发学生参与学习的积极性，激活学生的生活认知；可以根据学生生活实际改变教学内容，提升内容的适合度，调动学生的生活思维；可以开展社会调查、收集资料、自主探究、合作学习等活动，发挥学生的主体作用，丰富学生的生活体验。通过活引生活源泉，循序渐进地提升学生的实践能力、锤炼学生的品格、实现学生的社会性发展，让充满活力的生活走进课堂，让课堂走向丰富多彩的生活，实现教学内容的生活化、多元化。

3. 追求生命成长

怀特海在《教育的目的》一书中说："学生是有血有肉的人，教育的目的是为了激发和引导他们的自我发展之路。"《品德与社会》是一门培育良好品德的德育课程，也是一门融合了"沟通理解与交流合作""价值判断和行为选择""自理与自我保护"等诸多能力的综合课程，具有鲜明的育人价值。因此，在运用"链接生活"策略实施教学的过程中，教师首先必须要遵循正确的方向，即在注重落实"知识与技能""过程与方法"目标的同时更要注重"情感态度与价值观"目标的落实，要充分体现学

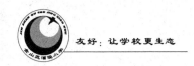
科的培养目标和育人价值；其次，组织学生开展学习活动时要避免碎片化，要体现活动之间的关联性原则，把书上的观点和学生的真实生活通过活动紧密联系起来，让学习与生活真正链接，从而促进学生建立生活与学习的深度联系，实现认知结构与现实生活的交互，对抽象的知识进行立体化的建构；再次，要多利用视频、音乐、实物等学习工具创设有利于触发和培养情感的生活情景，多开展访问、调查、查阅资料等实践体验活动，多组织学生个人或小组合作开展质疑、分析、讨论、思辨等探究活动，从而体现认知、增能、激情、导行和培养习惯等多方面的功能，使学生获得身心的全面发展。

专家认为："学习的本质在于能让大脑发生连接，只有深度学习才能形成牢固的大脑连接；但深度学习不仅仅是一节课的事情，它是长期学习的概念，因为长期学习才会呈现出学习的本质性规律。"因此，在品德与社会学科学习中，要努力建立书本与生活的链接，让学习活动充满生活的味道，引导学生了解生活、走向生活，品味生活、认识生活，最终达到为更好生活而学习的目的。为此，教育者要专业规范地开展有趣多样的教学活动，以信任、尊重、关切的态度实现师生的和谐互动，引导学生开展真正的学习，从而让学生领悟学习生活之美，感受成功喜悦，建立为社会发展、自身更好生活而努力学习的责任感。　　　（胡卫英）

情 景 资 源 法

情景资源法是在课堂上设置一些真实性和准真实性的情景来学习和使用知识，使教学更适宜学生的学习，提高教学的学生可接受性的方法。在教学过程中，创设适合的情景，在情景内提供丰富的资源支架，可以引起学生一定的情感体验，帮助学生理解知识和技能，使学生心理机能得到发展。在英语学习的过程中，情景的创设，一般就是指语境的创设，不同的语境能为学生提供不同的资源支持，帮助学生积累语言素材、感知语言文化、体验语言情感以及带动思维发展，更可以使学生的学习兴趣、语言思维、学习策略等才能得到不同程度的发展，从而形成一个师生共同成长的生态课程。

一、案例呈现

在 4A M3U3 In the shop 第一课时的教学中，我创设了 Making a shopping list(制作购物清单)的语境，通过一系列不同的学习资源，让学生帮助 Jill 一起完成购物清单,然后再以小组为单位制作小组的购物清单,语境创设真实自然,贴近学生日常生活,提供资源支持,以达成文化与情感的目标。

【片段一】图片导入,引发话题

在课堂导入环节,我出示了一张图片引导学生观察图片并提问:"新同学 Jill 想邀请朋友们来自己家参加聚会,但是发生了什么?""她家里的冰箱空了,没有食物。""那该怎么办呢?""可以去超市购物。"于是通过图片的导入,引发了本节课购物的话题,从而顺其自然地出示一张购物海报,让学生猜一猜,Jill 会准备买些什么为聚会做准备,操练句型 I need ...复习激活旧知,为新课的学习进行铺垫。

【片段二】角色扮演,展开话题

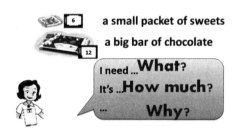

在第二个语段推进过程中,教师带学生学习新授的单词和句型之后,我给学生三个问题框架资源,帮助他们开展角色扮演活动。先通过师生的问答扮演示范如何操作,再让他们同桌之间自主开展对话,对于 Jill 要准备糖果和巧克力的数量价格和原因进行问答,帮助学生梳理对话。

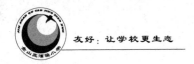

【片段三】分组讨论,深入话题

在复习巩固环节,我让学生以 4～5 人小组为单位,结合一张超市的宣传海报和本节课所学习的语言知识框架,小组谈论完成一张符合本组成员需求的购物清单,罗列出需要购买的商品、数量、价格、原因等,并用语言表述,做一个小组分享。学生通过分组讨论,进一步运用语言,深入话题的讨论。

二、案例分析

1. 创设生活情景,提供多样化资源支持

新生 Jill 要在家里举办聚会,想邀请同学们来,但是冰箱里没有食物了,如果学生们是 Jill,会怎么做呢? 在这个教学的导入环节中,甚至不需要老师过多的语言赘述,通过声音、文字、图形、图像、动画、视频等多媒体资源的支持与传统的教学有机地结合起来,直观呈现生活化的语境,学生看到媒体出示的内容,加以教师的语言引导辅助,自然而然地就会展开联想和迁移,对 Jill 接下来要做的事情进行思考并展开讨论,也可以自然地过渡到听录音圈图片的任务中。

在这个过程中,注重引导学生通过将要学习的内容与真实的生活情境相联系,使他们的情感体验得以叠加和增强,同时也操练了本节课的语言点 need 句型的用法。学生面对空空如也的冰箱,面对内容丰富的超市广告,很容易与自己的生活实际联系起来,从而产生联想和迁移:"如果我遇到这样的情况会怎么做呢?"实现语境最大化利用,有利于活跃和拓展学生思维,使学生在不知不觉中得到语言训练,让生生都有自由交流与表达的机会,让课堂更生态。

2. 通过问题引领,创设层次性资源支持

在本课时教学活动推进的过程中,我尝试在学生学习过程中自然地提供问题支架,即 What does she need? How much is it? Why does she need? 三个问题。学生边听边看提取信息,加强问答与重点词句朗读的操练,一边体验、理解、搜索相关信息,一边尝试语用表达,并有效地实现对当前所学知识的意义建构。学生没有了单纯的机械操练,而是激活了每一个教学活动,丰富了语言输入,同时也巧妙地让语言输出变得更有意义,学生们在开放性的课堂氛围中产生思维碰撞,使之形成了一个学英语过程的良性循环。

课堂教学就是问题教学,整个课堂就是围绕若干个问题完成教学的过程,通过问题引领这种方法是在引导学生自主学习,久之学生就会具备自学新语言材料的能力,问题引领,为学生提供自由充分表达的机会。通过个人活动、小组活动、集体活动等多种教学活动,实现知识能力的建构,有助于培养学生的逻辑思维能力,实现课堂的生态化。

3. 设计趣味活动,搭建共生性资源支持

复习环节的活动应该立足教学文本,同时更要超越文本,让学生在经历了体验学习之后,可以更好地探究学习和表现学习。基于这一理念,我设计了最后一个教学活动,模拟真实的生活语境:学生分为四人一组,看海报贴一贴自己小组需要购买的食物,写一写数量和价格,并说一说购买它们的原因,协作完成符合小组情况的购物清单并介绍给班级的其他同学。

在这样模拟真实情景的语境下,生生之间可以更好地互动交流、相互合作,形成轻松和谐的教学氛围,也是一种以学生为主体的教学模式。学生在这个过程中通过自己的探索和同伴的互助,重新梳理知识,经历了将课本知识内化为自己的知识的过程,体现学生主体,有利于学生体验和运用语言,帮助学生发展语言。

三、操作要点

1. 情景要真实自然,贴近生活

《英语课程标准》指出:"要让学生在真实的情境中体验和学习语言。"小学生通常喜欢谈论与自己有关的事,教师设计的课堂活动,要在学生生活中有真实的体验。本学期我班就正好有新同学加入班级,我们在学校开展过一次欢迎新同学的主题活动,因此我本节课教学创设

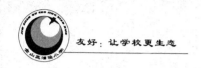
的整个大的语境背景就是,欢迎会过后新同学也想邀请同学们到她家中举行聚会。当学生在这种真实环境的活动中感到他们能用学到的语言去做事时,课堂气氛活跃了,学生的学习兴趣也提高了。

2. 情境要形式多变,活泼有趣

创设生活化情境的目的之一在于激发学生的兴趣,促使学生全身心地投入到英语活动中。所以,教师所创设的情境应该符合学生求趣、求新的心理特征,充分考虑情境创设的多样性和活动的趣味性。如果小学英语课堂教学只是一味简单机械地重复情境,效果就会大打折扣,只能是走过场的形式,毫无实效,根本谈不上有教学激情了。在教学进行了一段时间后,适时的引入游戏,让学生在玩中学、在学中玩,学习效果事半功倍。

3. 情境要推陈出新,灵活变动

教师在创设情境的时候不要失去自我,要体现个人风格和特色。教师应学会创新,不要故步自封,因为同一情境的创设并不一定适合所有的教师,也不一定符合所有的教学实际。此外《英语课程标准》强调:教师应注重引导学生运用观察、发现、归纳和实践等方法学习语言知识。因此,教师应在适当时候给学生留有时间,留有机会去思考、体验、应用及创造。周末的时候,我还结合这个单元的学习,布置了一项实践作业,让学生和家长一起定制一份家庭购物清单,并一起到超市去购买,让学生真的能够做到学以致用。

四、结束语

"我们的实际生活,就是我们的全部课程;我们的课程,就是我们的实际生活。"这是陶行知先生在长期的教育实践中对课程的全新思考。把课堂变成一个浓缩微型的社会,把花草树木、鸟兽动物、对话人物请进课堂,让学生看到、感受到英语就在你身边,给学生营造丰富的课堂情景,通过感知生活、体验生活,进而在生活中实践、参与和探索,让生活的精彩在课堂上跃动。

（丁　祎）

谈 话 交 互 法

新课程改革要求确认学生在课堂中的主体地位,即要使学生成为课堂的主人。那么在语文课堂中就是给予他们更多的机会去表达自身的想法,不拘泥于答案的正确与否,营造一个轻松的课堂氛围,以学生的说代替教师的讲并以此提升学生的综合素质。

谈话交互法,即创造一个宽松、民主的环境,在这样一个环境中,进行师生交流,增强主体学习的愿望,形成一种独特的话语场,注重教学的随意性。这样的教学课堂气氛不必过于严肃,不只有教师讲学生听,而可以在教师的引导下像谈话那样,随便交谈议论,使学生、教师、环境三者之间良性多元互动,确保师生生命质量,促进师生积极发展。如此一来,学生活动多、积极性高,有利于培养学生读书自学能力,开阔思路,发展智力。此外,此种课堂方式能够为师生的互动性增强活力,是有利于师生健康成长的一种生态性的课堂。

一、方法呈现

《慈母情深》是五年级语文第十册(沪教版)的一篇歌颂母爱的散文。作者以真情实感灌输于文本,令人深切体会到其母亲对他深深的爱,催人泪下。对于文章中母爱细节的品读,我就是采用了"谈话式"的教学方法,通过师生之间有机的互动,让他们走进文本,于字里行间感受作者笔下深沉的母爱。

教学片段一:

师:同学们,文中母亲是如何工作的? 你能说一说母亲的工作状态吗? 请你们用直线画出相关语句,圈出关键词谈一谈。

生1:唔……这个……老师,这个问题我不知道该怎么回答。

师:没关系,你想到什么就说什么,有话则长,无话则短。

生1:老师,我觉得作者用"凑"这个动词,说明了母亲离缝纫机非常近,所以母亲的工作应该是非常辛苦的。

师:你回答得非常好,老师就喜欢你这样能抓住细节的孩子。你看,你是能说出来的,不要怕自己说错,当你敢说的时候,你就已经成功了。老师希望下次看到一个更加自信的你。

(该生平时非常胆怯,因此上课极少发言。今天我抓住这次机会,通过鼓励的方式,让他开口发言,增强他的学习自信,提升他的学习兴趣。)

教学片段二:

师:同学们,当"我"第二次拿到母亲给我的钱,那一刻我内心肯定五味杂陈,那么,当"我"有所成就后,"我"可能会说些什么呢? 请你们先自读全文,四人小组展开合理的想象进行讨论,稍后我们做交流。

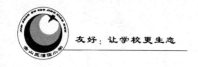

小组1：母亲,我想对您说,是您生我,是您养我,是您给我钱。

底下学生：咦…你看他们,这说得也太简单了吧……

底下学生：是啊！太没技术含量了。这一年级小弟弟小妹妹都会说吧……

师：同学们,不管同学说得好不好,你们这样的行为都是不尊重人的表现。我们在一个教室学习,我们就是同窗。对于同学,我们必须给予尊重,你们刚刚的行为是非常不可取的,希望下次在课堂中不要再发生了。

小组2：母亲,我想对您说,是您给我的人生指明了方向,是您带我走进了文学创作的大门,是您无条件地支持我的文学梦。

……

底下学生：他们说得真是太好了,我们一起掌声鼓励他们吧！

（热烈的掌声响起）

师：同学们真是能说会道,我想如果"我"的母亲听到这些话,一定也会倍感欣慰吧！

（当学生嘲讽同伴的回答时,课堂的生态环境会急剧恶化。因此,我必须让学生互相鼓励、互相尊重,这样宽松、包容的课堂环境氛围才是"谈话交互法"的核心。）

以上两个教学片段均是在轻松的环境下进行的,教师不会刻意打断学生的话,学生也可以在有疑问时随时向教师提出问题。师生之间打破了传统的教师为主导、学生为倾听者的关系,给予了学生更多表现自己的机会。在学生对同伴的回答有所质疑时,我会第一时间教会他们学会尊重。因此,课堂氛围非常融洽。学生变得越来越敢说,他们的生命在这样一个充满生态的课堂中得到了充分的成长,符合生态课堂重视"生命"和"发展"的价值导向,也符合生态课堂开放性、适宜性、共生性、民主性、交互性、主体性的特点。

二、案例分析

1. 教师课堂行为生态化

"谈话交互法"需要学生有话可说,这就迫切需要教师营造一个良好的谈话氛围,因此教师的教学行为必须生态化。教师课堂行为生态化,其实质是把教师的课堂行为问题提到生态高度,进而使教师行为与课堂生态环境的发展一体化,最终促进学生持续、健康和稳定发展。在具体的教学过程中,我给予学生充分的自由表达和展示的权利,同时针对不同学情的学生采用不同梯度的问题,确保了每一个学生都有发言的可能。此外,对于学生回答时可能出现的错误,我不会采取强硬的否决态度,而是循循善诱,将其引导到正轨。如此宽松、民主的课堂环境让学生能充分表达自我,既发挥了课堂的民主性,又尊重了学生在课堂中的主体地位。

2. 建立和谐的师生关系

"谈话交互法"需要学生敢于表达自己的想法,敢于与教师进行对话。但长久以来,由于教师在课堂中的绝对主导性地位,课堂的生态恶化,学生鲜有表达的机会和勇气。因此,若要实施"谈话交互法",必须在日常生活中给予学生关心和温暖,并试着认真倾听学生的观点,给学生以亲切感。教师的导师、导演、善喻者、服务者与朋友角色,才是生态课堂中的教师。只有具有民主平等精神的教师,才能为学生提供生态课堂环境。

3. 给予学生充分的表达时间

虽然现在的语文课堂,学生的主体性地位正愈发被重视,但课堂上他们的表达时间还是有所缺乏。大部分情况下,教师仍会将自己的想法强加在学生头上。如果课堂上教师说得太多,就无法构成"谈话交互法"了,就无法体现"支持性"生态课堂的核心——民主。因而,我们必须改弦易辙,通过优化、修复课堂中学生的参与度以及调节师生关系,为生态课堂的形成给予支持。

三、操作要点

"谈话交互法"的一个重要特征就是师生之间的平等沟通。它通过强调师生之间的互动交流,调动课堂内学生的积极性、提升学生的专注度和教师上课的感染力,从而活跃课堂氛围,营造一个良好的师生谈话环境,使全体学生都能参与到课堂中去,激发他们的潜力,以此来实现教与学两方面的收益。

1. 学生与文本之间的"谈话"

所谓"谈话交互法"并非漫无目的地空谈,而是建立在学生与文本之间有一定接触的基础上。因此我在教学时,首先给予学生一定时间去与文本进行沟通,采用圈圈画画的方式汲取其中的有效信息。所谓"知己知彼,百战不殆",学生若要更顺畅地学习文本知识,必须建立在

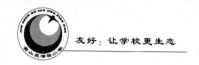
熟读文本的基础上。因此,他们先与文本进行"谈话",然后在此基础上再进行师生之间的交谈,并以此成为深入研究文本的途径。同时,文本也是一个载体。师生通过这个载体进入一个轻松的语言环境中,并通过共同的谈话主题,迅速拉近彼此的距离,使课堂氛围更为宽松,师生间的交互更为融洽。

2. 学生之间的"谈话"

教学中,我在最后环节把学生分成了若干小组,组内构成小规模的"谈话",使学生在与同伴的交谈中,碰撞思维、提升沟通能力。此外,组内成员在彼此的交流中也能增进彼此之间的感情,为营造一个和谐的生态课堂环境添砖加瓦。同时,这也符合生态课堂三大学习方式的优势利用之合作学习。

3. 学生与教师之间的"谈话"

虽说"谈话交互法"是以学生为主题的教学方式,但教师的作用同样不可忽视。在实际操作中,学生有时会发散出去,讨论一些与文本无关的话题,这个时候就需要教师及时对学生进行引导,将学生拉回正确的上课轨道;学生有时也会无法答到关键点上,此时,我不会直接说出答案,而是适时点拨,引导学生进行深入的思考,使教师"教的方式"与学生"学的方式"相互匹配从而得到想要的教学效果。

事实上,我在课堂上担当了设计引导学生进入学习状态的导师任务,并且在必要的时候对学生的互动效果起到总结归纳的作用,把传统的"教学"变"导学"。

总之,"谈话交互法"能实现三大组织形式的灵活切换(全班、分组、个别),可以充分利用三大学习方式(自主学习、合作学习、个别化学习),让学生成为课堂的主人,让教师从"先生"转变为"导师"。它是具有生命的课堂、师生共生的课堂、充满民主的课堂、多元对话的课堂、开放解放的课堂、创生发展的课堂。它使我们扭转传统的教学观念,使知识在轻松的互动中呈现、重组、提升!

(范春灵)

游 戏 生 活 法

生态课堂的基本标准中有两个关键词"成长"和"乐趣"。"成长"关乎的是学生的"主动学习"和"持续发展"的能力,"乐趣"则关乎"学习策略"和"情感态度"的目标。这正是小学英语课程标准总目标中提到的两大方面,积极的情感态度有利于促进主动学习和持续发展,以及有效的学习策略有利于提高学习效率和发展自主学习能力。

　　游戏生活法是指在教学过程中创设以生活为指向的游戏,让学生在游戏中模拟生活情境所提供的语境支持下学习英语的一种方法。这正是我所追求的课堂:运用充满趣味且有效的学习策略,创设亲善民主的课堂氛围,激发学生浓厚的学习兴趣,培养他们主动学习的能力,以保持持续发展的动力。在不断的教学实践中我得出低年级英语课堂教学非常重要的两个方面:游戏化和生活化,营造游戏化与生活化的低年级英语生态课堂。

　　【教学片段描述】

　　Module 2 Unit 2 My family 第二课时

　　本课时的学习目标是:

　　1. 能理解、朗读核心句型 Who is he/ she? 并做出正确应答。

　　2. 能用 He's my .../ She's my ... 句型做出正确应答。

　　3. 能在语境中学会"Who is he/ she? He/ She's ..."准确问答并介绍家人。

　　"游戏化"教学片段:复习环节,运用"大战'贪吃蛇'"游戏复习第一课时学习的核心词汇 mother、grandmother、father、grandfather,以及关于本领的单词 sing、dance、draw、read、write、jump。为本节课的学习做好准备。

　　随着老师一声"The snake is coming!"屏幕上随即出现一条很可爱的张着一张大嘴的蛇宝宝,在她面前出现了弯弯绕绕的一条小路,上面铺着一些标有单词的小动物。随着蛇宝宝的前行,这些单词小动物一个个消失了。同时,孩子们也争先恐后地读起这些单词来,而且都抢在蛇宝宝来到这些单词小动物之前读出了这些单词,他们开心极了。

　　游戏解读:这是一个小朋友解救小动物,与"贪吃蛇"比速度的游戏。贪吃蛇要吃掉这些小动物,但是小朋友只要赶在贪吃蛇来到这个小动物之前就正确读出它身上的单词,它就被隐藏起来,被拯救出来了,否则就要被贪吃蛇吃掉。

　　"生活化"教学片段:运用"全家福"照片或绘图,以及班中小伙伴,学习理解和朗读核心句型"Who is he/ she?"及其回答。

　　在学习新知阶段,先请一个小朋友出示一张全家福照片,T: Who

is she? She's my ... P1: Mother. T: Good! She's my mother. Follow me ....之后的小对话练习,我请小朋友们拿出了事先就准备好的全家福(照片或自己画的图片),做问答练习。学习 She's (人名)时,我直接提问班中小朋友,(手指一位小朋友)Who is she? P: She's Kitty. T: Good! She's my classmate Kitty. She's Kitty. She's Kitty. Follow me.

"游戏化"和"生活化"结合的教学片段:创设情境,运用"看一看、听一听、猜一猜"的游戏方式,巩固核心句型的语用能力。

学习核心句型阶段,我利用班中小朋友秋游的照片,让照片中的小朋友只露出了一小部分身体部位,玩"猜猜他/她是谁"的游戏。T: Let's play a game. Look, Who is he/she? P: He's ... T: No. Look! Who is he? 小朋友露出的身体部位又多了一点,P: He's ...

在小对话练习时,T: Let's play a game, again. Who is he/she? 小朋友们能不能根据声音来猜出他是谁呢? 请一个小朋友上来戴上眼罩,请另外一个小朋友向他打声招呼"Hello!" Let's ask together "Who is he/she?" P1: He's ...

复习巩固阶段,我组织了小组表演,由五到六人组成,三到四人扮演家人,一人扮演小主人的朋友来家中做客,然后通过小主人和小客人的问答来介绍家人。P1: Who is he? P2: He's my father. He can sing very well. 小朋友们表演得都很投入。

【案例分析】

一、游戏化教学提高生态课堂的适切性

低年级小学生的年龄特点决定了注意力集中时间短且容易分散,好动好玩,但好奇心强,喜欢新鲜。基于这样的认识,游戏化教学既满足了孩子们的身心需求,又能提高学习的有效性,符合生态化课堂的适切性。

英语教学与其他语言学习一样,需要一个积累的过程,所以准备阶段一般安排一定量的复习,单词是基础,牢固掌握单词需要不断反复,如果方式方法单一,势必提不起所有孩子的兴趣,所以要运用不同的游戏,让他们感到好玩儿、新奇。比如"大战'贪吃蛇'",是一种带有比赛性质的游戏,你读出一个单词,你就战胜了一次贪吃蛇,拯救了一个小动物;某个单词你读不出,它要被贪吃蛇吃掉,你被打败一次。一般情

况总是胜利的多、失败的少,所以孩子们总是以兴奋的状态玩完游戏,开开心心地进入下一个学习环节。类似这样复习单词的游戏还有很多,比如"Who is missing?"游戏。让某一图片或单词突然消失,让小朋友马上回忆出来,不仅让小朋友注意力短时间内高度集中,而且训练了他们的记忆力和思维能力,一共五张图片五个单词五个家人,谁消失了呢?只要知道留下的是哪些人,就能判断出消失的是谁,知识储备和能力水平就在这一个时间段里充分体现,并得以训练。

二、生活化教学展现生态课堂的生态化

游戏化教学是通过增强学习的乐趣来提高学习效率;生活化教学则是通过联系生活实际,提高英语学习的语用功能,来促进学生的成长,体现了生态课堂的生态化。

现代外语教育注重语言学习的过程,强调语言学习的实践性,主张学生在语境中接触、体验和理解真实语言,并在此基础上学习和运用语言。生态课堂同样主张体验式学习活动形式。一年级英语教学内容主要是围绕了解自己、家人和朋友,生活与自然中一些最基本的内容,而且低年级学生的思维是直观性的,所以只有紧密联系生活,创设真实生活情景,才能帮助学生理解意思和运用所学语言。"My family"正是一个紧密联系生活的学习内容,"全家福"照片或绘画作品就是一个真实的语境,导入时运用能帮助学生理解意思,巩固操练时运用是语言输出的体验式运用。回家后,鼓励小朋友拍摄视频,用镜头逐一介绍家人,并在之后的课堂上播放出来,是所学语言的应用和检验。猜猜自己只露出了一点点身体部位的小伙伴是谁,这种对友情和眼力的考验,激发着孩子们的好奇心,整个环节都是在欢声笑语中度过,被猜的小朋友脸红通通的,有些害羞,有些紧张,猜的小朋友一脸兴奋,你一言我一语,"She's/ He's ..."的句子此起彼伏。在之后的根据声音来猜他是谁,更是多元化地鼓励孩子在真实生活中使用语言,丰富学习的经历。这就是体验和实践的过程,这就是自主学习能力发展的过程。

【操作要点】

"游戏化"和"生活化"是小学低学段英语教学不可或缺的教学策略,实施过程需要注意以下几点:

要善于制作简单好玩儿的游戏方法。教师应该是一种需要智慧的职业,善于学习,善于思考,能想方设法丰富教学策略,以实现满足学生

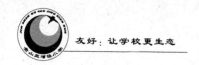

身心发展的课堂教学生态化发展的目标。游戏，是低年级英语教学中极其重要的手段。因此，老师要善于创设一些规则简单、操作性强又好玩儿的游戏，以提高小朋友英语课堂学习的效率，激发和培养学习英语的兴趣和能力。

要善于从生活中学习游戏方法。 社会的飞速发展，充实了人们生活，网络游戏、综艺节目层出不穷，其中不乏有趣好玩儿的小游戏。我们可以借鉴和利用，选择一些合适的方式方法，运用到英语教学中。但在搬入课堂前，一定要根据学习内容、年段特征等情况做适度改良，让小学生们真正做到学中玩、玩中学，以玩促学，而不是停留在玩游戏本身。

要善于将游戏方法常换常新。 "喜新厌旧"，虽然用在人类情感范畴是个贬义词，但在实际生活中，却是一种正常的现象。在游戏化教学中也是如此，一种游戏玩多了，哪怕再好玩，也会有腻的时候，腻了，厌了，孩子们就没有玩的兴趣了，更别谈促进学习了。所以，老师要多设计一些游戏，根据不同的学习内容和目标，使用不同的游戏，以不断激发孩子们的学习热情，保持长久的学习兴趣，提高学习能力。

要多了解学生的生活实际。 英语学习的目的最终要落实在它的语用功能，因此，联系实际生活来学习英语，是非常切实的。为了更好地运用好学生对生活的认知水平和资源，了解学生的现实生活是非常必要的。比如，在本文的课例中，老师要事先了解孩子们的家庭成员构成情况，有的放矢地与孩子交流，避免问到一些伤心的话题。因为，现在的单亲家庭和留守儿童很多，家庭情况比较复杂的也不少。

游戏化和生活化教学在英语课堂教学中相辅相成，共同激发着孩子们学习英语的兴趣，让我们的课堂充满着快乐和民主的氛围，生生之间相互友爱，师生之间也是互相亲近，积极的情感态度和良性的教学行为让孩子们获得安全感、愉悦感和获得感，从而不断激励孩子们主动学习和持续发展，这也正是生态课堂的魅力所在。

（吴丽娜）

创 设 情 境 法

在教学过程中，教师有目的地引入或创设具有一定情绪色彩的、以形象为主体的生动具体的情境，以引起学生一定的情感体验，从而帮助学生理解教材，并使学生的心理机能得到发展的教学方法，这就是创设情境法。它的核心在于激发学生的情感,"生"化情境,"生"动童心。

对低年级学生来说,依据学生年龄特点设计富有童趣的语言,创设具有童趣的情境,再辅以想象说话或表演等多维度的方式,可以帮助学生更好地理解内容,激发学生学习兴趣,提高学生的语言表达素养,同时让生态课堂更具有生命力。

《四季》是一年级语文第一册上课文单元的一篇文章,单元重点内容是让学生走进大自然,在课文的学习中感受不同的美。本次案例就以《四季》中的教学片段为例,简单阐述如何通过情境创设更好地打造生态课堂。

一、案例展现

【教学片段 1】

教师出示幻灯片,图片显示草芽从地下钻出来的过程,不同的过程展示草芽见到的不同景象。(先出示小草芽在地下的场景。)

提示句式:"冬天,小草芽独自躺在地下,左看看右看看,它看到的是_____。"(图片:一片漆黑。)

学生:小草芽左看看右看看,都是黑黑的,什么都看不见。

教师:是啊,你真会思考,好像你就是那棵小草芽呢!你说说,你看到四周都是黑的,心情怎么样?

学生:我会很害怕。

教师:春风慢慢地吹着,春雨绵绵地下着,小草芽用尖尖的脑袋顶破了头上的泥土,探出脑袋。哎,可爱的小草芽,你看到了什么?

教师出示阳光的图片。

学生:啊,我看到了暖暖的阳光!

教师:是啊,阳光真是美丽极了,我们好像都感受到了这份温暖!

教师:小草芽们,你们还看到了什么?

学生:我还看到了小鸟儿飞过来了!

学生:我还看到了粉粉的桃花。

学生:我还看到了绿绿的垂柳。

教师:小草芽们,你们看到了这么多春天的景色啊!其实,你们自己也是春天的美景啊!难怪诗人写道:草芽说——(出示文字,指名读:我是春天)

学生:我是春天!

教师：你把字音读准了，真不错！草芽在破土前是那么害怕，现在，它的心情怎么样？

学生：草芽很开心。

教师：谁来做做开心的草芽？（带动作跟老师做）

学生：我是春天！

教师：我感受到了小草芽看到阳光时的温暖了！谁再来试试？（开火车）

（指名读，学生互评，男女生做动作读，齐读。）

【教学片段2】

教师：刚刚许多小诗人仿编了生动的儿歌，分享了四季的美丽。现在，请才华横溢的小诗人们来演一演你们的作品吧！

学生1：大家好，我是粉粉的桃花。

学生2：大家好，我是清清的流水。

学生3：大家好，我是快乐的小诗人。

学生123：我们来一起展现我们作的诗歌，请大家欣赏。

（屏幕适时变化四季背景，播放相应音乐）

学生1：桃花粉粉（捂着脸微笑），

学生2：小河清清（伸出手臂陶醉状），

学生3：她（伸出手掌指向桃花）对他（伸出手掌指向小河）说：

学生1：我是春天！

学生123：这是我们组的展示，谢谢大家！

教师：谢谢你们的美好展示，谁来说说你的感受？

学生4：我看到了美丽的桃花，粉粉的，她说自己是春天的时候很高兴。

学生5：我觉得我也可以加入他们，我可以表演春天的小蜜蜂。

学生6：春天很美丽，音乐柔柔的，桃花粉粉的，小河清清的。

教师：是啊，通过他们灿烂的笑容和动听的语音，我们看到了更生动的春景，真是美丽极了！谁也想试试？

二、案例分析

一年级学生活泼好动，喜欢鲜艳的色彩，对于图片多媒体的感知力强，很愿意通过语言和肢体表达展示自己。因此，在打造生态课堂过程中，需要充分结合学生学情，创设合理的情境更好地打造生态课堂。本案例中主要是通过补充资料和角色扮演两种不同的形式创设情境,更进一步激发学生的思维动态,拉近情感距离,让课堂生成具有更丰富的色彩,充满发展的可能性。而通过教学片段可以观察到,就生态课堂下的情境创设而言,有两点是必须具备的。

1. "生"化文本情境,连通童心

目前受社会教育环境大趋势影响,存在部分学生在幼小衔接过程中有提前学习或了解过课文内容的现象,也有部分学生提前预习过课文内容,因而保留了一种可能性的错误观念,认为课文会读了就是学好了。这让教学课堂变得"未卜先知",缺少挑战性和积极性,无法达成生态课堂的多元发展性。因而,作为教师,需要在设计教学目标和内容时,充分关注文本本身,针对学生就近发展区设计有效的支架,让生态课堂实实在在。

本案例的片段一中,在学生学习这段内容感悟小草芽的心情时,主要是通过多媒体画面补充,营造一个具有对比性的情境,拉近学生和文本的距离。因为,情境的生态化是儿童化的、形象化的,也是生活化的。

在研读文本和学生学情的过程中,如何更好地体现这一点呢?

我了解到对于文章第一部分春天内容的描写中,尖尖的草芽说的"我是春天"这句话,是学生需要正确朗读并有感情朗读的一段内容。学生是会读"我是春天"四个字的,但是基本上读不出春天充满希望、洋溢温暖的愉悦心情。

因而,补充了草芽没有破土而出时的多媒体内容,学生就可以通过直观的"地下一片黑"和语言情境感受到小草芽的孤单和害怕。在这种紧张感下,再引出另一个慢慢过渡的充满阳光的情境,学生就能够很明显地感受到草芽迎来春天时的那种喜悦之情,也就能更好地表达对春天的喜爱。

通过研读文本,将文本中的内容精细解读,将文本中寥寥几语的内容通过更为精准的设计呈现,创设的情境才能更好地让学生与文本的情感共鸣水到渠成,才能更好地打造具有生命力的生态课堂。

2. "生"化演绎情境,悦动生情

图片和声音文件等作为情境的元素可以增加对学生的引导作用,但这些都是对外的。而就学生本身如何更好地参与,我们也要更多地关注一年级孩子的年龄特点——好动。因此,在情境创设中,需要更加

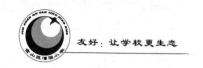

生动活泼的形式来给予支持，如适当地引导学生加入肢体动作和表情，通过角色扮演更好地加深体验，让教师成为导演，学生成为主演。

本案例的片段二中，在仿编儿歌时，怎样更好地让学生去投入情境，既能基本正确地表达自己创编的内容，又能投入到生态课堂中享受四季的美丽，是一个难点。而这一点，主要还是考虑到了低年级学生的表演积极性，通过小诗人挑战赛的方式，给予充分的角色肯定，加上图片音频等多媒体的场景创设，让情境创设更具有童趣，更好地展示生态课堂的生动性。学生在扮演自己是粉粉的桃花时，因为代入感会通过自己的动作和神情更好地传递对春天的喜爱，这份情感的传递不管是对自己还是对其他人，其印象和感受都是更深入更有效的。并且，在这个过程中，学生也能通过小组合作和组员互评的形式，在多元化的沟通中更好地去完善对文本的理解，从而获得成就感和满足感，让学生内心更愉悦。

这样的情境创设既可以是一个完整的构成，也可以是某个环节中的一个融入。比如在片段一的朗读指导中，结合"尖尖"的动作用双手做屋顶状，结合孩子所表达的心情变化做抱手臂（害怕）和伸展手臂（开心）的动作，都是在以学生为主体考量的基础上去更好地演绎情境，也更好地体现了情境创设中参与性的重要作用。

因此，通过以学生为本的角色化的情境创设可以更好地激发学生兴趣，构建生态课堂，它既是一种可见的活跃的课堂氛围，也是学生有效的思维动态呈现的一种结果，是更开放更发展的生态课堂所需要的。

三、操作要点

1. 关注情境创设的适切性，尊重文本主次

本次情境创设的小草芽破土而出前的内容在文章中是没有的，加入的内容主要是为学生体验小草芽破土而出后的心情所准备的，后者才是重点，因而在感受欣喜的这个部分才是需要学生充分交流评价的。不宜在前者的情境创设上花费较多时间，这样反而本末倒置，对文本进行错误的解读和处理。生态课堂是多元发展的、开放的，但也需要正确的定点投射，关注情境创设的适切性。

2. 重视情境创设的参与性，坚守导演角色

要创设一个合适准确的情境，在语言表达的内容上要有一定的设计，在和预设发生偏离时，要充分尊重学生的质疑，可以进行一对一、一

对多或多对多的交流组织。但是如何更好地组织讨论交流,让学生更好地参与到情境中,并且适时地引导,在教师参与情境时,需要注意个人的语言表达不可太过随意,个人定位虽然是"导演",但毕竟是导不是演。在这个过程中,要充分做好预设,但又能准确抓住学生语言中的可能性,通过一个一个问题的铺垫引导学生进行合理的想象。真正的生态课堂中,教师的导演角色需要坚守,才能更好引导学生参与。

3. 丰富情境创设的后续支持,引领教学价值

通过情境的创设,学生思维的多样性会让他们获得不同的感受,但是课堂 35 分钟时间内参与全班交流评价的可能只是一部分。因此要通过更多其他的教学环节以确保教学价值的生成。这一点可以是整体性的互动,如课堂书面小练习巡视、做动作演一演或表决对错判断等更好地进行反馈,更充分地关注学生的学习积极性。同样,也可以是在课堂后不同形式的生态作业上,如将课堂上的儿歌仿编带回家中,将朗读内容分享给家人并交流感受等更具有价值取向的作业内容,以更好地后续支持加深内化。

情境教学以"情"为纽带,在本案例中由于对象是年龄较小的小学低年级学生,因此主要是针对儿童的心理特点,通过补充的文本情境和较为活泼的角色,支持学生更好地参与,让童心生动,让课堂生动。当然,创设情境的形式是多样化的,我们可以去更多地实践和思考,从而更好地创生发展,建立一种更民主和谐的师生关系,打造更有生命力更具开放性的生态课堂。

(叶 红)

合作学习法

传统作文教学中,教师多采用"教师命题—学生写作—教师批改"的组织形式。如此"一言堂"的教学形式,过分强调作文活动的"个体性"和"认识性",学生成了被动学习的个体,导致写作教学效率低下。究其原因学生在课堂上没有得到充分的个性呈现或者行动时存在困难,课堂不够生态化,如果运用合作学习共同写作的方式,能够提高学生在课堂活动中的积极性,较为有效改变这一困局。

生态作文,合作前行。所谓"合作学习法"是指学生为了完成共同的任务,有明确的责任分工的互助性学习。通过合作获得环境支持,合作学习鼓励学生为集体的利益和个人的利益而一起工作,在完成共同

任务的过程中实现自己的理想。对中年级学生来说,合作学习可以激发学生社会性的写作动机。在合作学习中,学生的个体活动和小组活动的有机结合,活动行为必须受到班级和小组成员的检查、评估和认可。合作学习在提高了实际兴趣的同时,有效激发了对于记录生活的间接兴趣。"合作学习法"是一种倡导"自主、合作、探究"的学习方式,以学生为主体,强调每一个学生的需求、欲望和意识,兼顾学生的个性发展,辅之以现代课堂教学手段,实现教学与学生发展的真正统一的生态课堂。

一、案例展现

《小宠物》是沪教版三年级语文第二册中的一篇作文,本作文重点为能按一定顺序,用通顺连贯的语言介绍小宠物,写出小动物的特点,表达出自己的真情实感。我采用了以合作学习法为主、情景激趣法为辅的教学策略。教学过程如下:

【片段一:畅所欲言,合作猜谜】

师:小朋友们,喜欢猜谜语吗?猜猜它是谁,大声喊出它的名字。

(出示:

谜语一:两撇小胡子,油嘴小牙齿,贼头又贼脑,喜欢偷油吃。

谜语二:耳朵长,尾巴短。只吃菜,不吃饭。)

(一)谜语一猜谜实录片段

生1:小仓鼠。

生2:土拨鼠。

生3:鼹鼠。

生4:这些都是老鼠,答案是老鼠!

生5:我同意!

生6:我也同意!

…………

师:让我们一起看看答案是什么吧!

(二)谜语二猜谜实录片段

同学们都开始七嘴八舌说出答案,有个女生坐在座位上捂着嘴巴,嘴唇翕动着却没有发出声音。

女生同桌:你也认为是兔子对吧!

女生点点头。

女生同桌：我也认为是兔子！勇敢点我们一起把答案喊出来吧！

女生犹豫了片刻,同桌做了个加油的手势。

女生终于鼓足勇气喊出了答案：答案是兔子！

师：你们看谁来了？（出示兔子图片）

学生们：耶！（个个笑容满面,充满了喜悦）

【片段二：尊重差异,合作观察】

过渡：你们看,小黄鸡一家听说咱们班的小朋友要来,特地跑来看大家啦！

师：用上观察方法,说说小鸡一家有什么不同？

（学生4人为一小组,小组长负责管理小组讨论,发言时小组长作为代表发言,组员或其他组有同一部位的不同发现可以随时补充发言。）

生1：大小不一样,鸡爸爸长得最大,妈妈其次,小鸡最小。

生2：眼睛颜色和大小不同。

生3：脚的颜色不同。

师：小朋友们真厉害,发现了这么多不同,谁还有新的发现吗？

生4：他们的翅膀大小不一样。

生5：翅膀不仅大小不一样,颜色也是不同的。

生6：它们的嘴巴形状也不一样！

学生们各自根据自己的观察表达自己的想法。

师：你们观察得真仔细,发现了这么多的不同,真是火眼金睛,把掌声送给自己！

学生信心满满地鼓掌。

【片段三：情投意合,合作表达】

过渡：带上宝典,我们去宠物王国寻找自己的小宠物吧！（分发宠物图片）

师：选择喜欢的动物小组坐下,每组有四张椅子,先到先得,开始！

（播放音乐）学生开始自由选择动物小组：

生1：我喜欢小猫。

生2：我也喜欢,我们选一组吧！

生3：哇！好可爱的猫咪,我也选这组！

生4：×××你选小猫,我也和你一起。

生 5：小猫我找你找得真辛苦,哈哈我来啦!

当生 5 看到已经有 4 名同学坐到小猫组自己没法选小猫时有些沮丧。

生 2 寻求老师帮助:沈老师,我们都喜欢小猫,可是没椅子了,小 5 同学也想加入可以吗?

师面带微笑说:当然可以啦! 你们快帮小 5 同学想想办法吧。

生 3:小 5 可以拿着猫咪的图片站在桌子旁,他就能成为我们组的啦!

生 4:小 5,我们俩坐一把椅子吧,挤一挤坐得下。

生 3:这主意真不错! 来我这儿挤一挤吧!

生 2:我的也可以!

在同学们的热情招呼下,生 5 选到了自己心仪的小宠物并开心地获得了座位。

师:坐到了喜爱的小宠物面前,可是小宠物可挑剔了,它们说只有把它介绍可爱生动了,它才愿意和你回家。每组的小主人,仔细观察小宠物,再看看老师黑板上写的,讨论介绍你的小宠物吧!

(时间过半)教师引导:待会儿请各组小主人来向大家介绍。

师:小评委们听好了(指板书),看看这位小主人按要求来介绍了吗?

生 1:我的小宠物是只鸭子。它大小只有手掌那么大,它的颜色是黄黄的。它的头圆圆的、小小的,脖子不是很长。翅膀小小的贴在身子两旁,脚掌红红的踩在地上,尾巴向上翘着。

师:谁来评一评这位同学介绍得怎么样?

生 2:"它的"两个字说得太多了,有些啰唆。

生 3:他要是用上比喻句子会更生动。

生 4:我觉得他这样说会更好:小鸭子的嘴巴扁扁的,就像两把小扇子叠在一起。

生 5:这把扇子是"橘黄色"的,还能加上颜色。

生 1 听了豁然开朗点了点头。

师:小评委们听得很仔细,从语言的简洁性做出了评价,又教给大家一招运用比喻句,真厉害! 谁还想来评价?

生 6:他刚开始介绍都是按顺序的,介绍到脚和尾巴那边顺序有点颠倒了。

生发表了诸多评价。

师：有了同学们的建议，"小鸭组"赶快再合作讨论介绍一下小鸭吧！用你的语言让小宠物听上去更可爱！

二、案例分析

作文过程是学生和教师以及学生与学生之间的共同活动，目的不仅在于掌握作文的知识、技巧和能力，而且在于发展积极的个性，包括让学生掌握合作与交往的经验。在小学作文教学各个阶段，合作和交往都是学生学习的主要推动因素。本次习作通过情境激趣法，给予孩子足够的支持，旨在使合作学习法发挥出更大的课堂效用，打造生态课堂。

1. 合作猜谜，畅所欲言愉快学习

猜谜语这一传统的益智游戏深受孩子们的喜欢，课堂伊始由此导入，孩子们上课的兴趣一下子被调动起来，能在学习时获得情感支持，充满愉悦感。在猜谜过程中，孩子们能够畅所欲言自由表达自己的想法，当有不同想法时孩子们能随时质疑和争辩，碰撞出思维的火花；当同伴遇到困难时，同伴间通过合作学习、互相鼓励帮助将问题迎刃而解，得到了成功的获得感。课堂上孩子得到了足够支持，教师也从"教头"变为了"导师"，民主平等是课堂的总基调，课堂也因此变得生态富有生机。

2. 合作观察，民主氛围发展能力

小学生的观察特点是随意性强，观察时走马观花，观察的事物过于笼统，没抓住事物的本质特征，那是由于智力发展水平处于低级阶段，意志的自控力弱的缘故。虽然由于年龄尚小孩子在观察时会存在一定问题，但作为教师我们要肯定孩子的主体性，营造民主的氛围，不禁锢孩子的思想：组织学生以小组讨论观察的方式找出不同之处，有比较才有鉴别，通过事物之间的比较，才能发现事物间是存在差别的，发现某一个体事物的特点。小组合作的方式，组员合力寻找不同，帮助观察能力较弱的同学，打开思维，培养仔细观察事物的能力，为后续作文写作细节描写埋下伏笔。积极引导说出各自观察到的不同点，最后再加以观察顺序的引导，如此一来，学生在生态课堂中能够自由地探究与生成，各方面能力得到发展。

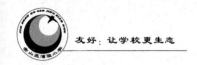
3. 兴趣合作，足够支持促进表达

在小组讨论交流过程中，提供可爱的卡通立牌，让学生能近距离观看，辅之以范文让学生的表达有了支架，配上欢快的音乐，促进思考。在选择小组时，充分尊重孩子的喜好和选择，营造良好的环境支持，这样能够较好地表现。赞可夫也曾指出："只有学生情绪高涨，不断要求向上，想把自己独特的想法表达出来的气氛下，才能产生使儿童的作文丰富多彩的那些思想、感情的词语。"教师要充分利用身边的现有资源，结合当地的实际生活，采取多种方法手段，努力创设具有广泛想象空间的情境。仅有兴趣是不够的，有些同学表达能力较弱，以小组围坐的方式合作学习，拉近学生之间的距离，平时害怕在老师面前犯错而不敢发言的学生，也可在小组合作学习中和大家处于平等地位，拥有了更开放解放的学习环境，能够轻松地交流想法，消除写作表达畏难情绪。这样学生想写、乐写的情绪浓了，写的时候才会一气呵成，写出来的内容才会意趣盎然，课堂也就充满了生态的味道。

三、操作要点

1. 激趣角度多元，提高合作效率

学生是学习的主人，只有加强师生和生生之间合作，才能取得良好的效果。在整个教学过程，教师充分调动学生的学习积极性。采用情景创设、猜谜、当小侦探、挑战式合作、自由选择小组讨论等，这些激趣角度的选择都应该为学生合作学习时的话题性、目标达成性和趣味性打下基础。寓教于乐，在"乐"的过程中教师应该始终明确教学目标，注意所营造的氛围必须要与作文的题目以及创设的意图相一致，把握好课堂节奏，做好调控工作。在开始合作学习时，抛出一个引领目标的总问题，而后由学生以小组讨论的方式互相出出主意，思考写作要点、内容以及如何完善等。这个环节是教学过程的需要，也是激发学生兴趣的需要。对于学生的回答，教师应善于捕捉闪光点及时表扬，让学生获得成功的体验，就能激发学生的学习兴趣，这样的合作学习才能达成较好的学习效率。

2. 转变教师角色，合作形式多样

培养学生的合作意识，首先要改变传统的师生间"权威与服从"的关系。作文教学中，教师不应该站在一旁对学生指手画脚，而应该同学生一起写文章，修改文章，一起参与活动。在合作学习的过程中，给予更多时间和空间让孩子们去表达,教师只需要提供适时的点拨和为孩子的良好表达创设支架,不全盘否认孩子们的意见,尝试从鼓励和语言引导角度促进学生的表达符合习作要求,如此一来,教师从知识的权威传授者转变成学习的鼓励者、组织者、参与者。合作变得丰满,教师也是孩子们学习的合作对象,也能及时帮助解决孩子们在合作中出现的疑难,让孩子能够在互相合作、教师辅助合作下学有所得。

3. 合理编排小组,帮扶合作学习

为了开展互助合作,在小组合作学习中应尽量避免把同一水平的学生编为一组。由于学生的习作水平差距较大,教师可按学生作文水平的上、中、下搭配原则编组,每组四五个学生。由于环节设置时要求学生自由分组所以分组难以调控,所以在教师巡视过程中,应充分调动好上等水平的学生来组织学习,对于水平都较为薄弱的小组教师重点指导。由此一来,师生之间以及同学之间通过大声地讨论文章的内容结构和语言形成逐渐习得,语言的丰富性得以提升。这种模式不仅使作文困难的学生从中受益,优秀学生也能在合作互助中取得长足的成长。

著名数学家杨乐在一专题节目中提到:"学校、家庭、社会对学生的期望太高、太急、太迫切,成才是一个很长的过程,是一个比较自然的过程。"自然的即是和谐的,让我们的课堂还给孩子自由发展的空间,还给孩子真情洋溢的世界。生态的语文习作教学课堂不需要盆景工艺式的缠扎,更不需要训技强化般的鞭打,以创新的教学方式造就学生张扬的个性、开放的思想、合作的精神以及创新的品质。 (沈芝琦)

同 伴 共 生 法

同伴共生法是根据不同年龄学生的学习特点,通过同伴共生、游戏助力的方式,设计适合学生,并将教学目标实现到最大化的同伴游戏,追求适合学生发展生态课堂的一种方法。本案例以支持为特征构建生态课堂,主要围绕一年级学习准备期的"感受合作"这一主题,通过同伴之间协作游戏性教学,烘托课堂学习氛围,抓住学生的学习注意力,实现凸显教学目标最大化的生态课堂,从而帮助学生了解小学唱游学习的环境与常规,引导学生逐步适应小学起始阶段的音乐学习要求,并在此基础上过渡到一年级正式课程内容中,形成幼小衔接的过渡期。

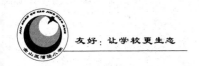

一、方法呈现

以培养学生的课堂学习常规,促进学生互相了解、交流,培养合作意识为目标,我设置了两个活动环节,活动环节一游戏《请你跟我这样做》,重点在游戏中培养学生的学习常规和学习习惯,在游戏中突出同伴的作用,促进学生之间的民主、平等、多样,实现课堂中愉快的教学。活动环节二创编《上学去了》,根据让学生想象自己早晨上学的情景,实现同伴的差异性,在创编表演环节也让学生能够根据自己的亲身经历而加深印象,同时也通过与同伴在音乐活动中轻声交流、活动时懂得与同伴保持空间感,初步形成与同伴合作的良好习惯;在游戏、合作模仿中感受音乐活动的乐趣,培养学生对唱游课的兴趣。

【活动1】游戏《请你跟我这样做》

这个活动主要通过"小老师"的提炼,利用丰富、共生的游戏教学,培养学生与同伴之间的协作性,促进同伴之间的共生。在游戏开始之际,我先对同学们说明了游戏规则。

师:小朋友,请你们睁大眼睛仔细观察老师的动作,我会说"请你跟我这样做",请你来模仿我的动作哦,并说出"我就跟你这样做"。看看哪一位小朋友观察得最仔细,模仿的动作最像,但是我的要求是,在游戏过程中能够安静地听、与同伴之间保持距离。

一时间我发现学生用专注的眼睛齐刷刷地看向我,一下子吸引了学生的注意力,并且都很认真地摆出他们所观察到的动作。

在模仿动作之后,我选择了几个表现较佳的同学来做"小老师",在这个过程,小老师的作用不仅仅在指挥大家,也促进了学生的积极性,体现了课堂的民主性和平等性。在模仿的过程中训练了学生的注意力。在模仿之后,我又展开了模仿"小老师"的动作并分组比赛,同时我给学生下达了另外一个要求。

师:"小老师"可以选择我们刚才做过的动作,但是也可以自己想象哦,你可以加入自己喜欢的动作,看看谁的想法最有创意。

在要求下达之后,我发现"小老师"纷纷做出自己喜欢的一些可爱又搞怪的动作,这样在学生的欢声笑语中,初步培养学生的小组合作意识,达到以学生为主体,又兼顾了学生的个性发展,整个活动学生的参与度很高,增强了生态课堂中的主体,营造出生态课堂同伴互助的学习氛围。

最后我请小朋友互评,鼓励学生大胆发表自己的想法。在学生互评之后由我来总结,让学生认识到问题并且改正,让学生在轻松愉悦的学习环境中,不知不觉养成了良好的学习常规,从而达到整节课的教学目标。

【活动2】创编《上学去了》

在这个环节开始之前,我先引导学生复习了《上学歌》,为后面在表演的环节能够更加熟练。紧接着,我又让学生积极地交流自己上学时的情景,学生听完这个问题后,联想到自己的亲身经历,纷纷举起了小手,同学们在积极热闹的氛围下大胆地交流自己的经历,展现出同伴的差异性。我根据学生们的发言,以及他们的意愿,为他们分配了不同的表演角色,并且进行了角色分组,同学们一时间欢快无比。为了培养同学之间的合作能力,我先提倡学生在小组之间进行排练,学生与同伴之间合作创编,并且培养他们的小组合作能力。在小组排练好之后,我请小组分别为大家表演,使每个学生都有一个展示自己的机会,激发了学生的表演欲望,在分组展示之后我进行了简单的点评,让学生了解到问题所在之后,请他们在音乐的伴奏下合作表演。

在最后综合表演《上学去了》环节,我引导学生回想刚才自己交流的场景,将整个环节分为了三个阶段,分别是准备上学、上学路上、到了学校,然后表演《上学歌》。在每个环节都演绎之后,综合表演《上学去了》,效果比单个环节演出得更加丰富,同时因为分环节排练之后,对于学生而言,表演也更加得心应手,学生也在表演中感受到与同伴之间合作的重要性,同时让学生在表演中感受到成就感。

二、方法分析

1. 根据学情,选择适合的游戏进行教学

在低年级课堂中,学生的认知不多,所以游戏式的教学对于他们来说是比较能接受的,我设置了简单游戏《请你跟我这样做》、创编《上学去了》,调动了课堂氛围,激发学生的积极性,提高了游戏的参与度。在游戏、创编、合作表演中,培养了学生的模仿与创编能力,初步感受到与同伴合作的快乐,同时也初步形成了良好的课堂学习习惯。

2. 明确游戏规则,营造同伴互助氛围

由于他们刚刚进入小学,年龄还比较小注意力集中的时间比较短,容易被其他事物吸引,还不能完全做到安静聆听,律动时和同伴之间形

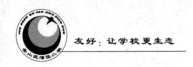

成推搡。所以在活动开始之前,老师的语言要精简明确,指令要确切下达到每一个学生那里,细节要求更明确,常规学习格外要注重,并且要持之以恒、时时提醒。另外可能存在少数同学不愿意参与到音乐活动中,可以采取奖励的方式来鼓励学生参与活动。

三、操作要点

1. 游戏指令学生要认同

一年级学生由于年龄较小,容易在心理上以自我为中心,忽视周围他人,且自控能力不够,同时好奇心很强,容易被外界事物所吸引,加之刚刚进入小学阶段,所以在课堂上选用的游戏要平等、民主,规则要让学生在心理上有认同感。

2. 常规练习与个性发展共存

学生的常规练习是本案例的重点,所以常规练习工作必不可少,所以不管是老师示范还是"小老师"示范都要注意常规的动作必不可少,同时也需要加入一些学生喜欢的动作。这样不仅可以在"小老师"示范的时候,不受局限性,激发学生的想象创编能力,增加学生的学习兴趣,同时也可以拉近与学生之间的距离,快速促进学生与同伴、与老师之间的良好关系。

3. 增强同伴的合作意识,激发学生的主体性

鼓励学生大胆、积极分享自己的亲身经历,引导学生结合自己的亲身体验来表演,把抽象的发言化作真实、直观的感觉,加深学生的想象和体验的真实感。所以在课堂中要注意为学生营造一个能够自由交流、合作的学习环境,增强同伴的合作意识,让学生自主选择喜欢的角色进行歌表演,鼓励学生大胆交流自己的想法,激发学生的主体性。

利用同伴共生的作用,激发学生的主体性,培养学生的团体意识以及合作意识,鼓励学生自主选择,从而达到同伴的共生性。在活动中常规练习的同时兼顾个性发展,从而达到以学生为主体,注意学生的需求、欲望和意识,兼顾学生的个性发展,通过课堂教学手段,实现教学与学生发展的生态课堂。

（何　语）

实践与思考

故事为媒,构建小学英语低年级生态课堂

"你喜欢读童话故事书吗?"可想而知,这个问题对所有低年级儿童

来说,他们会肯定回答:"喜欢。"因为我们都知道儿童与童话故事是天生的小伙伴,密不可分。无论是哪个国家的儿童,对他所阅读过的故事都有自己的理解,而且会反复阅读品味。但是,同样以简单的故事情节所改编的英文文本出现在学生所学习的英语课本中,得到的效果却并不像儿童看童话书那样反响热烈。我想最关键的原因就是教学内容上不够丰富性,不能适宜学生全面发展,课本中的文本内容不够有趣化,往往课本中的文本都是以概述性的话语去讲故事,缺少了故事本身角色间对话式的话语,这样就限制了故事本身趣味性的发展。如何让生态教学走进英语低年级的课堂?我认为实施故事教学能使学生学得有兴趣,愿学、乐学、会学。它能激发学生的情感,发挥学生的主体作用,有利于培养学生的思维能力、英语的听说表达能力,促进学生素质的发展。教师将课本中所要教授的单词和句子改编成难度适宜的童话故事,并最终让儿童表演出来。这样不但激活了教材,做到既凭借教材又能跳出教材,使教材内涵更加丰富,个性更加鲜明,赋予教学生命的活力,通过创造性地使用教材,培养学生综合运用语言的能力。

我所教授的教学内容是选自牛津英语 2A Module 2 Unit 3 *My hair is short*。由于教材中的词汇和句子都是针对人物进行某些器官特征的描写,教材的文本材料感觉比较单一、简单、枯燥。如何把教材文本中的这几句句子教深、教透,并且根据学生的实际情况适当地拓展教材是我备课前所考虑的问题。为了结合低年级学生的年龄特点,他们好模仿,表演欲望较强烈,我决定在基于教材的前提下,将现有的 flash 版本的故事内容进行适当的改编,使得更适合学生去学习。低年级学生对故事普遍都是比较情有独钟的,这也激发了学生学习的兴趣。本节课以有趣的童话故事 *A special trunk* 为主线,把本课的单词句型融为一体。在学习故事中感知语言知识,领悟到做人道理。整节课下来,学生学得兴趣盎然,基本上达到了预期效果。

在原先的设计时,我把重点单单地停留在"教"的基础上,没有做到关心学生,只是为了教而教,将所要教授的单词和句型放入故事文本中。起先,考虑到教授对象是二年级的学生,为了降低学习难度,我试图将每一段故事的文本结构改编得都基本上相类似,以便学生上口。但最后发现,故事文本语言感觉淡薄,每段故事情节都有雷同之处,内容上没有层次感,缺少故事的趣味性。在教学的过程中发现学生总依

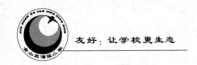

赖着老师,一味地在底下"听故事",限制了学生创新思维能力的发展,教师丝毫没有对学生已有语言知识进行滚动以及对学生未知语言进行拓展,继而学生的语言表达能力没有得到真正的锻炼和提高。因此,之后考虑到了学生对已学语言的掌握情况,所构文本的话题内容要基于教材、基于学生的认知能力,我又重新对故事文本做了相应的改动,使得每段故事文本都有递进性,努力实现课堂教学语用的功能。在内容上具有丰富性,从而适宜学生全面发展。低年级学生的学习能力相对要弱些,他们需要在接受新知识的同时不断反复巩固,以确保能够掌握。教育过程中的支持性的关心可以促进学生可持续的发展。考虑到这点,我在设计故事文本时,将新授单词放入已学的句型中,以旧知带动新知,降低了学习难度,让学生更有信心地去学习新知识。在之后的故事文本中,我将分别呈现新授句型和单词,保证新授内容高复现率的同时也递进了教学层次的设计。我从原本 I have a trunk 到 My trunk is long. It's super 再到 My trunk is long. My trunk is super 最终到 Your trunk is special,这些文本都分别恰如其分地安排在故事的每一个片段中,通过多种形式操练,学生不仅仅掌握了单词的语音,巩固了所学词汇,并在理解的基础上进行运用。同时这些文本的句型结构也都是围绕本节课的重要句型 My ... is ... , Your ... is ... ,通过对故事文本的朗读和表演让学生感受和体验新句型的结构,理解句型的含义。

在生态教学过程中要注重学生的个性发展,发挥学生的自主学习能力。在本节课的教学设计过程中我也考虑到了这方面的需要,所以,在教授的过程中我尽量给学生发挥的空间,在学完了小象向小牛炫耀他的鼻子后,没有得到小牛的肯定和赞许,小象仍不甘心,之后在回家的路途中碰到了小猴。这时,我提供给学生一些基本的语言结构 My ... is ... ,让学生利用自己已学的语言知识,推测小象是怎么在小猴面前炫耀自己的鼻子的,促进学生重组已学知识的能力,进而拓展成为语言的表达,达到语言积累的目的。教师由之前的"扶"到"放",做到帮助学生循序渐进,只有"跳一跳摘到果子"才能激发学生的主动性和积极性。

生态教学也要培养学生在认知、情感与行为上正确处理人与自然、人与社会、人自身的和谐,学会关心,具有尊重与责任能力,具有生态理性、生态情感与行为,养育人性,促进自我可持续发展。本课由一个简单易懂,且富有趣味性的故事,引发思考,从之前总喜欢在朋友面前炫耀自己的小象,同时也时不时地利用自己的优势戏弄朋友,以至于朋友都不喜欢它,到最后,小象学会利用自己的长处帮助身边的朋友,赢得了朋友的赞许。从故事影射到生活,借此教育学生要真诚待人,帮助那些需要帮助的人,这样才会使你交到更多的朋友。通过故事教学,也可以启发学生学会一些生活中的人与人相处之道。 （王孝娴）

四、"四大支持"之四：评价支持

生态课堂的运行中评价支持是十分重要的,儿童是发展中的、不成熟的人,因此他们需要各种各样的学习,在学习中成长。他们总是与自己比较、与他人比较,也就是不断地评价自己来感受自己的成长,来发现自己的成长。课堂的学习充满着儿童成长的需求,我们应该为儿童的成长提供评价,以此来支持学生的成长。学生生命的成长的生态更应该提供积极的评价支持。但是学校的评价、课堂里的评价还是有着不少非生态化的现象,片面的、不公正的评价常见。因此让我们改善课堂评价,使之成为支持学生成长的评价支持,而不是扼杀学生健康成长的工具。

（一）评价支持的基本理念

1. 评价就是鼓励,成长就是评价

在评价支持中,我们坚持"评价就是鼓励,成长就是评价"。这个理念强调评价不是为了管理乃至"管死"学生,而是为了鼓励学生的健康成长。通过不同的评价使学生感受到自己的成长,感受到教师对他们的期望,感受到父母与其他人对他们的关爱。只有这样的评价才能让学生获得可持续发展。

我们强调评价应该是充满着真善美,而不是几句言语,甚至凉冰冰的"语言杀手"。"成长就是评价"意味着我们应该以儿童的感受去理解儿童的评价,儿童成长的事实就是最好的评价、最让儿童愉悦的评价。我们要摒弃为了显示成年人的权威动辄就要评头品足的气势,减少"非生态化"的评价对儿童的束缚,让他们成长得更好、更快。

2. 质量不是检查出来的,而是生产出来的

我们坚持"质量不是检查出来的,而是生产出来的"这个理念。这

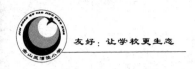

里的质量是指儿童的成长，"生产"是儿童教育的过程、儿童成长的过程。这句话是强调儿童成长的过程，比最终的检查更重要，不少检查常是木已成舟或者亡羊补牢。儿童发展的主体是儿童自己，不能由他人代替，更不可能由他人的评价代替他们成长。良好的他人评价也是要通过儿童主体的感受、感悟与认同才可能转化为学习的行为、成长的发生。评价大多是语言性的，要转变为儿童的发展性行为，需要儿童的认知、情感、意志与行为的变化，也就是儿童的心理发生积极的变化，有一个儿童自身的成长过程。我们一定要关注儿童成长的过程，精心孕育儿童的成长，让儿童成长过程绚丽多彩。

（二）评价支持的心理与评价信度

评价支持是通过评价为学生的发展提供一种支持，这主要是心理上的一种支持。评价具有两面性，既可以有积极的作用，让学生对自己的发展充满信心；也可以是消极的，让学生感到失败，充斥自我挫折感。

评价支持的关键是实效性，即评价支持能对学生起到教育作用、发展作用和鉴别作用。不管是定性、定量的评价方法还是形成性评估、终结性评估，实践充分证实了即使评价本身多么科学，但是教师与学生对评价都没有处在良好的心理状态下，评价就不会产生积极的效果，甚至产生零效应或负效应。课堂教学中的评价还需要优化，不少重错对而忽视错对背后的价值意义，不少评价以一把尺子衡量不同学生，缺少评价的差异性鼓励。生态课堂中的评价支持应该充分注意评价心理、师生的评价观念与心理调控。发挥课堂中评价功能需要积极的心理环境，需要良好的人际环境，在这种积极的心理氛围中评价支持才会有实效性。

课堂评价发展功能的充分发挥关键在于评价过程中的激励。评价支持主要发生在师生课堂学习中，通过评价引导师生使课堂教与学生态化。师生有一种期望心理，只有当认为存在实现预期目标的可能性，并且实现这种目标又是非常重要的时候，激励程度或动机水平才会最大。由此可见，对学生的评价不能忽视学生个体的发展目标需求。只有个体明确了自己的发展目标，而在一定时间以后以目标来评价他的发展程度，才能发挥评价的发展性。目标设置的适当与否直接对学生产生心理影响，目标过高或过低都会产生低激励或零激励。

评价支持的效能与评价信度有关，提高评价信度应该遵循两个重要的原则。

一是公平。学生总是习惯于将自己的表现和得到的评价与一个和自己情况相仿的人的表现与获得的评价相比较,如果比较结果大体相同,就会有公平感,心理平衡,对评价的心理相容性就强。可用下列等式表示:

$$\frac{OaOb}{IaIb} \quad = \quad$$

O指表现,I指评价,a、b分别表示两名情况相仿的学生。如果品德评定中两个相似学生不能用等式表示,那么会恶化学生的心态,产生心理问题或逆反行为。

评价的公平原则不仅仅适用于产生评价时,更重要的是在形成性评价的整个过程中。具体的内涵主要是:① 权利的平等。每个学生不管是学生干部还是一般学生,不管是"好"学生还是"落后"学生,人人都具有平等的权利。但现实中,学习成绩好的学生往往会"一俊遮百丑",获得过高的评价,引起其他学生的不满。② 机会的平等。合理安排好每个学生在学校和班级里的角色,尽量做到"人尽其才",使学生的才能得到最佳发挥,表现于评价最佳匹配。每个学生的特长、意愿、个性都有所不同,如果教师在给予学生发展机会上不尽合理,评价时必然产生不同结论,也会使学生产生不公平感。

公平感在很大程度上是一种心理感觉,是学生个体对自己的表现和所获得的评价所做出的主观评估。由于学生的发展具有个性特点,容易形成自视过高的心理倾向。另一方面学生的表现又具有某种模糊性,不同的时间、不同的场合、不同的背景、不同的基础,很难给予确切的绝对公正的评价,因此在评价中应尽可能全面客观、公正评价,尽量避免由主观评价失实而引起的不公平感。

二是民主。这是学生在评价中很敏感的问题。学生对于评价感到缺少民主,教师一言堂,教师说了算,学生没有参与的机会,那么往往会产生消极的心态。民主原则是学生在集体中健康而富有生机发展的前提。任何教育都是对现实的人进行教育,任何学生绝非完人,民主原则所要求与实现的是通过他人评价和自我评价相互监督制衡机制,达到学生在最佳时期的最佳表现。民主原则体现了每个学生都是评价中的

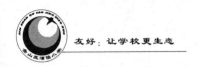

主人,从而保证了学生的积极性、创造性与智慧的充分发挥。

民主原则在评价中的主要内涵有:

1. 人格平等。在评价中必须承认每个学生都有平等的人格,不管学生在集体中担任什么职务或什么角色,都不应当在评价中给予偏爱或偏护,更不应对犯错误的同学在评价中有人格侮辱或者打击出现。

2. 评价的相互监督与制约。在评价中师评应该受到制约,学生的自我评价应该得到尊重,只有这样双方在评价过程中才会进入良好的心理状态,否则学生就会产生冷淡、悲观的心态。

3. 评价程序化与公平化。评价的原则和方法应事先向学生讲清,评价的全部过程要有很高的透明度,应当公开程序、公开内容、公开评价结果,这样才能使学生产安全感和信任感。

实践已充分显示了如果在学生评价中不遵循公平原则和民主原则,就会失去评价的教育性,导致学生产生一些不良心理,如:嫉妒心理、逆反心理、自卑心理、依赖心理、受挫心理、掩盖心理、压抑心理、闭锁心理、厌学心理等。

学生评价的关键取决于评价的操作信度。评价只有学生在心灵上真正感受到是真实的,才能对评价本身产生严肃感,才会心理相容,产生教育效应。

方法案例

多元评价法

生态化的课堂需要评价支持。评价是英语课程的重要组成部分。小学英语教学中的教学与评价是唇齿相依的关系,生态化课堂中指出:"教师通过评价做好导师、导演、善喻者、服务者与朋友角色,才是生态课堂中的教师。只有具有民主平等精神的教师,才能为学生提供生态课堂环境。"为了能科学、全面评价小学英语教学,评价小学生综合语言运用能力的发展过程和学习的效率,有必要对小学英语教学进行多元评价,即建立多样化和可选择性的、能注重学生个别差异、能体现以人为本的评价模式。所谓"多元评价法"是指通过搜集学生日常的情况和教师指导的情况,以及课堂教学氛围的信息,帮助教师从多方面了解每个学生的学习情况和学习的需要,随时调整教学内容和方法,从而提高课堂效率的评价方法。在评价的过程中,要注重评价的成长性、适宜性、多样性、差异性和激励性。"多元评价法"是一个完整的概念,不仅是教师对学生或者是学生对教师的评价,也是学生对自己、学生对学生、家长对学生、家长对教师等诸方面的评价。评价目的是为了学生的成长。

多元评价法通过评价主体的转变,避免了评价主体的单一性。课堂中参与小组活动,通过自我评价、学生互评、教师评价对学生在课堂中的表现进行及时评价,充分调动学生学习的积极性。对低年级学生来说,注重培养他们良好的学习习惯和学习兴趣。通过课后的家长评价,肯定每个孩子的个性特点,增强学生学习英语的兴趣。

一、案例展现

2A M4U2 In the forest 是二年级英语第一册第四单元的一篇文章,本单元的知识目标:1. 学习理解核心词汇 fox、hippo、meat、grass。2. 学习理解核心词汇 Look at ... It likes ...能力目标:能运用核心词汇和句型用第一和第三人称介绍小动物。第一课时的重点是运用小动物介绍自己,我采用了"多元评价法"。教学过程如下:

【课中学生和老师评价】

老师:小朋友们,老师这里有好多动物的头饰哦,我们一起来看一看哪些小动物来参加森林派对吧。

老师:嗯,你们也制作了喜欢的动物头饰,下面请拿出你的动物头饰,我们一起参加,四个人为一小组,用上节课所学的核心词汇和句型来介绍参加森林派对的小动物吧。

【教师布置小组学习任务】

1. 小朋友们,你们可以小组内先说一说。

2. 根据评价表,组内选出一个 Animal King or Queen。

3. 那让大家一起领略动物风采吧。

【学生开始小组学习】

小组内 2 号、3 号先说说,其他组员学学样子说一说。学生根据评价表自评和互评选出介绍得比较好的一名组员。

【教师巡视】

【指导第四组】

2 号学生说:我做的是狐狸的头饰,我要介绍的是小狐狸。Look at

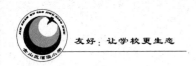

me. I'm a fox. I'm small. I can run. 根据评价标准,我能熟练、准确地介绍动物的外貌特征,并且能运用丰富的肢体语言模仿它的活动。我给自己打 A。

1 号学生说：他介绍动物的时候很熟练,我给他打 A。

3 号学生说：他的动作很多,所以我给他 A。

4 号学生说：他的动物头饰很漂亮,能模仿狐狸尖尖的声音,我给他打 A。

老师说：嗯,同学们都能看到别人的优点,这个同学能熟练介绍小狐狸,肢体语言也丰富,我也给他打 A。我们把他介绍狐狸的视频发群里吧,让爸爸妈妈也来评一评。

3 号学生说：我做的是小兔子的头饰,我要介绍的是小兔子。Look at me. I'm a rabbit. I'm small. I can run. 根据评价标准,我能完成介绍小动物。但没有做动作我给自己打 B。

1 号学生说：他介绍动物的时候很熟练,没有疙瘩,我给他打 A。

2 号学生说：他的小兔子很可爱,但没有动作,我给他打 B。

4 号学生说：他的语音语调没有模仿小动物,我给他打 B。

老师说：嗯,这个同学能够积极主动完成小白兔的介绍,比较流利,可以在肢体语言上多尝试。我给他打 A。

…………

学生：我们组选了 1 号学生作为我们组的代表进行课堂展示。他的狮子头饰做得很漂亮,介绍的时候像一个狮子王。

老师：老师也很喜欢 1 号同学的小狮子,哇！真可爱！老师给他拍了视频,我们把他介绍的视频发群里吧,让爸爸妈妈也来评一评吧。

【指导第六组】

2 号学生说：我做的是河马的头饰,我要介绍的是小河马。Look at me. I'm a hippo. I'm big. I can swim. 根据评价标准,我能熟练、准确地介绍动物的外貌特征,并且能运用丰富的肢体语言模仿它的活动。我给自己打 A。

1 号学生说：他模仿河马粗粗的声音很像,我给他打 A。

3 号学生说：他游泳的动作表演得很好,所以我给他 A。

4 号学生说：他的河马头饰很漂亮,说得很流利,我给他打 A。

老师说：2 号同学真会模仿,老师看到了一只在游泳的河马。还能

178

模仿河马粗粗的声音真棒！我给2号同学打A。

3号学生说：我做的是小老虎的头饰，我要介绍的是小老虎。Look at me. I'm a tiger. I'm big. I can run. 说的时候，我有点忘记了，老师提醒了我，我给自己打B。

1号学生说：他说得不是很熟练，我给他打C。

2号学生说：他说老虎会跑，但他没有做动作，我给他打B。

4号学生说：他的声音比较轻，我给他打B。

老师说：嗯，这个同学能够在老师的帮助下完成小动物的介绍，我给他打B。

…………

学生：我们组选了1号学生作为我们组的代表进行课堂展示。他的河马模仿得很像！游泳的动作都做出来了！

老师：第六组的1号学生表演的河马可真棒，把河马的特征动作都表演出来了，老师给他拍了视频，我们把他介绍河马的视频发群里吧，让爸爸妈妈也来评一评吧。

【全班组间交流】

老师：看过了六个组的代表介绍，你们对怎么样介绍小动物有了更好的认识。我们把这些 Animal King or Queen 一起请上台吧，小皇冠送给你们！我们把六个代表的视频发给家长吧，让爸爸妈妈也来看一看。

【课后家长评价】

家长1：看过了六个组的代表介绍，我选第1组，小狐狸的介绍很流利，模仿小狐狸很像。

家长2：我选第5组，河马的特征表演得很像，小朋友游泳的动作很到位。

家长3：我选第6组，小朋友模仿的河马的声音粗粗的，说得也很流利。

……

【课后老师总结】

通过自评，小组组员互相评价，家长群里评价，我们最终选出第1组为优胜的小组，恭喜第一组的1号学生。让我们给他颁发一个动物勋章吧！我们在自我评价、学生评价中要学会欣赏自己和别人的优点，

第四章 生态课堂建构的校本实践

发现自己身上的不足,希望通过爸爸妈妈的评价,让你们把最优秀的一面展现给爸爸妈妈哦。

二、案例分析

生态课堂是师生共生的课堂。多元评价法通过评价主体的不同,激发学生尊重学生自由表达与展示的权利。本课通过运用"多元评价法",课上学生自评、互评、老师评价,课下家长评价、老师评价培养学生的学习习惯和学习兴趣,主要有以下三点:

1. 生生多元评价让学生敢于表达

以往的课内语言实践以单个的学生的表达呈现,学生关注的点在一个学生身上,评价的主体主要是老师。很少关注学生自己和同伴的评价。这次案例采用了小组内多元评价法,小组内在每个人动口说一说的基础上,老师更希望组员间相互帮助与提高。学生通过小组内组员之间的交流表达,每个学生都产生了自己的想法,说不完整的学生由组员帮助,说不完美的学生由组员修改,教师及时引导学生发现自己和他人身上的优点,改进自己身上的不足之处,通过多元评价,学生提升了语言表达能力。在评价的过程中,尊重学生的自我评价和同伴评价的权利。由此可见,生态课堂是充满民主的课堂,也是多元对话的课堂。

2. 师生多元评价关注学生个性发展

生态化课堂是师生共存的课堂。通过此次案例,教师通过课堂过程中对于小组内组员的一个表达进行聆听指导,通过评价表的收集,了解不同学生的优点和缺点,有针对性地进行评价,避免了单一的"Good!"等评价,评价更趋于具体化。师生多元评价使课堂更加生态化,更加具有适宜性的特点。

3. 老师和家长多元评价促进家校互动

家长也是教育评价的主体,因为家长既是教育的直接参与者,也是教育结果的重要责任者。通过评价主体的多元化,家长参与评价能更好地激发孩子学习的兴趣和积极性。通过家长评价的环节,体现了生态课堂中评价支持的多样性。

三、操作要点

1. 多元评价,鼓励学生明确操作要点

制作动物头饰作为生态化课堂的资源支持,需要老师在前期做大量的准备。低年级的孩子单独绘画还存在一定的难度,可以选取书本上的动物指导学生如何画自己喜欢的动物头饰。画的头饰必须是可以用核心词汇和句型表达出来的。教师在指导孩子制作的过程中,通过鼓励肯定孩子制作的优点,进一步向学生明确操作要点。

2. 多元评价,细化评价标准

通过多元评价,让学生和家长在互动中了解评价标准。本次案例采用小组组员互评和自评的方式进行,低年级的学生对于评价标准还不是很理解,可以在课前进行讲解,明确要求,印发评价单。课后在请家长进行评价时,也可以就评价单上的几方面进行适当的讲解引导。通过细化评价标准,拓宽评价主体的多样性,使评价更加民主化。

3. 多元评价,促使评价主体的转变

生态化课堂中指出:"教师通过评价做好导师、导演、善喻者、服务者与朋友角色,才是生态课堂中的教师。"教师可以将课上学生的评价进行汇总,将家长的评价进行汇总。将优胜的小朋友的优点告诉其他的小朋友,让小朋友对于课内语言实践的要求有更加明确的认识,评价的目的是激励小朋友更好地学习。

多元评价既是一种理念,又是一种方法。从理念的角度说,它倡导平等、互动、多元和共同发展,注重教学的开放性和激励性。从方法的角度说,它要求我们改变过去太多的"独白"和"单一",走向交流和多元,使学生在多元评价中提高学习的兴趣,养成良好的学习习惯。就像生态化课堂中提到的:质量不是检查出来的,而是生产出来的;人是成长出来的,不是评价出来的。评价就是鼓励,成长就是评价。(何雨菁)

肯定鼓励法

我的教学观

从事小学数学教育教学将近 30 年,个人始终认为,小学数学课堂应是一个充满生机与活力的、快乐的课堂,是师生共生共通的课堂。小学阶段的数学课堂教学,我们更要关注学生在学习过程中的参与度与活跃度,学生在课堂学习中的参与度与活跃度越高,他们的学习效果就会越好。肯定鼓励法就是全面了解学生,积极肯定学生的长处,积极理解成长中的学生行为,激励学生进步、鼓励学生转变的一种评价方法。

这就要求教师在课堂上关注每一个学生,培养学生养成良好的学

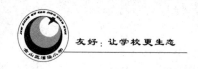

习习惯,关注学生的生命发展,肯定学生的观察力与创造力,关注课堂教学过程的"生态"化。这也就是要求教师不仅仅关注善于学习、认真学习的优秀学生,更要关注那些不善于表现自己,总是在课堂中被动学习的学生。

教学案例描述

《米和厘米》是三年级第一学期第五单元几何小实践中的一课时。教材内容出示极其简单,教材52页提供了一幅教师替四个小伙伴测量身高的图片,提供的信息是:小胖身高1米30厘米。然后让学生通过此图片的观察与思考,发现如何把长度单位的复名数改写成单名数。课本的内容出示也是异常简略,如果教师简单根据教材开展教学活动,学生不会对长度单位之间的关系生成很深刻的印象,教学效果肯定不佳。即便教材的表面知识学生能基本掌握,但是隐含的内容学生根本无法理解,更不会灵活运用。同时简单的内容显得枯燥无味,无法激发学生学习的欲望和自主探究能力的养成,类似的内容在本册教材编排较多,如果都是按部就班教学,往往会使学生对数学失去新鲜感和探究欲。

为了使这节课的学习内容更加充实,促使师生互动、生生互动,因此在这节课中我设计了猜想认证和测量实践,使得课堂教学更加动态化和贴近学生实际生活。

1. 设疑猜想:

(1) 情景一

师:上一节课我们认识了千米,知道了千米是一个长度单位,今天我们继续来学习另外的两个长度单位,这两个长度单位在我们的日常生活中经常运用,而且这两个长度单位就隐藏在我们身上,你们猜猜今天我们来学习哪两个长度单位呢?

预习过的学生立即举手,有的边举手边说着"老师,我知道""老师,我我……"没有预习的学生显得有些不知所措和难为情,课堂的学习气氛一下子体现出了两极化的趋势。

(2) 情景二

师:我们小朋友身上就有米和厘米这两个长度单位,可以同伴互助,谁能找得到并告诉老师和同学们?

由于这个数学问题涉及学生自己的身体,学生马上产生了浓厚的探究欲望,有的观察着别人的身体,有的在自己身上比画着,有的则疑惑地盯着老师看。与第一个环节不同的是,几乎所有的学生都积极参与到此项探究活动中。

2. 测量实践

经过上一环节的猜想学习,学生知道了自己伸展后左手指尖到右肩的长度约是1米,知道了自己大拇指指甲盖的长度约是1厘米。但这只是一个粗略的概念,必须在课堂中给学生实践操作论证,才能使学生真正理解,才会对日常物体的长度具有相对精准的判断。所以在接下来过程中,老师就让学生利用米尺和三角板互相测量,通过测量,"真的耶""真的是差不多"的惊奇声在课堂上此起彼伏。在此基础上,我让学生观察判断,教室里哪些物件的长度或宽度约是1米,哪些物体的长度和宽度约是1厘米。通过这样的教学设计与引导,全班学生都在课堂中积极自主探究,通过自己的努力,掌握了知识点,体验到了成功的快乐。

案例分析

在小学数学课堂教学中,学生的"情感与态度"作为教学目标之一,占有很重要的地位。就是说,我们的课堂要关注学生在学习中心理状态的变化与波动。良好的心理状态能促进学生学习的主动性和参与度,激发学生求知欲。这种状态的触发需要教师的鼓励与肯定,一个鼓励的眼神、一个肯定的动作、一句恰到好处的表扬,都能点亮学生思维的火花,使课堂教学更富情趣与活力。当然,在学生的学习探究过程中,肯定会出现偏差,甚至背道而驰的情况,这就需要教师的教学智慧,既关注学生的参与度与学习活跃度,又能及时发现问题,及时引导纠正。

就如在此节课的教学中,我着重关注了学生的学习参与度和教学的组织形式,它是判断学生主体地位是否落实和学生主体作用发挥如何的主要指标。在第一个教学情境中,由于上课之初老师就抛出了一个比较抽象的问题,对于思维活跃和学习能力强的学生,他们自然而然地就跟上教师的教学节奏,但是对于适应性慢的以及还未进入学习节奏的学生,可以说还在晕乎乎的状态。这就需要我们教师及时关注学生的整体学习状态,千万不要马上进入下一环节,教师可以采取重复提问、多给一些时间让学生思考等方法,让所有的学生都及时参与到课堂

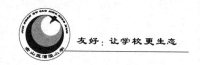

学习中。与此同时,教师要及时表扬第一时间进入学习状态的学生,因为及时的表扬与肯定能固化这些学生良好的学习状态和学习自信心。另外,这样的表扬与肯定也能触动其他学生的自尊心和竞争心,引导这些学生在接下来的学习环节积极表现。只有充分调动了课堂学习氛围,才能使所有学生主动参与到学习中去。因为在平时的教学中,学生的学习参与度与教师教学的组织形式是决定成败的关键。因此在这节课中,通过有意识设计设疑猜想和操作实践两个大环节,做到了教学面向全体学生,让每一位学生都能有效地参与活动和发表自己的探究心得。我们教师要相信学生的能力和潜力,只有不断地关注每一个层次的学生,形成常态化的教学节奏和方式,才能逐渐在班级课堂形成一个生态化的学习环境,长此以往,循环往复,学生自然而然地就学会探究、学会合作、学会想象。

同时,我改变了单纯使用课件来教学的组织形式,《课程标准》明确提出了"倡导自主、合作、探究的学习方式"。在《米和厘米》的教学中,我采用了学生的动手操作和两人小组合作探究为主、课件论证为辅的教学方法。通过寻找学生身上的 1 米、1 厘米长度以及教室中长或宽 1米、1 厘米的物体,让学生通过观察、猜测、比较、验证等方式在动态中生成知识,在"做中学",使得知识的掌握理解更加牢固。而合作探究学习既能使学生之间共同开展学习活动,又能充分地发挥自身及同伴的学习优势形成互补,形成一个自然而然的课堂学习生态链。因为构建合理的学习小组也是学习顺利开展的关键,有助于每个学生都能积极主动地参与学习过程。对于学习小组,教师也要及时给予肯定与鼓励,使学习小组的组合更加团结有效,形成良好的竞争与合作。

操作要点

1. 创设轻松愉快的课堂氛围

肯定鼓励法,顾名思义,就是教师善于引导学生,要能容纳学生犯错,减轻学生心理负担,让学生敢于在课堂上畅所欲言,创设一种民主平等和谐的师生关系,对学生做到一视同仁。亲其师才能信其道,对于学生的课堂学习行为,教师要抓住闪光点及时点评。只有学生发现老师关爱自己,他们才会真正参与到课堂学习活动中去,才会使自己的学习兴趣越来越浓、主动性越来越高,才会产生事半功倍的效果,使课堂学习成为师生共同的期待,期待着每一天的学习更精彩。这样的课堂,才是生态化的课堂,自然和谐,共生共长。

2. 培养学生多动手动脑的习惯

《课程标准》明确提出了"倡导自主、合作、探究的学习方式"。因此,教师在课堂教学中应尽量减少简单问答形式,多让学生观察思考和动手操作,因为简单的问答虽然快速完成了教学环节和内容,但是参与度低,深入思考少。应该尽量多采用小组合作,教师关注各层次的学生合理搭配,使学生之间能协同努力,充分地发挥自身及同伴的学习优势,形成合力,有助于每个小组成员都能积极主动地参与学习过程,以此形成一个相互学习帮助的课堂氛围。

3. 关注评价,多表扬鼓励

小学生思想单纯,爱听好话,只要教师一表扬,便劲头十足,往往会有出色的表现;受到批评,则萎靡不振,挫败感强,注意力容易分散。尤其是有的学生,个性强,你越批评,他就对你越抵触。特级教师高林生曾在一次讲座中说过"要学会'哄'孩子","要准备一百顶高帽给学生戴,要真心实意地给他们戴"。其实,仔细观察,每一个孩子都有着值得表扬的地方。因此,我在教学中,以表扬为主,我常挂嘴边的是:"你说得真好!""你比第一次讲得好!""有进步了,老师真为你高兴!""你说的,就是老师想要讲的。"……有时,学生说得好,我还会和学生一起鼓掌,于是学生学习的兴趣就更浓了。当然,如何把握"哄学生",也是一门学问,只有教师与学生的"心"发生共鸣,才能形成一个情感交融的教学氛围。

一个优秀的教师,善于关注学生、肯定学生。一节成功的课,教师善于设计教学环节,把握每一个学生的状态、需求、欲望和意识。既能兼顾学生的个性发展,又能让学生主动地、愉快地学习,教师、学生和良好的教学方法,组成了一个相辅相成的循环,这就是生态课堂。正如苏霍姆林斯基所说:"教师应当始终把引发学生学习和发展的内在动力摆在首位。"

(吴剑锋)

实践与思考

分层评价　逐步提高

教育家卢梭认为,教育教学活动应该符合自然规律,也就是要迎合

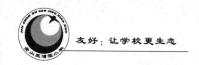

学生的天性而为之。要根据学生的身心发展特点与规律,因材施教,设计人性化的教学策略。

他个子最矮小,却是班里最调皮的一个,这么个调皮的孩子,万万没有想到体育的学期成绩会是不及格,着实让我吃了一惊。绳子一个也不会跳的他,下课后只知道追跑打闹,搅得同学都无法开展正常的小组活动。你若批评他,他就会对你狡黠地笑笑,我可真是拿他没办法。全班就只有他一个人不会跳绳,所以,当同学在跳绳的时候,他就开始捣乱。何不让他来学学跳绳呢? 这样,也许他会变得乖巧一些。

我把他请到了我的办公室,开始了一番苦口婆心的长谈,从集体主义到班级荣誉感,从跳绳运动对身体好处到这次活动的意义,既有娓娓动听的描述,又有慷慨激昂的鼓动,说到最后,连我自己都有些感动了。可是他却一直咬着嘴唇一言不发,临了他终于说了一句话:"老师,您讲的道理我都知道。可是我从来没有跳过绳,我不会跳。"

"那,你怎么不学呢?"我不解地问,"低年级一周三节体育课,尤其是在冬天,学生经常要跳绳的呀。"

"我也想学,可是看到别的同学跳得那么好,我不会,怕别人笑话我……"他说着低下了头。

我拿出一根跳绳,递给他:"不会跳不要紧,我有一个跳绳的速成法,保准你一周学会。"看他有些怀疑,我笑了,我对他说,"不过第一步很难,你一定要做到,第一步是跳一个。""跳一个?"他有些不相信自己的耳朵,但还是接过跳绳,跳了一下。

"很好,第一步已经成功了。第二步是连续跳三个。给你两天的时间自己练习,我请你的好朋友做你的教练,有困难就请教他。"

第三天,他来了,说能连续跳五个了。我又布置了第三步——在两天内做到连续跳 10 个。没想到一天时间他就来报喜:他最多一次连续跳了 12 个。我表扬了他,然后提出了下一个目标——连续跳 20 个。一个星期后,他已经能跟同学们一起跳绳了,下课不再那么调皮了,上课也安心多了。

又如,一次二年级的体育课,我准备的内容是快速跑。上课的时候,发现有几个小朋友的手上还提着纸飞机什么的比画着飞舞,说真的,每次我都和学生强调,上课要有上课的纪律,不能做与上课无关的事情。可都已经集合了,为什么他们还不能放下手上的东西呢? 我心里面很不高兴,真想好好地训斥那几个调皮捣蛋的同学,以树立自己的威信。可这样一来,学生还能够很好地完成这节课的教学任务吗?这个时候,我选择的是理解。"同学们,你们这段时间是不是特喜欢玩纸飞机啊?看,我发觉有的小朋友为了这个都已经不怎么听老师的话了!"一句话,把所有的小朋友的目光都集中了过来,"那好,老师这节课就上一节游戏课——趣味投掷",话音刚落,下面一阵欢呼,于是我就临时把教学内容改成了轻物投远,我让学生们带着浓厚兴趣完成了整堂课的学习,很好地完成了这堂课的教学目标和任务。

由此感悟,小学生的自尊心特别强,当着众人的面对其指责与数落,只会让他更加反感,由此产生逆反的心理。现代的教学理念,更多的是贴近、鼓励和信任,这样的师生关系才会融洽,才能更好地组织教学,才会在相互理解和信任的环境下实现教育的目标。

分层评价,品尝成功的滋味,在评价中,老师不仅要关注学生体能发展、运动机能的情况,也要注意激发学生体育学习的兴趣,培养学生良好的锻炼习惯,促进学生体育学习过程的个性化提升。比如,在前滚翻训练中,我发现一名男生的动作不是很协调,而且总比同伴慢半拍,脸上的表情似乎很严肃,不开心。我并没有立即指出他动作的缺点,而是给予学生信任的微笑,并略微放慢了节拍。渐渐地,他也可以把整套动作完成了。学生间的互评也是教学评价的重要形式。同一小组内各成员间互相了解,对于一些运动动作观察得更为仔细,提出的建议也比较中肯。恰当的自我评价能够指引学生不断调节自我的体育学习活动,让体育训练呈现出良性循环发展态势。

生态的体育课堂是发展的课堂、高效的课堂。学生借助于小组活动,丰富运动的体验;教与学的活动互相促进,和谐共生;丰富评价的方式,让生态体育课堂绽放出别样的精彩!

(刘玉娟)

第五章 以"关心"为特征的生态型德育的建构

一、学会关心：世界教育发展的潮流

(一)"学会关心"的全球视野

"学会关心"是 21 世纪教育所致力的目标。1989 年联合国教科文组织"面向 21 世纪教育国际研讨会"上提出了"学会关心：21 世纪的教育"(Learning to Care for Others——the Aim for the Education in the 21st Century)，明确提出了关心自己的健康，关心自己的家庭、朋友和同行，关心他人，关心国家的社会经济和生态利益，关心人权，关心其他物种，关心全球的生活条件，关心真理、知识和学习。这个口号的提出是继 1972 年联合国提出的"学会生存：教育世界的今天和明天"(Learning to Be：The World of Education Today and Tomorrow)之后，"学会关心"成为 21 世纪教育的指向，教育观念、伦理观念和教育发展方向的又一次重大变革与更新，它标志着世界教育的发展又将进入一个新的历史阶段。

著名教育家内尔·诺丁斯(Nel Noddings)一再强调"关心是一切成功教育的基石"，但是她又认为"并非所有人都同意关心的重要性"，还进一步指出："你也会发现所谓的关心行为如何给被关心者生活带来显而易见的痛苦。你更会发现，有的行为被公认为是关心，但实际上那些行为对特定的被关心者，甚至对未来整整一代人的有害影响不过是被掩盖了而已。"

提倡"学会关心"，倡导一种反映时代精神的新型的"关心"价值观，这不仅是面向 21 世纪教育的目标，而且对于克服生态关系的冷漠，建设生态文明有着重要的现实意义和深远意义。因此通过"关心"与"生态"融合形成生态型德育,使学生的发展目标契合,教育目标得以整合。

(二)学校德育中的非生态的德育现象

客观上学校德育中存在着非生态的德育现象,道德教育呈知识"占有"和价值"分裂"状况,德育过程漠视人的生命过程,缺少人文关怀,师生关系缺少成长意义上的互动与交流,学校德育系统封闭,师生、生生的生态位失衡,学校德育生态合理性遭到质疑。在农村学校中非生态的德育现象更为明显。

教师的非生态教育行为,对学生造成了"师源性心理伤害"。学生们由于自身的身心特点,难免会犯错。对学生挖苦讽刺时有发生;对学生发生的行为问题,武断处理,不听学生诉说,缺乏民主意识;对学习困难学生存有偏见,常出现不公正的对待。类似这样的教师带有偏见与冷漠的言行对学生在心理上造成伤害,使得学生不敢与老师进行平等的对话与交流。长此以往,教师和学生之间的关系不和谐,学生健康、和谐的人际交往也会受到影响。教师的专制造成师生关系的不对等,使师生关系不和谐。教师是课堂的控制者,学生的一切行为都依据着老师指令来行动。学生们与生俱来的求知欲、创新欲,甚至是天然的乐学、好学的能力都在种种非生态的教育行为作用下被削弱,这对学生的健全人格的发展有消极的影响,不利于学生健全人格的形成。这种非生态的行为不仅对学生的心理成长产生负面的影响,对学生后续的学习也是不利的。

传统的教育内容脱离学生的生活、脱离儿童的心理发展水平,教育内容枯燥乏味,教育成人化。同时教育方法充斥灌输,机械呆板一刀切,犹如工厂加工零件,老师把每个不同特点的学生,用一个模具加工成了"标准件",学生们个性特长在这过程中被淹没,最后学生变成了无个性、无特长、无活力的唯书、唯教师、唯标准答案的"标准件",对学生的个性发展产生了负面影响,它不利于学生的个性独立、个性发展。非生态的教育行为削弱了学生适宜的发展,不利于学生的个性解放与发展,压抑学生正常的人际交往,伤害了学生健全的人格。更是极大地损害了学生的心理健康,导致学生注意力不集中、学习焦虑、抑郁、学业不良、厌学等一系列的心理问题,甚至永远无法弥补。这样的非生态的教育丧失了教育最本真的意义,也湮灭了教与学过程的生命活力。

生态德育是一种新的德育范式,强调德育具有生态本性,生态和谐

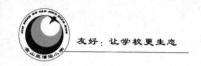

是德育的基本要求。这是一种生态和谐寻求整体有机的"生态性"建构，摒弃机械论，强调德育中人的整体性及德育生态系统的合理性。我们要建构一种以发展与和谐为主要原则的德育，追求学生的可持续发展和德育系统的可持续发展，这就呼唤生态型德育。

建构一种生态型德育，积极呼应生态文明建设，学校必须加强生态型德育的建构。追求学校德育的生态合理性是德育发展对生态文明的回应，也是学校德育改革与发展的需要。

二、"关心"与生态型德育的一致性

（一）生态型德育的基本认识

生态型德育是指内容与方式符合生态性的德育。生态型德育内容上的丰富性而适宜学生全面发展；教育过程中支持性的关心而促进学生可持续发展；教育主体上关注与环境的共生互动、德行养成上的主体自主发展。

生态型德育从青少年道德发展需要出发，遵循学生成长规律，增强道德践行与教育规律的切合度、与学生心灵的共鸣度、与主体心理发展的匹配度，形成德育内容丰富的、德育形式适切的生态型德育。生态型德育强调"关心"不仅作为一种德育内容，而且也是德育的形式，强调把"关心"作为德育目标，也是教育者的教育态度。

生态型德育是社会可持续发展的需要，更是人的全面发展的需要。

（二）"关心"：生态型德育的重要内涵

诺丁斯认为，"关心理论的最基本思想是对每一个个体的需要予以恰当的反映，目的是建立并且维护关心关系"。这一关心关系恰是生态思想的核心内容，生态关系就是处理好生态系统中的多元关系，也是生态型德育所关注的关心人类生活中的各种关系。正如诺丁斯所指出的"关心伦理强调的是关心的关系性，也就是说，当我们谈论关心的时候，我的重点是放在关心者与被关心者之间的一种关系"。这种关心关系是多元的，"关心"是很重要的一种道德关系，这与生态型德育包含的道德价值元素是一致的。"教育的智力目的并不是唯一的，也不是首要的。教育的道德目的应是第一位的，并指导其他目的。教育的首要道德目的是培养有能力的、关心他人、懂得爱人，也值得人爱的人。即关心德育主要培养学生的关心意识、关心能力和关心行为。关心的对象是：自己、亲近的人、陌生人、动植物、自然环境、人造世界(human-made world)及思想。"(王惠来：《西方关心理论对我国学校德育的启示》,天津市教科院学报,2004.6)

在具体的"关心"与"生态型德育"的内容指向上,我们也可以发现重要的交集。在诺丁斯的关心理论中对"关心什么"有明确阐述,提出了"我们特别相信学生们应该有机会在学校学会关心,关心自我、关心他人、关心自然与物质世界、关心知识"(诺丁斯：《学会关心：教育的另一种模式》,教育科学出版社,2004年版)。生态型德育强调人们应该站在全球的高度上来思考年轻一代的培养和教育问题,学会关心,正确处理人与社会、人与自然、人与人、人与其自身的问题,确立一种关心关系。"关心"作为一种道德的内容指向与生态型德育有着内容上的一致性。

(三)"关心"：德育的态度与形式

生态型德育应该把"关心"作为一种教育形式。"教育应该围绕关心主题来重新组织",这就是要求"在学会与周围的人建立一种富于关心的关系"(诺丁斯,2005)中让学生发展道德素养。关心不仅是教育内容,作为教育的内容指向,而且也是教育者关心学生、学生关心世界的一个关心链。这一关心链呈现了"双重的关心与支持",即学生如何实现关心,对世界表现出关心与支持,以及教育者如何通过关心与支持实现学生道德素养的培育。我们学校提出的这个"双重关心与支持"与诺丁斯的观点是一致的,她认为,"教师不仅需要建立一种关心的关系——教师在其中成为关心者,教师也有责任帮助学生发展关心能力"。

"关心"本身也应该作为一种教育态度与形式,存在于德育过程之中。天津师范大学王惠来指出："诺丁斯认为,关心存在于关心者与被关心者之间的关系中,它始于关心者,结束于被关心者。为了使关系被称为关心,双方都要以自己所特有的方式来做出努力。双方中有任何一方失败,都将阻碍关心的完成。成人、教师往往都被视为关心者,学生则是被关心者。被关心者从关心者的关心中获得启迪,逐渐成为以后的关心者。""诺丁斯主张教师与学生建立一种关心关系：教师作为关心者来关心学生,培养学生的关心意识和关心能力;同时教师还要使作为被关心者的学生对教师的关心做出积极回应,促成师生间关心关

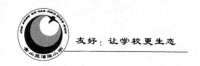

系的形成,并在这一过程中学会关心。"(王惠来:《西方关心理论对我国学校德育的启示》,天津市教科院学报,2004.6)

作为一种教育态度,"关心"表现为对学生生命的尊重。诺丁斯认为,教育者不应从教育大纲或整齐划一的教育目标出发约束或拔高学生。相反,教育者应走进千差万别、各自不同的生命世界,不仅用自己的,同时用学生的眼睛去观察、用学生的心灵去感受。哪怕是在知识教学中,教师最关心的也并不是冷冰冰的知识或真理,而是允许学生出于多元智能、各异的兴趣和知识背景对学习材料有不同的感受以及不同层次的理解。诺丁斯指出,道德教育应视为学校教育所有过程的一个内在方面,她所理解的道德其实就是对学生的关心。(邵建芝:《诺丁斯关心理论述评》,科技信息,2009.11)作为一种教育态度,关注学生的体验与感受。"诺丁斯认为,关心始于教师的关心行为,完成于学生的被关心感受。但我们进行关心时,应该考虑到他人的观点、他人的需要以及他人对我们的要求。我们的注意力和精神应集中在被关心者身上,而不是我们自己身上。在这样的理念指导下,教师没有权利单方面对学生宣称:多补课、多留作业都是为你好,我在关心你。因为道德和关心问题贯穿于教育的每一个方面,在知识教学中教师不能只讲效率,只关注成绩,而要通过挖掘该学科与活生生的生活的衔接来激发学生的兴趣,打消学生对学科的隔膜感、无用感,促进学生的理解,增强知识的亲和力。关心理论体现了一种平等、尊重学生的教育理念。"(出处同前)"反应是关心的核心,也是关心教育的核心"(诺丁斯,2005),基于上述的思考,我们认为"尽可能地关注别人表达出的需要并且对其教学适当的反应"是一种表征道德品质的教育态度。这已经作为德育的内涵,也把提升教师德育素养列入本"关心德育"之中。

在如何实施关心教育问题上,诺丁斯提出了关心教育连续性的要求。"诺丁斯认为最近几十年来美国社会发生的巨大变化已经使许多年轻人失去了一种连续感,失去被关心的感觉。虽然学校应该继续关注和追求许多目标,但是最重要的、指导性的目标应该是建立和维系一种连续性和关心的气氛。因为教育中的关心不同于生活中的一些简单的关心关系,它必须建立在一种牢固的信任关系的基础上。这种关系不是一朝一夕就能建立的,它需要时间,它要求连续性。"(邵建芝:《诺丁斯关心理论述评》,科技信息,2009.11)诺丁斯指出:"为了有效地应对时代的挑战,把关心引入学校,我们必须重视教育的连续性。"(诺丁斯:《学会关心:教育的另一种模式》,教育科学出版社,2004年版,P85.)

诺丁斯主张使道德教育重返生活世界,建构一种大德育情景,将关心的德育置于学生的生活世界。通过情境中的各种交往和活动,如师生交往、学校及社区的各种服务活动等,使学生学会关心,成为具有关心意识和关心行为的人。关心理论的生活性主要体现在以下几个方面:首先,将关心主题引入正规课程之中,使学生在学习科学知识的过程中了解与之相关的一些重大的现存问题及相应的伦理道德问题。其次,关心要运用在具体的德育方法之中。基于关心之上的道德是一个具体的过程而不是抽象的过程,不是坐在屋子里空谈理论,而应在广阔的社会背景下,在应该得到关心的人面前对他真情实意地关心。"关心"生态型德育强调在师生交往的具体情景之中培养学生的关心素质,提出了师生间建立"关心者与被关心者"的关系的主张,并要求教师示范关心,给学生提供关心的榜样。(赵雪霞、孙启林:《诺丁斯关心理论评析》,比较教育研究,2005年第6期)

三、"关心德育":一种生态型德育

(一)关心德育的概念

"关心德育"是以关心为特征的生态型德育。

关心德育(Care moral education),是指以关心为价值取向,以关心的方式培养学生关心品质的一种生态型德育。(王钰城,2015)关心德育是以关心学生道德品行成长,通过道德动机激发(inspire)、强化关心品德践行(performance),促进学生关心品质与做人能力(ability)发展的一种德育模式。

"关心"涵盖了人对自己的关心、对他人的关心、对社会的关心、对自然的关心,是人类重要的道德,成为跨文化、跨地域的伦理原则。"关心德育"是一种重在关心道德品质学习与养成的德育模式。

关心德育是生态型德育,不是生态教育,或者说环境教育,而是一种从理念上、内容上与形式上有自己特质,即重在关注关心、关心的关系、关心的状态的一种生态型德育。关心和发展密不可分,关心德育表现在儿童发展过程中的关心。"适度"就成为教育的必然,这就凸显了

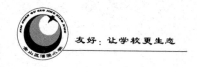

德育的生态问题。

关心意味对学生的爱,意味着帮助学生,意味着对学生的一种期待,这要求以适宜的方式进行德育,出于人心的德育,而不是违反儿童身心特点的方式进行强制性教育。"关心德育"强调德育应该关心学生的道德成长过程,关心学生道德的需求。

（二）关心德育的内涵

"以关心为特征的生态型德育"的目标是以生态型关心德育的实施为抓手,培育孩子基础素养。实施以关心为德育内容与以关心为方式整合德育,促进学生的道德健康平安成长,树立生态德育观,实施生态型德育,在学生的道德健康、心理健康、社会适应健康方面提供关心支持性教育。

"以关心为特征的生态型德育"强调德育应该关心学生的道德品质成长的需求,强调引导学生品行发展的过程。学生道德品质成长不是以教育者的意识转移的,具有道德成长的主体性。从青少年道德发展需要,遵循学生成长规律,增强德育工作与教育规律的切合度、与学生心灵的共鸣度、与主体心理发展的匹配度,形成德育内容丰富的一体化的生态德育。

以关心为特征的生态型德育的实施是多途径的,通过主题性教育、行为规范教育活动、学生社团活动、社会实践、校本节日、课程教学等实施。本书主要是以德育主题教育活动来研究以关心为特征的生态型德育。

"关心德育"是一种发展学生做人的道德能力,特别是发展关心能力,具有人性的德育模式。"关心德育"强调德育应该关心学生的道德成长过程,关心学生的道德的需求。关心意味对学生的爱,意味着帮助学生,意味着对学生的一种期待。

四、"关心德育"的基本构架

（一）关心德育的理念与目标

1. 关心德育的核心观念

"关心德育"的核心观念是"关心和发展"(Care and Development)。

"关心"是一种促进儿童发展的重要方式,对儿童成长给予关注与支持。"发展",对儿童来说,就是身体能力和心理能力(包括动作、思维、感觉、情感和社会性等方面)的变化和进步。发展的自然性和发展的干预性是儿童早期发展与教育中的一对矛盾。关心和发展密不可分,"适度"就成为必然。"发展"或者"关心"刻意性太强,可能会导致适宜发展的丧失。

"关心德育"的重要理念是"以人性养育关心"。以人的善良、人性的高尚养育关心的品德。"善"是指符合道德,即善行,指人的行为对群体的有益的价值。善是人类共同追求的价值,"善,德之建也"(《国语·晋语》)。孔子曾指出,"择其善者而从之"(《论语·述而》)。苏格拉底认为,对于任何人有益的东西对他来说就是善,"一切可以达到幸福而没有痛苦的行为都是好的行为,就是善和有益"。善是爱己爱人之心,要求人们爱人、助人,不做恶事,不凌辱他人。关心德育强调善良是做人的起点站,处处时时表现出善心、善意与善举,坚持不懈地不断积累传递向善的道德价值,让"善良的行为使人的灵魂变得高尚"(卢梭)。

2. 关心德育的目标指向

"关心德育"的培养目标是培养有关心能力的、关心他人、懂得爱人,也值得人爱的人。关心德育强调了真正的关心,必须是充满爱心,更是要取得爱人的实效,让人们有获得感,产生感恩——值得人们爱。同时关心德育强调要培养真心实意的关心,不是虚假的,更不是把关心充当图谋利益的工具。因此关心德育要重在培养学生的关心能力,而不是只说不做的言行不一致的人。

提倡"学会关心",倡导一种反映时代精神的新型的"关心"价值观,这不仅是21世纪教育的目标,而且对于克服生态关系的冷漠,建设生态文明有着重要的现实意义和深远意义。

上海外国语大学王恩发认为,"这种新的挑战要求人们站在全球的或全人类的新的高度来思考年轻一代的培养和教育问题,使他们从只关心自我的小天地里解放出来,学会关心社会和国家的经济和生态利益,关心全球的生活条件,关心他人,关心家庭、朋友和同行,关心其他物种,关心真理、知识和学习以及关心自己和自己的健康等,使他们成为新世纪的积极参与者。这种教育观与价值观的变革与更新,反映了时代的要求,指明了21世纪教育的发展方向。"(王恩发:《学会关心,迎接21世纪的挑战》,外国中小学教育,1995.2)

"学会关心"教育理念要求教育高瞻远瞩,以全球视野来改善人才培养问题。"美国存在心理学之父"罗洛·梅区分了人活于世的三种形式(世界同时存在的三个方面),即自我世界、人际世界和周围世界。据此学者沈明霞就以这一视角阐释"学会关心"思想,提出了关心的三个方面:关心世界、关心他人、关心自己作为关心目标。(沈明霞:《学会关心:环境教育理念对教育改革的启示》,教育发展研究,2015.4)诺丁斯强调"学会关心"对生命成长的意义,她认为培养以关心为核心的道德人格是学校教育的主要目的、主要追求,应当主导学校教育。她认为学校应该承诺一个崇高的道德目的:关心孩子,并且培养孩子学会关心。真正的改革必须从教育目的和教育目标入手。(赵雪霞、孙启林:《诺丁斯关心理论评析》,比较教育研究,2005年第6期,P62-66)诺丁斯强调"要向学生传递这样一个信息:学校教育不是通往上流社会的阶梯,而是通向智慧的道路。成功不能用金钱和权力来衡量,成功更意味着建立爱的关系,增长个人才干,享受自己所从事的职业,以及与其他生命和地球维系一种有意义的连接"(沈明霞:《学会关心:环境教育理念对教育改革的启示》,教育发展研究,2015.4)。这些论述很清楚地把"关心"作为其目标,使蕴含在关心中的各种生态关系作为了其关心的目标。因此本课题以"关心"为内容与以符合生态的方式的融合,使学生的道德发展目标契合,关心品质培养得以实现。

（二）关心德育的两个维度

关心德育有两个维度:内容维度与形式维度。只有这两个维度表现出关心的特征,才能成为关心德育,即区别其他德育所在。

● 在内容维度上,关心德育重在关心品质与关心能力。

在诺丁斯的关心理论中对"关心什么"有明确阐述,提出了"我们特别相信学生们应该有机会在学校学会关心,关心自我,关心他人,关心自然与物质世界,关心知识"。不仅学会关心自己,还要学会关心他人,关心国家的经济和生态利益、关心人权、关心其他物种、关心地球上的自然环境、关心真理、关心知识和学习,正确处理人与社会、人与自然、人与人、人与其自身的问题,确立一种关心关系。

"学会关心"主要包括以下几个方面:一是关心自己,二是关心他人,三是关心人造世界,四是关心其他物种,五是关心环境,六是关心教科书中的思想。目前课程的内容是围绕教科书组织的,这种组织毫无章法,以至于知识都被那些所谓的事实和技巧所淹没。学生不仅应学习这些事实和技巧,也应学习和了解这些事实和技巧背后的思想和精神。

通过关心德育让学生形成良好的关心品德,也就是要把关心这个道德转化为学生个体身上的关心道德品质。因此,关心德育重在道德的内化,成为学生的道德需要与稳定的道德品质。"关心"品质具体表现为:对自己的关心、对他人的关心、对社会的关心、对自然的关心、对环境的关心、对学习的关心等。我们要让学生学会关心社会和国家的经济和生态利益,关心全球的生活条件,关心他人,关心家庭、朋友和同行,关心其他物种,关心真理、知识和学习以及关心自己和自己的健康等。

"关心"不仅是一认识问题,更是要践行的道德,因此关心德育要重视培养学生的关心能力,能够在生活中去践行关心。关心能力不足或者缺失,是无法去关心他人,以及关心世界上的事物的。通过关心德育培养学生具有充沛的"关心的关系性",有能力"建立并且维护关心关系",从而成为具有关心品质的人。

● 在形式维度上,关心德育强调以"关心"的方式展开教育,也就是以"关心"的方法论,以关心的态度,以适宜传递"关心"的方式,与关心品质教育目标匹配的方法开展各项德育。因此,关心德育在形式维度上一要关注德育方法与关心品质培养的匹配性,二要关注德育形式的生态化,德育活动的设计与实施要充分考虑学生的适宜性。关心德育要关注教育活动的学生可接受性,是否适宜教育目标群体或者个体身心发展水平。同时还要充分考虑教育活动是否符合教育生态原理,例如教育方法的多样性、开放性;教育结果的共生性,学生是否得益,还是教师把教育走过场当作自己的成功,成为教师的"单赢"。

(三) 关心德育的三个关系

关心也是一种教育关系,在关心德育中有着三种关系要把握好。王鋐指出,"在教育过程中对学生发展的支持主要表现在三个方面:学生与教师的关系、学习与教学的关系、发展与支持的关系"。

1. 学生与教师的关系

学习的主体学生与教育的主体教师的关系是主体间关系。关心德

育的发展主体是学生,而教师在关心教育中主要是关心的施教者,教师的关心是学生发展的重要条件,学生发展需要教师的关心支持,这是教育价值所然。正确把握好学生与教师的关系是实施关心德育的前提条件。同时学生也应该关心教师,师生在互相关心的生态环境中共生——"教育相长"。

2. 学习与教育的关系

学习与教育的关系是主体行为方式关系。学是学生个体主体行为,任何人不可能替代。关心是教与学的中介,通过关心实现教育生态中的能量的转换,提高信息传递的效能。教的行为是为学生学习提供的支持,是为学生的学服务的。学习与教育的关系是互为依托、互为促进的。关心行为正是在学习与教育的交往中实现。在这对关系中要凸显以学习为中心,以学定教。要以学生学习方式的转变为教师教育方式转变的前提,而不是以教师的教为中心。

3. 发展与支持的关系

学生发展与教师的关心支持是结果关系。教师的关心为学生的发展提供了更多可能。学生的发展主要是依靠学生的主体性,即发展的内部动因。外部的支持应该通过学生内因发生影响作用,推动学生的发展。同时提高外部关心支持的质量,使之成为可以促进学生发展的影响是十分重要的。正是这种教育生态关系才能有力地支持学生发展,即为学生的发展提供生态化的关心与支持。

（四）关心品质的三个要素

关心德育旨在培养学生的关心品质,其有三个要素:关心的动机、关心的践行与关心的能力。

1. 关心的道德动机

道德动机是引起个体道德活动,维持并促使道德活动朝向某一道德目标进行的内部动力。引起动机的因素:内部因素,需要、兴趣、信念、世界观;外部因素,目标、压力、责任、义务。社会性动机是指人在一定的社会、文化背景中成长和生活,通过各种各样的经验,懂得各种各样的需要,于是就产生了各种各样的动机,例如交往性动机、威信性动机、地位性动机等。

关心什么是一个道德价值判断问题,我们要教育学生关心善良,关心人类,关心自己的责任,关心摒弃以公谋私,关心摒弃言行不一。关心的道德动机的重要性在于使关心充分展现人性,以人为本。

2. 关心的道德践行

非生态的德育是重在说教、灌输,因此实效很差。生态德育强调践行,言行一致。关心德育不在于让学生知道了些什么,而是在于让学生做了些关心的事,践行"我为人人,人人为我"的互相关心。引导学生从小确立为人民福祉做好事、多做事,真正践行关心人民的福祉。通过不断的关心道德的践行,在学生的生活、学习中不断磨炼关心品行。在校内外生活中不断以关心的行为关注与帮助弱势群体,尊老爱幼,保护环境,发展做人做事的能力。

3. 关心的道德能力

道德能力这是道德教育的重要价值指向,让学生学会道德能力,才能过有道德的生活。关心德育注重培养学生的关心能力,从关心周围的人开始,通过不断的关心行动增强自己关心的能力。注重培养学生的关心能力要求我们的德育要转变灌输式、口号式的教育方式,不能只说不做。关心能力只能在生活中通过不断践行而形成与发展。生态型关心德育要培养学生具有关心自己、关心他人、关心社会、关心自然、关心真理、关心学习能力的一代新人。

这三个要素构成关心品质,表现在学生个体身上。关心德育要通过教育活动,着力促进学生的这三个要素发展,从而达到关心品质的形成与发展。

(五)关心德育的操作要点

"关心德育"的操作要点为"关注、引导、情景"。

要点一:关注

"关心德育"的前提是关注。关心德育的本义是通过关心,培养关心品质,对学生的关心至关重要。关注意味着对学生的一种期待,意味着关心的开启。"关心"首先是关注,有了对人与事的关注,才会倾注爱意与帮助的关心。我们要关注周围的人、关注周围的事物以及由近及远地关注社会、世界、地球上的人们与他们的生活。我们要引导学生关注四周以及世界,细致地观察和设身处地地去理解。同时也要引导学生感受到被关注关心,从而产生感恩之情。对学生的关注,才会导致对学生的关心。关注的目的在于关心,在于细心呵护学生的健康成长,更在于潜移默化地去影响孩子,让孩子学会关心身

边的人。

在实施关心德育时,我们要做到三个关注:

1. 关注学生的自然发展,尊重成熟规律和发展规律;

2. 关注学生的和谐发展,尊重个体与环境的适宜性与发展的差异性;

3. 关注学生的充实发展,丰富学生学习经历,积极开发潜能,夯实发展的基础。

要点二:引导

"关心德育"的关键是引导。引导不是强制,关心德育强调从以嘴为主转向以践行为主的教育,强调教育不应灌输而是要引导。在实施关心德育时,要明确引导什么。在学生的道德认知、道德体验与道德践行上积极地引导学生,引导学生"学会关心,向善行善"品行发展,注重学生的人性表现。在关心品行的引导上,要注重学生的品行表现,表真、表善、表美,以及敢表、乐表、善表。小学生对事物的是非观念尚薄弱,如果一味地给孩子讲大道理,他们并不理解,教育的效果也不理想。因此教师要采取多种适合学生身心的方式积极引导,以儿童喜闻乐见的形式,引导学生逐步加深对关心的认知,丰富他们对关心的情感,促进学生的关心践行。

要点三:情境

"关心德育"的重要条件是情境。关心德育强调在一定情境中展开引导,在情境中践行,在情境中考察,不能培养讲一套做一套的伪君子。"关心德育"注重在一定情境中展开引导,而不能从道德概念到道德概念,以灌注为主,缺乏让学生在一定的道德情境中体验与践行。从现实生活的真实情境中,老师引导学生通过发现问题,进行体验与感悟,获得对关心的情感体验,以及践行关心行为,从而加深对关心的理解,内化并逐步强化为习惯,稳定为关心的品质。在德育中,根据学生的年龄特点和心理特征,设置适当的情境,引起学生的情感共鸣,从而获得最佳的教育效果。关心德育情境一般有两种:一是真实的生活情境,包括学生校内的学习生活与校外的家庭生活、社会生活。二是模拟情境,把真实情境搬移到非直接发生的场合中,再现当时的情境,展现道德关系的一种情境。在情境中通过形真、情切、意远、理蕴的特点,巧妙地把儿童的认识活动与情感活动结合起来,以生动形象的情境激起学生对关心的体验。这两种情境共同之处在于不是以概念把关心这个道德展现给学生,而是以形象的人物关系或者事物关系、人与事关系展现关心品质,存在于情境中人们的交往和活动之中,这样使德育更贴切生活、更贴切学生的心理。

第六章　"关心德育"的实施策略

　　我们学校在关心德育实践中形成与运用五项实施策略：目标引导策略、激发动机策略、情境创设策略、注重践行策略、多元开端策略。

　　关心德育要关注关心什么、用什么方式去关心，同时教师也要考虑用什么教育方法去关心学生，实现教育目标（两类：关心品质目标、德育目标）要表现的形式与内容相匹配。对表现什么、怎样表现，学生可以根据自己的条件与需要来进行合理的选择。表现的内容直接关乎目标能力，而目标能力的发展需要匹配的表现方式。"工欲善其事，必先利其器"，学生自主发展的实现方式对其目标的实现有着重要的影响。

一、策略一：目标引导策略

（一）目标引导策略概述

　　目标引导策略是指在实施关心德育时首先要引导学生以自己的发展目标为行动导向，使学生的发展更自觉的策略。关心德育首先关注以关心为内容的目标，引导学生有价值的个人活动。具有关心实体内容的目标才能起到对学生关心品质培养的引领作用和激励作用，而缺乏关心内容的目标，在实质上不是关心德育。要让学生通过明确自己的关心品质发展目标，并在确定目标的过程中，提高对关心品质的自我认识水平。在实施关心德育时，要引导学生重视关心品质的发展目标，根据自己的具体情况确定关心品质到达的程度，没有这种道德品质发展的意愿，很难增强学生关心品质的自主发展。

　　在实施目标引导策略时要注意：

　　1. 学生关心品质发展目标应该由学生自己确定。学生品德发展目标的确定不能由他人代替决定,也应该让学生自我选择,必须由学生自主地选择关心品质发展目标的内容与水平。要让学生学会对自己的选择负责,也就是学会关心自己。

2. 教师要引导学生正确把握自己在关心品质上的情况,只有学生能清晰地自我了解了自己在关心品质上的长处与不足,才能发扬优点克服缺点。小学生年龄小,常把自己感受和客观事实搅和在一起,或者纠结在个别枝节问题上,而忽略重要方面,导致对自己关心品质发展上的误判,影响关心品质的养成。

3. 学生设定的关心品质发展目标要明确与适切。这要求符合学生的现状和环境现状,是通过努力能实现的。学生关心品质的发展应该是适切的,要有必要的发展基础,不要成人化,例如"要做到关心全人类",实际小学生很难做到,好高骛远是不可取的。但是,关心品质的发展目标也要具有激励性,即目标要领先一步,成为学生追求的愿景,例如"要关心世界上受灾害的人",让学生关注世界上受灾害人们的痛苦情况,以及用些小学生力所能及的实际行动关心与支援灾民。

4. 学生关心品质的发展目标应该具有个体差异性。由于学生的家庭籍贯(随迁家庭等)、家庭背景(经济、文化等)、学生成长史等诸多不同,形成了学生现在的关心品质发展的差异,有的学生非常关心别人,有的学生对他人则很冷漠,也有的学生在不同人或者事表现出不同的关心态度与做法。教师要很好地了解学生关注品质的现状,并引导学生根据具体的情况,进行客观的分析确定适合自己的关心品质发展目标,不能简单地搞一刀切。

5. 在实施关心德育的过程中,要动态地把握学生目标实现情况以及原因。在学生关心品质养成过程中,教师所提供的关心是一种引导。在学生发展过程中,由于外部条件的变化,或对自身估价太高,使现实的条件与设定的发展目标存在距离,在这样的情况下,学生会产生焦虑和压力,或者失去信心。这就要求教师要引导学生做出必要的调整,使目标更具有践行可能,让学生明白关心品质的养成是有阶段性与连续性的,要引导学生一步一步地提高发展目标的达成度。

(二)目标引导策略的实践案例

活动生"心"法

——以争"爬山虎章"主题活动实施为例

关心与被关心既是一种需要也是一种能力。教育学者诺丁斯曾经在书中提出：学会关心是教育的另一种模式。因为在近40多年来的社会急剧变化中，不少人开始失去一种连续性（关心伦理用语），也就是说失去了被关心的感觉。教师肩负教育的使命，就要更多地关注这种现象，关注人的精神世界，关注如何更好地实践关心德育。活动生"心"法是指通过丰富的教育活动，引导学生学会关心，孕育更多关心，以心促行、以行暖心的一种方法。

就低年级学生而言，是极具代表性的新一代10后，目前的年龄阶段具有较强的自我意识，加上将近一半学生处于二胎家庭，若是不加以引导，很可能会形成更强的个人主义。但是，他们同时也最具有学会关心的潜力。如果在德育的过程中，给予更好的机会，那么真正地学会关心自我、关心他人、关心世界，是非常具有可行性的。因而，本次就以一年级学生争班本化"爬山虎章"过程中开展的部分主题系列活动为例，浅谈如何通过有效的活动载体更好地落实关心德育，让学生认识自己，学会关心自己，并且关心他人和集体。

一、案例展现

【活动片段1】：我是一只小小鸟

一年级学生处于天真烂漫、充满想象力的年纪，但由于幼升小的环境变换，我班学生就存在部分学生入学初期没能进入学习状态，甚至有那么两三个会小心地问老师："老师，还有几节课放学？"

起初，我会如实地告诉他们，并且指着班级公告中的课程表让他们学会自己看。但是，孩子会看了后的确是自己去看，可看的频率却多了，有的还会自己跑过来重复地问。我这才发现，其实比起还有多久放学，他们想说却没说出来的是自己的不安。

因此，在一次午会课，我送给每个学生一只千纸鹤和几张千纸鹤纸，并且开展了"我是一只小小鸟"亲子活动——请家长和孩子在双休日一起做千纸鹤，在纸鹤身上写上孩子的一天感受和家长的祝福，带到学校来。

之后,在班级里,我将每一只纸鹤放进了"纸鹤心语"瓶里。在查阅了所有的纸鹤后,朗读了一部分内容,并在示范后请学生们给这些"小鸟"起名字。学生有的有样学样说自己是"小麻雀""快乐鸟",有的突发奇想说自己是"想美食鸟""想玩鸟"……有一个孩子说得很轻,基本听不清,那是试读当天流泪的孩子。我轻轻地靠近她,说:"我小时候和你一样,是一只安静乖巧又爱家的小鸟……"

这学期,班级里多了些写日记的学生,那个最安静的"她"写了一个学期,一天都没有漏下。日记中多半有校里校外的事情,又总要说说自己的心里话。

【活动片段2】:你是一颗小星星

在一年级准备期过后,学生之间渐渐熟悉了。但是,一年级办公室的门总是时不时被敲响,门一打开多半是一场小报告。事无巨细,但事必躬亲。在这个年龄段的学生眼中,再小的事情都是大事,大事就需要靠"大人物"。

针对这个现象,我先请兴趣课吴老师帮忙,教会了他们折五角星。之后,再在午会课上给孩子们解密了特殊的五角星——在五角星的内部写上了赞美别人的话。第一个是,耿晨露是一颗小星星,她今天为小朋友们整理了练字纸;第二个是,王永翔是一颗小星星,他将洒在食堂门前的酸奶拖干净了,建议下次等哥哥姐姐排好队再做就更安全了……就这样,陆陆续续读了几个,再重新折叠起来。并且,在给他们看了"优点在自己胸前,缺点在自己背后"的故事后让他们去寻找小星星,回家告诉爸爸妈妈后一起写下来。并且,制作成五角星后放在对应的"小组星星瓶"中,每周一次,数量不限。

后续的午会课中,学生交流总是会蹦出不少小星星。而办公室也"冷清"了几分,偶尔几个来报告的人,我总是会先问一句:"你很关心身边的人,不过你帮助他提建议了吗?"他们一听,就会先回去解决点沟通上的小事情。当然,有时候,他们解决了也会特意来告诉我一声。

【活动片段3】:我们一起爬上常青藤

我校每学期都会评选一学期的学校文明之星,而借此契机,我将这个评选标准融入班本化的"爬山虎章"争章内容中,先评选班级中的小小爬山虎,以七彩爱心的形式呈现在爱心墙。而评选的依据一大部分就在几周的系列活动开展成果中。

学生在少先队活动课上推荐自己：我每周都很好，还告诉爸爸妈妈一起给班级折纸鹤，给班级带来快乐；我是一颗小星星，我会主动捡垃圾，别的老师问我是几班的，我说是一班的，我很光荣；我是一只孝顺鸟，我在重阳节给奶奶洗脚了，我可以代表班级……也有人推荐身边的人：单贵鑫是小星星，他很抓紧时间，自己读好书还帮了我，他的名字在爱心墙出现得也最多；吴佳程是午餐小老师，会给大家整理餐盘，是在为班级做好事……

评选后，学生发现大家都可以得到爬山虎章，虽然章有大小多少之分，但是爬山虎藤上的绿叶一个都不能少，少一个就少了一抹绿色……

最后，他们选了爬得不高但是拥有叶子最多的同学代表自己班级，参与学校的评选，并送出了掌声。

二、案例分析

一年级学生活泼好动，天真可爱，爬山虎章这一系列活动是属于班本化的同名争章活动，也是一种以闯关为方式的具有情境化生态德育特点的手段。通过设计具有童趣的活动，去争得这个章，成为班级"爬山虎"先锋，是目前我班的关心德育重要载体。而案例中呈现的三个不同阶段的小活动，是其中的一部分，主要侧重在如何实施关心德育，更好地引导学生慢慢学着关心自己、关心他人和关心集体这三个方面。

1. 共情通情，活动生"心"，活水架"心桥"

赤子之心，最是剔透，不用长篇大道，不加花言巧语，学生的内心是单纯的，但也是非常直接的。在实施关心德育的过程中，教师是一个关心者，学生是一个被关心者。在"我是一只小小鸟"活动中，我们可以观察到学生不安的感受是非常直接的，但是受到个体差异的影响，不一定每个学生的感受都可以非常直观地被察觉。能被观察到的是学生的语言和行动上的外在表现，因此可以通过观察言语行动去分析。

所以，在关心德育的实施过程中，一个好的关心者首先要具备细致的观察力。不愿意观察、不愿意走进孩子的内心，甚至用所谓的权威去进行威逼利诱式的交心，是不具有自然的人性的，也是不符合"以人性养育关心"的育人理念的，当然也不是关心德育的体现。

其次，在设计活动，作为一个关心者，要引导学生关心自己，就要让他们正确认识自己，表达自己的情绪。设计的活动要从被关心者的需求出发，让学生自己去发现自己，认识自己。由于一年级学生的能力有限,因此组织亲子类的主题活动,可以更好地引导学生去关心自己。在另一方面,也是多了一个提升学生关心能力的渠道,更好地让关心德育实施得更扎实。

正如诺丁斯所言,教师不仅需要建立一种关心的关系,教师在其中成为关心者,教师也有责任帮助学生发展关心能力。因此,教师要去成为一个关心者,要善于观察,更要做到共情通情,活动的设计才能做到有活力,主题的落实才具有效力,学生的心才能真的得到滋养,更好地连通"心桥",关心德育才是真的水到渠成。

2. 同"行"同德,育德践"行",活力提"心境"

关心德育的进一步实施体现在当学生关注到别人后,如何转化为关心别人。在这一点上,教师作为关心者,一方面要确定合适的关心目标,一方面要和低学龄学生一起参与到关心他人的过程中,引导学生学习正确地处理人际关系的能力,比如:发现别人优点要称赞,发现别人缺点要肯定优点后再给出提醒。

对于低年级学生来说,关心德育在同伴中更多地体现在同伴之间的爱护和帮助,很难达到欣赏的层面。这种直观的表现就体现在活动初期,学生比起欣赏别人是怎样的小星星,更多的是想表达自己也是一颗小星星。因此,在前期的主题活动"我是一只小小鸟"中,还结合了爱心墙活动,通过老师的评价引导学生更多地去关注到别人。教师在关心德育的实施过程中,既是关心者,需要尊重学生的主体地位,同时也是一个需要同行的引航人。

在"你是一颗小星星"的主题教育活动中,学生已经能够慢慢地将注意力从关注自己或他人缺点上转移到发现别人优点或是友善提醒上。当然,在发现他人优点这一方面,更多的是日常行规培养和各类文化传统、文明礼仪教育的微缩影。它并不是一蹴而就或者轻易转变的,它如细水长流般浸润在教师每天持续性的教育中,是生态德育生活化的一种体现。如学生说到小老师整理作业问题,是"人人有岗位"的责任培养中观察到的,而学生会主动去帮助食堂阿姨整理餐盘或者帮助拖地等是由于前期教师在各类教育活动中明确了关心德育的目标。

同样的道理也可以用在"我们一起爬上常青藤"活动中,不同的是,后者让学生将注意力从关注自己和他人中更多地转移到自己、他人和集体之间的关系。几次活动下来,目前我班的学生已经初步形成了"一

荣俱荣、一损俱损"的"家"的观念。

这些目标是聚在活动中,散在日常中。这样颇具"光彩"的活动,既能以趣味化的形式吸引学生,也能让关心他人、关心集体有可操作性,也让关心德育更具有凝聚力,更具有无限活力。久而久之,学生的关心能力又是一个新境界。

三、操作要点

1. 主题活动前期,充分了解学情,设计班本关心德育目标

活动的开展在前期筹备过程中,不能想当然地随心而设,在发现问题后建议更多地采取不同方式进行学情分析,如:在设计"我是一只小小鸟"活动前,我在班级中选取了不同性格的学生做了一定的访谈了解,也利用每周的学生在家各方面表现投票软件了解了家长的一些看法。这样,可以分析得到我班学生中男生和女生对于自己的认识程度,包括每个个体表达情绪方式强弱的不同程度和活跃度等。

这样的前期工作,可以让关心者在设计关心德育目标时,对于关心能力发展过程中所需要培养的水平更有针对性,同时关心德育的落实才能更有可行性。

2. 主题活动中期,关注个体差异性,提高关心能力

在主题活动开展时,我们不可避免地要考虑到学生之间的个体差异性。有的学生能够在"我们一起爬上常青藤"活动中多次得到肯定,但也依然存在个别学生具有较少的存在感,在关心自己和被他人关心的角度上来说,存在接近"隐形人"的危机。这样的情况,如果关心者没有很好地关注到,对于这个个体而言就是一种教育上的失责。每一个学生都有关心他人的能力,关键在于机会的给予是否为他创造了挖掘潜能的可能性。

因此,作为教师,为了维持并强化师生之间良好的关心关系,必须要敏锐地感知并多维度地关注学生之间的个体差异性。这样,才能够更好地以学生为主体,因材施教地提高学生的关心能力,关心德育才具有更强的生命力。

3. 主题活动后期,细化分层评价,引导可持续性发展

在主题活动开展后期甚至是后续阶段,教师更多地要纵向评价学生在这个活动中的成长,并且进行细化的分层。一个学生学着关心到真的学会关心,这是一个非常漫长的过程,不是仅仅一个活动就可以一

笔带过的。更多的时候,需要不间断地对学生给出他在不同活动中的分层评价,从而激励他更好地维持这种状态,并在质变中获得更为可持续性的发展。尤其,学生从关心人到关心集体甚至世界,是在不断累积的人生经历中获得更为稳定的人性的过程,需要教师不断地在实施关心德育的过程中给予引导。

因此,通过活动育人落实关心德育,需要更多地关注过程性评价中的不同层次,层层推进人的可持续性发展。

总的来说,主题系列活动作为关心德育的有效载体之一,从关心者角度而言,在设计主题活动时,需要细致的观察力、温暖的同情心、理性的设计组织,还有一如既往的引导陪伴。同时,我们要时刻关注学生主体,设计真正具有价值的主题活动,引导学生学会关心,同时孕育更多关心,以心促行,以行暖心……这样,才是真的"活",才是真的"动",才是生态化的关心德育!

(叶 红)

平等融入法
——特别的爱给特别的你

我们都知道生态型德育的特征之一是关心。那什么是关心德育呢?王钰城教授说:"关心德育"(Care moral education),是指以关心为价值取向、以关心的方式培养学生关心品质的一种生态型德育。如何实现学校的德育生态化,首先我们要明确主体是学生,其次要让学生学会关心、接受关心。对于随班就读生来说,关心就是让特殊的孩子融入平等、有爱的学习生活中去。

一、方法阐述

本学期有幸参加了金山区特殊教育中青年教师课堂教学评比活动。在这节课上,我真正地理解了什么是关心,关心就是让孩子快乐地学习、自信地成长。案例中的随班就读生小丹,对特别的她我一直有着特别的打算(四个关爱计划)。一声声热情的问好、一次次深入的谈心、一句句鼓励的话语、一个个奖励的承诺,我想让小丹爱上音乐,敞开自己的心扉,学会关心他人、关心自己,在有爱的集体中快乐地学习、自信地表现自己。在这节比赛课上,我想我成功了。

平等融入法是指在特殊教育中,对特殊学生要给予特别的爱,让他们更容易融入学生群体中,更好地生活,也就是"特别的爱给特别的你"

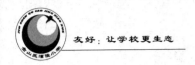

的一种教育方法。

二、案例呈现

（一）案例背景

随班就读生：小丹，女，出生于 2008 年。爸爸肢体残疾，妈妈有智力障碍；智商测试结果智商小于 40，接受能力明显低于同龄同学，理解与记忆能力很差；胆怯、孤僻，不愿意与他人沟通，上课注意力分散。

（二）她笑了

特殊的她已经五年级了，一年级时我是她的音乐老师。她的特殊是众所周知的，我知道闷闷不乐、不合群的她需要我们更加用心地去关注她。每天早上，我都会经过她的班级，遇见她时，我会笑起来向她热情地问好："小丹，早上好呀！"虽然经常得不到回应，但我从未放弃。终于有一天，她笑了，还发出了像蚊子一样的哼鸣声，我知道她是在回答我。我赶紧告诉她："你笑起来真好看！"

从此，音乐课上的她经常笑着说话，笑着唱歌……

（三）这张贺卡是送给我的

时隔三年，我又成了小丹的音乐老师。开学第一课，她看见我站在讲台上，她很开心地笑了。她还记得我，她还喜欢着我。

一次美术课上，孩子们在制作一张精美的贺卡准备 9 月 10 日送给自己最喜欢的老师。美术老师问小丹这张贺卡打算送给谁时，小丹毫不犹豫地回答了："音乐刘老师！"我特别感动。小小贺卡是她对我的关心、对我的信任、对我的爱。

（四）她要参加合唱团

"小丹，你的声音真好听！""小丹，你的音乐感受力很好，你的画面想象很丰富！""小丹，请你和老师一起示范律动吧！""小丹……"今天的音乐课，我的心情美极了。在半个学期的音乐学习和师生配合下，五(2)班的孩子们在音乐课上的表现越来越出色了。他们的歌声可以让人感动；他们的表情丰富、自然；他们的小乐器演奏得也很棒，尤其是小丹，看到她灿烂的脸庞、自信的回答、与同伴的配合，我特别激动。

和往常一样，愉快的音乐课下课了。同学们依依不舍地吃饭去了，只有小丹走在最后。她开心地来到我的身边："刘老师，我想参加合唱团!""嗯,你的歌声很好听! 不过,合唱团开班好几周了,老师先帮你问一下合唱团的老师哦,问好给你答复!""嗯,谢谢刘老师!"她开心地走了。

小丹,一个不敢说话,孤僻、自卑的孩子,能够主动申请加入合唱团,需要多大的自信和勇气! 瞧,鼓励的作用真大呀!

(五)积分抽奖制度

2019 年 12 月 5 日,我上完了这节特教评比课,在上课之前我从来没有向孩子们介绍过此次比赛课的类别,我始终告诉自己:小丹是班级的一分子,她并不特殊,因为她所在的班级是一个集体,她是里面的三十二分之一,只有让她真正地融入集体,才是我们生态德育的意义所在。令人喜悦的是整节课全班同学都表现得非常好,小丹更是积极参与,自信满满,快乐歌唱,使课堂一次次推向高潮。

为了激发孩子们的学习兴趣,提高他们的音乐学习效率,我设计了一个积分抽奖活动,课堂上设置了积分抽奖,一次抽奖需要积满 100 分,而这 100 分需要近一个月的努力。这一次评比课,孩子们精彩的表现让我承诺奖励每一个孩子一次抽奖的机会。这也是小丹最喜爱的奖励制度了,在这个奖励制度下,孩子们每一节课都是全情投入,积极表现。虽然抽奖它可能需要花费大半节课的时间,但大半节课的愉悦不就是德育的生态化体现吗?

三、案例分析

(一)充分了解学生生情,用平等的眼光对待特殊学生

小丹虽然是随班就读生,但她作为班级的一分子,我们不能把她特殊化,她需要同伴的帮助、老师的关心。作为老师,我们一定要用平等的眼光平等对待特殊学生。在多样的关心下,让她融入集体的生活中去。

(二)时刻关注特殊学生,用多样的方式助力健康成长

案例中,我在充分了解小丹家庭等情况下,有计划地按照她的年龄特点和心理特点进行持续性的关心。如低年级时主动热情地问好,甚至是故意偶遇,热情问好;利用课后的时间,多与她沟通她的课堂表现,多与她交流、谈心,提升她对我的信任感;在课堂上结合积分抽奖制度和鼓励性的语言充分挖掘和发展她的特长,让她爱上学习,能够融入集体学习中去。

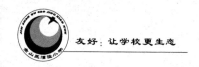
（三）关心特殊学生的同时,将温暖的爱洒向所有学生

虽然,小丹是随班就读生,但她是班级的一分子,她主要的学习环境还是在这个集体中。因此,老师的关爱计划一定也要适用于班级里所有的孩子,只是对小丹更要"别有用心",在关心好小丹的前提下同时关心教室里的每一个孩子。这才能让小丹敞开自己的心扉,学会关心他人、关心自己,在有爱的集体中快乐地学习、自信地表现自己。

四、操作要点

（一）特别的爱给特殊的学生

在案例中,我采用多样的方式助力随班就读生健康成长。所以,在实际教育教学中,我们需要充分了解特殊学生的生情,基于生情设计多样方式去关心特殊学生,走进特殊学生,提升特殊学生对老师的信任感,让特殊学生愿意接受老师的关心。

（二）温暖的爱洒向所有的学生

每个学生都是班级的一分子,只有老师将温暖的爱洒向所有学生,关心每一个学生,班级才能形成平等、互助、有爱的氛围。特殊的学生在这样生态的学习氛围中,才能有满满的存在感,从而愿意接受大家的关心,彻底敞开心扉,快乐、自信地成长。

（刘　芳）

指向明确法
——小学英语课堂中的关心德育

指向明确法是指在学科教学中,要挖掘关心德育的因素,使关心教育内容融合于教学之中,学生关心品质得以更好培养的方法。

环境问题已经成为现代社会普遍关心的一个全球性问题。全民动员、全民行动,保护环境、保护家园,人与自然和谐发展是我们每个公民的责任和义务。对小学生进行环境教育,显得尤为重要。英语作为一种语言,在学科渗透环境教育的过程中有着比其他学科更多的优势,只要善于挖掘教材中含有的环境信息,巧妙结合英语教学与环境教育,使二者在英语课堂中互为依托、互取所长,各自发挥其优点,既达到英语教学的目的,又激发了学生关心环境、守护环境、改造环境的意愿。

一、案例呈现

4A M4U1 A Visit to a Farm 是四年级英语第一册第四单元的内容,本单元的知识目标:1. 学习理解核心词汇 hay、grass、corn、meat、farm、 rubbish、visit、bin;2. 学习理解核心句型 Don't ...,能力目标是能运用已学句型介绍去农场参观时的行为准则。第一课时的重点是在 Don't 语境中学习去农场参观需遵守的行为准则。教学过程中提问如下:

【课中老师提问】

Teacher：Suppose you're on the farm. What can't you do on the farm?

(假设你在农场上,你不能做什么?)

【课中学生回答】

Pupil1：We can't litter.

Pupil2：We can't walk on the grass.

Pupil3：We can't pick flowers.

Pupil4：We can't throw stones.

【老师再提问】

Teacher：If you're MacDonald, what rules you want to make to keep the farm clean?

(假如你是 MacDonald,你想制定什么规则来保持农场环境的整洁?)

【学生讨论后交流】

Pupil1：Don't litter. (不乱扔垃圾。)

Pupil2：Don't walk on the grass. (不能在草地上走。)

Pupil3：Don't pick flowers. (不能摘花。)

Pupil4：Don't throw stones. (不能乱扔石头。)

【教师布置小组学习任务】

Now we're in our school, how to keep our school clean? Please make some rules.

(现在我们在学校里,怎样保持我们学校的环境整洁? 请制定一些规则。)

【学生小组讨论】

1. 小组合作制定规则。

2. 请 Group leader 说说小组制定的规则。

【教师巡视】

教师巡视,并适时点拨。

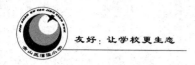
【全班组间交流】

教师：听过了六个组的代表交流的在校园内的规则,大家觉得我们能在一个温馨的校园环境中学习,需要做些什么?

【学生小组讨论】

1. 小组讨论。

2. 请小组长写下讨论的内容。

【教师巡视】

教师巡视,并适时点拨。

【全班组间交流】

1. 各个小组交流。

2. 教师和学生一起得出结论。

Put the rubbish in the rubbish bin.(把垃圾扔进垃圾箱。)

Put……

关心校园环境,让我们的校园生活更加舒适、美好。

二、案例分析

上述小学英语课堂中的关心德育,在以下两方面培养学生关心环境,做个文明的小学生。

1. 创设情境,培养学生关心环境的意识

本案例中的核心句型 Don't ...,在教学新句型的过程中,教师创设了两个情境。第一个情境 If you're MacDonald, what rules you want to make to keep the farm clean? (假如你是 MacDonald,你想制定什么规则来保持农场环境的整洁?)让学生讨论后交流去农场的规则。第二个情境 Now we're in our school, how to keep our school clean? Please make some rules. (现在我们在学校里,怎样保持我们学校的环境整洁?请制定一些规则。)小组讨论后,让小组长说说小组一起制定的在学校里怎样保持环境整洁的规则。同时,教师能够启发、点拨学生:"听过了六个组的代表交流的在校园内的规则,大家觉得我们能在一个温馨的校园环境中学习,需要我们做些什么?"从而让学生知道怎样关心学校环境,培养学生关心环境的意识。

2. 由此及彼,让关心环境内化为一种习惯

教师抛出的两个问题,第一个问题 If you're MacDonald, what rules you want to make to keep the farm clean? (假如你是 MacDonald,你

想制定什么规则来保持农场环境的整洁?)让学生讨论后交流去农场的规则,第二个问题 Now we're in our school, how to keep our school clean? Please make some rules. (现在我们在学校里,怎样保持我们学校的环境整洁? 请制定一些规则。)由关心农场环境,制定保持农场环境整洁的规则到关心学校环境,制定保持学校环境整洁的规则。学生由此及彼,制定出保护学校环境的规则后,告诉学生,我们的校园环境、我们周围的环境需要大家一起关心。只有时刻关心周围的环境,我们的生活才能更加舒适、美好。由此及彼,让关心环境内化为一种习惯,打造小学英语课堂中的生态型德育,在学科教学的过程中育德育人。

三、操作要点

1. 创设切合生活实际、学生熟悉的情境,让学生有话可说

情境设计脱离生活实际,学生不熟悉,就无法激发起学生想说的欲望,更无法在小学英语课堂教学中进行关心德育。上述课堂教学片段中,教师创设的两个情境,情境一是有关农场的,情境二是有关学校的,贴近学生的生活实际,学生都很熟悉。在这样的情境中,学生就有话可说,能够让学生在愿说、会说中交流如何关心环境,从而树立起保护环境的意识。

2. 立足学生的兴趣点提问,让学生有兴趣说

以学生的兴趣点来提问,激活学生自主参与的意识,激发学生的热情,从而更有利于在小学英语课堂教学中关心德育的开展。上述课堂教学片段中,教师设计了两个学生感兴趣的问题。问题一: If you're MacDonald, what rules you want to make to keep the farm clean? (假如你是 MacDonald,你想制定什么规则来保持农场环境的整洁?)假如你是 MacDonald,这一假设,会一下子激发起学生的兴趣,因为 MacDonald 这个人物就是一个英语书上常见的、有趣的人物。问题二: Now we're in our school, how to keep our school clean? Please make some rules. (现在我们在学校里,怎样保持我们学校的环境整洁? 请制定一些规则。)学生对于自己的学校,都会有一种特殊的情感,关心学校、关心学校里的环境,是一种义不容辞的责任。这一问题,会让学生有一种主人翁的意识,从而有兴趣去制定属于自己学校的保护环境的规则。立足学生的兴趣点提问,会让关心德育更好地开展和形成。

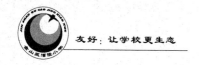

关心环境,是一个永恒的话题。在平时的备课中,我们用心思考,关心环境的话题在小学英语教学中也有很多,除了在英语课堂上不断启发学生,让学生交流,平时的学校生活中,教师要多用心,看到跟环境有关的事例,及时跟学生讨论,只有不断强化学生的行为,才能形成习惯,让学生真正做到关心环境,小学英语课堂中的关心德育才能实实在在地落地生根。

(沈建梅)

书 法 熏 陶 法

书法艺术是中华民族宝贵的历史遗存,蕴藏了中华民族五千年的文化。写字教育,是小学教育的基本任务,是实施素质教育的重要途径之一,更是基础教育课程的目标之一。

书法熏陶法是指在开展书法活动时,依据书法本身的特点,对学生进行关心道德的熏陶的一种方法。在写字教育中,要做好对学生的关心,教师本身应该以身作则,用自己的言谈举止来教育学生要写好字。在书法写字学习中,要抓住写字教学不同学段的教学目标以及特点。写字教学课堂中形成良好的生态循环,不是"嵌入"式的教育,而是与精神、自然、真实的会合。在写字过程中,通过师生关心、生生关心,让学生体验成功的一个过程,这个过程有时是无法用语言来表达的。在写字教学实践中,教师要更新观念,树立良性的生态课堂教学模式,与时俱进,适应时代要求,结合实际,吸取先进的写字教学思想,在良好的课堂教学中体现关心教育。

一、案例展现

导入课题

1. 出示用甲骨文书写的"水",让学生猜猜这是什么字。

2. 欣赏"水"字的字体演变(甲骨文、金文、小篆、隶、楷等)。

3. 教师简要讲解"水"字形态和字义的演变过程。

4. 出示书写的笔画——"水"。

实践归纳

1. 观察颜体的"钩"画。

2. "钩"画的书写步骤。

(1) 逆锋起笔;

(2) 由轻而重向左行笔;

（3）顿笔后由重而轻回锋再向左平出形成一个鹅头状。

3. 师示范"钩"。

4. 教师点评学生书写的"钩"。

5. 观察颜体的"水"字有哪些特点。

（1）独体字，笔画之间有粗细变化，整个字有厚重感；

（2）横撇不要紧靠竖钩，撇捺要紧靠竖钩；

（3）竖钩是"水"中的主笔。

学生描红，师生评价

1. 要求先以描红的方式，书写两个"钩"画。再书写两个"水"。

2. 学生练习。（头正、肩平、胸挺、足按）

3. 评价。

学生临摹，师生评价

1. 临摹"水"字。

2. 学生练习。

3. 师生互动。

作品创作

在宣纸上书写"水"。

创作作品注意点：书写时注意字的大小、书写的位置要适合整幅作品的章法、落款。

三年级学生学习书法，从基本笔画入手，基本笔画写到位能对他们今后写好字打下坚实基础。

我选择三年级第六单元的"竖钩"画作为这次上课的内容。书写"竖钩"画较其他笔画来说相对较难，再加上颜体的"钩"有别于其他字体的钩，我们俗称"鹅头"。如在一个有"钩"的汉字中写出鹅头的笔法，整个字颜体的味道就浓了。

在这次上课中，我把"竖钩"放到"水"字上，在"水"字中，钩是主笔，因为点、横、撇等笔画先前已教过，再加上"钩"画，整一个"水"字就能书写了。在写"水"过程中，有一部分学生掌握不了书写要领，我鼓励写得好的同学帮助书写基础差的同学，在这一互动过程中增加生生之间的友谊，为形成良好的生态课堂提供了保障。

二、案例分析

1. 从情感体验中培养学生关心品质。选择"水"字，基于这样的考

虑：一是所编的教材中有这个字，也是我们教学中绕不过去的。二是从情感培养和传统文化熏陶来讲，从"水"字的甲骨文、金文、小篆到楷体，让学生了解祖国文字的演变。从情感上对学生渗透我国文字的博大精深，从而更加热爱我们的祖国文字。三是当今举国上下都在营造创造文化大国这样一种氛围，作为老师，我们有责任教育学生写好汉字，传承关心祖国的传统文化。

2. 激发学生的学习兴趣。用幻灯片出示"水"的甲骨文、金文、小篆等，让学生感受到"水"的演变和奇妙。老师用浅显的文字解释古代"水"字的含义，让学生初步了解古今文字意思的区别，在技法教学中，通过描红、临摹的方式学习书法，适合三年级学生的接受能力。到最后的创作部分，更进一步激发学生学习书法的热情，同时让学生体验到在老师的关心和同学们的鼓励下获得成功的喜悦。

三、注意事项

近年来，在写字教学中，如何进行关心教育，是一个新课题。写字教学，本身就有很强的思想性和教育性，我结合多年的写字教学实践，认为要在写字教学中渗透关心教育，应做好如下几点：

1. 教师的以身作则是写字教学的起点

学习，首先是"立品为先"，然后才是学习文化知识。同样，在写字教学中，首先是教会学生怎样做人，怎样做一个有素养的人，然后才学习如何写好汉字。

在写字教学中，教师应以身作则，教育学生懂得做人的道理，并学会做人。如，悄悄捡起同学不知不觉掉在地上的铅笔、钢笔、毛笔、写字本等，胜过"助人为乐""关心他人""团结友爱"等写字教学渗透德育中的任何讲道理、摆事实。写字课堂教学是真实的，"教师无小节，节节皆楷样"。写字课堂教学体现关心教育，首先要做的，就是教师本身恪守准则，注意言谈举止，让学生在教师的言教与身教中受到熏陶和感化，让学生在课堂学习中体会到来自教师和学生的关心，促进学生有序、自觉、高效地学习。

2. 写字教学不仅要体现写字教学的目标和特点，而且更加体现感受关心的体验

写字教学本身有自己独特的教学目标和特点。写字教学，本身就表现出具有很强的互相之间的关心体验。写字教学，不只是教学生写

好汉字,还有其他与写字相关,或从写字出发的心理感受。这些不同的教学目标,本身就明确提出在写字教学中渗透关心教育的内容和任务。比如:一年级写字教学目标中,就有"培养写字兴趣和良好写字习惯"以及"学习使用和保管写字用具",这其实就是培养学生的学习兴趣和良好的学习习惯;二年级写字教学目标中,有"培养学生学习书法的兴趣,喜欢学习汉字"和"初步感受汉字的形体美";三年级写字目标中,有"初步了解文房四宝——笔墨纸砚的基本知识",其一方面是在一二年级的基础上继续强调兴趣的培养,另一方面是将个人的互相关心上升到爱国主义教育。所有的教育都源自关心和对他人的爱护。

3. 写字教学中体现关心,是精神与精神自然、真实的会合

写字教学,与其他学科教学一样,永远具有教育性。但写字课的思想教育具有内隐性,是一个不可以物化的过程。在一些写字公开课上,一些教师,在课堂上为了让听课者看到他对学生的思想品德进行了有意识的培养,对某种精神进行有意识的渗透,便采用了简单的"贴标签"的教学方式,如牵强附上所谓的某些"精神",或把蕴含的思想硬"拎"出来展示。这样打击了学生说真话的勇气,给学生留下"做戏"的印象,无形中助长了说大话、空话的风气。我们应该要形成自然的、春风化雨式、润物细无声般的内心体验,让学生在和谐的氛围中体悟到来自教师和学生的关心和帮助。

写一手好字、做一个好人,对学生来说,过程和体验是一种生活积累,是一种人生积淀,是一种最昂贵的教育矿藏。写字教学中被人关心和关心他人,实质就是一种体会,是一种体验过程。

总而言之,写字教学可以陶冶学生情感、培养审美能力、增强对祖国语言文字的热爱和文化的理解,在融融的关心氛围下既有利于写字技能的提高,又能优化学生的学习能力和学习方法,更有利于增进学生爱心的培养和人格的完善。

（朱君辉）

二、策略二:激发动机策略

（一）激发动机策略概述

激发动机策略是指通过增强学生关心道德动机来促进学生关心道德学习与关心道德品质养成的策略。关心道德动机是关心德育的核心要素,是学生关心道德发展的基本动因。关心德育强调学生关心品质

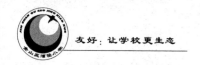

的动机,只有正确的动机才能有积极的道德表现。道德动机有直接动机和间接动机、外在动机与内在动机。这些动机各有自己的特征以及作用,也表现为不同的道德动机层次。因此关注关心道德动机就是要关注学生道德动机的增强与提升。激励是学生增强动机的重要外部条件。通过激发和鼓励,使学生产生一种向往关心道德的内在驱动力,使之朝着所期望的道德目标前进。

我们在运用激发动机策略时应该注意以下几点:

1. 关注学生的关心道德的直接动机与间接动机

直接动机是由对具体行为目的活动的直接结果追求所引起的。直接动机作用较为短暂而不稳定。间接动机指向活动的最终目的,是个体自发的对道德活动的一种认知,与活动本身有关。间接动机是与直接动机相关联并与社会意义相联系的动机,在关心道德践行过程与结果中获得精神上的提升。因此我们要不断引导学生从直接的关心道德动机向间接的关心动机提升。

2. 关注学生关心道德上的外在动机与内在动机

外在动机往往带有一定的强制性。外在的道德动机是由道德活动外部因素引起的,个体追逐的是来自动机活动的外部,如有的学生仅仅是为了获得表扬而做出关心的行为。内在的关心道德动机是由关心活动本身产生的快乐和满足所引起的,它不需要外在条件的参与,有的学生认为自己应该关心学习困难的学生,他会主动帮助这些同学。学生追求的激励来自活动的内部,即道德活动目的的实现本身就是对学生最好的鼓励与肯定。当学生实施的关心行为不是为了获得教师和家长的好评,或者由于这样的行为得到利益,而是为了获得一种道义上的满足,感受道德行为的真善美,这就增强了内在动机,无需外力作用的推动。内在动机的强度越大,时间持续越长,道德行为越稳定。为此,我们要不断地引导学生增强关心道德履行的内在道德动机。

3. 在活动体验中增强关心的动机

让学生在各种学习与生活中丰富学生关心的情感经历,在关心过程中获得直接感知而强化道德情感,在体验过程的展开中增强学生关心的道德动机。通过理性与感性相融提升对关心的体验深度。关心的体验是对关心情感的感受与感性的认识,是感性与理性的统一,带有强烈的感悟倾向。关心德育不能只是灌输,或者纯理性的。在关心德育中要防止纯理性或者停留在感性上的两个极端,要使关心德育中理性与感性相互融合,提升关心体验质量。在体验过程中要关注学生的整体感悟,通过体验活动中的感受、理解、领悟、欣赏促进学生关心品质的发展。

4. 增强积极的关心主导动机

当个体同时出现的几种动机在最终目标上基本一致时,它们将凝聚动机推动个体的关心行为。强度最大的是主导动机,它对其他动机具有调节作用与凝聚作用,将相关动机联合起来,指向最终目标;同时主导动机还决定个体实现具体目标的先后顺序。主导动机具有维持作用,将相关动机的行为目标维持在一定的目标上,阻止个体行为指向其他目标。在教育过程中要关注非主导动机可能对主导动机的削弱作用,例如要关注与预防为谋私利而做出的关心行为。

5. 要消解道德动机的冲突

由于关心行为的价值观念的复杂性,个体在各种利益、不同义利取向上,会引发道德动机的冲突。学生在各种活动中,例如竞赛中名利观念的不同就会产生不同的道德动机冲突,并引发行为的对抗,甚至出现不道德行为。对关心问题的道德动机冲突不能很好地处理,就会产生强烈的消极情绪,使人陷入困惑和苦闷之中,乃至行为失常,会影响学生的积极发展。在关心德育实施中要关心道德动机冲突的消解。

(二)激发动机策略实践案例

方法案例

雏 鹰 争 章 法

关心在词典中是指一种全身心投入的状态,对某人、某事的倾向、关注,或者担心、焦虑、牵挂。美国教育家诺丁斯就提出了关心德育理论。在日常的小学教育中,关心教育同样重要。首要任务就是让学生在活动中学会关心自己、关心家人、关心自然,从中培养学生的关心意识和能力,促进学生的全面发展。

雏鹰争章法是指以雏鹰争章为载体,培养学生关心能力的一种方法。雏鹰争章活动集少先队教育、激励、评价于一体,是少先队的一项特色活动。雏鹰争章活动中,有不少的雏鹰章能在争章过程中培养小

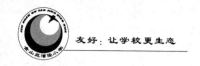

学生关心的态度和关心的能力。通过雏鹰争章这个实践载体，可以丰富学生经历，积极开发潜能，夯实发展的阶段基础，从而促进学生充实发展，关心自己。学生在争章的活动中，通过观察和模仿，自然而然地学会关心自己关心他人。在这个过程中，也离不开教师在旁边的引导和环境的创设。

一、案例呈现

【保健章】

达标要求：掌握预防感冒、冻伤、流鼻血、腹泻、中暑和传染病等的简单方法。知道如何保护视力和牙齿，会做眼保健操，会正确刷牙。能分辨腐败变质的食物、饮料，懂得饮食卫生常识。

保健章是一年级队员们必争章之一。相比较幼儿园，小学的生活更需要学生们学会自我保护。保健章就让学生们更好地掌握一些生存技能。

一整天下来，总有学生会磕着碰着，或者是流着鼻涕来学校。于是结合了这枚保健章，作为辅导员，首先自己通过视频、培训等多渠道学习，掌握了这些技能，再借助视频拍摄、亲自示范等方式传授给学生。之后，我宣布将挑选掌握技能的队员担任"检查员""保健员"。于是乎，学生们一个个下课互相交流讨论各种预防方法，互相纠正眼保健操等。时间一长，就发现学生们都会自觉保护视力，眼保健操的姿势也更规范，学会了关心自己。

【孝敬章】

达标要求：学会尊重父母、长辈的基本礼节和礼貌用语，知道家长的生日、爱好，会帮助父母、长辈拿拖鞋、取物品、端饭放筷。

在大部分父母长辈心里都会觉得自己的孩子读书太累，每天要学习好几个小时，从而导致了这些孩子过着衣来伸手饭来张口的生活。在这次的活动前，做了小调查，只有10％左右的学生知道自己父母的生日，而反之父母们都知道孩子们的生日。通过对比反差，让学生们自发地去了解父母，体会父母的辛苦，主动帮助分担家务，关心父母。

【观察章】

达标要求：做个小实验，观察种子怎样发芽，并做好记录；知道每个季节大自然的特点。

相比较书本上的知识,本次的观察章,可以让队员们把注意力放到大自然,更好地去了解大自然。在争章的过程中,学生 A 提出,这与自然学科上的内容有相似之处。于是我邀请自然老师在上完课本内容后,补充了相应的拓展内容,利用一个月的时间观察月亮。在认识各种植物的同时,一起在教室里种植红薯,共同观察发芽的状态。通过自然老师的讲解,学生们能更全面地了解大自然,感受大自然的美妙,产生了对大自然的爱。

在颁章过程中,有不少队员感叹,原来大自然有如此美妙神奇的时刻。但也有队员在调查中发现由于人类破坏大自然,导致全球气温升高等一系列蝴蝶效应。

二、案例分析

争章活动循序渐进,成为学生的自觉行动,并转化为良好的行为习惯。在践行的过程中,开发自己的潜能。让学生通过雏鹰争章活动,关心自己,关心他人,关心自然。

1. 梳理榜样,激发关心动机

依据诺丁斯关心理论,要重视榜样的示范作用,充分发挥教育者的榜样示范力量。在保健章的争章过程中,教育者首先自己掌握关心自我的技能,再传道授业解惑;再通过设立"检查员""保健员"寻找榜样,激发学生们关心的动机。

2. 注重践行,融入关心情感

诺丁斯说:"道德情感高于道德认知,认知是为情感服务的,两者是手段与目的的关系。"只有在情感活动中,学生的道德知识才能深深地根植在他的精神世界里,成为自己的观点,并在其言谈举止、待人接物等方面表现出来,从而形成坚定的道德信念和高尚的道德情操。在孝敬章的争章过程中,让学生与家长进行对比,亲自去体验父母的辛苦后,才能从实际行动中关心父母。在观察章中,发现了大自然的美,才能主动去关心它。

3. 创设情境,营造关心氛围

诺丁斯认为关心是具体的、情境性的,教育中的关心与周围的环境密切相关。在观察章的实践过程中,通过结合其他学科的资源,让学生走出教室,来到大自然中观察发现,从而在自己的调查过程中产生关心自然的情愫。

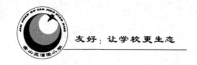

三、操作要点

1. 更新观念,深刻领会关心教育的本质

诺丁斯认为,培养学生成为关心型的人,是教育的首要目标。传统教育观念下的德育很难适应这种目标的需求。教师必须与时俱进,不断更新教育观念,了解自己的学科知识,提高自己的知识和能力,改变自己的教学方式,让学生多参与多体验,在行动中关心。

2. 整合资源,营造良好的关心教育氛围

不同的学科有不同的特色,掌握学科特色,跨学科合作更有利于学生的发展。因此作为教育者,应该走出自己的学科课堂,整合教学资料,打破传统的教学方式,打造一个适应学生的教学情境。

小学阶段,雏鹰争章多达 30 枚,每一枚都有不同的任务。无论哪一枚章,我们都应该善于发现其中的内涵,巧妙设计,从而通过这个载体,注重学生的践行,让学生在过程中学会关心自己,关心他人,关心自然。

（张　蓓）

关 爱 滋 润 法

著名教育家诺丁斯说:"关心是一切成功教育的基石。"关心意味对学生的爱,意味着帮助学生,意味着对学生的一种期待。班主任作为德育工作者,更加要以关心为价值取向,以关心的方式培养学生关心品质,让关心德育助力学生的发展。关爱滋润法是指以关心为价值取向,用关爱的态度与方式润泽学生的心灵,从而增强学生关爱品质的方法。关心和发展密不可分,要关心儿童的发展,必须在儿童的发展过程中关心。关心德育的真正教育目的是:关心孩子,并且培养孩子学会关心。不仅学会关心自己,还要学会关心他人、关心自然、关心世界、关心知识……

一、案例描述

我们班有个小卫同学,父母都是聋哑人,家庭的特殊导致他行为和心理的偏差。这学期以肚子疼为由,多次请假。他妈妈短信告知我他在家乱吃东西,看了医生,医生的诊断是肠胃炎。隔天,家长又送孩子来学校了,可刚上一节课就又说肚子疼,要回家。一来二去这种情况很频繁。

小卫的这种情况很反常,我再次联系家长了解情况。首先了解孩子现在的身体情况,家长反映还是会说肚子疼、恶心等,我马上建议去医院再次检查,肚子疼可大可小,如果有问题就及时治疗不要耽误,如果没有问题他又一直说不舒服,是不是不想来读书呢?我请家长多关注孩子。家长很配合,周末就带他去上海儿童医院检查,检查结果一切正常,医生建议平时饮食注意清淡,不要吃辛辣冰冷的食物。家长也反映他找各种理由不来读书。

我试着站在孩子的角度想问题,他之前不舒服肯定是真的。我猜测由于之前多次请假耽误了学习,有些学科跟不上,作业补不完,所以干脆逃避,躲一天是一天。

我把小卫叫到一间空的教室,打算和他好好聊聊。我走到他身边,亲切地问:"小卫,今天身体觉得怎么样?""我今天早上只吃了一点粥却感觉很撑,还是有点不舒服。"他低着头说。"没事的,只要你按时吃药,听医生的话注意饮食,过两天就好了。"我摸了摸他的头,"昨天我们班小潘同学早上在家肚子就不舒服,还呕吐了,可在他的坚持下他爸爸还是送他来学校了;今天小吴同学妈妈向我请假,小吴今天肚子疼上午去医院看病,下午来学校读书。你看这两位同学身体也不舒服,可他们还是很想来读书的,是不是?可你呢?老师觉得你好像不大愿意来学校……"小卫同学沉默了……过了一会儿,他小声说:"我觉得要补的作业太多了,数学也听不懂,所以不想来了。"我心里松了口气,他终于说实话了。"小卫,你是个聪明的孩子,接受能力强,只要你肯学,什么都不是难事。作业方面不要有负担,老师会帮你的,我们慢慢补,好不好?"他点点头。

和孩子谈完之后,我马上联系了家长,希望家长能够多关心孩子,多去了解孩子的想法。在和孩子沟通时试着改变一下方式,在学习方面多一些陪伴,多一些鼓励,积极配合老师让他快点投入到学习中来。

在之后的几天,我每天都观察小卫的变化,关注他的情绪。课堂上多鼓励他发言,主题活动中让他多承担一些任务,多给他一些表现的机会。在队仪式比赛中我让他担任了小队长一职,训练时的他认真负责,比赛时出色地完成了任务,从他的眼睛中我又看到了希望。队仪式比赛后,我又找到小卫,对他竖起大拇指:"小卫,这次你的表现真棒,小队长的汇报声音响亮、动作规范,给你点赞!"小卫腼腆地笑了笑:"谢谢老师的鼓励。""最近学习上还有什么困难吗?"我拍了拍他的肩膀说。"我

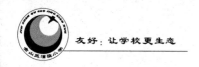

现在已经把作业都理清楚了，上课也能听懂了。"小卫很自豪地说着。我会心地笑了笑："你看，老师说得没错吧？你是个聪明的孩子，只要肯努力，没什么事是做不好的。对了，最近妈妈晚上会陪着你学习吗？""嗯，最近妈妈基本每天晚上都会陪着我，还会问我在学校发生的事情。""小卫，你的父母也很不容易，他们为了给你更好的生活付出了很多，希望你也能多关心他们，多和他们聊聊天，多为他们做一些力所能及的小事……"他点了点头，眼里闪过一道亮光，若有所思……

二、案例分析

1. 关注学生，让学生感受关心

教师要把学生当成朋友一样对待，尊重学生的个性与人格尊严，多给学生一份关爱，真正让学生感受到你的关注。人与人之间的关系是相互的，只有让学生感受到你的关心，他才会理解你、信任你，才会受你感染，听从你的教育。小卫的厌学事件，我没有一句责备他的话语，而是更加关注孩子的一举一动，关心孩子的身体健康，并试着站在孩子的角度思索、分析原因。一次次真挚的谈心，拉近了我和小卫之间的距离，也让孩子切切实实地感受到我的关心。

2. 积极引导，让学生充实发展

关心德育绝对不能强迫与专制，不应灌，必须是引导，体现师生民主共生的关系。在学生的道德认知、道德体验与道德践行上积极正面地引导学生，让学生能更加和谐向善地发展。与小卫谈心时，我列举了班中两位学生事例，让他看到即使身体有点不适，但我们的学习热情不减，我们热爱学校、热爱班级、热爱学习，这就是道德认知的引导。接着，抓住孩子身上的闪光点进行鼓励，给予帮助，让他重新树立信心。课堂中我也特别关注他，及时地鼓励和表扬，让小卫再一次体验到学习的乐趣。

3. 示范关心，让学生学会关心

教师的示范关心，能给学生提供关心的榜样。教师是学生学习的楷模和榜样，教师的一言一行深深影响着学生。在小卫的事件中，我的关心和引导固然重要，但更重要的是潜移默化中教师的行为已经在孩子的内心扎下根，开出绚烂的花朵。在学校的队仪式比赛中，小卫担任了小队长一职，他的勤奋努力、与队员之间的默契配合，成功地完成了此次任务，为班级赢得了荣誉。小卫已经逐渐学会关心他人、关心班级了。在这次的活动中处处渗透着关心德育,利用这次活动,我与小卫再一次谈心,让他真正学会关心,关心父母、关心身边的人。

三、操作要点

1. 细心敏感,善于发现

教师要敏感警觉,明察秋毫,善于从学生的一个举动、一个眼神中发现问题,只有提前发现问题,才能更好地解决问题,避免事态严重化,所以,教师需要有一双敏锐的眼睛、一颗敏感的心。教师观察学生应有一定的目的,有针对性地进行观察,经过分析、思考,看出学生的行为表现。可以在上课时观察了解学生,也可以在课外活动中进行观察了解。为了了解某一件事情,教师也可以进行有意观察,这种观察有计划、有步骤、有条理,有目的,一般能达到预期的目的。还可以进行心理观察与行为观察,必须把学生行为观察与对学生内部心理活动的观察结合起来,通过对学生行为的观察、分析,从而对学生的内心有比较真实的了解。

2. 耐心引导,坦诚相待

教师和学生是平等的,教师在学生面前不是一个不可冒犯的权威者,学生也不是唯命是从的卑微者。教师要注重与学生建立和谐的师生关系,努力成为学生的朋友,坦诚相待,将心比心,公平地对待每一个学生。对于学生出现的问题,我们要用十二分的耐心正面积极地引导,努力让学生向善和谐地发展。

3. 关心爱护,润泽心灵

教师要对学生的成长经历、成长环境进行全面的了解,这能对学生所犯错误的前因后果做出具体的分析,有利于更好地引导。每个孩子都有缺点,都会犯错,他们更多的是需要老师的关心和爱护,老师的理解、包容和信任是孩子最好的良药。教师要学会倾听学生的心声,每个学生都有自己的喜怒哀乐各种情绪,如果我们每一件事情都能站在学生的角度和高度去理解、去关心,润泽孩子的心灵,那么学生就会更加信任你,愿意说出自己心底的声音。

让我们用关爱润泽孩子的心灵,在他们的心灵播下关心的种子,种下希望,静待花开。

(陆佩丽)

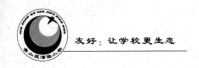

三、策略三：注重践行策略

（一）注重践行策略概述

注重践行策略是指在学习与生活中,注重学生关心道德践行,并通过道德践行促进学生的道德概念转化为道德行为,实现学生关心品质发展的策略。关心道德践行是在一定的关心道德意识的支配下表现出来的,对他人和社会有道德意义的关心行为。它是关心道德认识的外在的具体表现,也是实现关心道德动机的手段。学生的关心道德品质以及其水平最终以关心道德行为作为标志。关心道德认识的提高,转化为内在的关心品质,必须经过道德践行的过程,在道德实践中不断提高关心品质。单靠教育和灌输一定的关心的道德知识和道德规范,不可能转化为学生的品德。要处理好"知"和"行"的关系,学生应该通过日常生活中的实践、行动,亲力躬行,将关心行为逐步内化为关心习惯。关心的道德践行应该成为一种良好的生活习惯。

我们在运用注重践行策略时应该注意以下：

1. 关心的践行首要是参与,要提高参与程度

教师要不断促进学生"学会参与",让学生有平等参与学校或者班级等组织的关心活动。参与不是指人到心不到,而是在活动中深度的行动。学会参与意味着学生要学会在共同活动中共同交流、共同表现、共同分享。

2. 道德体验是道德践行的必要条件

体验与践行的质量直接影响到关心教育的实效。注重学生在生活情境中的体验,通过体验让学生的道德概念向道德信念发展,并在生活中践行。关心的道德体验与践行必然出现在生活经历之中。没有生活经历,也就不可能有所关心践行。关心的践行需要关心的情感为基础,关心的践行也可以滋养关心的情感。

3. 增强践行活动是发展学生践行能力的关键

关心德育中我们必须避免说教,应该通过多种践行活动培养学生的关心品质。我们不能培养"只说不做"的伪君子,而应该是实实在在的道德践行者。

4. 践行要关注道德行为习惯

践行可以巩固学生已有的良好的行为习惯并能发现不足,在各种

生活中生成新的良好行为习惯,提高道德能力。多提供学生自我践行的机会,促进学生养成稳定的道德习惯。充分表现必须是学生自己躬身践行。关心的道德学习强调的是践行,让学生在道德践行中发展关心能力。要坚持从"我"做起,要克服"只说不做",要从一言一行做起,从一点一滴做起,从一时一刻做起。

5. 关心践行需要及时激励

在学生的关心践行中要重视激励,不断鼓励学生长期坚持关心品质的养成。教师要改变说教灌输,空泛的套话由于随口而开,不需要准备容易上口,常被采用。我们应该积极鼓励学生关心道德践行的积极行为表现,给予肯定、表扬,树立榜样,激发学生的关心之情、关心之行。

(二)注重践行策略实践案例

方法案例

引导践行法

一、案例背景

随着现代化教育改革的不断发展,社会对教育的眼光不断放高,孩子们的教育已经远远不止是停留在原始的书本知识,而是更多地注重培养学生的眼界、知识面以及思想品德教育等方面。《中小学德育工作指南》中提出"引导学生准确理解和把握社会主义核心价值观的深刻内涵和实践要求,养成良好政治素养、道德品质、法治意识和行为习惯,形成积极健康的人格和良好心理品质,促进学生核心素养提升和全面发展,为学生一生成长奠定坚实的思想基础"。

作为一名教育工作者,如何让学生学会"关心"、学会"爱"? 如何培养学生健康向上、乐于助人的心态? 在实践中我较多运用引导践行法。引导践行法是指在教育活动中注意道德认知向道德行为转化,更多为学生创设关心行为的践行机会,并通过践行提高学生的关心认知与增强关心情感,进一步促进关心行为增强的一种方法。

二、案例描述

一年级第一学期第二单元的教学主题是"好朋友"。本单元的教学内容分为听《狮王进行曲》《小小葫芦娃》、唱《一对好朋友》《鹅鹅鹅》、玩《大鼓和小铃》《好朋友》、创《可爱的动物》《唱鹅乐》四个部分。由于一

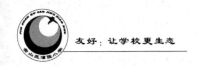

年级的学生刚入学不久，渴望在新的学习环境中得到老师的关爱、同学的认可，因此，本单元以"好朋友"为主题，力求用音乐创设一个团结融洽、积极主动的氛围，从中引导学生学会去"关心"，去感受"爱"的世界。

【案例1】

在学习本单元《小小葫芦娃》一课中，我通过让学生观看一段影片，了解《葫芦兄弟》这部动画片的主要内容。观看完影片后，我问学生："谁能简单地讲一讲有关葫芦娃的故事吗？"学生纷纷举起手来，有一名学生说："七个葫芦娃都有他们各自的本领，有喷火娃、水娃、大力娃等，他们都非常厉害，都可以降妖除魔。"因为没有听到我理想的答案，于是我接着又问了另一个小朋友，这个小朋友说："葫芦兄弟讲的是七个葫芦娃打败妖怪，保护他们的爷爷的故事。"听到这个学生的答案，我感到些许欣慰，马上表扬他："你能从这个动画片中了解到降妖除魔，要保护自己的爷爷，相信你也是一个很会关心爷爷的好孩子！"学生听到我的表扬都激动地举起手来，有一个学生说："这个故事讲的是七个葫芦娃团结一致，打败妖怪，保护他们的爷爷。"另一个小朋友说："他们不仅要保护他们的爷爷，还会保护他们的村民。"由此看来，其实我们的学生都非常善良，其实他们的内心都是很乐意去学习这种关心他人、关心集体、关心社会的精神。

【案例2】

"垃圾分类"是当今的新时尚，也是学生必须要学会并且做到的新技能。在"垃圾分类"的这项工作中，学校举行了很多有关"垃圾分类"的活动。在一堂以"垃圾分类"为主题的午会课上，我问学生："我们国家为什么要实行垃圾分类？实行垃圾分类的好处是什么？"有一名学生回答说："可以减少环境污染，可回收垃圾可以回收重复利用。"我即刻表扬了这名学生的回答，随后我又叫了一个学生回答，这个学生说："垃圾分类可以使人们的生活变得更好。"听到这个答案，我马上表扬他说："你说得真棒！垃圾分类这项工作其实是在为我们整个社会作贡献，我们只有学会关心社会，我们的社会才会变得更加美好。"接着，我就放了一段有关垃圾分类的视频让学生观看，从视频中学生看到了整个垃圾处理的过程，感受到了我们为什么要学会"垃圾分类"，"垃圾分类"的意义是什么，同学们也从中体会到了垃圾分类工人们的辛苦和不易。在观看这段视频的过程中，我发现学生们都观看得非常认真，从他们的表情中,我能看出来有悲伤、有心疼。因此,这一堂课的意义和目的也就达到了,学生的心里已经开始学会关心了。

三、案例分析

1. 从课程中引导学生学会"关心"

音乐新课程标准把"以音乐审美为核心"作为首要的基本教学理念,通过"突出情感体验强调对音乐兴趣、审美能力、积极乐观的生活态度以及爱国主义、集体主义精神的培养,使学生树立终身学习的愿望"。因此,在平时的课堂教学中,教师可以通过"情感"这条主线,从音乐的情绪与情感入手,引导学生同音乐情绪、情感进行和谐的沟通与交流,了解作品背后的故事,领悟作品所表达的情感,从而使学生从音乐作品中感受关心和爱,从而引导学生要学会关心自己、关心他人、关心社会。当然在音乐课程中除了从情感方面还有很多其他的方面可以引导学生学会关心。比如音乐实践活动、音乐相关文化的了解等,教师可以通过音乐活动,让学生在实践中,体验关心自己、关心他人、关心社会的重要性,实现更为全面的德育一体化课堂教学。

2. 从活动中引导学生学会"关心"

活动育人是以育人为目的,以活动为载体,实现学生健康发展、幸福成长的课程形态。它以学校为依托,以学生成长发展需求为内容,以主体活动为主要实施方式,是育人活动的继承、规范和发展,具有"活动"和"课程"的双重属性。活动育人是以实践体验为基本价值取向的经验型课程,"在做中学"是活动育人最本质的特征。因此,在实施活动育人的过程中,教师可以利用各种手段,各种教学活动、实践活动,引导学生学会关心自己、关心他人、关心社会。比如传统节日、英语节、艺术节、科技节等,利用这些节日,从不同的教学内容出发,用不同的教学方法引导学生感受"关心"、领悟"关心"、学会"关心",通过这样一个过程,最终实现活动育人的真正目的。

四、操作要点

1. 利用德育课程,面向全体学生

为增强育人效果,力争使更多学生受到教育,我们尽可能开设面向全体学生的课程。坚持每周一早上的升国旗和国旗下讲话,全体学生通过升国旗、唱国歌,进一步增强爱国、爱党和爱校意识,引导学生学会"关心社会"。

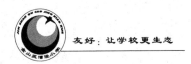

2. 借助传统节日,践行关心德育

在活动资源的挖掘上,不仅立足于校内,也着眼于校外。教师可以利用一些传统的节日开展活动,比如:清明节活动,让广大学生了解革命先烈的功绩,教育他们珍惜今天的幸福生活;重阳节活动,组织学生去敬老院看望老人,增强学生"关心他人"的意识等。

3. 开发相关课程,促进全面发展

为促进学生全面了解自己、了解他人,教师可以开发相关的"关心"课程、"关心日"活动等。在活动育人课程的开发过程中,要坚持把德育教育贯穿其中,通过该课程,让学生了解别人的一些优秀事迹,感受关心自己、关心他人、关心社会的重要性,提高学生的思想意识,培养学生高尚的道德品质。

总而言之,学会"关心",也是"关心德育"最重要的一种表现,不管是教师还是学生,我们都应该学会"关心",把"关心"渗透到我们的生活中,让学生从生活中时时刻刻感受到充满"关心"的世界、充满"爱"的世界。

(周　莹)

实践与思考

寓关心于日常劳动技术教育之中

学生思想品德的形成是多方位的,需要得到社会、家庭和学校的多方配合,在劳动技术课中应渗透德育教育,注重学生行为习惯的培养,关注学生思想情绪波动,让学生体验成功,培养学生协作精神,对学生的品行产生些许影响。在劳动技术教学中"寓德于教"是一个持之以恒的任务。在学科教学中及时发现并把握育人契机,充分了解学生的个性,不断探索,提高育人艺术素养,增强劳动技术中德育教育的实效性。在"以劳辅德,以劳增知,以劳强体,以劳益美"等诸方面进行探索,使得劳动技术课程与德育教育紧密联系在一起,让学生在自主活动中体验感悟道德,提高分析判断能力,主动遵从道德规范。

注重行为习惯,培养道德情操。人的思想政治素养,从良好品德行为的养成、基本观点的确立,到世界观、人生观、价值观的形成,是一个长期的过程,不可能一蹴而就。因此,德育教育是长期的系统的工程,必须从小抓起,必须充分利用课堂教学的主阵地,注重学生行为习惯养成教育,从小培养学生的道德情操。如在劳动技术课中,一开始就要进行纪律教育,既要培养学生独立自主能力、发展个性,又要有组织、有秩序地进行,防止违纪现象的发生。劳动技术课既要培养胆量,使学生放开手脚大胆操作,又要注意安全,注意操作规则、小心谨慎;既要使学生学会创作实践,又要进行设计、合理安排,注意勤俭节约、废物利用、节约资源的教育。在使用劳动工具过程中,要重视培养学生的爱护公物教育,如课桌、垫板、剪刀、刻刀等劳动技术工具都是学校的公共财产,教育学生爱惜学校的公共财产要胜过爱护自己的财物。不能随意刻写涂画、损坏公物。对劳动工具还要注意保养修理,才能充分保证其使用价值。在实践操作过程中要培养同学之间的配合协作精神,互帮互学,多余资源材料要协作共享,欣赏别人作品时学会尊重别人的劳动成果,借用别人的劳动工具时用请求的语气,归还工具时说声谢谢,如此等等。在广泛的劳动操作活动中,学会做事、学会做人,充分发挥学科的德育功能,提升德育的实效性。

注重成功体现,培养劳动观念。德育的一个重要方面是爱劳动,劳动观点、劳动态度、劳动习惯的培养是劳动技术教育的重要目标。劳动技术课程是一门立足实践的课程,立足于学生对技术实践的亲历和劳动的积极体验。学生在劳动过程中,直接感受劳动的艰辛和乐趣,逐步形成良好的劳动习惯及正确的劳动价值观。劳动技术学科的德育渗透是让学生通过社会和生活相关现象的调查、积极的劳动体验和广泛的技术活动的亲历,在学生接受技术知识掌握技能的同时,积极参与美化生活的实践活动。如劳动技术中"杯垫"一节,引导学生根据自己对杯垫的需求,对将要设计制作的杯垫提出外形、材质选择的需求,以此为基点形成杯垫结构及加工制作方案和美化方案。在此基础上,巩固榫接知识并进行简单的榫接方法的操作,这样既体验了榫接的技术,更为"老祖宗"的榫接技术而骄傲自豪。

关注思绪动态,培养意志品质。劳动技术课程其实质是通过设计一个项目、完成一件制作,满足一种需求、解决一个问题的实践活动。让学生经历需求调查、方案设计、材料选择、工具使用、作品评估、修改等过程,掌握基本技术学习的方法,提高学生综合应用各方面知识与技能、解决实际问题的能力,因此,在学科中有目的、有计划、持之以恒、循序渐进,不断强化地进行着德育渗透,实现了德育功能的潜移默化作

用。学生在制作过程中会碰到许多问题和困难,解决问题不够圆满、做事不彻底、半途而废,随时需要教师的指正。不论在完成一项调查的过程中,还是在制作一个作品的过程中,都是对学生意志和毅力的考验,在培养了学生兴趣爱好的基础上,持之以恒是难能可贵的。劳动技术教育以学生真实的学习生活情景为依托,以实践项目为载体,具有巨大的说服力和感染力,学生在学会做事的过程中学会做人,并形成很强的内化力量,给学生深刻的影响,从而大大提高了德育教育的实效性。

注重协作互助,培养团队精神。劳动技术课程中涉及项目较多,有实用生活事例,使用和维修、设计、加工、应用技术等,内容较系统,与日常生活关系密切,学科的综合教育功能明显。所以,劳动与生活课要改变传统的个体为主的学习模式,要培养学生善于合作的团队意识和不断进取的创新精神,激发使命感和责任感,有利于学生全面发展、个性健康发展。例如,在学习《拱桥》一节内容时,除了了解"桥"的知识、我国桥梁制作技术的先进性,为我们古代劳动人民所取得的"桥"的辉煌成就自豪外,更要做到让学生在资源上和谐共享,在制作上相互配合,充分发挥学生的聪明才智,共同学习、互相帮助,取长补短、形成合力,共同创作优美的拱桥,培养学生的团结协作精神和集体主义荣誉感。

通过以上所述,深切感受到,在实实在在的劳动技术课堂教学中,及时适时地进行师生互动、生生互动,敢于放手让学生大胆实践操作,才能不断提高学生动手操作能力。同时运用好教材本身的特点,不失时机开展德育渗透教育,让课堂充满生命的活力。　　　　　　(何仁康)

四、策略四：创设情境策略

(一) 创设情境策略概述

创设情境策略是指积极创设发展学生关心道德品质的情境,让学生在具体的道德情境下,运用适当的关心方式做出关心的行为,促进关心品质的形成与发展的策略。这项策略是基于关心道德总是处在不同的现实情境下,不同情境下关心行为的选择具有不同的价值取向,表现出个体关心品质的差异。学生关心品质的发展具有情境性,学生需要依据所处的不同情境选择合适的关心行为,而不是简单地告诉学生"应该怎么做",导致学生道德思维的萎缩或盲从。

学生关心品质的发展是在个体与环境的互动中实现的。关心德育强调学生的道德发展在不同的情境下,不同的学生会呈现不同的心理过程,也就是具有道德的情境性。教师只有通过创设不同的关心情境,让学生获得丰富的关心道德体验与经验,才能提高学生的关心品质。情境真实性为道德情感发展提供积极环境。我们强调情境创设不光是指创设与内容相适应的环境氛围,而且还要关注情境符合学生社会生活实际与学校生活实际,这样的情境容易使学生产生亲和感,容易激发学生道德情感、引发道德思维。

我们在运用创设情境策略时应该注意以下几点:

1. 教育情境应该真实,不能虚假、空泛

我们常发现教师的教育,特别是主题教育活动偏重于说教,或者以朗诵、唱歌、舞蹈等追求形式的热闹,但是这些艺术活动并不能代替为学生创设学习关心道德的真实情境。要联系生活的真实情境,使学生置身其中,同时受到情境营造的氛围熏陶,感染关心行为的善意,达到潜移默化,正所谓"入芝兰之室,久而自芳也"。

2. 创设关心道德辨析的两难问题情境

关心的两难问题创设为学生提供一种面临需要做出关心行为判断的情境,这种情境中学生可以对关心行为做出多种选择,学生面临着趋利还是趋义的冲突性选择。通过两难问题的情境,让学生进行判断,获得冲突的体验,触动原有的道德认知,这样的情境能激发学生去选择更好的解决这一冲突的方法。

3. 教育情境要针对学生关心道德品质发展创设

创设必要的情境使学生把关心道德的正确价值取向外化为实际的行动。但是有时候教师创设的教育情境偏离关心教育的目标,只是追求形式的花哨、闹猛,而不注重是否符合这次教育活动的目标,也就是教育情境的创设偏离教育主题。道德情境中情感体验可以促进学生的道德内化,也促进学生道德品质外化为行动。

4. 给学生提供的情境要具体,不能笼统,要针对学生道德发展的现实情况

脱离实际或成人化的情境难以吸引学生的关注。良好的情境创设,可让学生身临其境,将鲜明的形象展示给学生,获得情绪的感染与激发,学生能够由此获得理性方面的顿悟。在课堂上,学生有兴趣的,他们可自觉和主动地完成学习活动。

5. 创设的情境要有生活性

道德情境应该来源于生活,具有生活的真实性,在这种情境活动中也可以让学生获得真实的体验。即使模拟情境也应该有生活的真实性,并提高情境的针对性。同时更要注重创设关心的践行机会,例如班级里设置小岗位,让学生更好地关心班级,为班级服务、出力,增强学生的主人翁意识。组织学生参加社会实践,培养孩子们乐于助人、奉献社会的良好关心品质。

(二)创设情境策略实践案例

方法案例

情 境 导 行 法

一、方法阐述

学生良好的道德品行养成需要教师有意识的引导。情境导行,内化品德情境导行法是指教师依据教育目标,结合学生日常的表现,创设真实的、符合学生道德实际的德育情境,在情境中通过讨论、体验、角色扮演、实践操作等途径,让学生自然地形成正确的道德认识,产生深刻的道德情感,并在行为上加以落实,从而保证德育的实效的方法。情境导行法是一种比较好的德育方法。在学习《道德与法治》二年级上册第三单元《我们在公共场所》中"这些是大家的"一课时,为培养学生爱护公物的品行,我就从学生实际出发,以爱护课桌椅为抓手,创设了贴近他们生活的情境,引导学生对身边的公物有关心、爱护的意识,激发他们主动爱护公物,教学效果较好。

二、案例描述

在观察、交流了学校里哪些是公物后,我以"夏天,教室里的电风扇可以给我们带来凉爽"为例,请学生结合自己的体会,说说身边的公物可以给我们带来哪些方便。学生马上举起了小手,有的学生说到了电灯可以让我们看得更清楚,特别是在阴天下雨的时候,有的学生说到了学校里的操场、球、跳绳等可以帮助我们锻炼身体,有的学生说到了饮水机给我们提供水喝、可以解渴等。看来通过这个活动,有效地唤起了学生对每天与他们相伴的学校公物和自己的联系,学生对学校里的公物为自己的服务非常感谢。看来,学生已经开始关注公物了。为了深化对公物的认识,我趁热打铁问:"我们每天都在使用的桌椅为我们提供了什么服务呢?"学生有的说我们可以在桌子上写字,有的说椅子可以让我们坐着听课不累。我说:"看来,在教室里学习,桌椅是我们学习的好帮手呢。"我请学生拿出铅笔和一张纸,在桌子上写一遍"公物",又让他们不用桌子,只借助笔和纸再写一遍"公物",请他们分享两次的不同感受,学生纷纷表达没有桌子写字很难写好的体会,对桌子的不可或缺深有感触。之后,我又让学生听一听"桌椅喜欢什么样的小主人"的故事,学生听了课桌椅的对话后,进行角色扮演,以课桌椅的口气交流喜欢什么样的小主人、不喜欢什么样的小主人,在学生交流的过程中,我引导学生概括了擦干净、排整齐等爱护桌椅的行为,写字、画画等不爱护桌椅的行为,并分别标注笑脸表情和哭脸表情,然后我让学生找找班级里谁是桌椅喜欢的小主人,把笑脸送给他;之后又交流怎样把桌椅擦得干净,并出示擦桌子儿歌,组织学生一起拿出抹布,边念儿歌边擦桌子。最后,根据课堂上交流的内容,在课后组织争做"我是爱护桌椅的小主人"活动,在接下来的一周内同桌互评笑脸、哭脸。

三、案例分析

二年级的学生,对学校里的公物比较熟悉,但往往熟视无睹,对公物给自己带来的服务并不在意,也缺少主动保护公物的意识。因此,我以学生接触最多的桌椅为抓手,从桌椅可以给我们哪些帮助入手,引导学生关注公物与自己的关系,并通过情境体验,加深真切的感受,以情境角色扮演的形式,引导学生换位思考,形成主人翁意识,带着情感学习如何正确使用和爱护桌椅,并引导学生确定自我评价标准,从爱护桌椅开始,让爱护公物内化为学生的自觉行动。

1. 情境引入,建立德育内容与生活的连接

恰当、巧妙的情境,可以唤起学生的生活经验,让学生感到学习内容与自己是很亲近的,从而调动他们参与学习的积极性,这就是"教有境,入境始于亲"。当学生对学习内容有亲切感时,学习热情就会高涨,从而不知不觉自然地投入到德育的情境中。这节课以在学校里为情境,设计的"_____(谁)给我们带来_____(什么)"的话题,就很快拉近了学生与公物的距离,唤起学生们回忆与公物"亲密"接触的经历,通过交流将对公物作用的认识显性化,也自然地将本课的主题聚焦到公物上。

2. 情境体验,让道德学习更真实深切

"最好的教育是自我教育。"道德学习只有入学生的心,对他们的情感有触动,才能让学习的内容真正内化为他们自己的一部分。因此,真实场景或模拟场景的体验活动,能使学生全人参与活动,全方位调动学生的知、情、意、行。因有这样的真实体验,学生的感受会更深切,认识会更深刻,更有利于德育的内化。这节课上组织学生体验有桌子写字和没有桌子写字,通过亲身体验对比,学生对桌椅的重要性认识更深了,这就为接下来学习爱护桌椅做好了充分的情感铺垫。

3. 角色扮演,从不同的角度形成道德认知

德育教学中,一味地说教往往达不到很好的德育效果,很多时候老师摆事实讲道理学生也无动于衷。导致这种情况出现的一个原因就是学生对德育内容无法感同身受,因此角色扮演,让学生在扮演过程中理解所扮演者的内心需要,能一定程度上帮助学生产生共情,从而在情感上更容易接受德育要求,在德行上有所转变。课堂上让个别学生扮演课桌椅,说说喜欢和不喜欢的小主人,让说的学生就能从课桌椅的角度谈感受和需要,听的学生则进入的是小主人的角色,反思自己对待课桌椅的行为。

四、操作要点

1. 情境导行要符合学生的真实生活,让学生产生共鸣

教师创设的情境要从学生中来,选择的情境要素要来源于学生生活中比较典型的情况,比如学生中有人的桌面很干净,排列很整齐,有人会在桌面上写字、画画,桌椅讨论喜欢的小主人的对话能让他们对号入座,反思自己的行为。让学生寻找身边爱护桌椅的好榜样,也使得他们能关注周围人的表现,与自己进行对比,激起向他们学习的意愿。

2. 情境导行要有目标意识,引导要充分

情境的设置要与教育目标相配,对学生进行正面引导,比如设置扔垃圾的情境目的是在这个过程中引导学生掌握扔垃圾的规则:走近些、弯弯腰、轻轻放、分类扔等。因此教师要时刻关注学生在情境中的反应,抓住教育时机,及时根据学生的行为表现进行如何不乱扔的引导,让学生充分感知怎样是不乱扔,这样的情境导行,教学效果就更好。如果教师目标意识不强,对学生的引导不充分,情境导行的效果就要大

打折扣。

（李俊霞）

情 境 体 验 法

关心德育是以关心为特征、以关心为价值取向、以关心的方式培养学生关心品质的一种生态型德育。关心德育注重在一定情境中展开引导,在情境中践行,在情境中体验。情境体验法是指在教育教学过程中,教师创设多媒体、游戏、音乐、语言等情境,渲染一定的氛围,让学生置身于特定的情境之中,去启发学生的"关心意识",培养学生的"关心品质",发展学生的"关心能力"。

一、案例描述

《我的太阳》是书画版小学美术一年级第一学期第四单元"灿烂的天空"中的第一课。太阳不仅是大自然中的一员,还是与人们生活密切相关的一物。关于太阳的歌曲、儿歌也十分丰富,在一年级学生绘画的过程中经常出现各种各样的太阳,学生们都乐于表现它。

【教学片段一】

出示《后羿射日》视频

师:在上课前想先给小朋友们看一段视频,请小朋友们认真观看,仔细倾听,等下告诉老师讲了一个什么故事。

生:好的。

师:讲了一个什么故事呢?

生:天空上有 10 个太阳,为了拯救人类,后羿张弓搭箭,向那 9 个太阳射去。最后,天上只留下一个太阳。

师:对了,那我们的太阳有什么作用呢? 请你说。

生1:太阳可以把被子晒得又松又软,让我们睡觉起来很舒服。

生2:太阳可以给绿色植物提供能量,让水果又大又甜。

生3:太阳还可以发电。

……

师:你们真是太聪明了,看来你们平时一定很善于观察,能说出这么多太阳的作用。太阳是我们不可缺少的好朋友,就像我们身边的好伙伴一样,今天我们就一起来画一画我们的好朋友太阳吧。

(创设多媒体情境,吸引学生的注意力,让学生的注意力从课间快速适应到课堂中,让学生置身于特定的情境之中。通过说一说太阳的

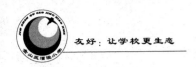

作用,启发学生关心的意识。)

【教学片段二】

1. 出示一张微笑着的太阳图片

师:看! 老师的太阳是个快乐的小朋友,那你们的太阳是什么样子的呢? 他的脸蛋上会有什么样的表情呢? 请你们小组之间互相交流讨论一下。

(教师巡视)

师:你的太阳是什么样子的啊?

生1:我的太阳是哈哈大笑的样子。

师:那你的太阳一定是遇到了开心的事情吧,那哈哈大笑是怎么样的呢?

生1:就是眼睛眯成一条线,嘴巴张得很大,合不拢嘴,像我这样子。

师:哇,你可真棒啊! 表情做得真到位啊。你的太阳呢? 是什么样子的呢?

生2:我的太阳是生气的样子,他的眉头皱起来。

师:哦? 生气的样子,你可以表演给我看下吗? 你的太阳因为什么生气啊?

生2:嗯,像这个样子。因为我喜欢赖床,太阳晒屁股了还不肯起来,所以他生气了。

……

2. 说一说、演一演、看一看

师:我说停我就停,刚刚小朋友们讨论得非常激烈啊,那谁先来说一说?(学生说)

师:老师发现你们的太阳表情都不一样,那老师请这几名小朋友上来,表演一下你们太阳的表情,好吗? 其他的小朋友在下面仔细观察他们的表情,猜一猜分别是什么表情?(有嘿嘿笑的太阳公公、张大嘴很惊讶的太阳姐姐、一脸严肃的太阳叔叔……)

师:刚刚这几名小朋友表演得真棒,栩栩如生。老师这里也有几幅各种表情的太阳图片,我们一起来看一看,有没有你的太阳呢?

(运用表演的方法创设游戏情境,让学生在快乐的氛围中体验学习的乐趣。在有趣的表演和贴近学生生活的方式中,培养学生关心的品质。）

【教学片段三】

1. 出示作业要求

师：刚刚我们欣赏了这么多作品,想必小朋友已经迫不及待想画画自己的太阳朋友了吧？那我们来看看作业要求：1）纸盘构图饱满。2）太阳造型有创意。3）涂色均匀,色彩鲜艳。

师：让我们在抒情优美的太阳儿歌中画一画我们的太阳好朋友吧。

2. 学生绘画

（创设音乐情境,陶冶艺术情操,在边听边画的过程中发展学生关心的能力。）

二、案例分析

1. 创设多媒体情境,启发关心自然的意识

课堂是学生学会关心的主阵地。本课中出现的太阳不仅是大自然中的一员,还是与人们生活密切相关的一物。在一年级学生绘画的过程中经常出现各种各样的太阳,学生们都乐于表现它。所以利用多媒体技术创设情境,启发学生关心自然的意识,让学生在声画结合的情境中学习。这不仅能迅速吸引学生的注意力,让他们能有愉快轻松的心态,又能让学生快速适应到课堂中,提高他们的适应性,更能使教学达到事半功倍的效果。再让学生们说一说太阳的作用,每个人都兴趣高涨、七嘴八舌,主动参与到课堂中。

2. 创设游戏情境,培养关心自然的品质

学生在直观接受关心中产生的对关心的感知,需要经过强化才能加深这种感知和认知。为此在本课中创设游戏情境,让学生把常看见的表情通过表演的形式呈现出来,并说一说为什么你的太阳表情是这样的、是什么导致太阳的表情是这样的。在游戏情境体验中引导学生学着去关心,并在表演过程中感受关心后的体验,进而形成关心的品质,巩固提升关心的能力。

3. 创设音乐情境,发展关心自然的能力

对于关心能力的培养,我们还需要重视学生的情感体验,进而使学生学会主动关心。本课中我在学生绘画作品的时候,播放了赞颂太阳的儿歌,让学生一边听音乐一边绘画。采用音乐渲染气氛,给予学生美感,使学生心驰神往,加深情感体验,有利于培养学生的联想、想象能

第六章 "关心德育"的实施策略

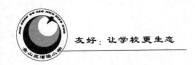

力、创造性思维能力及艺术表现能力。

三、操作要点

1. 生态型德育创设情境需要贴近生活实际

情境的创设应符合客观现实，不能因为教学的需要而随意捏造情境。创设情境要选择和学生生活密切相关的、适合学生年龄特点的内容。在课堂教学中教师呈现生活经历、贴近生活实际，目的在于引起学生对已有的生活进行道德反思，丰富学生的体验、感悟，由感知生活经历上升到形成生活经验、生成生活智慧，从而进行有效的关心德育，启发学生的"关心意识"，培养学生的"关心品质"，发展学生的"关心能力"。

2. 生态型德育创设情境需要有融合性

关心德育注重在一定情境中展开引导，在情境中践行，在情境中体验。那在具体的实施过程中，它需要教师引导学生进入良好的德育体验状态，让学生在体验中寻求感悟，在活动之余有所反思。只有当学生有了切身的体验，有了真实的感触，精神领域才会一次次升华。在此过程中，教师不仅注重考虑师生之间的交流与合作，让学生大胆提出问题，使课堂"乱"起来，让课堂"活"起来，还要考虑师生之间的思维碰撞，让师生相互启发、诱导，达到融为一体、和谐共振的境界。

3. 生态型德育创设情境需要有趣味性

低年级学生形象思维占优势，这就要求教师在创设情境时能重视学生自身的兴趣、经验、生活习惯和道德水平，确保创设的情境能从学生的兴趣、爱好、经验、关注点出发，多采用多媒体、游戏、故事、表演等儿童喜闻乐见的情境，引导学生用多种感官去观察、体验、感悟，使他们在主动积极的参与中，生活得到充实，情感得到熏陶，品德得到发展，让他们用自己的眼睛去观察，用自己的心灵去感受，用自己的方式去探究，以此达到关心德育的目的。

无论采用什么方法创设情境，目的都是为了让学生置身于特定的情境之中，在情境中践行，在情境中体验。以身体验之，以心感受之，进而唤起学生的情感，充分发挥他们在体验过程中的积极性、主动性和创造性，从而学会关心他人、关心自然、关心社会。　　　　　　（朱　昳）

情 感 熏 陶 法

情感熏陶法是指在教育教学过程中，教师创设一定的情境，渲染一定的氛围,让学生置身于特定的情境之中,对其进行潜移默化的感化和熏陶。这一方法适用于所有的学生,对特殊学生更有必要。特殊学生泛指在某个方面需要被人更多关注的,比如性格内向、脾气倔强,学习成绩跟不上、不愿写作业等。这些学生或默默无闻,得不到他人关注,失去了很多锻炼的机会;或比普通学生有更多失败的体验,渴望得到他人尊重和信任,渴望成功。对待这些学生,教师可以创设一个适宜的环境,给予他们更多的关注,当孩子有点滴进步时表扬他们;多发现他们身上的闪光点,让他们充满无限的喜悦和兴奋,引导他们发挥自己的主观能动性。教师要相信每一个孩子都有成功的可能,想方设法采取相应措施帮助学生获得成功的体验,培养他们的自信心。

一、案例呈现

故事一:

进入高年级,学生普遍不爱表现了,也更怕出错,连朗读课文举手的同学也是寥寥无几。为了能让学生都"读起来",老师布置了在 QQ 学习群内分享朗读的作业。没想到这个途径,不仅让学生都开了口,也让我寻找到了教育资源。

小 A,女生,个性腼腆,在课堂里总是默默无闻,大家几乎感觉不到她的存在。一次课上的朗读环节,我先点评了朗读作业中一些需要改进的地方,然后说:"这次作业,小 A 进步很大,不仅朗读流利、声音响亮,而且注意了语气、语调的变化,是理解内容后的朗读。现在我们请她来读一读这部分内容。"小 A 有些意外地望着我,我含笑看着她,用眼神鼓励她。小 A 站了起来,开始朗读。因为平时很少在同学面前表现自己,她的朗读并没有录音中那么自信,但已经让同学们刮目相看了。读完之后,我让同学评价她的朗读,同学们毫不吝啬地给出了自己的称赞。看得出,小 A 当时是惊喜的。在后来的课堂中,小 A 虽然依旧静静的,但在朗读上,她越来越自信,越来越喜欢朗读,每次朗读总能举手,朗读也越来越出色了。

在这件事的影响下,更多的学生朗读作业态度和质量都有了明显提升,班级整体朗读水平有了进步。

故事二:

因为班级中学习困难生比较多,我建了一个名为"进取♥"的 QQ 群,每天会在群里发一些提醒,"哪些同学哪些作业没有完成""请家长

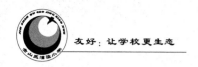

督促孩子完成作业"等，虽然提醒很多，但收效甚微。后来，我转换了方式方法，把督促改为表扬：几月几日，哪些同学完成了什么作业，在每一条表扬后面送上鲜花和大拇指，最后勉励其他同学也要加油。我发现，学生完成作业的情况有改观。于是，我进一步改进做法，把这几个学生在校的点滴进步及时发布在这个群里。

一天，小 B 拿着作业走到办公室，把作业递给我："老师，我已经补上了几次缺的作业，今天我再补几课。"我心中一喜，没有批评他缺了那么多课的作业，而是告诉他老师很高兴收到他的作业，还帮他制定了补作业的计划。他频频点头。在当天的表扬栏里，出现了小 B 的名字。而在这之前，小 B 对写字几乎到了反感的程度，老师去催他，他有时会用生气的眼神看着你，老师盯着时写几个，一旦脱离老师视线，他就不写字了。看到他现在的表现，真让我惊喜。

除了小 B，"进取♥"中的大部分学生的表现都开始有所改善。他们更乐于写作业，更乐于上课专心听讲，更乐于去努力了，脸上的笑容也多了。

二、案例分析

这两个故事中同学的进步让我反思学生表现和老师教学方法的关系。我觉得可以得到以下几点启发：

1. 认可是对优秀者的肯定，是催化进步的有效方法

道德教育有四种方法：榜样、对话、实践和认可。在以上的故事中，教师都对学生的付出采取"认可"的态度。对默默无闻的学生的朗读给予肯定，对学困生的付出给予肯定，在这种肯定中，学生愿意去努力、去尝试，去争取进步。老师对学生的认可换来的是学生对同学的认可、学生对自己的认可，从而创造了一种良性的循环。

2. 关心是教育的起点，榜样是至关重要的

在教育教学中，如果教师能以关心为起点，就能真正体谅学生，站在学生的角度去思考，从而采用有效的方法实施教育，激发学生内心的动力。个体的进步能起到积极有效的榜样作用，从而带动更多的人取得进步。

3. 教师是班级的首席，对形成安全、和谐的学习氛围起到至关重要的作用

教师和学生的关系是合作的关系，但又有着特殊的地位。如果教

师以宽容、体谅、关心为基点去践行,就会给学生以示范,让学生循着老师的做法去关心其他同学。在第一个故事中,因为老师的肯定带动了其他同学的鼓励,同伴的鼓励也是促进那位同学进步的重要原因。第二个故事中教师把目光聚焦在学生的进步,也可以引导学生把目光聚焦到同学的进步,从而在班级中形成安全积极的学习氛围,让学生能在轻松愉悦的氛围中轻松学习。

三、操作要点

1. 利用现代信息平台创设学生展现的机会

上述两个故事中,老师运用现代信息技术创设了两个平台:朗读作业展示平台和学习困难生互助学习平台。在一个班级中,因为学生数多、个性迥异、学习能力不同等原因,总是有一些默默的"陪衬者"或是学习跟不上的学生,如何让这部分学生得到锻炼,需要老师创设一定的场合情境进行有效的个别化的教育。人人都能表现的 QQ 平台,就是一个很好的载体。在这里老师可以有充足的时间和空间去关心到不同个性的学生,并从中寻找到教育的良机。

2. 用鼓励和肯定的方法去感化学生

教师要时时刻刻关心学生,在语言和行为上不歧视学生,平等地对待每一个学生。当学生遇到困难时及时伸出自己的援助之手,引导他们、鼓励他们,让他们真正感受到教师对他们的关爱,用自己积极的生命去影响孩子幼小的生命,那么学生一定会取得不同程度的成功。

情感熏陶法可以广泛运用在教育教学中,只要教师用心去教育、用爱去感化,用真挚的情感叩击学生的心灵,激发他们感情上的共鸣,那么学生也会感受到,并激发起求学上进之心。一个人的潜力是无限的,只要学生从内心有了进步的愿望,有了行动的实践,那么他们的进步就指日可待了。

(李　梅)

体 验 探 究 法

小学自然科学是以培养学生科学素养为宗旨的科学启蒙课程,重在理性探究验证,但自然科学作为一种社会文化,还具有人文性,蕴含一定的人类生活精神。体验探究法就是创设情境,让学生在体验、探究活动中感悟,在亲近自然、欣赏自然的同时,懂得关心保护并善待自然,逐渐形成关心意识、养成关心品质的方法。这是在学生体验探究中开

第六章 "关心德育"的实施策略

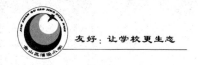

展关心的教育。

一、案例展现

案例：观察校园香樟树、梧桐树、白玉兰树、迎春花等绿色开花植物。

学生在组长带领下走出教室，和树木植物近距离地接触，有顺序地边观察、边记录，不时发出阵阵赞叹："老师，梧桐树好大，叶子真好看！""香樟树的果实原来是这样的。""花儿好美！"整个活动学生兴趣很浓，大家分工明确，团结协作，观察细致并能及时做好记录，顺利完成活动任务。

在交流环节，学生们能从观察到的植物的形状以及组成部分，用自己的语言简单描述它们的特点。

老师追问："绿色植物是我们的好朋友，你们现在最想对我们校园的植物说什么？"

学生纷纷回答："我要感谢那些植物，是它们给予我们新鲜的氧气。""我们吃的蔬菜粮食、水果都来自植物，它们太伟大了。""我们要关心校园植物，保护好它们，让它们和我们一起快乐成长。"……

老师："对呀，我们的生活离不开植物，所以我们要善待植物，关心自然，感恩它给予我们的一切。我们该怎样来保护植物呢？"学生从不随意采摘花木、不在植物上乱刻乱画、不乱砍乱伐等表达自己爱护校园植物、自然界植物的情感。通过分析引导，让学生感受到植物和人类的关系。

二、案例分析

1. 注重体验和感悟，帮助学生感悟关心。自然课上让学生走出课堂，走进校园。这对于三年级的小朋友们来说，既能提高他们的学习兴趣，又能亲近自然。通过看、摸等观察体验活动，丰富学生的学习经历，正如孩子们说，"真正走近植物，我才真正了解了课本里描写植物的美"。通过观察，同学们发现树木植物也是有生命的，它们充满着生机活力。在观察感受绿色植物的神奇和美好的同时，帮助学生建立起关心爱护的情感体验。

2. 在情境中引导，在情境中渗透关心教育。老师要善于挖掘教材潜在内容，抓住教育契机。以上案例中学生亲自观察植物，会对事物有一个更直观清晰的认识，这时老师趁势引导，追问："绿色植物是我们的好朋友,你们现在最想对我们校园的植物说什么?我们该怎样来保护植物,善待大自然呢?"学生在认识植物的多样性的同时,感悟植物在自然界中的重要性,感受到植物带给我们的好处,通过说一句心里话,表达自己对自然植物的感恩,对自然的尊重,这样的情感是发自内心的,也是最能打动心灵的。

3. 合作学习中的关心能力养成。整个活动同学们分工明确,观察细致并能及时做好记录,顺利完成活动任务。其实也是一种同学之间互相关心、互相帮助能力的培养,在合作探究学习中培养学生的关心意识、关心品质。

三、操作要点

1. 发挥课程作用,启发学生关心意识。科学作为一门科学启蒙教育的课程,在课堂教学中应根据教学内容挖掘德育因素,将德育教育渗透点自然安排在各个教学环节中。以上案例中,让学生观察校园植物,感受植物与人类的关系。活动体验中,在孩子纯真无瑕的心灵中播下"关心"的种子,让它生根发芽,最终长成一棵"爱"的大树。

2. 关心品质是一种以情感为核心的知、情、行整合结构,学生要通过丰富多彩的实践活动形成关心的品质,巩固提升关心的能力。在上述案例中,教师让学生走出课堂,亲近大自然,丰富学生学习经历和体验。在引导学生积极参与教学活动中,让每个孩子都有充分表现自己的机会,要引导学生主动积极地参与教学全过程。　　　　　　（陈　群）

关注环境,共建生态课堂

环境是生态课堂的一个组成部分,那么,如何才能使校园环境变得更好、让学生在生态课堂中学习生活呢?我作为后勤人员,也应该积极考虑如何使我们的课堂能做得完美。

第一点,从自己工作的思路着想。首先在打扫卫生过程中,发现有一些比较调皮的小朋友总是从厕所的窗口往外乱丢餐巾纸盒和吃完的牛奶盒,还在花坛里的小道上随便乱跑。针对这种不利于建设生态性课堂的行为和做法,当我看到类似的情况时都会认真教育这些调皮的孩子,并且阻止他们对于校园环境的损害。

有的时候当我早上打扫到教学楼后面时,看到下水沟里有些碎废纸、橡皮、断铅笔、苹果皮等时,像破碎的废纸这些扫帚扫不掉的垃

　　第六章　"关心德育"的实施策略

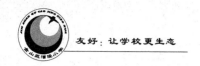
圾,我就用手捡起来。当扫到堆放垃圾的垃圾桶旁边时,我会认真查看有没有被不小心倒在垃圾桶外边的垃圾,如果有,那么就立即弄干净。

第二点,上海市正在全面实行垃圾分类,因此方便了我们对于垃圾的分类和管理,也更加有利于我们把校园环境做得更好。同时,垃圾桶的干净整洁需要我们密切关注,特别是湿垃圾桶,避免垃圾桶腐臭需要及时清理,还要时刻关注校内师生是否真正做到了垃圾分类、是否严格遵守垃圾分类的条例。只有严格遵守垃圾分类,才能使我们的校园环境变得更好,有利于我们建设生态性课堂。

我平时时刻关注垃圾桶内外是否干净整洁,因为如果垃圾桶脏了,就发生腐臭的现象,就会有细菌滋生,垃圾桶没有冲洗干净的话,就会有细菌传播。为此,我会把脏的垃圾桶里外冲洗干净,这样平时学生和老师把垃圾桶盖打开后放垃圾时就不会有臭气味了,避免了细菌的传播和感染。我也会随时检查垃圾桶盖子是否盖严实了,看到垃圾桶里垃圾放满了,有些垃圾袋被放在垃圾桶旁边,我会将它们放入其他空的垃圾桶中,及时清理垃圾,避免校园环境受污染。

有时我会看到学生在课间和午间休息的时候把吃剩下的水果皮、牛奶盒随手放在路旁边的树底下,我看到就会马上用扫帚扫掉。如果不能扫,就用手捡起,这样会让校园环境不受其害。

第三点,学校环境有时候受气候影响非常大,比如在春天落叶旺季时,要是天气吹的是东南风,这时候校园地面都是被树叶覆盖着,如果不及时清扫干净,也会让校园环境受到较大影响。因此我会随时关注天气情况,让自己顺着风向,从南门卫后面开始往北走道两旁打扫树叶。那时候,两个月里每天总要扫出好几桶树叶,我认真打扫干净,在工作繁忙的时候,甚至连喝一口水的时间都没有,一直忙到中午才休息。为了使我们的师生能够学习和生活在舒适优美的校园环境中,我自己不怕辛苦和疲劳,认真把校园环境卫生做好。如今,我虽然已经临近退休,但是还要为学校大家庭的环境卫生贡献出自己的一份力量,让学生学习好,让教师安心从事教学,为建设生态课堂贡献自己的力量。

(李 仁)

五、策略五：多元开端策略

（一）多元开端策略概述

关心德育是以关心品德的认知、情感、行为的心理过程为其特征的，也就是说学生关心品行的形成，是不能离开关心的道德认识、道德情感、道德动机、道德行为的心理共同发展的。尽管关心品德水平提高并非是这些心理成分的机械总和，然而每一心理要素都将对关心品行的整体形成与发展产生影响。道德心理学家经过大量的实验研究，认识到人的思想品德形成具有多开端性，这就是说关心德育可以从知、情、行的任何一种心理要素上着手，展开全面的教育。关心德育可以依据不同情况选择其中一个心理要素作为教育开端，而不是只有一种开端。关心德育具有多种开端的特点，关心品德的知、情、行这几方面既互相交互，又具有相对独立性，这就为关心德育过程的多种开端提供了可能性。

多元开端策略对教师的教学提出了更高的要求，首先不是机械地、定式地按照人为的道德品质培养的顺序设定进行教育，而是应该把握不同的关心教育任务、关心品质的不同结构，以及学生道德水平与关系能力发展基础的差异、道德学习条件与环境的不同等，做出教育决策，也不是简单地按照别人的教育方案以及网络上的"材料"来设定教育。

我们在运用多元开端策略时应该注意以下几点：

1. 关心德育要依据学生具体情况所处的境遇，确定关心德育从什么地方着手，不能机械地从认知着手。教师习惯于从大道理讲起开展德育，结果实效不佳。我们应该坚持从实际出发，因人而异根据每个学生的实际情况，选择最需要、最迫切、最能奏效的方面，作为关心德育的开端。学生面对的生活是复杂的，小学生对如何关心也缺乏经验，使学生的关心行为表现呈现纷繁复杂的状况。学生由于各自所处的环境、所具有的生活经验差异，因而他们关心品行的发展也不同。

2. 关心德育本身有着培养学生关心品质的教育，还有着以关心学生方式展开德育两大方面，因此决定了关心教育应该以多开端实施。关心德育的内容尽管有着一定的体系，但是关心品质教育内容不仅是知识，还有着关心道德、关心能力、关心行为等，因此关心教育应该以多开端实施，可以是从关心的情感着手，促进学生对关心道德的认知，也可以从关心道德着手，促进学生养成符合道德的关心行为。

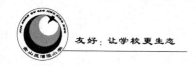

3. 关心德育的实施是基于多开端的,因此要多途径,通过主题性教育、行为规范教育活动、节日活动、校本活动节(科技节、艺术节、体育节、读书节等)、社团兴趣小组活动、教育阵地(展示栏、音乐广场等)、社会实践与服务、家庭生活等路径实施,让学生自主践行关心道德。

4. 关注关心能力培养的多开端。学生关心能力培养除了分层递进以外,还应该是多开端。例如,在家庭里可以先从培养关心父母能力开始,在学校里可以从关心教师能力培养开始,因为在家庭与学校学生接触多的分别是父母、教师。关心的能力也是多元的,有的是语言关心能力、有的是行动关心能力,也有的是精神关心能力。根据不同的关心教育的内容以及涉及的能力可以从不同关心能力着手。

5. 多开端还表现在方法上,也不应该是定式化的,可以从不同的方式、方法开始。我们一定要打破从认知开端的传统方法,应该更多运用适宜的、有差异的方法,也就是要符合生态德育的多样性。例如行为规范教育中的友爱同学,可以榜样行为示范方式作为教育开端。在关心他人,特别是没有直接接触的他人的教育时,例如援助贫困地区同龄伙伴,教师可以首先通过影视等创设情境让学生进行情感体验,然后再组织学生与贫困地区小伙伴通信、捐款等活动。

(二)多元开端策略实践案例

方法案例

社会场构法

小小萤火虫在爱中成长,以二(1)萤火虫中队为例

诺丁斯说:"教师不仅需要建立一种关心的关系——教师在其中成为关心者,教师也有责任帮助学生发展关心能力。"她的关心理论强调以人为本,也强调教师的榜样作用,同时重视道德情感的作用与道德关系的建立,倡导生活化的德育模式。在担任班主任一年多的时间里,我摸索着走在实践关心德育的道路上,力求发展学生的关心品质及全面素养,从而使学生健康快乐地成长。社会场构法是指在班级教育工作中,以建构具有班级意义的社会场,并积极发挥社会场的文化功能,营造良好的班级关心氛围,促进学生关心品质的发展的一种方法。

诺丁斯的关心理论与我校的"一班一品"模式的理念相一致。所谓

"一班一品",通常是指班级全体成员创造出来的独特的班级文化,是班级内部形成的独特的价值观、共同思想、作风和行为准则的总和。"一班一品"的班级特色创建,有利于学生的道德养成和个性发展,会以一种"润物细无声"的方式渗透于每一个成员的心灵,使班集体产生蓬勃向上的力量。

以下主要谈谈在"一班一品"的打造过程中,我是如何根据班级学情开展关心德育的。

一、案例描述

关心与被关心是人类的基本需要,在人的发展过程中,关心成了一种能力,有关心意识和关心能力的关心者才能获得人生的幸福。基于对关心理论的理解,我将班级设想为一个"社会场",以"萤火虫精神"——点亮自己,照亮他人为中队精神,建立一个"学关心""悟关心""会关心"的班级社会。在学生的道德认知、道德体验与道德践行上积极地引导学生学会关心,向善行善。

故事一:

每到周一早上的语文早读,班级同学的学习热情似乎被周末冲淡了,虽然语文书打开着,思想却神游到了别处。为了让孩子们元气满满地开始新的一周,我提出"周一馨分享"活动,在教室里开辟出"萤火虫书吧""萤火虫闪耀时刻"(学习成果展示栏)、"萤火虫之家"(班级植物角),鼓励孩子们带来自己喜欢的图书、近期满意的书法绘画作品、心爱的植物来到教室与大家分享。

小馨,性格腼腆,平日里总是默默无闻,但是她十分热爱看书。一个周一的早晨,她带来了一套植物绘本,刚将它安置在"萤火虫书吧",同学们便纷纷围上来询问:"哇,小馨,你的这套书保存得真好!""是呀是呀!可以借我看看吗?"面对这么多同学们的热情询问,小馨一开始还有些害羞,过了一会儿,她便滔滔不绝地拿起一本书介绍起来,并将书本大方地借给同学。

在后来的语文课上,小馨自告奋勇想为大家整理图书,于是全班同学一起商议并制定了《萤火虫书吧借阅规则》,最后决定每名同学都是书吧的"图书管理员",同时也是借阅者。每次借还书时都要负责整理书籍,爱护好每一本图书,维护书吧的正常运营。

那天之后,小馨经常利用早上和课余时间借阅书籍,但是在借阅同学

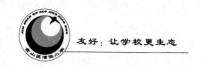

们带来的书籍时,更多的是想要保护好同学的书籍,整理好班级的图书角。

故事二:

进入高年级,个别孩子仍会像低年级时一样,向我"投诉"班级同学。于是,我基于中队精神——点亮自己、照亮他人开设了"萤火虫微言微语"的主题微课,让孩子观察和记录"点亮自己"或"照亮他人"的小事件,在班中进行分享、交流。

一次午会课,小杰表示有话要说,只见他拿起自己的外套说道:"我的衣服经常忘记在操场上,可还没等我来得及反应,已经看到我的外套乖乖地出现在椅背上了。我要谢谢小城同学!""还有晓雯,有一次我去美术专用教室上课忘记带画笔了,是她陪着我回教室拿的。""其实只是举手之劳,以后我会一直帮助大家的,咱们互相帮助。"

每个温馨的"萤火虫微言微语时刻",听不到孩子们对他人的抱怨和投诉,更多的是对自己的激励、对他人的赞赏。

故事三:

2019 年 12 月 29 日,班级部分家长和孩子来校参加迎新小队活动,大家一起写福字、贴窗花、拍"全家福",热闹极了!

贴窗花时,小叶和妈妈负责走廊左侧的窗户,小豪和妈妈负责右侧的窗户。小豪一边贴着小老鼠窗花,一边叮嘱妈妈:"妈妈,你站在椅子上要小心哦!""妈妈是大女生了,不会摔跤!比你矮的小女生贴窗花可能比较困难。"妈妈话音刚落,只见小豪冲到小叶身旁,关心地说:"小叶,我来帮你贴,我比你高,你看!"

写福字时,小浩总也写不好,一旁的小雅注意到身旁闹情绪的小浩,马上拿起毛笔说道:"小浩,我爸爸说了,可以把每个笔画写大一点,这样你的字就不会挤在一起啦!来,跟着我写一遍!"

在热闹、友好的氛围中,小队活动结束了,可每个家庭却依依不舍。

二、案例分析

1. 从班级环境出发,营造关心的氛围

教室是孩子们每天学习、生活的重要场所,是教师实施关心教育的最佳平台。我认为关心教育离不开温馨的物质环境,因为物质环境有其独特的文化价值,和其他教育因素构成了教育整体,是"无声胜有声"的教育。为此,我着手从"温馨教室"的打造出发,在我的引导下,让孩子们动手布置教室的角角落落,努力营造关心的氛围,力求创设优良的育人环境,凸显学生的主人翁意识,主张人人齐动手,营造班级好氛围。

在"温馨班级"创设过程中,我班成立了"萤火虫书吧"。孩子们将家中的图书供应在这个书吧中,互相借阅。每个孩子都是书吧的借阅者,同时也是书吧的"图书管理员"。他们共同商议和制定《萤火虫书吧借阅规则》,每次借还书时都要负责整理书籍,维护书吧的正常运营。

除了书吧以外,我班还齐心协力绘制"萤火虫之光",记录孩子们学习、成长的足迹,张贴孩子们的优秀美术、书法作品……这些点滴的学习收获能让孩子体会成功的喜悦,树立自己的自信心,也能激励其他孩子吸取他人的长处,反思自己的短处。

班级环境的设计布置会形成良好的育人氛围,整个班级会呈现出奋发向上的精神风貌,学生们在潜移默化中受到了激励与感染,自然而然会做到关心自己和关心他人。

2. 开展主题式教育,强化关心的初衷

诺丁斯认为学校应在关心的初衷下,去进行各种活动和学习。学生要感受到学校是个关心他们,也鼓励他们关心自己的地方。因此,我们开展的教育活动应按照这样的初衷来组织。基于这样的初衷,我以"点亮自己,照亮他人"的口号贯穿本学期的主题教育中。

比如:我利用部分午会课和班会课开设"萤火虫微言微语"的主题课程,让孩子观察和记录自己"点亮自己"或"照亮他人"的小事件,并像话家常似的和大家讨论、分享。师生轻松地一起讲述日常小故事,就像一个大家庭那样,很大程度上可以促进互相的关心,加强互动。

当然,我也非常注重学校德育活动的参与,无论是爱心义卖还是校园运动会等活动,我们班的表现都很突出,成绩也喜人。令我印象深刻的是本学期的校园运动会,最后一项接力跑比赛时,孩子们问我:"老师,等下我可以去终点扶比赛的同学吗?"这样一句话让我内心激起了阵阵涟漪。这些丰富多彩的德育活动,净化了学生的心灵,陶冶了学生的情操,从而培养了学生良好的品行。

3. 构建教育共同体,发展关心的能力

学校、家庭和社会中蕴含着丰富的德育资源,学校是德育的主战场,而家庭和社会是德育的多元阵地,因此,在校外通过开展丰富多彩的特色活动,可以凝聚学校、家庭和社会的力量,形成强大的教育合力。

通过孩子与家长、孩子之间、家长之间、家庭之间的同伴关系开展

第六章 "关心德育"的实施策略

了"萤火虫在行动"系列小队活动,鼓励家长和孩子一起参加社会实践活动,在活动中家长也能观察到孩子是否已经学会关心自己和他人,家长也可以用自身的行动教育和感染孩子,践行"身教重于言教"。

三、操作要点

1. 建设班级文化,发挥关心德育的核心力

班集体是孩子们成长的摇篮,以"一班一品"模式为依托,首先教师需要找准班级文化的发展方向,即定位好关心德育的主线;其次,教师要注重挖掘与学生生活实际相联系的事件,同时也要让教育活动为学生的生活服务。

本着"关心自己,关爱他人"的初衷,我在班级文化的定位上下了一些功夫。首先,是给中队取名字的时候,我结合诺丁斯的关心理论,结合孩子们的特点,最终采用了"萤火虫"来形容班集体,而每一个孩子都是会发光、会照亮前路的萤火虫。其次,在定位班训的时候,我让孩子观看了一个萤火虫的卡通短片,让孩子思考:萤火虫具有什么样的精神?鼓励孩子提出自己对班集体的设想,最终我们得出了"点亮自己,照亮他人"这八个字的班级精神。在这句班训的指引下,很多孩子能努力向着班训所指引的方向发展。

2. 激发学生兴趣,加强关心德育的生活化

关心德育的实施不能仅仅凭借教师的单方面教育,需要激发学生的兴趣。关心德育只有和学生的实际生活相联系才能吸引他们的注意,才能更好地促使学生的内化,才能有更好的德育效果。对于关心能力的培养,我们要尤其重视学生的实际体验。在学校中应当关心自己的同学和老师,在家庭中应该让他们学会关心自己的父母和兄弟姐妹,同时也要学会主动关心动植物和物质世界等等。

在"温馨教室"的布置过程中,孩子们对于"植物角"拥有丰富的设想:应该要带些什么花?谁来养护这些花?什么时间浇水?什么时间晒太阳?他们十分热爱这些可爱的植物朋友,虽然有时也会因为"过分喜爱"而导致一些争吵,但是那也会成为我们午会课"萤火虫微言微语"的讨论事件。

3. 提升教师素养,树立关心关系的师生观

教师在教育中应以关心者的身份出现,并担负关心学生及使学生学会关心的重任。师生之间的关心关系是通过信任和互相尊重而建立的,所以,教师应以身示范,向学生展示关心应该是怎样的,而学生也会做出认可和接纳教师的行为,并且这种行为会有效维持下去。

当学生和教师是关心关系时,学生就会学会关爱生命、关爱自然、关心他人,并在关心的过程中形成关心的态度和能力,从而养成关心的良好品德。

关心德育工作需要一种有效的载体,班级文化建设需要一个系统性的主题,两者的需要是它们结合的基础和条件。班级关心德育的需要,诞生了班级文化,班级关心德育的目的就是班级文化建设的主题。作为班主任,应努力提高关心的意识和能力,建设班级文化,促进每一个学生的个性生长、全面发展、健康成长,同时也能为学校的德育发展奠定基础。

(王秋艳)

仪 式 印 记 法

关心是一种态度,是一种以爱为基础的、每个人都应该具备的情感素质。诺丁斯认为:"我们的教育应该培养的是一个能感受关心并学会关心的人。""关心"不是教师、家长教会的,是学生自己在做中学会的。学会关心的过程,也是内化的过程,它需要我们去启发学生的"关心意识",培养学生的"关心品质",发展学生的"关心能力"。只有这样,关心教育才有生命力,才能教育学生做一个好人。

一次爱的仪式,一次心的教育。仪式印记法是指利用学生人生中重要的节日,有意识组织安排回忆自己人生中所受到的关爱与帮助,体验与感受关爱的崇高,让学生感情与理性中留下深刻的关心印记的方法。孩子一生中,有很多重要时刻,需要一种仪式去解读、去接纳、去释放、去珍藏。如果能在一个特殊的时刻、能在一个爱的活动中,感受关爱、学会关心,那必将在他们的成长路上留下难以磨灭的印记。

让我们再一次把目光投向十岁生日集会,在"爱"的光芒中拥抱"关心"。

一、案例描述

镜头一:11月1日少先队活动课上,三年级正在开展"我的成长足迹"交流活动,孩子们拿着陪伴自己成长的小物件,讲述了自己成长的故事。小 A 同学捧着一个小奶瓶说:"这是我小时候用过的奶瓶,妈妈

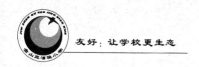

告诉我,当我还是 3 个月小婴儿的时候,妈妈因为奶水不足而不得不让我喝奶粉。为了让我长得壮壮的,一家人省吃俭用给我买奶粉。每天半夜,爸爸妈妈还要起床为我冲奶粉。"孩子们真挚地讲述着成长的故事,感受着父母不求回报的关爱。

镜头二:11 月 2 日,三年级学生上课时、吃饭时、上厕所时都带着一个鸡蛋宝宝。原来他们是在完成"保护蛋宝宝"超级任务。同学们给自己的鸡蛋装扮、造"小窝"、带在身边一起睡觉、一起上学等,想方设法保护蛋宝宝。在护蛋过程中,他们体会呵护生命成长的艰难,学会珍爱自己的生命。

镜头三:11 月 9 日十岁生日会上,张浩轩和他的妈妈一起朗读着写给对方的书信——

"亲爱的孩子,妈妈生产的那天,由于身体原因,医生选择了剖宫产,麻醉的效果不是很好,割肚皮的疼痛妈妈没能忍住,不禁流下了疼痛的泪水……当医生把刚出生的你抱到我们面前,你的到来,冲淡了妈妈身体的疼痛,从那时起,你就是爸爸妈妈的一切!"

"亲爱的爸爸妈妈,感谢你们给了我生命,感谢你们把我养大。妈妈,您的肚子是我住过最舒服、最温暖的房子,做你们的儿子我很幸福!"

"其实妈妈也很累,既要上班,又要做家务,还要兼顾你的学习。日复一日地陪着你看书,陪着你学习,陪着你比赛,陪着你成长。为了能和你一起完成美术作品,妈妈拿起了画笔学着涂涂画画;为了能配合你的表演,妈妈大胆地走上了舞台。妈妈想告诉你学习的路上你并不孤单,因为有妈妈陪着你一起学习,共同进步!"

"亲爱的妈妈,一直以来您都是默默地陪着我一起学习,您教我朗读,教我写作,教我学习的方法,您不仅是我的妈妈,还是我的老师。您在我心中是无可替代的!"……

情到深处,潸然泪下。妈妈和孩子紧紧地拥抱在一起,深深感受到关心与爱是相互的。

二、案例分析

在德育活动中,空洞的说教与灌输,犹如悬在空中的气球,永远落不到实处。学生的情感体验是一种过程,它从亲历的实践开始,进而获得认识,形成情感,产生感悟。在三年级十岁生日课程中,我们通过递进式、阶梯式的关心实践,引导学生感受关心、学会关心、践行关心。

1. 回顾成长足迹,帮助学生感受关心。诺丁斯说过:"关心始于关心行为,完成于学生的被关心感受。反应是关心的核心,也是关心教育的核心。"在上述的第一个镜头中,学生寻找一件自己成长过程中的物品,向父母了解它的来历,分享成长的故事。学生在讲述自己成长故事的时候,一定能感受到父母养育自己的辛苦,感受到父母对自己的关心与爱护。

2. 完成护蛋任务,引导学生学会关心。诺丁斯认为:"关心存在于关心者与被关心者之间的关系中,它始于关心者,结束于被关心者。成人往往都被视为关心者,学生则是被关心者。被关心者从关心者的关心中获得启迪,逐渐成为以后的关心者。"镜头二呈现的是学生关心鸡蛋宝宝的体验过程,正是他们从父母身上获得的爱,促使他们学着去关心,学会去关心。

3. 书写一封家书,创设情境践行关心。诺丁斯提出:"在学会与周围的人建立一种富于关心的关系中让学生发展关心品质,教师有责任帮助学生发展关心能力。"学生在了解自己成长经历、完成护蛋任务后给爸爸妈妈写一封信,表达自己的感恩,用语言与行动来关心父母。这样的情感体验是生动的、能打动人心的。

三、操作要点

1. 发挥活动育人,启发关心意识。诺丁斯认为培养以关心为核心的道德人格是学校教育的主要目的、主要追求。因此,活动课程是学生"学会关心"的主阵地,生态德育课程是实施关心教育的基本途径。教师通过德育活动课程的有效实施,启发学生的关心意识,以关心学生的方式促进学生的相互关心。

2. 开展关心实践,培养关心品质。柯尔伯格说过:"公民教育的目的就是通过个人的参与,使社会变成一个更加美好或更加公正的社会。"关心品质是一种以情感为核心的知、情、行整合结构,学生要通过丰富多彩、五彩斑斓的实践活动形成关心的品质,巩固提升关心的能力。

3. 发挥教育合力,发展关心能力。孩子的关心品质是在家庭、学校以及社会等多种环境因素的综合影响下形成和发展起来的。父母是孩子最好的榜样,家庭是孩子学会关心的重要环境,父母要抓住一切可以

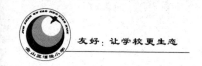

利用的机会,教会孩子自觉地、主动地关心他人。在耳濡目染中,孩子的行为受到熏陶,他们会自觉地关心、帮助他人,培养孩子的主动关心能力。

学会关心就如同春雨"随风潜入夜,润物细无声",是一个由外到内、从量变到质变不断渗透的过程。我们努力实施以"关心"为特征的生态德育,在孩子纯真无瑕的心灵中播下"关心"的种子,让它生根发芽,最终长成一棵"爱"的大树。

(钱　青)

元 素 融 合 法

"关心德育"的关键是在学生的道德认知、道德体验与道德践行上积极地引导学生,引导学生"学会关心,向善行善"品行发展,注重学生的人性表现。课堂是德育渗透的主阵地。那么,如何在美术课堂上融合"关心德育",引导学生学会关心? 这就需要教师潜心挖掘美术教材中的德育元素。

元素融合法是指在学科教学中贯彻教学教育原则,积极挖掘关心教育元素,结合教材内容,适宜地开展关心教育的方法。

一、案例描述

《我认识的标识》是五年级第一学期第二单元学习画纹样中的第3课。

课堂伊始,我在大屏幕上出示动物们的图片。

师:"瞧! 多么可爱的动物们啊! 可是……"

接着,马上就播放《没有买卖就没有伤害》一段视频。视频中,一头犀牛被偷猎者残忍地割掉了牛角,奄奄一息。前后对比,给学生以强烈的视觉冲击。

师:"其实,还有很多野生动物面临着类似的遭遇。今天,我们就来为这些野生动物们设计一个保护标识。"视频后就很自然出示本节课的绘画内容:为野生动物设计一个保护标识。

最后,课堂的结尾部分还有一个呼应和升华。

师:"让我们一起来关心自然,传递野生动物保护正能量,共建和谐家园。"

二、案例分析

在小学美术教材中"设计·应用"领域的课型,能激发学生的创造欲,培养学生的创新意识。

本课教材要求学生结合生活设计一个以人物、动物等为图例的标识,不同的标识传达不同的信息,范围太大,教师无法在一节课中将各种类型的标识都讲解并示范到位。那么,教师就要把握教材重点,合理开发,创造性地使用教材。

从学生出发,考虑到他们对动物相对感兴趣一些,然后再结合关心德育中的关心自然这个方向,我将这节课的绘画内容定为:为野生动物设计一个保护标识。

三、操作要点

小学美术新课标把学习分为:"造型·表现""设计·应用""欣赏·评述"和"综合·探索"四个领域,也可以看成是美术课堂的四种不同类型。

(一)在"造型·表现"课中渗透关心德育。

绘画是"造型·表现"中最主要的一种艺术形式。教师可以借助绘画课的优势,让学生能够了解关心德育教育的内容,比如一年级《我的好朋友》一课,让学生在绘画的过程中感受交友的快乐,培养他们关心同伴的思想品质。在绘画课中渗透关心德育和直接灌输的教学方式不同,这是用艺术的形式体验情感,从而有效提升学生的道德品质。

(二)在"设计·应用"课中融合关心德育。

"设计·应用"领域包括工艺和设计两种学习内容。

工艺制作的种类很多,在小学美术教材中包含了折纸、剪纸、树叶拼贴等多种项目。教师在工艺制作过程中,就可以渗透关心德育。比如二年级《对称剪纸》一课,教师可以给学生介绍剪纸艺术。剪纸是中国民间流传已久的传统工艺,依附于民间特定的文化背景与生活环境。从用途可分为四大类:张贴用,即直接张贴于门窗、墙壁、彩灯等上面做装饰;摆衬用,即用于点缀礼品、嫁妆、供品等;刺绣底样,即用于衣饰、鞋帽、枕头;印染用,即作为蓝印花布的印版,用于衣料、被面、门帘等。介绍的同时,依次展示这些优秀剪纸作品。教师仅仅教会学生相关作品的制作原理和方法是不够的,还需要培养学生关心社会、热爱民俗文化的精神。

设计课如五年级的《我认识的标识》一课,在众多设计元素中挖掘其中一个即可展开。

（三）在"欣赏·评述"课中渗透关心德育。

欣赏课是小学美术教学中的重要部分。美术欣赏课对于提升学生的情感态度和价值观有着很大的作用,因此教师要充分利用教材中的作品,对学生开展关心德育教育。比如五年级《参观上海博物馆》一课,课前可以让学生去查阅自己感兴趣的文物的资料并做记录。课上带领大家一起去欣赏,一起去了解文物的发掘、流失、回归等故事;认识文物的珍贵艺术价值,体会中华文明的悠久历史,感受祖国文化艺术作品的璀璨瑰丽。通过美术欣赏课培养学生热爱祖国、关心民族振兴的良好品格。

最后,"综合·探索"领域是指通过综合性的美术活动,引导学生主动探索、研究、创造以及综合解决问题的美术学习领域。它是集造型表现、设计应用和欣赏评述为一体的综合课型。因此,在这样的课上挖掘出关心德育的元素还是较为容易的。教师平时要善于分析和创新,不断反思,有效利用教材中的德育元素提升学生的道德修养,有效推动小学美术教学的发展。

（金敏超）

实践与思考

以服务为本,创新生态校园文化环境

校园文化是一所学校思想文化内涵的最直接的表现,是一所学校的"精、气、神"。校园文化是一种无形的精神力量,它潜移默化地熏陶、感染着学校的每一位师生,它能够增强师生对学校的认同感,进而形成向心力和凝聚力。学校以"传道、授业、解惑"为己任,因而学校的发展离不开校园文化的建设。几年来,我们从创新生态校园文化环境入手,表征关心精神的校园氛围,在构建和谐校园方面进行了一系列有益的尝试和探索。

一、创建生态校园物质文化,营造校园关心的育人氛围

漕泾小学坐落在东海之滨、杭州湾北岸,是一所历史悠久的百年老校。2001 年,学校进行了整体搬迁,实现了学校历史上的又一次跨越式发展。新校园总面积 34 424 平方米,建筑面积 8 500 平方米,教学用房总面积 5 100 平方米。校园规划科学,教学区、运动区布局合理。教学区教学设施齐全,建立了校园广播室、电视系统、数字式监控网和校园

局域网。学校拥有音乐教室、舞蹈房、自然教室、美术画室、劳技室、书法教室、微机房、体操房等各类教学设施。运动区按相关标准建设有塑胶跑道、足球场、篮球场、排球场、羽毛球场、健身设施等,能充分满足学生文体活动的需求。

1. 创建"绿色文化"引领下的花园学校

新校舍搬迁之初,校园绿化一无所有。种小树,绿树成荫到何年? 种大树,学校经费极其困难,哪有钱? 在这种情况下,校长就发动全体教职工献计献策,经过头脑"风暴",决定采用种植和移栽的方法自己解决。于是,对一些草本植物自己买种子播种,大树则从撤并的村校中移栽。校长和总务主任一起跑村校,从辅导区六所村校中移栽树龄在 20 年以上的香樟树 57 棵、树龄在 10 年以上的香樟树 127 棵,还有广玉兰 29 棵、雪松 1 棵、棕榈树 22 棵,并精心呵护,成活率达到 100%,使我校绿化提前 10 年达到成荫,为学校节约绿化资金近 20 万元。

为了使校园绿化跃上一个新台阶,形成一个一年四季,鲜花盛开,绿草成茵,景物布局高低交汇、错落有致的"花园式"校园环境,为全校师生的学习、生活和工作提供良好的环境条件,校长从 2004 年开始大胆设想,并多次向镇政府汇报,请求扩大校园面积。功夫不负有心人,终于得到镇政府的大力支持,同意扩展校园面积 8 219 平方米。这样使目标和蓝图成为眼前的现实,学校领导高标准严要求,上档次、讲品位,统一部署,科学规划。2006 年,聘请金山区园林所专家做好规划设计工作。共投入 75.9 万元资金,完成道路、围墙、填土等一期工程。建成了 108 平方米的荷花池一个、月亮形紫藤架一个,铺设 318 平方米健身园塑胶地面,安装 15 种健身运动器,种植了直径 10～20 厘米的银杏树 13 棵和造型各异的花草组合色块。2007 年,根据区园林所规划,学校又对原有的绿化进行调整,种植白玉兰等 29 个品种 500 棵木本、"阔叶麦冬"等 11 个品种 3 569 平方米的草本、雪松等 9 个品种 57 棵常绿树木、25 丛"慈孝竹"、500 棵"爬山虎",新增绿化面积 3 770 平方米。同时,新增了 2.2 吨景石、虎劈石,铺设鹅卵石小道 240 平方米,总投资 13.8 万元,把学校建成一个集健身、绿化为一体的大花园。目前,学校绿化覆盖率达到 45.99%,绿地利用率 100%,为师生的生活留下了广阔的自由活动空间。目前,我校校园绿化良好,空气清新,肃静而不失典雅,校舍美观、干净,使人一进校园就能产生清爽、亲切之感和无限愉悦、恬美

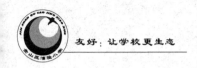

的感受。学校也因此被评为上海市花园单位。

2. 构建"特色文化"引领下的墨香校园

书法写字教育是我校的办学特色。经过十多年的打造，逐步形成了学校的写字育人特色文化，实现了学校的特色发展。在特色文化的创建过程中，我校总务部门立足后勤这个平台，做好"服务"这篇文章，精心营造书法写字特色教育氛围，使墨香校园成为我校的一张文化名片。

走进校园、踏进教室，墙壁、宣传栏、书法作品展示栏等都成为宣传写字、展示书法的阵地，整个学校成为书法宣传、师生书法展示的殿堂。

校园门口的校名，特邀我区著名书法家戚天音先生亲笔题写，内涵丰富，生动活泼，极具艺术感。

综合楼大厅内，在醒目位置悬挂着"写一手好字，做一个好人"十个楷书大字，这一办学目标随时提醒教师和学生要立字立人。大厅的墙壁、廊柱以及各处门楣上，展示了我校师生的各类优秀书法作品，形成了"人人练写字，处处有书法"的氛围，唤起学生书法练习上的心理共鸣，增强了学生相互之间的学习与交流和竞争意识，提高学生书法练习的积极性，让学生每时每刻都能受到祖国传统艺术的熏陶。

在教室的布置方面，我们也做足了文章，学校要求各班收集"最喜爱的名人名言"，然后由善于书法的老师进行写、拓、裱、装框、上墙。名人名言装框上墙，作为校园文化建设的一个重要组成部分，既美化了校园、美化了教室，又能使学生置身此景，显现出一种心理上的满足感，诱发出一种自豪感。这种教育潜移默化，润物无声，其教育功效远胜于说教式的思想教育课。

学校精心设计了一间师生精品书法作品展览室，室内展览墙底色以富有古韵的蓝色绒布包装，上面展示了近百幅师生书法精品。徜徉在展览室，如同走进了书法的海洋。这里是全校师生欣赏佳品的场所，这里也曾经吸引了许许多多各级领导和兄弟学校同仁的驻足。

目前，校园的画廊上、教学楼的楼梯和走廊上，甚至连开关箱的门上都精心布置着书法作品，使"让校园的每一个角落，让校园的每一堵墙都能说话"这一目标得到了充分的落实。

二、创建校园安全文化，确保充满关心的校园和谐发展

安全工作无小事，稳定压倒一切，安全重于泰山。要构建和谐校园，创新校园文化环境，安全工作可谓是重中之重。

1. 加强消防综合治理

消防安全工作是学校综合治理的重要内容,关系到学校财产安全和师生的生命安全。对于这项工作,我校从来不敢有丝毫懈怠与麻痹大意。在实际工作中坚持做到不断总结经验教训,不断改进和完善工作方法,提高安全防范能力,将事故隐患减少到最低,最大可能地提供安全保障,确保学校发展与改革事业不受影响。学校定期组织相关人员对全校消防设施进行综合检查,发现问题及时解决,发现隐患及时消除。我们结合"11·9"消防日,每年开展一次消防安全宣传周,让学生掌握基本的消防安全知识,增强消防安全意识,同时组织教师进行防火演习。另外就是加强学校重点部位的安全、防火管理,达到人防、技防、设施防的要求,定期更换消防设施。

2. 强化校园安全保卫工作

建立健全了特发时期和节假日值班制度。学校与保安人员和后勤门卫值班人员签订了安全管理合同。研究制定了《门卫人员工作职责》等规定,进一步加强了校园门卫、保安队伍的管理工作;校园门卫登记、验证制度措施具体,工作落实,日常管理进一步规范。

学校健全了校园安全技术防范体系。目前拥有校园周界报警系统、视频监控系统、有线防盗报警系统、无线防盗报警系统。基本形成了集人防、物防、技防三位一体的安全防控体系,切实做到学校安全、稳定工作防患于未然。

3. 重视饮食安全工作

学校与捷洁餐饮有限公司签订了饮食安全责任书。同时与餐饮公司一起加强食堂卫生安全思想教育。组织食堂工作人员学习《食品卫生法》《食堂安全管理制度》《从业人员卫生知识培训制度》《食堂仓库管理办法》等安全卫生知识和食堂有关制度,并明确食堂安全责任人,切实把食堂安全卫生工作落实到位。

加强对餐饮公司的监管,认真把握食品采购质量环节。不采购过期、腐烂变质、无生产厂家的食品,保证全校师生的用餐安全。

不懈的努力换来了师生安全的学习和生活环境,学校连续多年被评为"上海市平安学校"。

三、树立服务育人理念,创新校园关心文化环境

学校后勤管理工作是学校教育教学工作顺利进行的重要基础,是

第六章 "关心德育"的实施策略

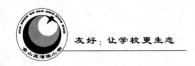

保证学校安全与稳定的重要环节,是实现学校工作管理育人、服务育人、环境育人的重要阵地。人人都是教育工作者,后勤本身就是校园文化的组成部分。

1. 树立正确的教育、服务和群众观念

我们要求后勤人员树立教育观念:学校的一切工作就在于"教书育人,服务育人,管理育人"。后勤管理工作的过程,同时也是一个教育的过程。如果说学校的各项工作都必须树立教育观念,那么,后勤工作树立教育观念尤为重要。这是因为,后勤工作很容易被人认为仅仅是跟钱、物打交道的工作,见物不见人。我们不能仅从现象上看问题,学校的全部管理活动,构成一个完整的教育过程,后勤管理也不例外。我们必须具有见物见人、管理育人的素质和能力,自觉地担负起教育学生的责任。后勤职工是一个不站讲台的老师,应以自身的行动来影响和教育学生,应充分利用和学生接触的机会进行爱校教育、劳动教育、爱护共公财物的教育、艰苦奋斗的教育等等。

我们要求后勤人员树立服务观念:后勤人员必须树立良好的服务意识。一是为学校的建设和持续发展创造必要的物质条件;二是做好后勤保障工作,确保教育教学工作的正常运转;三是努力掌握服务技能,为师生教育、教学工作提供优质服务。后勤人员只有牢固树立全心全意为人民服务的思想才能真正实现优质服务,努力为学校的持续发展营造一个良好的环境。

我们要求后勤人员树立群众观念:群众观念要求后勤管理工作必须面向全校师生员工。它的工作状况好坏,直接与每个师生员工有关系。坚持群众观点,一是要关心师生,二是要与师生互相沟通。我们要想师生所想,急师生所急,帮师生所需。根据后勤管理工作的性质和要求,我们必须努力为师生办实事。

2. 加强学习、提高自身的服务素质

一流的学校需要一流的后勤,一流的后勤需要一流的后勤人员,要成为一流的后勤服务人员就需要全体学校后勤工作者加强学习,努力提高自身的服务素质。我校后勤人员整体学历不高、文化素养偏低,服务技能有待提高。所以后勤人员必须树立终身学习的观念,不断为自己充电,努力成为一个受到全校师生喜爱的后勤服务人员。

我们要求后勤人员加强学习,提高自身的思想素养和职业道德素养。教育事业的发展告诉我们,仅仅看到学校后勤的服务性保障作用是远远不够的,还要看到后勤工作对教育对象的教育性,因此我们应当高度认识后勤工作在整个学校工作中"育人"的重要作用,必须建立良好的职业道德规范,正确认识育人的重要性,把培养学生良好的道德行为、陶冶学生高尚的情操等多层次、多角度的育人要求渗透到服务工作中去。

总之,校园文化是一种氛围、一种精神。校园文化是一个学校发展的灵魂,是凝聚人心,展示学校形象,提高学校文明程度的重要体现。诚然,校园物质文化、校园安全文化、校园服务文化是校园文化环境的重要组成部分,但毕竟校园文化的创新是一项复杂的系统工程,其精神层面的校园文化内涵更加丰富,只有把物质文化和精神文化有机地结合在一起,校园文化才能真正升华为校园之魂,且由此去影响一代又一代的学生健康成长。

(陈沫忠)

第七章　生态德育建构的校本实践

我们在实施生态型关心德育时特别强调要关注"三个发展",要关注学生的自然发展,这是发展的自动性问题;关注学生的和谐发展,这是发展的适宜性问题;要关注学生的充实发展,这是发展的基础性问题。这些是德育实践当中的基本问题,也是德育质量的标志。

一、"三关心"之一：关注学生的自然发展

(一)自然发展——发展的规律性问题

儿童的发展循着一条不以成人意志为转移的自然规律。这种自然规律是孩子天性的显露。关心德育所提倡的尊重发展的自然规律,也就是教育者首先要关心儿童的成长规律,而不是以成年人意志去灌输去强扭,扼杀他们的天性。生态型关心德育让孩子的天性充分地展现,只有在天性的展现中我们才能把握孩子多种发展的可能性,使潜在的能力得到最大限度的开发。

儿童成长的自然性体现在发展的阶段性,所谓的发展阶段性表现在一定的阶段儿童发展什么、以什么样的方式发展为适宜,由此引出了教育者应该怎样依据发展阶段进行教育的问题。

奥地利动物行为学家洛伦兹(Konrad Lorenz)把"印刻"这种特殊生理状态发生期叫作"发展关键期"。印刻是动物一种天生的、本能的、迅速的学习方式。小鸡"印刻"的关键期是出生后的 10～16 小时,小鹅在出生的 20 个小时内,小狗的关键期是出生后 3～7 周。小老鼠则在睁开眼睛和会听后的 1 周～10 天内;如果小老鼠在对母老鼠的印刻形成之前就被人类饲养,它就会十分顺从于人类。小猫睁开眼后立刻与老鼠一起生活,成年后即使在饥饿状态,猫也不会吃老鼠。小羊生后 10 天内由人抚养的话,它这辈子永远也不能"合群"了,再也无法进入羊群

了。这种印刻现象几乎存在于所有哺乳动物中,甚至包括人类。洛伦兹把这种无须培养强化的,在一定时期容易形成的反应叫作"印刻"现象。印刻发生的时期称作关键期。"关键期"理论的提出和研究,使洛伦兹荣获诺贝尔奖。之后,人们开始对人类的各种行为,包括心理、技能、知识掌握等"关键期"进行了大量的研究,提出了人类心理发展"关键期"理论:人类的某种行为和技能、知识的掌握,在某个时期发展最快,最容易受影响。如果在这个时期施以正确的教育可收到事半功倍的效果,一旦错过这个时期,就需要花费几倍的努力才能弥补,甚至可能永远无法弥补。

有研究表明:

＊出生后 8～9 个月,是婴儿分辨大小的关键期。

＊出生后 10～11 个月,是婴儿理解语言的关键期。

＊1 岁～1 岁半是语音学习的关键期。

＊2～3 岁是幼儿计数能力开始发展的关键期、口头语言学习的关键期。

＊3 岁的幼儿动手能力开始发展成熟,儿童学习自我约束、立规矩的关键期。

＊3～5 岁是发展幼儿音乐能力的关键期,音乐能力开始萌芽;儿童创造性发展高峰期。

＊4～5 岁是学习书面语言、掌握用笔能力的关键期,儿童"坚持行为"发展则为最迅速期。

＊3～8 岁是学习外语能力的关键期(3～5 岁是口语,6～8 岁是书面语言)。

＊5 岁左右是掌握数学概念的关键期。

＊6～7 岁是儿童体育能力速度、灵活性发展的关键期。

＊9 岁则是儿童初级哲学思维产生的时期。

关心与把握儿童的自然成长规律有利于教育者的教育适宜性,不拔苗助长,摧残儿童心灵。

(二)自然发展——关注成熟规律和经验机会

"发展是在生理成熟与新经验获得中实现的",尊重孩子的第一个表现,就是尊重孩子与生俱来的成熟时间表,这也是尊重孩子生长的自然规律。

成熟规律是指发展的内容及其发展的顺序,而不强调发展指标达成的确定时间。成熟是个体基因程序的展现,但它远不是发展的全部,因为成熟本身也是在经验获得中显现的,而获得经验的机会是以成熟为前提的,发展就是在成熟和经验的作用下实现的。

关注成熟规律,旨在强调儿童自身的生长轨迹,而不是成人为其发展预设的目标,以避免违背儿童身心规律的强制性做法。关心的首要任务就是创设符合孩子成熟规律的条件,适应孩子的生长顺序,引导发展。以高度的敏感关注孩子的成熟时间,为其发展做出及时而有效的应答。

任何一种能力的发展,在其成熟的早期都会有偶尔显露的新行为,这正是机会,捕捉它们,并提供刺激、诱发经验,使它们多次重复发生,便能最终稳定在心理结构中。对儿童的经验机会要保持高度敏感,充分利用日常生活和学习中最有利于获得经验的学习情境,推进发展的顺利实现。

儿童的孱弱又决定了他们对环境的极大依赖性,同时儿童生长的环境却又有极强的人为性。关注成熟规律注重的是发展的过程,是在孩子的发展过程中,抓住成熟的时机,以最具影响力的环境要素去引发孩子的经验。儿童的成长这种自然规律对环境具有能动作用。一般来说孩子总是以自己特有的方式来作用于环境的,满足的是自己发展的需要。儿童能力发展的根本原因在于其自身的主动建构,环境的作用主要表现为对儿童发展建构过程的支持或妨碍。

（三）自然发展——关注儿童发展差异

儿童发展差异是指婴幼儿本身发展速度或婴幼儿之间的发展速度的差异。影响儿童发展的主要因素有:智力因素、非智力因素、环境因素。其中环境因素又包括家庭、学校、社会等多方面的环境因素。

每个儿童都是独特的个体,每个儿童都自己独特的地方,千差万别,他们之间的个体差异是客观存在的。这种差异主要体现在儿童发展的特点、方向、速度以及发展水平上。每个儿童的独特性中都蕴含着他独特的成长方式和生长点,同时也与他的环境息息相关。爱因斯坦说过:"任何一种伟大高尚的事物,无论是艺术还是科学成就,都来源于独立的个性。"可见个性对于万事万物的发展是多么重要,让儿童顺应个性,健康快乐地发展,是教师的重中之重,也是最为关键和难以把握的事情。真正关注儿童的个体差异,进而促进每个儿童都富有个性地发展。

关注发展的差异性,就个体来说,完整发展不等于各个方面平均发展和匀速发展,在发展的不同阶段某一方面会有优势发展;就群体来说,每一个大脑都与众不同,其结构和生理、化学上的细微变化都决定了认知、行为和情绪能力存在较大的个体差异。因此,不同的个体会有不同的发展优势和发展特点。

儿童差异发展主要在智力发展与非智力因素发展上。关注多元智力上差异,也要关注非智力因素上的发展差异。完整的大脑需要以一种整合的思路去开发,注重环境的综合影响,避免训练的片面性和刺激的单一性,要在多种智力相互联系中求得全脑开发和完整发展。发展是在多种智力、多种非智力以及这两者间的关系中实现的。

实践与思考

追求"三度",播撒关心的种子

关心,一个简简单单的词汇,却与一个人生命成长紧密联系。关心理论的代表人物内尔·诺丁斯认为,关心是一种人们可以拥有的能力,这种能力可以帮助人们发展自身,建立关心的人际关系,更好地在这个世界上生存、生活。她在《学会关心:教育的另一种模式》一书中强调,学校必须为关心关系的建立和完善提供必要的气氛和文化;学校有责任教会学生学会关心,学会关心自我、关心他人、关心知识、关心物质世界。

随着《追求适合学生发展的生态教育探索》课题研究的深入,学校积极实践以"关心"为特征的生态德育。"学会关心"的教育,不再仅仅是学校德育工作的一个组成部分和点缀,而是贯穿于教育教学的全过程,融入于课堂教学、活动体验和社会实践中,让"关心"与学生的精神领域建立广泛紧密的联系,成为滋润学生生命成长并能具体表现的鲜活元素。

一、关心"关心"的缺失

(一) 两个孩子内心的孤独

有人说:"现在的孩子带着天生的孤独感来到这个世界。"也有人说："现在的孩子背着沉重的情感负担。"还有人说："现在的孩子对话语权的要求很高。"诸如此类的观点还有很多。总而言之，现在的孩子不像以前的孩子，一句"不像"里包含着夸赞，也包含着担忧。时代在进步，现在的孩子在"知识面""思维能力""文明程度""个性发展"等方面的表现令人称许，但在现实感、责任心、关爱他人、吃苦耐劳等方面的表现需要引起重视。如果你去用心关注、细细观察走进校园的每一个孩子，你会真真实实感受到每一个孩子都是独立的个体，每一个孩子都有这样或者那样的问题。这学期，我就捕捉到了这样两个案例。

案例1："爸爸妈妈一点也不辛苦，在家里一直玩手机"

9月，因为一位老师的请假，有机会教了一个月的四年级道德与法治课。第一单元的主题是"为父母分担"，要教育引导学生懂得父母的辛劳，管好自己少让父母操心，尝试做力所能及的家务活为父母减轻负担，有小主人翁意识为家庭尽责作贡献。教学时，大多数学生在调查表上、交流互动时都能表达自己对父母辛苦的体会和感受，但有个学生的发言让我有些惊讶，更让我不由得细细琢磨。他说："爸爸妈妈一点都不辛苦，他们在家里一直玩手机。"顺着他的发言，我组织学生进行了讨论，大多数的观点都倾向于"有的爸爸妈妈虽然不做家务活儿，但他们要上班、要照顾孩子，还是很辛苦的，玩手机是他们休息的一种方式"这一观点，但也有小部分学生开始动摇，认为："家里的活儿都是爷爷奶奶干的，我们也是爷爷奶奶在照顾，他们在家基本不干活儿，真的不是很辛苦。"当时，我想：接下来的课还是要涉及这个内容，所以鼓励他们通过回家仔细观察，和父母、家人交谈等方式去进一步了解父母的工作和生活。在随后的几节课中，其他孩子的想法有变化，但这个孩子的想法基本没有动摇。

案例2："干什么都没劲，除了游戏"

还是这个班级，有一个姓孟的男孩。几节课下来，发现课堂中的他不声不响，似乎所有的学习活动都引不起他的兴趣，与他没有关系。我找他聊了聊。他话不多，但有问必答，干脆利落。"你不喜欢上课吗？""嗯。""为什么不喜欢？""没劲。""那你觉得什么有劲？""玩游戏。""家里人关心你吗？""不关心。"……他整个的状态，让你看不到童真和活力的存在，完全不是一个十多岁男孩应有的模样。事后，找班主任老师了解了下，我所感受和了解到的基本就是他的常态。

（二）孩子们缺少关心的精神

上述两个案例，或许只是个例。但是，它们代表了一定的倾向。置身于当今纷繁复杂的社会，孩子们从中看到的、悟到的、学到的，可能远远超出我们的预料，特别是一些成熟得比较早的以及家庭教育缺失的孩子。如果我们一并把他们的一些想法归置于孩子的天真和不懂事，或许会错过一些修正孩子已有偏离倾向的价值观的契机。据事后了解，案例1中的那个孩子，其实在很多时候的想法就与别的孩子不一样，他的不少想法都有偏离正常轨道的倾向。案例2中的孩子生活中缺少应有的关爱，对什么都漠视，只有游戏才能激起他的兴趣与激情。无论是对亲人的付出视而不见的，还是感受不到生活的美好，我想都是因为缺乏了关心的意识和能力。在前一个孩子心里，他只关心自己，却也没有正确地关心自我；在后一个孩子心里，周围没有一个人真正关心自己，他体会不到关爱的温暖，当然也做不到去关心他人。

其实，不止这两个孩子，也不止有这样两种表现，在随后的了解中，不少孩子对自己、对他人、对集体、对自然、对社会等或多或少都存在不关心、关心不够的表现。德育是育人，是要把孩子育成一个健康的人。孩子缺什么，我们就要给什么。孩子们缺乏关心自我、关心他人的意识和能力，我们就要提供这种帮助，否则到后来他们的人格可能会有问题。

二、关心"关心"的温度、深度与效度

（一）联系生活，触摸关心的温度

关心，一个简简单单的词汇，却与一个人生命成长紧密联系。关心理论的代表人物内尔·诺丁斯认为，关心是一种人们可以拥有的能力，这种能力可以帮助人们发展自身，建立关心的人际关系，更好地在这个世界上生存、生活。她在《学会关心：教育的另一种模式》一书中强调，学校必须为关心关系的建立和完善提供必要的气氛和文化；学校有责任教会学生学会关心，学会关心自我、关心他人、关心知识、关心物质世界。"学会关心"的教育，不仅仅是学校德育工作的一个组成部分和点缀，而应是贯穿于教育教学的全过程，融入课堂教学、活动体验和社会实践中，让"关心"与学生的精神领域建立广泛紧密的联系，成为滋润学生生命成长并能具体表现的鲜活元素。

在德育工作中，我们经常见到的是老师脱离具体的生活情境，进行

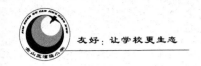

简单说教的场景。这种单纯为教育而教育的做法,对于心智发展还不成熟的小学生来说是比较低效的。在实施"学会关心"的教育时,我们要针对小学生的特点,发挥好蕴含着丰富教育资源的"现实生活"的作用,从生活出发,让学生在生活情境中反复感受与体会,用自己的心灵去触摸"关心"的温度。

可以开展观察体验类主题教育。如,围绕"生活中的关心"这一主题,让学生去观察、感受、记录来自家人、老师、同学对自己和对他人的关心,并组织学生交流描述具体的事例,体会到"关心"有时是一句暖人的话语,有时是一个简单的动作,有时是一个甜甜的微笑……又如,围绕"我的心情故事"这一主题,让学生回顾自己有过什么样的情绪,是由什么事情引起的,通过讲述、绘画等方式了解人有喜怒哀乐等多种情绪,要正确对待自己的情绪,学会关心自己。

可以结合教学内容联系生活经验进行学科渗透。如,五年级语文第二学期《慈母情深》《母亲的鼓励》等课文的学习,老师可以引领孩子们调动生活经验反复品读语言文字,读出关心的内涵,读出自己的情感。同时,可以组织学生从日常生活中找出具体的事例,以"我眼中的母亲"为题开展小练笔,让孩子们激活已有表象,创造新的形象,用语言对母亲给予子女的那份特有的关心进行情景描述,让只可意会不能言传的母子之间的关心的魅力能散发出来,弥漫到学生的心田。

苏霍姆林斯基说:"要让词深入儿童的精神生活里去,使词在儿童的头脑和心灵里成为一种积极的力量。"虽然这句话是针对言语学习的,但对于教育同样通用。我们要努力让"关心"不仅仅作为一个词语或者一个抽象的概念出现在孩子们的眼前,而是要以独特的具象进入到孩子的精神世界里。联系生活,让学生走进生活,让生活来到课堂,孩子们脑海里的"关心"就会是曾经发生过的一幅幅鲜活画面和一份份温暖的感情,这样的教育才是富有温度的,也才是有效的。

(二)活动推进,开掘关心的深度

"学会关心",只有在充满关心的生活过程和积极和谐的人际互动中通过感知和体验才能形成,因此学校应着力推进和创设这样的校园生活。校园活动是最富有教育性和针对性的载体,也是生命体验的过程。借助活动,促进学生对"关心"内涵与外延的正确认知,促进其社会性发展,当是生态德育的一项重要旨归。不同形式、不同目标的活动之间的交互、照应、印证，无疑为丰富生态德育的含义、开掘"关心"的深度提供了良好的平台。

针对人、环境、知识等不同对象的关心，学校可以组织不同的活动。比如，针对"关心自我"，可以开展心理、安全、运动、青春期等主题教育活动，帮助学生认识生命现象，掌握基本的自我保护技能，初步认识生命的可贵，爱惜自己的生命。针对"关心集体"，可以开展"小岗位""雏鹰争章"等活动，帮助学生认识到每一个同学都是班级的小主人，为班级服务、对班级负责是每个人的职责，要做一位有担当、有责任感、热心为集体服务的合格小学生。针对"关心环境"，可以开展"校园里的树""我家的绿色生活方式""我最喜欢的动物（植物）"等主题教育活动，组织学生开展"小实验""小制作"等实践活动，引导学生广泛接触科学、自然、生活等内容，促进学生关心周围环境，亲近自然，珍惜资源，有初步的环保意识，培养他们的兴趣和探索精神。

学校还可以通过开设"关心"课、设立"关心日"、举行"关心节（友爱节）"等途径，引导学生对"关心什么""为什么关心""怎样关心"等问题有正确深入的认识，丰富和提升学生对于"关心"的含义、表现形式等的感性认识和理性认识。

学校聚焦"关心"，开展形式多样、内容不一的各类活动，带领学生触摸到"关心"的不同外延，沉入"关心"的不同内涵世界，能有效培育学生的关心意识，培养他们正确关心自己、关心他人以及关心社会的能力，懂得爱人、责任、尊重、互助等人性品质和精神取向。

（三）行为表现，提升关心的效度

德育是具体的，其最高境界是"行为表现"。行为表现是指不同的个人或群体在生活中表现出来的态度及具体的方式。学生学习关心，不能只停留在"认知"的层面，更重要的目标是指向于"行为表现"。学校和教师要善于创设"运用"情境，在实践中唤醒、顺应和养护学生"行为表现"的欲求，让学生的"关心"意识和认知在行为表现中最大限度地增值。

可以结合春节、元宵节、重阳节、妇女节、教师节等节日，开展节日庆祝活动，引导学生用合适的行为表现去传递对自己最亲近的人和与自己有关系的人的关心。可以利用"入团""入队""十岁生日""毕业典礼"等仪式教育，引导学生用恰当的方式表达爱团、爱队、感恩父母、感

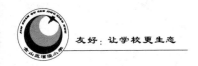

恩老师等真挚的情感。可以组织学生到敬老院、社区、街道等开展送温暖、送祝福、垃圾分类、文明交通等志愿行动,开展"职业体验""我是劳动小能手"等实践活动,引导学生用力所能及的方式表现对自己无关的人的关心以及对家庭和社会的责任感。

班主任老师可以利用班级生活中的真实事件,引导学生乐于、善于并科学表达自己的"关心";学科老师可以在学科教学中开展综合实践活动,引导学生不仅学会"关心自己和他人",还要学习关心周遭世界。

以上种种,指向的是"表现"的"训练",这些有目标、有计划的"有意训练",表面上看是教师外加给学生的,但在实施的过程中,可以逐步激发起学生内在的需要,让学生逐渐体会到"关心"的表现对象和表现目标,懂得怎样从别人的视角去观察和感受,运用已有的认知去有效表达自己的感情,在行为表现中提升关心的效度。

教育,实际上是一种播种。实施以"关心"为特征的生态德育,在人的成长中播下"关心"的种子,就是去启发和培育人生命中美好的一面,让它生长出来,使人在成就自己的同时成就他人、服务社会。追求有温度、有深度、有效度的教育,就是在孩子们平凡的生活和日常的小事中润物细无声地播下一颗颗关心的种子,一点点地"浇水""施肥""除草",静等它们慢慢发芽、长大。相信只要用心培育,坚持不懈,终有一天,孩子们会生活在幽深茂密的长满关心的感情之树的森林中。　　（胡卫英）

以关心为轴心让大爱成辐射

人不论来自哪里,有过什么样的成长环境,每一个人都会有伤心、悲痛、抑郁、愤怒、焦虑、后悔、羞耻、兴奋、开心、惊讶等等情绪。我们或许无法完全理解他人的世界,但是我们可以非常清楚地知道当我们感受到这些情绪时的体验。每个人的经历、身世和处境是如此不同,我们怎么才能产生共鸣?理解不光是对事情、对看法、对价值观的知晓,更是对一个人情绪、情感的感同身受,每一个灵魂深处,情感的共鸣是最亲密、最真挚的体验。诺丁斯一再强调"关心是一切成功教育的基石"。在关心的氛围中感受同伴的情感体验,将会培养一群以"关心"为情感出发点的孩子,成就做"好"人的人生格局。

【案例背景】

S同学两三岁的时候摔进过井里,喝了很多水,虽捡回一条命,却在行为表现上有些多动,上课不能认真听讲,注意力不能长久集中;下课喜欢动其他同学,班级中的很多孩子都很不喜欢他,孩子的成绩也很不理想。家长因为孩子的种种表现去上海儿科医院做了检查,发现有点多动症。我新接这个班级的时候,从家长处了解到这个情况后,对孩子的遭遇产生浓浓的同情感,不再认为他是一个专门调皮捣蛋的孩子,而是同情他无法克制自己的行为,无法集中注意力。如何利用好这个孩子的资源进行教育呢?

【方法策略】

一、正确认知,正视自我关心

现在的孩子自我意识特别强,孩子间稍微受到点摩擦就会跟老师告状。所以每天跟老师反映情况最多的是 S 同学又把我的书给藏起来了、S 同学又偷用我的橡皮、S 同学把脚横放在过道中让我们走不过,诸如此类多不胜举。大家对自己的情绪波动非常敏感,怎么样才能引导学生正确关心自己呢?

于是,找了合适的机会,我跟孩子们聊天:

问:"你经历过最可怕的事情是什么?"

孩子们纷纷发言,有的孩子说最可怕的经历是打雷的时候,有的说最可怕的是做错事爸爸妈妈批评的时候,有的说最可怕的是看见蛇,等等。

在孩子们纷纷回答后,我非常严肃地说:"人最可怕的事情是面对死亡的威胁,我们班有一名同学就有过这种可怕的经历。"孩子们好奇地看着我。

"是 S 同学。"

大家把目光都集中在他身上,这时 S 同学明显害羞了。

我说:"S 同学你能说说你经历的最可怕的事情吗?"

S 同学眼神闪烁,口齿不清地(本来说话就口齿不清)说:"是小时候摔到井里,一片黑的,喝水……"同学们瞬间就用非常惊奇又同情的眼光看着他。

我接着说:"是呀,S 同学两三岁的时候在井边玩耍,掉到井里,头朝下,大人们找了很久才找到他,把他救了起来,但是他在挣扎的过程中喝了很多水,脑袋也受到了轻微的伤害。我们小朋友想想这种可怕的经历,是不是应该为 S 同学感到高兴?他最后被救起来了,现在才能

跟我们一起上学。"教室里响起了孩子们发自内心的善意的掌声,为S同学这段惨痛却又幸运的经历。

我适时引导:"S同学所有的小动作都是因为小时候这件事情带给他的影响,我们小朋友应该给他更多的爱护和帮助,在学习上帮助他,在生活中关心他,让他在我们班感受到大家对他的关心,你们能做到吗?"

孩子们眼神坚定,声音响亮地回答:"能!"对着S同学,我看到他有点难为情,于是马上跟进:"你看我们班的同学都喜欢帮助你,和你成为好朋友,你以后不要随便动别人的东西,如果东西忘拿了,随便哪个同学都愿意借给你的。学习上更要上课认真听讲,不懂的地方我们礼貌地问同学、问老师好吗?"他羞怯地点点头,我走过去首先给他一个大大的拥抱,"你的最可怕经历现在我们都知道了,我们一起克服它,好吗?"接着,越来越多的孩子过来拥抱他。

S同学在那一刻,有点傻了,就咧着嘴笑,我看着他也跟着一起笑,眼睛中闪现了不一样的光芒。

案例中其余同学处在二年级这样的年龄段,对自身的关心停留在别人损害到自身利益的时候,会跟老师、家长告状,来表示自己受到伤害了。S同学对自身的关心处在我要引起别人的注意,所以会有一些小动作,在别人不理解的情况下造成很多的小摩擦。经过坦诚了解后,孩子们都能正视对自己的关心,不能过度,要宽容对待别人,也许他的一个小动作并不是故意伤害你,而是想要你去关心他呢。对于S同学来说,他的体验是同学们对我是非常友好的,他们会理解我,帮助我,所以我更加不能去做别人不喜欢的事情。基于这样的认识,班级中每个孩子都能慢慢正视自我关心。

二、角色互换,学习关心他人

关心教育不能光体现在自我关心上,还要学习关心他人。在接下去的家长会上,我跟S妈妈特地深聊了一次。她说她知道自家孩子的情况,在学校里不招人喜欢,同学们都排挤他。我跟她说:"以后对孩子不要存在这样的想法,孩子们很直接的,谁碰到或者伤害他们自己了他们就会马上反映。而且如果说一个孩子这样说,是偶然,那么全班孩子都反映S同学的情况还是偶然吗?"妈妈不吭声了。我说我们应该先从自己身上找原因,不能埋怨、责怪别人。先把孩子的习惯养好,习惯好了孩子的学习上去了,自信自然就有了,也不会用其他的方式方法来吸引小朋友们的注意了。妈妈一听非常有道理,于是开始舍弃上夜班的工作,换个白天的工作,晚上专门辅导孩子作业。同时,我把孩子的座位移到第一个,以便上课时随时关注他的情况,一旦不专注了就指名让他回答,并且把简单的问题都留给他回答,及时表扬。经过一个学期的努力,孩子的成绩从 D 变成 B,字迹也从原来的歪歪扭扭变成现在的端端正正。下课时,他不再故意去破坏同学的东西,也不故意给人使绊子了,还学会帮助其他同学倒水、传递作业本、大课间帮同学拿衣服等。下课可以和几个小朋友一起玩游戏,如果上课铃声响了他还在外面,同学们会一起关注他,喊他进来,或者去图书角、卫生间找他回来上课。S同学最喜欢和班级中的 G 同学做好朋友,因为他觉得她成绩好。春游的时候,我特地安排 S 同学和 G 同学坐同桌,排队、走路的时候都是手拉手一起行动,G 同学表示很乐意和 S 同学一起春游。经过一个学期的相处,S 同学的习惯有了明显的改善,课间不会再故意去打扰别人,在家长的配合下,所有的学具都配了很多,一般不会再到别人那里随便拿东西。孩子们之间关系慢慢融洽,真正融入了这个班级。在班级中其他孩子也学会了关心班级中有特殊情况的学生,他们自己也在自我完善中慢慢学会关心别人,替别人着想,友好处理同学关系,班集体在互相关心的氛围中越来越和谐。

三、活动参与,培育关心意识

从 S 同学成功的例子我感受到关心的力量。如何在孩子心里建立起主动关心的一种意识?如何让孩子们自觉形成这样的一种氛围?利用活动的展示机会,在参与活动的过程中,更能激发学生的关心意识。恰逢学校读书节绘本表演,孩子们都很热衷于参加这样的节目,家长们也很支持。班中小部分孩子在家长的配合下,出色地完成了节目的演出。

在班级交流中,我问:"像这样的绘本表演孩子们你们想参加吗?"全班小朋友都大声说想参加。但是这样的表演全班只有一个代表节目怎么办?作为几个班干部,请他们想想办法。W 同学是班长:"我们参加活动,但是像 L 同学这样奶奶带的没办法和我们一起参加活动。"

那像这样的父母不带、跟爷爷奶奶生活的孩子我们怎么办呢?是

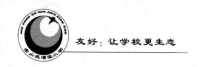

不是就一直不能参加活动了,也享受不到参与活动的机会?孩子们又一次想办法,大家在讨论中发现,其实在活动中除了几个主角没办法替换,其他的都可以替换,而且他们每个人都可以做到。例如演一棵小树、演一只只需要一个动作的小动物等。于是在入队仪式表演节目中,全班孩子分两组利用课余时间进行排练,相对于家长不关注的孩子,他们自己认领比较简单的角色,群演,但是也上台。在彩排中孩子们互相研磨角色的要领,指导那些没有参加过表演的学生,一大批像 L 同学这样的平时在班级中存在感不强的孩子的脸上洋溢起了灿烂的笑容。上台当日,当二小放牛郎的歌声响起,当孩子们穿着小军装在手拉手做群众的时候,我看到了孩子们心中温暖的"情"天。

"关心德育"的内涵是一种发展学生做人的道德能力,特别是发展关心能力、培育关心意识的德育模式。孩子在走上社会这一步时先走进校园、走进班级,在班级中学着与人相处。他首先要学会关心自己,本案例中孩子们都会关心自己的情感需求、学习需求。第二层次是关心他人。这一点显然孩子们还没有明确的认识,所以作为老师,要从孩子原生家庭中去挖掘某些孩子需要被关心的点,从而触发孩子的幼小心灵,让他们感受到在我们的身边每个人的经历都不一样,有些人是需要我们特别去关注和关心的。拉近人与人之间的距离,从而学会用角色替代的方法像关心自己一样去关心别人,营造良好友善、积极向上生态发展的班集体。最后,培育人人具有关心的意识才是我们教育的目的。让他们在自己的情感体验中由自己想到别人,无论做什么事情都体现关心的意识。思考问题从点到面,从部分到整体。这也是为孩子们以后踏上社会,对整个社会有主人翁意识和大爱情怀的情感培育。我们在情境中践行"关心德育"、发展"关心能力"以达成孩子的生态向善成长,真正做一个好人。

(林春芳)

方法案例

人 性 养 育 法

关心德育是以关心学生道德品行成长,通过道德动机激发提供关心品德践行,促进学生关心品质与做人能力发展的一种德育模式。人性养育法是指以人性培育学生的关心品德,培养学生在认知、情感与行为上正确处理人与自然、人与社会、人自身的和谐,学会关心,具有尊重与责任能力,具有生态理性、生态情感与行为,养育人性,促进自我可持续发展。从人性关心的立场出发,设计与实施德育活动。

一、案例描述

某一天下午我接到了小林同学爸爸的电话。

林爸爸:何老师,你好!我想和你沟通下情况,孩子拿了家里的钱,没有和家里人说,请老师关注下,看看怎么处理?

何老师:具体拿了多少钱,爸爸方便透露吗?这样的情况出现过吗?

林爸爸:拿了100块,之前二年级的时候拿过家里的纪念币。

何老师:孩子拿钱干什么知道吗?

林爸爸:可能和好朋友买东西去了。

何老师:好的,林爸爸,我先去找孩子了解下情况,再和你联系。

由于当天上午外出,回学校我一路上想着怎么处理这件事情。第一,我通过和之前的班主任更深地了解到孩子的情况。孩子是家里的老二,上面有个姐姐比较优秀,本来这个孩子的个性比较内向。爸爸工作比较忙,一般外出的时间比较多。也了解了之前孩子拿纪念币时的处理方式,孩子拿了纪念币给了其他班级的小朋友,在两位老师沟通了很久的情况下,才说出了实情。第二,和这个孩子在平时接触得也是比较多的,印象也是比较深的,有一次他和好朋友没有去上课躲在厕所里写日记,后来经过了教育,态度也是比较诚恳的,自此之后也没有发生过类似的情况。考虑到孩子性格的内向和自尊心,在途中,我一直想着怎么和孩子诉说这件事情。突然想到之前听讲座时,丁向阳老师说的,你去和家长和孩子阐述一件事情,借助着媒介可能比较好。于是我想到了昨天我在另外一个班辅导学生,回家比较晚。回到学校我先找了班级里其他回去得比较晚的小朋友私下了解了下小林的情况,确定小林和小干一起出校门去小卖部的情况后,我找他们分别进行了谈话。

何老师:小干同学,你昨天是不是回家比较晚?我也回家很晚,出校门的路上看到了你和小林在小卖部,妈妈几点来接的呀?

小干:妈妈五点多来接的。

何老师:小林是你的好朋友是吗?所以她给你买了吃的是吗?

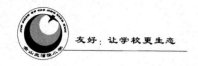

小干：是的。

何老师：她给你买了什么记得吗？

小干：不记得，好像两样东西。

何老师：她有和你提起过说钱是爸爸给的还是妈妈给的吗？

小干：没有。

在得知了小干的情况之后，我找了小林谈话。

何老师：我回家比较晚，昨天出门的时候，看到你也还没回家，家里人接得晚了是吗？

小林：嗯。

何老师：所以妈妈给了钱和你说，可以和小干买一点吃的是吗？

我看到她的眼神有点变化。

小林：嗯。

何老师：你们好像买了很多东西，我也正好去小卖部，妈妈平时给你多少钱的零花钱？

小林陷入了沉默。

何老师：两个孩子去小卖部买东西还要穿过一条马路比较危险，我和你妈妈打个电话吧，下次不要给你零花钱了，直接带着去买。

小林有点着急，对我说：我拿的钱妈妈不知道。

何老师：这样啊，小林，学校里是不能带钱来的，之前我们也说过对不对？如果你要买东西时请妈妈带着，路上也有危险。其次，妈妈给你钱，和你不和妈妈说自己拿钱是两回事知道吗？我相信你，可以把事情处理得很好。你和我说下，你今天怎么和妈妈说这件事？

小林：我回去和爸爸妈妈说一下，把钱还给他们，以后拿钱和他们说一声。

当天晚上，我和小林的爸爸通了电话，爸爸说孩子很诚恳地和他们道歉了，也把拿的钱给了他们。同时，我也就小林这个行为背后的原因进行了沟通，肯定了小林改正错误的态度。爸爸妈妈平时工作忙对孩子的关心比较少，加上姐姐比较优秀，孩子就比较沉默。爸爸妈妈怕伤害到孩子，平时批评也比较少。我也和小林爸爸沟通了下，孩子还小，在做错事情的时候正确的引导和批评是要的，让孩子有正确的认知观，而正确的认知观也是建立在关心上的，只有关心孩子她才愿意和你吐露心声。

二、案例分析

通过本次的案例,作为班主任的我,也认识到了以下几点:

1. 尊重人性的民主化,在关心中培养民主的师生关系。生态型德育绝对不能强迫与专制,不应灌输,必须是引导,体现师生民主共生的关系。教师在处理事情的时候首先要了解清楚事情发生的经过,不能站在老师的角度去处理,往往事情经过最好的阐述者是学生自己本人。在本案例中,我没有直接责备小林,而是采用了等她自己说的方法,所以教师在与学生沟通的时候要注意语言的表达。要关注不同孩子的个性特点,不同的孩子处理方式也不同。就像小林同学,性格比较内向,你直接问可能不能得出什么效果,相信孩子能处理好,给她自己认识错误的机会。正如诺丁斯所指出的"关心伦理强调的是关心的关系性,也就是说,当我们谈论关心的时候,我的重点是放在关心者与被关心者之间的一种关系"。

2. 关注人性养成的环境,在关心中关注事情的可持续发展。在和家长沟通的时候,我也从孩子的家庭背景出发,和林爸爸分析了事情发生的原因,一起探讨了孩子这样去做的原因,以及了解了之前是否有过这样的事情,建立起必要的联系。在了解了情况之后,和家长共同探讨如何在后续的过程中处理好这件事情,关注孩子情绪的变化。一件事情的发生不是偶然的,肯定是有很多千丝万缕的联系。生态德育中指出教育主体上关注与环境的共生互动、德行养成上的主体自主发展。

3. 关注人性的价值取向,发展关心能力。"教师不仅需要建立一种关心的关系——教师在其中成为关心者,教师也有责任帮助学生发展关心能力。"在与小林的沟通中,首先我采取的态度是相信她,让她自己说,然后告诉她自己去和爸爸妈妈沟通这件事情。在第二天,我和小林又进行了沟通,告诉了孩子你应该怎么去处理这件事情以后,告诉了孩子正确的价值观,让孩子有一个主动去处理的机会。"关心德育",是指以关心为价值取向、以关心的方式培养学生关心品质的一种生态型德育。

三、操作要点

1. 以人性养育关心,要在关心中明确责任意识。很多时候孩子犯错是害怕被家长和老师批评的。教师在处理问题的时候可以通过关心孩子的情绪变化,在和孩子阐述问题的时候明确孩子在事件中要承担

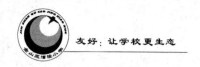

的责任,大部分孩子能自己处理好自己的问题,教师可以根据孩子的个性特点给予孩子信任。作为教师,关爱学生是教师的职责。无论在处理什么事情的时候,都需要和有经验的班主任或之前的班主任了解这个孩子的情况和家长情况才能对症下药。要对自己有信心,能把这件事情处理清楚。

2. 以人性养育关心,要在关心中关注事情发展的过程。教师在教育学生时要考虑事情发展的过程。适当地关注事情的发展变化和学生心理的变化,进行适当的策略上的调整。生态德育指出关心和发展密不可分,德育应该表现在儿童发展过程中关心。"适度"就成为教育的必然,这就凸显了德育的生态问题。

3. 以人性养育关心,要建立爱的关系。教师在教育学生的过程中还要站在关爱学生的角度,诺丁斯强调"要向学生传递这样一个信息:学校教育不是通往上流社会的阶梯,而是通向智慧的道路。成功不能用金钱和权力来衡量,成功更意味着建立爱的关系,增长个人才干,享受自己所从事的职业,以及与其他生命和地球维系一种有意义的连接"。

无论采用何种方式,在以人性养育关心的道路上,都需要教师在学生的道德认知、道德体验与道德践行上积极地引导学生,引导学生"学会关心,向善行善"的品行发展,注重学生的人性表现。　　　　（何雨菁）

适 时 适 度 法
——学会关爱,向善行善

生态型德育从青少年道德发展需要出发,遵循学生成长规律,增强道德践行与教育规律的切合度、与学生心灵的共鸣度、与主体心理发展的匹配度,形成德育内容丰富的、德育形式适切的生态型德育。适时适度法是指教师要依据学生的身心特征,以适合学生年龄可接受的内容与方式,在适当的时机实施关心教育。

学科德育如细雨,润物无声,各科教学是土壤,无时无处不渗透着细雨之水;学生似小草,吮吸着土壤里的水分。因此,数学教学中也可以每时每刻都融合着德育。数学教学中的德育,就是将德育本身的因素与数学学科所具有的德育因素有机地结合起来,要注重适时适度,符合学生成长规律,符合学生道德品质发展规律,使德育内容在潜移默化的过程中逐步内化为学生个体的思想品德。

关心德育是以关心为特征、以关心为价值取向、以关心的方式培养学生关心品质的一种生态型德育。只有让学生亲身体验、清楚认知,才能让他们付诸行动,积极践行。所以,要教会学生"关爱",让他们学会爱自己、爱他人,首先要让他们体会到别人对他们的关爱。

一、案例描述

《数墙》是二期课改新教材第一册第三单元中的一个教学内容,它根据小学生学习的心理特征,用孩子喜欢的新题型来训练学生的计算,又利用数砖层层累加而成的数墙来培养学生探索数与数之间规律的能力。

片段一:

师:(创设情境)羊村发生重大事件,美羊羊被抓走了。你们愿意化身为小侦探寻找线索,救出美羊羊吗?

生:愿意。

(刚进狼堡就被几堵墙给挡住了。)

师:看来只有找出这几堵"数墙"的秘密,我们才能继续前进了! 那现在就让我们仔细地观察一下数墙上的数有什么特点? 4人小组讨论一下。

片段二:

我在教授一年级《数墙》这节课,让学生探索规律时,在课的最后,有一个课外知识的延伸,里边提到杨辉三角,出示了杨辉三角的这张图,让学生找找这个图中的规律。学生能发现这个规律,找到规律之后,为学生介绍了一下发现这个规律的数学家,这个规律在我们南宋数学家杨辉1261年所著的《详解九章算法》一书中出现,所以这个规律就以他的名字命名。之后和国外的数学家进行对比,在欧洲,帕斯卡在1654年发现这一规律,杨辉在提出杨辉三角的时候比西方的帕斯卡早了393年。在此时我就融合了民族精神教育,于是在介绍了杨辉三角的相关历史材料的基础上,这样提问:"大家想对数学家杨辉说些什么呢?"

生1:我想说:杨辉你真伟大! 我们应该向你学习。

生2:杨辉有勤奋严谨的钻研精神,杨辉我佩服你。

但是并没有就到此结束,我继续问小朋友:那么,我们小朋友们在

第七章 生态德育建构的校本实践

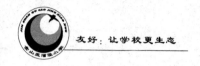

思考问题、做题目的时候应该怎么做呢？

生3：我们做题的时候要仔细一点。

生4：我们要把题目看清楚了再做。

生5：我们思考问题的时候要多动脑子，不能看到了就说不会做。

孩子们很聪明，知道学习数学要多思考，做题目要仔细。在这样的情况下，我马上又给了他们一道拓展题，他们对待这一题就更认真、更仔细，有的小朋友愿意开始动脑筋，参与到小组讨论中，碰撞出智慧的火花。这都是好的一面，带来了积极的影响。

片段三：

在小组讨论，寻找规律之后，需要请一个学生代表小组发言。

师：哪一组来说一说，你们发现了什么规律呢？

师：请沈某某同学代表你们组来说一说，你们发现了什么规律？

生2：（同一组的学生）老师，你为什么不请我来说？老师，我要说。

师：你已经回答好多次了，每次说得都很好，老师知道你很棒。但是，我们也需要把机会让给其他小朋友，听听他们是怎么说的，好吗？

生2：好的。

二、案例分析

1. 创设有趣的情境，启发学生的关心意识

数学课堂是严谨的、科学的，但是并不是说数学课上就没有德育教育。在一开始，我创设了学生熟悉的"美羊羊被灰太狼抓走了"的情境并将它进行改编，这不仅可以激发学生的学习兴趣，同时启发了学生的关心品质，学生们愿意积极开动脑筋、互帮互助，找出数墙的秘密，一起帮助羊村的小伙伴救出美羊羊。

2. 延伸数学历史知识，培养学生的关心品质

就如在这堂数学课堂中，我为什么要延伸一下数学历史知识，让小朋友们了解一下杨辉呢，还要和欧洲的数学家做对比？首先为了激发小朋友们的民族自豪感，让他们知道我们的数学家是很厉害的。因为现在的社会环境和家长的灌输，导致小朋友也会产生国外的东西会更好、国外的都比中国的好的这种想法，这是非常不可取的。其次，为了让学生学会关爱祖国，只有真正了解了祖国，才能正确地评判我国和其他国家，而不是盲目地听信他人。

3. 利用课堂突发情况,发展学生的关心能力

学生们愿意在课堂上表达、发表自己的见解,对于他们这样的表现老师应给予肯定,但是,我们也需要把机会让给其他小朋友。就如:请学生反馈自己组找到的秘密时,有的小朋友想代表自己组来表达,可是他已经回答了好多次了,不想把机会让给其他小朋友。老师就这样告诉他:"你已经回答好多次了,每次说得都很好,老师知道你很棒。但是,我们也需要把机会让给其他小朋友,听听他们是怎么说的,好吗?"在这个过程中,让学生学会关爱他人,一起解决困难,携手共进,同时让学生学会谦让,不能自私地只想满足自己,也要给其他小朋友尝试的机会。

三、操作要点

我认为在数学教学课堂过程中,教师除了要培养学生认真严肃、一丝不苟、严谨求实的学习态度和积极思维的良好习惯以外,还要让小朋友们学会关爱,爱祖国、爱自然、爱己爱人。所以,如果一名教师会抓住时机和机会,其实在每节课上都可以对学生进行适当的德育教育。

1. 合适的教学材料

生态型德育的实施要顺其自然。要在合适的情境和合适的教学材料下开展,对学生进行"关爱"的教育,而不是生搬硬套上去。同时对于不同年龄学生的心理,我们要采取不同的方法,用对待低年级的方法来对待高年级就不可取。

2. 创设有趣的情境

生态型德育注重在一定情境中展开引导,在情境中体验,在情境中践行。只有让学生在情境中亲自体会到,才能启发学生的"关心意识",培养学生的"关心品质",发展学生的"关心能力"。

3. 适切的时间点

生态型德育的展开要适时适度。在课堂上,我们要学会抓住时间点,对学生进行德育教育,而不是为了完成这堂课的内容和任务,把德育抛在一边。我们要在适切的时间点,对学生进行德育教育,让他们知道要关爱他人,这样才能记忆深刻,而不是事后再去解决。

4. 教师的言传身教

生态型德育的实施需要教师的言传身教。教师不只是教会学生知识,还要教会学生做人,只有教师以身作则,才能让学生有学习的榜样,

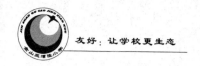

真正做到言传身教。老师无论课上或是课下爱护学生、关爱学生的点点滴滴，学生都能看在眼里，他们从中经过了"体验—认知"，最后就会积极地去"践行"，学习老师的方式，去关爱其他同学、关爱爸爸妈妈、关爱老师。

"生态型德育"注重在一定情境中展开引导，在情境中践行，在情境中考察，不能培养伪君子。在学生的道德认知、道德体验与道德践行上积极地引导学生，引导学生"学会关爱，向善行善"品行发展，注重学生的人性表现。生态型德育与教学内容要紧密结合，做到顺其自然，不做作，不把品德教育强塞给学生，注意适时适度，学生乐于接受，达到既教书又育人的良好效果。

（黄如怡）

同 伴 关 注 法

小学低年级学生的心理特点比较特殊。他们观察事物比较笼统，不够精准，对自我的评价几乎完全依赖老师，容易以自我为中心，只看到自己的优点，不容易发现缺点，也容易忽视他人，情绪容易冲动，自控能力较差，容易受他人的影响和暗示，进而产生不自觉的模仿行为。同伴关注法主要运用关心的"手段"，激发学生潜意识里的关心，培养学生学会关心同伴的良好品质的方法。

一、案例描述

片段一：

那是一个暖阳后的下午课，预备铃响，小朋友已经在走廊排好队伍，当我一眼扫过去，我发现了他，平时一向站在队伍最后的他，可能是由于小个子的优势，在班主任的安排下，站在了前排第二个！我心想："班主任是想让前排的小干部帮忙管着他，还是说他在别的时间有了进步？"但就排队情况来看，他貌似确实进步了。小朋友一路跟着我走到音乐教室外，我发现他在这路途中把自己管理得很好，跟着队伍没有一点声音。进教室后，在全班同学的注视下，我立时表扬了他，并请他坐到了前排。

这时我忍不住说："今天俞同学表现得太棒啦！排队和走到音乐教室的过程中全程都很认真且遵守纪律，能够遵守音乐课的课堂规矩，所以我想邀请他坐在前排的位置。"

这时，有其他同学表现出不满并说道："老师，他坐在前面会捣乱的,还是让他坐在后面吧!"

我说:"同学们,我们每个人都有自己擅长的项目,比如 A 同学跳舞很棒,B 同学英语很棒,但是俞同学在翻滚类和攀爬类的体育项目中很厉害,虽然在音乐上可能不是很擅长,但是我们多关心他、帮助他,他肯定会进步的! 同样你关心别人,也会收获别人的关心哦。"

话音刚落,其他学生纷纷看向俞同学,仿佛发现了他身上的闪光点,而他立时也自信了很多。

下课铃响,同学们注意到这位俞同学上课的表现,A 同学说:"老师,这节课俞同学的表现我觉得进步了很多,可以获得小星星!"其他学生也有同样的观点,那我一定是要满足大家和俞同学的,在所有同学面前,我表扬了俞同学和 A 同学,并说明表扬的原因。

这次事件之后,俞同学一改往日的学习习惯,逐渐有了想要表现的欲望,课堂上努力表现自己,在音乐课堂也能够基本参与到活动中。而其他同学也都能包容他、关心他,学习发现别人身上的优点,学习关心他人、帮助他人。

片段二:

歌曲《大鹿》是一年级第二学期第二单元的一首学唱歌曲,这节课堂学唱完毕后,我邀请学生一起参与歌表演。

师:小朋友们,接下来老师挑选一些同学来演一演"大鹿"的故事,请这六位同学分别饰演"大鹿""小白兔""大黑狼"的角色,每个角色两人,其他的同学来为我们演唱歌曲。

这时,我挑选的同学都已准备就位,表演开始,一位表演"小白兔"的 A 女生在演出开始后慢慢跟不上演出的节奏,最后不得不暂停表演。

这位 A 女生性格腼腆,平时不善于表现自己,今天难得举手,所以挑选了该同学,我走上前问她说:"A 同学,你在哪里还有问题吗? 可以告诉老师,帮你一起解决问难。"尴尬的场景对于她来说一时脸涨得通红,临时起意,我增加了一个环节"关心小白兔"。

师:同学们,现在我们来玩一个游戏,叫作"关心小白兔",请每位同学自选一位同学,两两组对,像刚才老师和 A 同学这样,互相关心,了解对方不会的地方,并为之解决,两分钟的时间,开始!

这时学生纷纷选择了自己的好友并互相讨论起来,这时我也帮 A 同学一起解决了困难,并且鼓励她大胆一些。

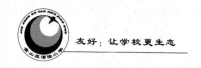

这个环节结束,同学们面带笑容,有序地说到对方为自己解决的问题,以及自己为对方解决的问题,在欢声笑语中开始了歌表演《大鹿》。

二、案例分析

1. 关心学生,引导学生认识关心

两个片段中都可以看出,学生对于认知和关心的手段还存在一定缺乏,但学生对于模仿和老师的暗示会有一定的肯定和依赖。利用老师的示范作用,成为学生模仿的对象,在潜意识里激发学生心里的关心意识,在老师关心学生的过程中,引导学生认识关心、学习关心。

2. 关心同伴,培养学生关心品质

在老师关心学生的感受下,学生感受到关心所带给心里的感觉,并通过这种感觉,直观地感受到心里的快乐,从而激发学生能够去关心同伴,培养学生乐于关心同伴,并在关心同伴的过程中,持久养成关心的良好品质。

三、操作要点

1. 关心的同时,照顾到未被老师关心的学生情绪

低年级学生的心理特点中还有一定的脆弱性,所以当你在公共区域关心某位同学的时候,一定要照顾到其他同学的情绪。例如在片段一中的 A 同学,如果一味地表扬俞同学,很有可能给会 A 在心理上造成某种不平衡。在片段二当中如果所有同学都停下,只是关心这位女生,其他学生心里一定有想法,所以在示范关心后,给予其他学生去学习关心,更重要的是感受同伴的关心,满足心理被关心的需要。

2. 关心的同时,注重学生关心同伴的持久性

学习关心是一个持续的品质,一节课的学习不足以说明学生就学会了关心同伴,能够在不同的时刻、不同的场合,发现别人的需要、关心别人的需要,是需要持续关注的。所以在每个时刻都需要引导学生去感受关心别人的同时,感受被关心的快乐,这样可以培养学生乐于关心、持续关心,养成良好的关心品质。

关心德育是每一位老师都需要重视的,在关心学生的同时,也培养了学生对关心的认知和关心同伴的实质举措,感受关心所带来的快乐,以及给学生在个人特征上形成的正能量品质。而在关心学生的基础上,我相信每一位老师也会感受到关心别人所得到的快乐,让我们一起

在关心路上持续前行。 （何　语）

分 散 连 续 法

——引导学生用好课间10分钟

关心德育是以关心为价值取向，以关心的方式培养学生关心品质的一种生态型德育。基于以上理论的理解，我认为在学校里每一点每一处对于学生的教育都是关心教育，既然关心了学生，定会使他们身心健康成长。分散连续法是指关心品质培养要利用零星的时间有计划地开展教育，并且不断延伸与深化，以长期、经常的教育影响学生关心品质的形成、关心习惯的稳固、关心品质稳定发展的方法。学校里每天都有不少的10分钟休息，有着不少关心问题的发生，有积极的，也有消极的，利用每天10分钟的时机中所发生的关心问题开展教育，可以结合学生的校园生活实际，也能使关心教育持之以恒。

一、案例描述

场景一："丁零零"，下课铃声响了，这个时候我已经在教室了，但是环顾整个教室，有几个位子还是空的。有的孩子这时候上厕所去还没有回来；有的孩子去接水喝了；有的孩子呢，虽然坐在教室但是他们还没有进入到上课的状态，比如他们的书还没有准备好……

场景二：虽然今年不做班主任，但是我也经常课间走进教室批作业，辅导个别学生。每每课间走进教室，教室里并不"太平"，奔跑打闹的，过来打小报告的，在这样一个环境中，教室里环境可想而知，不是一个杂乱可以形容的，不要说老师批改作业、辅导学生，就是想在课间好好休息调整下也是不允许的。这样长此以往孩子们的个性发展将会朝着随意性很强、无规矩、无整洁、无安全意识方向发展，一旦这种不良意识建立后，便会衍生出一些不良习惯，这样的不良习惯对自己，甚至对他人都会造成损失与伤害。

场景三：课间准备去上课，走廊里总会有奔跑的学生、一边走一边喝水的孩子，特别是还有在拐弯处角落里推搡扭打在一起的孩子、科技艺术长廊随意玩弄装置的孩子等，这些场景相信大家都不陌生，大多都在课间发生。课间10分钟其实是一个学生休息、调整身心、准备下一节课的好时机，也是学生在校的一个自己可以合理支配的时间段。但是课间休息倒成了犯错的最好时间，针对这样的情景，如果不加以制止

的话,后果不堪设想。首先课间休息的文明性荡然无存,更不要说安全性与条理性,以及科学性了。

二、案例分析

"关心德育",我想最主要的是关心学生的身心健康成长,作为教师除了自己树立一个好形象,处处为人师表,另一个就是真心关爱每一个学生,担当好一个好角色,担当好学生的良师益友,做好学生的引路人。小学生作为一个未成年人,他们就像一棵小树需要沐浴阳光,雨水滋润才能长大,他们不仅需要食物营养的供给,更需要家人、老师等的关心关爱才能健康长大。在学校里学生需要关心的时空很多。

为让学生课间文明休息,做好自己课间休息的主导者,虽然本学年我不做班主任,但是在校园里人人都是德育者,作为从教者的一份良心,还有带着对这份事业的初心,我真心希望每一个孩子都能在学校里健康快乐成长。目前我们学校个别学生的课间不能很好地休息,不能合理用好自己的课间 10 分钟,我打心里想帮助他们改变这一现实。今年我主要任教英语和体锻学科,还做一个班级的搭班,如何利用我现有的课程对于学生进行相关的课间休息的教育与引导呢?

三、操作要点

1. 发挥课程育人,针对自己所教学的科目进行相关的德育渗透。如 3AM3U1 这一单元的主题是 My school,在教学的时候我就引导学生进行口头输出,We can read and write in the classroom. But we can't run in the classroom. 我能在教室里干什么,不能在教室里干什么;我们能在图书馆干什么,不能在图书馆干什么;我们能在操场干什么,不能在操场干什么;等等,这样让学生先用英语进行输出,然后内化到他的行为。那么教学完这一课,我的核心目标是 We love our school. 我们爱我们的学校,怎么爱学校? 那么就是在学校里遵守纪律,爱护学校里的一草一木,文明对待学校里的场所、设施等。通过这个单元的德育渗透,我真发现有的孩子在教室里奔跑,会有小朋友上去阻止教育:we can't run in the classroom. 说明学科上渗透的德育对于孩子还是有感触的。另外在体锻课,我也会对于学生的行为进行规范,进行相关的安全教育,课间奔跑的兴致转移到体锻课上,课前给予学生一部分时间奔跑,释放自己的天性,这样课间就会文明休息不奔跑了。

2. 抓住一切教育时机,如利用搭班的时间对学生进行课间文明休息的指导。本学期搭班三(1)班,班主任也经常外出,所以午会课我也经常走进教室。对于学生针对课间休息可以干什么、如何用好 10 分钟的休息进行教育与指导。如我先播放一些课间不文明的行为,让学生进行讨论。学生畅所欲言,他们也不喜欢不文明的行为。三年级的孩子是小学里的中年级,他们对于是非行为有辨别的能力,但是他们自控能力有待于提升。所以我和班主任商量,课间专门安排个小干部督促管理大家平安休息。

3. 教是为了不教,让孩子学会自己科学支配时间。课间 10 分钟是学生自己的黄金时间段,而教会学生如何支配这宝贵的 10 分钟很重要。如训练学生及时准备好下节课开始用的物品,然后再进行喝水、去洗手间,完成相关作业,最后再休息,只要每个学生学了自己支配时间也就没有理由浪费这个宝贵的 10 分钟。

经过一段时间的过渡,发现学生课间 10 分钟的休息比前段时间规范了很多,奔跑的少了,打闹的少了,大多孩子能在老师指导下,进行文明的课间文明休息。告知学生哪些动作是具有危险性的,同学们会安静看书、游戏,准备下一节课的安排。孩子们一旦养成一种好习惯,会给以后班级的管理工作带来省时、省力的效果。

通过一系列措施,我发现大多孩子课间休息都能自主、安全、文明了,主动去交作业,主动准备下一节课的课堂用品,安静喝水,教室里也安静了很多。但偶尔也会有孩子奔跑打闹,或者大吵大闹,说明对于孩子的教育,特别是行为习惯的养成教育不是一蹴而就的事情,是要长期坚持、不断调整、不断努力的,是需要每一位教育工作者长期关注关心的。

(李艳丽)

自 我 意 识 法
——爱护身体　珍爱生命

"关心"贯穿在学生教育的始终。"关心"儿童的人身安全是儿童健康成长的必要条件。三年级的学生正处于心智尚未成熟、活泼好动的年龄,对新鲜事物抱有强烈的好奇心,社会的变化和儿童自主活动空间的扩大使他们直接面对危险的概率增大,加上自身安全意识匮乏,缺乏一定的安全自护能力,因此极易出现难以预料的安全事故,事故之后还往往"好了伤疤忘了疼"。可见他们未能从过去的事件中,反思自己的

第七章　生态德育建构的校本实践

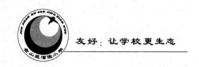

错误行为,自行总结经验、教训。为此,从生命不可重来的角度来讨论安全话题,在情境中引领学生领悟健康身体的重要性,增强学生爱护身体、珍爱生命的意识。

自我意识法是指从增强教育主体性出发,通过结合学生身边发生的事情,激发学生对关心生命的关注、珍惜,增强关心的意识,从而主动践行关心道德的方法。

一、案例描述

"爱护身体,珍爱生命"并非一句口号,而是一种需要在活动中真实感悟、总结方法的过程。

(出示成长图片并观看)

师:看着自己成长的美好片段,大家有什么想说的?

生:我觉得自己很幸福,而且特别幸运。

师:为什么这么说?

生:因为我长这么大,没有遇到什么大病大灾,父母对我的照顾也无微不至。

师:没错,家人把我们保护得很好,我们是否能学会自我保护呢?这节课就让我们一起学习如何爱护身体、珍爱生命吧!

(阅读真实事例,初步建立安全意识)

师:事例中的小刚在爱护身体方面,有哪些做得不好的地方?

生1:他没有经过家人的同意就偷偷拿了打火机。

师:是的,他私自偷拿不该拿的打火机。

生2:他还在稻草堆上打火,引起火灾,他全身大面积都烧伤了。

师:对,他玩火自焚,造成了严重后果,你们观察很仔细。

(观看照片,感知玩火的严重后果)

师:你们看这是小刚受伤后的照片,是不是很惨烈?

(生纷纷点头)

师:从他身上应该吸取什么教训呢?

生3:我们不应该随便玩火。

师:还有吗?

生4:不能偷偷拿打火机这样的危险物品。

师:看来你的安全意识很强呀!

生5:我们不能因为一时贪玩就去碰危险的东西。

师：没错，除了打火机，生活中还有许多危险物品，比如杀虫剂、煤气炉、道具等等，如果不慎，后果不堪设想。刚才你们说了不应该做什么，怎么做才是爱护身体呢？

生6：我们要远离危险物品。

师：如果你对危险物品很好奇，一定要去看看怎么办？

生6：我们可以找爸爸妈妈帮我们。

师：这个方法可行。谁再说？

生7：我们还要学习爱护身体的方法。

师：是的，一旦遇到危险，有了正确的方法可以自救。

（小组讨论爱护身体的方法，填写记录表和评价单）

师：爱护身体的方法有哪些呢？现在小组讨论你在爱护身体方面有哪些做得好，或者不好的地方，并将你们的讨论填写在记录单中，边讨论边自评和互评。

（四人小组活动，师巡视）

师：我们按照小组来交流自己的感受吧！

组1：我们组做得好的是下课不乱跑，上下楼梯能靠右边走，下楼梯的时候不奔跑。不好的是有时候课间会和其他人疯闹。

师：对你们组的活动评价一下吧。

组1：我们小组的组员能相互合作，认真听他人的发言并积极讨论。

师：再找一个小组分享一下。

组2：我们好的是下课安静休息，不乱跑，不带危险的物品来学校。没有什么不好的地方。而且我们组的人都能认真听别人的发言，积极讨论，相互合作。

师：看来你们小组成员的习惯都很不错。还有来分享的吗？

组3：我们组组员能相互合作，积极讨论，认真倾听他人的发言。我们好的是课间文明休息，在家不玩危险物品，不随便吃陌生人给的东西。不好的是有时候周末睡觉时间晚，玩游戏的时间长。

师：这个小组的分享不仅有在学校里的表现，更有校外的表现，很全面呢！刚刚大家分享了平日里好、坏的习惯，我们在爱护身体时要改正坏习惯，养成好习惯，这样才是真正爱惜身体的方法。

（对比体验，感受健康身体的重要）

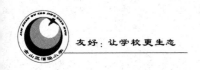

师：刚才我们一直在讨论，现在我们要进行一项活动——脱外套，体会健康身体的重要。

（出示活动要求：第一次正常脱衣；第二次右胳臂不能动，用左胳臂脱。活动开始，师计时并巡视）

师：刚才大家按照要求脱了衣服，第一次用时 30 秒，第二次用时基本在 3 分钟以上。谁说说感受？

生 1：我觉得第二次脱的时候特别困难，只能一个胳臂用力，另一个胳臂不能用力。

师：这让你感受到不方便了，是吗？

生 1：是的。

师：谁再说？

生 2：我刚才脱不下来的时候，牙齿都用上了，不仅脱的时间长，而且很费力。

师：没错，只有一只胳臂脱衣服，耗时耗力。

生 3：幸好这只是个活动，我的手臂是完好的，如果失去一只手臂，就太不方便了。

师：你说得太好了！还有吗？

生 4：如果我们一旦失去身体的一部分，我们的生活学习都会有很大的影响。

师：所以平时？

生 4：所以我们平时一定要好好爱护我们的身体，不能让它受到伤害，否则会痛苦一辈子的。

师：看来我们小朋友已经认识到爱护身体的重要性了，伤残会给我们生活学习带来很多困难，所以我们一定要爱护身体，珍惜生命。

二、案例分析

1. 情境的创设为关心自我意识的培养提供了感悟的载体

"关心自我"注重在一定情境中展开引导，在情境中践行，在情境中考察，为此活动共创设了三种情境，学生在情境中步步加深对爱护身体、珍爱生命的认识。刚开始出示部分学生成长片段，感悟幸福。这些成长的片段贴合他们的生活实际，观看之后谈感受的过程就是感悟幸福的过程，初步体会到正是家人无微不至的呵护，才会有今天健康的他们，由此再引申到如何保护自我，初步建立自我保护意识；接着通过小刚玩火自焚的真实事例,讨论说出小刚在爱护身体方面做得不好之处,并辅以触目惊心的伤残画面,给学生以视觉上的震撼,以期能从这一反面教材中体会缺乏安全意识的严重后果;最后通过"脱外套"的现场对比体验活动,感受自身伤残带来的不便,并在交流中感悟健康身体的重要性,真正提高对健康身体的重视。

2. 正面的评价为关心自我意识的培养提供了必要的支撑

正面评价在培养学生关心自我能力时需要且必要,既能指明学习的方向,也能激发学习的兴趣,增强学习的效能。本次活动的评价形式多样,有师生评价、生生评价和自评。师生评价主要体现在每一次讨论交流之后,教师都会给予及时适切的口头评价,学生从评价中汲取营养,继续思考。生生评价和自评主要体现在小组讨论中,以表格星级形式对组内成员进行互评和自评,评价内容包括"能做到认真倾听组员的发言""能积极参加小组讨论""能和组员互相合作",学生以此为准,为了争取更高星级,讨论时更加注重自己和他人的言行,讨论的兴致越高昂,效果也就越佳。

三、操作要点

1. 关心自我意识的培养需在适切的情境中进行

创设教学情境是"关心自我"得以真正落实的保障。创设教学情境是模拟生活,使课堂教学更接近现实生活,使学生如临其境,如见其人,如闻其声,加强感知,突出体验。问题情境的创设应贴近学生生活,生动直观,富于启发,把抽象的问题具体化、深奥的道理形象化、枯燥的知识趣味化,为学生发现问题和探究问题创造条件。同时问题情境的创设要有情趣,要适应学生已有的知识、经验,问题过易或过难,都难以引起学生的兴趣。因此,教师不仅要熟悉内容,还要了解学生的认知结构、智能水平和生活经验,提出既为学生所熟悉又具有适度挑战性的问题情境。

2. 关心自我意识的培养需正面评价的引导

培养关心自我的能力离不开正确的引导,积极正面的评价不失为一种极佳的引导方式,它可以促进学生从评价中明白学习的要义,明确改进的方向,激发每个学生学习的自信、动机和潜力。第斯多惠说:"教学艺术的本质不在于传授本领,而在于唤醒、激励和鼓舞。"在课堂教学中,教师针对学生随时发生的言谈举止,应采用激励性的语言,给予即

时性的回应。如学生回答某个问题不错,教师可用以下语言鼓励:"回答得非常正确!""说得太漂亮了!""老师和你想的一样,真不错!"若学生回答不出或回答错误时,我们又可以采取以下方式:"这个问题,已经跟正确答案接近了,再想想。""别着急,再好好想一想,相信你一定行!"一旦学生得到老师的鼓励、肯定评价之后,内心情感往往成倍地激增。

古希腊有一句经典名言"认识你自己",但却少有人知道另外一句名言"关心你自己"。这里的"关心自我"并非指关心自己的物质利益,而是指关心自己的灵魂与德行。对于小学生而言,目前无法上升到灵魂、德行的高度,而是关心自我意识的初步建立。相信在合适的情境中和积极正面的评价引导下,定能为这一意识的建立保驾护航。

(孙雯亚)

差异洒爱法

把爱洒向特殊学生。所谓特殊学生,无外乎以下几种:学习成绩差、不遵守校纪校规、家庭情况特殊、智商或身体残疾。他们一般都有很强的自卑心理。针对这些特殊学生的特点,作为老师应在思想上、生活上和学习上给予他们特殊的关心和爱护,以激起他们的生活学习热情,要用爱心去接近他们,用耐心去感化他们,要抓住他们的闪光点和点滴进步,对他们进行耐心细致的教育,走好人生的每一步!差异洒爱法是指教师依据特殊学生的特点,遵循教育的差异原则,细致观察与倾听特殊学生的处境,理解这些问题的背景,开展有针对性差异教育的方法。

一、案例描述

我班小丹同学先天智商低下,在生活上需要他人的帮助,在学习上更是困难重重。我接触她从三年级开始。了解到小丹的家庭也很特殊,奶奶有精神病史,爷爷癫痫,妈妈智力有障碍,爸爸腿有残疾,有个哥哥跟普通孩子接近。由此得到社会各界的关爱,以及村委的帮助,我校也积极配合,伸出援助之手。

镜头(一):小丹同学一直很自卑,平常都是低着头不说话,甚至连吃饭的时候都是把头低得不能再低。有一天早上大课间活动时,同学们都在兴致勃勃地跳绳,只有小丹同学站在一边看着。我走过去问她:"小丹,你怎么不跳绳?"小丹马上低下头,不敢看我。我扶着她的肩膀,蹲下来笑着说:"跳绳很好玩儿的,你去试试,一定跟他们跳得一样好。"我拿条绳子塞到她手里,推了一把,故意转身不看她。小丹勉勉强强地走到队伍中,拎起绳子甩了一下,然后双脚蹦过绳子。我看到她在跳起来了,慢慢地能连续跳几个了。接下来的一个星期里,小丹同学对跳绳产生了兴趣,我当着全班同学的面重重地夸奖小丹认真,她高兴极了。

镜头(二):后来发现她的改变更明显了,做事情也更加积极了,如帮老师把讲台上的作业放到办公室,如地上有纸屑要拾起来扔进垃圾桶里。记得一天中午,我走进教室,看到小丹同学正在卫生角收拾。我笑眯眯地走过去,表扬她:"小丹,你在帮老师整理卫生角呀!真是一个爱劳动的好孩子!"小丹腼腆而又笑嘻嘻地"嗯"了一声。虽然不善表达,但我看得出来,她心里乐滋滋的。

镜头(三):一节语文课后,我把做好示范的写字本给她,让她认真书写。她拿到本子,看了好久,我问她:"这些字认识吗?会不会写呢?"她摇了摇头。于是我蹲下身子,一个字一个字地教她,并把着笔写了几个字。小丹好像感受到了我的温柔,很愿意写字,没有排斥感了。

平常沉默不语、腼腆沉静的小丹变得活泼起来了,课堂上的笑容也多了起来。再通过与家长的及时联系,一起帮助小丹构建一个充满自信的生活学习氛围。

现在,在各学科老师的关爱和努力下,特别是在特教金老师的悉心辅导下,小丹多次参加特殊学生的各类竞赛,每次活动都有不错的成绩。学校三楼的作品展览处贴出了小丹同学不少作品,得到老师和同学们的一致称赞。小丹同学的脸上洋溢着自信的笑容,见到老师也能礼貌地问声好。她的父亲由衷地感谢学校与老师。

二、案例分析

实施素质教育以来,要求学校注重全体学生,让每个学生的个性特长都得到进一步发挥。作为老师,应该关心爱护每一个学生,使全班每一个学生都有所发展,"假如我是老师,我就要像太阳,把自己的光和热平等地洒向每一个学生,温暖所有学生的心房"。毫无疑问,教师热爱学生,就要对所有的学生一视同仁。

我班的小丹同学,在我的眼中跟其他同学是一样的,每天背着书包来上学,上课下课,和同学一起参加课内外的活动,文静地坐在椅子上,不吵不闹,遵守学校规章制度。她需要的是老师对她的关注和关爱,给

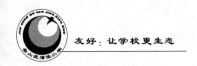

她足够的信心,冲破内心胆怯的防线,跨出第一步就能投入到集体的怀抱中,和同学们一起快乐地玩耍,快乐地交流和学习。有了充分的自信后,她能主动为班集体做些力所能及的事,能主动接近老师和同学,表现出友好,内心充满阳光。因而有了想要努力地得到什么,有了荣誉感,能主动地去学知识。

苏霍姆林斯基说过:"让每个学生在学校里抬起头来走路。"而我们关注的特殊学生往往严重缺乏自信,甚至有严重的自卑,他们的心灵极其敏感,可能在你不经意间说的一句话,做的一个动作就已经伤害了他们。因此,老师要在教育过程中,帮助学生消除这种自卑,多一点表扬,少一点责骂。

三、操作要点

第一,课程育人是关键,也要培养学生间的关心意识。课程教育是学生"健康发展"的主阵地,生态德育课程是实施关心教育的基本途径。教师通过德育课程的有效实施,启发学生之间的关心意识,以关心学生的方式促进学生的相互关心。同时,教师对学生的爱,是无私的,是高尚的,但教师之爱的"甘露"洒向那些聪明伶俐成绩好的学生比较多,洒向那些学习成绩差、行为规范差的学生则比较少。我注意到了这个问题,便采取了与此不同的做法,我认为"特殊生"更需要"爱"。

第二,实践活动的开展,是培养孩子能力的发展。柯尔伯格说过:"公民教育的目的就是通过个人的参与,使社会变成一个更加美好或更加公正的社会。"学生要通过丰富多彩、五彩斑斓的实践活动形成能力的发展。较之于好生,"特殊生"更需要关心,需要老师的爱的滋润。在活动中,往往你的一句不经意的表扬,可以让这些学生高兴很久;而你简单的批评,也有可能让学生记忆很久,难过不已。因此老师一定要从自己平时的言行出发,时时提醒自己,要关注这些特殊学生,经常地给予表扬,多关注。

第三,发挥教育合力,促进健康成长。孩子的健康成长是在家庭、学校以及社会等多种环境因素的综合影响下形成和发展起来的。父母是孩子最好的榜样,家庭是孩子健康成长的重要环境,父母要抓住一切可以利用的机会,教会孩子自觉地、主动地做一些力所能及的事情。在耳濡目染中,孩子的行为受到熏陶,他们就会自觉地关心、帮助他人。

每当看到学生的成长与进步,尤其是"特殊学生"的转变,我的心里总会感到莫大的欣慰与快乐。我们要努力实施以"爱的教育"为特征的生态德育,在孩子纯真无瑕的心灵中播下美好的种子,让他们健康成长。

(金菊华)

呼 唤 童 心 法

一、引言部分

人类面临着许多共同的困难,互相关心团结合作才能促进社会的不断进步和发展。学会关心是其中最重要的组成部分。但是社会中生活节奏的加快、经济的发展使得人类变得越来越冷漠,校园欺凌也成了一个比较严重的问题。学校教育更需要注重学生能与人友好相处、能关心爱护他人、能与人合作,才能适应未来社会的发展需要。

呼唤童心法是通过生活情境激发儿童真善美的人性,让儿童学会关心的一种方法。小学生正处在独立人格的形成时期,已具备初步的道德认知水平和道德判断能力,在小学阶段培养学会关心的品质,并将其内化为关心他人的情感是尤为重要的。

二、案例描述

为了给学生做好"呼唤童心,学会关心"的生态型德育教育,我找来了动画片《小猪佩奇》里"在操场"的片段,针对群体是一年级的学生。

片段1:小猪佩奇和她的朋友们正在操场上玩耍,攀登架上挂了个轮胎,好奇的小猪佩奇钻进了轮胎里把它当秋千一样摇来摇去。突然佩奇发现自己嵌在轮胎里出不来了:"额!我出不来了!"这时佩奇的朋友们一起大笑了起来,班级的小朋友们也跟着一起捂嘴笑。佩奇说:"这一点也不好笑。"小朋友们的眼神里也充满了担忧。佩奇的朋友们一起把佩奇从轮胎里拉了出来,小朋友的眼里也似乎释然了许多。

看完视频后,我问小朋友们:"当你身边的朋友也和佩奇一样被嵌在了轮胎里,你该怎么做呢?"

学生A:我会把他从轮胎里拉出来。

学生B:我一个人拉不动,我会叫其他人一起来帮他。

学生C:我会告诉他以后不能再玩这么危险的东西了。

我微笑着表扬他们:"你们说得都对,关心他人的方法有很多,你一个人的力量也许帮助不了别人脱离困难,但只要有一颗关心他人的心,方法总是很多的,你可以叫上大家一起来帮忙。那么,在别人遇到困难

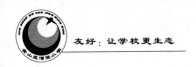

的时候,我们能嘲笑他吗?"

学生 D:不能。因为他会难过。

学生 E:嘲笑别人是不对的,有一天我们也会遇到困难的。

"是啊,每个人都会遇到困难,我们都希望自己在遇到困难的时候有人来关心,而不是嘲笑,这是对别人的尊重。"我说道,"老师先来举个例子:上次王小 A 肚子疼趴在桌上,她的同桌在旁边安慰她还跑来告诉老师,这是小朋友对身边同学的关心。还有一次老师喉咙哑了,进教室说话的时候李小 B 发现老师声音说不响,他对大家说'老师病了大家安静点',然后大家都静了下来,端正地坐着等着老师上课,我看到了每一位小朋友对老师的关心。你认为什么是关心呢? 平时你是怎样关心别人的? 小组讨论一下。"于是小朋友们都热情高涨地和身边的同学分享着自己的故事。

片段 2:讨论之后,我带着小朋友们去了操场体验室外游玩的乐趣,我们一起玩了老鹰抓小鸡的游戏。由于"小鸡"跑得太快不小心跌倒了,马上有几位小朋友把她扶了起来,还有人举手代替她做"小鸡"。有的小朋友搂住了身边的同学,以防他们把奔跑的小朋友们绊倒。在这场游戏中,没有人因为游戏规则而争吵,大家都关心着身边同学的安全。

三、案例分析

所有的学习都源于真实的体验,生态型德育教育也是如此。美国社会心理学家、教育家大卫·库伯提出了体验式学习的概念,他把体验学习阐释为一个体验循环的过程:具体的体验—对体验的反思—形成抽象的概念—行动实验。在这场德育活动中,教师通过循序渐进的方式让学生真正学会了关心。

1. 观看动画影片,了解关心故事

教师充分利用了多媒体资源,紧紧抓住学生的视觉和听觉,激发学生兴趣。《小猪佩奇》是广为认可的儿童教育动画,孩子们通过自己喜爱的角色佩奇的故事,从欢乐转换到严肃的氛围,感受到了关心帮助他人的重要性。

2. 反思故事过程,讨论关心方式

在教师详细的问题引导下,促进学生思考。儿童有完全以自己的身体和动作为中心、从自己的立场和观点去认识事物、而不能从客观的他人的观点去认识事物的倾向。教师从如何救小猪佩奇到能不能嘲笑身边遇到困难的人的问题让小朋友从他人到自身、行为和态度上进一步明确关心的方式。关心不仅是帮助,还是一种态度。

3. 分享自身经历,明确关心概念

榜样与肯定于孩子而言是极其重要的。教师通过举例子的方式肯定了一些小朋友付出的行动,让他们更自信地去表达自己的经历和见解。在结合实际、各抒己见的过程中,拉近了学生与关心之间的距离,让他们发现其实关心就在自己的一举一动中,更加清楚什么是关心。

4. 体验游戏过程,践行关心行动

实践是学生检验教育、将概念内化为自身素养的有效手段。通过与动画类似的场景,容易使学生增强体验,达到知行合一,学会从身边的小事中关心他人。

四、操作要点

1. 情境呈现,兴趣导入,创造愉悦体验氛围。在教育的内容选材上符合学生年龄特点,鲜明的人物形象更具代入感,并且贴近生活实际。

2. 尊重学生,激励鼓励,让心与心互相沟通。在教师与学生的交流互动中,教师不仅引导,还体现了对学生思想的关心,在亲切平易近人的话语中鼓励学生表达自己对关心的见解。这样的情感陶冶是对主题的深化。

3. 师生和谐,情感体验,构建新型师生关系。教师和学生是互相合作的关系,教师必须充分了解学生,学生也必须充分了解教师,彼此形成一种默契。而学生在教学中的主体地位,决定了自主性侧重于教师鼓励学生"独立思考"和"自我评价",培养学生的主动精神和创新精神。

"人之初,性本善。"每个孩子的内心深处都有一颗单纯的童心,我们要善于发现他们的童心,适时而教,将生态型德育落实到校园生活的每个角落,将"学会关心"灌输到每一个孩子的心田,校园将多一分温暖。

(周佳丽)

二、"三关心"之二:关注学生的和谐发展

(一)和谐发展——发展的适宜性问题

在关注孩子成长规律的前提下,要关注成长环境的生态平衡,以发展的自然规律平衡各种环境因素,提供学生适宜的成长环境,促进学生

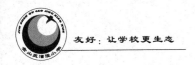

和谐发展。

自然的未必是和谐的，我们不必控制孩子发展的自然特性，但并不是说我们连孩子生存的环境也不加任何控制。生长的环境过于随意而自然，那么孩子的发展就太具有偶然性了。环境过于单调，则成长的内在要素得不到充分激发。环境过于失衡，则导致孩子的片面发展。某些环境的缺失，则导致孩子发展上的偏差。

关心就是要求我们在关注孩子成长规律的前提下，同时关注成长环境的生态平衡，以发展的自然规律（即发展的需要）来平衡各种环境因素。我们应该适时（把握时间和速度）、适度（控制刺激的频率和密度）地控制环境，孩子就能完整发展、全面发展和优势发展。

发展的适宜性要求我们的教育不能急功近利，要关心学生的"可持续发展"。可持续发展在本质上是人与人、人与环境之间关系的问题，减少生态危机，关心未来资源与人类生存环境。在可持续发展的理念下采取正确的发展策略和行动。人们关注"生态系统的失调首先反映的是人类思想上的失调。生态危机最终将涉及我们如何思考，涉及形成并且改进我们思维能力的整个教育体系"。

以关心为特征的生态型德育中"关心"是指突破传统意义上偏重于教育的外铄功能，过于注重成人设计的目标和计划性因素，容易违背个体发展的内在逻辑，而是一种促进儿童可持续发展的重要方式，以尊重去对待儿童的行为和需要，对儿童成长给予关心与支持。可持续发展是关心的价值取向，关心下一代健康成长，不受各种污染、禁锢，能持续不断地健康地成长。

可持续发展的教育真正使人类自觉改变传统教育走向现代教育文明。可持续发展的思想是人类社会发展的产物，它体现着对人类自身进步与自然环境关系的反思。这种反思反映了人类对自身以前走过的发展道路的怀疑和抛弃，也反映了人类对今后选择的发展道路和发展目标的憧憬和向往。人们逐步认识到过去的发展道路的不可持续性，或至少是持续不够的，因而是不可取的。唯一可供选择的道路是走可持续发展之路。人类的这一次反思是深刻的，反思所得的结论具有划时代的意义。可持续发展教育是人类社会发展的重要标识。可持续教育价值指向人的发展可持续性，以可持续教育培养人的现代化素养，即适应现代实践发展需要的人的主体能力的现代化。人类的可持续发展越来越体现其重要性,学者英克尔斯等人把人分成两种:一种是停滞在原有水平上,不思变革,缺乏自信,这种人被称为"传统人";另一种则是告别过去,不断追求新的变化,自信通过自己的努力,可以改变环境和改善自己的处境,这种人被称为"现代人"。前者是现代化的阻力,后者则是现代化的关键。

关心德育强调德育要为学生的可持续发展服务,可持续发展的德育是生态型德育。关心德育是站在可持续发展教育的高度上来引领,更具有教育生态价值。只有依靠可持续发展的教育,才能更具有教育适宜性,适应培养可持续发展的人。也只有良好的可持续发展教育生态,才能实施可持续发展的关心德育。

(二)和谐发展的主体——学生生命的鲜活发展

关心教育应该满足学生和谐成长的诉求。关心教育坚持个体本位与社会本位统一的主体发展观。关心教育着眼于让学生自由和谐地发展。教育存在的目的和依据只能是人,不应该是控制学生和训练学生的工具主义,而是与学生一起不断获得进步、生长与创新,在教育活动中让学生获得真正意义上的主体地位。学生是鲜活的生命体,关心德育以人的全面和谐发展为本,提高道德素养,引导学生处理调节好人与人、人与社会、人与自然、人与自身的关系。坚持个体本位与社会本位的统一、知与行的统一,让学生和谐发展。德育与学生一起从工具走向文化的本身,进而获得解放与新生,是我们学校教育的文化诉求。

主体性发展是教育生态的基本要求,生命主体的繁盛是良好生态的标志。个性发展是学生主体性成长的基石。学生的成长是学生个体的实实在在的成长,不是抽象的"成长",也就是基于每个学生的个体的发展。这必然表现出个体发展的个性特点。让每个学生都能成为最好的自己,首先就是要了解学生的个性,让他们发挥出自己的个性特点。著名心理学家霍华德纳说:"更好的教育是注重个体发展的教育,这种教育不是自私,也不是自我中心,而是要求教育工作者在最大程度上了解每一个儿童,知道他们的长处和短处,更好地提供教育措施,更好地测量评价他们,让儿童能够在最大程度上发挥潜能。"只有当学生的个性得到充分的发展,他们的创新精神才能被更大地激发出来,他们的创新能力才能被更大地提高起来。充分发展每个学生的个性,是他们今后成才不可或缺的基础。

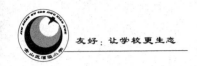

民主是主体性发展的重要特征。传统的旧教育体系骨髓里透出来的专制主义，以“师道尊严”凌驾于学生之上，并且达到了使学生以及经受这样教育的一代一代人具有了顺服的心态，处在麻痹状态。这样的教育必然压抑了学生个性的发展和创造力的建构。关心德育的目标决定了教育的途径、办法、手段和环境不是奴役性的，必须是民主性的，建立民主平等、相互尊重的和谐融洽的人际关系，创设一种宽容、自由的学习氛围，以促进学生和谐发展。关心德育高度重视培养学生独立自主的品质。新时代需要我们培育学生的主体意识和自主精神，注重培养学生在追求人生价值中的独立思考、独立选择的精神，培养学生在知识学习中的独立钻研、独立探索的品质，增强学生独立意识，增强独立发展的能力，注重学生发散性批判性思维的培养，注重学生创造性个性品质的培养。

关心德育最鲜明的特征体现在教育的人本性。个性化教育的出点、落脚点以及教育的整个过程，都紧紧围绕“以学生发展为本”的现代教育精神，学生不应仅仅被视为教化的对象，更重要的是将学生当作发展的主体。关心德育承认、尊重和满足学生的需求，并不断以学生发展作为教育的价值取向。最好的教育是适合学生自己的教育，能帮助学生成为最好的自己的教育，就是最好的教育。

方法案例

氛围营造法

探究性课程是关心社会、关心他人方面能力培养的一个实实在在的德育阵地。探究课上我们该如何进行关心德育呢？我认为落脚点应该有两点：教师的关心、学生规则意识的指导。“教师的关心”是指教师以关心的心态和态度给予学生正确的引导，“学生规则意识的指导”是教师围绕“关心他人”所进行的关心德育。氛围营造法是指在学生学习与生活过程中，教师要积极引导，或者通过干预措施，营造一种宽容的氛围，促进学生互相关心共同成长的方法。

【案例描述】片段一：

在一节“学习漕泾话”的探究课上，学生们尝试着练习说漕泾话，情境是买水果。“——小妹妹好，日呶要买捏啥额思谷？——阿姨好！呶

想买捏苹谷。——好额呀。格捏苹谷笛来勿对额,日哎要几咋?——哎要六咋。几钿一斤?——两块八角。——一共几钿?——14块。——好额。(把钱交过去)——谢谢!——谢谢!"在表演的过程中,学生们的表现很踊跃,发音也是五花八门,什么发音都有,引得我也忍不住地笑,课堂上气氛热烈欢快。突然,有一个男孩刺耳的嘲笑声打破了和谐的氛围,惹得表演者满脸通红,不敢表演下去,有几个男生也跟着怪笑起来,大多数学生虽然没有跟着怪笑,但也没有在意这种嘲笑,只有少部分孩子转头看向那几个男生。我讶异地注视着那几个男生,瞪大眼睛充满疑惑。很快,他们觉察到了,大部分同学也注意到了,怪笑声渐渐停了下来,尴尬地看着我。我平复了一下心情,用平和的语气正儿八经地问那个男孩:"同学,请问,如果你站在这里,你期望得到同学们怎么样的反应?""……"(沉默)我转身询问其他同学。"我希望同学们鼓励我!"一名学生回答道。"是呀!我们学习语言就是要说、要演,这样才能掌握。但是掌握一门语言肯定要有一个过程,刚开始的时候难免会出现各种困难,甚至出洋相,特别是方言,很难一下子说准,所以别人的关心和鼓励是那么重要!大家听到了好笑的声音一起笑笑无伤大雅,但是嘲笑就不好了。你们说,是吗?当然,我们也不要太在意这样不和谐的声音,坚强些,学本领是自己的事情,不能因为别人的不友善而放弃,那样的话,失败的只能是自己。"同学们应和着,那几个男生也不敢看我的眼睛,低下了头,表演也继续了下去。

【案例分析】

任何人在学习和实践的过程中都有可能会出现错误,甚至当众出丑。在我们平日的教学活动当中,课堂上学生往往对小伙伴们所出现的一些失误,或者可笑之处,会哄堂大笑,我觉得情有可原,也不失为快乐的源泉。但是,因此而起的怪笑、嘲笑、讥讽等打击行为,那是需要老师加以纠正的。因为正如心理专家说的"嘲笑比耳光伤害更大",这种心理上深层次的伤害可能会影响他的一生。

从一节课来说,这种打击可能只是挫败了同学们的参与积极性,但如果一味放纵或不痛不痒地处理一下,不及时正面引导,就可能在班级中形成一种不良现象、一股不良习气,从而影响整个集体的"发育"。在"营养不良"环境中成长起来的孩子,恐怕会有一大半造成心理健康问题,比如自卑、阴郁、冷漠、狂大等。因此,在上述案例中老师的引导尤

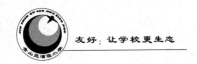

为重要。

生态型德育倡导青少年德育发展需要遵循学生成长规律，增强道德践行与教育规律的契合度。在发展的自然性和发展的干预性中，干预的"适度"成为必然。我一直在寻找着这种适度。上述教学片段中，我找到了一个度，即"关心"！我就站在"关心"的角度引导孩子们的言行。

这个片段中所出现的怪笑，并不能说明这个孩子或这些孩子道德恶劣，只是有些过了头，没有了分寸，放任了自己的"邪恶"。此时的他们，根本不会去顾及他人的感受，一味地让自己开心。其实，每个人的内心都有善良的一面，何况是年少的孩子们？他们的善良只是暂时被压制了，只要有人去"拨弄"一下，善良肯定会"挺身而出"。

于是，我请他们换位思考，让他们试着去关心对方的感受，去设身处地地了解对方的心理需求，从而意识到自己的错误，懂得正确的行为。当然，关心孩子，不仅仅是引导那些"嘲笑者"，我觉得更重要的是去鼓励那些"受害者"。因为，"嘲讽"不可能都会在老师的眼皮子底下发生，没有了老师的"呵护"，受了伤害怎么办？所以，让"受害方"坚强起来，勇敢面对"伤害"，不怕嘲笑，不要因为别人的不友善而不努力，做坚强的自己。这些情绪上的安抚和鼓励，才是孩子们心理健康发展真正需要的关心德育。

【案例描述】片段二：

在一节"不倒翁的奥秘"的探究课上，在小组合作完成制作不倒翁的任务前，我首次尝试了让学生们根据自己填写的"材料单"来领取活动材料。各种材料分类分散在五张桌子上。"材料单"罗列了所需的全部材料及不必要的一些材料，供学生选择。在学生们充分讨论填好单子后，准备选择材料。这时，我抛出了话题："同学们，这是我们第一次尝试根据清单来领取材料，所以我们先研究一下如何安全有序又快速地拿到材料回到座位。"同学们开始思考，很快有人回答："小组内派一个人去领材料！要排队！"我说："为什么一个人去？排队是……？"他马上补充："一个人去，人少不会乱，排队更安全！"我马上追问："先拿好材料的同学反身回座位的时候可能会出现什么情况？"另一个同学说："可能会撞到。"我："那怎么办？"过了一会儿，有同学回答："朝着一个方向，绕着走，不要回头走。"我："不错，这样可以避免碰撞。那材料分布在几个地方,估计你们都想第一时间拿到蛋壳(很多同学会心地笑了一下),那大家都先挤到那里去,这样合理吗?怎么办?"一位同学马上说:"要先看一下,可以先去人少的地方。"我:"很好。就是说要先关注一下整个场面,看清楚情况再采取行动,对吗?"同学们一致赞同。我:"那好,请开始吧——"

【案例分析】

小朋友选材前师生间的互动交流,培养了学生做事前和过程中要有主动关心环境的意识,要有为自己和他人创设安全有序环境的意识,指导了他们如何随着环境的变化选择正确的方法和途径的能力。这种意识和方法的提高,为学生们的健康成长注入了生命安全的保障系数。提醒孩子们做什么很重要,怎么做更重要,所谓好心办坏事,往往出发点是好的,但是在过程当中由于缺乏对环境的关注,一味地莽撞,不关心他人的需求,不遵守规则,就容易出现一些伤害事故,包括人与人之间产生矛盾后可能产生的各种不幸事件。所以主动关心环境变化,灵活采用学习行为的指导,对今后孩子们的学习或社会实践是非常重要的。

关心环境变化的指导能带来什么积极变化呢?我觉得可归纳以下四点:一是提高了课堂教学的安全性。自由行动往往带来无序的状态,无序往往是事故发生的罪魁祸首。关心环境需求,自觉进行分流,避免了可能的混乱场面。二是培养和提高了学生的主动观察意识和灵活应对环境变化的能力,这是受用一生的行动力。三是强化了规则意识,明白一切集体行动都要遵守相应的规则才能顺利进行。四是懂得关心他人需求,培养谦让美德。

【操作要点】

关心德育是以关心学生道德品行成长,促进学生关心品质与做人能力发展的一种德育模式。在探究课堂上教师怎样做才能有效引导学生这方面的发展?我认为以下三点非常重要。

一、以身作则,关心学生

老师以身作则,言行合一,以关心的态度对待学生们。在与他们交往的过程中,主动问候,主动关心学生们的生活,创设机会多聊聊天谈谈心,了解他们的开心事和烦恼事,开心他们所开心的,排解他们所烦恼的。课堂内外,遇到任何事情,老师都要善于控制自己的情绪,以宽

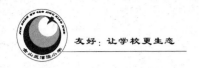

容的态度、关心的角度解决问题。说关心的话，做关心的事，期望通过浸润在老师的关心中耳濡目染，学会关心他人。

二、注重倾听，正面引导

倾听是关心的重要表现和重要方法。只有善于倾听，才能了解情况，理解学生，从而做出正确的引导。在引导时要注重正面性和积极性，不要简单地呵斥学生错误的言行，而是先听听他们言行背后的原因或动机，再做出正确判断。要让他们学会换位思考，学着从他人的角度，去想想对方渴望什么，去体验和感受对方的情绪变化。要关心伙伴们的身心需求，从而从内心去领悟正确的积极的做法。

三、善抓契机，注重方式

关心德育条件是情境，要注重在一定情境中展开引导，在情境中践行，在情境中考察。从这个角度出发，我认为老师要善于抓住契机，问题出现了要马上抓住，做出积极引导，这就是关心学生的表现。同时，关心德育也要注重方式方法，针对一个个个性不一的学生，运用不一样的方法，要照顾到他们的心理需求，给予适当的关心，包括精神上或物质上的、公开化或个别化的等等。

关心德育并非口号，关心品质的养成也不可能一蹴而就，关心德育连续性的特征就是需要老师们不断思考和践行，以此为己任，用关心去培养关心。

（吴丽娜）

降低要求法

每个个体都有自己的特点，优点和缺点并驾齐驱在成长路上。可如今，独生子女的个性越来越鲜明，基本每个班级里，都会出现几个行为怪异、学习跟不上的学生，而对于很多新教师来说除了觉得情况糟糕以外，全然不知所措。在后来的学习中，我接触到了"生态德育观念"，生态德育理念强调德育应该为学生创设快乐的、符合自然天性的、充分展现自我的和谐环境，让孩子自然生长、自主发展，实现自我期望，快乐地成为他自己。在"生活中体验，体验中内化"，这是"生态型德育"的活动宗旨。降低要求法是指对于一些身体或者心理上有缺陷的学生，应该遵循生态适宜性原则，对他们的学习与生活不能用一般学生同样的要求，适度降低要求，并坚持循序渐进帮助这些学生进步的方法。这个方法需要教师用爱读懂他们，并坚持差异性的合理要求，从而体现出学生发展的适宜性与和谐性。

一、案例描述

第一次见到小远是在开学第一天的理论课上,他用"脚搁书桌拉韧带"的坐姿吸引了我的注意力。在我的几番劝说下,他依旧我行我素,软硬皆施全都以失败收场。开学短短一个月时间里,他成了班级里的"明星",不论老师还是同学都在奇怪他非同寻常的行为。室外的体育课上,他一个人走在队伍之外,东边看看,西边摸摸,跟在队伍的最后。同学们在刻苦练习时,他以一声尖叫,华丽地跑到了另一头自顾自地摆弄着自己的手指也不厌倦。除了自身不听从指挥以外,还会突然扑倒某位同学,扯头发、抓眼镜,弄得班上同学无法正常学习,苦不堪言。

班主任与家长沟通多次,家长坚决认为孩子没有问题不需要进行心理测试。直到他的行为给同学带来了伤害和骚扰时,终于在家长的陪同下会见了医生。诊断结果是注意力缺失过动症,即我们常说的多动症。

此时,回忆起过往发生的事情,一切都得到了解释。可是,另外一些事情勾起了我的回忆,引发了我的深思。想起,在小远一人孤零零地站在队伍外的时候,班上的男生很乐意上前带领着他一起走,那时他笑了;在他不明白老师的指令时,总有同学上前耐心地告诉他,或是帮他捡起绳子、帮助他绕绳子,或是扶着他到跑道起点处,并给他加加油,那时他是笑的。数不胜数的细节在我心中萦绕,让我的心隐隐作痛,愧疚爬满心头。孩子,对不起,是我给你的关心不够,你才不愿牵起我的手;是我对你太过严厉,才让你看到我时而高兴,时而又躲得远远的。其实你很想靠近老师的,对吗?

意识到了问题所在,我对待小远降低了要求,更有耐心,也改变了自己的沟通方式——用最简单的语言表达要求。从未有过的奇迹发生了……我和他之间起了化学作用:即使不能明白沿着直线跑的道理,他也能跑完全程了;即使跳绳断断续续,这一分钟也能坚持下来,最终达到"良"的成绩。纵然不如普通学生这般优秀,他的改变却让他成了最优秀的学生。

二、案例分析

1. 用爱去读懂教室里每一个学生身上独特、迷人和结局未卜的故事。对学生的了解,才能让你直指他们心灵的最深处,得到他们对你的

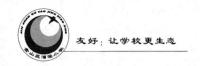

依赖和信任。每一次我们表扬学生，每一次我们让他们放声大笑，每一次我们拿出自己的私人时间聆听他们的故事，我们都在帮助他们成长得快一些。用爱的眼睛，善于发掘每个学生身上的闪光点，拒绝任何一个孩子掉队。对小远行为的了解才让我明白用对待其他学生的那一套对待他是无效的，想要让他发挥所长，只能用更多的耐心和爱心。

2. 用爱和信任换取爱和信任。赞可夫说：当教师把每一个学生都理解为他是一个具有个人特点的，具有自己的志向、自己的智慧和性格结构的人的时候，这样的理解才能有助于教师去热爱儿童和尊重儿童。爱和信任是平等的，学生不表达，却能够感受到。小远一开始一定是害怕老师的，从他选择靠近同学、躲避老师就能反映出来。当我给他营造了一个有安全感的学习环境，消除恐惧心理，他便能放心大胆地学习，最终发挥了他的潜能。

3. 师生爱、生生爱相辅相成。同班同学对小远的帮助狠狠地给我上了一课，是这样无微不至的关心和帮助让小远在一个爱的环境下成长，才能在面对困难时不骄不躁慢慢进步。同学给予他特别的帮助，实行"结对"活动，进行一对一的帮助，促进他的转换；教师以个别教育辅导等形式给予帮助，让他变得开朗活泼，比以往的他善于交际。而我也不会因为学生有着不理想的过去，就否定他的明天。一个孩子人生的起点并不代表他未来发展的终点，孩子的潜能可以靠老师挖掘，可以靠爱。

三、操作要点

1. 生态型德育要用爱的眼光发现学生的闪光点

苏联著名的教育家马卡连科曾经有这样一句话："用放大镜看学生的优点，用缩小镜看学生的缺点。"赏识之心是我们大家都有的，也是每个人都需要的。教师的赏识和肯定会激发学生前进的信心，不仅会提高学生的学业水平，还会帮助他们扬起远航的风帆，增强责任感，真正感悟生命的价值。当学生体验到老师对自己的一片爱心和殷切期望时，他们就会变得"亲其师而信其道"，教育的效果就会自然而然地呈现出来。

2. 生态型德育要用爱信任每一个学生

爱孩子，就要相信他：对他力所能及之事，应放手让其自己去做；对他稍有难度之事，要正确引导、鼓励。学生自身的能力在实际的生活、工作、学习中才可以得到充分的展示和锻炼,而且信任是相互的,信任学生的同时也能赢得学生的信任,这对我们培养出适应未来社会的创造型人才是大有裨益的。

3. 生态型德育要用爱构建"互动"的桥梁

班集体是师生、生生关系的载体,学生在温暖的班集体中学习生活,多层次的和谐关系能有效搭建学生与他人交往的桥梁。教师应该抓住一切契机与学生建立和谐的关系,同时也引导学生之间建立温暖生动的联系,使学生与他人交往中感受人与人之间的真情。

教育是一门技术,更是一门艺术。没有爱就没有教育,学生在心灵的成长过程中有很多需求:需要肯定、需要信任、需要沟通。教师要善于洞察,用爱去读懂每个学生的需求,努力为学生的成长营造宽松积极的环境,让他们在成长中学会交往、学会沟通、学会生存。   (季晓辰)

主 体 增 强 法

班级在学校教育中具有极其重要的地位,对学生的教育和发展有着多方面的功能,也是学生思想道德教育的主渠道,让学生参与班级建设,可形成环境与人的良性互动循环。主体增强法是指通过班级学生自主管理等活动,增强学生的主人精神,学习正确处理人际关系,培养学生关爱同学、关心班级的精神的方法。以学生为主体的班级建设,让学生发挥主观能动性、积极性、创造性,在班级建设的每一个活动中,找到存在感、价值感,接受和激发内心的正能量,实际行动和言语总结相结合,让生态德育从有形走向无痕,让学生做关爱班级的小主人。

一、案例描述

学校教育中,班级建设是举足轻重的一部分。班级建设中,老师是引导者,学生是参与者。为了利用好班级建设这一资源,发挥学生的积极性和主动性,让学生成为班级的主人,开展"关心班级,争做班级的小主人"班级建设活动,让学生与环境共生互动,从而达到生态德育的效果。

镜头一:班级口号响起来,实际行为动起来——班级的文化建设中,不再由老师包揽,而是让孩子们主动提出方案,老师负责把关。

老师告诉学生们:"每个同学都是咱们班的小主人,我们的班级口号你说了算!"班级口号建设中,用"每一位小主人都认为什么是班级口

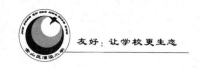

号中不可少的,真正的小主人一定会认真讨论班级口号!"等等语言进行引导,让每个孩子畅谈自己内心的想法,老师立即反馈、概括总结要点,据此共同拟定最终口号。

小 A 说道:"班级的口号一定要说大家都相处挺融洽的,我希望融洽的氛围一直存在,不要有不必要的矛盾。"平时表现不积极、与大家互动很少的小 B 主动说道:"一定是大家都很友爱彼此,不要冷落别人。"老师对小 B 这次的发言明确表示赞赏:"小 B 同学说得很对,大家都是班级的一分子,关心关爱很重要,要构建有爱的班级!"

一番热议后,最终定下班级的口号"融洽友爱,健康快乐"。这个由孩子们定下来的口号,展示在班牌主页上,展示在学习园地中,随处可见,并且每周都交流有没有做到口号的内容,说出正反例。

小 C 说"今天扶起了一位同学,做到了友爱",小 D 说"昨天大家都认真参与大扫除,把教室打扫得干干净净",小 B 说"我感到不舒服的时候,有好多同学关心询问,并告知老师"。大家轮流或主动讲出事例,互相交谈,还对做到了那些口号中没有提及的"真善美"适当奖励,也作为每月"文明之星"的评选标准之一。

镜头二:学会与他人相处,学会与自己相处——班级建设中搞好师生关系、学生间关系等社交互动关系尤为重要,"班级的小主人"要体现主人翁精神,让班内关系向好向善发展。

老师介绍班级特色活动,定期开展人际关系互助的活动。同学们可以采取匿名或实名的方式把自己与老师、同学相处的趣事或矛盾等等,写成纸条之类的交给老师。老师带领同学们商讨如何处理矛盾或者吸取经验,如何提高情商、思想道德以及社交能力。

匿名纸条写道"老师批评了自己很苦恼,不想和老师交流了",小 A 说"分析自己为什么会受批评",小 B 说"有批评才正常,老师想我们是更优秀的班级小主人,站在老师的角度想问题试试,试着交流",小 E 说"如果不理解老师的批评,可以友善礼貌地和老师聊天沟通"。老师了解学生们的想法后,为此总结教授如何正确看待老师的批评:"老师的批评是为了纠正大家的错误,老师的初心是为了大家能够做对事、做好事,如果没有批评是不现实也是不可能的,是益友才会说出不足,让大家更好。首先要正确认识老师的批评,接着找出不足……"在老师悉心教导下,学生们纷纷点头,面对批评声,学会正确处理。

二、案例分析

1. 以班级建设为阵地,争做班级小主人

生态德育注重环境的互动性,要建设好、利用好这个环境,成为德育的施展舞台。在孩子们搞好班级文化(镜头一)、处理人际关系中(镜头二)学会建设班级,建设好的班级为学生发展提供好的环境,互利互助。

镜头一中提问学生什么是班级中必不可少的,是在考学生什么是他们心中的重要的思想品德,由此观察了解学生,便于德育的实行。由学生参与拟定的口号对学生更具鼓动性,定期喊出、总结是否做到、讨论正反例子都是把德育实践化了。镜头二中讨论也是在传递真善美,生态德育中注重师生互动,由此处理矛盾、搞好关系。

2. 激发学生主动性,争做班级小主人

告诉学生他们是班级的主人,让他们增强责任意识和主人翁精神,对学生放手但不撒手。具有积极性和创造性的学生才能在创设的情景中潜移默化地接受正确的道德价值观念,才能在他们的认知中,认识到"真善美"。新奇的纸条形式都是给了孩子更好的刺激,奖励措施也是一种激励。小C的参与和反馈都是一个德育落实的实例,积极参与班级建设还有从不受关注到有人关心,都是良好的转变。

3. 提供多种方法和途径,争做班级小主人

教师采用了德育方法中的明理教育法、榜样示范法、情景陶冶法、实践锻炼法相结合。言行结合,让学生从自身做起,学会处理关系矛盾,学会为班级献力付出。在创设的情景中,镜头一和镜头二采用的活动方案都是把德育细化、具体化、可行化了,方法多样更能保证效果,站在学生的心理预期引导他们树立正确的价值观念,并且对他们形成了监督和约束。

三、操作要点

1. 如何鼓励每个孩子参与到班级建设中来,让学生成为班级小主人

不能逼迫也不能放弃,不能消极也不能过激。不是每个孩子都会发言认为班级口号什么必不可少、都会一起参与讨论是否做到的实例。"不积小流无以成江海",鼓励每个孩子都要参与其中。

当众说出鼓励性的语言,还要对不积极的孩子采用温柔有力的私

人聊天,做到以心换心让其参与,还要及时地反馈,要明确说出哪里做得好,老师为之开心,比如镜头一中对小B发言的及时反馈。

适当的奖励措施,比如镜头一中讲到奖励可以是全班鼓掌、评选为"文明之星"等等,要让孩子心理平衡又充满与人为善、关心班级的动力。

2. 如何做到公平公正对待每个孩子,让学生成为班级主人

生态德育讲究处理师生关系、处理好教育与学习的关系,镜头二中的活动是直面各类矛盾。要注意匿名或者实名不能成为孩子告状的工具,要控制数量,老师要筛选,把问题归类,趣事好事要表扬,也是让学生自主实践学习,而不是一味说教。对待矛盾,要保护孩子的自尊心,不仅当众讨论还要适当辅助私聊。让孩子提高道德品质和为人情商,加强班级凝聚力才是目的,而不能为矛盾找矛盾、为好事找好事,老师务必要拟定好活动规则,维持好秩序尊重孩子的心理规律和特征,把德育完美融入而不是强行灌入。

总之,班级这个平台上,老师学生朝夕相处,从班级建设、师生关系处理这些基本主题内容出发,创新性地融入德育主题,活动具有特色又不失原则,更好更切实把德育落到实处,让学生在一言一行中感受道德理念,共同营造班级的良好氛围,与环境和谐互动,"关心班级,争做班级小主人"处处可见。愿春风化雨,德育见成效! (徐 洁)

承担责任法

进入小学三年多,我们班的队员们已经形成了"我是中队小主人"的意识,对于我们的班集体都十分关心,而且都能够自主地为中队的建设出一份力,无论是每一次班级活动的开展,还是每天的值日生,队员们都能认真完成自己的任务,并主动关心帮助同伴。但是据我了解,大部分队员回到家以后,对家人的关心却少了许多,对家中的家务也经常视而不见,更有甚者还经常和爸爸妈妈拌嘴吵架,更无法体会父母的辛劳。于是我想开展一次活动,使队员们认识到自己是家庭小主人,体会父母的爱,学会关心父母,承担起家庭责任。

承担责任法是指通过组织对班级、家庭、社区开展服务活动,承担责任,体验与感悟关心的力量,增强学生关心品质的方法。

一、案例描述

镜头一:周一的午会课上,我和队员们一起分享了我校徐懿笑同

学自强自立的故事：爸爸经常早出晚归，没有妈妈在身边，她就成了"小当家"，自己去菜场买菜，然后自己做饭。由于笑笑年纪还小，所以她负责帮助姐姐洗菜切菜，打扫厨房。2013 年 3 月笑笑爷爷被查出患有肝癌，小小年纪的她担任起了照顾爷爷的工作。每周她负责陪爷爷去市区看病、煎药等，她把家里的这些活儿揽在自己身上，问她累不累，她却笑着说："我不累，我多做一点，姐姐就可以少做一点。"

她的故事引起了队员们的共鸣，队员们也纷纷表示自己也要向笑笑姐姐学习，做些力所能及的事情，关心家人。随后我让队员们想一想并写一写打算为家人做一件什么事来体现自己的关心，大部分同学都选择了扫地、整理自己的房间，减轻爸爸妈妈负担的家庭小家务劳动，但是小斌同学却写道"我想帮妈妈洗一次脚"。于是我请他和同学们分享了他为什么要做这件事，他说："妈妈每天为我做饭、洗衣服，还要陪我读书、做作业，家里的家务也都是妈妈做的，妈妈太辛苦了，听说洗脚可以放松休息，我想帮她洗洗脚，让她好好休息。"于是我对队员们说："队员们，你们有没有给爸爸妈妈洗过脚呢？"队员们都说没有，"给大家布置一个小任务，晚上睡觉前给爸爸或者妈妈洗一次脚，下次我们来交流一下你们的感受。"

镜头二：周三一早，孩子们就迫不及待地分享起了自己的洗脚经历。有的说："我爸爸的脚黑黑的、瘦瘦的，而且很粗糙，感觉到脚底厚厚的老茧。肯定是爸爸为了撑起一个温暖的家，整天在外面忙碌奔波形成的。"有的说："我想帮妈妈洗脚，妈妈不让，后来我说是作业，妈妈才同意的。妈妈肯定是怕我太累了，不让我帮忙。"还有的说："妈妈的脚摸上去特别粗糙，一点也不光滑，还有几个伤口，就像一块干裂的树皮。"孩子们各抒己见，热烈地分享着特殊的洗脚经历。

镜头三：课后，几位队员凑在一起小声地讨论："以后我每周都要帮妈妈洗一次脚，我要让她的脚和我的一样白白胖胖的。""我以后要自己整理房间，妈妈每天上班很忙，回家还要做家务，我不能让她再帮我整理房间了，她太辛苦了。""我要和爸爸妈妈商量一下，以后每个月有一天是爸爸妈妈和我转换身份的日子，我来做爸爸妈妈照顾他们。"……

二、案例分析

孩子是父母的全部，父母将全部的爱给了孩子，让他们吃最好的、穿最好的、上最好的学校，孩子生病了，父母会担心、难过，如果可以父母会替孩子生病，不让孩子受到一点伤害。父母处处保护着孩子，关心着孩子，爱护着孩子。可是孩子们享受着父母的关心和爱护，却认为这都是理所应当的，也不承想过要为自己的父母做些什么，更不承想过该如何关心父母。通过主题午会课活动，可以让学生逐步认识到父母关心我们的同时，我们也可以关心父母。

1. 分享讨论，使学生感受关心。通过聆听身边同伴的故事，使队员们认识到自己是家庭的一分子，是家中的小主人。我们虽然人小，但是力量很大，可以用自己的实际行动来关心家人，我们不是娇生惯养的"小皇帝、小公主"，我们也可以通过自己的双手做些力所能及的事情，减轻父母的负担，关心父母。

2. 从做中学，使学生体验关心。我们处处依靠着父母，父母处处保护着我们、关心着我们、爱护着我们，看着我们慢慢长大。通过给父母洗脚的活动，也让孩子们体验一次做父母的感觉，家庭生活中充满了点点滴滴的小事，平时要做个有心人，抓住点点滴滴的机会，用自己的实际行动来关心他们，体会他们的不易。

3. 不断反思，使学生延续关心。一节课的教育是短暂的，但是教育的力量是可以延续的，关心也不是一次洗脚或一次家务就可以简单体现的，关心渗透于生活中的每个细节中，关心是一种持续的力量。通过课后几个孩子的讨论，可以看出，孩子们虽然年龄小，但是关心的种子已经逐渐在他们的心田里种下了，只要持续地给予阳光和雨露，对孩子加以引导，定会成长为一棵参天大树，结出一颗颗关心的硕果。

三、操作要点

1. 教育学生学会关心需要树立榜样。法国作家卢梭说过："没有榜样，你永远不能成功地教给儿童以任何东西。"榜样好比人生的坐标、成功的向导，而身边的榜样更是拉近了学生心与心的距离，让学生能够看到奋斗时的目标和参照物，向榜样学习，向榜样看齐，体会同龄人对家人和家庭的关心，从而更好地从自身出发学会关心。

2. 教育学生学会关心需要家校配合。要让学生意识到自己是家庭的重要一分子，是家庭的小主人，父母不要把孩子当作"小太阳"，全家人围着他转，造成他的特殊地位，而要尽量让他生活在平等互助的家庭气氛里，学会承担、分享、合作，善于为孩子创造"心中有家人"的机会,帮助孩子通过自己的行动,在心灵深处体验到家人的需要,也感受到助人以后的愉快心情。

3. 教育学生学会关心需要时间等待。如果希望教育成功,必须要长期关注,俗话说"一口吃不成一个胖子",教育更是不能一蹴而就。学生学着关心到真的学会关心,是一个非常漫长的过程,而且可能会出现反复,让我们以正确的教育理念、真诚的鼓励,不断地给予学生引导,耐心地静待花开。

得到他人的关心是一种幸福,关心他人更是一种幸福。如果世界是一间小屋,关心就是小屋中的一扇窗;如果世界是一艘船,那么关心就是茫茫大海上的一盏明灯。相信通过这样的主题教育活动,孩子们对关心的认识会更进一层,对关心的力量会有更深的体会。我相信在今后的成长道路上,他们一定会把关心的力量传递下去! 　　　(丁　祎)

实践与思考

我的"家"我做主

镜头一:早晨,教室门窗紧闭,光线昏暗,等着老师来开窗开灯。

镜头二:午餐结束,讲台上一片狼藉,看着老师逐一收拾。

镜头三:课间,地上散落着笔、尺子、衣服,老师不提醒,绝不捡起来。

镜头四:放学值日,听候安排扫地、拖地、排桌椅,哪怕"值日表"就贴在信息栏里。

…………

这样的镜头还有很多,无一不体现着学生的依赖性。在班级这个大家庭里,他们对自己的主人翁角色认识不清,习惯听从老师的指挥,接受老师的安排。事实不应该如此。著名教育家斯宾塞说过:"记住你的管教目的,应该是养成一个能够自治的人,而不是一个要别人来管理的人。"让学生成为班级的主人,是我们老师尤其是班主任,真正要做的事。

有一次,我在微博上看到一个视频,是一位台湾妈妈教育女儿,要做"家人"还是"客人"。小女孩清晰的思维和表达,让许多网友自叹不如。受此启发,我决定也在班级里进行一次"主人"OR"客人"的选择。

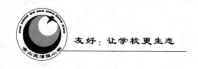
师：同学们，你们觉得，我们这个班级的主人应该是谁？

生：（几乎异口同声）老师。

师：哦？这么多老师，应该是哪一位？

小程：我觉得是班主任张老师。

师：有不同的意见吗？

（大多数孩子表示同意，个别女生欲言又止。）

师：那么，谁在教室里待的时间最长呢？

生：我们。

师：张老师和你们比呢？

生：还是我们。

师：如果教室是一个家的话，一直待在里面的人，和偶尔待一会儿的人，到底谁才是主人呢？

生：我们自己。

师：我们的班级就像一个家，你们才是这个家真正的主人。既然是主人，那么在"家"里，有哪些事是你们应该做好的呢？

（孩子们议论纷纷）

小琦：看到教室里或者走廊上有垃圾，我们应该及时扫掉，不要等张老师来提醒。

小茹：去专用教室上课，我们应该关灯关门，就像外出锁门一样。

小江：我们应该把桌椅排整齐，把书柜整理干净，所有东西都要放好。

小关：同学有困难了，我们要尽力帮忙，同学有不对的地方，我们要帮他改正，而不是和他一起说谎欺骗老师。

小嘉：如果班级里发生了什么事，我们要试着自己处理，处理不好再请老师帮忙。

…………

师：既然如此，我们就把"家"里的事情分分工吧！

（除了常规的值日生，关灯关门、整理书柜书架、擦窗台、擦黑板槽、收雨伞筐等任务都有了负责人。）

后来，便经常有老师对我说，"你们班总是那么干净""你们班的东西放得真整齐"……我想，那次的教育算是成功的吧！

"文武并用，垂拱而治。何必劳神苦思，代百司之职役哉？"让学生在参与班级管理的过程中进行自我教育，提高自我能力，从而真正成为"一家之主"，我们何乐而不为？

（张　娜）

你的笑容，很美

五年级的小丹同学从入学至今，一直是学校的特殊学生，因为她的智力低下。对于这样的学生，我给予更多的是同情、可惜和怜悯，但她却带给了我更多的阳光、温暖与童真。

每当在校园里遇见她的时候，她总是露出很羞涩的笑容，轻轻地喊我一声："黄老师好！"我看出了她表情中的不好意思，但我总是会觉得她的笑容特别温暖、特别阳光。清澈的眼睛，单纯的笑容，她笑起来很美。每当这个时候，我也总是用最温柔的声音回复她："邢张丹，你好呀！"看着她笑着跑向远处，真心希望这个姑娘能一直被这世界温柔以待。

由于智力低下，她的应变能力及自我保护能力也很差，在与同学们的嬉笑吵闹间，或多或少会受点伤。有时候脸上、手上出现了抓痕，有时候膝盖擦破了皮，有时候额头撞出了一个"小包"。每当她带"伤"来到卫生室的时候，我看到的不是一个哭哭啼啼、矫情做作的女孩，而是一个没有抱怨、没有矫情，依然是脸带微笑的开朗姑娘。帮她处理好伤口后，一声轻轻的"谢谢"，她又活蹦乱跳地跑远了。看着她的背影，让人心疼；但她却把"阳光"照进了自己的心里，"明媚"了自己的心间。

在今年开展的学生肺功能监测中，她也是众多监测者中的一员。学生肺功能监测需要学生根据医生的指令，逐步完成，中间不能出差错。那些平时学习成绩不错的学生，也要做两三遍才能完成。轮到小丹的时候，我其实是有点担心的，担心她操作多遍仍过不了关而产生负面的情绪。果然，在进行了四次操作失败后，医生也对她失去了耐心，让她在旁边自行体会操作要点。看到她胆怯的小表情及手足无措的肢体动作，我赶紧过去安慰她，告知她如果不想参加了，可以放弃的。让我意外的是，她很认真地看着我，倔强地说："我想再试一下！"虽然声音很轻，却是那么坚定。从她的眼神和微表情里，我看到了她的坚持。也许是我"戴着有色眼镜"在看她，认为她没有能力做到。而她自己却并不认为自己特殊，她想跟同学们一样，顺利地完成监测。为了提高她再次操作的成功率，我让区疾控的医生一对一地指导她，一步一步，反复

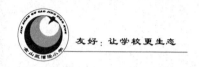

指导了 10 分钟。当她再次拿上仪器，进行"实战"操作时，竟然成功了。这时围在她周围为她加油打气的同学鼓起了掌，医生为她跷起了大拇指，我也看到了她"像花儿一样绽放"的笑容，那是发自内心的喜悦。原来，再特殊的孩子，都不能轻言放弃。在她的能力范围内，给她鼓励与指导，一样会成功。

对于一些智力发育不完善的孩子，家长、老师往往会缺乏耐心去教育和教导，认为再怎么努力也就这样了，无须白费力气浪费时间。诚然，这样的孩子想要取得进步是非常困难的，需要花费更多的耐心，但只要肯在他们身上花时间，花心血，一样会有收获的。

明年的夏天，她就要毕业了，希望以后的日子里，她依然笑容灿烂。

小丹，你的笑容，很美！

（黄爱婷）

三、"三关心"之三：关注学生的充实发展

（一）充实发展——发展的基础性问题

我们应该认识到儿童发展的关键是充实。儿童发展的充实主要表现在发展的全面性、发展的坚实性上。德育充实意味着德育内容充足不虚，丰富全面。这是人的发展整体性所规定的。关心德育强调关注儿童发展的充实就是要关注加强德育内容与形式的充分。孟子曰，"可欲之谓善，有诸己之谓信。充实之谓美，充实而有光辉之谓大。"（《孟子·尽心下》）清代哲学家焦循指出："扩而充之使全备，满盈是为充实。"（《孟子正义》）关心德育也要在内容与形式上充实。清代大学者王夫之指出："天以化为德，圣人以德为化，惟太和在中，充实诚笃而已。"（《张子正蒙注·天道》）关心德育追求的目标是让学生在感受与感悟到关心这个道德关系之下，成为一个具有博爱的关心者，是一个心灵充实的人，洋溢着人性的光辉的人。

关心德育要成为充实的教育，就要关注教育的全过程，不仅是内容与形式要充实，而且教育过程要充分，在发展阶段的连续过程中，关注教育的衔接，后一阶段是前一阶段基础上的直接产物。在相邻两个阶段之间的教育质量发生偏差，影响儿童发展状况，都有可能导致发展的根本变化。局部微小的偏差中隐藏着导致全局性长远性偏差的可能性，而且这种偏差在以后日渐明显。充实发展就是指基础阶段的圆满性发展，只有这一阶段的基础扎实了，进入下一个阶段才会顺畅，并为

长远的发展奠定坚实的支撑。同时,充实发展要求我们的德育关心实效,即儿童通过实施的德育,获得了哪些进步与发展。要摒弃刻意加速的发展、不恰当的拔高使孩子过早成熟,要坚持以儿童的方式来培养儿童。

(二) 充实发展——关注德育的丰富性

儿童发展性首先要求教育内容丰富多样,这样才能适应发展内容的丰富性。关心德育培养学生的关心品质本身也具有内涵的丰富性。诺丁斯强调"关心身边最亲近的人",在关心人之外强调这一点,其实质就是要学生,特别是儿童从身边做起。关心应该从关心自我,关心身边的人、身边的动植物开始,在体验与认知的情境中,做小学生力所能及的事,由近及远,逐步发展与积累,培育与发展关心品质。沈明霞认为:"从学会关心自我开始,了解自己,通过与他人的交流,关心身边的人与生命,关心在远方的人和事物;感受身边事物,关心人类创造的物质世界;感受大自然的美好,关心环境和地球。这并不是一件容易的事情,我们需要发现生活中细小的温暖,然后与他人一起分享,如此,才能将关心注入每一个人的血液中,让世界因为关心而变得美妙。"(沈明霞:《学会关心:环境教育理念对教育改革的启示》,教育发展研究,2015.4)同时,关心德育还强调以关心的方式培养学生良好的道德品质,不仅是关心品德,在道德教育内容上也是多样的。关心品德与其他道德品质都是基于真善美的,有着共通之处,也有着不同之处,因此关心德育内容要丰富、有层次,由近及远,达到儿童心灵的充实。

关心德育要达到促进儿童道德内化为品德,要关注适宜的方式,也要关注德育方式的多样性,以匹配德育内容。我们要摒弃以纠错式教育方法作为常规,以训话与家长压力作为主要纠错的手段来迫使学生认错的德育。这种纠错教育方式忽视了德育的正面的教育,必须积极引导与培养学生健康的道德品质,而不是放任学生犯错后再进行教育。这种积极的引导教育要求教师多开展富有道德教育价值的活动,按照学生年龄特征主动培养与发展学生的道德品质。

关心德育强调教育的融合,只有多渠道才能使德育具有丰富性。关心德育不仅要通过德育的途径,而且应该积极开展学科中的教育。坚持德育与教学的融合是必然的。在教学中要体现教师对学生的关心,引导学生践行关心他人与周围的环境。诺丁斯指出:"传统学校的课程以学科为中心,关心内容只能在学科课程里出现,教师要将关心视为学科内容的组成部分来对待。"(诺丁斯:《学会关心:教育的另一种模式》,教育科学出版社,2004 年版,P12)这句话指出了学科中本身蕴含了关心教育的丰富内容,教师不能误解为从外部添加关心教育,也就是德育不应该是"渗透",而是本身在学科中存在,融于学科之中,是学科的组成部分。这种融合的关心教育才能达到充实的境界,而不是外来的干扰。这样的生态化的德育方式听起来容易,真正实施却很难。学校应该确立关心德育在学校课程中的应有地位。

(三)充实发展——关注德育的连续性

关注儿童充实发展必须保持教育的连续性,不能是暴雨式的,而应该像阳光空气一样,关心与教育离不开,更要像春风化雨一样在学生的身边熏陶学生。关心时时、处处在人们的身旁,在学生的周围。坚持不懈的关心教育才能促进学生充实发展,正如饱一顿饿一顿很难促进人的健康。在发展阶段的连续过程中,每一个阶段的发展都要达到发展的基本要求,儿童道德品质,包括关心品质得以充分发展,后一阶段在前一阶段基础上得以扎实发展。这就是教育阶段的连续,也是学生发展的连续。

诺丁斯指出:"为了有效地应对时代的挑战,把关心引入学校,我们必须重视教育的连续性。第一,教育目的的连续性;第二,学校场所的连续性;第三,师生关系的连续性;第四,课程的连续性。"(诺丁斯:《学会关心:教育的另一种模式》,教育科学出版社,2004 年版,P85)我们在关心德育实施中提出了"四连续"。

1. 教育目的的连续性。这是要求关心德育中的关心品质内涵要连续,关心品质与其他道德品质要贯通。关心教育的不同学段的目标(年段目标)要保持连贯。

2. 教育时空的连续性。关心德育在时间上,德育时间与教学时间教育上要协调衔接。在空间上,关心德育课堂内与课堂外、校内外要贯通,学校与家庭、社区开展关心教育要协同。

3. 师生关系的连续性。关心德育在师生关系上的连续性表征了师生关系是否良好,紧张的、厌恶的师生关系无法使教育顺畅,只能是"肠梗阻"状态。同时关心教育也要调节好学生之间的关系,使关心教育进入学生心田。

4. 课程教育的连续性。关心德育不仅要保持关心教育本身课程的贯通,有系统、有计划地通过各种校本关心教育课程实施关心教育,也要使关心教育与其他德育课程贯通,而且要和学科课程融合。我们要开发与利用丰富多彩的课程资源,引导学生开展生动的教育活动,让课程更适宜幼儿发展。

方法案例

三个用心法

关心德育是以关心为特征、以关心为价值取向、以关心的方式培养学生关心品质的一种生态型德育。这一学年我担任了一年级三个班级的英语老师,对于一年级的小朋友来说,如何在课堂上养成良好的自我行为习惯以及懂得关心自己、关爱他人是至关重要的。在学校课题系列之"关心德育"的学习与引领下,有许多值得我深思的事情。

三个用心法是指在开展教育活动时教师要用心关注、用心引导与用心设计,让学生感受与感悟关心,以此促进关心品质的发展的方法。这个方法强调用心教学,用心去爱。教师与学生应该建立一种关心关系:教师作为关心者来关心学生,培养学生的关心意识和关心能力;同时教师还要使作为被关心者的学生对教师的关心做出积极回应,促成师生间关心关系的形成,并在这一过程中让学生学会关心。

一、案例呈现

教学片段一:用心关注——鼓励学生肯定自我

在我刚接手这个班的时候我就注意到小谢了,因为他跟别的孩子有点不一样,别的孩子哄一哄就能坐好,他是没有反应的。相反,他在发泄情绪的时候,会双手紧握拳头,咬牙切齿,有时甚至一拳打在自己课桌上,看着都觉得肉疼。于是借着课本内容 1A M1U3 My face 这一单元,我发布了任务,画一画你自己。在完成这个作业之前,我先尝试在班中进行了"找一找你自己身上的闪光点"简述。班上很多孩子都毫不吝啬地夸赞了自己的各种优点与特长,唯独小谢像个闷葫芦,一声不吭,不表达也不参与。尽管全班气氛越来越 high,但是他却格格不入。这同我预设的教学几乎一模一样。于是我创设了卡通人物与情境,通过大象的长鼻能浇灌花草,火鸡的腿虽然细长,但是跑起来飞快等,无

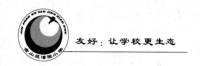

形中告诉孩子，要肯定自我，关爱自我。渐渐地，小谢被这突如其来的卡通情境所吸引，面对全班同学，他也发现了自己身上的优点，尽管他不能用本课所学的词汇与句法来表达，但是中文的描述中，显示了他也肯定了自己的身体，了解了自我。

教学片段二：用心引导——激发学生相互关爱

记得开学第一天，有这么一位可爱的小朋友映入我的眼帘，扎着两个长长的辫子，红红的小嘴唇，一个多么可爱的小人啊，我忽然间为班上有这样漂亮的小人儿感到一丝自豪，她叫小英。小英表现一直很好，总是坐得很端正，我也总是表扬她，也便没有把她放在心上。可是随着时间的推移，我渐渐地发现她太遵守纪律了，下课了自己还是端坐在自己的位置上，上课回答问题声音特别小。于是我密切关注了这个孩子的表现，我发现她话很少，开学很长时间了也没有很好的朋友，总是默默地端坐在自己的位子上。于是借着书本 1A M2U3 My friends 单元，我整合了书本 51 页 Do a survey 的教学任务，在课后给学生布置了这项任务。当然在课堂上，我有意识地在同学面前，介绍了班中的几个孩子，尤其重点介绍了小英。我特地向小英的妈妈搜集了一些小英的生活照，其中包括小英在家里为妈妈做家务的照片、在敬老院为爷爷奶奶捶背的照片、在舞台上尽情跳舞的照片……同学们看到这些照片后，纷纷加强了对小英的关注。果不其然，在第二节课的课前反馈中，很多学生都介绍了小英。有些同学甚至还会介绍说，小英会帮助班级大扫除、会帮助老师拿本子等等。虽然是两堂微不足道的家常课，但是在这个体验和参与的过程中，孩子们懂得了去发现身边同学的闪光点，懂得了相互友爱与关心。

教学片段三：用心设计——启迪学生关心自然

"关心"涵盖了人对自己的关心、对他人的关心，同时也伴随着对社会的关心、对自然的关心。虽然是一年级的孩子，但是我们教师在教学上，还是要树立这种意识：要培养学生在认知、情感与行为上正确处理人与自然、人与社会的关系，学会关心，具有尊重与责任能力。在我们教材中，有这样一个模块主题：1B M3 Things around us，在模块引领下又有这样的三个单元主题：Seasons、Weather、Clothes。于是我们一年级组在第二次综合实践活动中，设计了以 My favourite season 为主题的活动。通过让学生表达自己喜欢的季节，了解该季节的天气、自己在该季节的一些活动等,让学生充分掌握有关季节、天气、服装和能力方面的语言知识点。在提高运用语言的交流、询问能力的同时,能够感受到大自然和人之间的关系,体验自然变化的美好;进一步懂得去关心他人,关爱自然,关注社会。(附学生作品)

画上你最喜欢的季节 选择该季节的天气

画上你在喜欢的季节里能做的事 选择你在该季节需要穿什么衣服

二、案例反思

关心始于教师的关心行为,完成于学生的被关心感受。从孩子们的身上,让我明白班级里的任何一个学生我都要去关心,无论是调皮的还是听话的,要关注每一个孩子的成长,从细节中观察孩子的举动,从

第七章 生态德育建构的校本实践

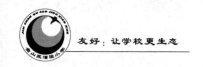

细节出发帮助每一个孩子,助他们成长。我们每一个教师要用自己的耐心、细心、真心、爱心去引导孩子,帮助他们认识关爱,协助他们一起关爱,与他们共同实践关爱。把关爱浇注到孩子身上,才会收获孩子的快乐与成长。

行走在路上,用爱作为不变的目标和旗帜,用真心去感动,用耐心去感受,用细心去感知,用爱心去感恩。

三、操作要点

1. 强化有效的评价机制,鼓励学生肯定自我

教师评价要及时,语言要简洁优美并且有效。前阵子我们教研组一起聆听了小周老师的课,在她一对一与一名学生互动的时候,这个女孩子有点胆怯害羞,这个时候,周老师用简洁的语言鼓励她:"没关系,试试看。"并且在她完成任务之后,周老师又进行及时的评价:"你刚刚的表现很棒,下次你再自信点,大声点就更好咯。"这样的评价非常简洁,但是有效。在师生互动中,学生对自我进行了肯定,也充分认识了自我。

2. 营造轻松的课堂体验,促进学生相互关爱

无论是线上还是线下教学,对于我们教师而言,营造一种轻松的互动体验氛围,显得更为重要与必要。教师在轻松愉快的情境或气氛中,引导学生展开自己的思维和想象,思维的"过程"同"结果"一样重要,目的在于使学生把思考和发现体验为一种快乐,而不是一种强迫或负担。在这种愉悦的氛围中,彼此交流,共同探讨,发现同学们彼此之间的闪光点,相互关爱。

3. 设计丰富的综合活动,引导学生关爱社会

对于低年级的孩子而言,最喜欢的莫过于在"学中玩,玩中学"。老师们以呈现"Project"为理念来设计的综合实践活动,手册中精美的图片、绚丽的色彩、趣的游戏等,这些资源支持,都会在无形中会激发学生想要去探究自然与社会的欲望。本处尤为重要的是相关情境的选择,偏离学生实际情况太远就激发不起学生的兴趣。 (刘慧燕)

丰富充实法

在日常的教育教学中,我们发现,空洞的说教与灌输难以走进学生的内心,学生并不能真正地产生共鸣,环保教育效果甚微。小学生对于资源环境的认识浅显,教师有必要关注学生的认知特点,通过多样有趣

的形式,帮助学生积累环保知识,提高环保意识,养成环保习惯,落实环保行动。丰富充实法是指通过内容充实、形式多样的教育活动,让学生在活动中认识深刻,情感增强,行动落实,使教育对学生产生持续影响的方法。丰富充实法运用时应该从学生熟悉的生活入手,帮助学生对自己身边的事物有所闻、有所思、有所行,关注学生与环境的共生互动。

一、案例再现

我们生活的时代,环境问题已成为全国乃至全世界的重大问题,因此在学校开展环保教育有重要的现实意义。小学生年龄尚小,环保意识淡薄,远离自己的生态问题难以引起学生的共鸣,不良的卫生习惯和浪费资源的情况屡屡出现。

片段一:小游戏——体验淡水资源严重匮乏

四(2)班的"节约用水,保护环境"主题班会课上,教师出示一个苹果:"今天我们不把它看作苹果,而是看成地球淡水资源的总量。人类可利用的淡水资源到底有多少呢?我们来玩一个游戏。"各小组指派一个小朋友上台拿苹果,教师交代注意安全等要求。在教师的指导下,学生将苹果切成十六分之一,再取一块薄薄的苹果皮。

师:实际上人类可利用的淡水资源占全球淡水总资源的0.3%,也就相当于这个大苹果上的一张薄薄的小小的苹果皮。而我们中国淡水总资源占有率还不到世界平均值的一半(再切下苹果皮的一半)。看吧,这么一小片就相当于中国14亿人口可利用的淡水资源。可见,中国比任何一个国家都面临严重的缺水问题。联合国已把上海列为21世纪全球饮用水严重缺乏的六大城市之一。听到这,你的心情如何?有什么想说的吗?

生1:地球虽然是"水球",但可以供我们使用的淡水真是太少了。

生2:原来生活中平凡普通的水如此稀少珍贵,我们应当珍惜水资源。

生3:每天打开水龙头就会有干净的自来水,我以为我们有足够的水可以用,却不知道我们中国、上海竟如此缺水。

…………

片段二:小实验——感受浪费水的小细节

水池边挤满了叽叽喳喳的小朋友,有的小朋友在洗手,有的小朋友在看手表计时,还有小朋友在本子上记着什么。他们在干什么呢?原

来,同学们正在小组长的带领下做"洗手小实验"呢。

	第一次	第二次	平均值
小水量洗手用水量			
大水量洗手用水量			
小水量洗手节约用水量			

小朋友运用乘法计算,如果一个学生每天洗手四次,用小水流量可节约 800 毫升×4＝3 200 毫升,那么一个月就是 3 200 毫升×30＝96 000 毫升,一年就是 96 000 毫升×12＝1 152 000 毫升。从计算可知,一个小学生用小水流量洗手,一年可节约用水约 1.2 吨,全班 34 名学生一年可节约用水约 40.8 吨。不算不知道,一算吓一跳,40 吨水可不是一个小数字。如果全校学生都来节约用水洗手,那该节约多少水啊!小朋友们边算边张大嘴巴,从他们的表情可以看出,这次实验让他们受到了极大的震撼。

片段三：小调查——了解生活中浪费水的现象

小朋友们每人都领取了一个小小的调查任务——在学校和家庭中存在哪些浪费水的现象?学生们纷纷行动起来,去观察生活中浪费水的现象、原因,对浪费情况进行调查分析,思考"节水金点子"。他们纷纷感叹,生活中浪费水的现象真不少。校园里,有些小朋友洗手时水开得很大,抹肥皂时也不关水龙头;有些小朋友用自来水打水仗;还有小朋友满满一杯水喝一两口就倒掉……在家中,我们自己或家人在洗脸刷牙时一直开着水龙头,洗车时让水随便流,淘米洗菜用太多水,等等。浪费水的现象在生活中无处不在。

二、案例分析

校园里、家庭中,浪费水的现象无处不在,是学生不知道要节约用水吗? 不,节约用水的口号相信他们都会喊,那为什么他们做不到呢? 究其深层原因,他们没有从内心深处真正形成节水意识。关心水资源不是空洞的说教和口号,需要让学生在一定的情境中通过多样的形式去了解、去考察、去践行,从而真正养成"关心"的意识和品质。

1. 游戏中提高认识,感受关心水资源的必要性

抽象的百分比和庞大的数据对于四年级的小学生是难以理解的,

他们并不了解淡水资源究竟如何匮乏这一事实。因此,在主题班队课上,我以一个看得见摸得着的苹果为载体,带着他们切苹果,让他们形象生动地了解我国淡水资源的匮乏,从而提高对水资源的认识,感受水资源的宝贵,激发学生关心水资源的动机。

2. 实验中感受重要,知道关心水资源的现实性

"关心德育"注重在情境中引导学生考察、践行。因此我设计了小实验,从洗手这件微不足道的小事入手,给学生提供支持,让学生在实际的操作、计算、数据中形象地感受到我们一个小小的动作对于节水都具有重要意义。从而让学生知道关心水资源与我们密切相关,每个人都有义务、有力量关心水资源。

3. 调查中体验紧迫,明确关心水资源的迫切性

通过调查生活中浪费水的现象,学生开始关注自己和周围人的行为,反思浪费水的现象。从调查结果来看,浪费现象无处不在,这给学生深深的触动,让学生明确关心水资源的迫切性需要,产生内心共鸣,真正形成关心水资源的意识。接着再提出"节水金点子",学生在节约用水的行动中则能够更加主动、到位。

三、操作要点

1. 创设真实情境,促进自主发展

生态型德育从青少年道德发展需要出发,关注与学生心灵的共鸣。因此活动中要设计贴近学生生活、符合学生年龄特点的环节,让学生从生活中关注到周围浪费水资源的行为,意识到关心水资源的重要性和急迫性,总结出节约用水的措施,让他们对于关心水资源有一个具体的认识,知道如何从身边的小事做起,从力所能及的事情做起来保护水资源。

2. 运用丰富形式,促进全面发展

在活动过程中要遵循学生成长规律,设计丰富的活动,调动学生的各项感官,让学生有深刻的体验,这样才能深入学生的内心,加深对关心的认知,培养学生的关心意识,促进全面发展。活动中,小游戏、小实验、小调查等形式能激发他们的兴趣,让学生充分全面地动起来,调动他们参与的积极性和主动性,吸引学生真正投入进来,活动的效果才能最大化。

3. 注重家校合作,促进可持续发展

关心意识的培养需要家庭的参与。家长的行为对孩子有潜移默化

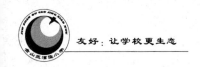
的影响，家校的统一协调将使教育效果事半功倍。因此在"关心环境"的教育中，要搞好家长工作，建立良好的家校关系，不断拓宽家校沟通渠道，指导帮助家长，搞好家庭教育，充分发挥家教意识，使学生得到良好的环境教育，获得可持续发展。

"关心水资源，保护环境"是长远的话题，要结合学生生活实际，强化节水意识，将关心水资源行为落到实处，从小处做起，从自身做起，坚持不懈地进行下去，真正树立"关心环境"的意识。　　　　　　（刘慧慧）

关 心 尊 重 法

在孩子的成长学习过程中，教师的关心是促进孩子成长发展的重要方式。在这个过程中，关心是一种教育态度与形式，存在于教育过程中，教师与学生建立一种关心关系。关心始于教师的关心行为，完成于学生的被关心的感受。关心应该表现为对学生生命的尊重，关心体现了一种平等、尊重学生的教育理念。关心尊重法是指教师基于关心的态度，以尊重的方式，调节师生关系，使学生真诚感受到教师对学生成长的期望，促进学生进步的方法。

一、案例描述

镜头一：小宋同学，当他与一个孩子发生了一点口角，肢体上有点你来我去，我用以往的解决方法对他们两个说："大家说声对不起，接下来还是好朋友。"另一个孩子马上说对不起，可小宋说我不干。当我让他给某某递一下剪刀的时候，他还是说我不干。难道他真的如此有个性？不会的！对此，我坚信不疑，并认为，只要用一片真心去感化他，总能有所收获的。有一天，这样的契机出现了。我们要上《纸盒笔筒》，需要准备各种各样的纸盒，用来做笔筒的材料。看着小宋同学拿着满满一袋子纸盒，时不时地拿起袋子在同学面前炫耀。我想，机会来了。我说："小宋同学你真棒，准备工作十分充分，现在有个情况希望你帮忙一下，帮帮老师，帮帮同学。你看，有些同学什么都没有准备，这节课他就不能做什么了，而且老师也会很难进行教学管理。老师想请你帮助我，借我几个纸盒，让没拿纸盒的同学有材料用。下节课老师还给你，或者同学还给你。"在我的一声声帮忙中，他总算勉勉强强贡献了几个小纸盒。自从这件事情后，我总是有意无意间，到他那儿去借用点东西，给自己用，给其他的同学用，用好之后表扬他气量很大，同时也常常暗示他从同学那儿借来所需的物品,归还的时候说声谢谢。就这样,不知不觉间,慢慢地慢慢地,小宋同学会分享物品了。

镜头二:小王同学,上课时两手总是玩个不停,嘴巴却是一动不动。平常走在路上,看到老师绕开走。每次收集作品,两手一摊,没有!而且一副满不在乎的样子。表扬批评双管齐下,对他而言,没用!什么时候才是良好的时机呢?有一次做衣架模型,我做的样品一个也不见了,当时以为自己弄丢了,没在意。几天后,小王妈妈的空间里有了这些样品,我才恍然大悟,原来小王把样品带回了家欣赏。在办公室里,我对小王说:"这是我俩之间的秘密,老师知道你想做好作品,但是你的手工有点困难,老师就把那些样品送给了你。现在老师和你一起做一个衣架。我们要一步一步,不能急,老师对你有信心,你对自己也要有信心。你肯定行,这不是难事!"从此,在课上他会坚持做一个半成品,虽然有时不漂亮,同时我多给他机会发言。让他在学习中感受到"我能行""我不比别人差",提高他的学习兴趣。随着时间过去,很多漂亮作品出现了,我为之高兴。当他有时交不出作品的时候,我宽容地承认他与别的同学的差异,允许他失败,期许地一次又一次地对他不放弃。渐渐地,他会主动和我交谈,主动地交作品,一点一点地进步着。

二、案例分析

苏霍姆林斯基曾讲过:"教育的全部技巧就在于如何爱学生。要想育人必须关心人、尊重人,让学生感受到对他们的欣赏和期待。"在上述两个故事中体现了教师对学生的关心和尊重。

1. 在日常工作中,教师要注重与学生之间的情感交流,学会用情来感动学生,用爱来温暖学生,与学生保持良师益友的关系。从教育教学中不难发现,每个学生都希望引起老师的关注。一名优秀的教师更要主动地关心学生的学习与生活,重视"情感联络",使学生觉得老师是自己真正的朋友。

2. 在教育教学的过程中,尊重不是口头上的甜言蜜语,而是融化在灵魂里的一种意识。尊重是一缕精神阳光,它可以照亮学生的心扉,敞开学生的胸怀。关注每一个孩子,关注孩子的个体差异,让他们快乐地成长是我们每一个教师的职责。

三、操作要点

1. 每个孩子都是一个个鲜活的个体,既有共性又有个性。教师的

教学要因人而异,尊重学生的成熟规律和发展规律,尊重学生个性与环境的适宜性和发展的差异性,还要为丰富学生学习经历,积极开发潜能,夯实发展的基础。

2. 教师对学生的关心要落实到位,关心在点。我们通过教师的关心关爱,潜移默化地转化为培养有关心能力的、关心他人、懂得爱人,也值得人爱的培养目标。

作为一名教师,首先应该爱孩子,把孩子看成是自己的,而不仅仅是来完成任务的。一切为了学生,为了学生的一切,学生最关心的就是希望得到老师的关心和喜爱,当面对学生时,能尽量发现他们的优点,真诚地去赞赏他们,就像是美妙的音乐在学生的心灵深处奏响,激发他们内心深处的希望和信心,就能激发他们奋发向上,快乐成长!

(徐峰英)

实践与思考

做一个好人,从学会关心开始

关心是一种态度,是一种以爱为基础的、每个人都应该具备的情感素质。诺丁斯认为:"我们的教育应该培养的是一个能感受关心并学会关心的人,包括关心自我,关心身边的人,关心陌生者和远离自己的人,关心动物、植物和地球,关心人类创造的物质世界,关心知识。"对学生而言,"关心"不是教师、家长教会的,是学生自己在做中学会的。学会关心的过程,也是内化的过程,它需要我们去启发学生的"关心意识",培养学生的"关心品质",发展学生的"关心能力",只有这样,关心教育才有生命力,才能教育学生做一个好人。

1. 发挥课程主阵地作用,启发关心意识

诺丁斯认为培养以关心为核心的道德人格是学校教育的主要目的、主要追求。因此,课程是学生"学会关心"的主阵地,学科教学是实施关心教育的基本途径。教师可以利用教材中的内容,启发学生的关心意识。如诺丁斯强调:"教师与学生要建立一种关心关系,作为关心者来关心学生,促成师生间关心关系的形成,使学生在这一过程中学会关心。"教师在课堂教学中,要积极与学生交流,鼓励学生、体谅学生,设身处地地为学生着想,以关心学生的方式促进学生的相互关心。教师还要营造团结友爱、和睦相处、相互关心的课堂氛围,引导学生学会关心。

2. 创设实践活动,培养关心品质

关心品质是一种以情感为核心的知、情、行整合结构,学生要通过丰富多彩、五彩斑斓的实践活动形成关心的品质,巩固提升关心的能力。柯尔伯格说过:"公民教育的目的就是通过个人的参与,使社会变成一个更加美好或更加公正的社会。"比如,我们开展"情暖敬老院"志愿服务活动,学生走进敬老院,给孤寡老人送去温暖、送去关爱,让他们学会关心他人;"我是班级小主人"岗位实践活动,学生在班级中承担一个小岗位,环保节能员、午餐管理员、眼操检查员、图书管理员等让学生学会关心自己的集体;在"垃圾分类我先行"活动中,学生宣传垃圾分类知识、指导居民正确投放垃圾,让他们学会关心自然、关心社会。

3. 发挥教育合力,发展关心能力

孩子的关心品质是在家庭、学校以及社会等多种环境因素的综合影响下形成和发展起来的。因此,首先要发挥学校的主导作用,通过课堂教学、主题活动、社会实践等途径培养学生的关心能力。其次,要发挥家庭的主要作用。父母是孩子最好的榜样,家庭是孩子学会关心的重要环境,父母要抓住一切可以利用的机会,教会孩子自觉地、主动地关心他人。比如,父母可以让孩子参与家务劳动,做一些力所能及的事情。正是在这些日常行为活动中,孩子才会逐渐懂得大人也需要帮助、需要关心。家长更应为孩子树立榜样,一个自私、狭隘、对他人漠不关心的父母,不会培养出有爱心的子女。因此,作为家长应该用自己良好的行为去影响孩子。关心、孝顺长辈,热心帮助别人,在耳濡目染中,孩子的行为受到熏陶,他们就会自觉地关心、帮助他人,培养孩子的主动关心能力。

4. 构建评价体系,内化关心行为

构建评价体系,就是构建促进学生发展的评价体系,贯穿于孩子关心品质形成的全过程,有利于内化孩子的关心行为。从评价维度可以开展师生评、生生评和家长评。教师在学校中发现孩子们的点滴关心行为,及时给予鼓励性评价。如:可以召开主题班会,挖掘"闪光点",树立榜样;写表扬卡或悄悄话进行表扬或提醒。对孩子关心行为的评价不应只是教师的单一评价,还要包括学生的自我评价和同学评价,即生

生评。如在班级家务小岗位中，可以让学生写一写自己在集体中担任的岗位，说一说自己为集体所做的事情，激发他们对集体的热爱。对于孩子的关心行为，他人的鼓励和评价总能引发孩子内在的自豪感，从而将关心行为内化。因此，当孩子有了进步的时候，来自同学的评价也能促进关爱行为的内化。父母不仅是孩子最好的榜样，也是孩子最好的评价者。每个孩子都希望受到父母的关注，得到父母肯定的评价。家长可以将孩子的关心行为表现及时反馈，形成家校教育合力，共同促进孩子关心行为的内化。

学会关心就如同春雨"随风潜入夜，润物细无声"，是一个由外到内、从量变到质变不断渗透的过程。以"关心"为特征的生态德育，在孩子纯真无瑕的心灵中播下"关心"的种子，让它生根发芽，最终长成一棵"爱"的大树。做一个好人，就从学会关心开始！　　　　　（钱　青）

传递有温度、有道德的知识

现代教育理论要求数学教师要面向每个学生的全面发展，关注的不只是学生对双基的理解和掌握，还有学生的情感、态度和价值观等方面的发展和提升。教师不是传授者，学生也不是被动的接受者，两者应形成一种相互激发、相互提高、互补和互生的生态关系。老师引导学生在课堂上探究问题获取知识的同时，传递给学生有温度、有道德的知识，并引导学生在师生之间、生生之间获得人生的正能量，使学生形成正确的人生观和价值观。其中，培养学生成为一个正直的人，并且有去关心人、爱护人的能力，这也是有必要、有意义的一项。基于以上的认识，我在平时的数学课堂教学中，从互动课堂、体验课堂、情境课堂三方面展开了探索与实践。下面就以《折线统计图》一课为例，简单阐述初步实践的体会。

一、互动的课堂——于互动性学习中体会关心他人

互动教学模式是常用的课堂教学模式，这种模式可以在提高学生数学思维能力的同时，让学生学会理性地看待周围的事物和人。《折线统计图》一课中，我选择的互动探究材料是两名班级学生前一阶段七次两分钟口算情况汇总，在探究出折线统计图的特点后，还需要让学生体验折线统计图的使用意义，所以我让学生进行互动式交流："从这位同学的七次口算情况统计中，你对他的口算成绩有什么想法？你想对他

说些什么话?"课堂上,同学们纷纷举手发言,有的学生说:"和我相比,我觉得他的口算成绩已经很好了,我要向他学习,争取赶上他。"有的学生说:"我觉得他这几次的口算还可以,但还是有进步的空间。"有的学生说:"这位同学的口算成绩时好时坏,希望他以后口算能保持稳定的成绩。"有的学生说:"这位同学的口算成绩不够平稳,如果有时间,我可以帮助、辅导他提高口算能力。"……交往互动中各个学习层次的学生的言语都体现出对这位同学成绩的中肯评价。这样的互动课堂教学,教学内容因为教学价值的关联变得更富有意义。

二、体验的课堂——于体验性学习中感悟关心自己

苏霍姆林斯基说:"学生要想掌握数学,就必须用内心创造与体验的方法来学习。"引导学生在体验中学习,自主探究、自主发展是学好数学的关键。体验性学习是通过反复观察、实践练习,对情感、行为事物进行内省体察,养成某些行为习惯,形成情感、态度、价值观的过程。《折线统计图》一课的教学在知识巩固环节部分,我出示了"漕泾小学四年级学生近视学生人数统计图",展示了本年级学生从一年级到目前的近视人数统计汇总情况,让学生以小组合作的形式解读、分析学生的视力变化情况。学生感受到随着年龄的增长,用眼强度会增加,近视人数有逐年递增的情况,体会到视力保护的重要性,平时要多多关注自身的用眼卫生、少用电子产品、注意读写姿势等等,避免视力减退。学生在这样的体验性学习中有了纠正不良行为习惯的意识,同时为今后自觉养成良好行为习惯提供了可能。

三、情境的课堂——于情境性学习中探索关心社会

对知识的认知是以情境为基础的,通过教学情境的设置,将日常生活资源转化为教学资源,将学生日常生活经验上升为数学知识,而在掌握数学知识的同时,教师对情境中的生活现象、社会现象加以正面引导,使学生形成对世界的正确认知。《折线统计图》一课中,其中一个环节设置了"金山城市沙滩五年间十一假期人数统计图"教学情境,在完成了相关知识的探究后,我抛出了一个问题:"看了这张折线统计图,你有什么疑问吗?"有学生提出了疑问:"为什么2007年旅游人数直线下降了?"其他学生都不知道原因,我向大家介绍相关情况:原来有关管理部门看了统计数据后发现来旅游的人数每年呈显著上升趋势,人实在是太多了,所以景点的垃圾也是相应地多了起来,使得景点的管理和

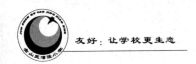

服务水平不能达到满意的程度,为了给游客提供一个舒适的环境,政府部门才决定要限制客流,便于管理,所以在节假日采取了一定的收费制度,这样游客就相应地减少了。听了我的讲解,学生们感受到折线统计图的分析问题、发现问题、解决问题的重要功能。我接着又问:"如果你是游客,你会注意些什么?"学生们纷纷表示要爱护环境,不会乱扔垃圾,保持景点环境的整洁和卫生,争做环保小卫士。这样的情境式教学,给学生提供一个真实的社会情境,它是课堂中解决问题的有效支架,也蕴含了对社会现状、对所处环境等方面的思考和辨析,在辨析中明确正确的行为方式。

情境的课堂、体验的课堂、互动的课堂,这是以感受、经历为指向的符合教育要求、符合学生心理认知成长规律的学习方式。这种学习方式以学生为主体,关注对知识的自主探究,同时也关注人文、关注学科德育的渗透,让我们在课堂教学中传递有温度、有道德的知识,努力打造以"关心"为特征的生态课堂。

(施秋怡)

我的关心故事：春风化雨,润物无声

关心德育是素质教育的要素,它关系到学生的健康成长。"师者,所以传道、授业、解惑也",其中"传道"是最重要的。在德育教育中,要求学生做到的,教师要率先垂范,以心交心,以爱博爱,以德育德。教会他们尊重生命、珍爱生命,热爱生活、创造生活。

我曾经读过一个绘本故事,名叫《猜猜我有多爱你》。讲述的是一个小兔子和一个大兔子互相比比看,谁爱谁更多一些。两只兔子用稚拙的动作、朴实的语言,努力地表达着"我究竟有多爱你"。小兔子的爱纯真烂漫,大兔子的爱宽广深沉。故事简短质朴,读起来却十分感人。那只大兔子和小兔子,不正像我和班上的那群孩子们吗?

2019年夏末,或许是一种缘分使然,我和一年级二班的故事开始了。我们第一次彼此相识。那一张张天真稚气的脸上既有对于新环境、新老师的陌生和胆怯,又有一种成为小学生的自豪与骄傲。接着,我们第一次拍合影,第一次去秋游,第一次入团活动,第一次参加中队活动……我们一起经历了许多个第一次。光阴似箭,一转眼,我们已相伴了一学期。回想一同经历过的点点滴滴,有过快乐,有过喜悦,学习经历因为有关心,变得充满想象与惊喜。过往的种种滋味交织在一起,

竟令人感到温馨、美好。我总会语重心长地告诉你们:"孩子,你要明白,爱你不仅仅是宠着你、惯着你,更是要培养你。你今天来到学校,成了我的学生。那么老师对你的爱,则是认真对待每一个细节,严格要求你做好每一件事,将你打造成可塑之才。"我指导他们认真练字,培养其良好的书写习惯。日复一日,小朋友们知道了:老师的关心,就像教他们一笔一画,认真写出的每一个字那么多。我们开启了"阅读伴随我成长"的活动。一同阅读,一同交流分享。在营造的浓厚读书氛围中,逐渐培养了学生的阅读兴趣,使他们增加了不少知识量。"润物细无声",渐渐地,他们的认知水平在潜移默化中提高。小朋友们明白了:老师的关心,就像一本本精彩有趣的故事书那么多。每天一进教室,我先检查教室环境。桌子是否摆放整齐、地上是否有垃圾纸屑、桌面上的学习用品都按老师的要求摆放整齐了吗? 室内是否保持明亮清爽? 因为上课也需要有仪式感。干净整洁的教室环境、从课间的喧闹中迅速平静下来的心,会让你们的课堂听讲效率事半功倍。待到一切课前准备工作就绪,我们才以最佳状态进入到课堂学习。你们会意识到,这是一堂很重要的课,值得我们每个人认真对待,丝毫不能懈怠。久而久之,小朋友们懂得了:老师的关心,就像给他们认真上过的一堂堂课那么多。

以爱换爱,以心换心,老师关心小朋友,小朋友也学会了关心老师。那天,我因为感冒,嗓子哑了。那天,他们出奇地安静。每个人都坐得端端正正,充满期盼地望向教室门口,就连平时最调皮捣蛋的几个小男生,也十分乖巧懂事,安静地等待着老师的到来。当我走进教室时,几十双眼睛齐刷刷地望向我,注视着我的一举一动,那小小的眼神中充满怜惜与心疼。当我用沙哑的嗓音开始讲课时,他们听得很认真,很用心。听懂了,就点点头,似乎谁都不忍心让生病的老师多费一句口舌。那天的课堂,没有像往常一样积极活跃、生龙活虎,但那却成为我记忆中最令人欣慰和感动的一堂课,心中涌起的暖流久久回荡,始终温暖与滋润着我的心田。我们的故事还有很多,像和煦的阳光,温暖明媚;像夜空中的繁星,纯洁璀璨……

营造关心德育氛围,要在育人环境上着力。我关注每个小朋友的情感,帮助他们建立学习的成就感和自信心,关心的基础是对学生理智的爱和对学生人格的尊重。"关心"是一种极为重要的教育因素,没有

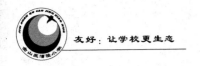

关心就没有教育,关心小朋友是师德的灵魂。我把关心德育落实于点点滴滴中,努力发现和赞美小朋友真善美的闪光点,关心犹如阳光,以亲切的面孔,用平等、和谐的口吻与学生交流,缩短师生间的"心距"。关心换真情,把关心献给教育的人,就是世界上最幸福的人。(冯亚莉)

后　　记

　　本专著《友好：让学校更生态——生态课堂与生态型德育的实施》系学校发展规划的统领性素质教育实验项目的研究成果。本项目已于2020年6月完成预定研究任务。现在专著正式出版，十分令人欣慰，更感其价值。这是我们学校教育改革与发展的真实记录，生动地反映了集团化办学推动下学校内涵发展的历程。在两年的研究中，我们坚持从实践出发，注重理论指导下的自觉实践，注重提炼与总结教育经验，在再实践中验证；坚持教育创新，深化实践，形成适合自己学校的教育特色。本书凝聚了我们漕泾小学的学校领导、教师和专家的智慧和辛勤劳动，也见证了我们创建学校特色过程中的艰辛探索与不懈努力。

　　本项目从学校"生态教育"走向"教育生态"，以"友好：让学校更生态"教育理念，以生态课堂与生态型德育的实施推进生态型学校创建的实施战略，实现儿童友好学校。漕泾小学从一所传统办学学校蜕变为儿童友好型学校，经历了教育观念与教育行为的改变，有着艰辛的办学发展的历程，收获是令人鼓舞的。我们的实践不仅具有校本性，而且也有创新价值，我们运用了"学校管理：回归儿童立场、课堂教育：激发儿童参与、学校教育：沟通儿童生活、家校牵手：共促儿童成长、顶层设计：让合作更美好"五条主要策略实施儿童友好生态型学校建设。学校以生态型德育、生态课堂为突破口，积极建构"儿童友好生态型学校"，取得了良好的成效。我们在科研的引领下，行动研究和理论研究并举，推进学校教育的改革与发展，将进一步在生态型课程、生态型管理上深化办学生态化，全面建设儿童友好型生态学校。

　　本课题由施慧丽校长担任项目（课题）组组长，学校广大教师参与项目研究，上海三知教育理论研究所所长王钰城担任研究指导，本书实践部分由校长与教师撰写（见署名），理论部分由王钰城、王铉撰写。由

后　记

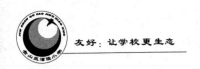

于本书涉及不少教育理论与实践问题，限于本专著作者们的认识水平与实践经验，所阐述的观点和提供的案例难免有不妥之处，恳请读者不吝指教，在此表示感谢。

主　编

2020 年 6 月

图书在版编目(CIP)数据

友好：让学校更生态 / 施慧丽主编. —上海：文汇
出版社,2023.4
（教育生态：滋润绿色心灵）
ISBN 978 - 7 - 5496 - 4021 - 8

Ⅰ.①友⋯ Ⅱ.①施⋯ Ⅲ.①课堂教学—教学研
究—小学 Ⅳ.①G622.421

中国国家版本馆 CIP 数据核字(2023)第 070838 号

友好：让学校更生态
——生态课堂与生态型德育的实施

主　　编 / 施慧丽

责任编辑 / 熊　勇
封面装帧 / 张　晋

出版发行 / 文汇出版社
　　　　　上海市威海路 755 号
　　　　　（邮政编码 200041）
经　　销 / 全国新华书店
排　　版 / 南京展望文化发展有限公司
印刷装订 / 上海颛辉印刷厂有限公司
版　　次 / 2023 年 4 月第 1 版
印　　次 / 2023 年 4 月第 1 次印刷
开　　本 / 720×1000　1/16
字　　数 / 330 千字
印　　张 / 22.25

ISBN 978 - 7 - 5496 - 4021 - 8
定　　价 / 78.00 元(全二册)

一场春风化雨的实践

主　编　沈　红
研究指导　王钰城

文匯出版社

《学校新优质集约发展文丛》总序

　　教育均衡发展体现的是一种公平公正的理念,这不仅是世界教育发展的潮流,而且也是教育现代化的核心理念。20世纪末以来,随着世界经济的发展,公平正义越来越成为国际社会关注的重要问题,教育公平日益成为教育现代化的基本价值体现,成为世界各国教育发展的基本出发点,尤其是教育均衡发展问题,日益成为许多国家制定教育政策的基本原则。诺贝尔奖获得者弗里德曼教授曾指出,政府的职能主要有四个:建立国防和外交,维护司法公正,提供公共产品,扶助社会弱势群体。"提供公共产品,实现教育公平,政府是天生的'第一责任人'。谁也不能代替,谁也代替不了。"(周洪宇:教育公平论,人民教育出版社,2010.3)20世纪90年代国际上提出了"全纳教育"思想、"每个孩子都重要"等教育均衡思想与实践。关注每一个学生的成长,这是教育均衡发展的必然逻辑,是践行教育均衡发展的核心精神,也是人类社会追求的公平教育,具有普适性。

　　教育区域发展正是体现了这样的教育发展潮流。集团化办学超越了一所学校的办学范畴,在区域层面上对优化资源配置和提高教育质量产生影响。在教育发展的失衡中最突出的是城乡教育的失衡。20世纪20年代,陶行知、晏阳初等在农村开展平民教育,是区域推进教育改革的大胆尝试。20世纪末,上海开展了教育小区探索实践。上海出现的现代教育小区的建设是社会、经济高速发展和上海城市功能定位要求教育改革与之适应的结果。"教育小区的建设为提高全体学生和市民素养创造了有利条件,奠定了物质和组织基础,为未来教育的发展创造了更大的空间,教育小区建设将成为上海教育进入新世纪的重要标志"(王钰城,2000.1),教育发展要顺应人民群众对接受更多更好教育的新期盼。

　　教育均衡发展中首先是保障教育入学机会的均等，让所有的孩子上好学，这是教育公平的底线。教育公平的核心是教育过程的平等，办好每一所家门口的学校，提供教育质量不断进步的教育。教育公平的追求应该是教育结果的平等，办好人民满意的教育，建好人民满意的学校。教育公平的实现过程就是教育公共产品生产与提供方式的创新。通过均衡使所有学校优质发展，这是均衡发展的重要价值取向。我们必须按照科学的教育质量观要求，把"为了每一个孩子的健康快乐成长"作为出发点和落脚点。在教育价值取向上，要从过度追求现实功利转向追求教育对人的发展的价值，高度重视学生的身心发展、终身发展。在学生培养模式上，必须树立"为了每一个学生终身发展"的理念，即关心全体学生的成长，要改变高度统一的标准化模式，更加注重有利于学生社会化与个性化协调发展。在教师专业成长上，要从单纯强调掌握学科知识和教学技能转向更加注重教育境界和专业能力的提升。通过教育价值观倡导，促进学校提高教育质量和办学水平，创新发展理念和发展模式，全面实施素质教育。

　　金山小学教育集团的发展在教育理念上贯穿教育均衡思想，以"儿童友好"为特征。"儿童友好"强调儿童享有一个人的全部权利，儿童优先。金山小学教育集团的各所学校从不同的教育实践角度践行以学生发展作为学校发展的表征，以营造健康的集团教育生态圈为实现形式，"儿童友好，金色童年，绿色心灵"成了集团的行动呼唤，亲儿童以达亲众生，建构健康的区域集团教育生态成了我们的努力。"构建教育的生态"本质上就是以生态文明指导学校自身变革。学校的改革与发展在于生态关系的构建，在学校教育观念上、制度上与学校行为方式上，推进学校整体生态化，为儿童健康成长营造一个良好的区域教育生态圈，使学校具有可持续发展的能力。我们追求的教育生态是儿童友好的学校生态，这样的生态支持与关爱着儿童的健康成长，努力把学校建设成为儿童友好型学校。这样的学校对儿童的关照应当是无微不至的，有着有利于儿童成长的环境、丰富多彩的儿童精神文化环境、良好的学校儿童保护与服务、对儿童参与权利的保障等多方面的目标与举措。"儿童友好"融入课程文化，实现"以生为本"的教育教学，促进每一个儿童的成长和发展。"儿童友好"融入各类课程，培育儿童健康的学习方式，催生儿童民主意识，构建儿童主体道德。当今教育发展的趋势，以生态文明引导社会发展,以生态文明引导教育发展,以教育生态滋润教育,以教育反哺教育生态,形成教育发展与教育生态营造的双向建构。金山小学教育集团成员学校共处上海西南的东海之滨,山阳、钱圩、漕泾、廊下有着深厚的历史底蕴、丰富的文化精神、浓郁的教育传承,正是这些东海之滨的金山城镇孕育着充满活力的学校教育,培育着良好的教育生态。

金山小学教育集团的发展在实践形态上坚持办学规律,遵循教育规律。《学校新优质集约发展文丛》展现了金山小学的表现性德育,激发儿童内在的生命活力,让孩子们以敢表、乐表、善表的精神,表真、表善、表美、表新,在学习和实践中增长才干,提升能力,为终身发展打下良好基础,使学生的精神面貌、涵养、个性、气质、习惯展现出他们鲜活的内心世界。钱圩小学从悠久的钱圩文化与校本体育优势项目中凝练了以"成为一个崇尚规则幸福的人"的教育理念,培育学校的"六维度规则教育",走出一条现代规则教育校本化之路。漕泾小学从原先的"追求适合学生发展的生态教育探索"中,不断梳理与更新学校办学的实践,从"生态教育"走向"教育生态",逐步清晰了学校发展的方向:生态的教育,即教育生态化,使漕泾小学的教育更健康,成为儿童友好型学校。学校从生态课堂与生态型德育着手,实现"儿童友好,让学校更生态"的教育追求。山阳小学从以"矢志如山、胸怀朝阳、善小养真、勤学自强"的"山小精神"为引领,以金山嘴渔村渔文化、山阳故事、山阳民乐等山阳精品文化为新支点,通过以校本课程为载体,进一步弘扬与传承山阳传统文化,增强来沪随迁子女对"第二家乡"的认同感、归属感和凝聚力,形成共有的精神家园。廊下小学与石化五小也在不断发展。这些集团成员学校依托集团化办学的优势,形成了集成发展态势,取得了显著的办学实绩,形成了学校办学的特色。

在办学集团化集成发展中我们要正确认识与实践两个关系:

一是学校发展与集团化发展的关系。我们以项目引领方式解决学校发展面临的发展问题,发挥引领辐射作用,以促进共同体学校整体提升为基本原则,推进教育集团工作。集团主持学校金山小学以"基于金色童年课程的表现性学习"品牌的本质精神,以"为每个学生提供适合他们发展的教育"为导向,发扬示范带动效应。同时我们以共同发展为纽带,通过集团成员学校的学校管理、队伍建设、教育科研、学生活动、学校文化等方面互动,开展学习、交流、展示等活动,在如何凝聚学校发展主题以及落实路径上开展活动,借助专家的智力支持,实现资源共享、优势互补、共同进步、整体提高。有针对性地解决学校发展面临的困惑与瓶颈,增强集团各校整体实力,达到学校内涵发展的目的,并总结与形成对集团化办学的新认识。营造健康的教育生态已经成为集团各学校的共识与积极的行动。

二是学校教育特色与学生发展之间的关系。通过这几年的实践,表明学校教育特色的确定与建构必须是为了学生的发展。集团各学校所确立的素质教育实验项目都是指向学生发展,是学生发展中最基本的、终身受益的,也是事关学校发展全局的,落实学生培养目标并具有普适性的。集团成员学校的发展表明教育集团应该聚焦在办学理念与资源共享的共识上、实践形态的一致性与校本化上,使集团工作有着可行性、适宜性。

在集团化办学过程中,我们认识到学校的核心竞争力是文化力。学校教育文化必定在过程中孕育,在过程中发展,而不是把学校教育理念看成是装饰品作为摆设,或当口号喊喊而已。办学特色是学校文化的具体体现,是学校文化的物化。学校特色发展不是单纯追求"不同",而是要在遵循教育规律上做得更好;不是文字表述上的"特",而是实践成果上的出色。我们的特色不是追求"特"而"特",不是奇思怪想、人无我有,而要有教育价值。学校特色是学校经过长期努力,在办学过程中形成的教育或教学的优势,并能成为学校文化的一部分。办学特色不是少数学生或教师的特长项目,而是全校师生认同和参与的,也是为社会或社区所认可的,有一定的社会影响。学校办学特色应该是在遵循教育规律上做得很出色,经验很鲜明,成效很认可,这才能超乎其他学校而凸显。我们只有端正对"特色"的理解,理清思路,才能明确方向。

在集团化办学过程中,我们感受到学校教育理念孕育必须聚焦。这就需要学校在办学过程中,为了确立学校教育理念,对其作出教育价值的理解和判断,作出符合学校实际和教育发展需要的选择,并作为学校发展的目标以及全校师生行动的导向。在聚焦过程中,学校必须立足高点,站得高,才能看得远。学校选择的教育价值理念、教育特色应该具有发展的潜质,学校教育理念孕育必须坚持融合。学校教育理念真正确立的标志应该是其融合于学校方方面面的生活之中。学校教育理念的融合程度是学校教育理念发展水平的标尺。融合既是目标,也是手段,融合是孕育学校教育理念的重要手段。学校教育理念要融合在学校的教育、教学和管理之中,要融合在师生的品格之中。学校教育理念孕育"坚持数年必有成效"。学校教育理念作为一种组织精神,是组织成员的价值观念和信念的集中反映,是组织成员共同愿景的前提基础,是组织成员心中一股令人深受感召的力量,遍及于组织各方面的活动中,从而使各种不同的活动融汇起来,为完成共同的目标不断努力。富有独特魅力的学校教育理念是促进学校发展,走向成功的坚强柱石。学校教育理念培育不可能一蹴而就,需要坚持,不跟风、不唯上,按照教育规律,在具体的学校情境下培育属于自己的学校教育理念,也只有"坚持数年",才"必有成效"。

在教育集团化办学中,成员学校在办学实践中不仅清晰了校本化发展路径,总结与形成了一些对集团化办学的有益认识,而且也形成了反映集团化办学中学校个性化发展的经验,形成了这套《学校新优质集约发展文丛》丛书。这套丛书共分两套,由四本专著组成:第一套《幸福德育:滋养金色童年》,这套文著有金山小学的《表现性德育的理性实践》与钱圩小学的《"六维度"规则教育的实践创新》,其书名中"幸福"来自钱圩小学的理念:"成为一个崇尚规则幸福的人","童年"来自金山小学的"基于金色童年课程的表现性学习"。第二套《教育生态:滋润绿色心灵》,这套文著有漕泾小学的《友好:让学校更生态——生态课堂与生态型德育的实施》、山阳小学的《一场春风化雨的实践》,其书名中的"教育生态"来自漕泾小学的办学理念,"滋润"来自山阳小学的"春风化雨的实践"。

《学校新优质集约发展文丛》丛书所表征的"为学生提供适合他们发展的教育"这个理念对整个集团学校教育提出了高要求,是我们追求的教育理想,也是我们行动的号角。我们确信,不因为是理想而不追求,不因为是高标准而不行动,我们正在用积极的行动实践我们的教育理念。

周梅　王钰城

2021 年 1 月于上海

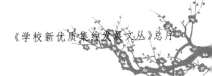

目　　录

目 录

第一章　课题研究报告

每所学校都有其发展教育的梦想,并赋予这些梦想新的形式。地处民间文化活跃的山阳小学,充分挖掘区域文化教育资源,建构来沪人员随迁子女融入当地文化的运行模式,创生课程、环境、活动、评价,以及保障等策略,让来自五湖四海的山小孩子在"山阳文化"里畅游,共建精神家园,成就美好人生。

第一节　"山阳文化"的基本认识

一、概念界定

本课题的"山阳文化"是指其精神财富中表征性文化,具体为以"矢志如山、胸怀朝阳、善小养真、勤学自强"的山小精神为引领,以金山嘴渔村渔文化、山阳故事、山阳民乐等山阳精品文化为新支点,通过以校本课程为载体,进一步弘扬与传承这一传统文化,增强来沪随迁子女对"第二家乡"的认同感、归属感和凝聚力,形成共有的精神家园。

二、基本特征

（一）艺术性

"山阳文化"具有独特的艺术性。在区域文化发展中,山阳创造性地将民乐融入了山阳人民的生活。山阳又被称为"民乐之乡"。所以,在区域文化的长时间发展下,经过历史的熏陶,充满智慧的人民传承和发展了山阳民乐,这种民乐文化能在潜移默化中熏陶人、培育人、完善人。

（二）兼容性

文化与文化之间的对话,只有互相兼容,才能造就文化的多元,成就文化的繁荣。"山阳文化"尊重融入者的原有文化,甚至吸收与接纳

其优秀文化。并且由于"山阳文化"具有的艺术性,艺术本身的兼容性最大,更能积极引导外来随迁子女主动融入"山阳文化"。

（三）多元性

"山阳文化"源远流长,资源丰富。在吴越文化的熏陶下,山阳镇民间文化工作相当活跃,逐步培育出民乐、故事、龙舟、葫芦丝等一批在市、区有知名度的特色文化质素,呈现文化多元发展的状态。

三、育人价值

（一）激发学生对艺术的追求

在"山阳文化"的熏陶下,德育教育以培养学生艺术素养为主,技法学习为辅,让学生了解文化艺术,力求使学生在浓厚的艺术浸染中,积淀文化底蕴,提升艺术素养,培养优雅情趣。

（二）引发学生善良的情感

以"山阳文化"为主题展开的一系列活动激发了学生的真善美,让学生在教育实践活动中,不断地洗礼自己的心灵,提升自己的品德与素养。

（三）提高学生的道德认知水平

"山阳文化"对道德认知与追求产生积极的指导作用,不但可以提高学生的审美情趣,提高人的认识水平,而且还能使人深刻地认识真、善、美,辨别假、恶、丑,这有利于培养学生广泛而有益的兴趣爱好,追求高新美的文化品位,塑造活泼开朗的个性品质,在健康成长的同时,养成文明礼貌的行为习惯。

（四）促进学生个性发展

校园文化是一种潜在的教育因素,对学生的思想情操、行为习惯起着潜移默化的熏陶感染作用。"山阳文化"资源丰富,学生可以根据自己的兴趣爱好,选择适合自己的社团活动,如书法、民乐等,能够让学生有一技之长,增强其自信心,促进个性发展。

第二节　融入"山阳文化"的研究概况

一、研究背景

上海市金山区山阳镇,位于上海市西南远郊,紧靠杭州湾北岸,与杭嘉湖平原相邻,被誉为"杭州湾璀璨的明珠"。上海最早的古文明遗迹——戚家墩古文化遗址就在山阳境内。早从 20 世纪六七十年代起，山阳的民间文化就相当活跃，山阳镇是上海乃至全国闻名遐迩的文化之乡、民乐之乡、故事之乡和体育之乡。20 世纪 60 年代初期，吴永祥老师尝试培养民乐新人从娃娃抓起，开始在学校举办民乐培训班。据不完全统计，山阳四个人中就有一个人学过乐器。

坐落在山阳镇的山阳小学是一所百年老校。她在悠久醇厚的地域文化浸润中坚持全面发展，争创办学特色，教育质量不断提升。学校提出了"学民乐、练书法，谱写学校艺术特色新篇章"的工作目标，把艺术教育有机地融入素质教育之中，通过艺术课程建设、加强课堂教学，以及"学民乐、练书法、扬国粹、提素养"校园特色文化建设等途径，更加扎实有效地促进了学校艺术教育的深入开展。目前，学校的艺术教育、体育和创新教育在区域内有一定的知名度。

这些年金山经济持续发展，外来随迁人员人数不断增加。作为区委、区政府所在地和金山新城开发建设的重点区域，山阳镇这方面的情况尤为突出。2015 学年第一学期就读山阳小学的外来务工人员随迁子女已达 933 人，占学生总数的 81.63%，每学年学籍变动的人数一直保持在 80 人以上。外来务工人员居家和工作的不稳定性，生活习惯和教育观念的差异，以及价值观念的多元体现都对学校教育提出了新的要求，而学生接受学前教育的不同程度，或者各省区市教材、教法的不同，造成了他们自身学习基础素养和学科基础素养的差异，这对学科教学和学校发展也提出了新的挑战。因此，面对学校本地户籍生源份额急剧减少、生源结构发生重大变化和学能落差较大的校情，让我们对来沪人员随迁子女的研究迫在眉睫。

通过查阅文献资料，了解到地域的差异造成了随迁子女在文化风俗、社会心理、行为习惯、城市生活和城市群体的适应上存在较大的困难，要适应当地生活，本质上就是适应文化，最后汲取并融入优秀文化，而"山阳文化"肥沃的艺术养料能有效润泽外来随迁子女的文化土壤。本课题的研究旨在让来沪人员随迁子女了解山阳文化、内化山阳文化，以及传承山阳文化，以"山阳文化"为载体，使来沪人员随迁子女尽快融入新环境，提高其归属感、自豪感和认同感，成为幸福的"新山小人"。

二、研究综述

（一）文献综述

国内外丰富的研究已经为来沪随迁子女学业情绪和学校适应、文

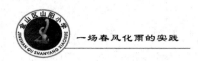

化融合等方面奠定了良好的基础,得出了许多有价值的可参考的结论。

1. "来沪人员随迁子女"的研究

笔者通过 CNKI 数据库(中国期刊网)查询主题"来沪人员随迁子女",相关研究结果共有记录 165 条。我国以来沪人员随迁子女为题的研究比较少,更多的是采用农民工子女、流动儿童、外来务工子女这一概念。根据搜集到的资料,我国对流动人口子女教育的研究,始于 1995 年 1 月 21 日《中国教育报》刊登的李建平的文章《流动的孩子哪上学——流动人口子女教育探讨》,但是真正意义上的研究,大致是从 1998 年开始的。随着流动儿童的教育越来越受到重视,已经有学者做了一定的回顾和综述。在查阅硕士论文的文献综述中了解到,通过对"中国知识资源总库"对"来沪人员随迁子女教育"的检索,仅 1 篇,仇逸、吴振东的《来沪人员随迁子女 73% 入公办学校》的调查研究,而对"外来务工子女教育"的研究,检索出硕士论文 18 篇,其中关注外来务工子女教育公平问题的 2 篇,如华东师范大学田洪波的《上海外来务工人员子女入学机会均等研究》;对外来务工子女义务教育现状的研究 3 篇,如上海师范大学尹晨燕的《上海公办中小学外来务工人员子女教育现状的调查研究》;其他研究多从社会学、心理学角度出发,对外来务工子女的社会适应性、情感特征等方面进行分析,为其教育提供依据和参考,如苏州大学袁英的《外来务工子女情感特征及教育策略》等。

另外,从来沪人员随迁子女教育研究的时间上来看,我国最早开始进行的关于来沪人员随迁子女教育的具有学术意义的研究大致是从 1998 年开始。这可以称作来沪人员随迁子女教育研究的萌芽阶段。20 世纪 90 年代末至新世纪初则是来沪人员随迁子女教育研究的起步阶段,有关来沪人员随迁子女在城市就学难、学生就学现状、打工子弟学校存在的问题等方面的调查研究逐渐出现。如赵晔琴在《城市流动人口子女就学难的思考——以上海市为例》中对上海市为来沪人员随迁子女就学难的反思等研究,张斌贤《流动人口子女教育研究的现状与趋势》中对来沪人员随迁子女教育的重视都对来沪人员随迁子女教育研究具有启示作用。近几年,上海的个别学校结合学校区域特点和办学特色,在来沪人员随迁子女的融入方面做了一些探究。比如浦东新区张江镇中心小学许建华《来沪人员随迁子女适应性教育的实践研究》,此研究中提到的关注来沪人员随迁子女和城市的融合,关注他们的文化适应,学校视差异为资源,推动多元文化的发展,该课题的"适应性"不是单方面的,而是双方的"交融"而非"同化",在此项研究的基础上引发笔者对本课题的再次思考;静安区实验小学任佩钧《让不同地域学生和谐发展》,其中的实践措施值得借鉴,比如形成文化互补的校本课程,建立子项目一步一个脚印地探求学生融入、适应性的具体策略;比如奉贤洪庙中学的《运用"贤文化"资源构建德育校本课程的实践》,其经验和成果也值得借鉴和吸收。

2. "文化融合"的研究

冯帮通过对武汉、黄石、宜昌、丽水、舟山5市20所中小学的1 167名流动儿童的调查发现,流动儿童的城市文化适应表现在语言交流障碍和风俗习惯差异两个方面,风俗习惯差异表现在卫生习惯差异、居住格局差异,以及节日差异三个方面。

石长慧以北京市城中村的流动少年为研究对象,从语言、文化活动和社会关系三个维度考察了他们的文化适应状况。在语言和文化活动两个维度上,流动少年与城市少年趋同,但是在社会关系维度上,流动少年遭到排斥。

吴新慧通过研究发现,流动儿童对不同层面的城市文化特质认同存在差异,选择性地接受城市文化,没有形成清晰的身份认同,城市归属感较弱,文化体验整合存在着矛盾。

我们发现,流动儿童在文化适应上存在一定困难。目前的研究已经深入到对流动儿童文化适应的不同层面进行研究,但是对公立学校中流动儿童的文化适应的研究稍显不足。

3. 对来沪人员随迁子女的研究内容、方法、方式上等的研究综述

在研究内容上,不少学者对民工学校做过专门的研究,试图在理论和实践两方面证明其作为解决来沪人员随迁子女就学的重要性。如李蓓蓓的《上海外来民工子女义务教育调研》,蒋国河、闫广芬的《流动人口子女教育问题:现状与反思》,王放的《中国城镇化进程中的流动人口子女受教育问题》,段成荣、梁宏的《关于流动儿童义务教育问题的调查研究》等文章都对民工子弟简易学校中的学生义务教育存在的问题,包括义务教育权利、办学力量、学业情况等进行了研究,同时为政府制定法律政策、及时解决这些问题提出了自己的建议和对策。

在研究方法上,不少学者倾向于从实际调查方面着手,研究成果以调查报告为主。如吴恒祥的《关于公办学校中流动少年儿童就学状况

的调查》、林少君的《外来务工人员子女就学问题分析》等文章,主要采用调查研究的方法对流动儿童的教育现状进行研究,着眼于问题实际,发现问题、分析问题并提出解决问题的建议。

在研究方式上,也有学者针对某一个地区的来沪人员随迁子女义务教育现状和成果进行调查。如周全和崔筱波在《南京市来沪人员随迁子女学习习惯的调查研究》中对南京市来沪人员随迁子女的学习习惯进行了调查分析。目前越来越多的学者将视角集中于来沪人员随迁子女教育的研究,从社会学、心理学、教育学等角度为教育公平提出策略。在促进教育发展的同时,研究多集中于来沪人员随迁子女教育的一般政策和策略的研究,对其在学习过程中的具体问题涉及不多。

可见,在上海地区,研究来沪人员随迁子女的心理状况,以及学习习惯较多,对"来沪人员随迁子女"与"校园文化"的相关研究寥寥无几,因此,此次课题的研究有很大的发展空间。

(二)调查问卷综述

依据经验判断,来沪人员随迁子女随父母迁移到城市,环境的变动、文化的冲突,必然会给他们带来一定的压力,且以往的研究也证实了这部分孩子的心理健康较差,生活满意度较低,文化冲突矛盾突出……为了更确切地掌握第一手资料,我们设计了问卷,组织了调查,经综合分析,厘清了来沪人员随迁子女融入"山阳文化"的现状与诉求。

1. 四个特点

(1)活动形式单一。在"周末做完作业后,你做什么?"一题中,大部分学生集中在纯娱乐性质的项目上。比如,看电视、上网、打游戏等占到66.7%;而参加社区活动、外出旅游、上兴趣班等活动较少,分别只占到7.4%、10.2%、11.1%(如下表所示)。

Q: 周末做完作业后,你做什么?		Frequency	Percent
Valid	1 看电视、上网、打游戏	72	66.7
	2 社区活动	8	7.4
	3 外出旅游	11	10.2
	4 上兴趣班	12	11.1
	5 其他	5	4.6
Total		108	100.0

我们认为,出现这样的结果是不难理解的。首先,来沪人员大多为打工族,他们工作繁忙,没有闲暇时间去陪伴子女,这就直接导致了孩子外出实践体验少,不能在父母的陪同下接触形式多样的文化活动。

(2) 对"山阳文化"的知晓度低。如下调查中发现,学生对"金山嘴渔村""山阳龙舟""山阳故事"等本地文化了解微乎其微,其中对金山嘴渔村不知道也没去过的高达超 56%,一半的学生表示对山阳龙舟完全不了解。可见,学生对自己居住地的主要文化景点和传统项目的了解甚少。

Q. 你了解金山嘴渔村吗?		Frequency	Percent
Valid	1 知道去过	27	25
	2 知道没去过	20	18.5
	3 不知道也没去过	61	56.5
	Total	108	100.0

(3) 语言的不适应性。语言不仅是一种交流的符号系统,更多的意义在于文化的传播和价值观的辨认。在"山阳话里的'晨光来勿及'是什么意思?"一题中,仅有 18.5% 的学生选择正确。原因在于属于吴语地域范围的上海方言,与字正腔圆的普通话大相径庭,山阳话更是区域方言,听不懂山阳话的语言沟通障碍更增加了外来随迁子女的难以融入感,随迁子女难以通过语言沟通这一有效途径了解山阳文化。

Q. 山阳话里"晨光来勿及"是什么意思?		Frequency	Percent
Valid	1 太阳没出来	13	12
	2 我要迟到了	40	37
	3 时间来不及了	20	18.5
	4 早晨太阳真舒服	35	32.5
	Total	108	100.0

(4) 融入诉求高。为了解学生对当地文化是否有积极的融入态度,在调查"你愿意去做龙舟比赛志愿者吗?"与"你以后想在上海学习、工作吗?"表示"非常愿意"与"非常想"的学生都高达 60% 以上。这是因为

大部分随迁子女家庭条件都不好,大多来自经济、文化相对落后的农村地区,经济收入和文化水平都较低,父母在山阳工作,一定程度上改善了随迁子女的生活条件与教育条件,加上其年龄较小,对新的文化接受度较强,因此对经济、教育、文化相对发达的山阳充满了热爱之情。

Q. 你愿意去做龙舟比赛志愿者吗?		Frequency	Percent
Valid	1 非常愿意	65	60.2
	2 到时看情况	24	22.2
	3 不愿意	15	13.9
	4 我不知道	4	3.7
Total		108	100.0

Q. 你以后想在上海学习、工作吗?		Frequency	Percent
Valid	1 非常想	70	64.8
	2 不想	14	13
	3 听爸爸妈妈的	19	17.6
	4 不知道	5	4.6
Total		108	100.0

2. 两项规律

(1)文化适应压力随着居住年限的增加而逐渐递减。调查中了解到我校来沪人员随迁子女在上海居住三年以上有86.1%,且75%的学生居住在山阳镇。也就是说,来沪人员随迁子女在山阳居住的时间越久,耳濡目染中对山阳文化的认知越多,文化适应压力越小,融入度也就越高。我校随迁子女入沪年限较长,它是进行本研究的一个良好的基础。

(2)对"山阳文化"有强烈的融入欲望,但依然愿意保持原文化。在人文社会里,每一个人都是文化的载体。在调查中发现,一部分学生对家乡文化不熟悉,但是很乐于描述自己家乡的风俗,而另一部分学生由于性格原因,提及家乡时较为羞涩,但是同样表现出对家乡的喜爱。本研究在探索来沪随迁子女融入"山阳文化"的实践中鼓励他们接受新的文化,但同时也对来沪随迁子女的原文化给予尊重和认可。

三、运行机制

(一) 应遵循的四大原则

1. 兼容原则。在人文社会里,每一个人都是文化的载体。随迁子女身上或多或少都承载着自己家乡的文化,研究中不能否定其本身具有的文化,而应该以积极的态度,兼容其原有的文化,这个原则对应了上海作为海派文化的特点——"海纳百川 兼容并蓄"。

2. 多元评价原则。来沪人员随迁子女在融入"山阳文化"过程中,由于居住地、家庭教育背景、学生性格等原因,其对新的文化环境的适应程度不一致。因此,在研究中要对学生实施多元评价,以激励性评价为主,发挥家长、学生以及社区等评价主体的作用,坚持多元评价的原则,为来沪人员随迁子女主动融入"山阳文化"营造积极的健康的氛围。

3. 循序渐进原则。一个人融入一个新的社会环境,并不是外在的、表面的融入,而在于心灵的融入。这种心灵的融入,其实质就是一个人的文化观念的融入,就是真正从心灵上认同了这个新社会环境的相对一致的风俗、观念、价值标准等,做到这一点,是很难一蹴而就的,是需要有一个较长时间的融入。因此,作为教育者,对融入者有计划地实施干预时,要理解并尊重学生的心理,在行动上要有耐心并积极地与学生交流,引导学生,给学生一个循序渐进的融入过程。

4. 和谐原则。在和谐团结的氛围中,师生关系、生生关系平等融洽,以平和的心态、温暖的情怀包容来自各个地方的学生,帮助来沪随迁子女更好地适应当地生活,融入山阳文化,积极引导他们和谐快乐地成长,学校教育显得尤为重要。

(二) "三段五步"的推进模式

由于来沪人员随迁子女与"山阳文化"的必要联系,学校作为教育者主体,需要通过丰富多彩的活动加速加深彼此的联系。而随迁子女融入"山阳文化"需要一个漫长的过程,我们根据学生认知发展水平与身心特点,在整体融入"山阳文化"中,确立了六个关键要素,形成三个阶段,构建五个步骤,让学生在"山阳文化"推进模式中共育幸福的精神家园,成为新山阳人。

1. 六个要素

(1) 认知。即为初步的了解,表示浅显的感性认识,本研究中主要是通过阅读文本资料、老师家长同伴的讲述等。

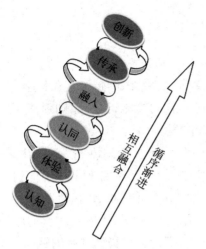

（2）体验。即为在实践中认识事物，本研究中主要表现为实地考察、参与活动等。

（3）认同。指从心理上肯定了这种文化，并愿意接受这种文化；在建立完整而强烈的文化认同感之后，才会具备自尊、自信以及坚强的心理力量和安全感，融入者才会主动融入新的文化环境。

（4）融入。通常指一外来事物进入到一个相对陌生的环境时，与这个环境逐渐适应的过程。对于文化融入，本课题采用 John W. Berry 提出的著名文化适应理论中对"文化融合"的解释，即在保持自己原来文化的基础上取纳一种新的文化认同，而区别于"同化"。

（5）传承。时代需要以文化人，优秀的文化不仅需要记录在案，还需要口耳相传，在实践中继承文化、交流与传播文化，实现文化的延续与发展。

（6）创新。文化在交流的过程中传播，在继承的基础上发展，都包含着文化创新的意义。文化发展的实质，就在于文化创新。只有在实践中不断创新，文化才能焕发生机、历久弥新。

2. 三个阶段

（1）融入的起点：认知与体验

文化融入的过程首先是认知与体验的过程，两者相互融合，又相辅相成。在认知的基础上，体验的结果更佳；同时，在体验中又促进认知。

（2）融入的过程：认同与融入

文化认同的建立来自某种特定环境中的文化实践、体验、观察和学习，因此文化认同属于过程性阶段，并且先行于融入。在融入过程中，更充分肯定并加深之前的认同。

（3）融入的结果：传承与创新

在文化融入的最后，学生在实践中自然而然承担起了传承优秀文化的责任，并在传承中尝试创新。在传承中，学生树立了自己的主人翁地位，有了对新文化环境的归属感，树立更加积极乐观的人生态度与价值观,在创新中,激发了学生的自豪感,有利于学生自身的发展,更有利于促进优秀的区域文化的进一步发展。

3.五个步骤

建立在六要素的基础上,五个步骤分别为认知→体验、体验→认同、认同→融入、融入→传承、传承→创新。

(1)认知→体验:学生通过图片、视频、他人的介绍等获得对山阳文化间接的感性认识,这种认识并不深入,可能只是一些符号,通过实地考察、参与活动等身心的浸润式体验,使这些符号变得生动起来,感性认识逐渐变为理性的认知,这种过程是由眼及心的过程,由感性到初步理性的过程,当学生对某种文化有了体验,有了初步理性的判断,又反过来促进先前的认知。

(2)体验→认同:实践体验是随迁子女对"山阳文化"形成情感价值判断的有效途径。在参与实践活动中,通过身体力行的接触与感知,加深了对该文化的了解与认知,并产生心理判断;判断的结论又会通过实践体验进行反馈与检验。在引导来沪随迁子女融入"山阳文化"过程中,仅仅是凭借口耳相传的介绍,并不能真正激发学生对优秀文化的内心认同,只有通过体验,让学生参与其中,形成直接的深刻的感受与认知,才能在心灵上产生共鸣,才会认同该文化的优秀与魅力。学生在认同后,会更加主动地参与体验,并表现出很高的积极性。

(3)认同→融入:来沪人员随迁子女虽然来自五湖四海,具有不同的文化背景,但是居住在山阳地区,在对山阳文化社会通过耳濡目染与实践体验后,会产生某种程度的认同,并自觉或不自觉地接受、吸纳当地的文化。认同感表现越强烈,融入的主动性越大。当然,在融入新文化的过程中,也加深了对该文化的认同。

(4)融入→传承:优秀的传统区域文化源远流长是因为其造福于人,人们世代相传。来沪人员随迁子女主动融入"山阳文化",从行为与心理上都表现出对当地文化的适应,并享受山阳文化的艺术熏染与教育功能,并逐渐主动承担起传承的责任,具体表现为在学校、社区等搭建的平台上,展演优秀的山阳文化,扩大山阳文化的宣传力与影响力。传承的过程,也是融入的过程。

(5)传承→创新:文化需要传承,更需要时代赋予新的含义,即创新。创新是一种高层次的传承。优秀的山阳文化具有丰富的教育资源,为人

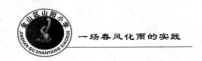

们提供了肥沃的精神文化土壤,在人们一代代的传承与创新中,山阳地区逐步形成了具有区域特色的民乐、故事、龙舟等文化,这样的成果来之不易,需要生活在山阳这片土地上的人民做文化的传承者、发展者与创新者。

总之,五个步骤循序渐进,又相互交融。前一步是后一步的基础和条件,后一步是前一步的深入,同时又促进前一步的深化,这五步相互联系,层层推进,符合学生的认知规律和身心发展特点,有利于学生对"山阳文化"的接受和融入。

四、融入策略

(一) 环境浸润策略

环境具有潜移默化的育人作用,展示教育无穷的魅力。根据小学生的认知水平,学校在校园文化建设方面,着力打造富有山阳文化特色的硬环境,通过鼓励师生参与学校的管理和建设,营造良好的软环境,让"山阳文化"浸润每个学生的心灵。

1. 一墙一诉说

在实践操作中,我们让校园的每一面墙都凸显山阳文化的特色,成为学校德育的载体。学校精神富有艺术内涵,一走进我校的校门,就可以看到墙壁上赫然写着的几个大字"矢志如山,胸怀朝阳,善小养真,勤学自强",前两句取其最后一字,后两句取第二个字,即为"山阳小学",这八个字也正是山小的学校精神,其中前两句是依托山阳文化,继承了山阳镇的精神"矢志如山,胸怀朝阳,同舟共济,勇立潮头",而后两句"善小养真,勤学自强"更是提炼出学校发展过程中山小学子的精神。

另外,在学校走廊里悬挂着一幅幅乐器介绍图片、一个个民乐家的故事、一首首民乐名曲,让学生体味到丝竹营造出的人文意境,墙壁上还增加了教师、学生优秀的绘画、书法等作品。更有特色的是展示师生作品的书法长廊——"游于艺"。改造后的阳光艺术长廊不仅富于艺术性,美观典雅,师生作品的陈列量也比原来增加了一倍。这条书法"阳光艺廊"为学生的作品提供了展示平台,让学生传承与发展了"山阳文化",让"山阳文化"富有了直观的生命力。

2. 一班一特色

苏霍姆林斯基说过:让校园的每一块墙壁都会"说话"。为了实现这一目标,我们赋砖壁生命,让墙壁"说话",并使其成为陶冶学生的"主体的画,无声的诗"。为此学校开展了"让每一块墙壁都会'说话'"的温馨教室评比活动。确定了五星少年争章园地、优秀的绘画书法作品展、图书角、卫生角等栏目，要求教师引导学生关注"人与人""人与山阳""人与山阳文化"，发挥师生的特长、潜能，精心布置教室，积极开展活动，凸显班队特色，让每一位学生始终在"山阳文化"的滋润下健康成长。

3. 一事一参与

校园文化建设应该是学生参与的文化活动。依托"山阳"，努力营造活力校园，立足"山阳文化"，精心打造具有地区和学校教育特色的校园环境，丰富校园文化活动，让校园成为师生快乐成长的家园。考虑到学校的发展历史，学校各建筑物根据"逸"字序列楼宇建筑功能特点，整体布局，在命名中，充分汲取师生的智慧，尤其要通过民乐、书法、科技创新等特色功能教室和区域的统筹优化，用心设计，板块鲜明，体现"逸夫致和，品韵骏珍"楼名的内涵，实现润物无声的教育效果。

"爱我山小"系列校歌征集活动中，学校师生自觉将民乐、渔文化、山阳故事等写入歌词，用师生喜闻乐见的校歌传唱方式将教育活动入心入脑，将山阳文化沉浸在我们血液中身体里，让山阳文化更有活力。

(二)课程支持策略

课程是实施教育目标的重要载体。因此，我们结合校情，根据来沪随迁子女的特点，充分挖掘优秀的"山阳文化"，从实践活动着手，从内容上分类，进行"山阳民乐""山阳故事""渔文化""山阳话"等的校本课程的开发，撰写了主题为"'山阳文化'课程里品出'家乡味'"的实施方案，在"三段五步"推进模式下，让学生在课程的开发与实践中，增强其自豪感、归属感和认同感。如下所示：

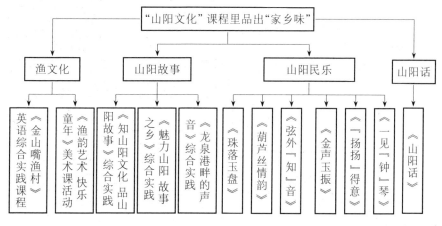

1. 渔文化

(1) 英语综合实践活动课程 *Jinshanzui Fishing Village*

文化需要在传承中求创新,才能得以发展繁荣。因此,为了让学生更深入地了解家乡,结合牛津教材、英语学科以金山嘴渔村为新的切入点,设计了以"Jinshanzui Fishing Village"为主题的实践课程,各年级分别从"Seeing""Eating""Shopping""Living""Traveling"五个方面,把渔村文化与英语词汇、语法、对话有机结合起来,在丰富多彩的活动中,提高了学生的英语素养,更了解金山嘴渔村,感受山阳文化的魅力。

(2) 美术课程活动《渔韵艺术 快乐童年》

为进一步增强青少年爱家乡、爱海洋、爱渔俗的情感,积极保护、传承和弘扬海洋渔俗文化,我校利用暑期开展了《渔韵艺术 快乐童年》校内外美术课程活动,在此基础上,我校美术老师编写了《渔味无穷》校本课程,成功申报上海市艺术科研项目《依托校外教育基地,建设"金山嘴渔文化"美术校本课程的实践研究》,成功申报"区创新实验室",旨在通过项目引领、课题为载体,通过了解"渔"文化,培养学生的文化底蕴;认知"渔"文化,培养学生的创新意识和想象能力;认同"渔"文化,培养学生的审美能力;发扬"渔"文化,培养学生爱家乡的情怀。该课程将校外实践与美术课程相结合,通过考察、采访、写生、制作等不同形式的实践活动,结合学校五星少年评比,学生以个人或集体合作的方式参与各种

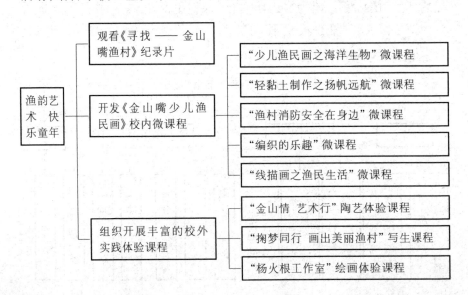

美术活动,不仅了解认识了渔村的景物、丰富的海洋生物和家乡的渔俗文化,激发学生创造精神,发展美术实践能力,形成基本的美术素养,还激发了学生热爱家乡地域文化的情感。

2. 山阳故事

山阳是中国故事之乡,中国故事大王张道余就出自山阳。故事也是山阳文化的一张亮丽名片,为了传承具有山阳区域特色的故事,我校语文学科组以语文综合实践活动为契机,设计并开展了"知山阳文化 品山阳故事""龙泉港畔的声音""魅力山阳 故事之乡"等综合实践方案与活动,让学生在丰富多彩的活动中感受、感悟山阳故事的韵味。

《知山阳文化　品山阳故事》综合实践活动		
年 级	主 题	具 体 内 容
一	山阳的一角	认识山小
		牵手山阳
二	山阳瓜果满地香	认识山阳瓜果
		评选"山阳瓜果之星"
三	山阳故事知多少	搜集山阳故事
		列提纲 学分类
		讲故事比赛
四	锦绣山阳 魅力故事	山阳故事我来演
		山阳故事我来写
五	我是山阳代言人	我是山小人
		故事小报我来绘
		我是山阳讲解员

3. 民乐

民乐教育是我校特色艺术教育。民乐教育在向学生传授技能技巧的同时,既要培养学生对民乐艺术的态度和习惯,又要挖掘民族音乐本身所蕴藏的丰富文化与人文历史,提升人文素养。因此,山阳小学的民乐老师们大胆地把民族器乐与乐器文化引进了课堂,编写了自己的校本课程,如《小乐队》、琵琶《珠落玉盘》及《古筝》《中国鼓》等课程。近两年,我校又培养了一些青年民乐教师,他们已完成了中阮《金声玉振》、

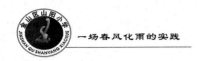

柳琴《一见钟"琴"》、二胡《弦外"知"音》、扬琴《"扬扬"得意》的课程方案,并相继在区校本课程网上——亮相,学校初步形成了民乐课程群。与之配套的区本教材《山阳民乐》也相继出版,对山阳民乐的发展具有划时代的意义。

开展学校特色教育,师资紧缺是艺术教育面临的一道难题,为此,课题组在师资队伍建设方面找准了着力点,取得了一些成效。一是用主力。学校民乐方面有相对充足的专职教师,他们既有特色项目教学的专业水平,又有开发课程的能力。我校三位音乐教师都师承大吴老师,其中,朱磊担任区民乐项目组长,开发的校本课程《珠落玉盘》被评为金山区示范性校本课程。二是挖潜力。首先是组建教师社团,开设民乐、书法、摄影、舞蹈、太极等内容,社团活动挖掘教师艺术方面的潜力,提高了教师的艺术修养;其次是校本培训,让青年教师做到一专多能。三是借外力。民乐教育常邀请上海市区的专家莅临指导;加强与山阳中学的校际联盟,请山阳中学的吴老师到我校进行民乐授课。

在民乐课程开发中从四有教学法入手(有内容学、有时间学、有兴趣学、有信心学),从教学内容、教学时间和教学方法等方面构建民乐课程,提高艺术教育有效性。一是有内容学。整合校内外资源,形成四大系列的艺术学习内容:本土体验系列学习内容;文化认知系列学习内容;技能融合系列学习内容;展示传承系列学习内容。二是有时间学。利用拓展课、快乐三十分晚托课、双休日、寒暑假等,有计划地安排教学时间。三是有兴趣学。通过体验、艺术欣赏、多媒体运用、游戏化教学等形式,选择行之有效的教学方法,激发学生学习兴趣。四是有信心学。分层推进,落到实处。第一层面:民乐进课堂,主要结合音乐学科,实现全校学生人人知晓民乐和人人能欣赏民乐的目标。第二个层面:民乐特色班。第三个层面:民乐社团。

民乐课程在突出学科特点的基础上,挖掘艺术育人因素,找出融合点,实现学科渗透。语文学科利用丰富、生动的文章,积极探索与音乐、美术、书法相结合的途径与方法,为学生创设一个有利的情境氛围,调动学生学习的积极性、主动性。数学学科充分发挥数学教学自身特有的艺术魅力,让数学教学艺术的形象性、情感性、审美性、创造性融入数学课堂,使数学课堂更加鲜活生动,富有情趣。英语学科通过音乐、美术、舞蹈等形式,促使学生对教学形式和教学内容产生浓厚兴趣,以美求真、以美激情、以美育人,让学生受到艺术的熏陶,也把英语学习变得生动、活泼而有实效。

4. 山阳话

语言是融入本地文化的有效途径,但往往也是最大的阻碍。上海是典型的吴侬软语,与其他语系相差甚大,由于山阳方言的特殊性,语言沟通又成了随迁子女融入当地文化的一大障碍。方言在一定程度上限制了随迁子女与本地人的交流,随迁子女在与本地人打交道时存在一定的自卑心理,交际范围大大缩小。在认同与融入"山阳文化"过程中,语言是最有效最便捷的途径。因此,我校根据课题实施方案,为了让随迁子女更好地融入山阳文化,多一些学习经历,在拓展型课程中设立学生喜爱的《山阳话》,并举办了全校性的"山阳话听说大赛",提高了随迁子女学习山阳话的热情与兴趣。

(三)活动吸引策略

来沪随迁子女如果能够在行为、学习上较快地融入新的学习生活环境,那么他们的学业成就感、生活满意度就比较容易提高。丰富多彩的活动更是黏合剂,以形式多样的活动为载体,从顶层设计活动方案,将课内外、校内外结合起来,让三段五步的运行模式在活动中有效落实,更有利于孩子从心底亲近"山阳文化"。

1. 节日纷呈——参与其中乐享多

根据学生的兴趣,每学年开展丰富多彩的艺术节活动、以山阳故事为系列的读书节、以游览为主题的英语节以及数学节、科技节、体育节等,体现校园文化的思想性、艺术性、趣味性、娱乐性和健身性等特点,在充分构建丰富的校园文化活动中,让学生感受节日的氛围,积极参与,使学生个性及能力得到充分的张扬和锻炼。另外通过主题升旗仪式,构建浓郁的校园文化氛围。以民乐部分活动内容为例(如下表所示)。

活　　动	活　动　内　容
艺术节	通过举办艺术节,以评选艺术之星的竞选方式,丰富民乐的表达形式:或民乐与独唱相结合,或民乐与诗歌相结合,或民乐与情景剧相结合,或民族乐器与西洋乐器相结合等,激发民乐的创新,促进艺术的融合

活　　动	活　　动　　内　　容
民乐文化周	通过对四大系列的艺术内容的学习,利用升旗仪式、黑板报、十分钟队会、红领巾广播、民乐文化小报评选等系列活动,让学生吸收与内化民乐文化,演变成为文化挖掘的推动者,文化传承的弘扬者,文化发展的创造者
乐器展览周	通过展示乐器,制作乐器名片,介绍乐器与互动交流,激发对民乐本身单纯的喜爱,将对民乐的热爱转化为精神动力,并迁移到其他方面,促进综合素质的提高

2. 社团活动——我型我秀才艺多

"山阳文化"为学校提供了丰富的艺术营养,也孕育了一批批传承"山阳文化"的优秀学子。结合山阳文化的特色,我校以创建乡村少年宫为契机,开设了"民乐队班""古筝班""扬琴班""绘画班""武术班""田径队""键球队""排球队""鼓号队""书法""腰鼓"等特长和艺术班,由固定教师、固定时间、固定地点进行训练,使社团活动得以扎扎实实地开展,让学生在社团训练中,学会一技之长,融入并传承"山阳文化"。

3. 志愿服务——奉献自我爱心多

为了让学生在融入"山阳文化"过程中,树立主人翁意识和服务社会的责任意识,我们定期开展"渔村小导游""山阳敬老院志愿者活动""啄木鸟大街小巷找错字活动""小公民保洁队志愿者""学雷锋系列活动"等,让学生走出校园,参与社区志愿服务,激发了同学们热心助人、无私奉献的动力,让他们体会到帮助他人、奉献社会的乐趣,培养学生热爱"第二家乡"的情感。

4. 参观体验——快乐成长收获多

为了让学生增进对区域文化的了解,学校开展了一系列实地参观体验活动。例如利用入队仪式的契机参观金山卫城南门侵华日军登陆处,每年组织四年级学生参加烈士陵园扫墓活动;定期组织学生到金山消防支队直属中队,了解消防官兵的生活工作情况,学习消防安全知识;利用校外实践机会,组织学生参观金山城市规划馆,了解金山日新月异的变化;每一届五年级举行毕业典礼活动,通过回忆在学校的成长经历,展示多彩才艺,在活动中让随迁子女感悟生命的精彩,激发爱山小、爱第二家乡的情感。另外,学校组织开展"假日小队"活动,利用本地生的资源优势,通过本地学生邀请外地学生到自己家里做客,开展小队活动,让外地生源的孩子了解到山阳地区人民的生活习惯与生活方式等。

(四)家校联动策略

在引导随迁子女融入"山阳文化"过程中,家长成为不可忽视的重要角色。我们既充分利用本地家长的资源优势,带动外来随迁子女的家长了解、认识山阳文化,更是让外来随迁子女家长引导孩子,建立良好家庭文化氛围,提高孩子对"山阳文化"的认识。

1. 网络平台

利用校园网设立"家校沟通"平台,通过网络为家长和教师及时沟通,了解学生在校情况提供方便。通过"亲子沟通""坚韧历程""家教心得""成功殿堂"四个板块,让家长通过校园网随时更多了解学校的发展,孩子的成长。为了加强对学生的管理,让家校沟通更及时更有效,我校作为"十牛校园卡"试点学校,对家长进行培训,家长手机现场绑定校园卡,进一步增进家校联系。另外,我校教师还充分发挥微信、QQ群等媒介作用,借助时下热门的社交信息平台,提高与家长联系的密切程度,更好地开展教育教学活动。

2. 家长学校

来沪随迁子女,这个特殊的称呼提醒我们,仅仅提供平等的教育机会、帮助他们获得学业成绩的提高是远远不够的,他们需要更多的机会彰显自己的个性,需要家长的理解与支持,通过家长观念的转变来迁移学生的观念,使他们更好地融入"山阳文化"。学校通过举办家长学校,向家长传授抚养子女成长的知识,开设家庭教育专题讲座,提高家长教育子女的能力与素质;每个班级建立"家委会",设立家委会班子成员,家长互帮互助,探讨家庭教育方法。

3. 家长开放日

学校每学年举行两次家长开放日活动,定期邀请家长走进学校,走进课堂,鼓励家长参与教学活动全过程,了解教师的教育教学方法以及学生在校的学习表现等情况,感受学校艺术育人的教育理念。

4. 亲子同乐

学校在组织开展一些重大活动时,比如:学校艺术节、学校体育

节、学校读书节、五年级毕业汇演、山阳镇一些大型活动……邀请家长到校观摩并参与其中，让他们与孩子一同享受成功的喜悦，从活动中了解自己的孩子，了解"山阳文化"。

以四年级开展的一次《五星少年过端午 亲子课堂乐淘淘》中家长征询单为例，从中可以看出，学校旨在通过丰富多彩的活动，激发孩子的学习兴趣，开发与利用家长资源，丰富学校课程体系，让孩子与家长充满归属感、幸福感。

5. 发放宣传读本

山阳文化有着悠久的历史，有着独特的品质与内涵，这要求梳理、整合区域传统文化，体现审美性，发挥教育功能。在梳理与整合的基础上，制作成图文并茂的知识宣传读本，它使用灵活方便，将有特色的精髓的文化通过版面构成，短时间内吸引人们的注意力，能达到有效宣传的力度，针对性较强，宣传面较广。设计宣传读本，能扩大金山嘴渔村的影响力，让家长了解并重视渔文化。

6. 共享文化成果

在宣传的过程中，充分发挥社区文化的作用，以形式多样的、富有山阳文化特色的活动为载体，在充分利用和整合山阳文化资源的基础上，结合山阳所处的地域环境、历史传统、风土人情开展多种形式的文化交流活动，把本地生源的学生作为一种可利用的资源，通过生生交流、"以小带大"等活动，让来沪随迁子女共享社区文化成果，进一步增强对当地文化的融入感。

（五）机制保障策略

1. 基地运行机制

金山嘴渔村是上海市沿海陆地最早的渔村，也是上海最后一个渔村，隶属于山阳。渔文化作为一种具有地方特色的文化形态，需要传承、开发和利用，这不仅丰富了校园文化，而且传承、开发和利用的过程也是师生共同实现德育渗透的一个过程。课题组充分认识到渔文化具有文化育人的功能，认真做了考察与分析，将金山嘴渔村作为我校的校外实践基地。在 2015 年 12 月 3 日下午，在金山嘴渔村举行了隆重的揭牌仪式，为学生社会实践活动的运转提供了基地保障。

通过开展渔村实践活动，让学生了解家乡渔村丰厚的历史文化底蕴,学习家乡父老勤劳勇敢、百折不挠的奋斗精神,从宝贵的海洋文化中,继承、整合、发展、繁荣民族民间文化,也从渔村的兴衰中,总结经验、汲取教训,为人类今后善待地球、善待海洋、科学发展提供可靠的依据,进一步增强青少年爱家乡、爱渔文化的情感,丰富学生的实践活动经历。

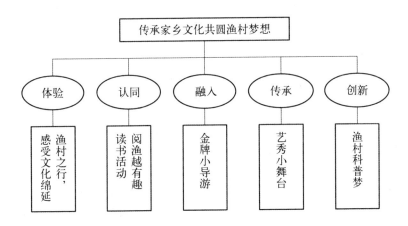

2. 活动评价机制

为了让山阳文化浸润于日常德育中,学校及时总结、规范德育实践活动,结合学生身心特征、个性和本校实际,探索形成以实践为载体、以体验教育为途径,以"五星少年"为评价方式的校本德育模式。在活动开展中,我们研究制定校本德育实践活动的评价制度,做到评价内容、评价方式、评价标准、评价主体多元化,评价结果人性化、发展化。

我校的培养目标是:努力将学生培养成为"礼仪之星""运动之星""学习之星""才艺之星""创造之星",培养学生良好的行为习惯,培养学生的创新精神和实践能力等。因此,在具体实践活动中,以"五星"为观测点,可侧重于某一星进行争星评比。如,在金山嘴渔村的艺秀小舞台的表现中,可以以"才艺之星"为主进行评比;又如,在暑期实践活动中,由于活动内容比较丰富,可进行"五星"评比,让学生有奋斗的目标,前进的方向。在"五星"评价制度的实施中,不仅提高了学生参与活动的热情,规范了学生的行为,增强了学生的荣誉感与自豪感,也让学校德育工作事半功倍。

山阳小学"山阳文化"系列活动评价指标					
活动(内容)	礼仪星	运动星	学习星	才艺星	创造星
1 "山阳文化"宣传类专题教育	★		★		
2 实践类(金山情、渔村行等)	★			★	
3 艺术类(山阳民乐、渔民画等)				★	★
4 体育类(毽球、足球等)	★	★			
5 综合类(山阳故事、山阳话等)				★	★

3. 组织保障机制

学校成立课程实施领导小组和课程实施推进小组。领导小组由学校党政主要领导和科研室、教导处、政教处负责人等组成,主要负责活动方案制订、制度制定、信息沟通、资源整合和监督方案落实。课程实施推进小组由年级组、班主任、任课老师等组成,做到人员落实、职责分明、团结协作,负责课程方案设计和实施,及时做好方案实施过程中的修正和完善,保证方案实施的科学性、规范性和有效性。

与此同时,课程的实施根据情况进行动态调控。科研室负责课程内容开发研究与课程指导;教导处具体落实课程实施相关事宜;教师是课程的实施者,按照课程实施方案具体进行课程教学活动的设计、实施、评价、反思等。政教处负责组织落实各类主题实践活动。

学生是课程与活动的实施主体,应积极参与体验教育教学实践活动。根据学生学习的情况,学校探索形成了"五星少年"评选特色激励机制。

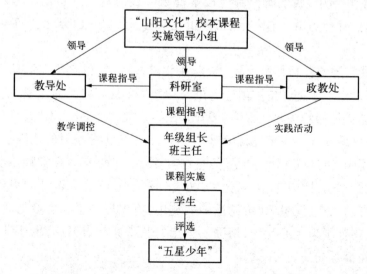

五、研究成效

(一) 促进了学生的全面发展

山阳文化博大精深，本课题研究结合学生的年龄特点，通过基础学科互动，艺术特色强化，校本教材实施以及各类活动的开展，不仅使"山阳文化"得到进一步发扬光大，让来沪人员随迁子女较好地融入山阳文化中，而且通过引导学生自主实践，使全校学生提高了自主学习能力和实践探究能力。

举例来说，在一系列山阳文化的探究与实践过程中，学生通过耳濡目染，亲身体验，既提高了对山阳文化的知晓度，又促进了对山阳文化的主动融入与传承。如：三(5)班刘同学在周一的升旗仪式上这样介绍自己：(手拿葫芦丝)看，我手上拿的是什么？这可是我的宝贝，我的好朋友——葫芦丝。我才学葫芦丝一个学期，但是我已经会吹奏三首曲子啦！学校艺术节、渔村的艺秀小舞台都有我吹奏葫芦丝的身影呢！因为葫芦丝，成绩平平的我还被老师和同学们评为"才艺之星"呢！又如：常常活跃在金山嘴渔村的小导游正在认真履行职责，弘扬山阳文化呢！

基础教育必须为孩子的一生奠基，我校努力推行素质教育，强调各学科全面发展，鼓励外来随迁子女学生积极参加各项比赛，培养了其自信心，增强了对第二家乡的归属感，促进了学生综合素质的提高。在争做"五星少年"的评价机制中，通过"山阳文化"的浸润，学生都必将掌握一门技能，或许成为一位有智慧、爱读书的学习之星，或许成为一位会民乐、书法、绘画的才艺之星，或许成为毽球、田径、排球等的运动之星，或许成为科技达人的创造之星等，促进学生能力与素质的提高。如四(4)班的李媛媛同学自信地说道："我是学校民乐队的一员，我擅长弹奏扬琴，我登上过上海市的民乐大舞台，取得了好成绩。每天的民乐训练虽然辛苦，但是民乐已经成为我生活的一部分，我也在民乐合奏的优美音乐中收获了快乐。我喜欢民乐。"最让人感动的是五(3)班的路宵宁同学在"山阳故事我来写"中，她以自己的亲身经历创作了《山阳小学我的家》，在评选中荣获了一等奖。其中一段内容是："我现在是学习之星，三年级转到山阳小学时，由于自己浓重的外地口音，再加上不熟悉环境，特别是英语成绩跟不上，我很沮丧，也曾经责怪爸爸让我转到山阳小学。后来，在老师与同学们的鼓励与帮助下，我的成绩赶上来了。

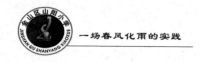

转眼两年过去了,我即将毕业,每每想起往事,我就特别感谢山阳小学,是山阳小学的老师和同学的关爱,让我这个半路进来的外地学生融入了山小这个大家庭。我爱山阳小学!"

(二)促进了教师的专业发展

"山阳文化"中包含的山阳精神"矢志如山、胸怀朝阳、同舟共济、勇立潮头",勇于拼搏、团结协作的精神在实践中得以体现,教师对学生进行教育的同时,自我也得到了教育,在工作中也体现出山阳这片土地孕育出的独特精神,促进了教师职业道德的提升。

充分挖掘"山阳文化",并将其有效地引入到基础型课程与少先队课程建设中,是研究中的一大特色与亮点。"渔"文化的美术课程学习,不仅传递乡土文化,而且丰富学生的人文素养,培养学生的创新精神和创造力,促进人格优秀特质的个性发展。在2018年5月18日,小学"新苗杯"美术优秀课堂教学展示在我校举行,我校张老师执教的三年级美术《我们的渔村》,将渔文化带进了课堂,增强学生对渔村的热爱。少先队课是学校德育的主要阵地。2015年12月2日,我校高老师在家长开放日上组织开展了"五星少年 渔悦童年"的主题队会课。课上,高老师以我校校外实践基地渔村作为载体,让学生了解金山嘴渔村的灿烂文化,增强学生爱故乡和保护家乡资源的意识,激发小主人的归属感。

教师是课程资源开发与利用的主力军,在此课题的实施下,我校涌现出了一批课程开发的能手,比如朱老师的《珠落玉盘》、杨老师的《笔墨情趣》以及语文中心组老师汇编的综合实践活动课程《品读山阳故事共享快乐童年》,英语学科以金山嘴渔村为主题编写的综合实践活动等,有效提升了教师的课程开发力与执行力。

教育科研是提升教育质量、教师专业发展水平的一条重要途径,一位合格的教师必须是一位懂得研究的教师,因此我校在素质教育实施过程中始终以科研为引领,努力建设一支愿意扎实开展研究的教师科研队伍。在此课题的影响与带动下,我校青年教师积极申报了区级课题,其中韩老师的《"山阳文化"育德功能的实践研究》,高老师的《在小学语文综合实践活动中引入山阳文化的实践研究》被列为区级课题,另有许、陈、曹等老师的课题列为校级课题,特别是其中对"山阳文化"的课题研究是本课题研究的延伸与发展。青年教师在实践研究中提高了自身的科研水平,也助推了学校的科研发展。

(三) 促进了区域优质教育资源功能的发挥

"山阳文化"作为一种地域文化,经历了时间的积淀和历史的洗礼,有着独特的品质与内涵,汇聚着山阳地区的人文精神。课题组在查阅搜集山阳文化资源的基础上,梳理、整合了山阳地区传统文化所发挥的教育功能,将优质区域文化资源引入到校园文化建设中,扩大了"山阳文化"的影响力,发挥了"山阳文化"的艺术育人功能,并让"山阳文化"得到了有效的传承与弘扬。如,在梳理"山阳故事"的教育资源时,联合山阳文化馆与镇文化体育服务中心找到了《子丑寅卯辰》《第九个应聘者》等山阳故事集,让学生在趣味横生的故事中了解山阳的民风民俗;对山阳故事大王张老师的访谈中,学习了创作故事的技巧与方法;将山阳故事与学校读书节"品读山阳故事,共享快乐童年"相结合,通过多途径的资料梳理与形式多样的活动体验,山阳故事真切地流淌在每个山小学子的心间,山阳故事在山阳这片土地上口耳相传。

在整合区域文化资源时,定位准确,与学校发展理念相结合,采撷山阳文化精华,以经世致用的文化底蕴,形成鲜明的特色校园。基于优质区域文化的梳理,课题组传承与创新并举,精心选择了操作性强、具有教育价值的本土化资源。如仍继承并完善了山阳民乐,让学生在吹拉弹唱中亲身感受"山阳文化"的丰富与优秀,提高学生的艺术修养,促进学生全面、和谐、富有个性的发展。但是考虑到课题研究的时间、物力、人力等方面,为了加深对金山嘴渔村的渔文化研究,便暂时搁置山阳龙舟文化的研究,创造性地开展了渔村实践活动,让学生在体验中了解渔村文化,主动成为渔文化的传承者与发展者。

充分利用区域文化优势,从积淀丰厚的文化实践土壤中吸取营养,需要建立长效发展机制,把区域文化与校园文化有机融合起来,让来沪随迁子女共享社区文化成果,进一步增强对当地文化的融入感。例如,对渔文化的研究中,建立基地机制,让学生有了实地考察与体验的平台与机会,提高了学校德育实践活动的实效性;又如对山阳故事的研究,与学校读书节结合,各年级开展不同的故事类活动,让每一个学生在小学五年的学习生涯中都浸润在山阳故事的韵味中;再如山阳民乐,通过校本教材开发,使校内外的各项资源都得到了充分的利用,使课程与活动更具有针对性,更有特色,也更能发挥地方资源

的教育功能与价值。

（四）促进了学校的内涵发展

这些年，学校在发展的基础上，以"山阳文化"为突破口，加强校园文化建设，规范学校管理，创建特色学校，取得了一些可喜的成绩。例如：我校青年教师参加山阳镇青年故事讲演大赛获得二等奖；我校荣获全国第五届中小学生艺术展演上海市活动金山区比赛器乐专场（小学组）一等奖；我校《金山嘴渔村法治宣传》荣获 2015 年度金山区法治教育特色项目奖；我校《传承家乡文化 共圆渔村梦想》获金山区 2014 年未成年人暑期工作优秀活动项目；我校上报的《服务家乡文化建设 共圆渔村梦想》案例，获金山区教育系统基层服务型党组织创建活动优秀案例；我校选送的"渔韵艺术 快乐课堂"被评为金山区 2016 年未成年人暑期工作优秀活动项目；我校教师参加金山区辅导员风采秀《艺满山小渔乐童年》荣获二等奖；我校教师撰写的《快乐实践"渔"悦童年》在金山区少先队活动课程计划评比中获得三等奖。我校老师制作微视频作品《来沪人员随迁子女融入"山阳文化"的实践研究》获得区三等奖；高老师围绕金山嘴渔村开展的班队活动"五星少年 渔悦童年"在育苗杯班主任基本功大赛中荣获二等奖；张老师的《我们的渔村》美术课在"新苗"杯美术优秀课堂教学展示中获得三等奖；等等。一项项紧扣"山阳文化"开展的实践活动而取得的荣誉，印证了优秀的"山阳文化"需要传承与发展的价值。

同时，校本课程资源的开发与利用取得突破性进展。因为校本课程的开发与利用对学生的发展具有独特的价值，学生在活动的参与中激发了兴趣，增长了知识，培养了技能，陶冶了情操，锻炼了才干，我校"山阳文化"相关的校本课程的开发与实施，有效发挥了基础型课程、拓展型课程与探究型课程的互补作用。

还有，课题组在以人为本的基础上，努力打造蕴含"山阳文化"特质的校园文化环境取得重大进展。步入我们的校园，一股"山阳文化"迎面扑来，足以令人叹为观止，这是我们在本课题引领下规范学校管理、创建特色学校的一大亮点。

六、结论反思

文化的潜在教育影响作用巨大。本课题针对外来随迁人员人数不断增加，文化认知与冲突矛盾不断显现，学校教育面临新的挑战的现状,站在进一步弘扬和传承民族优秀文化的高度,对来沪人员随迁子女如何尽快融入当地文化的问题做了认真探索,取得了促进学生全面进步,促进教师专业发展,促进区域优质教育资源功能发挥和促进学校内涵发展等"多赢"。更令人高兴的是,来沪人员随迁子女的思想情操、行为习惯等都发生了可喜变化。由此证明:本课题建构的来沪人员随迁子女融入当地文化的运行模式(即:四大原则和"三段五步"推进模式),创生的五方面策略(即:环境浸润、课程支持、活动吸引、家校联动、机制保障)是成功的且有效的。这些研究成果源于实践,为同类学校在挖掘区域优质资源、实施文化育人的研究中提供了鲜活经验。

当然,本研究也存在一些缺憾。一是生成的校本课程教材能否在实践中适应学生的成长需求,需要做进一步的实践检验。二是设计的针对课程、教师、学生的评价指标大都建立在编者主观意识上,也有待完善与考证。三是在德育实践活动中,我们尝试着以"五星少年"争章活动作为学生是否"融入"的评价手段,虽取得一定的成效,但总觉得这一评价机制还不够完善和科学。

总之,在尊重包容原文化的基础上促进学生融入新文化的教育在于"潜移默化"和"细水长流",需要不断地实践积累和加以总结。文化育人的价值毋庸置疑,但必须精心设计、务实推进,才能真正使文化浸润于学生心田,才能促进师生和谐发展,为打造有特色有内涵的学校作出贡献。

附:参考文献

[1] 李勤德.中国区域文化·绪言[M].西安:陕西高校联合出版社,1995.

[2] [英]马林诺夫斯基.文化论[M].费孝通,译.北京:中国民间文艺出版社,1987.

[3] 廖哲勋.关于校本课程开发的理论思考[J].课程·教材·教法,2004(8):11-18.

[4] 汤林春.农民工子女就读城市公办学校的文化冲突与融合研究[I].上海:华东师范大学出版社,2010,9.

[5] 冯帮,流动儿童城市文化适应调查报告[J].上海教育科研,2011,(4).

[6] 石长慧.文化适应与社会排斥——流动少年的城市融入研究[J].青年研究,2012,(4).3.

[7] 许建华,来沪人员随迁子女适应性教育的实践研究[C].上海市第十届教育科学研究获奖成果论文集,上海教育出版社,2012.

[8] 王瑞雪.济南市来沪人员随迁子女学习习惯的调查研究[D].山东:山东师范大

学,2012.

[9] 吴新慧.流动儿童城市文化认同分析——基于杭州、上海等地公办学校的调查[J].浙江学刊,2012,(5).

[10] 沈珺,促进进城务工子女和谐发展的实践研究[D].上海：上海师范大学,2013.

[11] 张亚根.基于"水之韵"特质构建水乡文化校本课程[J].现代教学,2015/9A：36-37.

第二章　融入"山阳文化"的课程体系

　　山小的孩子是幸福的,山小的校园是缤纷的。在山小的校园生活并不仅是"捧着书念",他们可以在《民乐》课程群中学琵琶、弹古筝、吹笛子……可以在《渔味无穷》中掌握绘画技巧,提高美术鉴赏能力……可以在《山阳故事》中讲故事、演故事、创作故事……在丰富多彩的课程中,学到的不仅仅是知识与技能,更收获了伙伴间的友谊,提升了自身能力与个人素养。

第一节　课程群《山阳民乐》

一、课程介绍

　　《山阳民乐》课程群包括《小乐队》、琵琶《珠落玉盘》、中阮《金声玉振》、柳琴《一见钟"琴"》、二胡《弦外"知"音》、扬琴《"扬扬"得意》等乐器课程。民乐课程,在演奏形式上从枯燥单调的民乐合奏训练到歌唱教学、情景表演、表演唱、律动、创编节奏、音响探索等丰富多彩、生动有趣的教学方法与民乐相结合的形式,大胆地尝试创新和突破,提高学生的兴趣和求知欲,在向学生传授技能技巧的同时,既要培养学生对民乐艺术的态度和习惯,又要挖掘民族音乐本身所蕴藏的丰富文化与人文历史,给学生补充相关的材料,关注学科的育人价值,实施美育教育,提升人文素养。

二、课程方案(以《小乐队》为例)

科目名称	小乐队	所属门类	音乐与艺术
修习年段	中高段	计划课时	30课时(一学年)
执教专业要求	执教者必须具备教学民乐队的能力		

科目背景	民乐艺术,是中华民族文化的重要组成部分。所以,把民乐艺术作为学校课程, 是对国家艺术课程和地方艺术课程的重要补充和拓展,它可以对学生进行直接的爱国主义教育,更好地促进学生全面、和谐、可持续的发展。民族器乐教学在音乐教育体系中既是学生学习音乐和表现音乐的重要手段,又是开发其智力的重要途径。随着新一轮课程改革的不断深入与素质教育的全面实施,中小学音乐教育作为学校实施美育教育的重要途径,更加具有不可替代的作用。美国著名的音乐教育心理学家詹姆士·莫塞尔曾说过:"器乐教学可以说是通往更好体验音乐的桥梁。"这精辟的论述,道出了器乐教学的宝贵价值与意义。所以,弘扬民族优秀文化,是学校教育的一项重要课题。中华民族的音乐艺术在世界文明史上占有重要的地位,它是对青少年进行爱国教育,树立和增强民族自尊心、自信心的生动教材。我们应该继承中华民族的优秀音乐遗产,并有所改造,有所前进。 我们之所以把民乐这门科目引进课堂,不只在于让学生能练好乐器这点上,关键在于能让学生通过民族器乐的学习充分地发挥自己的潜力,从各方面提高他们的综合素质,让他们懂得什么是民族音乐,从而得到全面的发展。
科目目标	通过探究了解乐器的发展史、乐曲的内涵以及涉及民族的历史文化、风土人情等,培养学生学习探究中华民族传统文化的兴趣,传承民族文化,促进队员的全面发展。 通过民乐的训练,把学生自主成长、自主发展的内在动力与情感态度、学会学习、与人合作、创造能力的培养紧密结合,促进队员的全面发展。 通过民乐训练、演出、竞赛活动中,"情"——情感的体验,"气"——做人的正气,"神"——艺术的神韵来促进学生的全面发展。

第一单元 基础知识

	章节名称	学习内容	活动目标	课时
科目内容	**第一章** 民族乐器的种类	1. 知道民族乐器四大种类。 2. 掌握一些乐器的相关知识。	1. 通过了解民族乐器的相关知识,培养学生热爱民族音乐文化的情感,为终身热爱民族音乐奠定基础。 2. 知道民族乐器的四大种类,了解各乐器的基本结构,欣赏有关乐器作品,了解它们的音色。	1
	第二章 民族乐器的演奏姿势	1. 欣赏乐曲《龙腾虎跃》。 2. 分组学习各乐器的演奏姿势。	1. 通过欣赏乐曲,激发学生对民族音乐的学习兴趣,产生对民族音乐的热爱之情。 2. 在欣赏乐曲、学习乐器的演奏姿势过程中,通过模仿、实践的活动,提高学生的欣赏能力与表现能力。 3. 能基本学会乐器的演奏姿势。	1

	章节名称	学 习 内 容	活 动 目 标	课时
科目内容	**第三章** 民族管弦乐队的编制	1. 民族管弦乐队的排列。 2. 民族管弦乐队中的声部分配。	1. 通过欣赏民乐合奏《瑶族舞曲》，知道民族管弦乐队的具体排列。 2. 教师按照民族管弦乐队的排列，分配学生在乐队中的具体位置。 3. 知道民族管弦乐队中的声部分配。	1
	第四章 民族乐器的演奏形式	1. 齐奏 2. 独奏 3. 重奏 4. 合奏 5. 伴奏	1. 通过学习，知道民乐的演奏形式有哪些。 2. 通过欣赏乐曲，使学生知道不同演奏形式的特点和风格，为今后的演奏做好良好的铺垫。	1

第二单元　民乐队的训练

	章节名称	学 习 内 容	活 动 目 标	课时
科目内容	**第一章** 民乐齐奏《金蛇狂舞》	1. 初步完成民乐齐奏《金蛇狂舞》。 2. 欣赏民乐齐奏《金蛇狂舞》。 3. 民乐齐奏《金蛇狂舞》。	1. 通过实践，提高学生的学习兴趣。 2. 正确掌握和规范全身姿势、左手姿势、右手姿势，克服不良姿态，要用自然而适当、优美且大方的姿势表现出有活力有精神的美好形象。 3. 能熟练地演奏乐曲，提高演奏技巧。 4. 了解齐奏的相关知识。	3
	第二章 民乐合奏《八月桂花遍地开》	1. 初步完成乐曲《八月桂花遍地开》。 2. 欣赏乐曲《八月桂花遍地开》。 3. 民乐合奏《八月桂花遍地开》。	1. 通过欣赏乐曲、演奏乐曲《八月桂花遍地开》提高学生的欣赏能力、演奏能力、合作能力。 2. 正确掌握和规范全身姿势、左手姿势、右手姿势，克服不良姿态，要用自然而适当、优美且大方的姿势表现出有活力有精神的美好形象。 3. 能熟练地演奏乐曲。 4. 了解合奏的相关知识。	5

续 表

	章节名称	学 习 内 容	活 动 目 标	课时
科目内容	**第三章**三重奏《雪雁南飞》	1. 初步完成乐曲《雪雁南飞》。 2. 欣赏三重奏《雪雁南飞》。 3. 三重奏《雪雁南飞》。	1. 通过欣赏乐曲、演奏乐曲《雪雁南飞》提高学生的欣赏能力、演奏能力、合作能力。 2. 正确掌握和规范全身姿势、左手姿势、右手姿势，克服不良姿态，要用自然而适当、优美且大方的姿势表现出有活力有精神的美好形象。 3. 能熟练地演奏乐曲。 4. 了解重奏的相关知识。	5
	第四章琵琶独奏《阳春白雪》	1. 初步完成乐曲《阳春白雪》。 2. 欣赏琵琶独奏《阳春白雪》。 3. 琵琶独奏《阳春白雪》。	1. 通过欣赏乐曲、演奏乐曲《阳春白雪》提高学生的欣赏能力、演奏能力、合作能力。 2. 正确掌握和规范全身姿势、左手姿势、右手姿势，克服不良姿态，要用自然而适当、优美且大方的姿势表现出有活力有精神的美好形象。 3. 能用欢快的情绪熟练地演奏乐曲。 4. 了解独奏的相关知识。	5
	第五章江南丝竹《三六》	1. 初步完成乐曲《三六》。 2. 欣赏江南丝竹《三六》。 3. 江南丝竹《三六》。	1. 通过欣赏乐曲、演奏乐曲《三六》提高学生的欣赏能力、演奏能力、合作能力。 2. 正确掌握和规范全身姿势、左手姿势、右手姿势，克服不良姿态，要用自然而适当、优美且大方的姿势表现出有活力有精神的美好形象。 3. 能熟练地演奏乐曲。 4. 了解江南丝竹的相关知识。	5

第三单元 汇报演出

	章节名称	学 习 内 容	活 动 目 标	课时
科目内容	**第一章**民乐队的走台与演出礼仪	1. 民乐队的走台。 2. 民乐队的演出礼仪。	1. 知道民乐队演出时如何走台和一些演出礼仪； 2. 通过演练与实践，让学生亲身体验走台的经过和演出时的礼仪，并知道一些注意事项，为以后的演出做好充分的准备。	1

章节名称		学 习 内 容	活 动 目 标	课时
科目内容	**第二章 汇报演出**	1. 民乐齐奏《金蛇狂舞》。 2. 民乐合奏《八月桂花遍地开》。 3. 琵琶独奏《阳春白雪》。 4. 三重奏《雪雁南飞》； 5. 江南丝竹《三六》。	为提升校园文化底蕴,展示我校艺术特色的风采,特举办本次文艺汇演。希望通过本次演出,为师生搭建一个展示才华的平台,充分展现自己的艺术风采和魅力,增进学生之间的合作,促进师生之间的交流,传承我校优良传统。	2
科目实施	**选修条件**	由教师经过面试进行一定的筛选选出合适的对象		
	设备需求	民乐室		
	活动形式	采取分散、集中相结合的训练形式		
	实施原则	1. 面向全体学生。坚持以生为本的原则。民乐艺术的教学任务,不是为了培养专门的民乐演奏家,而应面向全体学生,坚持以生为本。通过学习一些简易的民族乐器的知识与技法,使每一个学生的音乐潜能都能得以开发并使他们从中受益。民乐艺术课程的全部教学活动应以学生为主体,师生互动,将学生对民乐的感受与实践参与放在重要的位置。从而不断增强民族自豪感与自信心,突出体现其普及性和发展性。 2. 实践操作与欣赏体验的原则。民族乐器的演奏很重视音乐实践,器乐的实践性、操作性很强,教师在教学中要将讲授理论知识和学生的器乐实践紧密结合起来,培养学生视觉、听觉、运动觉的能力,促使眼、耳、口、手、足多种器官协调发展,使学生通过实践来走进音乐,在乐器演奏中增强动手操作能力,获得音乐审美体验。除了实践操作外学生还要学会欣赏乐曲。主要通过聆听和感受音乐及对音乐历史与文化的学习,培养学生的音乐审美能力和评价、判断能力,这是增进学生音乐文化素养的主要渠道。具备良好的音乐鉴赏能力,对于丰富情感,陶冶情操,提高文化素养,增进身心健康,形成完善的个性具有重要的意义。 3. 指导性原则。在课堂教学中遵循指导性原则,这是由教师自身充当的多重角色所决定的。教师在课堂教学以及学生的学习过程中,要充当的不仅仅是组织者、学习者,同样还要充当指导者的重要角色,在学生学习过程中,教师始终要适时加以适当的引导,使学生遵循一定的学习规律达成学习目标。		

科目实施	4. 激励性原则。在课堂上,对待学生的学习过程以及情况,教师要进行适当的评价。而从学生心理学的角度去思考,喜欢得到老师与同学的表扬和欣赏,这是每一位学生共有的意愿。无论学习的情况如何,教师善于抓住学生的闪光点进行表扬,必然会使学生的自尊心得到保护,学习热情依然不减,学习的愿望依旧保留,这对于学生能够以更大的激情继续参与学习,影响很大。 5. 多向性原则。这里所讲的多向性,是指课堂上不要局限于教师对学生的单一评价方式,而应该鼓励学生对学生、学生对老师同样进行学习评价,甚而达到一种课堂互动的良好氛围。 6. 发展性原则。对学生的学习评价,不能仅仅是当前所学到的,或者一堂课所学到的,而应该立足于学生的长期发展,放眼于学生的终身学习能力的培养,所以评价学生的学习要体现长期发展性。
	配套资源 山阳小学民乐曲谱
科目评价	**评价内容** **(一)评价原则** 1. 自评、互评、教师评相结合,以学生的自我评价为主,关注过程评价。 2. 在评价过程中,对学生以激励性评价为主。 3. 根据评价结果如实填写《小学生成长记录册》。 **(二)评价内容** 1. 学生自评内容: (1)演奏乐器时的积极性 (2)演奏乐器时的集体意识 2. 学生互评内容: (1)演奏乐曲的表现力 (2)演奏乐曲的合作能力 3. 教师评价内容: (1)乐曲的欣赏能力 (2)音乐知识的掌握 (3)乐器的操作能力 **(三)评价方法** 1. 在评价过程中,倡导学生自己、同学、教师一起参与,将评价变为多主体共同参与的活动。 (1)演奏乐器时的积极性:在活动中对演奏乐器有着较强的积极性能获得此星。 (2)演奏乐器时的集体意识:在演奏时有良好的集体意识能获得此星。 (3)演奏乐曲的表现力:演奏时能随着乐曲的情绪而表现能获此星。 (4)演奏乐曲的合作能力:学生在演奏乐曲的时候有一定的合作能力能获此星。

科目评价	评价内容	(5) 乐曲的欣赏能力：在欣赏乐曲时,学生有一定的鉴赏水平能获此星。 (6) 音乐知识的掌握：能掌握一些有关乐器的音乐知识能获此星。 (7) 乐器的操作能力：能熟练运用一些乐器的演奏技巧能获此星。 2. 每次活动结束后,将以上几个项目作为评价,看谁得到的星最多,从而来激励学生的积极性。 3. 在学期结束时,教师可以在《小学生成长记录册》中,把学生各自的成绩填写在内。

附 1:

学生学习评价表

项　目	评价指标分级描述			自己评价	他人评价	教师评价
	A	B	C			
民族乐器的基本知识	能了解五种以上民族乐器的历史、音色、结构、音乐作品等知识	能了解三种以上民族乐器的历史、音色、结构、音乐作品等知识	能了解一种以上民族乐器的历史、音色、结构、音乐作品等知识			
演奏能力	能熟练地演奏出教学内容中的乐曲	较熟练地演奏出教学内容中的乐曲	不能完整地演奏出教学内容中的乐曲			
欣赏能力	能准确地说出乐曲的情绪、速度和乐曲所表现的意境	能基本说出乐曲的情绪、速度和乐曲所表现的意境	不能全部说出乐曲的情绪、速度和乐曲所表现的意境			
演奏乐曲的合作能力	能熟练地与各声部合作演奏乐曲	较熟练地与各声部合作演奏乐曲	不能熟练地与各声部合作演奏乐曲			
演奏乐曲的表现能力	随着乐曲情绪的变化,能熟练地用丰富的肢体语言来表现	随着乐曲情绪的变化,能较熟练地用丰富的肢体语言来表现	随着乐曲情绪的变化,不能完整地用丰富的肢体语言来表现			
中华民族文化的热爱	十分热爱中华民族文化	比较热爱中华民族文化	基本能热爱中华民族文化			

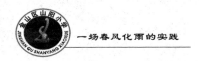

附2：

《小乐队》科目实施评价表

内　容＼满意度	满　意	较满意	不满意
项目的设置	☆☆☆☆☆	☆☆☆☆☆	☆☆☆☆☆
教学的方法	☆☆☆☆☆	☆☆☆☆☆	☆☆☆☆☆
科目落实情况	☆☆☆☆☆	☆☆☆☆☆	☆☆☆☆☆
竞赛的开展	☆☆☆☆☆	☆☆☆☆☆	☆☆☆☆☆

三、教学案例

案例 1：通过民族器乐训练提高学生音乐能力的思考

很多学校的音乐课堂教学变成了器乐课堂教学,过分注重对孩子掌握乐器演奏技巧的训练,一味地要求孩子提高演奏技巧,进行过多的单方面机械性训练,而忽视了对学生应该展开全方面的综合性素质的提高,使孩子不能真正地、深切地去理解什么是民族音乐,不知道怎样去享受民族音乐。那怎么通过民族器乐的训练来发展学生的综合素质呢? 下面我就来谈谈我多年来的几点实践体会。

(一) 通过视唱乐谱和听辨乐器的音高来提高学生的识谱能力和音准能力

歌唱和乐器演奏中所发的音高,能与一定律制的音高相符,称为音准。有些乐器在制造或调音时就有音准要求。歌唱和乐器演奏过程中,随时都要通过演唱者和演奏者的控制来解决音准。音准的取得,有赖于敏锐的听觉、优良的乐器、精湛的技巧等。那怎么样用乐器来培养学生的音准能力呢?

1. 通过视唱乐谱来提高学生的识谱能力和音准能力

培养中小学生的识谱能力,是中小学音乐教学任务之一。"识读乐谱"是表现音乐的一种工具和手段,是中小学音乐知识技能教学的一个组成部分,而认识乐谱有助于帮助学生正确地理解和把握音乐,便于学生进一步了解音乐的各要素及音乐语言的表达方式,从而丰富对音乐的感受、理解与表现。

学习乐器最基本的是识谱能力和音准能力,如果没有这两项基本功,在演奏乐曲时就得不到好的效果,进度也慢。有的老师在教学乐曲时,往往直接把乐谱发给学生训练,其实学生根本还不熟悉乐谱,毕竟学生的水平不像专业演奏家那样高,应因地制宜,让学生能认识谱、能唱准音。所以我在教学每一首乐曲之前,都会让学生先把乐曲从头到尾唱熟,这也是为接下来演奏乐曲做好铺垫。在视唱乐曲时,老师要强调学生注意乐曲的拍号、音的长短、音的高低、节奏的快慢、力度的强弱等音乐知识,如有唱错或不熟的地方要及时纠正和反复地演唱,直到学生唱对为止。在这样的视唱教学中,学生的识谱能力和音准能力才能得到提高。

2. 学会用耳朵听辨乐器的音高来提高自己的音准能力

(1) 学会用自己的乐器调音

民族乐器有很多,主要分四大类:拉弦乐器、弹拨乐器、吹管乐器、打击乐器。它们不像钢琴、口风琴等键盘乐器那样,之前都已调好音,而且还不容易走音。但民族乐器就不同了,它们大部分都是弦乐,这些弦乐的调音仅限于空弦,主要依靠调节弦轴的松紧来实现。例如:二胡、琵琶、柳琴、古筝、扬琴、中阮等乐器,它们的弦数有所不同,定音也有所不同,所以老师在训练乐器之前都要为每样乐器调好音。但是这样的话不仅浪费时间,而且学生对老师有了依赖性,音不准了就习惯性地拿到老师那,让老师来帮助解决。这样也就造成学生不善于用耳去听辨音高位置,没有音高的概念。这样的方法是错误的。但调音这个步骤有一定的难度,老师应在学生有了一定音乐基础的情况下,来慢慢地培养他们学会自己用耳朵听辨音高,自己动手调音。那具体应该怎么做呢? 老师可以在钢琴上把定弦的音一个个弹出来,让学生边听边调,调好后老师再一一帮他们纠正,久而久之,他们有了音高的概念,同时就提高了自己的音准能力,这也对提高他们的演奏水平打下了良好的基础。

(2) 利用相互检查、相互评价的形式来提高学生的音准能力

在民族乐器中,有些乐器很难掌握音的高低,特别是拉弦乐器,如:二胡、中胡、高胡、板胡等拉弦乐器,它们都是用左手手指按弦的,那到底按在弦的哪个位置上,按上去演奏出来的音是否准确,就要靠耳朵来听辨了。有的乐器按得太重或拉弦也会引起音的不准,如:琵琶、中阮等乐器,按得太重或拉弦都会使音偏高。还有的乐器碰到热胀冷缩后也会引起音的不准,特别是吹管乐器,一热,音就会偏高,一冷,音就会

偏低。所以,在平时的训练中,老师应多注重学生进行分组检查,检查完后还要进行相互评价,说说谁的音偏高了,谁的音偏低了,应该怎么样纠正和改进。这种相互检查、相互评价的形式会使学生的音准能力得到不断的提高。

(二)通过各种乐器的技能训练来提高学生的协调能力和智力发展

1. 通过各种乐器的技能训练来提高学生的协调能力

民族乐器都是靠两只手的相互配合来演奏的,也就是说两只手要做到协调才能演奏好乐器。所以学习乐器不是一件简单的事情,学好乐器更是一件不容易的事情。要想获得好的演奏水平,就要训练学生的协调能力。那怎样训练他们的协调能力呢?那就是靠练习乐器不同的演奏技巧来提高。例如:琵琶,左手按弦,右手靠弹弦来发出声音。当你左手按下一个音的同时,右手也要同时弹奏出来,如果有了先后顺序,左右手不是同时进行的话,那这个音也就弹奏不出来了。又如:打击乐器中的鼓,它靠两只手拿鼓槌敲击发出声音,别认为演奏它很简单,没有经过一定的训练,你的两个手是不协调的,一般右手总比左手灵活,特别是快速抡的时候,左手抡起来就比较僵硬,而且会跟不上右手的节奏。所以,老师应该给学生一些技能训练的练习曲来提高学生的协调能力。如双手活指练习曲等,让双手灵活、敏捷,这样双手才能做到统一,提高学生的协调能力。协调能力不单是靠两个手的合作,在练习这些技能的同时,还要靠听觉、视觉相配合。听觉靠耳朵,听见演奏错了就要及时改正。视觉靠眼睛,谱子看错了也要及时纠正。所以,在演奏中都离不开听觉、视觉和动觉,它们缺一不可。因此通过各种技能训练能提高学生的协调能力。

2. 乐器的技能训练也能提高学生的智力发展

器乐训练是手脑并用的活动,形成演奏某一种乐器的技能,从心理方面看,这种技能要求学生有一定的音乐感,且听觉、视觉与运动觉高度协调。由于演奏技能的形成是长期不断练习的结果,所以,也要求学生有克服困难的意志力和耐力等。歌德说:"手是大脑的延伸。"演奏器乐是手指的活动,必然会促进大脑的发育,开发儿童的智力。

器乐教学可以激发学生思维的多向性,促使眼、耳、口、手、足多种器官协调发展,对开发学生的智力有积极作用。就像上面说的,在进行各种技能训练中,都要通过听觉、视觉与动觉的高度协调来完成。

演奏中,无不需要学生眼睛观谱、耳朵听音、手奏、心里想,所有这些必然会使人的大脑得到锻炼和发展,从而使人变得更聪明,更敏捷。经过这几年的实践证明,我带的每届民乐班的学生,都比其他学生思维更活跃、动作更敏捷。所以,多让学生进行一些技能训练能提高学生的智力发展。这也是为什么家长都要让自己的孩子从小学习一种乐器的原因。

(三)通过对乐曲的欣赏来提高学生的音乐欣赏能力和音乐表现能力

音乐欣赏是音乐教学的重要组成部分,是培养学生音乐兴趣,扩大音乐视野,提高音乐感受、理解、鉴赏能力,以及发展想象力、丰富感情、陶冶情操的重要途径与手段。对学生的教育作用是其他任何教学手段所不能替代的。

1. 通过对乐曲的欣赏来提高学生的音乐欣赏能力

(1)课前准备

每次完成一首乐曲后,我都会对乐曲进行欣赏,在欣赏乐曲前,我会给学生一点时间去搜集乐曲的有关知识和内容,并掌握相关的材料。如乐曲的作者是谁,乐曲描述的是什么,乐曲能分成几段,各段的情绪怎样,分别在描述什么,等等。这样的课前准备为接下来欣赏乐曲做好了铺垫,以便于在课上更快更好地去理解乐曲。

(2)课堂欣赏

带着以上的这些问题让学生在课堂上边演奏边欣赏,更进一步将学生带入了特定的情景来理解作品,从而达到与作者的心理共鸣。比如乐曲《金蛇狂舞》,提问:乐曲作者是谁?回答:聂耳。提问:乐曲描述了什么内容?回答:乐曲旋律昂扬,热情洋溢,锣鼓铿锵有力,表现了人们欢庆节日、舞龙、耍狮子的热闹场面。其中"金蛇"指的是江面上比赛的龙舟,"狂舞"指的是龙舟队争先恐后竞赛的场面。提问:乐曲可以分成几段?回答:三段。提问:请为每段作一下分析?回答:《倒八板》是广泛流行于全国的民间器乐曲《老六板》的变体,它将后者的尾部变化发展,作为乐曲的开始,故俗称《倒八板》。第二段又将原曲中的"工"(即 3)更换成"凡"(即 4),转入上四度宫调系统,情绪明朗热烈。第三段采用"螺蛳结顶"旋法,上下句对答呼应,句幅逐层减缩,情绪逐

层高涨,达到全曲高潮。提问:打击乐器在乐曲中起到了什么作用?回答:全曲以激越的锣鼓伴奏,更渲染了热烈欢腾、昂扬激奋的气氛……另外,在欣赏每一段的过程中,老师还可以要求学生根据音乐的情绪想象出所表现的画面,再根据画面这种直观手段来确立音乐的形象思维,达到理解音乐所表现的意境,降低欣赏音乐的难度,取得较好的教学效果。

这样一系列的欣赏教学,才能使学生真正理解乐曲,才能让学生更投入地演奏乐曲,才能让乐曲达到良好的演奏效果。

2. 通过对乐曲的欣赏来提高学生的音乐表现能力

学生在欣赏乐曲的同时也能提高学生的表现能力。在理解了乐曲之后,一首乐曲要演奏得有水平不仅要理解乐曲,最主要的是通过对乐曲的了解,把乐曲的情绪或感情流露出来,那就要结合人的肢体语言的传递来表现各种不同的音乐情绪。所谓的肢体语言指的是,人的身体可以用各种动作或姿态来表达自己对周围人或事物的思想感情,因此,人们就把这种动作看作一种语言。肢体语言是舞蹈、哑剧、话剧、戏曲等艺术种类中极其重要的表演手段。对乐器演奏来说,在独奏、齐奏、小合奏等形式中,运用肢体语言来加强和突出乐曲的表现,能起到传神、感人的作用。

每一首乐曲都有不同的情绪,有的乐曲的情绪是抒情、优美的,有的乐曲的情绪是欢快、热烈的,有的乐曲的情绪是悲伤、凄凉的,而且它们所表达的内容也不一样。所以,学生在演奏不同情绪、风格的乐曲时肢体语言起着很大的作用,也是对乐曲理解的一种表现手段。例如:在欣赏《彩云追月》时,学生已经了解到乐曲的情绪是优美的,抒情的,描述的是幽淡的夜幕背景下,云月相逐,相映成趣。之后,老师可以根据乐曲的情绪和乐曲讲述的内容来指导学生用肢体语言表现乐曲。如:手要做到柔软的提腕,头和身体跟着音乐要有一定幅度的慢慢摆动,脸部要有丰富的表情来陶醉于乐曲之中。又如乐曲《喜洋洋》,它的情绪是轻快的,活泼的,描绘的是在节日中热情洋溢的欢乐情景。由于这首乐曲的情绪、风格不同于乐曲《彩云追月》,学生的头、手、身体等部位都应用欢快的动作和快乐的表情来表达乐曲的深刻含义。

因此,通过欣赏乐曲,学生也会慢慢地学会怎样的乐曲应该用怎样的肢体语言来表现乐曲的内涵。这样,学生的音乐表现能力就会慢慢地得到发挥和提高。

（四）通过各种演奏形式来提高学生的合作能力和集体意识

在演奏乐曲时,学生要互相合作才能完成乐曲,那如何让学生做到相互合作,并提高他们的集体意识呢?

老师可以采取各种演奏形式来提高学生的合作能力。民乐的演奏形式有很多,有独奏、伴奏、合奏、重奏、齐奏、轮奏等,老师根据学生的不同演奏水平阶段来选用这些演奏形式,但每种演奏形式都离不开共同的合作。

在学生还没一定演奏水平的情况下,齐奏是最好的演奏形式。所谓的齐奏指的是用两件或两件以上的乐器同时演奏同一个旋律。在齐奏的过程中,学生要做到互相配合,每一位学生演奏出来的旋律要整齐、统一。所以,老师应让学生知道,这样的演奏形式不是个人的独奏形式,而是全班齐奏的形式,要提醒学生,不能有自己想怎么样就怎么样的个人意识,一个民乐队就是一个整体,应有集体的意识。在学生有了一定演奏水平之后,合奏就是经常运用的演奏形式了。所谓的合奏指的是使用多种乐器进行多声部乐曲的演奏。合奏中由于各种乐器有着不同的旋律、音域、音色和音量,因此综合起来演奏,有着多种色彩的变异,音响效果丰富多彩而富有表现力。所以在演奏时,每一个学生都要注意自己声部,做到和其他声部配合好,从而达到预期的效果。如乐曲《剪羊毛》,一开始乐曲是用打节奏的形式来为主旋律伴奏的,伴奏的声部是大提琴和弹拨乐,大提琴弹奏在前半拍上,弹拨乐弹奏在后半拍上,所以弹奏在后半拍上的同学会有一定的难度了,特别是对初学者来说有一定的难度,由于乐曲的速度比较快,又是打在后半拍上,会出现拖拍,节奏混乱等现象,从而也造成了声部与声部的混乱不清。老师可以通过训练来纠正这种现象,但最主要的还是要提醒学生要有集体意识,做到声部与声部的相互合作、相互配合。因此,采取各种演奏形式能提高学生的合作能力和集体意识。

（五）结论

学生的综合素质在不断的发展过程中发生变化,通过器乐教学可提高学生分析问题解决问题的能力,培养和提高学生的综合素质,坚持通过日常的器乐教学培养学生的综合素质,就必然会收到"随风潜入夜,润物细无声"的效果。以上就是我十几年来的几点实践体会,也是

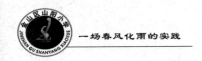

我个人通过民族器乐训练来提高学生综合素质的教学研究。

案例 2：民乐艺术　智慧育人

民乐是中华民族文化的重要组成部分。所以，把民乐艺术作为学校课程，是对国家艺术课程和地方艺术课程的重要补充和拓展，能更好地促进学生全面、和谐、可持续地发展。美国著名的音乐教育心理学家詹姆士·莫塞尔曾说过："器乐教学可以说是通往更好体验音乐的桥梁。"这精辟的论述，道出了器乐教学的宝贵价值与意义。

笔者学校是上海市艺术教育特色学校，学校民乐从解放前的仙乐班到解放后的小乐队，又到现如今的民乐队班、古筝班、葫芦丝班，山阳小学的特色教育就是在这样代代传承中不断地改革、推进，丝毫没有停止过。

自从踏上工作岗位的那一天起，笔者就和民乐打上了交道，现如今已经有 21 年了。记得在刚带教民乐队的时候，笔者就是向学生传授每种乐器的演奏技巧，进行齐奏、合奏的训练，学生学得枯燥乏味，有的学生甚至提出要退出民乐队，这对笔者触动很大。后来，笔者通过不断的学习和研究，大胆地把民乐引进了课堂，编写了校本课程，设计形式多样的教学方法，满足学生的兴趣和求知欲，这样真实灵动的课堂让学生喜欢上了民乐。

（一）丰富多彩的学习方式，让学生喜欢上民族音乐

民乐课程有着它的独特性。教师要开发新颖的、独特的学习方式为学生提供一种唯有这个课程学习中才可能获得的经历和体验，才能让他们体会独特的艺术美，才能让他们从内心真正地喜欢上民族音乐，为终身学习民族音乐奠定基础。因此，笔者在学生学习乐曲前认真分析和挖掘教材，并设计了一套有序、有效的教学方法。

以四个乐句组成的简短的《卖报歌》为例。第一步，让学生掌握好旋律的速度和力度，熟练又整齐地演奏出旋律。

第二步，让学生对这首歌曲进行欣赏和分析，了解作品的曲作者和他的生平，了解歌曲的创作背景。作曲家为什么要写这首歌曲？歌曲讲述的是一个什么故事？通过以上的分析，深刻挖掘作品背后的丰富文化和人文历史，让学生深刻理解作品，再通过情感和肢体语言充分地展现自己。

最后一步，让他们自由发挥想象力，创编民乐自身独特的学习方

式。最终学生把歌曲分三遍学习：第一遍，邀请教师伴奏，个别学生进行表演唱和情景表演；第二遍，教师伴奏，全体同学表演唱；第三遍，师生齐奏歌曲旋律。通过师生互动、生生互动、表演唱、情景表演、齐奏等不同的学习方式，同学们在表演的时候个个乐开了花。

（二）丰富多彩的演奏形式，让民乐课堂精彩纷呈

每一样乐器都有它独特的魅力，通过不同的演奏形式，让学生深刻体会乐曲不同的风格和特点，体会民乐的博大精深，也会让民乐课堂生机勃勃，精彩绝伦。

民乐的演奏形式有很多，如：伴奏、合奏、齐奏、独奏、重奏、领奏，不同的演奏形式都别具一格，体现了不同的特点和风格。

《渔舟唱晚》是一首由古筝演奏的独奏曲。这首乐曲中的颤音、连拖、连抹等丰富的演奏技巧，时而模仿流水声，时而又展现了摇船的情景，不仅让学生感受到了古筝委婉动听的音色，也让学生感受到了夕阳映照下，万顷碧波，渔民悠然自得，渔船随波渐远的优美景象。这首乐曲的演奏技巧是表现乐曲抒情优美的有效方式。因此，教师应认真为学生进行示范和讲解，让学生知道每个技巧所注意的地方，如颤音左右手配合要默契，右手抹、拖的力度要适当，两手提腕动作要规范等，及时纠正出现的错误。只有有了精湛的演奏技巧，才能让乐曲表现得更加淋漓尽致、柔美动人，同时让学生体会到自己其实很优秀，也能独自演奏出如此精美的音乐作品，让学生为之自豪，为之努力。

《雪雁南飞》是一首由古筝、琵琶、扬琴演奏的重奏曲。乐曲古朴淡雅、意境深幽。前半部分主题幽雅，速度缓慢，常以滑音和颤音润饰，有一种恬静、安适之意；后半部分速度由慢渐快，力度逐渐加大，将全曲推向高潮，形象地描绘出雁群在浩瀚无边的天空中展翅翱翔，同飞南方的动人画面。重奏和独奏有很大的区别，独奏是一个人演奏，有些旋律的处理还是比较自由的，但重奏讲究声部与声部之间的和谐，不能有个人主义。因此，教师在教学中要求他们在演奏中要做到默契地配合，遇到其他声部主奏的地方，自己的声部要学会谦让，手腕上的力度要恰当合适地掌控，不能太强，要突出主旋律。主旋律演奏的时候也要充分发挥自己演奏上的特长和优势。这样，既提高了学生的演奏能力，也增强了学生的集体意识。

民乐的演奏形式还有很多，它们都有着不同的特点，之所以让学生

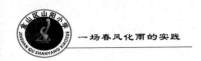

尝试不同演奏形式的乐曲,是为了提高他们的演奏水平,增强他们的集体意识,同时也开阔他们的民乐艺术视野,知道我国民乐艺术文化所蕴含的深厚底蕴,从而培养学生的学习兴趣,增加他们的学习欲望,这样丰富多彩的民乐课堂,才能给学生带来愉悦的心情。

（三）即时多元的教学评价,促进提高教学质量不断提升

教学评价在民乐课堂中也起着很大的作用。作为技能训练比较强的民乐教学,评价不仅要促进学生学会民乐,更要促进学生学好民乐。在教学中,教师可以采取互评、自评、师评等评价方法来提高学生的演奏水平。先把乐队分成四组,拉弦乐组、弹拨乐组、吹管乐组、打击乐组,再分别从乐曲的实践、乐曲的欣赏两方面进行评价。

学生在初步学会乐曲旋律的基础上,先组外进行互评,指出优缺点,因为各小组在演奏时不能同时观察到组内同学产生的一些问题。如哪些同学的演奏姿势不够正确、哪些同学演奏得不够熟练、哪些同学没有集体意识等,组外的同学可以纠正各小组在演奏时所忽略的一些问题。然后再组内自评,补充一些专业性的问题。如哪些同学的演奏技巧不够到位,造成旋律不够动听,不够完美;哪些同学没有控制好自己的音量,造成声部的不和谐;哪些同学在速度和力度上掌握得不够好等。最后教师再进行总结性的点评,对优秀的小组和个人进行表扬,鼓励其他同学再接再厉。通过这样的评价方法,不仅让学生了解了其他乐器的演奏特点和演奏要领,也提高了自身乐器的演奏水平,更为提高整首乐曲的演奏水平打好了基础。

在对乐曲的欣赏过程中,先让学生通过视频欣赏说说乐曲能分成几段,描绘了怎样的情景,以及对旋律速度的快慢、力度的强弱、情绪的变化等方面进行分析,然后小组讨论并完成学习单,最后各小组进行反馈,全体师生一起总结与评价,看看哪组的正确率最高。这样的评价方法,能有效地提高学生的欣赏能力和分析能力,迅速提升乐队的整体演奏水平。

教师应着眼于发现和发展学生的潜能和潜质,通过这种互评、自评、师评的评价方式,既锻炼了学生多思善想、学中生疑、疑而有思的良好思维品质,也培养了学生的学习习惯、学习兴趣,更提高了课堂的教学质量。

（四）各级各类的平台,让民乐学习走出课堂

艺术教育是陶冶情操、提高学生综合素质的教育,既要与民族文化

教育、美育教育相结合,扩大艺术教育的内涵,又要对学生进行优秀民族文化、民族精神的教育与熏陶,让学生全面发展。因此,教师应为学生搭建各种学习平台,让民乐课堂走出校园,走向社会,走到阳光下,让学生在艺术拓展活动中实践与学习。

第一,音乐欣赏。让学生欣赏一些由学校、少年宫、文广中心组织的精彩的民乐演出活动,学习演奏家精湛的演奏技巧和丰富的表现力,拓展学生视野,扩大其知识面,激发学生学习欲望,培养积极向上的精神。

第二,切磋技艺。组织学生参加各种学校交流活动,与小演奏家们互相切磋技艺,在演奏技巧和乐曲处理等方面取长补短,既增加了感情,又提高了演奏水平。

第三,实践体验。教师应充分调动学生的积极性,让学生多参加一些展演活动,展示自己的艺术风采,提高自己的能力和特长。课外艺术展演活动丰富多彩,形式多样,如:学校的六一节,敬老院、社区等舞台上参加各种演出,以及一些艺术节比赛活动,通过这些实践活动让学生能丰富自己,展现自己,在实践中学习,在实践中提高,对个人的特质培养及未来发展,是有极大助益的。

民乐艺术,也能智慧育人。教师只有在教学中不断地探索和创新,设计丰富多彩、形式多样的教学方式,才能让课堂变得生动活泼,才能让学生从枯燥乏味的民乐训练中重新找到学习的乐趣,既提高了学生的综合素质,也为终身学习民乐奠定了基础。

案例3:创新形式　丰富学生经历
　　——以民乐表演唱《卖报歌》为例
【案例背景】

当前青少年学习民族器乐活动蓬勃开展,为提高艺术教育质量,促进青少年综合素质的全面发展,在进行艺术教育的实践中,教师应探索有利于青少年发展有效的教学途径,面对重视技能技巧的提高,忽视音乐文化内涵的积累,偏重于个人单独的练习,缺少集体合作、团队精神等问题,教师应及时分析和研究,制订出相应的教学方案,让学生在学习民族器乐的同时提高学习兴趣和综合素质。

《卖报歌》是由聂耳作曲,安娥作词的歌曲,这首歌曲刻画了报童不怕艰苦,在大风大雨里仍坚持满街奔跑叫喊卖报的可爱形象,表现了报童生活的艰难,活泼可爱的报童令人同情和喜爱,同时也反映了新中国

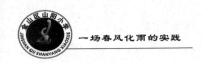

成立前贫穷儿童的苦难生活,我们应珍惜今天的幸福生活,同时也要学习聂耳叔叔无私助人的精神。笔者从之前枯燥乏味的民乐合奏训练到采取作品欣赏、情景表演、表演唱、教师伴奏、民乐齐奏等丰富多彩、生动有趣的教学方法相结合,提高了学生的综合素质。

【案例描述】

1. 课例的教学目标:

(1) 通过欣赏歌曲《卖报歌》,深刻挖掘作品所蕴藏的丰富文化与人文历史,让学生知道应该珍惜今天的幸福生活,同时也要学习聂耳叔叔无私助人的精神。

(2) 通过欣赏、歌唱教学、情景表演、表演唱、教师伴奏、民乐齐奏等丰富多彩、生动有趣的教学活动,提高学生的学习兴趣和求知欲,促进学生的个性发展。

2. 课堂教学片段。

(1) 片段一:欣赏歌曲《卖报歌》

师:同学们!今天老师带来了一首歌曲“啦啦啦!啦啦啦!我是卖报的小行家……”这首歌曲是不是很熟悉?

生:是的,我们都会唱。

师:那有谁知道这首歌曲是谁作曲的吗?

生:不知道。

师:这首歌曲是我国的音乐家聂耳作曲的,接下来,老师就来介绍这位伟大的音乐家。

生(认真听讲)

师:那聂耳为什么要写这首歌曲呢?

生:不清楚。

师:老师来给你们讲个故事吧。

生(认真听讲)

师:听了这个故事后同学们有什么感想?

生:卖报的小女孩生活很艰辛,我们要珍惜现在的生活,学习她不怕艰苦的精神,我们要学习聂耳叔叔助人为乐的精神,我们民乐班是个大家庭,应该也要互相帮助,团结一致……

师:同学们说得非常好,让老师感觉到了我们民乐班是一个温暖的大家庭。

（2）片段二：演唱歌曲《卖报歌》，教师乐器伴奏

师：同学们，我们已经把歌曲的旋律演奏得很熟练了，那接下来我们就来唱一唱这首歌曲好吗？

生：好。

师（教师用民族乐器琵琶为学生伴奏）

生（学唱歌词）

师：这首歌曲朗朗上口，大家唱得悦耳动听，那经过我们对这首歌曲的欣赏和了解，同学们觉得这首歌曲的情绪和速度各是怎样的呢？

生：这首歌曲的情绪应该是欢快活泼的，速度是稍快的。

师：让我们用欢快活泼的情绪，稍快的速度，跟着老师的琵琶声再来演唱一遍吧。

生（再次演唱）

师：最后，让我们加上动作一起歌表演吧。

生（学生创编动作进行歌表演）

（3）片段三：情景表演《卖报歌》

师：卖报的小女孩每天坚持卖报来维持生活，过着艰辛的日子，接下来，让我们来演一演小女孩卖报时的情景，学习她不怕艰辛的精神吧！

生：好。

师：老师把你们分成四组，各自发挥你们的想象力，演出你们精彩的表演。

生（各组在教师的指导下进行情景表演）

师：同学们演得都十分的投入，接下来各组依次来展示一下你们的表演吧。

生（各组依次表演，学生、教师进行评价指出优缺点，选出最优秀的一组）

（4）片段四：民乐表演唱《卖报歌》

师：经过以上的学习，同学们对歌曲《卖报歌》已经十分了解了，最后，老师想用你们最喜欢的学习方式来编排这首歌曲，大家分组讨论一下吧！

生（学生分组讨论并交流）

师：经过同学们的讨论和交流，编排的顺序已经形成，第一遍由三位同学演唱歌曲，老师用琵琶伴奏，同时全班互动进行情景表演，第二

遍全班同学表演唱,老师用琵琶伴奏,第三遍师生齐奏歌曲的旋律,那我们就用这样的学习方式来排练这首歌曲吧!

生(学生和教师合作完成民乐表演唱《卖报歌》)

【案例反思】

1. 通过对作品的欣赏,提升学生的人文精神

作品的欣赏是一种以艺术作品为主要对象的特殊思维活动。它是一种审美认识活动,也是一种审美创造活动。审美认识活动,是指欣赏者通过对艺术作品的欣赏感受、理解鉴别和想象,唤起对艺术形象的审美感受或由此及彼的艺术想象,产生情感激动或内心体验,并进而理解和把握艺术形象所包含的深层意蕴。

我们每一个民乐教师在课堂里不仅仅是把知识、概念和技艺教给学生,更重要的是把一种文化、一种文明,也就是将"人文素养"教给学生。因此,笔者深刻挖掘作品背后所蕴藏的丰富文化和人文历史。比如歌曲《卖报歌》,这是一首非常有教育意义的歌曲,通过歌曲的欣赏,让学生知道歌曲的作曲家是我国伟大的音乐家聂耳,也知道了聂耳为什么要写这首歌曲,笔者通过介绍音乐家聂耳和讲故事的形式让学生知道了应珍惜现在的美好生活,学习卖报小女孩不怕艰苦和聂耳叔叔助人为乐的精神。

2. 丰富多彩的学习方式,让学生喜欢上民族音乐

民乐课程有着它的独特性,教师要开发新颖的、独特的学习方式为学生提供一种唯有在课程学习中才可能获得的经历和体验,才能让他们体会独特的艺术美,才能让他们从内心真正地喜欢上民族音乐,为终身学习民族音乐奠定基础。因此,在学生学习乐曲前认真分析和挖掘教材,设计一套有序、有效的学习方法。

比如歌曲《卖报歌》,笔者第一步先让学生掌握好旋律的速度和力度,熟练又整齐地演奏出旋律。第二步让学生对这首歌曲进行欣赏和分析,了解作品的曲作者和他的生平,了解歌曲的创作背景。作曲家为什么要写这首歌曲? 歌曲讲述的是一个什么故事? 通过以上的分析,深刻挖掘作品背后所蕴藏的丰富文化和人文历史,让学生深刻理解作品,再通过情感和肢体语言充分地展现自己。第三步让学生自由发挥想象力,创编民乐自身独特的学习方式。最后,学生把歌曲分三遍学习,第一遍由三位同学演唱歌曲,老师用琵琶伴奏,同时全班互动进行

情景表演,第二遍全班同学表演唱,老师用琵琶伴奏,第三遍师生齐奏歌曲的旋律。通过师生互动、生生互动、表演唱、情景表演、齐奏等不同的学习方式,激发了学生的学习兴趣,也让学生喜欢上民族音乐。

3. 创设和谐的合作学习环境促进民乐队和谐发展

和谐的合作学习环境以民乐室为载体,以"体验与创造、内和外顺、共同进步、生态发展"为主要特征。一次顺利的乐队排练、一次成功的民乐表演,往往离不开一个和谐的合作学习环境,教师是学生学习的"引导者""设计者""合作者",应积极创建队员们乐于合作的情境,让队员们形成合作融洽的氛围,使每个队员能融入集体,培养学生的团队意识,让民乐队和谐发展。

笔者在歌曲的情景表演活动中,分组让学生互相合作进行表演,发挥群体的积极功能,提高个体的学习动力和能力,既增加了学生之间的感情,又达到了教学任务的目的。教师作为学生的良师益友,也应积极与学生融为一体,在学生演唱歌曲《卖报歌》时,笔者用民族乐器琵琶为学生伴奏,在演奏歌曲旋律时,笔者和学生一起演奏,让学生感悟到了我们的民乐队是一个良好、和谐发展的团体,也对今后的学习起着推进的作用。

总之,在民乐活动中,教师应以青少年的全面发展为宗旨,制订合理、有效的教学方案,提高学生综合素质,培养学生的民族精神和对民族乐器的热爱之情。

四、风采展示

1977 年,山阳民乐队在乡社大礼堂前演出

第二章 融入"山阳文化"的课程体系

二十年前,我校民乐队负责人朱磊老师为村民表演

如今,各类代表团参观民乐演出

山阳小学拓展型课程民乐教研组区级展示活动

2019年《乐动山阳》由上海教育出版社出版

第二节　美术课程《渔味无穷》

一、课程介绍

《渔味无穷》是我校拓展型校本课程,充分挖掘渔村文化中的美术元素,以渔村文化为课程内容,通过多种绘画技巧与美术表达形式,掌握美术基本知识与技能,提高学生综合实践能力,发现渔村美,展现渔村美,提高学生的美术素养,丰富学生的人文内涵。

二、课程方案

科目名称	渔味无穷	所属门类	美术
修习年段	中高段	计划课时	15
执教专业要求	有较好的美术基本功,动手能力强,对渔村有一定了解并有比较强的课堂组织能力的老师。		

续　表

科目背景	金山嘴渔村是上海市沿海陆地最早的渔村,也是最后一个渔村,勤劳勇敢的渔村人民,不仅创造了巨大的物质财富,逐步积淀起来的海洋渔业文化,也经过历史长河的洗礼,散发出熠熠的光彩。 　　由于我校独特的地理位置优势,金山嘴渔村成为我校的校外实践基地,近几年,金山嘴渔村已经重新修建,很多游客对渔文化不了解,通过参观也只能略知一二,学校开展各类夏令营、冬令营活动,让学生通过寻访和考察,领略“金山嘴渔文化”的魅力,但是在活动开展的过程中我们发现渔文化已经逐渐被学生淡忘,学生对于渔村的了解也甚少,对于参观也只是流于形式,漫无目的,走马观花,更不用谈对渔文化的了解和认识。 　　基于小学中高段的学生已经有了一些美术基本知识与技能,也有了一定的动手能力,懂得如何发现美、创造美,他们对于渔文化有着强烈的好奇心,加上对美术、劳技课程学习的热爱,他们乐于学习渔文化,并积极参与到本课程课内外的学习活动中去。 　　我们之所以把《渔味无穷》这门科目引进课堂,是因为渔文化有着家乡宝贵的文化资源,不仅可以让学生了解和认识“渔文化”历史,对培养学生的实践能力和创新精神有积极意义,我们通过初识、写生、绘画、DIY、创作等方式传递乡土文化,这些既能丰富学生的人文素养,又能培养学生的审美能力、创新精神和创造力,同时还能开拓学生的视野,丰富学生美术学习经历,最重要的一点是能强化学生的爱家乡情怀,保留住上海最后一个渔村。
核心育人价值	了解渔村文化内涵　　拓宽学生视野　　丰富美术学习经历

科目目标	核心概念	了解渔村地域文化的历史和特色;知道渔文化相关知识,能用学会的多种美术表现方法描绘和渔文化相关的景物和故事。
	学习过程	通过考察、采访、写生、制作等不同形式的实践活动,掌握相应的社会实践能力和一定的绘画技巧,能讲述渔村的故事并能进行美术创作。
	教育价值	通过对家乡渔文化以及老一辈渔民的艰苦创业史的了解,丰富学生的人文情怀,增强学生对家乡的认同感,进而热爱家乡。能用美术的眼光和手法创作反映渔文化的作品,也能评述自己和他人的美术作品。

科目内容	单　元	活　动　目　标
	1. 渔村之旅	1. 走进金山嘴渔村了解渔文化,欣赏渔村的海、建筑,走进渔趣馆感受渔民生活,前往杨火根工作室了解渔村的蜕变以及20世纪90年代的风貌。 2. 通过实地考察、欣赏等方式,了解渔村的人物、建筑物、海洋生物,并善于用手机或相机记录下来。 3. 知道金山嘴渔村是上海最后一个渔村,通过渔村探索体验活动,进一步感受渔文化带来的乐趣。

单　元	活　动　目　标
科目内容	2. 渔村 一角	1. 了解和认识渔村的标志性景或物。 2. 通过上一节课对渔村的考察,回顾、欣赏所走过的地方,选择一个有渔村代表性的景或物,用写生的形式画在画纸上。 3. 感受渔村带来的魅力,并有一双善于发现美的眼睛。
	3. 渔趣 馆里	1. 知道渔具的种类,增加学生对渔具的兴趣,并能用线描的形式表现出来。 2. 通过欣赏图片、视频,回忆渔具的特征,在教师的示范下,用线描的方式在光滑的木块上表现一幅以渔趣馆为主题的画。 3. 培养仔细观察的好习惯,增加对渔村的喜爱之情。
	4. 渔村 建筑	1. 了解渔村建筑的风格特点,知道用几何图形概括渔村建筑的整体外形。尝试运用记号笔、水彩笔等工具,创作一幅以我生活在渔村为主题的画。 2. 通过欣赏、讲解,引导学生仔细观察,知道渔村建筑的特点;在游戏环节里,了解牛皮纸袋的特性;通过教师示范,自我实践,知道如何在牛皮纸上作画,能用自己喜爱的方法绘制以我生活在渔村为主题的画。 3. 感受渔村建筑的艺术魅力,体验牛皮袋的乐趣。
	5. 渔民 生活	1. 了解渔民生活的相关知识,知道渔民出海捕鱼的形体动态,用农民画的形式完成一幅以渔民生活为主题的画。 2. 通过导学视频,了解渔民的生活;通过照片欣赏、教师示范,学习平涂、留白的涂色技巧,用农民画的形式表现出渔民生活的常态。 3. 感受渔民生活的艰辛,提升热爱家乡的意识。
		1. 认识涂色所需要的工具,会熟练地用笔。 2. 寻找生活中鲜艳的配色实例,欣赏农民画家作品。通过教师示范涂色的方法,完成作品涂色。 3. 养成关注身边的事物和热爱生活的习惯,增强对家乡的认同感。
	6. 海洋 生物	1. 了解海洋生物的种类,知道用美术课上学过的编织的方法设计一种我最喜欢的海洋生物。 2. 通过运用讨论、尝试制作的方法学习经纬线编织技法,制作一件我最喜欢的海洋生物编织作品。 3. 拓宽对海洋生物的了解,在编织过程中,培养学生的动手能力和想象力。
	7. 扬帆 远航	1. 复习巩固制作轻黏土的工具以及基本的技法,学会揉、压、搓等制作轻黏土的基本技法,知道渔船的基本结构和造型。 2. 通过图片欣赏,了解渔船的基本结构和造型,通过导学视频欣赏,学会用贝壳和轻黏土进行有趣的制作,并掌握制作技巧和步骤,能够独立创作一幅以渔船为主题的DIY轻黏土作品。 3. 增加学生动手能力,培育耐心制作的好习惯。

续　表

单　元	活　动　目　标
8. 渔味相框	1. 了解DIY相框所需要的工具和材料,用海螺、贝壳、海星等材料合理并好看地装饰相框。 2. 通过欣赏图片的方式,知道用排列组合等不同的方式装饰相框,完成一块有渔村味道的相框。 3. 增强学生的学习兴趣,培养学生的动手能力和创新意识。
	1. 完成第一课时未完成的部分,最终完成一幅完整且精美的渔味相框。 2. 找一张去金山嘴渔村考察时的照片打印下来放在自己DIY的相框内,装饰环境,美化家园。
9. 创意浮球	1. 知道浮球的作用,学会用之前学过的平涂方法装饰浮球,进一步掌握涂色技巧。 2. 通过之前的涂色练习,能在立体浮球上均匀上色,并且尝试用渐变等方法涂色,通过欣赏导学视频,知道在浮球上创作的步骤以及注意事项,完成一幅以渔村为元素的浮球作品。 3. 感受色彩带来的魅力,培养学生乐观、积极的心态。
	1. 在有颜色的浮球上添加渔文化元素。 2. 设计完草稿进行美化涂色。 3. 最终完成一幅以渔村为元素的浮球作品。
10. 我们的渔村	1. 进一步了解金山嘴渔文化;知道渔村建筑、渔民生活、海洋动物的特点,尝试用彩色透明刮蜡纸创作一幅我们的渔村。 2. 通过图片、视频、长卷欣赏渔村,再次回忆渔村的建筑、渔民生活、海洋动物;学习运用点、线、面丰富画面,尝试运用彩色透明刮蜡纸表现渔村的风采。 3. 感受我们的渔村美景和它的文化内涵,传承家乡的地域文化的同时保护海洋环境。
	1. 通过第一节课的创意设计,再次丰富点线面的装饰。 2. 丰富整个画面,添加适当的背景。 3. 用彩色透明刮蜡纸创作一幅我们的渔村,用作品美化环境。

科目内容

科目实施	选修条件	对渔文化感兴趣的小学三至五年级学生自主选择学习。
	设备需求	画室(配有多媒体、水池)
	活动形式	社会实践类: 1. 学生通过参观金山嘴渔村了解渔村的特色,体验当地的渔俗活动,前往杨火根工作室,了解渔村的蜕变以及20世纪90年代的风貌。 2. 通过实践活动,知道渔村的风貌,用写生的形式描绘渔村的美,感受渔文化带来的无穷魅力。

科目实施	活动形式	DIY 创作类： 1. 以绘画的形式，让学生在观察、欣赏、教师演示后，自己尝试把渔村元素描绘下来，提高学生的观察能力以及审美能力。 2. 以 DIY 自主体验的形式，让学生在动手中感受快乐，提高动手能力的同时进一步宣传渔村。 3. 通过作品欣赏、交流展示、教师的指导等活动，让学生发挥想象，创作出属于学生自己的渔民画作品，提高创造能力的同时对地域文化有进一步的了解。
	实施原则	1. 趣味性原则：通过让学生到校外实践基地渔村进行实地考察，参加渔村探索体验活动，看杨火根爷爷画画。这些都会给学生带来学习的趣味性。 2. 实践性原则：通过看—画—DIY—创，让学生了解渔村的海洋生物、渔民生活、渔村建筑，加深对渔文化的了解。 3. 创新性原则：让学生大胆想象、大胆设计，将渔村元素运用到各种绘画技巧中，开展一些探索性的实践活动，提高学生的创造能力，培养学生的创新意识。 4. 文道结合原则：学生在学习的过程中了解渔村渔文化，发掘地域文化的魅力，提升民族自豪感，发扬民族精神。
	配套资源	所有配套的活动设计及相应的课件、师生的参考资料。
	相关说明	《渔味无穷》是在我校区级重点课题《来沪随迁子女融入"山阳文化"的实践研究》背景下所开设的艺术类教育的拓展型课程。
科目评价	评价内容	(一)评价原则 1. 多元化原则 本课程采用多元的评价方式，评价主体、内容、手段、方法等多样多维。特别注重引导学生自我评价及同伴互评。 2. 激励性原则 评价的目的在于评价学生的学习成果，更在于激发孩子学习的兴趣，因此应以激励为主。无论学习的情况如何，教师都要善于抓住学生的闪光点进行表扬，必然会使学生的自尊心得到保护，学习热情依然不减，学习的愿望依旧保留，这对于学生能够以更大的激情继续参与学习，影响很大。 3. 创新性原则 评价时有创新，特别是本科目学习过程中对于社会性作品应该带有创新性评价，让学生对产品设计产生强烈的好奇心，同时让学生知道对于包装袋等进行装饰是一种社会表现，起到了宣传渔村的作用。 4. 学习过程与学习结果并重的原则。 (二) 评价对象 ① 学生 针对学生的学习习惯、行为表现、作业情况、欣赏与评议进行综合评价。

科目评价	评价内容	② 教师 针对教师的活动准备、活动目标、活动方式、活动效果、活动反馈进行综合评价。 ③ 科目 主要针对科目目标设定、内容的设置、科目的实施、科目的评价进行综合评价。 （三）评价主体 学生自评、互评相结合，教师、家长、学校相结合的多元化评价主体。 （四）评价方法 以主观评价和客观评价协同作用来完成，形成学生自我评价、小组评价、家长参评、教师综合评价的民主的、开放的、网状结构的评价体系。
	评价工具	评价量化表见附件。评价标准不能超过美术课程标准。

三、教学案例

案例1："金山嘴渔文化"开发的思考与实践

（一）开展"渔文化"美术课程的背景

金山嘴渔村是上海市沿海陆地最早的渔村，目前也是最后一个渔村，由于我校独特的地理位置优势，金山嘴渔村成为我校的校外实践基地，那么如何将地域特色文化"金山嘴渔文化"丰富美术教育呢，这是我一直在思考的问题。

新美术课程标准重视学习和传承祖国优秀的民间乡土文化遗产，增强自豪感，养成尊重世界多元化文化的态度。"渔文化"的美术课程学习也是在传递乡土文化，丰富学生的人文素养，培养学生的创新精神和创造力，促进人格优秀特质的个性发展。发掘利用金山嘴"渔文化"美术课程，是时代赋予我们美术教育工作者的使命。

近几年，金山嘴渔村已经修建一新，通过寻访和考察，让我领略了"金山嘴渔文化"的魅力，发现在学校开展"金山嘴渔文化"美术课程不仅可以让学生了解和认识"渔文化"历史，对培养学生的实践能力和创新精神有积极意义，而且对传承和发扬"渔文化"、强化爱家乡主题教育有着十分重要的作用。随着研究、开发、利用的步步深入，我认为，要继续传承和挖掘利用地域文化资源成为宝贵的美术教育资源，我已经为此着手准备着，依托校外实践基地，打造一个以"渔文化"为引领，以传递乡土文化,丰富学生的人文素养,培养学生的审美能力、创新精神和创造力,促进人格优秀特质的个性发展为宗旨的小学美术特色课程项目。我觉得借助渔民画家杨火根、小学美术中心组老师的智慧和力量,在原有家乡宝贵的文化资源研究、梳理、开发和利用的基础上,结合不同艺术表现形式形成分层课程体系,建立一个有地域文化特色的美术课程教育。

人们常说:"要想给学生一杯水,自己必须有一桶水。"说的自然是我们教师这个行业。我时常带着相机去金山嘴渔村寻访和考察,便于收集更多的资料。拍一些渔村的建筑、渔村的海产品、渔村的景色等具有渔村特色的场景。拜访杨火根渔民画工作室,了解渔村渔民的生活、渔民的工具、渔民的历史等,利用信息技术收集渔村的相关介绍和

(图为杨火根和笔者)

历史进行备课。为了更加深入地了解渔民们的生活和渔村的景象,通过山阳镇政府,笔者参加了杨火根的周末渔民画培训班,开启了点亮渔文化之路。

(二)"渔文化"美术课程的内涵

1. 了解"渔文化",培养学生的文化底蕴

美术课堂不仅仅是在室内,也可以在室外,据了解,金山嘴渔村内已有5个展馆,分别有海渔文化馆、渔民老宅、渔具馆、妈祖文化馆、娱

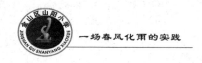

乐馆等展馆。我认为,只有了解了才能把所思所想绘成作品。因此,通过实地考察让学生更加深入地了解渔村的风貌,除了带学生游览外,渔村作为学校的课外教育实践基地,我们事先就和渔村取得了联系,沟通了校外实践活动方案,选择了具有时代感的、学生喜欢的活动形式,让学生在活动中进一步了解"渔文化"。活动中,学生参加了"渔具屋寻竹篓""妈祖知识问答""诗意沙画学习与制作""踏寻栈道与栈桥""品味海渔文化"五项小任务,依托活动让学生能够更加深刻地了解渔村的形成和发展,了解渔村的风俗和渔民的信仰。学生可以从校外美术社会实践课程中丰富"渔文化",为美术课程创造打下扎实的基础。

为了让学生感受渔村的美,体验绘画的乐趣,带领三年级学生前往金山嘴渔村实地写生,学生认识了很多渔村植物,了解了渔村建筑的特点,让学生找寻渔村的美,在感受美的同时进一步发展学生的创造性思维,培养他们敏锐的观察力,让学生有充分发挥自己艺术才能的自由,让他们尽情地去思维、去想象、去创作。

都说兴趣是最好的老师,虽然天气炎热,但是学生的热情不减。写生结束后他们都觉得非常开心,认识了很多植物,了解好多渔村建筑的特点,还看到了渔村的村心湖。

每一项文化都有一位令大家熟悉的人,渔村有一位72岁的老渔民杨火根近20年来创作了2 000余幅渔民画。他出生在金山嘴渔村一个传统渔民家庭,从小耳濡目染渔民的生活习惯、渔村的地方风情。他说:"渔村养育了我,我希望用自己的画作提醒大家,不要遗忘渔村的历史传统。"杨老的渔民画业已完全步入"彩色时代",在渔村日新月异的不断变迁中,他依然默默守望古老的传统。杨火根的渔民画创作有《钓鱼》《叉鱼》《海鲜小水产》《捡花鱼》《剔牡蛎》等。参观杨火根的作品让孩子们最为直观地感受渔文化,因此我把美术课堂搬到了渔村杨火根工作室。

学生前往杨火根工作室传承杨爷爷的渔民画。拿起小小的画笔,跟着杨爷爷一笔一画地临摹,很快一幅具有渔村特色的建筑被孩子们临摹得有模有样,杨爷爷还教大家画茅草屋以及具有渔村特色的树。

通过这样特别的学习,孩子们对于渔村有了更加深刻的了解,尝试用画笔勾勒出渔村的别样风貌,学生的临摹能力非常惊人,他们就是渔村渔民画的继承人。

2. 认知"渔文化",培养学生的创新意识和想象能力

教学是一个生命体验的过程,每个学生的自我意识的觉醒,认知世界的探索都需要以体验的方式来弥补,此过程是激活原初的感悟力,使"渔文化"和最富有生命力的儿童美术教育结合起来。美术课程教学最重要的一项功能就是培养学生的独创性。教师如何把渔村文化融入美术教学中?如何培养他们的独创性?我为此潜心钻研,开发了《渔味无穷》美术拓展课程。

比如:在上《我们的渔村》一课,把金山嘴渔村为创作题材改编进教材中,让学生感受身边的渔村美景,增强对渔村的热爱,在了解感受家乡的同时确立保护海洋环境的意识。本课通过摄影作品、绘画作品欣赏,感受不同的渔村表现手法,激发学生对渔村的内容创作,教师归纳总结艺术家从 3 个角度来表现渔的美,为下一步的渔村创作铺垫。通过老师的作品和杨火根爷爷的作品相对比,告诉学生本节课用彩色透明刮蜡纸来画画,经过之前的视频照片等铺垫,就可以出示课题《我们的渔村》。接着,通过教师示范、范画对比,让学生在装饰渔村的美景时注意线条粗细、疏密的对比。最后的作品展示环节,让学生把作品贴在玻璃窗上,感受光线透射画面所产生的美感,感受渔村的美。

(图为《我们的渔村》课程实景)

因此,"渔文化"的美术拓展型课程开发对学生来说,是文化的提炼、灵性的流溢,这种创造性活动对一个孩子的成长有着不可忽视、不可低估的重要作用。

3. 认同"渔文化",培养学生的审美能力

苏联杰出的教育家苏霍姆林斯基认为:"要让青少年得到和谐发展,具有一个丰富的精神世界,必须有审美的教育。"一幅关于"渔文化"的作品,学生在创作的整个过程中,必然融注自己某种美好的情感。为创作一幅作品,学生要到渔村中去寻觅"渔文化"中的人和事。

经过无数次的情感交流,学生便具备了创作的思想基础,产生了联想,形成了对当前或过去的记忆表象进行创作。带领学生参观渔民画画家杨火根爷爷记录的渔村生活画册,学生在欣赏渔民画作品时,对渔村的变化、民俗、人文有了更加直接的认识。积极引导学生欣赏丰富多彩的渔民画作品,被"渔文化"的魅力所吸引。在教室的墙壁上,学校的阳光走廊里将孩子们的渔民画作品展示给所有的人,有儿童画、线描画、版画、剪纸、粘贴、水墨画等不同形式的渔民画。学生在这样的氛围里,直接感受到美的存在,触摸真实的美,在潜移默化中提高了学生的审美情趣,进一步激发了他们学习的兴趣和欲望。总之,学生在情感的推动下,依靠想象力的作用,将"渔文化"改造成新的审美意象,这无疑是审美的鉴赏能力、创造能力的充分体现。

4. 发扬"渔文化",培养学生的爱家乡情怀

通过"渔文化"的美术课程开发,增强学生爱家乡、爱海洋、爱渔文化的情感,积极保护、传承和弘扬海洋渔俗文化。那如何将"渔文化"发扬下去呢?创建一间带有"渔文化"气息的艺术场馆,通过课外实践课的写生、临摹等活动,让学生在渔村感受"渔文化"带给大家的快乐,另外,让学生通过课堂用画笔将"渔文化"在不同材料上记录下来。

(三)展望

小学美术教育的目的是通过一定的技能训练,让学生掌握一定的造型手段和技巧,同时促进智力和各种潜在创造力的提高发展。它真正的意义是培养和提高学生各个方面,尤其是人文、审美方面的素质和修养。而"渔文化"在小学美术教育中有着深远的意义。对"渔文化"的了解,激发学生对渔村的关注;通过学习"渔文化"的美术课程,让学生深入体会到"渔文化"的博大精深、创造"渔文化"的渔民们的伟大,从而

（图为学生优秀作品）

　　　　第二章　融入"山阳文化"的课程体系

（图为画室以及学生创作场景）

产生对劳动人民的尊重,对家乡和人民的历史责任感。同时借鉴"渔文化"的历史,汲取美术课程中的优秀课程,启发学生的创新能力,培养学生的文化底蕴和爱乡情怀。

在新课改的浪潮下,我们美术教育工作者肩负着与时代共进的教育责任,更应注重优化美术课堂教学,开发美术教育资源,提高学生的艺术素养,使学生进一步了解文化的魅力,树立民族自豪感,继承和发掘民族的艺术传统,让孩子们成为热爱美、创造美的新一代。

案例2:"渔文化"在美术课堂中耀眼绽放

——以《我们的渔村》为例

接到通知要上一节美术教学研讨课,为了更好地完成此次教学任务,我一直在思考:什么样的美术课称得上与众不同?怎样上好一节让学生记得住的美术课呢?在思考的同时,我在一次次的实践中寻找答案。

（一）灵感来源于地域

接到任务后,翻阅了书画版教材,我准备上三年级第二学期第五单元第14课《迷人的夜景》,顾老师建议我用粉彩棒作画,效果会比较好,因为在自己学校上课,所以我觉得用粉彩棒对于学校的学生来说会比较困难一些,随后我想脱离教材,想用自己正在进行中的"金山嘴渔文化"背景下的小学美术校本课程开发来自编教材,我想"渔文化"有着家乡宝贵的文化资源,不仅可以让学生了解和认识"渔文化"历史,对培养学生的实践能力和创新精神也有积极意义。这一想法得到了顾老师的赞同,方向确定之后,随之而来的问题比预想的困难好几倍。

为什么要选择金山嘴渔村作为我的校本课程开发?渔村是我校的校外实践基地,对于"渔文化",虽说不上精通,却一直喜欢去渔村玩耍,从小耳濡目染,也对家乡的"渔文化"感兴趣。通过寻访和考察,让我领略了"渔文化"的魅力,发现在学校开展"渔文化"美术课程不仅可以让学生了解和认识"渔文化"历史,对培养学生的实践能力和创新精神有积极意义,而且对传承和发扬"渔文化"、强化爱家乡主义教育、善待地球,善待海洋,科学发展等都有着十分重要的作用。新美术课程标准重视学习和传承祖国优秀的民间乡土文化遗产,增强自豪感,养成尊重世界多元化文化的态度。"渔文化"的美术课程学习也是在传递地域文化,丰富学生的人文素养,培养学生的创新精神和创造力,促进人格优秀特质的个性发展。发掘利用金山嘴"渔文化"美术课程,是时代赋予我们美术教育工作者的使命。

作为刚工作两年的青年教师,我对这节课怎么上一开始感到非常的迷茫,如何取舍是我要学习总结的。人们常说:"要想给学生一杯水,自己必须有一桶水。"说的自然是我们教师这个行业。于是,带着相机去金山嘴渔村寻访和考察,便于对本节课的教学打下扎实的基础。拍了一些渔村的建筑、渔村的海产品、渔村的景色等具有渔村特色的场景。特地去拜访了杨火根渔民画工作室,了解了渔村渔民的生活、渔民的工具、渔民的历史等,我回去后利用信息技术收集了渔村的介绍和历史为这节课做充分的准备。为了更加深入地了解渔民们的生活和渔村的景象,我通过山阳文广中心有幸参加了杨火根爷爷的周末渔民画培训。

本课课题内容通过不断的斟酌,从《金山嘴渔村》《我们的渔村》《我爱渔村》中选择了《我们的渔村》,原因是让学生与渔村更加亲近,感受我们的渔村美景,增强对渔村的热爱。因此特地强调"我们"两字。

首先,确定三维目标。知识与技能:了解金山嘴渔村的渔民生活、渔村建筑以及海洋生物,尝试在彩色透明刮蜡纸上用点线面的装饰手法画一画我们的渔村。过程与方法:通过视频、摄影作品、绘画作品欣

第二章 融入"山阳文化"的课程体系

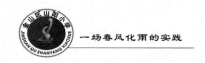

赏,感受不同的渔村表现方法;通过教师示范,用点线面的装饰手法在彩色透明刮蜡纸上表现出渔村的风采。情感态度价值观:感受我们的渔村美景,增强对渔村的热爱,在了解感受家乡地域文化的同时确立保护海洋环境的意识。

其次抓住重点难点。重点:在彩色透明刮蜡纸上用点线面的装饰手法表现渔村的美景。难点:创作内容的布局和线条粗细、疏密的对比。

另外明确课堂环节。本课以渔村照片以及剪辑过的视频作为导入,领略渔村的韵味和风采,激发学生的学习兴趣。直接引出本课的创作题材"金山嘴渔村"。

新授的第一环节:通过摄影作品展、杨火根爷爷绘画作品以及农民画作品欣赏,感受不同的渔村表现手法,激发学生对渔村的内容创作,教师归纳总结艺术家们从3个角度来表现渔村的美,分别为:渔民生活、渔村建筑、海洋生物。为下一步的渔村创作埋下伏笔。

第二环节为课题的揭示,工具绘画材料的运用是本节课的重点之一,通过老师的作品和杨火根爷爷的作品相对比,告诉学生本节课用彩色透明刮蜡纸来画画,经过之前的铺垫,就可以出示课题《我们的渔村》。

第三环节为本节课的难点。让学生交流,说一说你想从哪个角度来表现我们的渔村,激发学生对渔村的创作。二期课改提出了"具有创新精神、实践能力和终身可持续发展能力的基础",教育要适合每一位学生的发展。再通过教师示范、范画对比,让学生在装饰渔村的美景时注意线条粗细、疏密的对比。

最后的作品展示环节,让学生把作品贴在玻璃窗上,感受光线透射画面所产生的美感,感受渔村的美。二期课改更多地从素质、个性、人格进行全面评价。我在评画时首先让学生选出自己认为最好的学生作品,让他们说一说谁的画面内容有自己独特的想法,谁的画面线条粗细、疏密对比更加丰富。最后,教师总结,表扬优秀学生作品,对不足的画进行适当的修改指导,但都是以鼓励的方式进行评价。

拓展部分让学生知道透明彩色刮画纸不仅可以装饰建筑中的玻璃窗、台灯等物体,还可以装饰我们自己的家,也可以装饰我们的渔村,增强学生对渔村的热爱,在了解感受家乡的同时树立保护海洋环境的意识。

(二) 好课需要不断磨课

新教师需要在一次次试教、磨课中感悟、体会。在试教的过程中我也发现了很多问题。自编教材课程重难点的把握,一开始的难点不够深入,导致的作业效果不好。现将三次试教后,修改的内容罗列如下并做简要分析:

《我们的渔村》自编教材				
试教次数	修改序号	修 改 前	修 改 后	原 因
一	1	导入视频时间过长3分25秒	视频时间缩短至1分43秒,将渔村杨火根爷爷的作品剪辑了	后面的新授环节也有杨火根爷爷的作品介绍,因此重复了,剪辑掉能保证课堂的时间
	2	艺术家表现的艺术作品:摄影作品展横幅、杨火根爷爷作品	艺术家表现的艺术作品:摄影作品展横幅、杨火根爷爷作品、金山农民画作品《渔民画》	金山农民画作品欣赏的添加让学生了解更多的艺术家用他们的艺术表现手法表现的渔村作品,打开学生的创作思路
	3	摄影作品展介绍不够完整	古炮台:1951年6月解放军工兵部队所建,为了监视海面情况,防止敌人偷渡。从渔民生活、渔村建筑、海洋生物3个角度介绍	通过摄影作品展知道摄影师镜头下的渔村是怎么样的,激发学生对渔村的内容创作
	4	优秀学生作品不够	从后面的试教中收集一些放入课件中	由于自编教材,网上以及光盘中没有相应的学生作品,教师通过学生的创作并给予一定的指导后放入课件中,有利于学生创作

《我们的渔村》自编教材				
试教次数	修改序号	修改前	修改后	原　因
一	5	教师总结性语言不够	每一个环节教师的总结添加。 (1) 教师总结：摄影师从哪几个角度创作的摄影作品？（渔民生活、渔村建筑、海洋生物） (2) 总结：刚才我们欣赏了艺术家们以我们金山嘴渔村为题材创作的摄影、绘画作品，那么我们小朋友想不想也通过你的画笔表现我们美丽的金山嘴渔村呢？ (3) 总结：我们可以表现渔民的生活、渔民的建筑、海洋生物等渔村的景象，还可以添加小朋友自己或者游客	只有教师的思路清晰,学生才会明白教师所要传授的意思
二	1	重点：用彩色刮蜡纸表现出渔村的美景。 难点：渔村的创作，画面中点、线、面的装饰	重点：在彩色透明刮蜡纸上用点线面的装饰手法表现渔村的美景 难点：创作内容的布局和线条粗细、疏密的对比	重难点把握不够深入,本节课线条的粗细、疏密对比才是难点,对于线条的点线面装饰是比较笼统的说法
	2	评价参考： (1) 画面安排是否合理？ (2) 画面特征是否明显？ (3) 画面线条是否流畅，装饰是否精美？	评价参考： (1) 画面安排是否合理？ (2) 画面是否有独特的想法？ (3) 画面装饰是否精彩？	符合小学美术新课程评价标准,与前面的重难点相统一。学生也更加能理解

《我们的渔村》自编教材				
试教次数	修改序号	修 改 前	修 改 后	原　　因
二	3	拓展与小结： 1. 提问：金山嘴渔村是上海最后一个渔村。我们应该要怎么做呀？ 总结：热爱我们的渔村,同时我们要保护海洋环境！不能随意捕杀海洋生物	1. 回到书画版教材《仿彩色玻璃》一课中 提问：谁知道这些窗户是用什么装饰的？（彩色玻璃）今天我们小朋友的彩色透明刮蜡作品像不像彩色的玻璃画？我们可以用我们今天的作品来装饰什么呀？ 师：对,可以装饰建筑的玻璃窗、台灯等。不仅可以装饰我们的小家,还可以装饰我们的渔村。我们小朋友在了解感受家乡地域文化的同时还要保护海洋环境。让上海的最后一个渔村发挥新的价值和功能	与教材相结合。让学生将教材内容与本课渔村内容相联系,从中让上海的最后一个渔村发挥新的价值和功能
	4	教师范画修改 	由于前面的难点改变,教师的范画应该更加突出线条粗细、疏密的对比 	让学生知道块面的装饰会让画面效果更加好一些
三	1	教师示范步骤(1)构图指导	教师示范步骤(1)起稿构图	让学生更加明白绘画步骤,课件中的每一个字和词都需要不断斟酌,需要从各个角度去考虑问题

试教次数	修改序号	修改前	修改后	原 因
三	2	教师语言不够自然灵活	语调上改变,应变能力的改变	教师的语言能影响一堂课的氛围
	3	学生设计外形,教师巡视	学生设计外形,教师巡视指导	及时纠正学生的错误

《我们的渔村》自编教材

通过一次次的修改后,课堂效果是显而易见的。从以上修改前后的比较,以及简单的分析,总结如下:

作为一名合格的老师,要以学生为中心,需要站在他们的角度备课。作为一节教研活动课,学生的紧张是难免的,而作为新教师的我没有很好地处理好学生的情绪,导致他们不敢举手发言。遇到学生的问题,我没有对其灵活应变,而是忽视。但我相信随着教龄的变化,我会慢慢感悟、慢慢改变。

三维目标的确定,重难点的把握也是相当重要的。特别是在自编教材中,教学过程的各个环节设计需要不断推敲磨合。

课前特地做了一幅 3 米乘 7 米的渔村摄影作品展大横幅,让学生感受我们的渔村美景,增强对渔村的热爱,学生在看到横幅的一刹那,是惊叹,与此同时也激发了对这节课的兴趣。

(三)感受来源于实践

在这节课中学生认同了"渔文化",同时也培养了学生的创新意识和想象能力。当学生通过自己的创作表现出"渔文化"的事物是这么美好,由此带来的惊喜和成就感成为学生继续进行创作的动力。因此,"渔文化"的美术课程开发对学生来说是文化的提炼、灵性的流溢,这种创造性活动对一个孩子的成长有着不可忽视、不可低估的重要作用。

综上所述,在新课改的浪潮下,我们美术教育工作者肩负着与时代共进的教育责任,更应注重优化美术课堂教学,开发美术教育资源,提高学生的艺术素养。使学生进一步了解文化的魅力,树立地域文化的自豪感,继承和发掘地域文化的艺术魅力,让孩子们成为热爱美、创造美的新一代。

案例 3：如何打开美术课堂创新之路

—— 以美术书画版第一册《有趣的手印画》为例

【案例背景】

小学美术课是所有低年级学生最喜爱的一门课程之一,在以往的美术教学中,总是教师拿一幅范画,给学生当场示范,教给学生画什么,怎样画,然后学生仿画。评价以画得像不像为标准。这样一来,学生绘画内容千人一面,消泯了学生个性,扼杀了学生的创造性,久而久之学生只是成为绘画的复制者,丧失了自己的感受,也就没有创新而言。所以对于低年级学生来说,培养他们对美术学习的兴趣以及初步的创新能力是重中之重。有人把创新看得高深莫测,认为创新是科学家的事,小学生创新谈何容易。其实,对一年级学生而言,只要在绘画时有自己的思想,就可以称之为创新。本文中笔者以一年级美术教师的身份,跟大家探讨如何在美术教学中培养低年级学生的兴趣以及创新能力。

【案例描述】

笔者以美术书画版第一册《拓印的趣味》之拓展课《有趣的手印画》为例来阐述如何打开美术课堂的创新之路。本课通过不断的磨课、试教、修改、反思,经过多次的尝试,最终成为一节比较优质的美术课。拓印对于一年级学生来说可能并不陌生,幼儿园老师会给家长布置作业,要求和孩子一起完成一件树叶的拓印作品,所以对于一年级学生来说培育他们对美术的兴趣尤为重要,那么如何让学生产生浓厚的学习兴趣,如何启发学生想象呢?

前者：兴趣一般	后者：兴趣浓厚
1. 猜谜语： 五个兄弟,生在一起,有骨有肉,长短不齐。(打一人体器官) 2. 游戏猜一猜： 出示物体局部纹理,哪一个是手的局部纹理图片。 3. 创设情境： 手能做些什么?(手能用来画画) 4. 出示课题：《有趣的手印画》	1. 情境创设： 排队进画室前,教师发现画室外的艺术长廊上,白色的墙壁上被印了一只手印。教师提问:"墙壁上怎么有一只手印,该怎么办?" 师:"想不想看张老师是怎么处理的?" 2. 教师示范： (1) 简单的几笔添加变成一只丹顶鹤。 (2) 添加一块相框。 3. 出示课题：《有趣的手印画》

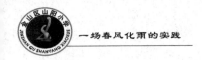

实例1：揭示课题《有趣的手印画》

通过两种方法的尝试,前者是常规的猜谜语以及猜手的纹理的方法,教师尝试后发现内容比较普通,并不能提起低年段学生浓厚的学习兴趣;后者创设情境,使用墙壁上的白手印激发起学生的学习兴趣,再通过教师几笔快速的添加示范,一是使学生对老师更为崇拜,二是对手印产生了兴趣,因此对这节课也会产生浓厚的兴趣。

实例2：手印想象指导

前者：思维局限	后者：脑洞大开
(1) 学生思考交流： 我的手印变变变我要变蝴蝶,我要变孔雀,我要变螃蟹…… (2) 教师示范与讲解：添加与组合的方法。 添加点、线、面变成不同的物体。(鱼) 手印组合并做适当的点缀。(螃蟹、树) ① 添加点、线、面变成不同的物体。(鱼) ② 手印组合并做适当的点缀。(螃蟹、树) ③ 改变手印的方向。(章鱼、鸟) (3) 欣赏同龄人的作品,进一步感受体验	(1) 手形联想 教师提问："让我们来变一变,这样的手形像什么?"学生互相交流。 师总结： ① 手指朝下,可以添加眼睛、嘴巴、鼻子,还可以变成乌龟、狮子、大象、火烈鸟 ② 手指朝左或右,可以添加鱼的眼睛、鱼鳍、尾巴,还可以变成小鸡、小鸟、丹顶鹤、大公鸡。 (2) 借形想象 ① 出示一张鱼的照片。 师提问："这条鱼的造型,选择哪一种手形?" ② 欣赏导学视频。(如何把手形变成有趣的手印画)

前者：教师只是通过学生交流,缺少对学生的启发性,只是通过教师示范告诉学生可以想象成什么,容易框住学生的思维;后者：教师通过两种方法的想象,一种是对手形进行联想,交流后教师出示更多的图片启发学生的想象力,另一种是借形想象,通过对一种物体进行联想,最后教师用导学视频的方式快速给大家示范借形想象的方法,起到了很好的启发作用。

实例3：展示作品

前者：课堂意义不大	后者：课堂效果显著
情境创设：我为小伙伴点个赞(学习评价单)	情境创设：画廊展示作品,我为小伙伴点个赞(大拇指贴纸)

前者:课堂上时间来不及,而且课后学习单的意义不大;后者:和开头的出示课题环节前后呼应,让学生知道要爱护公物,不准在墙壁上乱涂乱画,要用漂亮的作品来装饰我们美丽的家园,设计点赞环节是让完成的学生去欣赏他人和自己的作品,这也是有效评价的方法之一。

【案例反思】

以本堂课为例,课堂中如何打开美术课堂创新之路? 确实需要动一些脑筋,笔者思考一二。

1. 在创设情境中激发兴趣

《小学美术课程标准》指出兴趣是学习美术的基本动力之一。美术课中开头的导入环节是美术教学中的点睛之笔,对于低年段的孩子,最开始我只能想到用猜谜语、看视频等方式,后来因一次跨学科的教学观摩,一堂在食堂展示的班会课让我联想到课堂不仅仅在教室上,还可以在别的地点,和教研组老师讨论磨课发现我校美术室的优势地理位置,美术室外就是一排画廊,那么我就联想到通过美术室外画廊墙壁上的一只脏手印,激发学生的好奇心,通过排队前往美术室前教师的一句话引发学生的观察、交流,让学生对手印产生兴趣,再通过教师快速几条线条的添加,画框的添加,变成一幅有趣的手印画,进一步激发孩子们学习兴趣,当然,学科育德也是非常重要的,教师在激发兴趣的同时还要引导低年段学生爱护公物,不能乱涂乱画。最后的学生作品展示环节回到开头导入环节中画廊的墙壁,前后呼应,将画廊作为作品展示背景,对空白的画廊进行布置,美观且起到了教育作用,两者完美融合。

2. 在启发想象中大胆尝试

低年段孩子的想象潜力是巨大的,他们天真的童趣,独特的想法往往给人新的启迪。通过试一试、想一想环节,启发想象,让学生自己大胆尝试。以本课为例,教师新授环节,指导学生观察手指朝向的变化以及添加物体的某些部位,激发学生的想象力,培养学生的创作能力。两种学一学的想象思考方法,一种是通过教师当场示范,对不同手形的拓印,通过想象、添加,联想出一幅有趣的手印画,另一种方法是借形想象,学生先想象出某一种创作的物体,再进行手形的拓印,想象、添加。现代信息技术的应用已经在不断渗入到美术教学中,本课通过导学视频的欣赏,启发学生借形想象,节约了课堂的宝贵时间,也是教师示范的另一种新形式。

3. 有效评价学生作品

《小学美术新课标》指出：目标、内容、学习方式和评价四方面构成了美术教学的完整过程。一节成功的美术课，是靠学生最后呈现的完整的、优秀的美术作品。有效评价表现在几方面，一是教师评价，在教师巡视指导时，进行个别辅导，个别问题个别解决。在最后的评价作品环节，教师要关注到每一件作品的优点和缺点，对学生作品进行有效的评价，对于低年段学生来说还是以鼓励学习为主。二是学生评价，因此，本节课设计了为优秀作品点赞环节，我为他人点个赞，每人有一枚星星贴纸，把贴纸贴在认为最好的作品下面，通过这种点赞的形式，让学生学会欣赏自己、他人的作品。让学生通过自评和他评提高自身的审美能力。本课的拓展环节，出示图片对比，让学生感受手印添画带来的乐趣，培养艺术想象力的同时知道要爱护公物，不准在墙壁上乱涂乱画，用漂亮的作品来装饰，更好地起到情境式陶冶教学。

总之，课堂中的创新需要教师不断去摸索，不断去思考，结合低年段学生的年龄特点，选择适合他们的方法，我想，只要课前做好充分的准备，有创新精神，美术课的最终作品一定会非常精彩，那么孩子们的创新能力也会显而易见。

四、风采展示

渔民画创新实验室　　　　　　　　作品《渔味无穷》

渔村活动掠影：

2016 年 7 月 15 日下午以及 18 日下午，本次课程的第 1—4 课时，"少儿渔民画之海洋生物"课程体验课，学生通过学习渔民画的绘画技能，在宣纸上用画笔上色，体验渔民画的乐趣，增加学生的涂色能力。

"渔文化"走进美术课堂

2016年7月22日下午,本次课程的第5—6课时,"轻黏土制作之扬帆远航"课程体验课,学生通过学习轻黏土的制作技能技法,在餐盘上制作轻黏土渔船,提高学生动手能力的同时激发学生的创造性。

2016年8月5日下午,本次课程的第7—8课时,"渔村消防安全在身边"课程体验课,学生通过学习消防安全知识,了解消防安全的重要性,并将创意画在画纸上并起到渔村消防安全的宣传作用。

2016年8月8日下午,本次课程的第9—10课时,"编织的乐趣"课程体验课,学生通过学习编织的技法,了解色彩的搭配,用彩条进行编织的乐趣,提高学生对色彩的搭配能力以及动手能力。

2016年8月12日下午,本次课程的第11—12课时,"线描画之渔民生活"课程体验课,学生通过观看渔民出海捕鱼视频,了解渔民生活的艰辛与不易,用勾线笔将渔民生活记录下来。

　　此次校内美术课程活动圆满结束,学生在活动中不仅了解认识了渔村的景物、丰富的海洋生物和家乡的渔俗文化,还提高了学生的创新意识,在创造的同时激发学生热爱家乡的地域文化。

"画画我心中的渔村" 杨火根工作室绘画体验活动

　　学校联手渔村"杨火根工作室"积极利用暑期开展"画画我心中的渔村"绘画体验活动,在学习杨爷爷的绘画作品中,争当渔村渔民画传承人(学习之星)。杨火根出生在金山嘴渔村一个传统渔民家庭,从小耳濡目染渔民的生活习惯、渔村的地方风情。杨老的渔民画业已完全步入"彩色时代",在渔村日新月异的不断变迁中,他依然默默守望古老的传统。杨火根的渔民画创作有《钓鱼》《叉鱼》《海鲜小水产》《捡花鱼》

《剔牡蛎》等。

"掬梦同行 画出美丽渔村"写生活动

　　2016年7月19日上午8点,为了让学生感受乡村的美,体验绘画的乐趣,开展了"掬梦同行——画出美丽新农村创意画"系列活动。

　　此次活动美术老师张老师带领三年级学生前往金山嘴渔村实地写生,学生们认识了很多农村植物,了解了渔村建筑的特点。让学生们找寻渔村的美,在感受美的同时进一步发展学生的创造性思维,培养他们敏锐的观察力,让学生们有充分发挥自己艺术才能的自由,让他们尽情地去思维、去想象、去创作。

小画家　　大梦想

　　2017 年 1 月 6 日一早,阴雨绵绵,我校大队辅导员张老师带领山小队员们以及家长前往上海科技馆一同参观"美丽中国梦 校园民族风"第二届上海普教系统"一校一品"民族文化静态作品展,虽然天公不作美,但孩子们热情高涨,本次画展是由中共上海市教育卫生工作委员会、上海市教育委员会主办,上海教育报刊总社、上海科技馆承办,我校两位小画家的版画作品也参展其中。

作者：胥颖　作品名称：渔民小生活　指导老师：张吉

作者：曹靓颖　作品名称：海洋宝宝乐陶陶　指导老师：张吉

第三节　英语综合实践 *Jinshanzui Village*

一、课程介绍

Jinshanzui Village 是我校英语特色校本课程,课程从渔村的"衣""食""住""行""旅游"五个方面分年级进行,课程挖掘渔村教育资源,通过"画一画""说一说""访一访""演一演""做一做"等学生喜闻乐见的形式,将英语学习融入有趣的实践活动中,激发了学生学习兴趣,提高了学生调查、表达、合作等社会实践能力,拓展了课堂时空,涂润了生命底色。

二、课程方案

(一)综合实践活动背景

《英语课程标准》指出:活动不应该仅仅限于课堂教学,而要延伸到课堂之外的学习和生活中去。著名教育思想家杜威"教育即生活"的教育主张,生活是校外,还可以是课内外、校内外联系起来,使活动具有浓厚的生活气息,活动不仅限于课堂 35 分钟,而是积极地向课外、向家庭、向社会生活延伸。

渔村的海渔文化、美食一条街的海鲜美食、富有情调的特色民宿、老街新貌的变化、各地游客观光交流等资源,是进行课内外延伸的重要资源,是学校英语教学中可以进行英语综合实践活动的平台。

通过设计符合各个年龄层次的英语综合实践活动,将渔村的衣食住行等真实语境融入英语综合实践活动,充分发挥学生潜能,在原有基础上拓展他们的语言实践能力和创新能力。

开展英语综合实践活动,让学生在生活中运用英语,培养学生运用英语思维的能力,从而促进学生英语听、说、读、写能力的全面发展,更好地提高教学质量,提高学生综合素质。

(二)综合实践活动目标

1. 利用一些贴近学生生活、贴近社会时代的活动形式充实教学内容,拓宽、延伸学习和运用英语。

2. 创设有效的教学情境,将英语综合实践活动情趣化,利用综合实践活动为英语教学服务。

3. 改变传统学校课堂评价方式,拓展多途径的教育空间。

（三）综合实践活动内容

年级	活动内容	活 动 目 标	活动达成度
Grade One	Seeing in Jinshanzui Fishing Village	1. 画画你在渔村看到的动物、房子、渔船等事物,可以参考老师给的图片,也可以自己画,然后模仿所给的句子说一说	★
		2. 模仿所给的句子,介绍你所画的渔村事物	★★
		3. 跟小伙伴讨论大家都喜欢的渔村事物	★★★
Grade Two	Eating in Jinshanzui Fishing Village	1. 小小调查员:分小组去看看渔村的饭店,并用已学过的句型向同学作简单的介绍	★
		2. 小小记录员:按照表格内容,勾选出与自己实际情况相符的项目	★★
		3. 小小画家:把喜欢的食物画下来,并能认识它们	★★★
		4. 小组聚餐:跟小伙伴介绍你喜爱的食物	★★★★
Grade Three	Shopping in Jinshanzui Fishing Village	1. 了解渔村老街的各种商店	★
		2. 做一份调查小报告,了解朋友们对这些商店的感受	★★
		3. 选择一个你喜欢的商店,和同学用英语编一个简单的小对话进行交流	★★★
Grade Four	Living in Jinshanzui Fishing Village	1. 介绍渔村的一些景点	★
		2. 和同学讨论并说说你家附近的一些商店和它们的用处	★★
		3. 根据你家附近的周边环境,画画附近的商店地图	★★★
		4. 根据你家附近商店的地图,用英语写一份介绍这些商店功能的英语小作文	★★★★
Grade Five	Travelling in Jinshanzui Fishing Village	1. 通过制作一张邀请函,邀请好友一起参加海鲜文化节	★
		2. 当一回小记者,调查朋友想玩的渔村景点	★★
		3. 连线配对,并写写渔村游玩该注意的提示标志	★★★
		4. 和渔村同学讨论并画画渔村的变化	★★★★
		5. 制作一张渔村的海报,向朋友宣传美丽的渔村	★★★★★

（四）综合实践活动实施

1. 实施对象

根据学生年龄特点,设计不同的活动内容和评价级别,一至五年级学生可以根据自己的学习能力进行选择性拓展。

2. 实施原则

（1）与课堂教学相结合

采用室内与室外相结合、个体与群体相结合、小组与班级相结合等多种形式开展带有学科特色的综合实践活动。把从课堂中学到的知识转化成自己的综合能力,提高自身的素质。

（2）与学生的生活实际相结合

在社会调查活动中综合运用英语,通过开展学生贴近生活实际的一些调查研究等,指导他们进行课内外知识的探究,使学科教学更深入。

（3）与教学评价相结合

倡导体验、实践、参与、合作与交流的学习方式和任务型的教学途径,发展学生的综合语言运用能力。

3. 实施方法和建议

（1）设计符合校情和学情的实践活动,难度可降低,参与面要广,充分调动学生的积极性,使学生主动地获取知识、运用知识、解决问题并形成观点。

（2）英语实践活动要以活动为主,在活动中自然运用英语。一些活动形式、内容可由学生自己定,自己实施。教师适时指导,做到"润物细无声",这样不仅有趣,而且有效得多。

（3）学习离不开实践,让学生在每一次活动中运用旧知,获取新知,教师要帮助学生体验英语在生活中的作用,并学以致用。

（4）鼓励学生大胆地走出课堂,走进生活,走进社会,展示自我,享受成功。帮助学生通过自我学习、同伴互助、小组合作、调查探究等,增强活动能力,传承文化情感。

（五）活动评价

综合实践活动评价的目的在于检验学生通过综合实践活动,是否掌握基本的自主学习方法和多方面的实践能力;是否激活各种学习知识的兴趣;是否提高综合运用所学知识解决实际问题的能力。

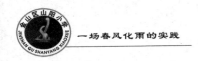

1. 评价要求

(1) 对学生的评价

① 注重发展。评价学生是否积极主动地参与实践活动;是否能与同学进行交流与合作;是否具有参与活动的兴趣。

② 注重过程。评价学生是否学会学习,学会合作;强调参与互动,自评与他评相结合。及时了解学生在发展中遇到的问题,所作出的努力,已经获得的进步。帮助学生形成积极的学习态度,科学的探究精神,注重学生在活动过程中情感体验。

(2) 对教师的评价

转变教师角色,重视发展教师的个性和个人价值及专业发展,提高教师素养。教师要根据学生实际制订合理的活动方案,善于引导学生将知识与生活实际有效地结合。

2. 评价原则

(1) 鼓励性原则

坚持正面评价,运用表扬鼓励表彰的方式,激励学生,并贯穿于整个活动实施过程。激励和维持学生在探究过程中的积极性、主动性和创造性;通过评价,使学生找到自己或别人身上积极的一面,从而提高探究积极性和动手能力。

(2) 过程性原则

重视对学生在活动过程中表现的评价,只要学生经历活动过程,对自我形成一定的认识,获得了实际的体验和经验,就应该肯定其活动价值,给予适当的评价。

(3) 多元性原则

评价不应只有教师来决定,要通过讨论、协商、交流等多种形式,将学生自我评价,同学互评与指导教师或社会家庭相关人员评价结合起来。

三、教学案例

案例1:游戏化学习在《金山嘴渔村之旅》活动中的运用

【案例背景】

随着基础教育改革的深入与发展,综合实践活动课程已成为课程体系的重要内容之一,它作为一种新的课程形态进入英语这类文科领域的学习,突破了传统的英语课程教材以及课堂的约束。

综合实践活动更强调多种主题,多种任务模式,多种研究方法的综合,这种复合不是来自教师的人为复杂化,而是来自学生个体对实践活动主题的更深入认识和挖掘过程。让学生在活动中学习,通过"行动"来学习。

五年级的学生,虽然处于高年级学段,但仍然活泼好动,喜欢直观形象思维和抽象思维相结合,对游戏、竞赛、画画还有兴趣。大部分学生对英语有着较浓厚的学习兴趣。五年级学生还存在着学习方法和学习策略经验不足等问题,但他们却有着极强的求知欲和表现欲。五年级的学生已掌握一定量的词汇和句型,能够对事物进行简单的描述、说出一些简单标志的含义、简单叙述参观路线,并能够使用一般过去时与现在进行时简单描述某一地点的变化。

为了让学生更深入认识"山阳文化",此综合实践活动以金山嘴渔村作为切入点。金山嘴渔村,也就是山阳镇渔业村,是上海市沿海陆地最早的渔村,也是上海最后一个渔村。此综合实践活动,以"金山嘴渔村之旅"为主题,设计了五个具有一定梯度的活动内容以及一个主题游戏,让学生能够综合运用所学知识进行语用输出。为了激发学生的学习兴趣、培养团队合作能力,因此此份综合实践活动以小组为单位,每组人数为四人。

【案例描述】

【活动名称】

Travelling in Jinshanzui Fishing Village 金山嘴渔村之旅

【活动目标】

1. 能用英语表示金山嘴渔村的地址。

2. 能看懂金山嘴渔村的英文版地图。

3. 能看懂金山嘴渔村的英语标志。

4. 了解金山嘴渔村十年前与现在的变化。

5. 能用英语简单介绍金山嘴村。

【活动过程】

1. 活动准备

(1) 学生分组:四人一组

(2) 参观金山嘴渔村,完成任务单

任务单一:制作邀请函

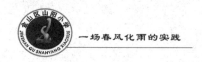

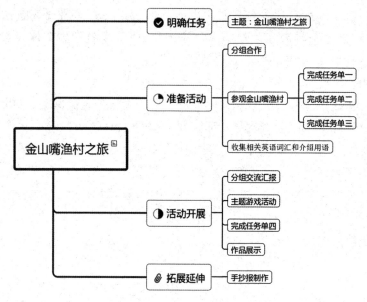

要求：让学生邀请自己的朋友来参加金山嘴渔村举办的"海鲜文化节"，让学生查一查、写一写金山嘴渔村的地址，并勾出能够到达渔村的交通工具。

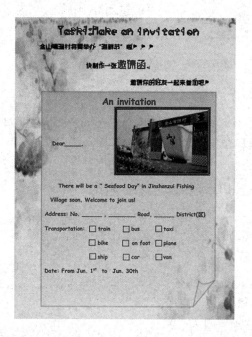

任务单二：学做小小调查员

要求：使用已学句型和单词与朋友进行对话，询问朋友想参观金山渔村的景点和理由。

任务单三：争做文明小游客

要求：连一连、写一写、说一说在渔村应该或不应该做的事。

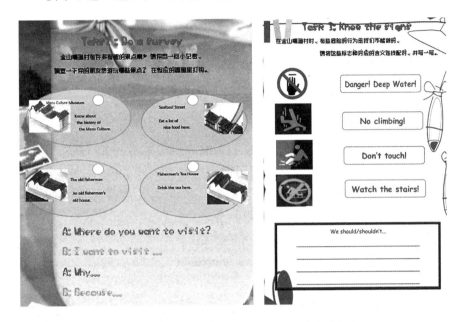

（3）收集与金山嘴渔村相关的英语词汇和介绍用语。

2. 活动开展

（1）汇报与金山嘴渔村相关的英语词汇和介绍用语。

（2）小组内交流学习单上的内容，并尝试用英语介绍。

（3）分组展示。

（4）主题游戏活动：找碴儿游戏——金山嘴渔村的十年前与现在。

A. 游戏名称

Spot the difference 找碴儿游戏——金山嘴渔村的十年前与现在

B. 游戏目标

在游戏中进一步运用英语，介绍金山嘴渔村十年来的变化，培养学生的综合语言运用能力。

C. 游戏准备

游戏单

红笔

游戏记录单

D. 游戏过程

a. 下发游戏单。

b. 宣布规则。

第一轮：四人一组，在规定时间内(三分钟)找出 2 张图中不一样的地方(共 8 处)，找到一处得一分。

第二轮：在游戏单上，用英语写出金山嘴渔村十年来的变化。写对一句得一分。

将两轮的分数相加，得分最高组获胜。

【设计意图】

通过视觉的冲击，让学生了解金山嘴渔村十年前和如今的变化，之后再用英语描述。让学生能够运用课本上已学的相关内容，如标志、一般过去时等的同时，巩固学生所收集、学习的与金山嘴渔村有关的词汇和介绍，提升学生的综合语言运用能力。

片段：采访找出 2 个不同之处的小组。

师：How many differences do you find?

生：Two.

师：Good! What are they?

生：Look! Here and there.

师：Yes. The differences are the changes of Jinshanzui Fishing Village. Could you tell me what are the changes?

生 1：There was a boat ten years ago. It was old. But now, there are four boats. They are new. They are colourful.

生 2：There was a bridge ten years ago. But now, there is a sign here.

师：What does the sign say?

生 3：It says: Danger! Deep water.

生 4：You can't swim in the pool.

(5) 完成任务单四。

要求：画一画渔村十年前和现在的样子，并运用一般过去时和一般现在时，说一说渔村的过去和现在的变化。

3. 活动展示

(1) 作品展示。

(2) 收集任务单,装订成册。

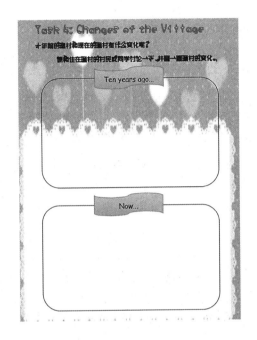

4. 活动拓展(完成任务单五)

要求：结合所学知识和之前的任务,制作一张介绍金山嘴渔村的海报,宣传美丽的金山嘴渔村。

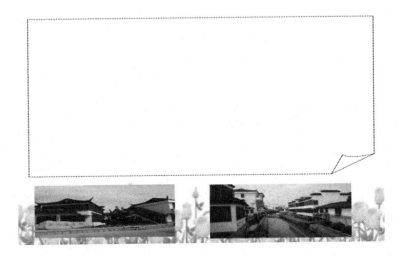

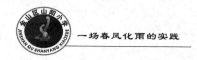

【案例分析】

1. 游戏化学习可以创设真实的情境

从上面的案例中我们可以看出,实践活动课不再局限于教室的空间和书本的知识,而是将知识与学生的日常生活紧密联系。学生不再会困惑为什么要学习这些知识,而是想尽办法让学习与自己的生活相关联,让学习变得"真实可用"。在本案例的活动准备阶段,教师设置了三个小任务。学生完成这三个课前准备任务的过程,也是游戏的过程,任务要求即游戏要求。学生在做一个角色扮演的游戏:为了邀请一位朋友来参观金山嘴渔村,首先要制作一份邀请函;接着调查一下朋友喜欢金山嘴渔村的哪一个景点;最后再学一学,在游览金山嘴渔村时,有哪些不文明的行为要避免发生。教师所创设的"金山嘴渔村之旅"的情境中的金山嘴渔村,是真实存在的一个景点。三个课前小任务:制作邀请函、做小小调查员、争做文明小游客,也是在真实生活中,孩子们会遇到的一些真实情景。制定游戏化的任务,可以模拟创设出与学生生活真实贴切的情景,让学生能够在英语课堂中感受到生活,激发学生表达的欲望并进行积极思考,真正提高学生的学习兴趣。

2. 游戏化学习可以提高学生的语言能力

英语教学不仅要让学生掌握基本的英语词汇、基本的语法知识,还需要促进学生听说读写各方面能力的全面发展。与此同时,在英语教学的过程中,培养学生的自主学习英语的能力,语言表达的能力,人际交往的能力,不断提高学生的核心素养。英语核心素养的基础是语言的能力。小学生英语的语言能力包括知识和技能、理解和表达、语用和情感。语言能力,是指在情境中借助语言,以听、说、读、看、写等方式理解和表达意义的能力。

在本案例的活动开展环节,首先学生以小组为单位,汇报与金山嘴渔村相关的英语词汇和介绍用语。在这一环节,学生既以"听"的方式,锻炼了理解能力,又以"说"的方式,锻炼了表达能力。在主题开展的游戏环节,教师设计了"找碴儿"游戏,通过两张照片(一张是十年前的金山嘴渔村,另一张是现在的金山嘴渔村),让学生找出不同之处后,结合前期所收集的各种资料,以及所学知识,对渔村的变化进行描述并用笔进行记录。学生在玩游戏的同时,帮助学生将储备的语言知识进行整合,转化为语言能力,并加以运用。

3. 游戏化学习可以拓展学生的实践能力

目前,我国小学英语核心素养的培养还处在起步阶段,在培养学生的语言能力方面或多或少存在着一些问题。学生在课堂中被动地接受知识,对于英语的学习毫无兴趣,从而导致了学生缺少学习英语的主动性。教师在教学过程中,经常会侧重于语言知识的教授,缺少对学生的英语语言表达能力的培养。为了提升学生的语言能力,必须从学习的内容和方式、教学的内容和方法等方面进行全面的改革。这就要求我们教师,在教授英语课本的同时,还要拓展学生的实践能力。游戏化的综合实践活动,是课堂的延伸,它给学生提供有趣的实践机会,学生在完成活动的过程中,拓展实践能力。在本案例的开展环节中,有一项任务是要求学生完成任务单四:画一画渔村十年前和现在的样子,并运用一般过去时和一般现在时,说一说渔村的过去和现在的变化。这是一个绘画游戏,通过绘画的方式,让学生在实践的过程中体验金山嘴渔村十年来的变化。在本案例的最后,还设置了一个拓展任务:手抄报任务。这是一个汇编手抄报的小游戏,通过这个拓展小游戏,帮助学生将本次综合实践活动中的收获,进行内化、整合并输出,把掌握的理论知识转化为个人的实践能力。

案例2:吃遍金山嘴渔村海鲜一条街
——以 *2BM2U2 My favourite food* 中游戏化渗透为例

【案例背景】

小学二年级的学生天性活泼好动,专注性差,在学习过程中很难保持专心听讲。为了激发学生的学习兴趣,提高学生的学习效率,笔者产生了在平时教学中加入游戏化教学的想法。金山嘴渔村作为山阳小学本土文化和家乡情感教育的校外基地,孩子们在课外时间已经接触过,并有所了解。班级里也有部分学生是住在金山嘴渔村,他们对于这一学习主题兴趣浓厚。笔者在金山嘴渔村的综合实践活动中融入游戏化教学,让低年级学生在活动中体验快乐、获得知识。

(一)学生情况分析

本次执教班级为二(1)班,共有学生40人。经过一学年的英语学习,孩子们能较为熟练地开展同伴互动和小组活动,能较有效地在游戏和活动中习得知识。另外这些孩子中有一小部分家住金山嘴渔村,他们对于渔村这一综合实践活动有亲切感。

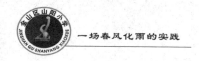
（二）教材分析

二年级的综合实践活动是带大家去渔村吃一吃。这份实践活动是结合了金山嘴渔村海鲜一条街以及牛津英语 *2BM2U2 My favourite food* 这一课时的内容而设计的。这一单元是一个承上启下的单元，前一单元是"我喜欢的运动"，后一单元是"我喜欢的动物"。在前一单元的学习中，学生已经掌握了 I like doing 的句型使用方法，也为本单元 I like eating ... 的学习打下了基础。根据学生实际情况，我们结合教材内容和综合实践活动，以"吃遍金山嘴渔村海鲜一条街"为主线，让学生

通过"小小调查员""小小记录员""小小画家""小组聚餐"以及"小小表演家"等活动,完成个性化的语言的输出,培养学生综合运用语言的能力。

【案例描述】

(一)教学目标

1. 语言知识

(1)在吃遍金山嘴海鲜一条街的语境中学习、理解核心词汇 salad, carrot, fish, chicken, banana.

(2)在吃遍金山嘴海鲜一条街的语境中学习、理解并运用核心句型：What do you like eating? I like eating ...

(3)学习、理解再构文本的内容。

2. 语言技能和运用

(1)在吃遍金山嘴海鲜一条街的语境中正确朗读并能初步运用词汇 salad, carrot, fish, chicken, banana,掌握可数名词和不可数名词的归类,并感知它们在句子中的运用。

(2)在吃遍金山嘴海鲜一条街的语境中感知并初步运用句型：What do you like eating? I like eating ... 来对各个角色喜欢的食物进行讨论。

(3)能正确朗读本课时再构文本并了解各人物喜欢的食物。

3. 情感态度

通过吃遍金山嘴海鲜一条街的语境下感受喜欢的食物,体会每种食物都有它的营养,饮食均衡的重要性。

(二)教学重点

能正确用所学句型 What do you like eating? I like eating ... 的句型对食物的喜好进行问答。

(三)教学难点

区分 salad, fish, chicken 和 carrot, banana 中不可数名词和可数名词的区别,掌握这两类单词在句子中的运用。

(四)教学环节

Pre-task preparation：

1. song〈I like ice cream〉.

2. Try to say：I like ... (food and drink ...)

设计意图：用一年级所学的句型 I like (food, fruits and

drinks...),复习可数和不可数名词在 like 句型中运用,为铺垫新授打下基础。

3. Show time：小小调查员

活动一：小小调查员

This is _____ restaurant.

It's _____.(big/small)

It's _____.(nice/beautiful)

完成要求：

四个人为一小组，去看看金山嘴渔村有哪些饭店，并根据已学的句型，向同学们做一个简单的介绍。

游戏一：小小调查员

重点解决：A. 引出语境"吃遍金山嘴海鲜一条街"。B. 初步了解"金山嘴渔村海鲜一条街"上的酒店名字。

游戏情境：海鲜一条街上有很多酒店,让学生在课外时间由父母陪同或者同伴结伴而行,来到金山嘴渔村海鲜一条街做一个社会调查,有哪些酒店,并用简单的英语进行记录和交流。

规则：酒店名字必须真实存在,上街调查时注意安全和文明。

工具：调查单以及笔。

设计意图：让学生走到海鲜一条街感受街上的氛围和文化,由自己亲身体验渔村海鲜一条街的浓厚海鲜文化,了解一到两个酒店的名字和特色,有条件的学生可以进入酒店尝尝里面的菜,会更有感悟。

Review

While-task procedure：

1. New word：salad, chicken, fish

New sentence：I like eating ＿＿＿＿＿(不可数名词).

2. New word：banana, carrot

New sentence：I like eating ＿＿＿＿＿(可数名词).

3. New sentences：What do you like eating? I like eating

＿＿＿＿＿.

游戏二：小小记录员

活动二：小小记录员

Name 姓名	Sex 性别	What do you like eating?			

完成要求：

按照表格填写，并勾选出与自己实际情况相符的项目。

重点解决：A. 巩固复习单词和句型。B. 区分可数和不可数名词在句型中的不同运用。

游戏情境：每个人有不同的喜好,对事物的喜好也不同,要让学生用所学的词汇和句型进行同伴间问答并正确记录(注意可数名词和不可数名词的区分)。

规则：单词可数和不可数填写正确。

工具：记录单以及笔。

设计意图：让学生了解身边伙伴对食物的喜好,用正确的英语进

第二章 融入"山阳文化"的课程体系

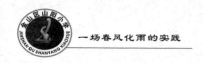

行表达,并记录。学生不仅复习课堂和书本上的基本知识,也创设了小小记录员的情境,让学生将这些基本知识运用到实际生活中,提高学生的语用能力。

Post-task activities

游戏三——小小表演家

活动五:小小表演家

完成要求:

金山嘴渔村里面啊有很多美食,各式各样的酒店满目都是,那么小朋友们就来演一演在酒店里面工作的服务人员和前来就餐的顾客吧。

用上 "Can I help you? "

"Yes, please. "

"May I have_____? "

"Here you are. "

I like eating_____, too.

O.K. Here you are.

Thank you . 等句型来完成一个表演吧

重点解决:能结合旧知和新学,综合运用语言的能力。首先学生要知道服务员与顾客之间的对话,能声情并茂地表演;其次学生能运用正确的词法和句法表达自己的喜好。

游戏情境:小朋友经过前期的调查和记录,带着自己的同伴一起去渔村海鲜酒店进行实际运用所学语言知识的体验。

规则:两人一组进行表演,给学生自己排练的时间,首先分配好角色,谁演营业员,谁演顾客,然后组织语言,进行表演,注意表情与语音语调。

工具:多媒体。

设计意图:小朋友都有强烈的表演欲望,英语作为语言不能单纯地机械操练,要给学生提供实际运用语言的平台。

Homework

1. Read the words and sentences on P18.

2. Try to talk about your favorite food in the hotel.

设计意图：英语是一门"说"的语言，充分表达才能有效输出，课堂展示时间有限，学生高涨的情绪需要平台延伸。让学生运用视频或者语音通过班级群展示自己回家复习运用英语的风采，不仅让游戏化教学从课堂向课外延伸，也让学生对课堂内的语言情境与金山嘴渔村海鲜一条街的情境真实联系起来。

【案例分析】

学生走进渔村，真实体验家乡海鲜文化、饮食文化，与教材内容有机结合，需要老师有文化意识和教材意识。学生在小小调查员这一环节中，在课前就与父母或者同伴一起游玩了金山嘴渔村海鲜一条街，他们亲眼所见带给他们视觉和感情上的冲击，不是课堂多媒体能替代的。这样的游戏环节虽然有一定的难度，但是在学生层面的辐射范围较广。比如，二(1)班小计同学的家人就是在金山嘴渔村海鲜一条街上开酒店的，每当有同学要去渔村做调查时，小计同学都会尽到地主之谊。在小小记录员的环节中，全程都在老师掌控中，但是也需要学生自主完成记录单，需要一定的自主性。这样的游戏不仅给学生创设真实运用语言的情境，也为老师检查学生是否掌握基本语言知识点提供了平台。在小小表演家这一游戏环节中，让学生穿上渔村特色的酒店服务员服装，扮演服务员招待顾客。小学生天生有很强的表演欲望，平时的课堂上教师给学生表演的机会不多，或者辐射的面不是很广，不能满足大部分的学生。然而在综合实践活动中，学生的表演可以从课内延伸到课外，并且在课外能激起更多的惊喜。游戏不仅给孩子学习提供了快乐，也让英语成为一种语言工具，使学生体验到英语的实用性。

石中英教授认为，"从一定意义上说，教学活动中游戏状态的缺乏是造成教师厌教和学生厌学的一个主要原因。游戏的精神应该渗透到教育活动的方方面面。"因此，将游戏形式和游戏精神融入课堂教学中的"游戏化教学"是提高课堂教学有效性的手段之一。

1. 游戏化教学促进学生学习英语兴趣的激发

游戏化教学促使英语教学内容游戏化，以培养学生活泼好动的天性和强烈的学习兴趣，调动学生的积极性和主动性。游戏教学并非单纯的泛用或滥用游戏，而是要求教师对教材熟练把握，巧妙运用游戏化手段，激发学生学习英语的兴趣和热情，最终实现教学趣味化，培养学生的英语素养,增强学生的英语综合运用能力。例如:在小小调查员的游戏中,学生走出课堂,和父母走入社会,体验家乡的美,增进与父母的感情。作为二年级学生有的汉字还不认识,就要向父母或者路人寻求帮助,有的学生就会挑选简单的酒店名字进行记录,有的学生就会迎难而上,发现活动的乐趣,乐于学习,不仅拓展了英语知识,也培养了学生综合实践能力。教师在调查结果的评比中,也可以按照学生调查表达成度、难易度进行评优,促进学生在游戏中的积极性和参与度。在这样的游戏活动中,学生会发现,"咦,英语学习原来这么有趣,不仅局限于教材,还可以与生活中的吃喝玩乐相结合。"小学生在游戏过程中,也会乐于表达,在其体验游戏的乐趣与成功时,深入体会团队精神与合作意识,最终实现游戏与教育的良好结合。

2. 灵活设计丰富多彩的课堂游戏,实现小学英语课堂的高效性

小学英语教师应依据学生的特点,不断创造丰富多彩的课堂游戏,巧妙运用游戏化教学手段,合理创设教学情境。创设有效则有益于学生的接受,进而促进教学效率的提高,以及对英语知识的掌握。同时,在良好的游戏环境中,增进师生之间、生生之间的合作与交流,能全面提高英语素养和综合实践能力。例如:在小小表演家的游戏中,教师给学生语言框架、分好小组、创设好酒店就餐的情境,共同配合表演。游戏之前,教师应该强调游戏规则和注意事项;在游戏过程中要巡回指导;游戏完成后,还要合理点评,提出激励与表扬等。因为英语是说的艺术,在表演中学生可以根据不同角色的特点尽情发挥英语的特色。将游戏运用到英语的综合实践活动中,使游戏不单纯是游戏,而是促进学生学习英语的途径。

教学游戏化是试图将教育回归到人发展的自然形态,要求我们根据受教者的学习规律来设计我们的教学活动,而不是简单盲目地运用游戏。亚里士多德认为,"理性是人类的本性,理性的沉思能带给人们最大的幸福",强调课堂教学游戏化并不排斥深刻思维和研究的严肃性,反而反对"为了游戏而游戏"的形式主义。比如:小小记录员的游戏中,教师根据教学目标中"可数名词和不可数名词"这个教学难点,设计了小小记录员的表格,比起单纯的机械操练或者单纯的游戏更有教学意义。

"习之于嬉"的游戏化教学要避免走向另一个误区,即必须有游戏才能学习,游戏才能使学习有趣、轻松,从而动不动就来角色扮演、情景

剧、小组竞赛等。我们在教学中运用游戏也需要根据教学来安排和设计,内容适合游戏化,就用好游戏,反之,就不能滥用游戏。用得多了,学生也会厌倦,游戏也会喧宾夺主,导致教学目标不能很好地达成。

案例 3:Shopping in Jinshanzui Fishing Village

——以 *3BM1U2 Touching and Feeling* 和 *3BM1U3 Tasting and Smelling* 为背景的综合实践活动案例

【案例背景】

英语综合实践活动课的理念就是把课堂、把任务交给学生主动去完成。基于"话题任务"的小学英语综合实践课的魅力在于完成任务、感受发现、进行语言实践过程的快乐和结果呈现的成功感。综合实践活动的内容决定着它不仅仅局限在学校内,而应该更多地走向社会。金山嘴渔村是上海市沿海陆地最早的渔村,也是上海最后一个渔村,更是学生综合实践活动的特色基地。品种多样、味道鲜美的海鲜美食是渔村的一大特色,海鲜美食街及渔家客栈小吃各具特色,本次综合实践活动基于沪教版牛津教材 *3BM1U2 Touching and Feeling* 和 *3BM1U3 Tasting and Smelling* 的话题任务开展了在金山嘴渔村购物的活动。整份方案以"Shopping in Jinshanzui Fishing Village"为切入点,紧扣教材,难度适中,适宜不同学习层次的学生,学生在完成过程中参与度高,达到了在乐中学,在学中乐的学习氛围。

综合实践活动是为了激发学生的兴趣,培养团队合作能力,因此此份综合实践活动以四人小组为单位,活动由小小调查员开始,去实地考察一下金山嘴渔村海鲜一条街的各式特色小店;再由这些特色小店引导学生想到自己喜爱的物品,比如,食物、水果、玩具等。与课本教材相结合,让学生在学习完教材内容后,基于话题任务学以致用于渔村的购物实践体验中,使得学生能体验学习过程的乐趣,认识学习探索的方法、掌握学习求知的技能,提高自身的学习能力,全面提高学习层次和效率,挖掘学生潜能,发展学生学习语言的自主实践能力和创新能力。综合实践活动课应该让学生爱上"体验""拓展""收获",成为培养孩子们创新能力的广阔天地。

【案例描述】

1. 渔村购物综合实践活动的教学目标:

(1) 让学生走出学校,走进渔村,感受渔村人文魅力。

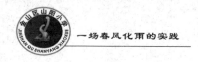

（2）激发学生学习英语的兴趣,提高学生英语综合语言运用能力。

（3）培养学生在实践活动中的合作能力,增强同伴互助的情感体验。

2. 综合实践活动内容:

基于三年级的学生词汇量有限,能使用的句型甚少的学情下,设计了三个 Task,具有一定梯度的活动内容。

活动一：小组调查渔村的各式商店,完成调查表

A：What is this ?

B：It's a . . . shop.

A：What can you see in the . . . shop ?

B：I can see . . .

设计意图：金山嘴渔村有各式的特色小店,课文中的场景是在水果店展开对话。那么在金山嘴各种小店里就可以把课本中的问答句式运用到生活中,激活已学知识,做好调查,完成调查表。学生两两合作,了解金山嘴渔村各式特色小吃,完成对话,培养合作精神。

活动二：通过调查问卷的形式,介绍喜欢的食物和玩具

Introduce your favourite food and toys

My favourite food

Ex：This is my favourite food.

It is a traditional Chinese cake.

It is small and sweet.

It smells nice.

I like it very much.

My favourite toy

This is my favourite toy.

It is a toy car.

It is small and lovely.

It can run.

I like it very much.

设计意图：Task2 通过调查问卷的形式,让学生自己来介绍喜欢的食物和玩具,让学生在实践的过程中,大大调动了他们的积极性让这次实践活动有了更深的意义。

活动三：运用情景对话的形式,让学生自己扮演售货员和顾客,演一演

A：Good morning. Can I help you ?

B：Good morning. May I have ... ?

Taste it. How does it taste? (Touch it. How does it feel?)

B：How many?

A：...

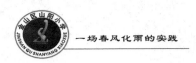

B：How much are they?

A：They are ...

A：What else do you like ?

B：...

A: Good morning. Can I help you ?

B: Good morning .May I have ...?

A: Taste it .How does it taste? (Touch it .How does it feel?

B: How many ?

A:

B: How much are they ?

A: They are...

A: What else do you like ?

B: ...

活动过程评价单

学校_____ 班级_____ 姓名_____

项目	指标	自评				互评			
		A	B	C	D	A	B	C	D
合作	1. 乐于接受同伴调查	✓	✓	✓	✓	✓	✓	✓	✓
	2. 认真倾听他人说话	✓	✓	✓	✓	✓	✓	✓	✓
	3. 积极回答他人提问	✓	✓	✓	✓	✓	✓	✓	✓
	4. 认真参加小组活动	✓	✓	✓	✓	✓	✓	✓	✓
	5. 主动、耐心地帮助同伴	✓	✓	✓	✓	✓	✓	✓	✓
语用	1. 能运用所学语言参加活动	✓	✓	✓	✓	✓	✓	✓	✓
	2. 活动中正确使用礼貌用语	✓	✓	✓	✓	✓	✓	✓	✓
	3. 理解同伴问题并正确应答	✓	✓	✓	✓	✓	✓	✓	✓
	4. 语言表达清楚、明白	✓	✓	✓	✓	✓	✓	✓	✓
	5. 语速适中，语调优美	✓	✓	✓	✓	✓	✓	✓	✓
总评									

设计意图：Task3 中运用情景对话的形式,运用已学知识让学生自己扮演售货员和顾客,不仅增加了活动的趣味性,同时也加深了他们对课文的理解和运用。

【案例反思】

综合实践课程的开发是课程改革的亮点。在小学英语教学中开展综合实践课是十分有必要的。小学英语教材的教学内容十分丰富,有趣又与现实生活紧密联系。因此在设计综合实践活动课时应该与小学英语教材相结合,让学生学以致用,把教材中学习到的知识通过综合实践活动课的方式灵活运用,融会贯通。笔者认为发扬综合实践活动课还有很长的路要走,因此,这值得我们每位小学英语教育工作者去实践、探索和反思。

1. 综合实践活动课和小学英语教材相结合,提高学生语言创新思维能力

小学英语教材中教学内容源于生活。教材中的生活场景、生活物件都与我们的生活紧密相连,我们用心就会发现,在小学英语学科中隐藏着大量值得我们深思和研究的问题。把小学英语教学渗透于综合实践活动课中,是把课堂变大、变活、变新,把语言学习和社会实践活动相结合,让学生在学习中研究,在研究中学习,培养了学生的自主学习能力和合作能力,提高了学生分析问题、解决问题的能力。小学英语本身倡导的就是任务型教学,设计很多方面的内容,如天气、节日、动物、植物,等等。在教学过程中教师就可以将所教话题与现实生活联系在一起,让学生以小组为单位,合作学习,拓展思维,开阔视野。

于是,在学习到 3BM1U2 *Touching and Feeling* 和 3BM1U3 *Tasting and Smelling* 两课时,就想到买东西这一场景在我们现实生活中是常常发生的事。为何不让学生在生活中去体验一把呢?这样不仅可以让学生在学习了语言知识后学着运用,还能带他们走出课本,走进生活,培养他们的创新精神。金山嘴渔村作为我们学校学生的综合实践活动的基地就激起了笔者的想法,利用金山嘴渔村有利的基地实践条件,笔者组织学生们开展了综合实践活动,设计了三个小任务给学生,先完成调查表,再介绍自己喜欢的食物和玩具,最后情境扮演售货员和顾客,学生们玩得不亦乐乎。既运用了知识点,又激发了学生对英语的热爱之情。因此这堂综合实践课也是相当的成功,收获颇多,既提高了学生

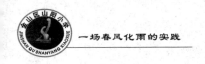

自身的学习能力,又全面提高了学习层次和学习效率。

2. 综合实践活动课和小学英语教材相结合,发展学生学习语言的自主实践能力

综合实践活动课的一个重要的方式就是让学生在做中学,在实践中激发学生的学习欲望,这次组织的金山嘴渔村综合实践活动就是让学生在实践中体会学习的快乐。这次活动集知识性、趣味性,实践性于一体,培养学生学习兴趣,拓展学生学习思维,把学习的主动权交给学生、挖掘学生潜能、培养综合学习能力和创新能力。在金山嘴渔村的综合实践活动课中,就是完全把自主权交给了学生,让学生自己发挥,取得了很好的学习效果。

3. 综合实践服务于小学英语教学,但在落实中应以生为主体

综合实践活动的主体是学生,所以教师应该从学生的角度出发,引导学生善于从自己的生活经验出发,从个体的学习生活、家庭生活、社会生活去找出活动课题。教师在选择活动课题时应该选择贴近学生生活、经验、兴趣的课题,学生才会更加有学习的积极性。学生只有在对活动课题产生浓厚兴趣时,才会使综合实践活动课充满活力,让学生爱上、体验、拓展、收获综合实践,让他们在活动中得到全面的发展,培养综合能力。

4. 综合实践活动课的评价

基于“话题任务”的小学英语综合实践课的评价关注的不仅仅是结果,更注重英语实践过程的激励性评价。激励性评价的功能在于激励学生对知识的好奇心和探究欲望,在于激发学生对英语知识活动的积极情感体验,在于培养学生的合作与分享能力。正如卡罗·汤姆森所说:“评价应该是永远更好地帮助学生成长,这比把学生的错误进行归类更重要。”因此,在评价基于“话题任务”的小学英语综合实践活动的实施效果时,老师应该把平时的课堂评价表与小组评价表同时使用起来,更全面地考查学生的任务完成和任务展示,增强教学实施的有效性。

只要我们勇于尝试,勇于探索,用我们的智慧不断更新教育教学理念,并在教育教学实践中身体力行,综合实践活动课与小学英语学科的整合将会充分挖掘学生的潜能,使学生在融洽、和谐的气氛中学英语、说英语,让综合实践活动课成为培养孩子们创新能力的广阔天地。

四、风采展示

Jinshanzui Village 在上海市拓展型课程上展出。

Jinshanzui Village 封面设计

一年级活动掠影

一年级英语综合实践的设计,采用了小朋友们熟悉的海边旅游景点——金山嘴渔村为切入点,结合牛津教材一年级的内容综合而成。

鉴于一年级学生掌握的词汇句型有限,能使用的知识点有限,设计了画一画、说一说、聊一聊三个环节。每个环节设计的内容富有童趣,从易到难,有扶有放,有独立完成的环节也有需要多人合作的部分,起到激发学生兴趣培养语用能力的目的。

整个方案以 Seeing in Jinshanzui Fishing Village 为切入点,内容紧扣教材,难度适中,采取的形式富有童趣,适合一年级小朋友,学生在完成的过程中参与度非常好,形成非常良好的学习氛围。

二年级活动掠影

二年级的综合实践活动带大家去渔村吃一吃。这份综合实践活动是结合了金山嘴渔村的海鲜一条街以及沪教版牛津教材 *2BM2U2 My favourite food* 这一课的内容而设计的。

学生在金山嘴渔村中以小小调查员的身份,带着任务单,去实地考察一下金山嘴渔村海鲜一条街的各式饭店名称;"吃一吃"渔村特色美食"海棠糕""萝卜丝"等,画一画他们喜爱的食物,在涂涂画画中激发他们对英语单词、句型的兴趣;在"小组聚餐""扮演服务员或是顾客"等情景表演中,学生乐此不疲。

三年级活动掠影

这份综合实践活动是结合了金山嘴渔村的海鲜一条街以及牛津教材 *3BM1U2* 和 *U3 Touching and feeling , Tasting and smelling* 这两节课的内容而设计的。基于三年级的学生词汇量有限,能使用的句型甚少的学情下,设计了三个 Task,具有一定梯度的活动内容。综合实践活动是为了激发学生的兴趣,培养团队合作能力,因此此份综合实践活动以四人小组为单位,活动由小小调查员开始,去实地考察一下金山嘴渔村海鲜一条街的各式特色小店;再由这些特色小店引导学生自己喜爱的物品,比如,食物、水果、玩具等。与课本教材相结合,Task2 通过调查问卷的形式,让学生自己来介绍喜欢的食物和玩具,让学生在实践的过程中,大大调动了他们的积极性,让这次实践活动有了更深的意义。Task3 中运用情景对话的形式,让学生自己扮演售货员和顾客,不

仅增加了活动的趣味性同时也加深了他们对课文的理解和运用。整份方案以"Shopping in Jinshanzui Fishing Village"为切入点，紧扣教材，难度适中，适宜于不同学习层次的学生，学生在完成过程中参与度高，达到了在乐中学，在学中乐的学习氛围。

四年级活动掠影

四年级这次综合实践活动的主题是：Living in Jinshanzui Village. 根据四年级学生的实际情况，我们设计了四个 task 来开展这次的综合实践活动。

第一个任务是采访住在金山嘴渔村的小朋友，列举渔村里面有什么建筑和特点。这个活动可以让学生对渔村有一个整体感知的印象。第二个任务是让在渔村的小朋友带领同学们做一个实地考察，通过小组合作的形式，完成一个小文本，渔村有些什么特点，例如：There is a restaurant in the village. I can eat in the restaurant. 第三个任务是体现小朋友的动手能力，要求小朋友们画一画自己家的周边环境，画一张地图，让小朋友们具体感受一下渔村的整体环境。最后一个任务是感情升华部分，先让小朋友们画一画美丽的渔村的房子，同时完成一段介绍渔村的小文本。

通过四个不同的任务，让学生对金山嘴渔村有一个整体的感知，让学生体会美丽的金山嘴渔村，热爱自己的家乡。在介绍渔村的实践活动中，让学生运用所学的知识，进行语言输出，从而提高学生的语用能力。

五年级活动掠影

　　这份综合实践活动是结合了金山嘴渔村这一具有山阳特色的旅游景点，并整合了牛津英语五年级教材的内容而设计的。

　　基于五年级的学生已掌握一定量的词汇和句型，能够对事物进行简单的描述、说出一些简单标志的含义、简单叙述参观路线，并能够使用过去时简单描述某一地点的变化。以此，我们设计了五个具有一定梯度的活动内容，让学生能够综合运用所学知识进行语用输出。为了激发学生的学习兴趣、培养团队合作能力，因此此份综合实践活动以小组为单位，每组人数为四人。

　　活动由制作一张邀请函开始，让学生邀请自己的朋友来参加金山嘴渔村举办的"海鲜文化节"，让学生查一查、写一写金山嘴渔村的地址，并勾出能够到达渔村的交通工具。

　　活动二，让学生做一份调查问卷。学生使用已学句型和单词与朋友进行对话，询问朋友想参观金山嘴渔村的景点和理由。

　　活动三，让学生连一连、写一写。结合 *5B M3U1 Signs* 的内容，与金山嘴渔村的一些标志进行整合，让学生写一写在渔村应该或不应该做的事。

　　活动四，让学生分别画一画渔村十年前和现在的样子。结合 *5B M3U3 Changes*，让学生运用过去时并结合渔村现在的样子，说一说渔村的变化。

　　活动五，让学生结合所学知识和之前的任务，制作一张介绍金山嘴

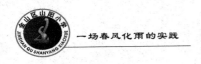

渔村的海报,宣传美丽的金山嘴渔村。

第四节　语文综合实践《山阳故事》

一、课程介绍

《山阳故事》是我校特色校本课程,学生通过搜集资料,读故事、表演故事、创作故事等多种形式,完成任务单,走出课堂,培养学生的语文实践能力,激发学生对山阳故事的喜爱之情。

二、课程方案

科目名称	山阳故事	所属门类	语文
修习年段	各年级	计划课时	8—12课时
执教专业要求	语文教师		
科目背景	校本课程的开发是二期课改课程建设的重要组成部分。山阳文化能挖掘出很多课程资源,既满足学生选择学习的需要,又适合大部分学校的课程建设要求,符合新课改的理念。 　　金山区的山阳镇拥有丰富的文化底蕴,早在20世纪六七十年代就享有市郊"文化之乡"的美誉,以故事、民乐为龙头的群众文化在上海乃至全国闻名遐迩,"海鱼文化"又是山阳镇独有的特色文化之一。不仅如此,山阳具有优越的自然地理条件,拥有9公里深水海岸线,常年气候温和,雨量充沛,四季分明,属亚热带海洋性气候。以山阳田园为龙头的特色农业和创意农业,已经形成了"山阳田园"系列农产品品牌。内涵丰富的山阳文化对生长在这里的青少年具有重要、独特的教育价值,是开展语文综合实践课程绝好的课程资源。 　　山阳镇拥有丰厚的文化内涵,这里有中国乡村故事大王张道余老师。为了培养更多故事新人,让山阳故事不断繁荣发展,山阳镇立足中小学,开展各类故事创作和演讲培训班。自1998年来,山阳镇中小学生创作的故事达到了近1万篇。分别于2008年和2011年,由作家出版社出版了全国第一本中学生故事集《一束玫瑰花——中国故事之乡山阳中学生故事集》以及《市长半夜来电》等。故事是山阳文化的特色之一,作为小学生可以借助亲身感受、社会调查、自主实践等学习途径,了解山阳的故事、感受乡土文化的魅力,培养爱家乡的美好情感。在此过程中,可以组织相关语文学习活动,培育学生语文综合能力。 　　充分挖掘和利用山阳地区特色的文化资源,开展语文综合实践课程,能有效调动学生的学习积极性,拓展语文学习领域,增强探究创新意识,继承和弘扬优秀乡土文化。指导学生通过查阅资料、询问了解、参观走访、讨论探究、实践操作和调查报告等方式,提高语文应用能力。

科目目标	1. 了解山阳的历史,知道山阳镇的地理位置,感受校园的环境之美,激发学生爱校的情感。 2. 通过观察、交流和实践,了解山阳田园、山阳故事等具有山阳特色的文化,激发热爱家乡的美好情感和小主人意识。 3. 在实践、探究中培养自主学习能力、团队协作能力以及语文综合学习能力。

一、《我的校园,我的家乡》

章节	教学目标	章节目标	内 容 目 标	课时
一、认识校园	1. 能够写出自己学校的全称,记得大部分教室及专用教室的位置,认识一些设备、器材,尝试在环境中认识更多的字。 2. 通过观察校园的春天,感受校园的环境之美,激发学生爱校的情感。	1. 照片浏览,了解学校的基本布局。	教师在 PPT 上展示学校各类专用教室的照片让学生读、写、记。	2
		2. 组织交流,记住专用教室的方位。	老师提问,学生回答。过程中,老师注意倾听,及时修正学生不规范的语言。	
		3. 评价激励,激发兴趣。	1. 自己评一评,能得多少个五角星。 2. 评选记忆小达人,颁发奖状。	
		4. 课外活动	把自己浏览校园照片后获得的信息告诉自己的家人。	
二、我的家乡	1. 通过查找资料、访谈长辈等方式了解山阳以及山阳文化。 2. 实地考察,探究和挖掘有关山阳的故事。 3. 初步感受山阳作为文化艺术之乡、故事之乡的艺术氛围,激发对山阳的热爱。	1. 牵手山阳	1. 地图入手,知道山阳的地理位置。 2. 根据爱好组成小队,指导搜集查找资料并记录。	1
		2. 学生创作漫画,教师个别辅导。	1. 美术课上,请美术老师负责辅导学生作画。 2. 语文课上,语文老师指导学生运用学会的规范语言给画配一句话。	1
		3. 课外活动:拥抱山阳。	1. 教师组织学生参观古文化遗址。 2. 进行小导游培训,掌握导游的基本礼仪以及技巧。 3. 根据参观时的拍的遗址图片,向学校同学介绍,做一做"小导游",展示自己,增强自信。 4. 制作"小导游风采展示小报",加深学生和山阳之间浓厚的情感。	1

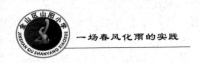

			二、《认识山阳瓜果》	
章节	教学目标	章节目标	内　容　目　标	课时
一、了解山阳瓜果	山阳瓜果介绍；制作瓜果名片，写宣传语,做小导游	1. 了解家乡的瓜果,了解山阳的瓜果,感受山阳是名副其实的瓜果之乡。 2. 提高学生动手能力及言语表达能力。	1. 了解家乡的瓜果,了解山阳的瓜果,感受山阳是名副其实的瓜果之乡。 2. 通过制作水果名片,为山阳瓜果写宣传语,提高学生动手能力及言语表达能力。	1
二、评选"山阳瓜果之星"	学习描写瓜果的优秀片段；课堂介绍交流一种瓜果,评选"山阳瓜果之星"	1. 学生用喜欢的方式介绍某一水果,根据学生的介绍评选"山阳瓜果之星"。 2. 在活动过程中,提高学生的观察、收集资料等实践能力,同时提高言语表达能力。激发学生对家乡的喜爱之情。	1. 增加学生对山阳瓜果的兴趣与热情,并在活动过程中累积好词好句。 2. 提高学生观察、收集资料等实践能力,并同时培养学生语言表达能力。	1
三、实践体验,做做游戏	参观"山阳田园"做"水果拼盘"游戏评选"最佳水果拼盘"作品展示墙	1. 通过实地观察,在游戏中,培养学生的团队精神。 2. 通过游戏,观察学生与人合作、学习态度、情感的投入等方面的情况。 3. 在活动过程中感受山阳瓜果的魅力。	1. 实地观察,培养学生观察能力。 2. 了解水果拼盘的制作方式,并尝试亲手制作,锻炼动手动脑能力。 3. 评选最佳水果拼盘,激发学生创造热情。 4. 通过作品展示激发学生自豪感。 5. 通过观察、动脑、动手全方面了解山阳瓜果,激发喜爱之情。	2

三、《山阳故事——读故事 讲故事》

章节	教学目标	章节目标	内 容 目 标	课时
一、搜集山阳故事	交流分享自己搜集到的山阳故事； 指导活动； 步骤完善； 活动内容； 社会实践	初步通过向长辈了解、查阅资料、阅读书籍等方式搜集一两个自己喜欢的有关山阳的故事，在班中交流，体验"收获"故事的乐趣。	1. 学生听故事，激发学生兴趣。 2. 学生获得的山阳故事信息有些并不完整，根据故事类型分成小组让学生相互合作，深入了解故事。 3. 学生获得的故事没有系统性，有些来源不真实。进行分组能够加强合作，进行资源整合。	1
二、资源整合，学习列提纲	了解列提纲的要素； 课外活动； 课堂展示； 佳作展演	在搜集大量资料的基础上，进行学习、借鉴，懂得材料的取舍，了解列提纲的步骤，提高动手、动脑能力。	1. 理清故事脉络。 2. 使提纲更直观、美观。 3. 结合学科，进行渗透。	1
三、讲山阳故事进行讲故事大赛	把故事讲给爸爸妈妈听，选拔出班级的"故事大王"参加学校的讲故事大赛； 获奖后的心得、体会	在了解山阳故事，掌握故事梗概，理解故事之后，声情并茂地讲讲故事，在年级里进行竞赛，与大家分享故事。	1. 初步体验讲故事的乐趣，被倾听的喜悦。 2. 结合学校"读书节"，让学生们的成果得以展示。	2

四、《山阳的故事——演故事、写故事》

章节	教学目标	章节目标	内 容 目 标	课时
一、山阳故事我来演	山阳故事的内容，对故事进行改编； 讨论故事	1. 了解部分山阳故事，根据山阳故事的内容改编成剧本。 2. 在读故事、演故事的过程中了解山阳文化，初步产生融入山阳文化的兴趣。	1. 了解部分山阳故事，根据山阳故事的内容改编剧本。 2. 在读故事、演故事的过程中了解山阳文化，初步产生融入山阳文化的兴趣。	2

一场春风化雨的实践

章节	教学目标	章节目标	内　容　目　标	课时
二 评选 "最佳" 表演 之星	故事表演 评选"最佳表演之星"	1. 通过评选最佳表演之星，学生更重视表演的前期准备。 2. 在活动过程中，提高学生的观察、收集资料等实践能力，同时提高言语表达能力。	1. 通过评选最佳表演之星，学生更重视表演的前期准备。 2. 在活动过程中，提高学生的观察、收集资料等实践能力，同时提高言语表达能力。	1
三 山阳 故事 我来 写	整合资料，编写故事，评选优秀故事。作品展示	1. 在搜集材料的基础上，整合资料，编写自己喜欢的故事。 2. 通过小组讨论的方式互相学习，确定所写的故事内容。 3. 能写一个完整的故事，语句通顺，主题明确。	1. 在搜集材料的基础上，整合资料，编写自己喜欢的故事。 2. 通过小组讨论的方式互相学习，确定所写的故事内容。 3. 能写一个完整的故事，语句通顺，主题明确。	2

五、《我是山阳代言人》

章节	教学目标	章节目标	内　容　目　标	课时
一、 我是 山小 人	交流成长故事、展示成长足迹、填写纪念册	1. 回忆小学阶段美好的时光，写写难忘的老师、同学、母校，激发学生对老师、母校的感恩之心。 2. 谈谈自己成长的故事，寻找班级成长的足迹，做班级纪念册。 3. 激发作为山小人的自豪感。	1. 回忆小学阶段美好的时光，写写难忘的老师、同学、母校，激发同学对老师、同学、母校的感恩之心。 2. 谈谈自己成长的故事，寻找班级成长的足迹，做班级纪念册。 3. 激发作为山小人的自豪感。	1

章节	教学目标	章节目标	内　容　目　标	课时
二、故事小报我来创	学习故事小报的制作方法 小组分工制作故事小报	1. 通过教师指导，初步了解故事小报的制作方法和技巧。 2. 学会仔细观察，培养学生的团队协作能力，能根据老师提供的材料，结合自己搜集的资料，尝试自由创作故事，提高写作能力。 3. 在创作中，感受到山阳人民的智慧，能热爱山阳这片热土，产生崇高的自豪感和归属感。 4. 通过展示自己制作的故事小报，感受自我创造的乐趣，加强语言艺术表达能力，提高语文综合素养。	让学生初步了解故事小报的制作方法和技巧。让学生自己搜集资料，尝试自由创作故事，提高写作能力。 培养学生的团队协作能力，在创作中，感受到山阳人民的智慧，能热爱山阳这片热土，产生崇高的自豪感和归属感。	1
	展示故事小报	1. 能有序介绍自己的故事小报。 2. 能评价他人的作品。	通过展示自己制作的故事小报，感受自我创造的乐趣，加强语言艺术表达能力，提高语文综合素养。	1
三、我是山阳讲解员	导游入门	通过教师指导以及校外实践基地的实地参观，初步了解导游的基本礼仪以及技巧。	通过实践活动，了解导游工作的特殊性，了解山阳的优秀文化，激发学生的学习兴趣，激发学生热爱家乡的情感。	1
	准备资料	能自己收集资料，写讲解稿，准备展示的资料，向校内的学生或是家长介绍山阳，提高口头表达能力。	能自己收集资料，写讲解稿，准备展示的资料，培养自主学习能力。	1

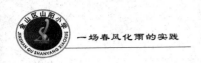

续　表

章节	教学目标	章节目标	内　容　目　标	课时
三、我是山阳讲解员	大擂台	积极参与比赛,在准备的过程中,感受到山阳人民的智慧,能热爱山阳这片热土,产生强烈的家乡自豪感。	让学生在比赛中,锻炼语言表达能力。培养小主人意识,激发爱家乡的美好情感。	1
科目实施	选修条件	一至五年级对山阳文化感兴趣的学生自主选择学习		
	设备需求	各班教室、学习用品。		
	活动形式	社会实践类:调查搜集山阳故事相关材料 课堂指导类:作品欣赏、交流展示、教师的指导等活动		
	实施原则	1. 兴趣性原则:兴趣是学生学习的原动力。开展本科目活动可以让对山阳文化有浓厚兴趣的学生进一步了解山阳文化,在学习实践的过程中,提高语文的综合能力。 2. 实践性原则:山阳文化中有许多是需要学生去实践探索的,比如学习渔村导游、了解山阳小学的校园、去山阳田园的实践基地等,让学生通过参观、采访,真实了解山阳这片热土,激发学生爱家乡的美好情感。 3. 循序渐进原则:为了提高学生的学习兴趣,在内容的安排上采用由浅入深、由易到难、由小到大的顺序,使学生在学习中不断获得学习动力。		
	实施方法和建议	1. 教师在辅导学生实际制作时,要注重培养学生的创新意识,在作品的构思和制作上,要启发和鼓励学生大胆想象,大胆创新,科学合理。 2. 在教学中,师生之间,生生之间应建立民主、平等、友好、协作的关系。 3. 在讲授技巧时,要熟练演示,步骤清晰,讲解透彻,点拨精辟,充分调动学生的积极性,使学生主动地去完成。 4. 在学习过程中,教师要传授一些基本的方法,比如,名片的制作、小报的制作方法、故事的编写等,这些方法要有非常鲜明的实践性,要学以致用,尽可能地把理论和知识转化为能力。 5. 要注重学生在学习中是否积极参与,在创造过程中他们合作是否成功,在原有的基础上他们的动手,动脑能力和实践能力是否有所提高。 6. 让学生收集山阳故事等资料,是学生开阔眼界,陶冶情操,提高素养和创新能力的重要手段。		
	配套资源	所有配套的活动设计及相应的课件、师生的参考资料		
	相关说明	课程与学校读书节相结合		

| 科目评价 | 评价内容 | 课程评价的目的在于通过评价促进学生综合能力的发展,激发学生创造性思维发展,使学生的个性特长得到发展,提高学生的学习兴趣。

(一)评价原则

1. 激励性原则。从学生心理学的角度去思考,喜欢得到老师与同学的表扬和欣赏,这是每一位学生共有的意愿。教师要善于抓住学生活动中的闪光点及时进行表扬,激发学生学习热情,能够以更大的激情继续参与学习。

2. 多元评价相结合原则。评价主体的多样性:自评、互评、教师评、学校、家长相结合的评价原则。评价方法的多样性:要充分运用评价方式来激发学生最大的学习热情,书面评价、口头评价、奖励等相结合。评价内容的多样性:对学生的学习评价不停留在对技能的掌握上,评价要有利于学生的综合能力发展。如学习态度、合作意识、行为习惯、学习兴趣的持续性等。过程性与终结性相结合评价:过程性评价与终结性评价相结合,以过程性评价为主,与《学生成长手册》相互衔接。

(二)评价方式

1. 评价对象

① 学生
评价主要是对兴趣的延续性、方法的规范性、作品的完整性及美观、合作意识和课堂行为等的综合评价。

② 科目
主要针对科目目标设定是否符合学生的认知水平,科目内容设计是否科学合理、循序渐进,科目评价是否具备可操作性和有效性,科目的实施是否正常开展。

③ 教师
评价主要体现活动准备是否充分,活动设计是否合理;教学手段是否得当,讲练比例是否合理。

2. 评价主体:学生、教师、家长、学校等

3. 评价方式:
学生自评、小组互评、教师评价对学生体现在过程性评价,教师、家长、学校综合性评价主要体现在终结性评价中。过程性评价以评价表内容进行评价,终结性评价是通过评价主体对学生的综合性评价。在遵循拓展型课程教学评价基本原则的基础上进行"多位一体"的评价。 |
| | 评价工具 | 评价量化表见附件。评价标准不能超过语文课程标准 |

附评价表:

　　附一为例:

学生学习评价 (一) 我的山小,我的家乡

评价内容		评　价　指　标			自评	互评	教师
		很满意(A)	较满意(B)	一般(C)			
兴趣与态度	参与度	能主动参与活动	能参与活动	偶尔参与活动			
	兴趣性	始终保持浓厚的兴趣	有一定的兴趣	兴趣不高			
能力和方法	基础知识	能够写出自己学校的全称,记得大部分教室及专用教室的位置	能够说出自己学校的全称,记得小部分教室及专用教室的位置	了解自己学校的全称,基本记得部分教室及专用教室的位置			
	操作技能	能在地图上快速找出上海金山山阳镇的具体位置	能在地图上找出上海金山山阳镇的具体位置	能在地图上找出上海金山山阳镇的大概位置			
	创新意识	能独立设计和创作一幅漫画	能在老师和同伴的帮助下创作一幅漫画	能简单地模仿他人的漫画作品			
合作意识	交流与分享	能主动和同伴、老师交流、分享	能与同伴、老师交流、分享	在同伴、老师的鼓励下,与他人交流、分享			
	责任感和集体荣誉感	有强烈的责任感和集体荣誉感	有较强的责任感和集体荣誉感	有一定的责任感和集体荣誉感			
行为习惯	活动的准备与整理	能主动地做好准备和整理工作,并能主动帮助老师同伴	能做好准备和整理工作,偶尔会帮助老师同伴	能在同伴、老师的提醒下做好自我准备和整理工作			
	安全意识	有较强的安全意识,看到不安全因素会主动提醒别人	有安全意识,能注意自身的安全	在同伴、老师的提醒下,能注意安全			
展示与评价	作品展示	能独立完成漫画作品,作品出色	能独立完成漫画作品,作品一般	在同伴、老师的帮助下完成漫画作品			
	欣赏	会欣赏作品,能对作品作出准确的评价	会欣赏作品,能对作品作出一定的评价	能对作品作出简单的评价			

附二：

《我的校园,我的家乡》科目评价表

评价项目	评 价 指 标			评价主体		
	优	良 好	一 般	学生	学校	家长
目标设定	符合学生的认知水平,体现三维目标的落实	基本符合学生的认知水平,能体现三维目标的落实	考虑到学生的认知水平,能关注三维目标的落实			
内容设置	内容设置科学、全面、合理	内容设置较科学、全面、合理	内容设置基本科学、合理			
科目实施	时间保证、内容充实	能时间保证、内容较为充实。	有活动时间、有活动内容			
科目评价	可操作性强、评价效果好	可操作性较强、评价效果良好	有操作性、评价效果一般			

附三：

教师活动评价调查表

《我的校园,我的家乡》科目活动调查表

　　通过一个学期的《我的校园,我的家乡》科目学习,你一定对它有了更深的认识。为了更好地开展本科目的活动,请你认真地完成下面的问卷。请在选择项上打"√"。

1. 你喜欢《我的校园,我的家乡》这门课程吗?
　　A 非常喜欢　　　　B 喜欢　　　　　C 一般　　　　　D 不喜欢
2. 你喜欢这门课程的任课老师吗?
　　A 非常喜欢　　　　B 喜欢　　　　　C 一般　　　　　D 不喜欢
3. 下个学期,你还会参加这个兴趣小组吗?
　　A 参加　　　　　　B 不参加
4. 你的爸爸妈妈支持你参加这个活动吗?
　　A 支持　　　　　　B 不支持
5. 你对你这门课程的任课老师有什么建议?

附四：

2018 年第一学期山阳小学读书节活动方案
品读山阳故事,共享快乐童年

(一) 指导思想

　　以党的十九大精神为指导,以"让课程改革更深入、让师生关系更和谐、让学生学习经历更丰富、让教育服务更优质"为目标,以"坚持全面发展,争创学校特色;享受艺体之美,展现生命活力"为理念,以区重点课题和市教委试点项目为抓手,通过形式多样的读书活动,以山阳故

事为主线,让学校溢满浓浓故事味,厚厚读书情。

(二)活动主题:品读山阳故事,共享快乐童年

(三)活动时间:2018年11月6日—12月8日

(四)活动对象:全校师生

(五)活动口号

1.魅力山阳,故事之乡

2.读一本好书,讲经典故事

3.感觉文字之美,尽享读书之乐

(六)领导机构

领导小组

组长:沈红　副组长:陆继军　陈建华

组员:高洁青　黄欢燕　倪佳瑜　张吉　韩翠

工作小组

组长:高洁青　陈红卫　组员:全体语文老师

(七)活动内容安排

阶　段	活动安排	具体操作	负责人
第一阶段 (第九周:启动阶段)	读书节宣传活动	1. 举行"读书节"开幕式,宣读读书节实施方案、举行图书馆开馆典礼。 2. 校园挂横幅,营造书香氛围。 3. 结合大队部布置读书角,出读书节相关黑板报	高洁青 倪佳瑜
第二阶段 (第十至第十六周:实施阶段)	第十一至第十五周	各班开展诵读经典活动	早读时间开展"我为孩子诵美文"活动	语文老师
	第十一至十五周	各年级活动	11/8 一年级《小青蛙听故事》听故事 11/8 二年级《山阳故事我来画》画故事 11/15 三年级《山阳故事我来讲》讲故事 11/22 四年级《山阳故事我来SHOW》演故事 12/1 五年级《山阳故事我来写》创作故事	各年级备课组组长

阶　段		活动安排	具　体　操　作	负责人
第二阶段 （第十至 第十六周： 实施阶段）	第十五周至 十六周	校级活动	11/29山阳话听说大赛	高洁青 各年级备 课组组长
第三阶段 （第十七周总结阶段）		总结表彰阶段	12/4开展读书节闭幕上,评选"十佳故事达人"并颁发参与活动奖项。 各备课组长上交各年级读书节成果。	高洁青

（八）读书节活动具体安排

时　间	活　动　项　目	参加对象	地　点	负责人
11月6日	读书节启动	全体师生	操场	高、倪
11月8日	《小青蛙听故事》	一年级学生	各班教室	汤欣丹
11月8日	《山阳故事我来画》	二年级学生	各班教室	金东雅
11月15日	《山阳故事我来讲》	三年级学生	阶梯教室	潘皓
11月22日	《山阳故事我来SHOW》	四年级学生	阶梯教室	沈清
11月29日	山阳话听说大赛	三到五年级学生	阶梯教室	金东雅
12月1日	《山阳故事我来写》	五年级学生	各班教室	许冰清
12月4日	举行故事游览会	全校师生	闭幕式	高洁青

三、教学案例

案例1：小学语文综合实践活动引入山阳文化的实践研究

摘要：语文综合实践活动是一种新的学习方式,是提高学生语文应用的综合能力的重要途径。独特的地方自然风光、民俗风情,都蕴含着丰富的课程资源,是开展语文综合实践活动的宝贵素材。语文教师要充分挖掘和利用地方特色和文化资源,开展语文综合实践活动,丰富语文课堂,全面提高学生的语文素养。

关键词：小学语文　综合实践活动　山阳文化

　　根据一段时间的研究,从理论方面弄清开展丰富多彩的有山阳文化特色的语文实践活动对全面提高学生语文素养的积极意义,从实践方面探索行之有效的语文实践活动方式,使广大小学语文教师在实施新课程过程中,能增强开展语文实践活动的自觉性,充分开发和利用课程资源,开展丰富多彩的语文实践活动。下面谈谈在实践中的一些感悟。

　　(一)贴合生活实际,实现综合实践活动的生活化

　　综合实践活动是我国《基础教育课程改革纲要》规定的三到九年级学生的一门必修课程。所谓综合实践活动,主要指以学生的兴趣和直接经验为基础,以学生学习生活和社会生活密切相关的各类现实性、综合性、实践性问题为内容,以研究性学习为主导学习方式,以培养学生的创新精神、实践能力及体现知识的综合运用为主要目的的一类新型课程。新的《语文课程标准》指出:"语文综合性学习有利于学生在感兴趣的自主活动中全面提高语文素养,是培养学生主动探究,团结合作,勇于创新精神的重要途径,应该积极提倡。"

　　沪教版二年级第二学期的课文《我爱故乡的杨梅》中,描述了故乡杨梅的美丽和杨梅果的形状、颜色、味道,突出了杨梅果的可爱,表达了作者热爱故乡的思想感情。水果是学生生活中常见的东西,由此联系学生生活实际,结合山阳田园,设计符合二年级的综合实践活动——《山阳瓜果》。活动设计了三个章节,四课时的内容,如下表:

章节	教学内容	章节目标	内容目标	课时
一、了解山阳瓜果	制作瓜果名片,写宣传语,做小导游。	1. 了解家乡的瓜果,了解山阳的瓜果,感受山阳是名副其实的瓜果之乡。 2. 通过制作水果名片,为山阳瓜果写宣传语提高动手能力及言语表达能力。	1. 了解家乡的瓜果,了解山阳的瓜果,感受山阳是名副其实的瓜果之乡。 2. 通过制作水果名片,为山阳瓜果写宣传语提高动手能力及言语表达能力。	1

章节	教学内容	章节目标	内容目标	课时
二、评选"山阳瓜果之星"	学习描写瓜果的优秀片段；课堂介绍交流一种瓜果；评选"山阳瓜果之星"。	1. 通过评选瓜果之王，学生用喜欢的方式介绍某一水果。 2. 在活动过程中，提高学生的观察、收集资料等实践能力，同时提高言语表达能力。激发学生对家乡的喜爱之情。	1. 增加学生对山阳瓜果的兴趣与热情，并在活动过程中累积好词好句。 2. 提高学生观察、收集资料等实践能力，并同时培养学生语言表达能力。	1
三、实践体验，做做游戏	参观"山阳田园"做"水果拼盘"游戏；评选"最佳水果拼盘"；作品展示墙。	1. 通过实地观察，在游戏中，培养学生的团队精神。 2. 通过游戏，观察学生与人合作、学习态度、情感的投入等方面的情况。 3. 在活动过程中感受山阳瓜果的魅力。	1. 实地观察，培养学生观察能力。 2. 了解水果拼盘的制作方式，并尝试亲手制作，锻炼动手动脑能力。 3. 评选最佳水果拼盘，激发学生创造热情。 4. 通过作品展示激发学生自豪感。 5. 通过观察、动脑、动手全方面了解山阳瓜果，激发喜爱之情。	2

二年级的学生已经具备一定的学习能力，对于身边的事物充满了好奇心，更喜欢贴近生活的学习而非脱离生活的课本。山阳是有名的瓜果之乡，山阳的西瓜、草莓、葡萄、甜瓜等瓜果广受人们喜爱。学生借助亲身感受、社会调查、课外阅读、网络学习等途径，了解家乡的瓜果，感受家乡美，家乡人民的勤劳与智慧，从而为家乡而自豪。在此过程中，组织相关语文综合性学习活动，提高学生的语文综合能力。

（二）挖掘地区特色教育资源，丰富实践活动内容

金山区的山阳镇拥有丰富的文化底蕴，早在 20 世纪六七十年代就享有市郊"文化之乡"的美誉，以故事、民乐为龙头的群众文化在上海乃至全国闻名遐迩，"海鱼文化"又是山阳镇独有的特色文化之一。不仅如此，山阳具有优越的自然地理条件，拥有 9 公里深水海岸线，常年气候温和，雨量充沛，四季分明，属亚热带海洋性气候。以山阳田园为龙头的特色农业和创意农业，已经形成了"山阳田园"系列农产品品牌。内涵丰富的山阳文化对生长在这里的青少年具有重要、独特的教育价

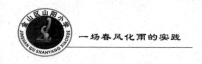

值,是开展语文综合实践活动绝好的课程资源。利用本地区文化资源优势,开展丰富多样的语文综合实践活动,教学效果是事半功倍的。

通过收集镇有关部门的历史记载和文献资料,网络查找相关资料,了解山阳镇的历史、地理条件、文化特色等有关信息。寻找到了具有山阳特色的适合于语文综合实践活动的教育资源:我的校园、山阳田园、山阳故事、山阳的渔村文化等。如四年级第二学期,设计语文综合实践活动——《山阳情,渔村梦》。题材网络如下:

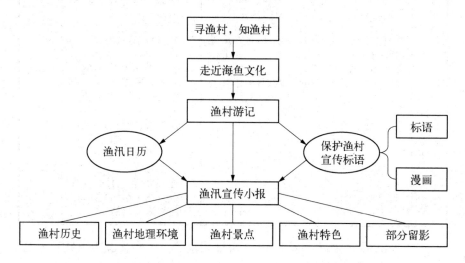

渔村文化是山阳文化的特色之一,作为小学生可以借助亲身感受、社会调查、自主实践等学习途径,了解渔村文化、感受乡土文化的魅力,同时结合语文学习,开展相关语文活动,比如任务单四"写一篇金山渔村游记",要求学生运用学过的知识,抓住游览顺序、景点方位和景物特点写一篇游记。注意语句通顺,标点正确,不要写错别字。四年级第一学期语文课文中有《颐和园》这样的游记课文,学生学习作者按照游览顺序有序观察,抓住景物特点的写作方法,运用到渔村的游览中,写成游记。

遵循学生身心发展规律,关注学生的个性差异,以生活世界理论为指导进行教育教学改革,开发学生的个性潜能,培养学生的创新智能,促进学生的创新能力和实践能力形成和发展。了解学生的个性差异特点,发挥学生的智能优势和个性特长;依据创新教育相关理论,以培养创新智能为主线发展学生的创新素质;了解儿童的生活,培养学生科学的学习方法,运用教育改革的基本理论总结语文综合实践活动课程的教学方法,从而促进学生语文素养的发展,全面提高学生多方面能力。

(三) 融入区域特色,彰显语文味道

利用山阳地区文化资源优势,开展丰富多样的语文综合实践活动。在各个年级开展具有山阳文化特色的语文综合实践活动,在一年级开展我的学校语文综合实践活动;在二年级开展山阳田园语文综合实践活动;在三年级开展山阳故事语文综合实践活动;在四年级开展"山阳情,渔村梦"语文综合实践活动等等。在方案和教学设计中,融入山阳文化,注重学生的学情,教师适当的引导以及精心设计、交流展示环节等。

比如,在三年级开展山阳故事语文综合实践活动,让学生从了解山阳故事开始,做一做调查报告,写一写调查日记,学一学编写故事,画一画故事小报等。综合实践活动内容如下:

章节	教学内容	章节目标	内容目标	课时
一、搜集山阳故事	交流分享自己搜集到的山阳故事;指导活动步骤完善活动内容;社会实践。	初步通过向长辈了解、查阅资料、阅读书籍等方式搜集一两个自己喜欢的有关山阳的故事,在班中交流,体验"收获"故事的乐趣。	1. 让学生听故事,从而激发学生兴趣。 2. 学生获得的山阳故事信息有些并不完整,根据故事类型分成小组让学生相互合作,深入了解故事。 3. 学生获得的故事没有系统性,有些来源不真实。进行分组能够加强合作,进行资源整合。	1
二、进行资源整合,学习列故事提纲	列提纲的要素;课外活动;课堂展示;佳作展演。	在搜集大量资料的基础上,进行学习、借鉴,懂得材料的取舍,了解列提纲的步骤,提高动手、动脑能力。	1. 理清故事脉络。 2. 使提纲更直观、美观。 3. 结合学科,进行渗透。	1
三、讲山阳故事进行讲故事大赛	把故事讲给爸爸妈妈听,选拔出班级的"故事大王"参加学校的讲故事大赛;获奖后的心得、体会。	在了解山阳故事,掌握故事梗概,理解故事之后,声情并茂地讲讲故事,在年级里进行竞赛,与大家分享故事。	1. 初步体验讲故事的乐趣,被倾听的喜悦。 2. 结合学校"读书节",让学生们的成果得以展示。	2

在实施的过程中,引导学生采用多种形式的学习方式,有的是老师指导,有的是自主探究,有的是小组合作探究。在综合实践活动的探究过程中采用多元化的评价方式,比如自评、互评、老师评等,运用多元化的评价方式激发学生参与综合实践活动的兴趣,结合地区资源特色,引入山阳故事,结合语文学习,培养学生运用语文的综合应用能力。

通过开展具有山阳文化特色的语文综合实践活动,让学生走进山阳文化,融入山阳文化,传承山阳文化,发扬山阳文化,深化"山阳情"这一区域特色,激发学生热爱家乡的美好情感。在学习的过程中,利用社会资源,比如,网络、镇有关部门的文献资料、社会实践调查等。利用家、校、社会三方面资源培养学生的自主学习能力,提升语文应用能力。

(四)反思

通过对具有山阳文化特色的小学语文综合实践活动的研究,意在进一步推进落实综合实践活动在小学的开展,提高学生的语文应用能力和综合能力,开拓学生的知识视野,但是结合农村教育的现状,有许多问题有待探讨:

1. 在综合实践活动过程中,学生需要通过各种活动,查阅大量资料,但是有部分学生家里没有电脑,没有充足的课外资料查询,为学生的自主探究带来一定阻力。

2. 我们对综合实践的研究还尚粗浅,缺少广泛性和深刻性,所构建的综合实践课堂还比较粗糙,缺乏厚实的理论底蕴。在今后的研究中还要多加强理论学习,更希望得到专家的指导。

案例 2:始于实践　乐于表达

——以《山阳瓜果满地香》语文综合实践活动为例

【案例背景】

新课标明确提出:"要培养学生的语文综合实践能力",而学生语文综合实践能力的形成,必须通过语文综合实践。因此,开展语文综合实践的教学,不仅是语文学科本身的要求,更是素质教育的要求。下面我就结合二年级开展的语文综合实践活动《山阳瓜果满地香》谈谈我自己的几点看法。

【案例描述】

本次综合实践活动历时长达一个月。活动选题贴近学生的生活,具有可行性,深受学生的喜欢,同学们都乐于参与活动。整个活动以学生为中心,强调学生的主动探索、主动发现和体验,充分体现了学生的自主性。他们在老师的指导下,家长的带领下,走进山阳田园,走近山阳瓜果,开展一系列的实践活动:查阅资料、实地考察、调查访问、寻找瓜果之王……联系生活实际,通过亲身体验,积累了丰富的生活经验。由此看出,学生的学习已不局限于学校、课本,而是面向社会,通过自己的实践获取知识,具有开放性和实践性。参加本次活动后,学生的综合素质提高了,参与意识、实践意识和合作意识都提高了,他们的观察问题、思考问题、探究问题、动手操作和发明创造的能力也得到了培养,学生的胆量也得到了提高,大部分学生已成为学习的主人。

【案例反思】

(一)依托教材,回归生活

二年级下册第七单元中有一篇课文《我爱故乡的杨梅》,本文通过描述家乡杨梅树的勃勃生机和杨梅的颜色、形状和味道,表现了作者对杨梅、对故乡的热爱之情。以本篇课文为例,设计了综合实践任务单(如图):

任务单二:制作水果名片

名称:_____

颜色:_____

形状:_____

味道:_____

学生在通过实地考察,了解山阳瓜果,选出自己最喜欢的山阳瓜果之一,简单地填写水果名片,为介绍一种水果或者植物打下基础,寓教育于生活实践中,同时,老师也引导学生在实际操作中动脑、动手、动口,融多种感受于一体,集各种体验于一身,创设产生深刻情感与内心体验的沃土。充分发挥了学生的主体性、注重学生的亲身体验,让他们学会在观察中发现问题,在实践中获得知识,获得体验。通过亲身体

验,感受山阳是名副其实的瓜果之乡,激发学生对故乡的热爱。学生作品如下:

(二)资源整合,共同发展

整个主题活动的设计上,我对教学内容进行了重组和整合,对课程资源进行了开发,将学生家长资源和社区资源作为重要的教育资源引进学生的学习活动中,让学生去调查访问山阳田园的农民、查找有关山阳瓜果的资料,去亲自探究山阳瓜果的形状、颜色、味道……这样教学空间就得到了拓展,使课内与课外打通,学校与社会融合。此间教师完全"隐退"到幕后,以一个活动的引导者身份出现,充分相信学生的能力,发挥他们的自主性,让学生用自己的眼睛去看,用自己的头脑去思考,用自己的语言去表达。引导学生学会解决问题的方法,培养解决问题的能力,形成关心身边事物的态度。这次活动让很多学生体验到了学习的成就感,学生的活动能力也会得到很大提高,同时也加深了我们执教老师对综合实践主题活动的进一步认识。

(三)拼盘游戏,助力成长

水果拼盘游戏说起来容易,做起来却十分讲究,这也需要学生经过资料查找、分类整理,从颜色、层次、营养价值等方面考虑拼盘的效果。颜色和层次相对比较直观,但是对于营养价值也不容忽视。学生们通过小组合作,发挥团队合作精神,分工开展作业,我亲历了他们的成长过程。有些学生家里还没有电脑,有电脑的学生就主动承担查找资料的任务,美术比较出色的学生勇挑重担,集小组成员的意见,设计有创意的拼盘图案,为使各自小组的作品能在评选中脱颖而出打下基础。有了基本的蓝图,水果拼盘比赛就应运而生。小组成员合作准备材料,此次游戏不仅提高了学生的创造能力和动手能力,也培养了他们的合作意识。

语文综合实践要把提高语文能力贯穿其中。提高学生语文能力是语文教学的最基本的要求,因此,语文综合实践也要贯彻这一要求。学生活动的过程要引导学生分类整理,并指导学生对材料进行分析,形成自己的观点,并能将之用一篇结构合理的文章表达出来,这样,学生在综合实践中又得到提高语文能力的训练。《制作水果拼盘》是一个很好的素材,学生紧紧抓住制作过程,表达出了自己内心的喜悦。

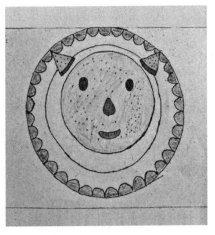 

(四)教学相长,不断探索

我细细回想指导孩子们参与实践活动的整个过程,收获的不仅是我们的孩子们,我始终认为,学生的进步就是教师的进步,学生的成长就是教师的成长,因为学生是一面镜子,他们反衬出教师的所有,包括对学生的态度、方法。也正因为他们是一面镜子,从不会掩饰什么,将所有好的不好的都照射出来,才让我看到他们那么多优点、进步的同时也看到了他们的不足,当然也是我的不足,那就是我们的学生太缺少这种实践活动,缺少这种锻炼实践能力的机会,所以,我会冷静去思考自己的教育,去探索一种更适合学生全面发展的教育方法。起码,我不会

只是简单地给学生传授书面知识,而会多一些机会让他们去实践、思考、创新。

案例 3:魅力山阳 故事之乡

【案例背景】

山阳是中国民间文化艺术之乡,又是故事之乡。早在 20 世纪 60 年代初,山阳人民在茶馆、田头、场角、茶余饭后,经常能听到贴近百姓生活的故事。山阳故事的创始人张道余擅长文学创作,他的故事作品,生活气息浓厚、情节简练紧凑、语言生动活泼、立意深刻、主题突出,在全国广为流传,有"故事大王"称号。为了培养更多故事新人,让山阳故事不断繁荣发展,山阳镇立足中小学,开展各类故事创作和演讲培训班。自 1998 年来,山阳镇中小学生创作的故事达到了近 1 万篇。分别于 2008 年和 2011 年,由作家出版社出版了全国第一本中学生故事集《一束玫瑰花——中国故事之乡山阳中学生故事集》和《子丑寅卯辰——中国故事之乡山阳中小学生"生肖杯"故事大赛获奖故事集》。获得区级、市级大奖的故事有《温暖的右手》《拿出你的证书来》《市长半夜来电》等。

故事是山阳文化的特色之一,作为小学生可以借助亲身感受、社会调查、自主实践等学习途径,了解山阳故事,感受乡土文化的魅力,培养爱家乡的美好情感。因此,我们开展了"魅力山阳 故事之乡"小学语文综合实践活动。

【案例描述】

1. 教学目标

(1)了解山阳的故事,知道故事大王张道余老师,感受到山阳的确是有名的故事之乡,知道故事的分类。

(2)通过根据农民画编写小故事、画一个小故事的四格漫画,提升学生的观察、想象等能力。

2. 教学片段

(通过自己的观察、询问邻里长辈,网络搜集等方式,了解山阳有哪些民间故事,故事大王是谁。课上交流。)

片段一:

师:小朋友们,山阳是有名的故事之乡。山阳有许许多多有趣的民间故事,你对山阳故事有哪些了解呢?

生：我知道有《第九个应聘者》这个故事。

生：山阳故事大王是张道余。

师：(介绍张道余)他听着故事长大，又讲述着故事、创作着故事，成了"故事大王"。他一生与故事结缘，为了赶在金山嘴海鲜文化节之前完成《金山嘴渔村风情》一书，七十多岁的他在哮喘发作的情况下连续熬了三十多个夜晚。这一切，只因他深爱着养育他的这片土地，始终怀念泥土与大海的气息。

生：渔村茶馆一直都有讲故事的活动。

生：我读过《美丽的谎言》。

生：《拿出你的证书来》。

师：山阳故事有许许多多，2017年，山阳故事继续发扬光大，举办了中国故事节——"山阳杯"全国幽默故事会。中国文联授予山阳镇"中国幽默故事基地"的称号。

(打印的几篇山阳故事)

师：老师也打印了几篇山阳故事，自己读读这些故事，想一想这些是属于什么类型的故事？给山阳故事分分类。

生(制作山阳故事目录，为这些故事分类)

山阳故事小目录

片段分析：

让学生通过自己的观察，询问邻里长辈，网络搜集等方式，了解山阳故事，只有在了解的前提下，才能写好山阳故事。在交流中随机介绍张道余先生的事迹，了解这位"故事大王"。通过自己收集的资料与课堂上老师提供的几篇给山阳故事分分类。如：生活故事，历史故事，神话鬼怪故事等。

片段二：

师：故事的种类有很多，今天我们来写写故事。今天的方式有点特殊，你们瞧，这是什么？(出示山阳农民画)今天我们来根据画的内容，发挥自己的想象，写写故事。

(出示画)

师：这幅画中画了什么？

生（看图）

生：小朋友在放风筝。

师：具体一点，有几个小朋友，他们在放什么样子的风筝？

生：有 7 个小朋友，他们的风筝有的是老鹰样子的，有的像其它小鸟，有的像蝴蝶，有的像燕子，还有一些叫不出名来。

师：除了看到小朋友在放风筝，你们还看到了什么？

生：有一条狗。

师：狗在做什么？

生：跟在身后。

师：它也许是跟在孩子的身后奔跑，也许是追随着风筝的脚步。还有什么吗？

生：还有鸟儿在空中飞。

师：轻盈的风筝在高处飞，成群的鸟儿飞过，已经辨不出哪些是鸟，哪些是风筝啦！

师：他们之间也会发生许多有意思的事呢？想一想，会发生什么事？

生：一个小朋友看到风筝飞这么高，也想像风筝一样在空中飞，于是自己动手做了一个大风筝，把自己拴在大风筝上想要起飞。

师：给他取个名字好不好，然后发生什么事了？

生：嗯，就叫小力，然后他从小山坡上跳下来，可是却摔得鼻青脸肿，一连试了好几次都没成功，在他想要放弃的时候，一只小鸟飞过，好像在鼓励他，他鼓起勇气终于成功了。

师：你的想象真丰富，还有谁来想一想？

生：天天的风筝飞着飞着线断了，风筝随着风奔跑，他也跟着奔跑。过了一会儿，风筝终于停下来了，可它却停在了树梢上。天天急坏了，他想了好多办法去取树上的风筝。

师：他会想什么办法？

生：自己爬、借梯子、用石头打落下来……

师：你的想象力也很丰富，现在四人一个小组，交流交流自己想到的故事。

（小组交流）

师：自己动手写写这个故事。

片段分析：

根据画的内容来,发挥自己的想象,写写故事,教会学生先仔细观察,然后抓住某一事物,发挥想象会发生什么事。为学生编写故事降低了难度,以这种新颖的方式,激发写山阳故事的兴趣。

片段三：

师：现在我们来换种形式"写故事"。

（出示四格漫画）

生欣赏漫画。

师：四格漫画,是以四个画面分格来完成一个小故事或一个创意点子的表现形式。四格漫画短短几格就涵盖了一个事件的发生、情节转折及幽默的结局。四格漫画着重点子创意,画面不需要很复杂,角色也不要太多,对白精简,让人容易轻松阅读。

师：看四格漫画的顺序是从左往右,从上往下,所以画的时候也遵照这个顺序,开头、发展、高潮、结尾,所以是四格。

（出示几个山阳故事）

生选择选取适合自己的小故事,画四格漫画。

片段分析：

选取适合自己的小故事,画四格漫画,要求学生抓住故事的开头、发展、高潮、结尾,抓住精简的对话生动地将故事画下来,培养学生提炼信息、绘画等能力。

【案例反思】

1. 心有山阳,笔有故事

要去写山阳故事,最先做的就是去了解他,了解山阳,了解山阳故事。通过自己的观察,询问邻里长辈,网络搜集等方式,了解山阳有哪些民间故事,故事大王是谁。在课堂上交流所收集到的山阳故事,了解到的内容,山阳故事的分类。在教学时介绍张道余老师时,老师应该放手让要让学生来介绍。只有了解山阳,了解山阳故事,了解故事大王张道余,才能写得出好故事。

2. 趣味横生,故事生"趣"

山阳故事有丰富的内涵,大量的素材,根据农民画编写小故事,既让孩子们了解山阳农民画,又让孩子们根据画发挥创意,大胆想象编写山阳故事,调动孩子们对山阳故事、山阳农民画的兴趣,提高了他们的

写故事水平。在教学中应该由扶到放,先具体指导一幅农民画,在老师的指导下知道如何根据农民画编写小故事。再让孩子们自己选择一幅,进行创编。让原本单薄的画作变得生动有趣,富有童趣。

画一个小故事的四格漫画则是与根据农民画编写小故事相反,虽然都是故事与画,但选择的是让学生画一画他们喜爱的漫画,找出故事的开头、发展、高潮、结尾,抓住精简的对话,用四格漫画的形式画下来。对于学生们来说,这是一种新奇的尝试,所以在活动中他们都兴致勃勃。在展示过程中,学生们的作品趣味盎然。

山阳故事是山阳文化中一朵绚丽的奇葩,把山阳故事引进语文课堂,犹如一股春雨滋润着大地,学生们学有兴趣,学有所得,不仅感受到山阳故事的魅力,更在实践活动中提高了语文综合能力。

四、风采展示

山阳小学读书节活动之"小青蛙听故事"

11 月 4 日中午,以"小青蛙听故事"为主题的一年级读书节活动在各班教室如火如荼地展开。五位语文老师为各班的孩子们讲述了两个有趣的山阳故事:"河缺口的名字由来"和"龙泉港的故事"。孩子们一个个竖起小耳朵,听得津津有味。活动还评出了五个奖项:一(1)中队荣获最佳组织奖;一(2)中队荣获最佳创意奖;一(3)中队荣获最佳投入奖;一(4)中队荣获最佳倾听奖;一(5)中队荣获最佳故事奖。本次活动不仅培养了学生良好的倾听习惯,更让孩子们对山阳故事有了更多的了解。

山阳小学读书节之"山阳故事我来画"

11月11日,山阳小学二年级的小朋友们在老师的指导下,开展了"山阳故事我来画"的活动。6个班级的小朋友在老师的组织下积极参与,活动取得了圆满成功。

在活动前期,各班语文老师为孩子们精心挑选有趣的山阳故事,讲述有关山阳的历史文化,在老师的启发下,孩子们发挥想象力,创作了许多精彩的作品。

此次活动,小朋友们通过学习和创作,将山阳故事搬上画纸,收获了成功与喜悦。

山阳小学读书节活动之"山阳故事我来讲"

2016年11月16日中午,三年级全体师生在阶梯教室迎来了山阳小学读书节活动之"山阳故事我来讲"比赛。

　　比赛中,12 名优秀选手声情并茂地给同学们讲述了一个个或感人或有趣的故事,展示出较强的语言表达能力和综合素质。选手们选择了一个个妙趣横生的故事,像《背黑锅》《猪八戒吃西瓜》等,故事通过小选手们的精彩讲述,听得同学们纷纷捧腹大笑。而一些寓言和哲理故事,比如《差强人意》《胯下之辱》等,不仅让孩子们享受到了快乐,还从中懂得了深刻的道理,真正达到了寓教于乐的目的。其中,《苹果树和小男孩》《我想去放羊》给老师和同学们留下了深刻的印象,呼吁同学们从此刻起爱自己的爸爸妈妈,不要和故事里的小男孩一样一味地索取。经过评委们严格评审,比赛分别评出一等奖 2 名、二等奖 4 名、三等奖 6 名。

　　本次讲故事活动的开展,大大激发了学生读故事、讲故事的热情,营造了良好的读书氛围,达到了预期的目的,收到了应有的效果。

山阳小学读书节活动之"山阳故事我来 show"

　　2016 年 11 月 23 日中午,山阳小学四年级在阶梯教室开展了读书节活动之"山阳故事我来 show"的活动。师生共同积极参与了本次活动,活动前教师们根据学生感兴趣的形式来设计表演,学生认真排练,演出非常精彩,让本次活动取得了良好的效果。

　　比赛结果如下:一等奖两名,四(6)班、四(4)班;二等奖三名,四(1)班、四(3)班和四(5)班;三等奖两名,四(2)班和四(7)班。

山阳小学读书节活动之"山阳故事我来写"

2016 年 11 月 30 日中午,山阳小学五年级全体学生在各班开展了山阳小学读书节活动之"山阳故事我来写"的写故事比赛。

比赛中,学生认真撰写山阳故事,孩子们展开天马行空的想象,一个个引人入胜的故事诞生了。许多故事让人印象深刻,有《一元钱》《仙鹤的故事》《热心的阿姨》《山阳小学,我的家》《帽子去哪儿啦》《小狗黑皮》《街头风波》《新守株待兔》……

本次山阳故事我来写活动圆满结束。赛后,各班还展开了故事交

流会,营造了浓浓的书香氛围!

山阳小学读书节活动之"山阳故事我来写"

2016 年 12 月 7 日中午,山阳小学在阶梯教室开展了读书节系列活动之"山阳话听说大赛"。我校三、四、五年级,每个班级派出三名非本地学生作为代表,参加了这次比赛。

我校的学生大都来自五湖四海,有浙江的、江苏的、安徽的、四川的……他们身上带着不同的家乡气息,但是作为新山阳人,他们已经渐

渐融入了山阳的文化之中,所以此次比赛旨在通过语言的方式,激发学生对山阳的热爱。比赛一共有三轮,采取淘汰制。比赛紧张激烈,孩子们通过平时生活中积累的山阳话,积极答题。在一阵阵掌声中,在座的老师们都感受到孩子们对本次活动的喜爱。方言是一个地区的代名词,这次的山阳话听说大赛,让外来随迁子女感受到了山阳这个第二家乡的魅力!

第三章　融入"山阳文化"的活动平台

　　艺术节、读书节、体育节、科技节、英语节、数学节……校园节日精彩纷呈;古筝、扬琴、柳琴、中阮、二胡、笛子、葫芦丝……"十八般乐器"信手拈来;小导游志愿者、敬老院志愿者、"啄木鸟"志愿者、小公民保洁队、学雷锋系列活动……志愿服务扮靓家乡。一个平台,一次风采,一份家乡情怀……

第一节　校内活动精彩纷呈

一、活动方案:"来沪随迁子女融入山阳文化"活动方案

(一)活动背景:

　　为了让来沪随迁子女能够在行为上、学习上较快地融入新的学习生活环境,提高他们的学业成就感、生活满意度,学校计划开展丰富多彩的活动,以形式多样的活动为载体,顶层设计活动方案,将课内外、校内外结合起来,让三段五步的运行模式在活动中有效落实,更有利于孩子从心底亲近"山阳文化",从而真正融入"山阳文化"。

(二)活动时间:一年

(三)活动内容:

1. 节日纷呈

　　根据学生的兴趣,每学年开展丰富多彩的艺术节活动,以山阳故事为系列的读书节、以游览为主题的英语节,以及数学节、科技节、体育节等,体现校园文化的思想性、艺术性、趣味性、娱乐性和健身性等特点,在充分构建丰富的校园文化活动中,让学生感受节日的氛围,积极参与,使学生个性及能力得到充分的张扬和锻炼。另外通过主题升旗仪式,构建浓郁的校园文化氛围。

节日主题	活动时间	活 动 内 容
艺术节	2018年5月	书法比赛、"山小好声音"班队合唱比赛、朗诵比赛、"个人绘画"比赛
体育节	2018年4月	师生迎春长跑、校园足球联赛、体育活动类、运动会
读书节	2017年10月	小青蛙听故事、山阳故事我来画、山阳故事我来讲、山阳故事我来SHOW、山阳故事我来写、山阳话听说大赛
数学节	2017年10月	"数学＋游戏＝智慧＋快乐"有三个模块的系列活动内容,分别是:我是小小设计师、我是小小智多星、我是数学小达人。每个年级"我是小小设计师"模块的内容:一年级装饰画设计,二年级九九乘法表设计,三年级日历设计,四年级数学小报设计,五年级数学节图标设计。
英语节	2017年11月	一年级"Draw and colour";二、三年级开展"Write and read";四、五年级开展"Design an E-paper"主题活动。
科技节	2018年3月	纸杯叠高比赛、穿越飞行比赛、叠扑克牌高度比赛、谁的小车滑得远比赛、电子小报设计

2. 多彩社团

"山阳文化"为学校提供了丰富的艺术营养,也孕育了一批批传承"山阳文化"的优秀学子。结合山阳文化的特色,我校以创建乡村少年宫为契机,开设了"民乐队班""古筝班""扬琴班""绘画班""武术班""田径队""毽球队""科技队""鼓号队""书法""腰鼓"等特长和艺术班,由固定教师、固定时间、固定地点进行训练,使社团活动得以扎扎实实地开展,让学生在社团训练中,传承"山阳文化",同时收获一技之长。

社 团 名 称	活 动 时 间	活 动 地 点
小乐队	周五(7:30—8:30) 周六(8:30—10:30)	三楼民乐室
古筝	周二(7:30—8:30) 周六(8:30—10:30)	四楼古筝室

续　表

社团名称	活动时间	活动地点
扬琴	周二(7:30—8:30) 周六(8:30—10:30)	一楼扬琴专用教室
柳琴、中阮	周三(16:00—17:00) 周六(8:30—10:30)	民乐室(7501)
二胡、笛子	周四(16:00—17:00) 周六(8:30—10:30)	音乐室(7402)
葫芦丝	周二(16:00—17:00) 周六(8:30—10:30)	唱游室(1101)
绘画	周二、周四(16:00—17:00)	书法室1、2

3. 志愿服务

为了让学生在融入"山阳文化"过程中,树立主人翁意识和服务社会的责任意识,我们定期开展"渔村小导游""山阳敬老院志愿者活动""啄木鸟大街小巷找错字活动""小公民保洁队志愿者""学雷锋系列活动"等,让学生走出校园,参与社区志愿服务,激发了同学们热心助人、无私奉献的动力,让他们体会到帮助他人、奉献社会的乐趣,培养学生热爱"第二家乡"的情感。

(1) 渔村小导游

利用假期组织小朋友去渔村做小导游,向游客讲述金山嘴渔村的小故事,增进学生们对渔村的了解,同时也能在社会实践过程中树立起服务社会的责任意识。

(2) 山阳敬老院志愿者活动

每年重阳节组织学生前往山阳敬老院为老人们提供志愿服务,为老人捶捶背、捏捏肩、唱唱歌、跳跳舞,陪伴老人开开心心地度过节日。

(3) 啄木鸟大街小巷找错字活动

大队部组织学生走向山阳镇的大街小巷,寻找店铺招牌和路边指示牌上的错别字,提升学生语文底蕴的同时,帮助他们熟悉山阳的环境,增进他们对山阳的了解,树立起主人翁意识。

(4) 小公民保洁队志愿者

发挥班级小队组织作用,由各班自发组织开展小队活动,在各个社区、山阳镇上,做一天的环保小卫士。

(5)学雷锋系列活动

三月份开展学雷锋系列活动,组织学生讲雷锋故事、做一件好人好事等活动,增强学生帮助他人、服务社会的意识。

4. 参观体验

为了让学生增进对区域文化的了解,学校开展了一系列实地参观体验活动。例如利用入队仪式的契机参观了金山卫城南门侵华日军登陆处;每年组织四年级学生参加烈士陵园扫墓活动;定期组织学生到金山消防支队直属中队,了解消防官兵的生活工作情况,学习消防安全知识;利用校外实践机会,组织学生参观金山城市规划馆,了解金山日新月异的变化;每一届五年级举行毕业典礼活动,通过回忆在学校的成长经历,展示多彩才艺,让随迁子女在活动中感悟生命的精彩,激发了爱山小、爱第二家乡的情感。

(1)实践拓展活动

结合春游、秋游活动,组织学生进行实践拓展,四、五年级学生去廊下新农村以及强丰生态农庄,体验本土的金山文化,激发随迁子女爱第二家乡的情感。

(2)参观活动

组织开展"假日小队"活动,利用本地生的资源优势,通过本地学生邀请外地学生到自己家里做客,开展小队活动,让外地生源的孩子了解到山阳地区人民的生活习惯与生活方式等。

二、活动案例

案例1:声声入耳　丝丝入心

——以班队活动《我为民乐点个赞》为例

【案例背景】

山阳素有"民乐之乡"的美称,在山阳悠久醇厚的文化底蕴下,山阳小学主张"坚持全面发展,争创学校特色,享受艺术之美,体验生命活力"的办学理念,我校民乐氛围浓郁,民乐教育已成体系,学校还被评为"上海市艺术教育特色学校"。

虽然班级有大部分学生是外来随迁子女,但是他们大都从小就"生在山阳,长在山阳",通过家庭、学校、社区等不同的途径,从小就耳濡目染地接触过民乐,班级一半的同学会演奏至少一种乐器。在小学毕业

之际,通过主题班会课,学生讲讲民乐乐曲形式,聊聊与民乐之间的故事,谈谈民乐文化,抒发对民乐的深厚感情。

【案例描述】

(一)活动目标:

1. 通过视频资料、学生介绍及现场演奏,了解民乐传统乐器的起源、发展、故事等历史文化。

2. 了解学习民乐的艰辛,知道做任何事情都需要坚持不懈的精神;评选出班级"才艺之星"。

3. 感受民乐的博大精深,喜欢和热爱民乐,并愿意成为民乐文化的继承人与传播者。

(二)活动主要形式:

播放视频、现场演奏、情景剧、讲故事、诗歌朗诵、微访谈等。

(三)活动过程:

1. 活动导入

大队长:众所周知,山阳被誉为"民乐之乡"。现在的我们,生活在山阳这片浸润着悠扬民乐的热土上,多么荣幸,多么骄傲。下面,我宣布"我为民乐点个赞"主题班会活动现在开始!

大队长:今天的活动,我们已分为两个小组,他们是——(生:民乐组);他们是——(生:才艺组);活动前,我们已下发每人一枚才艺章,根据活动表现,把它投给你心仪的才艺达人。

2. 了解山阳民乐以及乐器

大队长:瞧,民乐组的同学早已蓄势待发,请上民乐组的代表和他们心爱的乐器吧!

民乐组(学生依次演奏小段乐器,再以民乐介绍乐器名称)

大队长:看着音乐在他们指尖流淌,我们已经听得如痴如醉。活动前,才艺组的同学已经收集了资料,请听听他们的介绍。

才艺组(演示视频资料——民乐)(资料来源:山阳镇政府网站)

(演示PPT资料——山阳小学举行千人民乐演奏等图片,山阳小学应邀参加上海市民乐专场演奏等活动图片,山阳小学民乐获奖照片)

大队长:同学们,两个小组以不同的方式向我们呈现了他们眼中的民乐,作为山小学子,你想说什么呢？请以"我为民乐点个赞!"开头。

（学生自由交流发言）

3. 知道学习民乐的艰辛

大队长：可学习民乐真是一件辛苦的事,下面请听才艺组自编自导的情景剧"民乐烦恼"。

才艺组表演大概内容：小忧如愿以偿地加入了学校的民乐队,但是在训练中,发现民乐需要反复练习,太无聊,太辛苦,民乐老师又严格,现在他有了退缩的情绪,大家来帮帮他吧!

（学生交流发言,并给予建议：要知道做任何一件事都要需要付出和坚持。）

大队长：俗话说"台上一分钟,台下十年功",光鲜亮丽的背后都是千百倍的努力和付出,下面请听民乐组带来他们的故事：《我与民乐的故事》。

大队长：听了他们两位的故事,你们心中一定百感交集,请以"我为民乐点个赞!"开头,谈谈你的想法。

（学生交流发言,学生明白：原来,学习民乐是一个长期艰苦训练的过程,为这些同学持之以恒的精神点个赞!）

4. 树立传承民乐的意识

大队长：同学们,你们知道谁给我们山阳的民乐带来了福音吗?（出示照片)他是——大吴老师。大吴老师的故事在我们山阳几乎是家喻户晓,我们上次观看了《大吴老师》音乐剧,很多同学在作文中表达了他们深刻的感受,这些感受经过他们的磨合和修改,成了一首首小诗呢! 请他们为大家朗诵!

（诗歌朗诵）

大队长：确实,民乐是我国民族的音乐,凝聚了中华民族的智慧和心血,我们有责任一代代传承和发扬下去。我们学校的朱老师、葛老师和沈老师都为传承民乐奉献了自己的力量呢! 今天,我们有幸请到大队辅导员沈老师,请她讲讲她与民乐之间的故事,以及做一个微访谈活动。

（沈老师讲述她与民乐之间的故事,学生即兴访谈沈老师）

大队长：对像大吴老师、沈老师等这样把山阳的孩子一批一批带进音乐殿堂的老师,你们心里一定想为他们点个赞吧! 请以"我为民乐

点个赞!"开头,谈谈你的感受。

（学生谈谈,民乐也是我们中华民族的优秀文化,感谢传承民乐文化的老师们,并树立自己传承和发扬民乐文化的意识。）

5. 辅导员讲话,评选才艺达人

大队长:我们是山小的小主人,民乐将会因为我们的努力更加璀璨发光。下面,请为你心目中的才艺达人贴上才艺章吧!（学生互评）本次活动的才艺达人就是——××同学,祝贺他!下面请辅导员讲话。

辅导员:同学们,习近平总书记指示:要继承和弘扬社会主义核心价值观就必须立足于中华优秀传统文化。而校园是弘扬中华优秀传统文化极好的土壤,希望同学们在学校《珠落玉盘》拓展型课程中努力学习,在学校民乐队中刻苦训练,积极参加学校的艺术节等活动,展示自己,发扬民乐。

大队长:我们一定牢记辅导员的谆谆教导。我宣布:《我为民乐点个赞》主题班会活动到此结束!

【案例反思】

五年的民乐学习生活一定是一段不可磨灭的童年记忆,主题班会从学生熟悉的民乐入手,学生能有话可说,有情可表。

1. 认知中更明晰

认知即了解。在调查中发现,学生最初的民乐学习一般是直接从技能学习开始的,始于老师的一句:"这是琵琶,我们该怎样弹奏呢?"乐器的学习往往重在技能训练,这是艺术长久以来的现状。

民乐作为中华民族传统文化中一朵耀眼的奇葩,技能的传承必不可少,而民乐本身蕴含的文化价值更值得我们去挖掘与认知。因此,在主题班会前,提供学生查阅资料的途径。一是可以网上查阅,培养学生搜集信息的能力。二是学校走廊里的环境布置。通过引导学生再次注意学校墙壁上一幅幅乐器图,精要的文字配上古色古香的插图,让学生发现身边的知识,发现身边的美。三是通过访谈民乐老师,通过老师的亲身讲授,学生的印象更加深刻。

民乐是学校艺术育人的亮丽名片。为了让更多人更快速地熟知民乐,要求学生在查阅资料后,把其做成简要的"名片"。如一学生为"琵琶"做的名片:琵琶,是弹拨乐器首座,木制,演奏时竖抱,左手按弦,右手五指弹奏,是可独奏、伴奏、重奏、合奏的重要民族乐器。琵琶,最早在中国秦朝出现,已有两千多年的历史。学生通过查阅乐器资料、搜集学生们参加艺术表演的活动照片,在图文并茂的资料回顾中,感受到民乐带给自己美好的回忆,在民乐与情感上画下了深深的感叹号;在资料重组过程中,更深入地明晰了琵琶蕴含的文化价值。

2. 体验中更真实

实践体验是学生喜闻乐见的活动形式。本次主题班会的选题就从学生出发,对于五年级的毕业生而言,小学生活应该留下什么? 应该总结什么? 民乐与他们息息相关,天天接触民乐,天天练民乐,更应该停下来、静下来谈谈民乐。从民乐入手,本身就是平时实践体验的一次展示活动,形式与内容较为丰富。

现场演奏民乐,可以激发学生的自信心与成就感。民乐对于学习乐器的学生而言,已然如同血脉,融入身,融于心。民乐既是一种才艺展示,也是情感抒发的载体,对培养人的性格与修养起着不可估量的作用。

通过情景表演"民乐烦恼",让学生直观了解学习民乐是一件枯燥辛苦的事情,再通过真实故事讲演,让学生明白做任何一件事都要需要付出和坚持。民乐磨炼意志,民乐是孩子们的精神食粮。

通过现场真实的微访谈,让学生了解老师与民乐之间的故事,初步明白一批批民乐人为了传承了民乐而做出的努力,以老师的感人事迹来感染学生,让学生能积极主动地化身为民乐的传人,成为中华民族传统文化的继承人。

另外,还通过诗歌朗诵、学生感言等多种形式,让学生在实践体验中加深对民乐的热情。

3. 评价中更热爱

积极的、全面的智慧评价能让学生更积极主动地参与课堂,激发学生情感。本次主题班会中,有两处评价:一处是每个环节结束后,都有"请以'我为民乐点个赞!'开头,谈谈你的想法"的活动,整节课都以"我为民乐点个赞"为主线,串起各个环节,不仅让学生对每个环节做了总结,也在总结中让这种"点赞"传递着浓浓的正能量和自豪感。

还有一处是结合学校的"五星少年",以评选"才艺之星"为主要评价方式,激发学生参与热情。考虑到有一些没有学过民乐的同学,此次

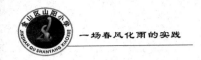

活动一开始就把学生分为了两个小组：民乐组和才艺组,通过活动前,下发每人一枚才艺章,根据活动表现,把它投给自己心仪的才艺达人。此处的设计目的是希望让每一位同学都参与到课堂中。会民乐是一种才艺,会查阅资料进行表达是一种才艺,会讲故事是一种才艺,会情景表演也是一种才艺……

活动在温馨中落下帷幕,但思考却不会止步。生活在山阳这片浸润着悠扬民乐的热土上,我们、我们下一代如果不去传承,不去发展,那民乐的明天何在?传承家乡文化,传承中华民族传统文化,我们责无旁贷。

案例2：你好,渔村

【案例背景】

金山嘴渔村是上海市沿海陆地最早的渔村,也是上海最后一个渔村。历史上的金山嘴渔业非常兴旺,但是从20世纪80年代后期起,由于化工业的发展导致污水流入杭州湾,过度的捕捞导致海洋资源逐渐衰竭。所以大部分渔民开始上岸。而如今的渔村早已焕然一新,渔村博物馆、渔民画工作室、海鲜一条街等的开设,吸引了无数外来的游客,他们在这里感受渔村的魅力和文化底蕴,而渔村也重新焕发出了崭新的活力。

作为山阳本土特色资源,也作为山阳小学的校外实践基地,金山嘴渔村是学生认识家乡、认同家乡、热爱家乡的最好载体之一。尤其,现在越来越多的外来务工人员子女入读山阳小学,如今山阳小学的外地生源占学生总数的85%左右,笔者认为金山嘴渔村也是这些外来随迁子女融入第二家乡的载体,其中蕴含着巨大的教育素材。渔文化博大精深,时光荏苒,历史的变迁在此显露无遗。同时,海洋文化给我们带来了美好的生活,而人与自然之间和谐友善的微妙关系,有待学生自主挖掘与感受。此外,渔民们靠海吃海的经历也展示了他们的智慧和勇气,是学生们的榜样。上海最后一个渔村何去何从?渔文化走向何方?这一沉重的话题有待学生思考,从而明确自己传承家乡文化的责任与使命。

【案例过程】

活动目标:

1. 以渔文化为载体,使学生感受家乡资源的丰富,并激发对家乡的热爱与认同。

2. 在活动中,以渔民们的智慧与勤劳为榜样,感受人与自然的和谐关系,懂得尊重生态规律,体悟渔文化精神的和谐友善。

3. 体验山阳文化之渔文化的博大精深,在实践活动中提高自身能力与综合素质,并明确自己的责任和使命。

活动过程:

(一)五湖四海齐聚金山

1. (出示中国地图)在地图上找找你的家乡,并进行介绍。

2. 在地图上找找上海金山的位置,并说说你对家乡或第二家乡——上海金山的了解与情感。

3. 班级小博士科普时间(① 上海是由一个小渔村发展起来的;②"沪"字的由来;③ 杭州湾畔的金山嘴仍保留着最淳朴的渔村风貌。)

(三)我是渔村小导游

1. 学生自由发言:你去过金山嘴渔村吗?说说你对渔村的感受。并展示学生渔村活动的照片。

2. 各组组员交流各自的渔村游记。

3. 各组渔村小导游介绍渔民老宅、渔村茶馆、历史文化馆、妈祖文化馆、渔具馆、民间收藏馆等。并号召更多的小朋友加入渔村小导游的行列。

(四)渔村,我来保护你

1. 聆听故事《请爱护海洋环境》。

2. 思考问题:大海龟为什么要哭?我们能为大海龟做些什么?

3. 观看视频后回答问题。

4. 知识竞答(结合视频提问)

① 为什么渔民们出海前要去妈祖庙祈福?

(祈福平安,也说明出海凶险,渔民们勇气可嘉)

② 渔民们潮涨而作,潮落而息,他们如何判断潮水的涨落呢?

(晚上看月亮的高度或按照 24 小时类推,丰富的讨海经验,使智慧的渔民们能把握自然规律)

③ 金山嘴渔村为什么要设定每年的法定休渔期?

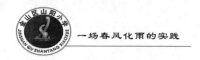

（保护鱼类繁殖和海洋资源）

④ 打鱼归来，为什么渔民们要将网中的小鱼小虾放归大海？

（人与自然和谐相处，可持续发展）

（五）渔文化，由我来传承

1. 各组讨论组织渔村小队行动，为渔村的发展出力。

2. 写下想对金山嘴渔村说的话。

【案例反思】

1. 基于需求，结合队员实际情况选择活动内容

现在越来越多的外来务工人员子女入读山阳小学，如今山阳小学的外地生源占学生总数的 85% 以上。有些孩子已经在金山生活了很多年，那么他们对于自己第二家乡的认识程度到底有多少呢？调查显示：大部分随迁子女的家长工作繁忙，孩子们的周末或假期基本就在家或附近小范围活动，除了学校组织的活动之外，并没有很多的机会来较充分地认识自己的第二家乡。基于这样的实际情况，笔者尝试以金山嘴渔村为载体，通过视频介绍、小导游介绍、交流互动等活动，组织学生在活动中逐步认识渔村，激发学生对渔村的热爱，和对自己第二家乡的归属感。

2. 激发情感，鼓励队员在过程中真实地表达

教育家普洛塔克说过：儿童不是一个个需要填满的罐子，而是一颗颗需要点燃的火种。所以，要体现队员的主体作用，辅导员必须学会合理放手，不可居高临下地发号施令，也不可漠不关心地完全放手。在少先队活动课中，辅导员应当是一个聆听者、一个参与者、一个点拨者……给予队员们时间和空间，鼓励每一个队员在积极参与中大胆表达，在自我展示中绽放自信的火花。

所以在本次主题活动的过程中，笔者把时间和空间都留给了学生，更重视学生与学生之间的良性互动，组织学生在观看视频后畅所欲言自己对渔村的感受，在聆听故事后积极表达自己真实的想法。在本次活动的结尾部分，很多孩子真实地表达了自己想对渔村说的话，其中不乏感人的话语。有一个孩子说："渔村，虽然我能为你做的事情并没有很多，但是我会告诉身边的人要更加爱护你！"

3. 重视体验，组织队员在身体力行中促进内化

少先队活动课重在活动与体验，这是少先队活动的体现方式和实

施途径。实践体验活动的开展可以促使队员们通过亲身实践与投入，激发自身的道德情感。"一切成功的教育莫过于少年儿童主动的自我教育，自我要求，自我完善。"只有通过自己亲身的实践和体验，才能真正获得道德情感上的体悟与升华。

环保教育是少先队活动课程的内容之一。爱护生态环境早已是老生常谈，"保护环境，人人有责"的标语也时常挂在嘴边，可是环保不是说的，应当是做的。于是，课堂上组织学生以小组为单位策划小队活动。有的小组决定制作金山嘴渔村宣传小报张贴在宣传栏，让更多的人能感受到渔村的魅力；有的小组决定全员出动，以山阳小学渔村小导游的身份向更多的游客介绍渔村；有的小组自发成立环保小队，通过在海滩捡拾垃圾的实际行动为渔村出一份力……这样亲身实践的体验活动也必然比一味强调要有效得多。

在主题活动中，应该给队员们提供更多自主体验、自我成长的机会。我是渔村小导游的主题活动锻炼了队员们的自信和能力，更重要的是在行动和体验中潜移默化地促进队员们情感的内化和道德的养成。金山嘴的渔文化是山阳文化的一部分，作为新山阳人，在渔村的体验和感受也是他们融入自己第二家乡的途径之一，同时渔村深厚的文化也有待孩子们进一步的挖掘和传承。

三、风采展示

渔村小导游志愿者

《五星少年　愉悦童年》主题班会展示课

敬老院志愿者活动

第二节　校外活动趣味无限

一、活动方案：传承家乡文化 共圆渔村梦想

山阳小学暑期校外实践活动实施方案

为进一步走进金山嘴渔村，让学生了解家乡渔村的发展足迹，从宝贵的渔村文化中，体会家乡父老百折不挠的精神，学校德育处决定于

2014年暑期,以学校"暑期社会实践活动"为依托,开展"传承家乡文化共圆渔村梦想"为主题的暑期实践活动。

（一）指导思想

为进一步增强青少年爱家乡、爱海洋、爱渔俗的情感,积极保护、传承和弘扬海洋渔俗文化,山阳小学利用暑期开展形式多样的渔村社会实践活动。

（二）活动主题

传承家乡文化 共圆渔村梦想

（三）活动内容

1. 热爱"渔文化"

金山嘴渔村是上海沿海成陆最早、保存最为完整的渔业村落,地处东海之滨美丽的杭州湾畔,紧邻城市沙滩,与金山三岛遥相呼应。千百年来就是沪浙交界有名的渔港,渔村拥有源远流长的海渔文化、丰富的海产资源。近几年,金山嘴渔村依托得天独厚的海洋生态环境和世代传承的海洋文化积淀,成为滨海新亮点。学校利用暑期组织学生参观金山嘴渔村社会实践活动,营造浓厚的海洋文化氛围,激发他们对渔俗文化的兴趣,让他们感受渔村日新月异的变化以及浓厚的渔俗氛围,培养渔村小主人的意识,潜移默化地产生喜爱之情。

2. 创新"渔文化"

2014年第四届金山海鲜文化节将在国家 AAA 级景区金山嘴渔村村心湖畔开幕。学校将利用这样一个契机,组织学生通过"渔"乐万花筒、品"渔"轩等微电台栏目了解上海最后一个渔村的秘密,听到更多有趣的渔村故事,感受金山嘴"渔文化"的乐趣。利用渔村海鲜文化节的活动,鼓励和吸引更多的学生在传统海洋文化基础上加入自己的梦想和创新,进一步弘扬和发展渔俗文化。

3. 传承"渔文化"

学校联手渔村工作室积极利用暑期开展渔村文化体验和培训活动。成立"景区小导游志愿者队伍",对学生进行讲解培训,使培训合格的学生上岗成为一名景区的导游员,文明带领游客参观。通过讲解服务,提高小导游的语言表达能力、与人交际沟通能力,向游客传递海渔文化。在向游客普及渔俗文化中,争当渔村文化传承人。

（四）活动安排

1. 在三至五年级的学生中,组织开展五星少年渔村夏令营活动,感受渔村日新月异的变化以及浓厚的渔俗氛围。

活动策划：黄欢燕　沈兰蓉

负责老师：三年级　韩翠

四年级　鄂利春

摄像　张吉

活动花絮整理　倪佳瑜

2. 组织学生参加2014年第四届金山海鲜文化节开幕式,让孩子们在感悟、体验、参与中感受海渔文化的魅力。

活动策划：姜丹红

负责老师：黄欢燕

3. 在三至五年级学生中积极宣传、动员,成立"景区小导游志愿者队伍",对学生进行讲解培训,培训合格的学生上岗成为一名景区的导游员,在普及渔俗文化中,争当渔村文化传承人。

活动策划：姜丹红　黄欢燕

负责老师：姜丹红　黄欢燕　景区金牌讲解员

（五）活动要求

1. 各负责老师要高度重视学生的实践活动,认真组织学生参加活动,并确保学生在活动中的安全。

2. 学生在实践活动过程中应着装整洁、举止文明、讲究礼貌,向社会展示个人良好素质和学校良好形象。

3. 活动结束后应及时写好总结材料并上传学校网站,做好信息登记。

二、活动案例

案例 1：让"山阳文化"在孩子心田生根发芽

《学生发展核心素养》中提到："具有文化自信……能传播弘扬中华优秀传统文化。"区域文化是中华优秀传统文化的重要组成部分,"山阳文化"作为一种区域文化,它有生活性、艺术性、兼容性、多元性等独特特征,具有激发学生对艺术的追求、提高学生的道德认知水平、有助于凝聚精神与增强文化认同等育德功能。笔者充分认识到山阳文化蕴含着丰富的德育资源,尝试以"山阳文化"为载体,在德育课程与实践活动中,提升外来随迁子女的文化认同感与归属感,让"山阳文化"在其心田生根发芽,培养一批批会礼仪、会运动、会学习、会才艺、会创造的五星少年。

作为一所农村艺术教育特色学校,我校来沪随迁子女人数逐年攀升,文化背景、风俗习惯、生活基础等各不相同,给学校德育工作带来了巨大挑战,在实践研究中,充分挖掘区域文化的育德功能,初步形成了德育校本课程、活动策略等研究成果。

(一) 通过访谈,明晰学校德育现状

1. 学校充分重视德育工作

我校把德育工作纳为管理体系中,设立了德育处,并以升旗仪式、主题班会、红领巾广播等常态化工作专门对学生进行行为规范、品德教育;通过访谈,德育处分管教师谈及德育工作的重要性,也普遍认为"我校很多学生由于家庭放养式教育,普遍胆子很大,缺乏自觉性,德育工作难度增大"。

2. 偏向学科知识教学,育德意识薄弱

德育工作大多集中在德育处以及班主任老师身上,尤其是班主任的德育教育,主要表现为针对具体事件给予个人点对点教育,很难再深入教化,也很少由点及面展开教育;其次,任课教师参与德育工作较少,主要倾注于学科知识教学,鲜有育德意识。另外,学校虽然开设了道德与法治等德育课程,大多数任课教师仍旧只是理论知识的传授,忽视实践,学生也并没有将理论知识转化为自己的品德修养。

3. 家庭与德育教育"脱节"

家庭是德育教育的起点,对学生的成长有不可忽视的作用,但是我校学生家庭大部分是来沪务工人员,在家访发现,由于受教育程度有限、家庭教育观念落后、工作繁忙等原因,很多家长面露难色,说道:"老师,孩子就交给你了,要打要骂随你。"由此可见,大部分家长只关注孩子的知识学习,重成绩轻德育,认为品德教育是学校的事,忽视了学生个性和品德的培养,甚至家长不注重自己的德行,阻碍孩子的德育发展。

4. 校园文化建设比较单一,没有实效性

由于上级极其重视德育教育工作,而一线的教师育德意识不强,这使德育处的工作繁多,推进过程中"单枪匹马",很多活动仅仅是小范围

的活动,受教育者有限,效果不大。另外,由于德育处疲于完成上级布置的工作,以及上交活动材料,使育德工作变成了丰富多彩的"快餐式"活动,停留在了"完成任务"的表面,没有将德育深入人心,使学校德育工作难以创新。

(二)开发德育校本课程,探索德育工作新途径

在挖掘区域德育资源时,我们认真做了考察与分析,将金山嘴渔村作为我校的校外实践基地,通过组织形式多样的活动课程,让同学们走进社会大课堂,拓展视野,增强社会责任感,构建了渔文化德育活动课程——《传承家乡文化 共圆渔村梦想》,具体为:

活动课程名称	活动方式	活动目标	活 动 内 容	课时
《渔村之行,感受文化绵延》	1. 文字与影像,形成初印象。 2. 实地参观,增进了解。 3. 游戏化活动,提升兴趣。	1. 初步了解金山嘴渔村。 2. 感受渔文化的博大精深,充满自豪感。 3. 游戏中能团结协作,获得渔村文化知识的同时,表现出对渔文化的喜爱。	1. 通过阅读金山嘴渔村游览手册以及观赏渔村宣传片等方式,初步了解渔村的地理位置、渔村景点、渔村文化知识等。 2. 参观金山嘴渔村里的游览渔具馆、妈祖文化馆、海渔文化馆和民间收藏馆。 3. 通过参加"渔具屋寻竹篓""妈祖知识问答""诗意沙画学习与制作""踏寻栈道与栈桥""品味海渔文化"五项闯关游戏,每过一个关就可以得到一枚渔村特色海鱼章。	3
《越"渔"越有趣》	利用海鲜文化节契机,参与、组织活动。	感受金山嘴"渔文化"的乐趣,情感上逐渐认同山阳文化。	在一年一度的渔村海鲜文化节中,通过"渔"乐万花筒、品"渔"轩等微电台栏目了解上海最后一个渔村的秘密,听到更多有趣的渔村故事,参加渔村海鲜文化节举办的体验活动。	2
《金牌小导游》	导游培训、导游实践体验。	提高了小导游的语言表达能力、与人交际沟通能力。	学校联手渔村工作室成立"景区小导游志愿者队伍",利用周末与暑期开展导游培训活动,培训合格的学生上岗实践,在向游客普及渔俗文化中,自觉担当了渔村文化传承人	周末、暑期

活动课程名称	活动方式	活动目标	活 动 内 容	课时
《艺秀小舞台》	文艺展演	不仅宣传与弘扬了山阳优秀文化,还增强学生自信与文化自信。	渔村故事专场、诗歌朗诵、民乐合唱、情景剧表演等丰富多彩的形式,引来了不少观众驻足欣赏,拉近了学校和社区之间的距离,让更多的孩子参与、体验社区文化活动。	节日
《渔村科普梦》	展示	赋予了渔村新的时代内涵,创新了山阳文化。	"玩小车"是我校创新实验项目,学校把玩小车项目搬到金山嘴渔村,让古韵古香的渔村与现代机械相结合,碰撞出不一样的火花。	2
《我是渔村小主人》	体验、展示	通过家乡情教育,形成了爱学校、爱家乡、热祖国的良好氛围。	"掬梦同行　绘出美丽渔村"绘画写生活动。"跟着杨火根爷爷学画画"杨火根工作室体验活动。"写春联、送春联"活动。	6

说明:以上活动课程已在实践中成为学校德育的常规内容,还有更多的内容在挖掘与完善中。

(三)践行了"山阳文化"育德功能的活动策略

1. 梳理内容——过滤"山阳文化"

乡土文化本身承载着德育功能,但并不意味着所有的乡土文化具有正向的教育功能,需要教育者将有意义的部分升华为德育内容,即去其糟粕,取其精华。由于研究的时间、人力等方面限制,实践中仅仅梳理山阳文化概念界定中的"民乐、故事、金山嘴渔文化"三方面内容。民乐主要从我校民乐乐器名称、山阳民乐代表大吴老师、名家、曲目等方面展开;故事由山阳故事大王张道余、山阳故事创作集、我校山阳故事创作集等展开;渔文化主要借助《金山嘴渔村》这本书、当地旅游手册以及实地参观考察等方式,主要从渔村文化的民俗、风土人情、历史与发展等方面展开。

在内容梳理中,充分发挥学生的主体作用,通过设计任务单、制作名片等形式,由学生带动家长,梳理出浅显易懂的"山阳文化"内容。比如,在梳理民乐内容时,由参加民乐社团的学生设计一张自己所学乐器

的"名片",一句句活泼生动、趣味盎然的民乐知识跃然纸上、映入眼帘。又如,在梳理金山嘴渔文化时,通过实地参观后,完成任务单《我眼中的金山嘴渔村》,如一位学生在任务单里描述它的地理位置时写道:"它看着海的呼啸,听着浪的诉说,闻着鱼虾的味道。在那儿就是美丽的渔村!"还有一位同学在感言里一栏写道:"金山嘴渔村历经海浪的拍打,时间的冲刷,一代又一代的渔民靠海生活,在此扎根,海养活了人,人成就了海。"学生在梳理的过程中,已然深深地埋下了一颗热爱的种子。

2. 氛围营造——物化"山阳文化"

营造"让每一面墙都说话"的环境文化。在学校走廊里悬挂着一幅幅乐器介绍图片、一个个民乐家的故事、一首首民乐名曲,让学生体味到丝竹营造出的人文意境,墙壁上还增加了教师、学生优秀的绘画、书法等作品。更有特色的是展示师生作品的书法长廊——"游于艺",里面增加了学生创作的"渔民画"。这条书法"阳光艺廊"为学生的作品提供了展示平台,让学生传承与发展了"山阳文化",让"山阳文化"富有了直观的生命力。

山阳文化的育德教育和创设"温馨教室"紧密结合。班级文化中,学校德育处组织开展了"让每一块墙壁都会'说话'"的温馨教室评比活动,要求教师引导学生关注"人与人""人与山阳""人与山阳文化",发挥师生的特长、潜能,精心布置教室,积极开展活动,凸显班队特色,让每一位学生始终在"山阳文化"的滋润下健康成长。

3. 活动吸引——内化"山阳文化"

为了让德育活动更具有针对性,学校从民乐、故事、渔文化三方面入手,开展主题系列教育活动。

"我是民乐代言人",一是通过举办艺术节,以评选艺术之星的竞选方式,丰富民乐的表达形式:或民乐与独唱相结合,或民乐与诗歌相结合,或民乐与情景剧相结合,或民族乐器与西洋乐器相结合等,激发民乐的创新,促进艺术的融合,提高艺术修养;二是举办民乐文化周,通过对四大系列的艺术内容的学习,利用升旗仪式、黑板报、十分钟队会、红领巾广播、民乐文化小报评选等系列活动,吸收与内化民乐文化,演变成为文化挖掘的推动者,文化传承的弘扬者,文化发展的创造者;三是举行乐器展览周,通过展示乐器,制作乐器名片,介绍与互动交流乐器,激发学生对民乐本身单纯的喜爱,将对民乐的热爱转化为精神动力,并迁移到其他方面,促进综合素质的提高。

"我是渔村小主人"实践体验是对学生进行行为规范教育的最好途径,通过组织形式多样的社会实践活动,让同学们走进社会大课堂,了解社会,拓展视野,增强社会责任感,端正自身的品行是我们的一种积极探索。通过组织学生到校外实践基地——"金山嘴渔村"的社会实践活动,让队员们在德育实践校本课程的基础上增加了体验活动,如"掬梦同行 绘出美丽渔村""跟着杨火根爷爷学画画""写春联、送春联"小剧场迎新春等活动,加深了对"家乡新气象""家乡新面貌""家乡新发展""家乡新形象""家乡新蓝图"的感性认识,切实增强他们的自豪感和自信心,同学们在社会实践中潜移默化地接受了热爱祖国家乡的情感教育,形成了人人热爱学校、热爱家乡、热爱祖国的良好氛围。

"我是山阳故事大王",故事是山阳文化的一张亮丽名片,为了传承具有山阳区域特色的故事,我校德育处充分利用故事吸引人、故事教育人的特征,在升旗仪式、家长开放日、军训展演等活动平台为故事预留出一席之地,做到"一活动一故事"的原则,由"聆听"到"启发"到"思考",让学生在故事熏陶中去自觉体验、感悟、内化道德内涵,收到了良好的育人成效。

4. "五星"评价——活化"山阳文化"

为了让山阳文化浸润于日常德育中,学校及时总结、规范德育实践活动,结合学生身心特征、个性和本校实际,探索形成以实践为载体、以体验教育为途径,以"五星少年"为评价方式的校本德育模式。

在行为规范教育中,我们发动学生参与设计了"五星少年卡通形象",产生了"礼仪之星""学习之星""运动之星""才艺之星""创造之星",成为我校行为规范教育评价特色活动。德育处结合每月的工作重点,积极推进和实施五星少年的争星活动,我们根据各年级学生的特点设计了五星少年的具体的争星记录单。下面以礼仪之星在德育中的评价为例:学校德育处结合大队部开展丰富的"山阳文化"德育实践活动,在每项活动中以争礼仪之星,规范言行,提高学生个人素养。如在《渔村之行,感受文化绵延》的闯关游戏中,设计礼仪之星记录单:

"礼仪之星"之《渔村之行,感受文化绵延》					
评 价 内 容	自评	互评	师评	家长评	总评
能积极参加,做到仪容仪表整洁大方	☆☆☆	☆☆☆	☆☆☆	☆☆☆	☆☆☆
能礼貌待人、团结协作,主动承担任务	☆☆☆	☆☆☆	☆☆☆	☆☆☆	
能自觉维护家乡小主人形象	☆☆☆	☆☆☆	☆☆☆	☆☆☆	
说明:根据评价内容进行涂星,总评由德育处与大队部填写					

　　学生根据礼仪评价单表现在班级中竞选十佳礼仪之星,推选出校级十佳礼仪之星候选人,制作竞选小报,通过学生自荐、中队评选、全校队员投票、网络点赞等方式评选出山阳小学十佳礼仪少年,并进行隆重的表彰仪式。"山阳文化"活动课程中配套的评价记录单让学生受到了良好的礼仪教育,使活动收到了良好的教育效果。

　　5. 家校互动——深化"山阳文化"

　　学校将学生的德育实践活动及时、有效地通过数字家园网络平台以及微信公众号推送,让家长时刻了解学校的教育活动,鼓励家长宣传、参与"山阳文化"活动课程,感受育德的魅力。在一次渔村文化亲子活动结束后,一位家长感慨道:"以前放假休息时,最多带孩子去逛超市,去公园,现在孩子带我去金山嘴渔村,一个个渔村故事、山阳故事张嘴就来,介绍金山嘴渔村就像介绍自己的家一样。""大手牵小手"亲子活动,激发了家长参与学校教育的热情,让亲情在陪伴中得到抒发,更让传统文化在学生心里扎根,推进德育一体化建设。

　　近年来,学校通过家委会、家长会等途径宣传学校"山阳文化"校本课程的理念;通过学校开放日,邀请家长参加听评课活动、观摩学生活动、座谈交流,使山阳文化育德之风吹到每个家庭,使之深入家长心,反过来家长又给予了学校最大的支持和关心,家校的互动生机勃勃。

　　山阳文化育德功能的实践研究,在开发了区域文化,发挥了"山阳文化"的育德功能;增强了文化认同,提高了学生的核心素养;提升了德育工作的实效性,促进了学校发展等方面取得一些成效,但还需要建立长效发展机制,让来沪随迁子女共享区域文化成果,进一步增强当地文化的融入感与归属感。

案例 2：传承家乡文化　共圆渔村梦想

——学生暑期社会实践活动项目

【项目简述】

金山嘴渔村是上海沿海成陆最早、保存最为完整的渔业村落，地处东海之滨美丽的杭州湾畔，紧邻城市沙滩，与金山三岛遥相呼应。近几年，金山嘴渔村依托得天独厚的海洋生态环境和世代传承的海洋文化积淀，成为滨海新亮点。

金山嘴渔村继 2013 年被评为金山区教育基地后，于 2014 年 6 月正式被评为上海市科普教育基地。山阳小学紧邻渔村，很多学生也来自美丽的渔村，依托家乡——金山嘴渔村这样的有利资源，传承家乡文化，共圆渔村梦想，我们义不容辞。

由此学校积极与金山嘴景区进行合作，推进学校"传承家乡文化 共圆渔村梦想"项目的实施，利用暑期开展一系列渔村的暑期校外实践活动。

【项目实施】

1. 在三至五年级的学生中，组织开展"五星少年渔村夏令营"活动，感受渔村日新月异的变化以及浓厚的渔俗氛围。

2014 年 7 月 7 日，是"卢沟桥事变"77 周年纪念日，在这值得纪念的日子，山阳小学组织 43 名"五星少年"和五位教师在德育处黄老师的带领下来到美丽的金山嘴渔村，参加了渔村夏令营活动。

渔村作为学校的课外教育实践基地，这次的夏令营活动学校事先就和渔村取得了联系，沟通了活动方案，选择了具有时代感的、队员们喜欢的活动形式，重在培养队员在活动中的集体荣誉感和相互间的团队合作精神。

活动中，队员分成 8 至 10 人的五个小团队，在渔村周导的有序组织下，参加"渔具屋寻竹篓""妈祖知识问答""诗意沙画学习与制作""踏寻栈道与栈桥""品味海渔文化"五项小任务，每过一关就可以得到一枚渔村特色海鱼章。队员们拿到任务卡后认真研究、分工合作、齐心协力出色地完成各项任务，集齐了渔村五个海鱼章，个个脸上露出灿烂的笑容。

此次渔村夏令营活动圆满结束，队员们在活动中再一次体验了渔村文化，在感受小渔村大魅力的同时，丰富了队员对家乡历史的认识。

2. 组织学生参加 2014 年第四届金山海鲜文化节开幕式，让孩子们

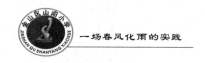

在感悟、体验、参与中感受海渔文化的魅力。

7月2日,2014年金山海鲜文化节在国家AAA级景区——金山嘴渔村村心湖畔盛大开幕。

金山嘴渔村作为山阳小学校外教育实践基地,此次海鲜文化节也是学生暑期渔村实践系列活动之一,山小的16名同学参加了开幕式。在开幕式现场,山小同学的"小小渔石画""模型舢板船""渔村美景绘""巧手小泥塑"吸引了很多游客的围观,为海鲜文化节增添了一抹亮色。本次活动旨在让孩子们在感悟、体验、参与中感受海渔文化的魅力,丰富学生的暑期生活。

3. 在三至五年级学生中积极宣传、动员,成立"景区小导游志愿者队伍",对学生进行讲解培训,培训合格的学生上岗成为一名景区的导游员,在普及渔俗文化中,争当渔村文化传承人。

山阳小学景区小导游志愿者社团自2013年成立以来得到了非常好的社会反响,2014年渔村小导游第二期培训于6月30日至7月7日在山小如期举行。

培训工作在姜丹红和黄欢燕老师的指导下,在第一期小导游师傅的带教下,进行得非常顺利,孩子们认真背诵讲解词,努力学习小师傅们的讲解经验,学习积极性非常高。

2014年7月至8月,脱颖而出的12名小导游志愿者来到金山嘴渔村参加实地讲解培训。通过前期渔村金牌讲解员小吴姐姐给大家的指导:怎么提醒游客、讲解时的站姿、碰到游客提问该怎么回答、讲解时碰到问题怎么临时应变,等等,小导游们那有模有样的学习得到了小吴姐姐的高度认可,也得到了游客的一致赞赏。

山小渔村小导游作为渔村小主人在宣传家乡、公益服务、综合实践的体验活动中,不仅提高了自己的综合素质,而且丰富了学校的少先队活动,带动了全体队员健康成长。多学习,再充实,提高各项能力,使"山小渔村小导游社团"成为一支真正的精品社团,成为山小一道亮丽的风景线,促进了学校素质教育的全面推进。

【经验特色】

让孩子们在感悟、体验、参与中感受海渔文化的魅力;感受渔村日新月异的变化以及浓厚的渔俗氛围;在普及渔俗文化中,争当渔村文化传承人。

【社会评价与总结】

此项活动受到了校外活动基地、家长、学生的热烈欢迎,活动受到一致好评。回顾项目开展的时间里,我们一步一个脚印地走了过来,取得了一些成绩,但在今后的项目推进工作中,我们还需要不断努力,不断创新,不断完善,进一步走进渔村,让更多的学生了解家乡渔村的发展足迹,从宝贵的渔村文化中,体会家乡父老百折不挠的精神。

三、风采展示

金山嘴渔村校外实践基地揭牌仪式

暑乐渔村

五星少年渔乐记

渔村小导游培训　　　　　　　　渔村志愿小导游

渔村写春联、送春联活动

第四章 融入"山阳文化"的保障机制

山小的孩子会礼仪、会运动、会学习、会才艺、会创造……一位位五星少年荣誉的背后是学校、教师和家长的"保驾护航"。走进山阳小学,仿佛走进了一座文化馆。一幅幅娟娟墨香的书法作品,一张张趣味横生的渔民画,一声声悠扬悦耳的山阳民乐,成就了一阵阵经久不息的欢笑……

第一节 环 境 浸 润

一、校园文化

(一)活动方案:山阳文化"浸"校园

1. 指导思想

校园文化是学校个性魅力与办学特色的体现。为了进一步优化育人环境,以"竞艺创新 主动发展"的办学理念为核心,立足实际,突出"山阳文化"特色,师生共同参与设计,让山阳文化浸润校园环境,努力构建具有我校特色的校园文化。

2. 目标任务

① 展现"矢志如山 胸怀朝阳 善小养真 勤学自强"的学校精神,处处体现育人价值。

② 围绕"山阳文化",加强学校软硬文化建设,凸显学校艺术教育特色。

3. 工作小组

组长:沈红

副组长:陆继军 陈建华 张吉 倪佳瑜

工作人员：全校师生

4. 实施原则

① 育人性原则：根据学校实际,结合时代特点和形势需要,发挥校园文化建设的育人功能,使广大师生在校园文化建设中提高思想道德修养和良好行为习惯养成的整体素质。

② 整体性原则：校园文化建设要符合党和国家的教育方针,体现"社会主义核心价值观"时代精神,校园文化建设在功能中应该是一个统一的整体。

③ 特色性原则：围绕"山阳文化",凸显学校"艺术""体育""科技"特色,创新校园文化建设的途径和方法,丰富校园文化的内容和形式,通过全体师生的智慧来为校园文化注入生机与活力。

④ 坚持全员参与的原则,积极动员全体师生发挥才智,设计学校环境内容。

5. 具体安排

① 前期动员

国旗下讲话。2017 年 3 月 12 日,动员讲话,宣布方案,积极动员。

校园环境内容		
板　块	要　　求	负责部门(人)
学校楼名	以"逸"字为系列,每一幢楼根据功能区划分,构思楼名,有内涵,有韵味	陆继军
学校精神	彰显"矢志如山 胸怀朝阳 善小养真 勤学自强"的学校精神;布置醒目	陈建华
宣传栏	宣传有主题,体现时代精神与学校特色,展现师生风采	教科研中心组
乡村少年宫	设置"乡村少年宫"课程框架图,每一个课程有课程简介,方便学生选课	陈建华
"游于艺"走廊	及时更新师生美术、书法等作品	德育处
科技室	有科技体验,科技作品展示,特色项目介绍,科技书籍推荐,科技小达人与学生活动展示等	自然教研组
大队辅导室	少先队基本知识介绍;少先队活动风采展示等	倪佳瑜
走廊上的墙面文化	悬挂"山阳民乐"乐器介绍;学生书画作品、活动风采展示	张吉
其他	挖掘学校资源,创新文化内容等	韩翠

② 展示评比类

2017 年 4 月—6 月,利用升旗仪式、微信公众号网络投票,进行评比展示。各部门按照方案的规定,在既定时间内完成各自分管的任务。

6. 活动要求

① 做好思想动员,全校师生共同参与;

② 组织专家进行客观公正的评审;

③ 师生设计作品做好拍照归档工作。

(二)案例:小导游带你走进山小

(敬礼)各位来宾大家好!欢迎来到山阳小学!我是山小解说员,很高兴能为大家介绍我们学校。山阳小学创办于 1905 年,是原国家教委主任朱开轩同志的母校。一百多年来,学校历经多次更名和变革,办学规模由小变大。学校于 1997 年 2 月迁新址。山阳小学坚持"竞艺创新,主动发展"的办学理念,开展了"创建农村体育、艺术教育特色学校"的实验,在区域内形成了鲜明的艺术教育办学特色。

(校门口,指墙上精神)"矢志如山 胸怀朝阳 善小养真 勤学自强"这是我们学校精神,每句里面取一字,即"山阳小学",前两句是山阳精神,希望学生树立远大志向,拥有乐观积极向上的人生态度。

这里宣传栏张贴着"社会主义核心价值观""创城宣传"等供学生学习;这是"爱我山小 一路同行"校歌展示,由老师们自己作词、作曲。瞧,几乎每首校歌里,老师们自觉把民乐、体育、科技等特色教育写进去了。这是我们从教 30 年教师风采,他们一直耕耘在山小的土地上,坚守中不忘初心。这部分是师生风采展示。

往前走,这是我们最喜欢的"游于艺"走廊,是我校的书画艺术长廊,每学年汇聚着师生们最优秀的书画作品,供大家学习欣赏。

走的过程中,大家是否注意到墙上的乐器介绍呢?这是二胡、中阮、柳琴、扬琴、古筝……民乐是我们学校一张亮丽的名片,山小的孩子幸福快乐地徜徉在悠悠民乐中。

安全体验馆。这是我们学校新建的安全体验馆,主要通过模拟各种不同的环境,针对容易出现安全问题的地方进行现实演示,体验人员通过切身感受,让安全理念深入人心,有效加强施工人员的安全意识,了解安全问题的重要性。请参观。请往这边走。(带领到圆厅)

葫芦丝。这是我们学校的圆厅,是学校唱游课的专用教室。现在

里面正在进行学校乡村少年宫葫芦丝项目的训练。大家可以参观。请往这边走。

这边是我校的书画专用教室,我校有3间美术专用教室,这间是渔民画专用教室,用不同的艺术形式展示渔味渔趣。1间"笔情墨趣"书法创新实验室,我们上美术课和写字课都会去专用教室上课,可以往里面参观。(参观完后)请往这边走。(从书法室旁楼梯带领到二楼)

阅览室。这是学生阅览室,是我们上阅览课的地方,这里提供成套的图书、彩色图画类科普书,适合低年级学生阅读的书籍,还有电子阅览等服务,还可以举办各类型少儿活动。通透明亮的空间可以让同学们在一个明快的环境中愉快学习。请往这边走。(从科技室楼梯带领到大队部)

大队室。这里是我们的大队室。少先队队室是少先队大队的传统活动阵地。我们在学校"五星少年"的文化引领中开展队室建设,在这里,我们少先队队员会进行一些小型的活动,如党、团课知识讲座、参加上级各种比赛的小选手选拔等。队室让每一个队员都受到队性的熏陶,同时培养具有自主管理能力的大队干部,让更多的小"领袖"脱颖而出,请往这边走。(从四年级东面楼梯带上四楼)

心理室。这里是我们的心理辅导室,里面有沙盘游戏室,个别辅导室,音乐放松椅等设备,平时心情烦闷的时候,可以到这里面做做沙盘游戏,放松放松,假如有什么烦恼,也可以来这里找我们的心理老师进行疏导,请往这边走。

四楼音乐室。这里正在进行的是乡村少年宫二胡笛子的训练。

四楼古筝室。这里正在进行的是乡村少年宫古筝的训练。由我校葛瑛老师担任指导教师,葛瑛老师是一位资深的民乐老师,曾带领学校民乐队多次获奖。

四楼舞蹈房。这里在进行的是舞蹈训练。这里有把杆,空间也比较大,在这里进行一些基本功练习,我们的音乐课也是在这里进行。

五楼民乐室。这里正在进行的是乡村少年宫柳琴中阮的训练。

三楼民乐室。民乐是我们学校的艺术特色课程,它能提高学生的综合素质和艺术修养。我校民乐队由学校民乐老师进行指导,从一年级开始选拔优秀的学生接受学习,直到五年级毕业,平时都在社团课上

进行训练,曾多次参加市、区的比赛,并多次获奖,请往这边走。(从民乐室楼梯带领到体育馆门口)

底楼科技室。这里是学校科技室,在这里开展丰富的科技活动,深受我们喜爱。

米兰社。这里是我们学校教师休息活动室,供老师们休息,现在在进行乡村少年宫的扬琴训练。

体育馆。这里是我们的体育馆,体育馆为我校的教学、训练、比赛活动及社会体育的开展发挥着积极的作用。看,体育馆里有着标准的羽毛球场地、篮球场地和毽球场地。下雨天,我们可以在体育馆里上体育课,这里还是我校毽球队的训练场地,在这里培养了一批又一批的毽球运动员!

操场。这是我们学校的操场,一共分为足球场与篮球场两个部分。我们的体育课会在这里进行。下课时我们也会到这里放松散心。每周一的升旗仪式以及大型的集体活动我们也会在这里举行。

这是我们的大屏幕,我们会利用它进行文明行为的播放,也会播放一些正能量的短片,激励同学们端正自己的行为,做山小好少年。

各位来宾,我校的校园文化就为您介绍结束了,感谢您的聆听,再见!(敬礼)

(三)风采展示

学校精神

师生共同命名"逸"字系列楼名

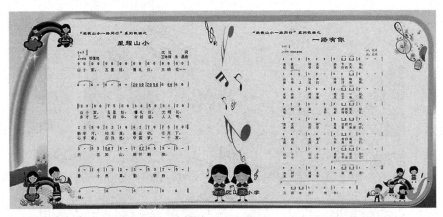

"爱我山小"系列校歌

"游于艺"长廊

渔民画专业教室

第四章 融入"山阳文化"的保障机制

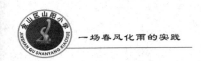

星悦书苑

足球队在操场挥洒汗水

二、班级文化

(一) 温馨教室评比方案

营造良好师生关系　构筑和谐育人环境

校园文化建设是实施素质教育的重要途径,教室文化环境建设是校园文化建设的重要组成部分。为适应学校素质教育发展的新要求,为学生健康成长创造良好的环境,营造浓厚的班级文化氛围,进一步规范和治理班级文化,我校大队部继续深化温馨教室建设,努力营造温馨的教室、和谐的校园,让学生喜欢自己的教室,喜欢辛勤的老师,喜爱精彩的课堂,喜爱美丽的学校,师生共同分享快乐的校园生活。

指导思想:

让温馨教室呵护每一个学生"勤奋学习,快乐生活,全面发展"。

让温馨教室支撑每一个课堂都焕发生命的活力和人文的光华。

让温馨教室保障师生之间、生生之间和谐互动,共同发展。

活动主题:营造良好师生关系　构筑和谐育人环境

活动时间:2017 年 10 月 7 日—10 月 21 日

活动内容:

1. 活动准备期

在青橄榄社长韩晶老师的组织下,开展"温馨教室我来设计"的社团会议。会上,韩晶老师明确了教室布置的要求,并对如何布置提出了建议:

(1)室内环境

① 教室地面清洁无灰尘,墙角无蛛网,门、窗干净,黑板槽没粉笔灰。

② 桌椅摆放整齐,空气良好。

③ 扫帚、垃圾桶等工具摆放整齐。

(2)文化氛围

布置各类园地(植物角、图书角、争章园地、中队特色园地、班务角等),能创设独特的班级文化,凸显中队的文化特点。做到让"墙壁说话",让"墙壁"成为"无声的老师"。

① 取名有新意、设计巧妙

② 位置安排恰当

③ 内容健康向上富有教育意义

④ 各园地的内容,便于更新,互动性强

(3)黑板报

① 内容丰富,设计新颖

② 图文并茂,整体协调

③ 富有教育意义

2. 活动开展期

细节闪光点,体现让每块墙壁都会说话,体现学生主体性,有中队

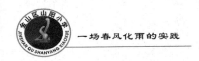
独到之处,起到教育效果。

活动过程:

(1) 搜集温馨教室布置的相关资料;

(2) 根据各班级的情况,规划个性教室、主题教室等;

(3) 师生合作。

3. 活动展示期

展示时间:2017 年 10 月 21 日

活动内容展示形式:青橄榄社团组成交流团队,结伴而行,依次到各个班级学习别人的特色、优点。

(二) 环境案例

案例 1:扬帆起航 百折不挠。

——以起航中队为例

文化的本质是以文"化"人,通过智慧的启迪、知识的传授、环境的熏陶、情感的诱导等,促进人的全面发展,促进社会全面进步。教室文化建设对于促进学生的身心发展也起着至关重要的作用。山阳小学位于上海西南远郊金山山阳镇,被称作"上海最后一个渔村"的金山嘴渔村就在这个杭州湾畔的小镇,百年历史洗礼和浓郁的区域民间文化为学校沉淀深厚的文化土壤。将渔文化融入教室文化建设,为孩子营造一个自由快乐、积极向上的学习氛围,使渔文化扎根心田。

1. 创建有号召力的班级特色称号

每个班级拥有各自的班级文化,每个班级都有各自的特色,要创建一个具有凝聚力的班级团队,有特色的班级称号和有号召力的口号是必需的。

勤劳勇敢的渔村人民,在悠久的历史长河中,不仅用双手创造了巨大的物质财富,又用聪明的智慧,创造了取之不尽、用之不竭的精神财富——杭州湾海洋文化,我们今天采写金山嘴渔村风情,目的是从渔村的发展史中,折射金山人民百折不挠的精神,从宝贵的海洋文化中,继承、整合、发展、繁荣民族民间文化。也能从渔村的兴衰中,总结经验、汲取教训,为我们今后善待地球、善待海洋、科学发展提供可靠的依据。

渔民精神感染着我们,我们要像渔民那样扬帆起航、百折不挠。因此拟定中队称号:起航中队;中队口号:扬帆起航、百折不挠。

2. 形成有影响力的班级特色文化

① 教室布置：渔具的摆设、渔文化小故事、朗朗上口的渔训等。以里革"断罟匡君"之忠、"羊续悬鱼"之廉、王祥"卧冰求鲤"之孝、庄子"濠梁观鱼"之乐故事熏陶、渲染、启迪、激励等方式，发挥教化功能。

② 创建和谐民主的班级管理制度：设立船长、舵手、船员、卫生员等岗位。人人有岗位，人人有职责，专人专岗，积极为班级建设出力。单独设立检查员岗位进行轮岗，主要检查班级一天中班级秩序遵守情况及记录发生的一些事项。培养学生的责任心和使命感。

③ 营造积极的班级学风：良好班风的形成离不开正确的思想导向作用，健康的思想导向是学生自我教育的重要手段。在班级里树立正气，抵制和反对错误的言论和行动，好人好事及时宣扬，发现问题马上处理，营造良好的积极的班风。

④ 开展特色中队活动：开展渔文化特色中队活动，宣扬渔文化，传承渔民精神。为学生搭建平台，开展多种形式的活动，如故事演讲、书法、角色扮演，等等。学习渔文化的同时，提升学生的核心素养。

3. 班级集体意识形成

① 班级课桌摆放，做到统一、整齐、整洁。

② 每天统一校服着装，佩戴红领巾，保持个人卫生。

③ 多举行班级内活动，如：游戏、唱歌、比赛等，让每一个同学都参与其中。推动学生积极向上，形成班级集体荣誉感。这会促使班级进步，人人向上，为学生今后适应社会的发展奠定基础。

4. 促进建立和谐关系

① 和谐的师生关系：教师不仅关心学生在校期间的学习情况，同时要关注学生的家庭状况和心理健康，以及关爱学生的身体健康。教师要成为学生的良师益友；学生在学习文化知识同时也在学习老师的言谈举止和为人处世之道。教师是班级的组织者、管理者，学生是班级组织成员，教师与学生之间建立和谐关系有利于师生共同进步，共同成长。

② 和谐的生生关系：每位学生都是班级中的一分子，学生与学生间的和睦相处、团结互助是良好的班级氛围的体现。互帮互助结对子，你追我赶争上游，同学间互相关心，互相协作，和谐的生生关系是班级文化重要的组成和表现。

案例2：共建温馨班级，共创和谐校园

指导思想：温馨教室应该体现班级的文化和班级的价值取向，民主、温馨、和谐的班级文化能有效地促进学生健康人格的形成。

活动主题：共建温馨班级，共创和谐校园

活动时间：2017年10月8日—10月20日

活动内容：

1. 活动准确期

社长韩晶老师组织召开"加强班级软文化建设"的社团会议，在上学年教室环境布置的基础上，要求创设一个充满书香、和谐的班级氛围。

① 确立此次活动的主题是"共建温馨班级，共创和谐校园"。

② 温馨的教室应该充满书香、小故事；温馨的教室是学生个性放飞的天地、展示角；温馨的教室应该充满生命活力；温馨的教室应该向世界延伸；温馨的教室应该成为健康家园。

③ 确定活动的方向是对温馨、和谐的软环境即人际关系的建设进行了进一步的探究。

④ 即将开展一次相关的温馨班级创建的研讨课活动。由四(5)班开展。

2. 活动开展期

活动时间：2017年10月15日

活动地点：四(5)班教室

活动对象：全体青橄榄社团成员

活动内容：观摩四(5)班的班会课《我的班级 我做主》

活动记录：

甲、乙主持人，上台，敬礼。

甲、乙：尊敬的领导、老师，亲爱的同学们，下午好！

甲、乙：四年(5)班主题班会《我的班级 我做主》现在开始。

甲：什么是班级呢？

乙：字典上说——班级是由一定同学组成的，有共同目标，有组织，有行动的集体。

甲：我认为班级就是一个互相学习的地方。那么，同学们心目中的班集体是怎样的呢？请同学们积极发言。

……

乙：很好,也就是说我们的班集体是团结的,对吗?再请一位同学发言。(同学发言)

甲：很好,我相信全班同学都能听明白了,大家都是希望我们的班集体是积极上进的。

甲：好,那么我们就把这八个字作为我们四(5)班的班风好吗?

乙：现在我们看看我们的班在运动会中展现的风采。

甲：接着来看看我们的班训和班规。

乙：我们的班规是:

① 班干部应按时完成老师布置的任务,不拖欠。

② 同学们每天都要按时交作业。

③ 课堂中不说与课堂无关的事。

④ 体育课要排队不冲跑。

⑤ 在校内不说脏话,见到老师要问好。

⑥ 每天的值日生要认真完成卫生的工作。

⑦ 8 人小组组长应每天公平地登记每个同学的加分情况。

⑧ 班干部应每天写班级纪要。

⑨ 图书角要认真管理。

甲：而我们的班训是:(略)

乙：请每个小组的组长宣读所制定的班规。现在大家明白了吧!

甲：下面插播一则温馨小贴士:最近,咱们班的纪律方面是否有些不足呢?还有,我们在文明礼仪方面是否真的有做到礼貌呢?很多同学都出现了很不文明的行为,因此,我们俩在这次的主题班会课上提出批评,并且做出约束。

乙：在一周的时间内,如有"不文明行为"超过 5 次以上的同学,周末多写一篇周记和保证书一份。

甲：作为一名学生,什么是我们主要的任务呢?(同学回答:学习)

乙：对,作为学生,学习是我们的主要任务,而课堂就是我们学习的主阵地,课堂效率的好坏直接影响着我们的学习成绩,所以,我认为,除了班规外,我们还需要一个课堂公约。(同学回答)

甲：说得很好,我们把课堂公约编成了顺口溜,大家一起来读:铃声一响回座位,学习用品放整齐,大声朗读做准备。认真听课做笔记,挺直腰杆不趴桌。开动脑筋勤思考,积极发言不落后。闲谈莫在讨论

中,一切行动听指挥。课堂公约齐遵守,学习一定有进步。

乙:班级中有班干部,不仅学习好,还得有班干部的职责,我们一起来回顾班干部职责。(乙、甲一人读一个)

甲:说了这么多,大家就看着屏幕上的问题,来进行交流。

① 怎样才能使班级更加优秀?(请同学回答)

② 我们班级现在最缺失什么?(小组讨论)

班级应在什么地方下功夫?(小组讨论后请同学回答)

④ 班级应该有怎样的班容班貌?(小组讨论)

乙:大家坐了这么久,来娱乐一下,听听来自××同学唱的四年(5)班班歌。

乙:经过一系列的重新认识班级的活动,大家应该都对四年(5)班有了更深的认识了,是吧! 我相信只要我们全班同学一起努力,一定会把我们的班级建设成一个优秀的班集体。最后——

甲、乙:祝老师们身体健康,工作愉快! 祝同学们学习进步! 健康快乐! 四(5)班"我的班级 我做主"主题班会到此结束,谢谢!

3. 我们的感悟

经过一阶段的实践,我们达成了这样一个共识,"温馨教室"不仅是环境布置得温馨,更应该使同学们和老师的心灵感到温馨,让每一个走进它的人感到亲切,感到温暖。

开展温馨教室这一工程,关键在老师,其核心在班主任,所以班主任老师与所有学生的关系如何,直接决定着教育教学的效率和效果。因此,班主任老师必须与全体学生建立起一种正常的和谐的情感关系,具体而言应包括平等,信赖,崇拜。这些因素既是一个班主任老师创建温馨教室工作的基本条件,也是促进学生人格完善,良好师生关系形成的重要因素。

创建温馨教室,建立良好的师生关系,作为教师要重视对学生的情感投资,要建设团结和谐的班级人际关系,塑造学生丰富的个性,及时形成正确的舆论。我们教师在教学时应该用亲切的教态,温情的语言来贯穿课堂,设计的教法着眼于温馨,以情怡人,评价以温馨、亲善的劝告,启发以激励为主,关爱特殊学生及单亲家庭,让温馨贯穿到各项教育活动中去。

"亲其师,信其教",和谐的师生关系所产生的教育效果是不可估量的。一方面,班主任要注意对学生的"感情投资",克服"保姆式""家长制"班级管理形式,保持人情味,和学生建立朋友关系。以"爱"为切入点,用"唤醒、鼓舞"的方法与学生进行温柔的冲撞,用微笑的表情,期待的眼神,温和的语言,饱满的情绪去感化学生,使学生有信任感和安全感,让学生身心处在和谐的师生关系中。我们相信,教师的真情投入,必定会得到学生的真情回报。

案例3:"小蜗牛"中队温馨教室方案

营造"温馨教室"的实质是增强班级的凝聚力,体现师生和谐、生生和谐,因此不仅要有温馨、舒适的硬件建设,更要有温馨、和谐的软件建设。创建"温馨教室"的目的就是营造一个载体,为学生心理和人格的健康成长创造一个和谐氛围,让教室、校园成为师生共同成长的精神家园。

1. 班级名称:小蜗牛中队

寓意:像蜗牛一样一步一步往上爬。

2. 设计文化情境,打造书香班级

① 绿化教室

美化要建立在整洁的基础上。所以首先要将班级中的劳动责任制贯彻落实。然后采用"分组认养绿色植物"的方法,全班同学自己组成几个小组,各组选择一种小型植物在班级中建立"班级植物角"。每组同学之间会自然形成竞争,看哪组同学的植物生长得更茂盛。同学对新兴事物比较关注,时间长了,"植物角"很容易成为除了负责人之外无人关心的角落。采用这种方式,既起到绿化教室的作用,又能使植物角长期高质量地保持下去。

② 书香满室

除了绿化教室,人文环境的美化也是必要的。我计划在班级中建立"读书角",每周的图书由某一小组提供,并且张贴自己小组展示的字画,为教室增添了文化气息,也为同学们交流读书感想创设一个平台。另外,还可以布置一些名言警语进行激励。名言警语大都富有哲理,是人类智慧的结晶。这些名言警语,就像一位位良师益友,时刻教育、启发、鼓励着学生在知识的海洋中奋力拼搏。

3. 构建班级文化,塑造和谐关系

① 构建中队管理文化,激扬队员生命活力。

在中队管理的舞台上,队干部轮流制、值日班长制、小主人岗位制

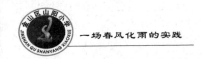

的推行,更是最大限度地调动了队员的积极性。自主管理、轮流任干,彰显了孩子的特长、个性、才干,更激扬了每个孩子的生命活力。我们的宗旨是:让胆小者练胆量,意志薄弱者锤炼意志,能力平平者提升能力,使他们在实践中逐渐学会发现自己,肯定自己,展现自己,并不断超越自己。

② 课堂温馨,构建和谐的师生关系。

班主任积极和任课老师沟通,倡导教师以博爱之心,给学生"四点关怀",即给学生的微笑和鼓励多一点,培养能力、发展智力的要求具体一点,课堂教学上让学生表现和施展才能的面广一点,平时让学生灵活支配的时间有一点。

③ 学习温馨,构建和睦的生生关系。

学生以学为主,学习环境的建设是值得思考的重点。营造学习氛围是要在紧张、竞争的同时倡导互帮互助,共同进步。我班坚持学习小组制度,学习上互相帮助,生活上互相关心。适当地开展小组评比。当班级出现学习松懈或纪律等问题时,在明显处使用温馨提示语,提醒大家共同进步。并让全班同学明白:只有大家都进步了,才会使大家都快乐,才能真正体现温馨。

④ 一切为了孩子,构建合作的家校关系。

教师在与家长交往中,要保持一个平等、真诚的态度。教师通过家访、电访、家长会、家校互动平台等形式,经常与家长保持联系,反映学生在校的真实情况,指导家长提升家教的艺术,取得家长对学校工作的热情支持。

温馨教室要靠班级每个成员的大力支持和积极参与,温馨教室的建设才能真正实现并长久保持下去,这期间就需要班主任起到核心作用。首先要明确班级奋斗目标。其次选拔一支高效的班干部队伍。班级事情细碎繁多,班主任不可能事无巨细,样样都管,但又不能没有人管,这就需要班主任组建起一支班干部队伍。

在我看来,"温馨"这两个字最重要的是我和孩子们心里的感觉,而不是那些表面的东西。让学生感受到班级的温暖和温馨,让教师在教学过程中充满了欢乐和美好的回忆,让师生觉得自己的班级、自己的教室是他们一生中最珍贵的记忆,那么,班主任所做的一切就都值得了。

（三）风采展示

教室一角

老师们为"温馨教室"打分

"小水滴"中队班级文化展示活动

第四章　融入"山阳文化"的保障机制

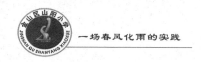

第二节　家校联动

一、家长学校课程

家长学校课程,即校内开设家庭教学指导课程与校外亲子活动,旨在邀请家长参与学校教育活动。从山阳小学每年的学生入学情况来看,外地生源数不断增加;来沪随迁子女的文化背景、风俗习惯、生活基础等各不相同。山阳镇是上海乃至全国闻名遐迩的文化之乡、民乐之乡、故事之乡和体育之乡,山阳拥有丰厚的文化底蕴。为了让学生更加了解山阳,感受山阳文化,在本土文化的滋养中健康成长,学校开办了家长学校,这就像在家庭和学校之间架设了一座彩虹桥,在学校和山阳地区链接了一条纽带,使学校、家庭、社会教育一体化,为创设和谐校园、和谐社区、和谐社会打下了坚实的基础。

山阳小学家庭教育指导系列课程		
适应年级	讲座题目	推荐阅读
一年级第一学期	《零起点,我们应该做什么》	1.《陪着孩子慢慢来》 2. 你的孩子做好入学准备了吗? 3. 上学了,孩子最需要培养哪些好的学习习惯?
一年级第二学期	《运动,才是孩子最应上的课程》	1. 美国学校鼓励孩子"动起来" 2. 运动不应该成为家庭教育的盲点 3.《国家学生体质健康标准》
二年级第一学期	《陪伴是最好的家庭教育》	1.《小学低年级语文、数学、英语学科学生学习习惯养成目标及训练建议》 2.《家庭教育关键词之一陪伴》
二年级第二学期	《让教育在仪式里发生意义》	1.《给孩子更好的赏识》 2.《生活化的教育更有意义》 3.《仪式教育,让家庭教育更走心》
三年级第一学期	《亲子辅导十分必要》	1.《教育应捍卫童心》 2.《娃要自己带,父母少插手》 3.《家庭教育中,爸爸的优势是什么》
三年级第二学期	《什么是真正的家庭教育》	1.《面对新课程改革,孩子的作业怎样辅导?》 2.《怎样纠正孩子的学习坏习惯?》

适应年级	讲座题目	推荐阅读
四年级第一学期	《童年不可辜负 爱心陪伴阅读》	1.《父母越功利,孩子越逆反》 2.《如何培养孩子的阅读习惯》 3.《亲子阅读,共沐阳光》
四年级第二学期	《传统文化与家庭教育》	1.《让传统文化站上新舞台》 2.《弘扬传统文化,厚植文化自信》 3.《中国传统文化中的家庭教育智慧》
五年级第一学期	《好习惯益终身》	1.《父母控制是最坏的教育吗》 2.《让孩子自己去成功》 3.《叶圣陶的教与不教》 4.《自律是"放手"的前提》
五年级第二学期	《预初学生要养成的学习习惯》	1.《小学毕业前养成的七个习惯》 2.《留一抹馨香在母校》

山阳小学常规亲子课程	
活动内容	活动目标
五星少年过端午,亲子课堂乐淘淘	了解端午节的由来和各种风俗,在活动中感悟传统文化的内涵,增强文化认同,提高学生融入山阳文化的归属感
金山味道·寻找传家菜	了解各具特色的家乡菜,丰富学生生活,增进亲子关系,弘扬传统文化,知道山阳特色的传家菜,推动家风传承
渔悦书吧,分享家教心得	家长们分享家教心得,掌握有效的教育方法,学生们通过制作贺卡学会感恩,并将感恩付诸在日常的生活中,共同了解山阳的旅游和发展,知道山阳的历史发展,对于山阳有更进一步的认识,增强融入山阳文化的归属感
烘焙篇	学习《反家暴法》的知识,增强法律意识,动手制作桃酥饼活动树立合作意识,培养动手能力并且增进亲子关系
彩绘篇	通过活动,提高学生动手能力,绘画能力,想象能力
龙舟竞渡我来拼	了解山阳有划龙舟的传统风俗,在拼装的过程中了解龙舟的结构,感受龙舟精神
烈日炎炎"金山爱国小先锋"培训在行动	了解英雄烈士事迹,激发学生爱国热情,立志珍惜现在的美好生活,为祖国的美好未来而奋斗

二、实践案例

案例1：家校合作，让孩子在本土文化的滋养中健康成长

——以"金山嘴渔文化"为例

【案例背景】

我们都说"一方水土养一方人"，这方水土滋养了我们的物质生活，更滋养了我们的精神世界。我校位于有"文化之乡"美誉的金山区山阳镇，山阳文化闻名遐迩，这为我校的教学与活动提供了丰富的素材。比如：我校的校外实践基地——金山嘴渔村，就是我校学生了解传统文化、展示自我风采以及进行校外实践活动的平台。

由于一些政策的变更，我校本学年1077名学生中，除本镇农村家庭的孩子之外，有725名为外来务工人员随迁子女，占学生总数的67.31%。对于这部分孩子来说，离开自己的家乡，跟随自己的父母来到异乡，变化的不仅是地理位置，更是文化风俗、身心方面的适应与磨合。通过对我校在读的三至四年级学生进行调查，结果显示：虽然大部分来沪人员随迁子女在上海居住的时间为5年以上，并且都居住在山阳镇，但是学生对于山阳文化还是知之甚少的，比如对于金山嘴渔村的了解微乎其微，大部分学生没有去过金山嘴渔村，对于山阳的一些传统文化也不甚了解。

同时，作为班主任，以自己的班级为例，发现班级小部分学生的家长工作较忙，经常无暇顾及孩子的学习情况与身心发展，这对于孩子的健康成长无疑是不利的。这部分孩子的课余生活也并不丰富，由于大部分是随迁子女，对本土文化的认知并不强烈，也缺乏归属感。

综合以上实际情况，不仅学校有责任帮助学生增强对第二家乡的归属感，孩子的身心健康也离不开家长的关怀。家校合作，不能成为一句空口号。正如苏霍姆林斯基所说的：儿童只有在这样的条件下才能实现和谐的全面发展，就是两个教育者——学校和家庭，不仅要一致行动，要向儿童提出同样的要求，而且志同道合，抱着一致的信念，始终从同样的原则出发，无论在教育的目的上、过程还是手段上，都不要发生分歧。家庭、学校的密切合作、相互支持，才能为孩子共同撑起一片蓝天！

【案例过程】

本学期，笔者开展了一次数学综合实践活动，旨在将所学的数学知识运用到生活实践中去，孩子们对此乐此不疲。考虑到，综合实践活动的开展，是为了巩固所学的知识，发展学生学习数学的兴趣，提高学生的学习与探究能力,同时我也想到:如果能在此次综合实践活动中,邀请家长参与进来,孩子们的兴趣一定更加高涨;如果能以此次实践活动为契机,使班级大部分的随迁子女感受山阳的本土文化,岂不是更有益于孩子们的发展? 于是笔者设计了一份调查问卷,问卷调查家长部分设计了 5 个问题,其中的 2 个问题如下:

1. 针对您的孩子参加数学综合实践活动,您会持什么态度? (　　)

　　A. 不支持,没什么意思　　　　　　B. 随孩子兴趣,不予干涉

　　C. 大力支持,有利于孩子全面发展

2. 本次数学综合实践活动需要家长您的帮助,如陪同孩子一起进行调查、给予孩子建议与适当帮助等,您是否支持? (　　)

　　A. 支持　　　　　B. 不支持　　　　　C. 不乐意,但会配合学校

　　调查发现:全班共 35 个同学,对于第 1 个问题,34 位家长表示"大力支持,有利于孩子全面发展",1 位表示"不予干涉";而对于第 2 个问题:是否愿意在综合实践活动中给予孩子帮助,其中 1 个表示"不支持",2 个表示"不乐意,但会配合",其余 32 位表示"支持"。可见大部分家长至少有配合学校、家校携手的意识;而个别家长可能认为把孩子送到了学校,教育孩子就是老师的事情,或者自己比较忙,无暇顾及。

　　综合实践活动是在老师的有效引导下,注重学生在实践性学习活动过程中的感受和体验,培养孩子们的创新精神和实践能力。而我也有意识地将"金山嘴渔村"作为本次实践活动的素材,并设计了以下活动:

在活动的过程中,不仅将"画垂线"与"画平行线"的数学知识进行有效的巩固,提高学生的学习兴趣,更重要的是跟爸爸妈妈一起徜徉在渔具馆、妈祖文化馆、海渔文化馆和民间收藏馆之间,孩子们能从每一条路、每一栋建筑中感受渔村的风土人情,感受渔村文化的博大精深,从而引发孩子们对于自己第二家乡的自豪感。从孩子们的一幅幅精美的作品中,我也深深感受到了他们对于家乡的热爱。

除了综合实践活动,学校也创造了很多机会,让家长带着孩子们走进渔村,感受渔村文化,从而以点带面,增加孩子们对山阳文化的认同与自豪。

金山嘴渔村的小茶馆总会有山阳学子的身影,孩子们带着自己精心编排的表演,在渔村的小舞台上绽放着自己的大光芒。每个孩子都表演得很用心,因为底下自己爸爸妈妈的目光如同聚光灯时时刻刻定格在自己的身上,而金山嘴的一些居民也总会趁着闲暇时间赶来欣赏。书法、民乐、体育……这些表演浸透着孩子们辛苦排练的汗水,也向大家展示着自己对山阳文化的理解。小小的渔村舞台,却绽放着孩子们大大的梦想!

每个假期,学校都会组织五星少年们跟爸爸妈妈一起在导游的带领下游览渔村。导游的讲解总是栩栩如生,仿佛渔村过往的一幕幕就展现在眼前,孩子和家长们也能更深入地了解渔村的文化,感受渔村的人文情怀。学校还会组织各种各样的活动,比如:在渔村渔乐书吧组织亲子阅读、我是渔村小导游、渔村夏令营活动等。活动或者表演结束,家长可以带着孩子品尝金山嘴特色的海棠糕,拜访品味杨火根爷爷的渔民画,在渔村幽静的小道上感受白墙黛瓦的美丽,感受山阳文化在心中绵延。

【案例反思】

家长与我们教师一样,都是孩子的教育者。并且对于孩子来说,家长对于孩子的影响更加深远。考虑我们学校大部分的学生都是外来务工人员随迁子女,这些孩子的家长来到异乡,要想扎稳脚跟,必然会比较忙碌,从而忽视对于孩子的教育与陪伴,再加上语言风俗习惯的不同以及人生地不熟等问题,孩子的归属感必然比较薄弱。我班级有这样一个学生,突然发烧,打了好几个电话给家长都不通,后来接通后,家长告诉我：他跟孩子的妈妈工作都很忙,在这里也没有其他的亲人,所以孩子发烧了只能拜托他的一个老乡来接回去。听了这样的情况,确实觉得挺无奈的,可是反过来从孩子的角度考虑,孩子的成长只有一次,有些陪伴与关怀因为忙碌而错过了,那就永远错过了。正如我们班另外一个孩子,由于三年级之前家长都忽视了对孩子的教育,到三年级下学期,家长开始意识到这些忽视给孩子带来的不良影响,于是调整自己的工作时间,可是孩子的不良习惯已经养成,此时想要纠正,路途漫漫……

对于随迁子女而言,家长的教育与陪伴显得更加重要。正如苏霍姆林斯基的另一句话：没有家庭教育的学校教育和没有学校教育的家庭教育,都不可能完成培养人这样一个极其细微的任务。要想实现良好的家校合作,首先家长与学校要达成一致的思想认识。其实家长和学校作为孩子的教育者,我们的教育对象和教育愿望是相同的。很多家长都有这样的意识,但是一小部分家长却无法付诸行动。所以其实,必须搭建家校合作的平台。金山嘴渔村作为我校的校外实践基地,恰巧可以为家校合作提供机会、搭建平台,使学生在家乡本土文化的滋养中健康成长,增强对家乡文化的认同感与归属感！

案例2：五星少年过端午 亲子课堂乐淘淘
　　　家校携手,共话端午——以四年级亲子活动为例

(一) 活动目的

为进一步拉近学校与家庭的距离、丰富学校的课程体系、激发队员们的学习兴趣、开阔队员们的眼界、拓宽队员们的思维,学校准备在本学期的四年级家长开放日当天开设"五星亲子课堂"活动,通过体验,促进家长交流、亲子互动,增进亲子关系,让家长学会如何锻炼培育孩子健康发展。

(二) 活动内容

1. 启动仪式　2. 五星队员课堂　3. 亲子活动体验　4. 活动总结表彰

(三) 活动组织

组长：沈　红

副组长：陈建华 张吉

成员：倪佳瑜 鄂利春　四年级班主任和任课教师

（四）活动时间

2017 年 5 月 4 日下午

（五）活动安排

序　号	时　间	内　容　安　排	地　点
1	13:30—13:50	启动仪式	操场
2	14:00—15:00	1. "端午节风俗知多少"	相关教室
		2. 亲子课堂体验活动	
3	15:30—16:00	活动总结表彰	操场
负责教师	总负责	张吉、倪佳瑜	
	协助	鄂利春、费爱萍、钱永忠、胡士林、许冰清、陈杰、杨梦婷、朱磊、周嵘杰	

（六）具体课程安排及负责：（见附件）

（七）活动准备

● 选课负责：鄂利春及各班班主任

（详见：附件 1）

● 启动仪式及活动总结表彰主持人：倪佳瑜

● 启动仪式节目：周嵘杰

● 科目课件亲子志愿者培训：陈建华

● 课务安排、告家长书：黄欢燕、张吉

● 课程科目张贴：张吉

● 上课巡视、行政值勤：陈建华、褚卫平

● 各班场地位置安排：鄂利春、高峰

● 摄影：周力、吴海忠

● 家长反馈统计：张吉

注：各项准备工作 5 月 2 日前全部到位，5 月 2 日周二彩排（时间暂定）。

金山区山阳小学

2017 年 4 月 10 日

附件：

"五星少年过端午 亲子课堂乐淘淘"活动安排表

中队：_____　　　队员数：_____　　　辅导员：_____

序号	亲子课堂科目	志愿者	地　　点	参加队员家庭
1	包粽子		四(1)	
2	拼龙舟		科技室	
3	编手环		四(2)	
4	缝香囊		四(3)	
5	做风筝		四(4)	
6	画葫芦		四(5)	
7	画扇面		四(6)	
8	画额		美术室3	
9	画蛋壳		四(7)	
10	捏彩泥		美术室4	

附件1：

"五星亲子课堂"授课家长意见征询单

各位家长朋友：

　　为进一步拉近学校与家庭的距离、丰富学校的课程体系、激发孩子们的学习兴趣、开阔孩子们的眼界、拓宽孩子们的思维，学校准备在本学期的四年级家长开放日当天开设"五星亲子课堂"活动。以下是围绕"五星少年过端午"这一主题，学校拟设的 10 个科目，如您擅长其中一项，欢迎您积极参与、踊跃报名，认领科目，到校教授孩子和其他家长学习相关技能，亲身体验做"爸爸老师""妈妈老师"的感觉！

　　如您还有其他与端午节相关联的更好的技能和本领愿意教授给大家，请在备注栏里注明。谢谢。

序号	科目/意愿	序号	科目/意愿
1	包粽子　（　　）	4	缝香囊　（　　）
2	拼龙舟　（　　）	5	做风筝　（　　）
3	编手环　（　　）	6	画葫芦　（　　）

第四章　融入"山阳文化"的保障机制

续　表

序号	科目/意愿	序号	科目/意愿
7	画扇面　（　）	9	画蛋壳　（　）
8	端午节儿歌（　）	10	捏彩泥　（　）
备注			
班级	学生姓名	家长姓名	联系电话

山阳小学

2017 年 4 月 10 日

三、风采展示

家长学校课程讲座

端午节亲子活动课程

家长开放日亲子游戏

"十岁生日 感恩父母"活动

第三节 评价机制

一、"五星"评价

学校"十三五"规划中,制定了我校学生培养目标:讲礼仪、善运动、勤学习、有才艺、会创造的"五星少年"。发动学生设计出了"五星少年卡通形象",产生了"礼仪之星""学习之星""运动之星""才艺之星""创

造之星",成为我校行为规范教育特色活动。

德育处结合每月的工作重点,结合专题活动和课程教学,精心设计分年级争星单,形成争星手册,开展争星活动;打开"五星广角",树立学生典型;宣传"山小之星",激发内在动力;宣传"五星班级",发挥辐射作用。活动通过学生自荐、中队评选、全校队员投票等方式,营造学生积极参加争星活动的氛围,创新各种形式、利用各种契机引导学生争当山小"礼仪星、学习星、才艺星、运动星、创造星",收到了良好的教育效果。

下面以"礼仪之星"为例。

二、山小"礼仪之星"争星方案

(一)指导思想:

为了更好地推进我校的"五星少年"课程建设,结合九月精神文明教育月,牢记和践行习近平总书记"从小学习做人、从小学习立志、从小学习创造""记住要求、心有榜样、从小做起、接受帮助"的希望,使学生明白"知礼、明礼、善礼"的重要性,培养学生自觉践行文明礼仪的意识,加强学生的养成教育,在全校营造争做"礼仪之星"的氛围,全方位提高学生的文明素养。

(二)活动目标:

1. 提高全校学生的文明意识,使全校学生的语言更文明,行为更规范,形成积极向上的精神风貌。

2. 学生能够遵守公德、严于律己、礼貌待人,养成良好的行为习惯,做真正文明的小队员。

3. 学生在生活中养成良好文明礼仪习惯,以饱满的热情、文明的姿态投入到学习中。

(三)活动主题:

文明礼仪记心中　习惯养成益一生

(四)活动时间:2017 年 9 月 9 日—10 月 10 日

(五)活动内容:

1. 活动宣传启动阶段(9 月 9 日—12 日)

9 月 13 日大课间,结合"礼仪之星"启动"文明礼仪记心中　习惯养成益一生"主题系列活动。

时间	好 习 惯	自评 (1—10)	学生互评 (1—10)	父母评价 (1—10)	老师评价 (1—10)	平均得分 (1—10)
	山小"礼仪之星"观测点					
第三周	1. 天天使用礼貌用语					
	2. 上下学主动和老师、爸爸妈妈、同学问好					
	3. 自己的事情自己做,自己的用品自己收放整齐,不乱摆放					
	4. 节俭、不浪费、不向父母提超越家庭经济条件的过分要求					
	5. 上课专心听讲,积极发言,保持良好的坐姿、站姿、读姿					
第四周	1. 不随便插嘴、对人发脾气,谈论健康、有趣、有意义的话题					
	2. 集会或观看演出时文明观看					
	3. 就餐安静排队领餐,珍惜粮食					
	4. 制止一次不文明现象或宣传正能量行为					
	5. 帮家人整理一次衣服、为你的家人、朋友做一件好事等					
九月底	"礼仪之星"争星记录单成果展示					
	好习惯银行总积分					

注:以上每项完成后,请家长和孩子每天一同记录在记录卡上,每完成一项得10分,并由班主任存进班级文明银行账户

2. 活动实施阶段(9月13日—9月30日)

(1) 山小"礼仪之星"好习惯银行积分卡

(2) 山小"礼仪之星"争星记录单

一年级:文明礼仪我知道

结合我们学校的准备期小册子,认真读一读、学一学行为规范小礼仪,看看这些基本的礼仪都学会了没有?把学会的行为规范儿歌和小朋友一起赛一赛,看看能得几颗星?在获得的星星上涂上漂亮的颜色。

二年级:文明礼仪我来赞

在自己的班级中有很多懂礼仪、有风尚的小朋友,请你用善于发现的眼睛去观察一下,记录一下他(她)的好行为吧!

三年级:文明礼仪我了解

你了解多少文明礼仪知识呢?请绘制一张礼仪知识小报,一起交流交流吧!

四年级:文明礼仪我先行

在争取"礼仪之星"的过程中,肯定有一些让你记忆犹新的事情。请来分享一下心得!

五年级:文明礼仪我传承

践行文明礼仪,从我做起。在学校"礼仪之星"的争星活动如火如荼的开展中,肯定有很多的收获!请以"文明礼仪在我心中"为主题,写一篇小小的征文!

备注:请记得把你的卡片好好美化一下哦!然后每个班级推荐二至三位优秀的"礼仪之星",把成果分年级进行展示!其他同学的争星记录单和银行积分卡都会装订成册。

三、实践案例

案例1:小学英语教学中礼仪教育的实践研究方案

礼仪教育:指挖掘小学英语教材中礼仪教育因素,在教育中教导学生在日常生活中的规范行为,形成积极正确的思想品质,使学生懂得如何与人交往,在日常生活中能够做到文明礼貌地对待他人,建立和谐美好的人际关系。结合校园文化特色活动,培养"礼仪之星",将文明礼仪渗透到日常的学习与生活中。

(一)研究目标

1. 充分研读小学英语牛津教材,把握教材特点,梳理教材中所蕴含的礼仪教育因素,为学生进行礼仪教育搭建桥梁。

2. 在教材的板块中发现、挖掘有关礼仪教育的情感目标,培养学生在日常生活中能够做到礼貌待人,养成良好的文明礼仪习惯。

3. 结合小学英语学科特点,为促进礼仪教育而搭建综合实践平台,培养学生自觉践行文明礼仪的意识,全方位提高学生的文明素养。

(二) 研究内容

1. 把握牛津教材特点,梳理礼仪教育因素

精心巧妙的宏观设计。这是一套内容丰富、精美印制、贴近学生日常生活的英语系列教科书。既有相似性,又有新语言点的增加,就仿佛是 DNA 双螺旋递进式的结构一样,这就是英语牛津上海版教材的精妙之处。小学英语牛津上海版教材所涉及的题材比较广泛,具有时代感、思想性、科学性、实用性、启发性和创造性。如学校、家庭、动物、购物、时间、文具和饮食等,这些教学内容都蕴涵着礼仪教育因素,在教学中渗透人际关系、思想品质、爱国主义和社会主义等方面的教育,让学生在学习英语的过程中,在思想上也得到良好的熏陶,树立正确价值观,培养良好的品德。

2. 挖掘教学内容,生成礼仪教育目标

(1) 在语音教学中,培养积极乐观的人生态度。语音的学习是语言学习者的必经阶段,在学习过程中,学生要学习字母的发音规则;认识并正确朗读国际音标;知晓语调的种类与交际功能,并能够在跟读、模仿朗读中,感知语言的节奏。比如: Peter is Chinese. Eva is Japanese. Peter and Eva study with me. 让学生在模仿朗读中,感受与同学一起学习、一起进步的快乐;Is it nice? His grandma asks. And Martin laughs. 在跟读和朗读过程中,关注音调的上扬和下降,感知说话人的感受和情绪,与长辈之间的相处可以如此轻松和快乐。这些都是进行礼仪教育的素材,在潜移默化中,培养学生积极乐观的人生态度。

(2) 在词汇和词法教学中,感悟人与人之间交流沟通的重要性。小学阶段的词汇学习主要是在语言实践活动中扩大词汇量,理解词义、了解词性,提高运用词汇的能力。社会交往中的"问候语"一直都是每个学年第一学期第一单元中的第一课时,从 morning, afternoon 中学习不同时间段的问候: Good morning! Good afternoon! 渐渐增加到 evening, night 的时段问候: Good evening! Good night! 以及礼貌用

语：How are you? Fine, thank you. Nice to meet you. Goodbye! See you. 的学习。这些日常问候,让学生在学习和了解了西方国家的日常问候的同时,想到中国同样是一个礼仪之邦,这样的日常招呼和问候,在我们的生活中随处可见。进而让学生明白讲文明、知礼仪是一件十分重要的事。

(3) 在句法教学中,教育学生要遵守规则明事理。小学阶段句法学习的重点是:句子成分、句子种类、句子类型等内容。这就要求小学生了解句子的基本成分,知晓句子的种类以及语调的不同,理解和运用不同的句型表达与交际。如:二年级第二学期 Module 3 Unit 2 Rules 中的核心句型是:Look at ... It's ... Let's ....。在 Peter 和爸爸过马路的语境中,学习交通规则:Look at the light. It's red. Let's stop. 遇到红灯要停在马路边;Look at the light. It's green. Let's go. 遇到绿灯才能通行;以及 Look at the light. It's yellow. Let's wait. 遇到黄灯就等一等。在句型的教学过程中,让学生联系实际生活,明白穿越人行横道前,要先观察交通信号灯,从小培养学生的规则意识、安全意识。

(4) 在语篇教学中,提高逻辑思维能力,增强文化意识。小学阶段语篇的学习主要是在听和读的活动中获取信息,理解大意,增加语言积累,体验语言的文化内涵。如:三年级第二学期 Module 3 Unit 2 Colours 中的 Read a story 板块,讲述了 The ant and the grasshopper 的故事,the grasshopper 自述 I like sleeping in spring and summer. I like singing and dancing in autumn. 对照这三个季节 the ant 一直在劳动,储备食物,到了冬天 the grasshopper 在雪地里冻得瑟瑟发抖地说 I don't like winter. It's too cold. 而 the ant 则坐在家里的炉火旁,安静地阅读,I like reading at home in winter. 在教授这一课时,笔者借机询问学生,这篇故事想要告诉我们什么? 为什么以两只昆虫的形式来呈现? 如果你是 grasshopper 会怎样安排这一年当中的时间呢? 鼓励和引导学生锻炼逻辑思维能力,挖掘语篇中的深层内涵。学生都非常喜欢听故事,积极踊跃地发表了自己的看法。通过两只昆虫在一年之中的活动对比,告诉学生游手好闲的结果是不劳无获,只有勤奋劳动才能丰衣足食的道理。然而故事并没有就此结束,当 ant 发现站在雪地里的 grasshopper 之后,便伸出援手,邀请他来到自己的家中,享受食物和炉火的温暖。故事的结尾同时又渗透着一个道理:就是在别人需要帮助的时候,要伸出援手,教育学生应当助人为乐。

3. 以英语为载体的礼仪教育搭建综合实践平台

(1) 探索礼仪教育原则

坚持文化融合的原则。在小学英语学科中开展礼仪教育的实践活动中,要注意中外礼仪的异同,把正确的行为规范转化为学生自觉的日常行为模式。因此在开展实践活动中,应当坚持以文化融合为主的原则,正视中西方礼仪文化差异,将英语文化与中国文化进行整合,在了解和学习西方礼仪的同时,对比和参照中国的传统礼仪,促进学生养成符合社会行为规范的文明礼仪。

基于课程标准的原则。新课标中指出,英语是知识、文化和资讯的重要载体,是国际交往与文化科技交流的重要工具。知识性和实践性的统一,工具性和人文性统一,是中小学英语课程的本质特征。在搭建综合实践平台的过程中,应结合小学英语的教学特点以及学生的实际英语水平和认知能力,帮助学生分阶段了解英语国家的人文历史、风俗习惯、思维方式和价值取向等内容,吸收其文化精华,提高跨文化理解能力和交际能力。

坚持浸润式教育原则。在小学英语教学中进行礼仪教育,切不可为了礼仪而礼仪,避免形式化教育。在叙事说理中,将小学英语教材中的礼仪因素挖掘出来,从而起到感染和影响学生的作用,真正做到无痕浸润式的礼仪教育。

(2) 小学英语教学中实施礼仪教育的有效策略

① 开展社会调查,了解中外礼仪的异同。在英语教学中利用教材中 Do a survey 的板块,让学生对身边的同学、朋友、家人进行社会调查。通过学生自主进行调查,可以从身边的同学、朋友、家人那里了解到一些有关中外礼仪的知识。比如:在西方国家里有一些敏感的问题不能问,像女士的年龄、体重,在中国提问女士这样的问题同样要注意;在西方国家人们见面一般都会以讨论天气而展开对话,在中国人们见面打招呼都会先问一句:(你)吃了吗? 在西方国家人们就餐时都习惯于保持安静,即使讲话也会尽量把声音压低,以免影响到他人;在中国同样有着"食不言寝不语"之说。

② 定期举办英语文化节。回顾以往的英语文化节,我们开展过以英国伦敦、美国夏威夷、澳大利亚为主题的活动,开展了各种各样丰富

多彩的活动,每次举办文化节都大幅度提升了学生学习英语的热情,进一步丰富校园文化建设,强化学生英语学习兴趣和习惯的培养,全面提升学生的英语文化素养。

(3)促进礼仪教育的多元评价

除了在小学英语课堂上的教育教学活动中,对学生的学习兴趣、学习习惯和学业成果进行及时的反馈与评价以外,我校还结合礼仪教育这个主题,对小学生的礼仪行为进行有效的多元化评价。

开展评选"礼仪之星"活动。结合我校的"五星少年"课程建设,培养学生自觉践行文明礼仪的意识,加强学生的养成教育,在全校开展"礼仪之星"的争星评比活动,提高全校学生的文明意识,使全校学生的语言更文明,行为更规范,形成积极向上的精神风貌,并且生活中养成良好文明礼仪习惯,使其以饱满的热情、文明的姿态反馈到学习中。

(三)研究方法

1. 文献研究法:通过收集、筛选和整理有关阐述小学英语礼仪教育的文献,掌握本研究在学术界的现状,以及已有的理论成果,为本研究的调查设计提供思路,对问题的解决提出建议。

2. 行动研究法:主要通过一系列的英语课堂教学中礼仪教育的渗透展开深入的研究,在实际的教育教学环境中,针对存在的问题,分析寻找问题产生的原因,不断完善教与学的行为。

3. 个案研究法:以小学英语礼仪教育的课题研究模式为依托,结合小学英语教学特点,以创新的理念探索适合小学英语牛津上海版教材的课堂教学模式,通过不同的课堂教学案例分析、概括和研究,提高本课题研究的有效性。

4. 经验总结法:以教学中的实践经验为依据,归纳、分析并总结小学英语牛津上海版教学中礼仪教育的经验和学生的反馈信息。鼓励教师个人针对教育教学实践活动中的具体情况,进行有效总结,提炼改善课堂礼仪教育的具体措施。

(四)拟解决的关键问题和特色创新处

在教授小学生学习英语这门学科的同时,让孩子们知道英语学习不仅是一门外语,也让教师们明白英语教学不是简单地完成教学任务。在教师教与学生学的过程中,小学英语课程还蕴含了许多做人的道理、应当遵守的日常规则、与人交际和处事的态度等德育的因素。英语不仅可以架起与人沟通的桥梁,而且还能帮助学生树立正确的世界观、价值观和人生观。小学英语教学与德育渗透相结合的方式,将有效地改善课堂氛围,促进师生关系更加轻松、和谐、民主。

笔者通过中国知网"CNKI 学术搜索"查询主题为"礼仪教育"的相关研究记录发现,关于小学英语教学中的礼仪教育很少,有待于探究和发展。

以小学英语学科为案例进行礼仪教育的论述,在实践活动中结合我校的"五星少年"课程建设,即为本研究的创新之处,在研究方法与途径的过程中,进一步加深对教材设计意图的领悟和挖掘,在培养学生全面发展的过程中起到一定的促进作用。

案例 2:基于兴趣培养的小学低年级体育课堂教学研究

——一年级《跳单双圈》教学中"运动之星"评价案例分析

【案例背景】

小学一年级体育课是学生学习体育的启蒙课、基础课,这个基础是否抓好抓实,将会对以后体育教学产生非常大的影响。而一年级的体育课教学又有其特殊性,原因有二:其一是教学场所在室外,孩子们无拘无束,调皮又好动,再加我校随迁子女的增多,行为习惯整体偏差,上课时喜欢做小动作,不听从指挥,课堂纪律组织难度增加,如果采用了"压束"及"控制"的方法,效果适得其反。其二是孩子年龄幼小,注意力不能持久集中,学习兴趣来得快去得也快,单纯机械地进行"跑、跳、投……"等教学内容练习,学生们渐渐失去兴趣,产生厌学现象,教学效率不能得到有效提高,令人头痛不已。如何将体育课创建为灵动课堂,孩子们开心的乐园,能在快乐中主动去学习?

通过不断的实践和反思,深刻领悟了"知之者不如好之者,好之者不如乐之者"的含义,成功的教学需要的不是强制,而是兴趣的激发,兴趣是最好的老师,兴趣是内生驱动力。特别是一年级学生表现得尤其突出,兴趣能很好地吸引他们的注意力。一年级体育教学并非是单纯传授知识技能,而是情感体验,从培养学生学习体育的兴趣入手,是抓好一年级体育教学的关键。下面我以一年级《跳单双圈》教学为例,谈谈自己的体会。

【案例介绍】

(一)学习内容

1. 跳跃:跳单双圈

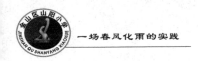

2. 综合活动：小动物运动会

(二) 学习目标

1. 初步学习跳单双圈的方法,大部分学生能做到单脚起跳、双脚同时落地、落地轻巧的动作要领,提高学生的身体协调能力和灵敏素质。

2. 练习综合活动小动物运动会的活动方法,发展学生的四肢协调能力。

3. 感受跳跃的乐趣,培养学生在活动中合作学练的学习态度。

(三) 设计说明

本节课的内容是一年级跳单、双圈。爱跑爱跳是孩子们的天性,一年级的孩子注意力集中的时间都相对较短暂,容易对重复性强的活动出现心理疲劳,学生容易出现单脚起跳,双脚依次落地的错误动作,究其原因,一是孩子们注意力不够集中,没有看清教师的动作示范。二是学习兴趣不高,跳跃比较随意。所以为了激发学生的学习兴趣,课堂教学以快乐的动物乐园为主题,小动物学本领为主线,用游戏比赛的方式呈现每个教学环节,去调动学生的求知欲望,提高学练的热情。

(四) 片段介绍

1. 准备部分:创设情境,引发好奇,调动兴趣

(1) 课堂常规(略),明确学习内容和要求。

(2) 热身和导入小游戏:模仿小动物操。(随着背景音乐欢快地跳跃在动物王国里)

师:看!今天的动物聚会都来了谁呢?

生:青蛙、袋鼠、兔子……(形象装饰,情绪激发)

(学生进入大森林,佩戴头饰,跃跃欲试)

师:大家心情不错,就一起快乐地去大森林跳跳玩玩吧。可以相互观察,看谁跳的姿势最多,争做跳跃王。(自由创想,善于观察)

(教师参与,变换不同跳姿,最后戴上兔子头饰跳,引出主题)

师:很棒!相互讨论评价一下,你觉得谁跳得最好……大家都观察得很仔细,让兔子表演一下吧,看他厉害在哪里?

(师生相互展示,讨论总结)

生:跳得高、站得稳。

师:小朋友太棒了,我们向你学习,接下来我们大家一起来学着小

兔子跳一跳,学一学本领,有没有信心呀?(语言激励,热情投入)

生:有。

(互动练习中老师有意引导到设定的场地)

师:小朋友们,你们看,老师给你们带来了器材,我们一起利用这些器材来玩蹦蹦跳。注意观察老师是怎么玩的。(利用好奇心,调动求知欲)

生:(讨论)首先用左脚连续跳过带小脚丫的泡沫板,再用右脚连续跳。

师:你们真聪明,观察得真仔细,现在自由组合,三到四人一组,把各种器材摆成一条直线,分别用左、右脚连续跳跃,看哪个小朋友做得比老师还要好,本领学得最快。(团结协作,自主学习,积极进取)

(学生合作摆放器材,尝试不同器材,体验练习乐趣,教师巡视指导。)

2. 主教材:激发兴趣,自主学习,团结协作

(1)跳跃:跳单双圈。唱儿歌→进入情景→自主学习→分层学练→知识技能评价。学生在唱、编、跳、练、评的活动过程中掌握技能。

师:刚才你们都跳得非常棒,做到了单脚连续跳跃,接下去老师要变个戏法,大家想不想看?注意观看,发表意见哦。(及时评价,提高兴趣)

生:(交流讨论)单脚起跳,双脚落地。

师:你们太棒了,我们要做到单脚起跳,双脚落地,并且要双脚同时落地,还要注意摆臂哦,跟老师一起边唱边跳吧。(儿歌:单双单双跳,单起双落我最棒)三四人自由组合开始练习,加油!(创编儿歌,帮助记忆)

(老师根据学生掌握情况,有针对性地互动参与,用自己的动作潜移默化地纠正错误。)

师:老师请小朋友展示一下,注意他做得好不好,说说你的意见。

生:(评价)×××跳得很高;×××落地很稳,×××落地脚一前一后……

师:(总结)一定要单起双落,落地要轻巧稳定。让我们再练一次吧。

(进入不同器材场所,有贴纸区、泡沫板区……巩固练习)

师:刚才呀!小朋友们都很认真地练习,给大家点赞。现在看看谁学的本领最好。小动物要过小河,河上架设了好多梅花桩桥,看你能过几座,大家努力吧。(自主选择,兴致盎然)

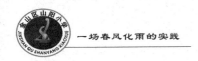

(变换练习场地,增加练习难度,进行游戏比赛)

师:刚才小朋友们挑战难度,都漂亮地完成了任务,表扬大家。小动物们遇到困难了,大河挡住了去路,没有了桥,需要自己动手架桥才能过去,想不想挑战,我们开始吧。(分层学练,个性发展,团结协作)

(学生自由发挥,创想搭建不一样的桥,难度、形状各异)

师:玩得开心哇?大家表现非常的棒,你有什么想说的吗?

生:"很开心""我所有桥都稳稳跳过了""我们一起造了漂亮的桥""×××摔倒了我扶她起来的"……

师:非常棒,小朋友不仅都学会了新技能,而且还学会了帮助他人,团结同学,还会一起合作完成任务。(渗透德育)

附:

评　价　单

运　动　之　星			
评 价 内 容	自　评	互　评	师　评
1. 能参与游戏中,积极模仿小动物	☆☆☆	☆☆☆	☆☆☆
2. 能仔细观察同学动作,积极评价	☆☆☆	☆☆☆	☆☆☆
3. 能仔细观察教师的示范	☆☆☆	☆☆☆	☆☆☆
4. 能团结协作,自主练习	☆☆☆	☆☆☆	☆☆☆
5. 动作完成情况	☆☆☆	☆☆☆	☆☆☆

【案例分析】

激发兴趣的因素很多,对于一年级学生来说,既要针对年龄特点与心理特征,创设丰富的教学环境,又要根据不同的教学内容采用不重样的组织形式,才能收到事半功倍的效果。本课把枯燥的跳单双圈教材内容,通过情境的创设,语言的诱导激励,多样的评价手段,新颖多样的教具,多变的教学组织形式,合理、适时的评价等手段,多方位地调动学生学习的积极性,培养了良好的学习兴趣和习惯。

一、创建多元环境,点燃学练热情

在一年级学生体育教学过程中,良好的教学环境对体育学习兴趣培养起着重要作用。教学环境种类又是多种多样的,合理的选用尤为关键。本课针对一年级学生好玩、好动、好奇,注意力容易转移,情绪变化快,较多地是以兴趣来支配活动的特点,从三个方面来创设教学环境。第一是情境创设,我在场景布置上下了功夫,形象逼真的大森林,有山有水,有树有草,配上欢快的背景音乐,把冰冷的场地变成了小动物的乐园。切合主题的场景布置,自然把学生引入练习活动中来,情绪饱满,学练认真。第二在教具和器材的选用上花了心思,漂亮的动物头饰,卡通的贴纸,多彩的泡沫板,形状各异的铁环,冲击着孩子的视觉,使每个学生产生练习的冲动。实践证明一年级学生长时间无器械的运动或单调的器材练习容易让他们感觉枯燥,练习兴致明显下降,所以丰富的器材有利于老师组织、设计教学,鼓励学生去探究,自主学习,在愉悦的心情下接受知识,掌握技能,主动地参与到学练的过程中。第三是教师的情感,教学中师生间微妙的情感交流,自始至终都伴随着教学的各个阶段。一年级学生依恋性较强,需要教师用"童心、童言、童行"去对学生导教导行,充分发挥情感作用,做孩子的好朋友。这样学生才会在快乐的活动中受益无穷,越学越爱学。本课我时刻保持亲和的表情、赞许的眼神、鼓励的言语去激励学生。"真聪明""真棒""向你学习"……学生从教师那里感受到真诚的关怀和诚挚的爱,内心得到鼓舞、激励,师生感情和谐融洽。同时我适时参与练习,融入孩子中,给学生学习增添了更大的热情。

二、巧妙设计游戏,激发学习兴趣

小学体育游戏化教学正在学校如火如荼推行,我们体育课不应再是机械单纯的跑、跳、投……技术动作的练习,枯燥乏味令学生厌烦。学习的最好刺激是对所学东西的兴趣,对于学生来说,体育游戏才是他们的乐园。所以需要老师多费心思,精心地去设计游戏,提高学练兴趣,使体育课堂变得生动多姿,学生听起来有滋有味,动起来生龙活虎。基于一年级学生的年龄特征,活泼好动,但自控能力差,有意注意的时间相对比较短,学习情绪时而高涨,时而低落,极不稳定。因此,设计游戏时,要体现简单易懂,动作示范直观易于操作,而且做同一种练习的时间不宜过长。游戏形式要新颖、方法灵活多样,以达到调节他们的精神,唤起学习的兴趣,使之保持旺盛的求知欲望。

本课中我根据学生特点,对单调、枯燥的《跳单双圈》教学进行合理的改编,使之体现游戏性、竞争性,迎合学生好玩、好胜、好强的特点。以小动物学本领为主线,分层设计成一个个小游戏落实在每个教学环

节里。从开始游戏——模仿操,到导入游戏——谁是跳跃王,富有趣味的动作表现一下子把学生带进角色。主教材的学习,层层递进,从尝试学练到创编儿歌巩固练,学生渐入佳境,二次过河游戏创编,有易有难,有竞争有合作,有拓展有探究,不知不觉中把学生的练习热情推向高潮。整个过程以活泼的教学形式作为诱发学生上体育课兴趣的引线,趣味性地开展教学,取得了良好的教学效果。

三、创设多样评价,高效完成教学目标

体育教学评价是依据体育教学目标和教学的原则,对体育课中的"教"与"学"的过程和结果进行判断,主要有师生评价和生生评价。在师生评价过程中,主要以语言、手势等方式进行评价。在体育技能练习中,由于学生的个体差异,学生自身条件、运动技能、体能、运动兴趣等差异,导致学生完成动作情况不同。因此,教师可以常常用鼓励的语言与学生说话,如:小朋友太棒了,我们向你学习。真聪明,你观察得真仔细等鼓励语言。用表扬的手势,如:鼓掌、大拇指点赞、摸摸学生的头等动作。不仅能让完成情况好的学生更上一层楼,也能让相对较弱的学生也积极练习,可以大大提高学生的练习兴趣。

生生评价分为学生对自己的评价和对同伴的评价,通过制作评价表的方式,直观呈现评价要求,学生根据评价表的内容进行打分评价,让学生清楚自己处于哪个等第。此外,小学生在课上的注意力集中时间较短暂,特别对于低年级学生,好动好玩是天性,教师通过设定同伴评价环节,让学生在课上学会仔细观察,相互帮助纠错,从而进行公平、公正的评价。

课的结束根据学生的课堂表现,评选"运动之星",提高了学生的学习兴趣,同时让学生会观察,会沟通,培养了学生的团结协作等能力。

体育学习兴趣是体育课堂教学的内部动力,不断培养低年级的学生体育学习兴趣,通过丰富多彩的教学模式调动学生参与体育学习的热情,创设良好的体育教学环境,激发学生学习体育的求知欲,让体育课堂教学真真正正地"活"起来。

案例3:有效评价,激励之花
——"才艺之星"评价的运用
【案例背景】
随着新课改的不断深入与发展,新的教学评价理念越来越得到广大教育工作者的接受和认可,并一定程度上体现在教育教学实践中,特别是过程性评价和发展性评价逐渐地得到多数教育专家和教学一线实践者的重视。音乐学科教学评价是指对音乐学科教学过程及教学效果进行评估的过程。通过音乐学科教学评价,可以鉴别学生的学习能力、学业状况和发展水平,了解音乐教师的教学质量和教学能力,提供音乐教学的反馈信息,对提高音乐学科教学质量有着极大的促进作用。

《上海市中小学音乐课程标准》在"评价建议"中指出:"音乐课程评价应着眼于评价的教育、激励与改善的功能。通过科学的课程评价,有效地促进学生发展,激励教师进取,完善教学管理,推动音乐课程的建设与发展。"可见,新一轮的课程改革,向我们提出了学习评价改革的要求,同时为我们开展音乐课程的学习评价改革指明了方向。在具体教学中,我就结合学校五星少年特色之"才艺之星"评价做了一些尝试。

【案例描述】

以笔者执教的三年级第一学期第三单元第二课《勤快人与懒人》一课为例,根据"才艺之星"评价,我在课上设计以下三个环节。

环节一:建立民主平等的师生关系,营造宽松愉悦的教学氛围

创设情境,激情导入

1. 观赏视频《破铜烂铁厨房秀》,学生神情专注

提问:谁能说说看,这些人在哪里? 他们在干什么?

2. 创设情境:欢乐厨房

(1)出示锅碗等厨房用具,学生边听音乐边模仿厨房的情景进行表演。

(2)用两种不同的打击乐器敲击同一种节奏,学生辨别两种声音的强弱。

(3)介绍 2/4 拍。

(4)跟音乐用打击乐器敲击感受强弱。

(5)加入歌声,用自己喜欢的哼唱方式唱旋律。

环节二:巧妙运用语言

学唱歌词第一段

出示第一段歌词,学生按节奏朗读歌词

红字标出"有的炒菜,有的煮饭,有的在蒸馒头",开小火车比一比谁念得准确清晰。

以小组开火车的方式念歌词,其余小朋友都表现得非常出色,然

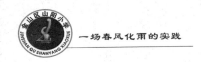

而,在面对一个比较害羞的学生时,我这样评价:"你念的节奏准确,嗓音也很好听,可是这样好听的嗓音只让老师一个人听可惜了,让你所有的好朋友都听到你那美妙的声音吧!"激励的话语如同甘露流进孩子的心田,成为孩子积极向上的动力,不难体会出那对孩子的拳拳爱心。一句来自老师内心的"你的节奏真准确",让孩子尝到成功的喜悦。"嗓音也很好听"更是让孩子心中甜如蜜。"要是能让所有好朋友听到就更好了",巧妙地为缺点加上"糖衣",既不伤及学生自尊心,又让他们易于接受。老师真情流露的委婉评价语言,也是学生音乐情感学习的催化剂。

环节三:以情带声,表现歌曲

(1) 小组讨论:你会用怎样的声音来表现勤快人与懒惰人?

(2) 请各小组表演

将班级分为5个小组,每个小组都有一块评价小白板,并且每一位小组长手中都有两颗小星星。每一组学生完成表演后,经过其余小组的组内讨论,小组长将小星星贴到觉得满意的小组白板上,获得最多的小星星的小组再次表演,其余小组学习。

(3) 分组全体歌表演

在录音伴奏中,小组依次表演,带上动作与表情。PPT出示评价表,学生根据评价表内容,互评与自评,最后教师为每一组评上星星,获得最多星星的小组成员将获得班级"才艺之星"的称号。

【案例反思】

一、真情流露,拨动学生的心弦

音乐是情感的艺术,音乐课的基本价值在于通过以聆听音乐、表现音乐和创造音乐为主的审美活动,使学生充分体验、鉴赏和挖掘音乐中的美,丰富自己的情感,被音乐所表达的真、善、美等理想的境界所吸引和陶醉,产生强烈的情感共鸣,为其终身热爱音乐、热爱艺术、热爱生活打下良好的基础。因此,音乐学习情感在音乐课程中具有不可撼动的地位,学生的学习情感应作为音乐教学评价的重要指标。这种平等的对待,细心的呵护,真诚的评价和引导,师生一同参与的课堂,怎能让学生不喜欢,不心动情开呢?

二、踏上快乐的音乐小路,开出多元化评价之花

小学音乐教育的音乐知识与技能内容以及要求都是从感受音乐、表现音乐的情感需要出发,适应中小学生音乐实践活动的需要,不做过

高和过难的要求,但他们在音乐实践活动中表现出了积极的参与态度和较准地把握音乐形象的能力。因此,应根据小学音乐教育的特点,对演唱、演奏、识读乐谱、即兴创作、音乐欣赏等教学内容进行综合评价。

如我设计的等第与评语相结合的评价:

1. 评价目标

(1)能在录音或钢琴伴奏下,正确、完整、并带有表情地背唱歌曲。

(2)能用合适的音量,用自然、富有弹性的声音演唱。

(3)能基本唱准旋律的音准,歌曲节奏正确。

(4)能为歌曲加上动作,演一演。

2. 评价方式

(1)背唱歌曲,开展"勇得小星星"活动。

(2)根据评分项与评价标准,开展评价。

(3)根据评价结果,获得小星星。

用等第和评语相结合的方式,作出反馈。

3. 评价指标

"才艺之星"评价标准					
评价维度	观察点	评 价 标 准			评价主体
		☆	☆☆	☆☆☆	
演唱习惯	能在聆听伴奏的基础上演唱	需老师或同伴多次提示与帮助	需老师指挥提示	能正确根据伴奏的速度演唱	师生评价
	合适音量与自然嗓音演唱	偶尔会出现不协调的音量演唱	经提示,能够改正,并调整自己的音量	能主动根据同伴和伴奏的音量调整自己的音量	
演唱成果	背唱歌曲	经过提示后背唱歌曲,歌曲出现少量失误	基本能够完整背唱歌曲,歌曲偶尔出现失误	能够完整背唱歌曲,词曲完全正确	学生互评
	音准情况	在老师与同学的帮助下,音准基本正确	放慢速度,音准良好	能按原速演唱,音准正确	教师评价
	歌表演	能在老师与同学的帮助下,加上些许动作表演	能通过自己的思考加上动作,表演流畅	能按原速唱歌,动作优美,符合歌词内容	教师评价

第四章 融入"山阳文化"的保障机制

运用"才艺之星"评价方式,营造一种愉快和谐的评价氛围,淡化学生的考试心理,让他们积极主动地参与评价活动,还要十分注重观察、谈话、提问、讨论、抽唱(奏)等一些细小的教学活动。由于学科的特殊性,音乐教学评价不同于语文、数学、外语等学科的教学评价,在进行评价时还要特别注意学生个体的差异性,要根据各学段不同的目标及学生不同的音乐水平,恰当选用评价形式和评价方法,在众多的考核的项目中,让学生自选有兴趣、有特长的项目进行考核,可以让学生根据个人的能力、特点,扬长避短,满足其表现欲,发展其特长,增强学生学习音乐的自信心,提高学习音乐的兴趣和音乐情感的表现。

四、风采展示

五星图标

学校"十佳礼仪之星"竞选

举行"礼仪之星"争星仪式

第五章　融入"山阳文化"的师生同行

如果没有"山阳民乐",学生会弹奏民族乐器吗?大部分不会。如果没有"渔文化",孩子会成为渔村建设小主人吗?大部分不会。如果没有"山阳故事",学生能感受到故事的韵味和魅力吗?大部分不会……如果没有"山阳文化",学校或许少了一份内涵,教师或许少了一份成长,学生或许少了一份经历……然而没有"如果",山小人在教育的沃土上潜行潜思,为师生同行助一份力,为家乡献一份情。

第一节　彰　显　师　德

一、2015 学年山阳小学青年教师演讲比赛活动方案

(一)指导思想

为了进一步提高青年教师的思想道德素养和敬业奉献精神,通过讲述发生在我们身边的教育教学经历,营造良好的师德氛围,培养良好师德风尚,打造一支师德高尚、业务精良的教师队伍,促进学校各项工作的向前发展。

(二)活动主题

本次活动的主题是"最美的我们在路上"。活动内容是围绕主题,讲述发生在我们身边的教育教学经历,充分体现我校教师热爱教育、勇于奉献的精神风貌。山阳小学创办于 1905 年,一百多年来,学校历经多次更名和变革,积淀了深厚的文化底蕴。近年来,学校坚持以师生发展为本,展示师生的生命活力,更注重对人的培养,尊重人、关怀人、发展人,让人人都有追求,人人都能体验欢乐和成功。正如李镇西老师所

言："人"是学校发展的主角！在山阳小学就有一群最美的山小人,他们用自己的行动和信念践行这"矢志如山　胸怀朝阳　善小养真　勤学自强"的山小精神。

（三）比赛时间：演讲稿上交时间：2015 年 12 月 31 日前上交

现场演讲时间：2016 年 1 月 26 日左右(具体时间待定)

（四）比赛地点：阶梯教室

（五）参赛对象：青年教师(1980 年 1 月 1 日以后出生的)

（六）活动要求

1. 演讲题目自拟,脱稿演讲。

2. 演讲稿要求主题鲜明深刻,内容充实具体,事例真实感人,条理清晰,逻辑严密,结构精巧,富有启发性,有较强的感染力和号召力。

3. 演讲稿由演讲人自己撰写,教师按抽签顺序上场。演讲时间为

第五章　融入"山阳文化"的师生同行

3—5 分钟,超时将扣分。

(七)演讲评分规则

1.评分方法

比赛采取百分制,以平均分作为选手的最后得分(保留两位小数),比赛结果当场公布。

2.评分标准

2015 学年山阳小学"最美的我们在路上"演讲比赛评分表	
评 分 标 准	评 分
1.演讲内容(50 分) 内容真实,观点正确、鲜明,说服力强,具有感染力	
2.演讲技巧(30 分) 语言表达:普通话标准,吐字清楚,注意轻重缓急,抑扬顿挫 态势神情:姿态、动作、手势、表情、眼神的表达 仪表形象:服饰大方、自然、得体,举止从容、端正,精神饱满	
3.演讲效果(10 分) 演讲精彩,具有较强的鼓舞性、激励性、感召力。能充分调动听众情绪,产生较强情感共鸣	
4.时间及脱稿要求(10 分) 不脱稿扣 5 分;超时或少时扣 2 分(时间限制为 3—5 分钟,若超时或少时,每分钟扣 1 分,扣完 2 分为止)	
参赛选手姓名	分数合计

(八)评比安排:

1.评选方法:评委针对参赛人员根据评分表进行现场打分,最后以分数的高低进行排列,划定等次。

2、奖项设置:一等奖 2 名 二等奖 3 名 三等奖 5 名

最佳风采奖 13 名

金山区山阳小学

2015 年 11 月 24 日

演讲稿1：以爱的风帆起锚远航

杨 洁

当看到演讲的主题是"最美的我们在路上"的时候,我就问自己,怎么样才算是最美的我们呢?回顾我为时不长的四年教学经历,我认为最美的我们应该是这样的:

(一) 学会用微笑面对孩子

微笑是老师最好的"名片"。王三阳老师说:"教育应该是在微笑中进行的一项事业,每一位老师都应该把自己最美丽的微笑奉献给学生。"王老师结合生动的案例,为我们解读了微笑在教育教学中的特殊意义:"微笑是对他人的信任,微笑是对学生的赏识,微笑是心与心沟通的桥梁,微笑是鼓舞学生积极向上的勇气。"

在已过去的 2014 年的圣诞节,我也有一个关于微笑的故事分享给大家。这是一个平常的工作日,我上完课回到办公室,发现桌子上多了一盒巧克力。同班的老师告诉我,这是我们班里的小林同学送给我的。我隐约记得这是一位文静内向的女孩,成绩也并不十分突出,她总是静静地坐在教室里,静静地聆听我的课,巧克力也只是默默地放在我的办公桌上,一如她的风格。所以在我知道之后,我把她叫到了我的办公室,我笑着对她说谢谢,圣诞节快乐!原本低头不语的小女孩,瞬间抬起了头,微笑在她的脸上化开。我能感觉到她发亮的眼神和激动的内心。我竟不知,我的一个微笑,却是她小小世界里的蓝天白云。

最美的教师应该学会微笑面对孩子。你的微笑给孩子带去了自信和勇气,同时收获了孩子内心的热爱与敬仰。

(二) 学会用真诚和爱心打动孩子

《班主任兵法》一书中写道:"对于学生中出现的问题,教师一定要研究学生的心理,思索学生的动机,站在学生的角度体会学生的感受,然后对症下药,采取措施。"关于这一点,我也有着切身体会。

那是一个普通的工作日,我在批改回家作业时,发现小程同学的作业本上全部是空白的。作为大队委员同时也是英语课代表的他,我觉得作业不做就交上来是件很不可思议的事。于是我找到了他,向他了解原因。我对小程说道:"你作为英语课代表这样做是很不应该的,在班中你应该起到表率作用。"他很诚恳地回答说:"杨老师,我真的忘记

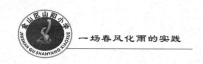

了,请你原谅我。"我告诉他以后不要再忘记了,他很认真地点点头。随后我叫他在课间休息时把没做的作业补起来,可是直到快要放学,他都没有将补完的作业交给我,此时的我很生气,但是我努力让自己的心情平复下来。我再一次找到他了解情况。这时,我发现他的眼睛里有泪水在打转了,我突然意识到,这其中一定是有原因的。在我一再询问下,他终于说出了自己没有及时补上作业的原因。他说如果在课间补做作业的话,别的同学就会知道他没有做回家作业,作为一名班干部,他会觉得很惭愧,在同学面前,他觉得没有起到榜样带头作用。听到这里,我心中的谜团全部解开了,我拍了拍他的肩膀,用平缓的语气说:"既然你知道不完成作业是这么不光彩的事,那以后千万不能再犯同样的错误咯!"他连声应道:"杨老师,不会了,不会了!"说着,便高兴地跑回座位,做起作业来…… 事后我若有所悟:在孩子眼中如此严重的一次错误,而他的老师不但没有怪他,还耐心地听他说出心里的话,孩子的心弦在那一刻被深深打动了……

最美的教师应该学会用真诚和爱心去善待学生、关心学生、引导学生,在不知不觉中打动一颗颗小小的心灵。

通过两个小故事和大家一起分享我认为的最美的我们。其实山小的每一位老师都很美,而这份美源于我们对学生的爱,让我们以爱的风帆起锚远航,在山小的沃土上发光发热,在远行的路上变成最美的我们。

演讲稿 2：青春印记 润物无声

高洁青

林语堂先生在《人生不过如此》一书中写道：人生真是一场梦，人类活着像一个旅客，乘在船上，沿着永恒的时间之河驶去，我真的不愿去想，我最终会走向哪里？今天温饱，今天开心，今天闲适，足以。这种淡泊的心境谁不向往，谁不愿意这样知足地走在人生路上。可知足虽好，但如果一直这么放任自流，作为一个年轻人，我想这是最好的我吗？

2010 年，我选择了教师这份职业，开始了我的职场生涯。还记得第一次踏进教室时内心的兴奋和悸动，还记得第一次讲课时的稚嫩和生涩，还记得那年我饱含热情地在五星红旗下宣下誓言，眨眼间我已经站在这三尺讲台四年零四个月了。走在教师这条路上，我做了什么，努力了什么，又幸福了什么？

请允许我把青年老师分为这么几类。第一类，文艺范儿教师：孩子们我们要快乐学习，小学阶段以玩儿为主，老师会带着大家看雪看花看风景，从诗词歌赋一直聊到人生哲理。第二类，温柔宽容型教师：这样是不对的，老师再给你一次机会，下次要加油加油加油。第三类，普通型教师：来，把默写本拿出来，老师给大家默几个词语。呵呵，我想我就是典型的普通型教师，每天备课、上课、批作业、分析作业、拉差补缺。每天和那几个调皮的捣蛋鬼，马虎拖拉的小懒虫斗智斗勇。当我和大学的好友们聊起现在的工作，在他们眼里，这样的职场有些幼稚，有些无聊，甚至有些可笑。他们只知道做老师的，有寒暑假，太爽了。可我知道，做老师的乐趣岂止只有寒暑假。

去年 10 月份真是特别的忙碌，每周二、三、四下了班要练习合唱；大课间要排练辅导员风采秀；我还参加了中青年教师教学基本功比赛；同时，我还在积极筹备自己的婚礼。一样样的任务压得我喘不过气来，这大大减少了我和班里学生相处的时间。某天放学，我约了司仪聊婚礼的事情。时间快到了，我得快点儿，不一会儿就到了饭店门口，刚拉起手刹，手机就响了起来，是黄老师的电话："你们班是不是有个叫小越的？她放学摔了一跤，手好像摔得不轻……"小越，我们班一个瘦瘦小小的女孩，不太爱说话，总低着头，在班里没有什么朋友，学习不积极，比较懒惰。她从小父母离异，她判给了母亲，母亲常年在外，偶尔回来。

父亲杳无音信,似乎从不谋面。可怜的孩子现在随着六十多岁的外婆生活,外婆没有文化,只能管她的温饱。接到电话时,我心里又急又气,早不摔,晚不摔,偏偏这时候,也许不严重?司仪可已经到了!犹豫再三,老公劝我回学校看看,学生重要。是啊,她就一个外婆看管,万一有个三长两短,这祖孙俩怎么办?于是,我立刻回到学校。果然,她的手摔得不轻,是骨折的症状,我连忙联系家长并送她到医院。普通孩子受了伤哇哇大哭,可小越却一点儿也不吵闹,看上去似乎心事重重。因为右手骨折,所以小越不能写字,于是我就给她布置一些口头作业。让我意外的是小越的口头作业做得很出色,很多难题都能回答。不仅如此,原本沉默的她看上去比以前开朗了许多,也爱笑了。我问她作业是谁教的,她笑着回答:是妈妈。原来小越妈妈得知小越骨折,就请了假回来照顾她。小越一天天康复了。一次的周记,我被这个孩子深深感动。"老师,那天您送我去看病,晚上妈妈就回来了。我摔断了手,很疼,可是妈妈回来我好高兴啊!我已经好久好久没见到妈妈了。我在梦里都想妈妈!妈妈为了带我去上海看病,跟老板请假,结果丢了工作,我真的对不起妈妈,我要快长大,不让妈妈辛苦。"那一刻,我的眼眶湿了,她不再是原本那个作业拖拉的小懒虫,不再是那个沉默寡言的孤僻小女生,她长大了,懂事了。看到小越的成长,我由衷感到欣慰,也给了我更大的动力,我应该对学生尽老师的责任,教育他们,保护他们,在能力范围内照顾他们。和其他老师一样,我经常会收到学生画的画,折的花,做的贺卡。学生的爱那么纯,那么真,让人不忍心嘲笑,不忍心视而不见。这让我从内心觉得,我要把最好的带给我的学生,认真备课,让学习变得有趣,仔细批改作业,让学生学得扎实,拉差补缺,让落后的学生改掉坏习惯。师者,传道受业解惑也。在教师这条路上,我想只有让自己变得更好更强大,才有资格成为孩子们的良师益友。

在那段忙碌的日子里,办公室的老师们总是处处帮助我,帮我代课,帮我打饭,帮我代理班主任。"高妹妹,袖套要吗?陆老师这儿有一副多的,衣服可别弄脏了。""高妹妹,喜欢吃什么面包?戚老师今天正好要去面包店。"高妹妹,怎么又咳嗽了,多喝点水。"高妹妹,你去吧,张老师帮你看护班级。"我常常看到办公室年纪最大的都老师在空课的时候认真研究教案,还从网络上寻找着新课的精美PPT;看到陆老师耐心指导班级中的小干部如何管理班级;看到潘老师一遍又一遍,不厌其烦地教孩子们读单词。时光一点一滴,从大家身上我学到了许许多多,作为工作经验丰富,生活忙碌的 70 后和 60 后们都在自己平凡的岗位上努力着,认真着,我又有什么理由不思进取呢?身边的人身边的事都在让我变得更好。其实最好是遥不可及的,我能做的只有让自己离最好越来越近吧。

感谢学校今天给我们这样一个主题:最好的我们在路上。不早也不晚,很高兴在路上遇见各位。

演讲稿3：因为喜欢 所以享受……

潘 皓

校园里的桃花开了,妖娆的粉红,一定是喜欢上了春天灿烂的阳光;一树一树的樱花,白得那么无瑕,一定还在怀念去冬的雪吧;而海棠,绽出一个一个的花苞,在春风里笑得那么烂漫,许是和春风有个约定?

而我,又是从什么时候喜欢上教师这个职业的呢?

小时候,幼儿园的老师帮我梳小辫的时候,我觉得她像妈妈;和同学吵闹的时候,擦去我满脸泪花的轻柔的手,还在我的记忆里;碰到难题的时候,我苦思冥想不得其解,而老师,三言两语就轻轻巧巧地除去了我心头的疑惑……那时,我就觉得:老师真好。

可是,有时候喜欢的不一定就能成就。上海师范大学毕业以后,我进了一家日企。工作很清闲,收入也可以。但是,缠绕在心头的那一份喜欢,却始终挥之不去。

夜阑人静时,窗前月光下,我经常扪心自问:这,真的是你要的吗?我那么喜欢老师,为什么不能是一名老师呢?

如果,我是老师,我就能不断地学习、阅读、思考、写作。我喜欢捧着一本书静静地看、细细地品、默默地悟。在书中结识伟人、寻觅真理、远离浮躁。我喜欢将我的所思所想及时写下来,形成文字。教师职业为我的爱好提供了天然的便利,因为教师就是需要不断学习、不断反思,然后不断成长的职业。

如果,我是老师,我就能整天和笑脸相伴、与纯洁为邻。孩子的脸,朝气蓬勃、神采飞扬;孩子的心,晶莹剔透、纯洁无瑕。当我疲惫、懈怠、沮丧时,当我的心被浮躁、功利蒙尘时,只要一走进教室,跟学生们在一起,我就会浑身充满力量。因为学生的青春气息会感染我,昂扬斗志会激励我,无邪心灵会纯净我。

所以,当我的人生可以有再一次重大选择的时候,我选择了站在这里。

4年前,我跨入了山小的大门,成了我们。4年来,我们一起并肩作战、共同欢笑……

新教师要上汇报课,组里老师为我出谋划策;教研员要来听课,杨杰英老师、陈红卫老师不遗余力地传授法宝,使我从一个新手,很快成长为一名真正的老师，站在讲台上，得心应手，充满自信。这时，我感觉到了幸运。

初为班主任，面对孩子们的欢颜，我高兴；看到孩子们的愁容，我皱眉。我和新手们一起交流教育路上的点点滴滴，努力营造一个健康、向上的班集体。每当我听到学生对我说的悄悄话，我就感到了幸福。

又苦又累的一年级准备期过去了，班主任风采秀又要排节目了。那时，真的是累啊：连续几小时的排练，我的脚后跟磨出了血疱；久违了的痘痘又开始爬了满脸，同伴们嘲笑我青春又焕发了；回到家里，什么也吃不下，只想睡去不愿醒来。但是，我们的坚持，换来了舞台上的亮丽。这时候的我们，是多么的美好啊！

忙完了风采秀，家长开放日又接踵而至了。排练节目、准备课件，又忙得不亦乐乎。尔后，又要参加区里的中青年教师基本功大奖赛。我参加的写字课，基本上没有参考的模式。于是，查阅资料、虚心请教又占据了我所有的课余时间。我为一句过渡语揣摩半天、为一张PPT的制作请教同伴，改了又改；甚至板书的粉笔，我都从长短、硬度上进行了挑选。为了上好这堂课，我付出了许多，但同时，我又收获了何其多啊——对写字课的理解、对课件的制作、对课堂环节的掌握、对我们山阳小学这个大家庭的温馨感觉——一切的一切，让我觉得，融入了你们，成为了我们，是这一生中，多么快乐的一个选择！

也许，许多年后，回眸今天及至以后的漫长岁月里，我或许有憾，但是，我终将不悔——为着我们在这条路上，挥洒的热血、收获的欢笑；为着我们，越来越从容，越来越美好！

演讲稿4：在路上

曹萍英

大家好。

在拿到比赛方案,看到总题目的时候,脑海里瞬间浮现出来无数个场景,都是关于我们的:

四楼舞蹈房,包括这间阶梯教室,是全体青年教师一起洒下无数汗水的风采秀排练现场。

一楼的音乐教室,还有夜幕下的少年宫,是我们在座好多人唱到嗓音嘶哑还在坚持的合唱排练室。

为了一起理顺一节公开课的思路,下班后会约小伙伴去外面对着课件一边点鼠标一边吃晚饭,还干过在星巴克占了最大的那张桌子,教材资料和电脑铺满了桌面,靠一杯咖啡撑着,一起磨课做课件待到晚上十点多的事。

啊,大部分的人都没见过我们学校的自然实验室在晚上是什么样子吧,我们见过,一路走过去的走廊漆黑恐怖,在那里,有我们一起为同伴的比赛课反复讨论教案修改课件留下的身影。

还有底楼那间平时我们一般不会进去的美术画室,从未拿起过画笔的几个小伙伴,为了一二年级期末单项测试游园的六张巨大的海报,和美术老师一起从清晨画到下班后校园空无一人。

当然,我说的只是一小部分,只是我自己参与过的还有我亲眼看到的一小部分。但就只是这一小部分,现在回想起这一切,大家应该会感觉非常非常有成就感,是吧? 这么一长串的事情说下来,骄傲满满,同时也感慨万千。

这一学期,对于大部分的青年教师来说,都是格外忙碌的一学期。

从九月份的一年级准备期,后来的风采秀,接踵而来的合唱、中青年大赛,以及学校层面的各项活动,非常多的事情都同时挤在一起。我们中有几个是见习期第一年的新教师,除了本校的工作,还有外校的工作在身。还有几个是第一年当班主任,本身就已经手忙脚乱。而与此同时,比赛一个接着一个,事情一件还没做完另一件已经布置下来了,电脑上贴满了写着几月几日要做什么的便条,有很多号令必须在几月几日前完成或上交的最后期限,下班后或者周末的加班已经渐渐习以为常,经常需要在一个晚上赶出一篇几千字的稿子或者做好一个第二天就急用的 PPT,以前觉得把工作带回家特别傻,现在白天做不完的事情会自然而然拷进 U 盘塞进包里。

这是个很大的变化,虽然过程忙碌繁杂,但现在听起来好像挺美好。

但,不管什么变化,大的或是小的,变化的过程都不可能是一帆风顺或是立竿见影。

忙,伴随而来的是什么? 不堪重负的抱怨,无法排解掉负面情绪的烦躁,事情太多太杂乱无章的抓狂,旁人不能理解或提供帮助时候的抑郁,你要做事而别人不肯配合你时的无名火起。每个人或多或少都带着情绪,我在最忙最烦的时候也曾对人非常不耐烦,你能在我脸上非常清晰地看见暴躁两个字,举手投足之间带着巨大的阴霾,会出言不逊,会非常非常缺乏淡定,你给我讲一百个笑话都压不住我的负面气场。啊,在这里,顺便跟所有有意无意中冲撞过的人说抱歉,并非故意,还请原谅。

然而正是在这样的情境下,我们在跟自己,也跟别人不断地磨合碰撞。慢慢地学会处理负面情绪,学会分清事情的轻重缓急合理安排,学会跟别人合作配合,学会妥协迁就,学会设身处地换位思考。慢慢地,也就理解了别人其实也非常不容易,也不会再轻易定论一个人是好是坏,大家都有难处,我们只要做好自己。

最忙的时候是成长最快的时候,这句话我们都同意吧。成长了,也成熟了,这么多小伙伴们之间正能量的相互传递碰撞是一件很奇妙的事情,我们要继续下去。

最好的年纪就是现在,最宽的道路就在脚下,最美的我们相聚在山小,我们一直在路上。

演讲稿5：青春无悔 扎根教育

韩 翠

当我们满怀激情、踌躇满志地走向教师的工作岗位时,就意味着走上了一条理想与现实并存、鲜花与荆棘交织的人生旅途,我们会为学生取得的每一点进步而欣喜,也会为学生遭受的每一次挫折而牵挂;我们今生注定与学生的生命联系在一起,伴随着每一个学生生命的成长,我们的生命也将绽放出绚烂的光芒。这是属于青春的光芒,也是属于成长的足迹。花的事业固然显赫,叶的事业同样荣耀,而根的事业则最崇高! 今天我选择了做教师,就是选择了扎根于教育这片沃土,挥洒青春的雨露,孕育心灵的芬芳!

慢慢地,我发现其实做老师的,幸福就是那么简单。学生的小小进步、学生开心的笑容、学生的天真童言……都能让老师满足地小小地幸福一下。他,皮肤黝黑,矮矮的个子,眼睛有点向外凸起,暗淡无光。第一次看见他时,对他就产生了深刻的印象。果不其然,他的作业不是忘带,就是没有做完,刚讲评的练习卷立马就找不着了也是常有的事,当问及原因时,其他孩子都童言无忌地说:"老师,你别理他,他是个傻子!"这是我始料未及的,待了解情况后,原来他智商是没有问题的,不过是他父母晚来得子,太过溺爱。在又一次的不交作业后,我生气地找到他,劈头盖脸地问:"你自己觉得自己笨不笨? 傻不傻?"孩子无言地点点头,我心中一惊,"什么? 你自己觉得自己是笨蛋?""不是,但是他们都这样说。"他脱口而出地哭着反驳道。原来,每个孩子的自尊心都这么重要,在鼓励一番后,这让我深深感受到每一个孩子,都有属于孩子的尊严,这尊严是那么重要,又是多么脆弱,我又该如何重拾他的信心? 这又是一个"做好教师"的思考。

还有一个孩子,活泼、聪明,但不小心投机取巧了。事情是这样的:早上默写古诗时,突然传来声音"老师,他抄书"! 我走近一看,书正打开放在抽屉里,而他紧张地咬着笔。看到这样的情景,毫无经验和心理准备的我,什么话也没有说,重新拿了一张默写纸给他,打算课后再找他谈谈。下课了,其他同学也都及时上交了默写,可他仍然伏案疾书。"奇怪了,按他的速度,应该写好了。"我再次走到他身边,观察他的作业,原来他一直埋头自罚默写,已经写了四遍,额头上沁出了汗,仍没有停笔的意向。这样的孩子,我怎么还能严加批评。

学生们牵绊着我们的喜怒哀乐,我们幸福地倾听花开的声音。陪伴孩子们一起成长,教育孕育着幸福的花朵。喜欢孩子,热爱教育,这一切都是幸福的源泉。老师期待着,看到现在孩子的幸福,是种快乐的分享,期盼孩子将来的幸福,是内心默默的祝福。

演讲稿6：爱可以改变一切

张　吉

尊敬的老师们：

　　大家下午好，我是参赛选手张吉，我性格内向、不善表白，但是此刻我还是勇敢地踏上了这神圣的演讲台，为的就是跟大家道上一句心灵的呐喊，那就是：爱可以改变一切。

　　记得实习的第一天，怀着期待的心情踏进了校园，清脆响亮的朗读声在校园回荡，阳光走廊上的几幅熟悉的作品，温馨的办公室，曾经陪伴我的跑道、沙坑、操场……依旧如此熟悉。和老师们的再次相见充满着喜悦，谈论自己的大学生活，谈论上学时难忘的回忆，谈论印象深刻的同学……重回母校，满满的回忆，满满的爱。

　　记得开学的第一个月，从学校踏入社会，稚嫩的我因为有母校的关怀一切都是那么的顺利，这里有新的同事、我的老师们、我的学生们；这里有我最难忘的瞬间、成长的烙印。人生的第一个教师节，和孩子们一起度过，孩子们的单纯善良和热情感染了我，让我更加有动力，用高要求去更好地完成美术教育任务，和孩子们一起成长！

　　记得为了辅导员风采大赛一起努力训练的我们，记得为了争夺合唱金奖一个多月的合唱集训，记得为数学节、读书节、体育节、科技节付出的我们，记得那一个个和孩子们的感人故事，每一件都充满着浓浓的爱。

　　记得孩子们让我笑过，让我生气过，也让我感动过。在孩子们的成长中，我也逐渐成熟起来。我感谢他们，是他们让我在教学生活中，感到了快乐和满足；是他们让我有了成就感。在这些孩子当中，社团课的孩子们，他们带给我的不仅仅是这些，他们带给我的还有感动、温暖和快乐。

　　记得其中有一个女生，她是最与众不同的。她长得白白胖胖的，个头较高，单眼皮里装满着"我爱画画"，她性格古灵精怪，非常有主见。有一次，单独辅导她画画，她突然和我说："老师，我长大了也要做一名美术老师，要和你一样厉害。"她让我有一种从未有过的成就感。

　　还记得有几个非常可爱的女生，在我生病没有办法大声说话的时候，她们像小大人一样帮我管理班级纪律，会告诉其他同学老师身体不舒服需要好好休息,让调皮捣蛋的同学乖一些,因为有她们,感冒的难受瞬间消失不见,更多的是欣慰。

爱每一个学生,用心来打动他们,在他们身上注入我点点滴滴的爱:帮家庭困难的孩子学会生活;帮调皮小子克服学习困难;帮自卑的小丫头树立信心;帮羞涩的小男孩敞开心怀……

三尺讲台,舞台虽小,但我手捧师爱,憧憬明天;一间教室,视野虽短,但我热爱学生,无悔青春。让我们用爱心搭起桥梁,用关心凝成温暖,用真心传递幸福,用时光铸就"爱可以改变一切"的金色长城!

　　第五章　融入"山阳文化"的师生同行

演讲稿7：青春在这里闪光

陆祎炜

在 2014 年，能成为教师队伍中的一员，我是幸运的，因为在前方这条弥漫着书香的路径上，已有许许多多勤勤恳恳、无私忘我的教育先行者，他们用温婉、含蓄的方式，深刻地诠释了"学高为师、身正为范、以行立教、以德立身"之精髓。让我懂得了作为"老师"，我们不仅仅是获得他人的尊重、信任和敬仰，更多的是要用真心、爱心、责任心来回报这一份情谊。

当日历翻到 2014 年的 9 月 1 日那天，我跨进学校的大门时，教学生涯开始了……

还记得那是开学的第一堂课，从未上过信息课的孩子们，带着好奇的目光，忽闪着一双双大眼睛在教室里迎接着我的到来。我带领着他们去机房，不同于平时的教室，机房给他们带来了无限的新鲜感。索性我就趁着孩子们的好奇心，在第一节课介绍计算机的组成部分时，让他们摸了个够，这样反而加深了他们对各大硬件的认识呢！当下课铃声响起时，我发现在他们的脸上有了些许遗憾，或许是因为 35 分钟的时间太短了吧。

时间对于我而言，真的好像短了点，我一周与他们相处的时间只有短短的 70 分钟，短到只是两节课的光景，似乎我都还来不及去近距离地了解他们。可还是有那么几个她，给我留下了深刻的印象。胡欣滢和雷佳，每当我去教室上课时，她们总会给我展示美术课画的画和将做的书签送给我，虽然这只是一份简单的手工作业，甚至还有错别字。但是我都觉得心里暖暖的，因为她们愿意把她们的快乐与我分享，快乐加快乐，就是双倍的快乐了，我们彼此都收获了快乐！

潘小银、梅婷和胡欣滢，三个乖巧的小女孩，每当下课了，其他同学回教室后，都会自发地留在机房里，整理桌面。她们非常细致，即使所有的同学都已经将使用过的鼠标放回了原位，她们三个小女孩还会弯下腰，从主机后面拉起鼠标线，这样拖拉在外面的鼠标线就全部被收"藏"到主机箱后面了，她们的细致还在于，会把全班的鼠标和显示器整理到从侧面看都能连成一条线了。她们的一举一动也在潜移默化中影响着班里的其他同学，渐渐地，每个人的鼠标都从整理在原来的显示器旁边,到整理得像"藏"了起来一样。

有时候我觉得我像她们的姐姐一般,在体育活动课上,当男生们忙活着踢足球,柴元凤和郭晶晶就会像小妹妹一样跑过来,"出难题,考考我":陆老师,你知道 butterfly 的复数怎么拼吗?你知道我们明天要默50 个单词吗?这个把字句怎么改成被字句呀?……

操场上充斥着孩子们的笑声、吵闹声、叫喊声,声声入耳……

一切才刚刚起步,我们正年轻,在奋斗的年纪就应该选择拼搏,因为"人民教师"这光荣而神圣的称谓,它总能让我拥有无穷的力量,扛在肩上,倾尽我全部的生命让他们离各自的理想近一些、更近一些!

亲爱的伙伴们,今天我们不说辛苦,因为我们正收获着幸福;今天我们不言付出,因为我们已获得了最多的财富。青春正在山小闪光!

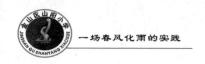

演讲稿8：成长 守望 憧憬

周 洁

从第一次走进班级彼此拘谨的对望，那时候的我略感手足无措；现在说不上得心应手，但是与孩子们的相处之间多了默契与感动。一个学期的时间，熟悉了一张张笑脸，触碰了一份份心灵。面对面与他们近距离接触才会发现：孩子的世界是单纯有爱的。

当你需要一支笔，会有许多双小手争着朝你伸过来；当你的东西掉在地上，小小的身板会毫不犹豫弯腰拾起，然后咧着嘴满脸笑容递给你；当你需要小帮手，三五成群便满怀热情围上来瞬间把你包围；当你提出一个要求，有时连自己都已经淡忘的时候，你会惊喜地发现他们却始终记得你托付的事情，然后你会深深地感动于他们对你的信任与理解。他们会说："老师，我应用题做得不好，以后下课后我来你这，你给我出几道吧！""老师，你刚才讲的量角我还没有很懂，你再给我讲讲吧。""老师，给你吃巧克力。"我为他们的乐于分享而触动，为他们的专注神情而欣喜，为他们努力想做对一道题而欣慰，为一份份工整端正的作业而自豪。

因为想看到学生开怀的笑脸，我开始觉得原来自己也挺有幽默感的，兴之所至开句玩笑，小朋友们还是挺捧场的。因为想看到学生高昂的投入感，我会苦思冥想，找寻与他们的共同语言以及与他们息息相关的生活情境。因为想看到学生发光的双眼，我会精心设计课件，有时候还会无谓地纠结他们到底会喜欢哪一张背景图片呢？

仿佛一条鸟语花香的小径，沿途的风景让我学会了欣赏与发现，学会了感恩与包容，也让我的步伐更加坚实有力。我们有的是勇往直前的决心，但是偶尔面对路上的阴霾难免也会失落，调整心情然后继续奋起追逐。

这一路有满眼阳光，也有风雨交错。但幸运的是，我不是独自面对。有同伴互助，有前辈提点。当我的脚步变得不自信的时候，还有师父会手把手带着我向前走；也有对自己充满怀疑的时候，师父会告诉我：你一定可以，必须有抗压的能力。他们就像树荫，庇护我们一路的前行。旅途中，有欢笑有阴郁，有自如有劳累，有酸甜有苦辣，但我们都用心地体验着生活。

我们流连一路上那一丝芬芳、一抹翠绿、几许阳光、几番风雨。最震撼人心和感人肺腑的,不是广袤的苍穹,也不是无边的海洋,而是我们踏实的步伐。深深浅浅的脚印见证我们的成长。在山小,我们变得愈发的自信与强大,迈着坚定的步伐,用自己的正能量影响着孩子们的世界。

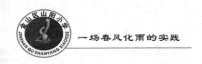

演讲稿9：用自己的色彩打扮大地

沈　清

"有目标的人生在航行，没有目标的人生在漂泊。"从高考填报志愿，选择小学教育专业，毕业之后到小学实习，最终如愿成为一名从教者，我的方向一直都没有改变过。依稀记得，填报志愿时的坚决；择业时对这份工作的憧憬；入编后的欣喜。

见习的一年很快就过去了，可在这一年里，我有过忧郁、彷徨。这一年里，我发现教师的工作并不是我想象中的备课、上课、批作业那么简单；我发现很多时候下班了，也只不过是换个地方工作；我感觉自己每天都在忙碌着，可回到家却也回想不起来这一天在忙碌些什么……这一年里，我反复地问自己："当老师是我毕业时的梦想，可它是否还是我今天乃至今后的梦想呢？""沈老师，下学期我们上二年级，你还教我们吗？"我望着孩子的眼睛，"当然！""耶！"孩子又蹦又跳，望着他，突然觉得孩子脸上的笑容或许就是对我这一年工作的最大肯定。收拾办公室时，整理出孩子们送给我的一大叠画、折的各种手工，还有那张令我记忆深刻的纸条，"沈老师，生日快乐！这是我用零花钱'卖'的。"生日那天，走进办公室，我的办公桌上放着这张纸条和几块巧克力，纸条上的"买"字还是错别字。也许，这只是一句平淡无奇的话语，而在我，则成了一种启示和诱导，我从中看到了自己受学生的喜爱。这小纸条让我读到了记忆中天真活泼的形象，读到了自己的业绩，读到了一个永不破灭的希望。虽然我活得不算鲜艳，但活着，有自己的颜色，打扮自己，也打扮大地，如果心的世界只有自己，那就什么都会失去。

天底下还有比莘莘学子发自肺腑的感激和赞美更叫人快乐的吗？一缕眷恋的柔情，一股燃烧的热情萦绕着、激荡着我的心！也许，教育过程中由学生带来的酸甜苦辣在于每一位教书育人本身所蕴含的无穷乐趣，以及桃李芬芳时的满足与成就感。正如孟子所云："得天下英才而教育之，至乐也。"昔日从教的美妙感与带有失落意识的幸福感驱动着我要与这三尺讲台为伴，看着一群又一群的孩子长大。不知有多少人问过我："你为什么要当老师？"我每每只是一丝微笑，因为在我心底，我更喜欢讲台下圣洁无瑕的孩子们那真诚的信赖与渴求知识的目光，喜欢讲台那道独特的诗意盎然的风景线。

跨上讲台,我就成了孩子们眼里的百科全书,成了孩子们心中的鲜红太阳,让我沐浴到人间最温暖的春风和雨露,体验到世上最珍贵的情谊和友爱,我崇拜讲台的高尚圣洁,在这里,我会有一种自我升华的愉悦,也将是我心灵的归属与依托。

　　在山小的这一年里,我感觉到自己不是一个独立的个体,而是这个团队中的一员。当我要上公开课,我觉得师父比我更加紧张。年级备课组的前辈们陪着我一起听课、磨课、修改教案,一遍又一遍,在开课前师父更是让我学着她的语调、神情、动作,一个个细节为我把关。当我的思想出现偏差,对工作偷懒时,师父也会严厉地批评我、指引我。当我要外出培训,身体不适时,办公室的"小姨们"总会对我说"你去忙吧,我们来"! 在这个团队里,我被呵护着、成长着。

　　面对一群稚嫩的孩子,我揣摩着,尝试着,与他们真诚地沟通、交流。每个教师心里,都有一本说不完的故事集,学生哪怕是道一声"老师好"或者留下一个微笑,园丁们也会感到莫大的欣慰。这种甜美的感受并不在于毕业生的回报,而是在我到教室吃饭时,孩子为我搬来的椅子;是在我发校服时,孩子们用小手扛起的箱子;是在有人呕吐时,孩子从我手中抢过的拖把;是我在感冒咳嗽时,孩子们安静的脸庞……

　　每个人的人生之旅总需要有人替他点燃知识和信念的灯盏。于是,教师便以孜孜不倦、挑灯伏案的背影定格在每个学生心中。教师是淡泊的,清贫的,也许,唯有这淡泊、清贫的人生才是最生动的富有,最灿烂辉煌的人生。

　　教师这条路永远都只有起点,没有终点,因为最好的我们,一直都在路上。

　　第五章　融入"山阳文化"的师生同行

演讲稿 10：寻觅心中那一抹清香

倪佳瑜

　　年轻如你我,充满了朝气与蓬勃;童真如孩子,洋溢着烂漫与无邪。初为人师的点点滴滴,都是那样让我记忆犹新。第一次捧着书本走上讲台,第一次听见孩子们悦耳的"老师好!",第一次感受到同事们温暖的鼓励,这一路上的我,从稚嫩走向成熟,感恩一路上你们的陪伴,让我收获了那样与众不同的 2014 年。

　　作为一名新教师,在这一学期中我所经历的事情是多彩的,我的收获是颇丰的。回首走过的这一年,从学生到老师经历了身份的转变。回忆当老师的每个瞬间,欣喜地发现原来我每天都被幸福包围着,幸福之中有你、有我、有我们大家。

　　我的第一个教师节,一双双小手为我送上他们最真诚的礼物,其中一件礼物让我忍俊不禁,那是印有喜字的喜糖,还记得那位小朋友红着脸轻声对我说:"倪老师,我在家只找到这个,祝你教师节快乐!"随即扑闪着小眼睛望着我,慢慢张开她的小手,将一小包糖果递到我面前,我接过糖果,隐隐感觉黏黏的。当我回到办公室拆开礼物,才发现这些喜糖都已变形,那应该是融化了一次又一次的巧克力,兴许,他把它们视为珍宝,舍不得吃,却愿意送给仅仅为他上了 10 天课的老师,忽然,这些我原本以为廉价的巧克力此刻却像锥子一样刺痛着我,静静地,我把它们继续包装好,永远地珍藏着。那一刻我是感动而幸福的。

　　幸福不仅仅存在于这些每天与我一起的天真无邪的孩子之间,因为,我还有一个"家"。这个家就是避风的港湾,给我温暖,寄予希望。和学生们一样,我也只是个刚入门的"孩子",跌跌撞撞,懵懵懂懂闯入了教师的世界。还记得那次合唱比赛么? 那一次次在舞蹈房中、合唱室里练到嗓音嘶哑,那一次次在少年宫与学校间的两地奔波,让我看到了老师们为山小连在一起的心! 作为领唱的我,忽然觉得有些害怕。我害怕我的失误会给大家带来失望。渐渐地,害怕变成了无助,把我拉进了万丈深渊。是家的温暖驱散了我心中的阴霾。师父不管多晚仍在小剧场里陪我练习,调节音响,一遍又一遍,尝试着能让我达到最好的效果。当我因为破音而躲避、不敢唱的时候,是老师们一个鼓励的眼神,抑或是一句:小倪,你唱得很好的,大胆地唱吧。同事们的温暖鼓励给了我无限的动力,心中布满了灿烂的阳光,更爱这个有声有色,有情有义的家。

在和大家一起成长的旅途中,体会了迷茫不知所措时的酸,得到学生喜爱时的甜,遇到挫折时的苦,更品尝了干劲十足的辣。最普通、最平凡的这份职业,却给了我这么不平凡的一切。

最美的我们在路上,孩子是我们最美的装扮!最美的我们在路上,山小是庇护我们的大树。这一路,有你们在我是快乐的,温暖的,更是幸福的。

我带着梦想来到山小,沐浴着阳光,享受着幸福。我的梦,阳光和幸福——最美之旅就从这里开始!

演讲稿11：种下爱收获爱

杨 旖

今年我担任一年级数学老师兼班主任，很荣幸能够站在这里和大家交流，我今天演讲的题目是《种下爱收获爱》。

这是我第一次担任一年级的班主任，为了尽快地让学生适应新学校的生活，开学前我就做了很多准备工作，我到每个学生家里进行家访，了解孩子的性格、兴趣爱好、家庭情况，回家一一整理总结。家访中有名小女孩，她总是畏畏缩缩地跟在妈妈后面，小手始终拉着妈妈的衣角，耷拉着脑袋，眼睛一直呆呆地看着我，我意识到这个孩子生性胆小、不善言辞，我在与她妈妈进行了简单的交谈之后尝试着跟她谈话，问问她喜欢做的事，但她一言不发，她妈妈看到她不回答，于是也问她："跟老师说说你平时喜欢做什么？"她还是看着我一言不发，妈妈急了，不停地催促。我急忙阻止了，我想肯定是我没有给孩子安全感，让孩子对我有抵触情绪，这件事情让我的心情久久不能平静……晚上回到家，我还在想，怎么做才能让孩子们喜欢我？让他们在这个新家中感受到无穷的乐趣呢？开学后，我开始和孩子们进行零距离接触，渐渐地，我发现孩子们对于我的依赖就好比在家依赖父母，鞋带松了来找我，扣子掉了来找我，书包坏了来找我，流鼻涕了也来找我要纸擦……我丝毫没有嫌他们麻烦，相反，我感到特别欣慰，我决心在学校像妈妈一样照顾他们，这是让他们喜欢我的好机会，在学校我要像他们的妈妈那样悉心照顾他们、爱护他们。那个在家访中一言不发的孩子，在我一天天的细心询问，一天天的表扬和鼓励中，她开始自己进学校了，她开始和同学玩耍了，有一次，她竟然一进教室就告诉我："老师，我今天穿上新衣服了。"看似一句很普通的话，其中却包含了太多太多……此刻我心里的感觉真是比吃蜜还要甜！望着孩子们绽开的笑脸，聆听着他们的童声，我有一种心醉的感觉！

当我走进教室，看着我那朝气蓬勃的41张小脸，我的浑身就像充了电一样，没有了疲倦、没有了心酸，心里只是想着我的这41个孩子今天怎么样。一分耕耘，一分收获。孩子们在短短一学期的时间里先后参加了学校组织的家长开放日活动、诗歌诵读比赛、跳绳比赛，当听到他们获得好成绩时激动不已的欢呼，看到他们在游园会上获得一个个章时自信愉悦的笑脸，我感觉所有的辛苦和付出都是值得的！

我爱着孩子们,他们同样也爱着我。有个小朋友从小妈妈不在身边,当老师问你们爱你们的妈妈吗？只有他说我不爱妈妈,可是有一天,他写了一封信给我们三个老师,上面写着:杨老师、王老师、张老师,你们爱我,我爱你们! 我们三个老师心里顿时满满的心疼和幸福! 有一天,我没有戴围巾,一个孩子突然拿出一条围巾说:"老师你冷么?"我看看他脖子上的围巾有些奇怪,我说:"我不冷,但是你怎么有两条围巾呢?"他说:"因为有一天我看到你没有戴围巾,有点冷,所以一直多拿一条,等天冷你又没有戴围巾的时候就可以给你戴了。"原来不只是我在时时刻刻关注他们,关心他们,孩子们也在时时刻刻关注我,关心我! 有一天,我因为我们班的捣蛋鬼接二连三地违反纪律而生气,当课间我在讲台前批作业时,李明昊在我身边转来转去,时不时看我一眼,突然他用明知故问的表情跟我说:"老师,你知道为什么螃蟹是横着走的吗?"我一愣,试着回答:"是因为螃蟹脚太多了,只能横着走吗?"然后,他一边做着动作提示我,一边回答:"不是,因为它有钳(钱)!"听了这个"有钱可以横着走"的笑话,我笑了,不是因为笑话好笑,而是因为小朋友真诚的关怀而感动!

没有交流,就没有教育,就没有感悟,就没有情感。走近学生,和每一个学生成为朋友,让他们尊重我,喜欢我,理解我。就像一首歌里唱的那样:处处为你用心,一直最有默契。请你相信,这份感情值得感激。

说真的,当班主任很累,身累、心累,但是,当我走上三尺讲台,看到那一双双求知的双眼;当我看到孩子们在我的教育下有了很大改变;当我被学生围着快乐地谈笑;当学生把我当成了说知心话的好朋友;当家长告诉我说:孩子变了,变得懂事听话了……那快乐真的是从心底往外涌的,是任何物质财富都不能比拟的,我感到自己拥有了一个最美丽的世界!

演讲稿 12：很高兴遇见你

费爱萍

从毕业至今，在讲台上经历了一年多，这一年多既短暂又漫长，这里边既有领导的关心、同事的帮助，也有自己的艰辛努力。回顾自己走过的教学之路，欢乐与辛酸同行，收获与遗憾同在。在这一年多的光景中，我有几个故事想与你们分享。

故事一：一次公开课，使我收获良多

（一）动手操作，让学生"跟"进来

这节公开课提供了学生动手体验的情境，调动了学生的学习兴趣，让学生不再只是一个被添加的容器，而是一个可点燃的火把。学生由课堂上的旁观者真正变成了一个参与者，尤其是那些本身对数学缺乏兴趣，在经历了自身的动手操作后，将无形的知识转化为有形的操作，将"无趣"变为"有趣"，将"落后"变为"跟进"。

（二）动手操作，让学生"乐"起来

"知之者不如好之者，好之者不如乐之者。"这节公开课中设计了许多有趣的"做一做、摆一摆、画一画"等操作实验，经验告诉我们，这些有趣的操作实验能使学生产生强烈的好奇心，而好奇心能使小朋友积极思考、主动探索、努力钻研。俗语也说得好"眼过百遍，不如手过一遍"。可见，动手操作是培养学生技能技巧，促进思维发展的有效手段。

故事二：一点生活，为我打开一扇窗

今年是我转正后的第一年，也是当班主任的第一年，接到做班主任的通知的时候有点错愕，接到去家访的通知的时候手忙脚乱，还好我有个特别会照顾人的陆小姨陆超英老师，在暑假最炎热的时候，我、陆超英老师、沈兰蓉老师三人，哦，不对，应该说是她们两人带上我这个新班主任踏上家访之路，一路访过去，一路看过去，也就是这个暑假我认识了山阳镇大大小小的路，也见识到了跟自己截然不同的生活环境。还有小伙伴们在舞蹈房和阶梯教室一起为风采秀挥洒汗水，我们走到哪里，哪里就有欢笑；为了一年级准备期的展示活动大家忙进忙出，大家各自有各自的任务，我也为了一年级的数字故事绞尽脑汁，被几百张的照片充斥着，那段时间有好几夜晚是我跟月亮有个约会，怕黑的我总是一鼓作气狂奔出校；还有为了给予技术的支持，在枫泾的我穿越整个金山到石化提供协助,发现自己也是蛮拼的。就是这些当时觉得让人抓狂烦躁的事情,当被我们一个个解决掉后再回首,觉得还是挺美好的,因为我们有手牵手一起前行的伙伴,还有"小姨们"在背后默默地推我们向前。

故事三:一份班主任工作,使我得到磨炼

小学班主任特别是一年级的班主任,是一个复合型角色。当孩子们需要关心爱护时,班主任应该是一位慈母,给予他们细心的体贴和温暖。

我们班之前有个特别内向的小姑娘,家访的时候她就不说一句话,问她也不回答,在学校下课了她总是一个人静静地坐在那里,也不跟别人说话。一年级准备期的时候有那么一天下去做操,我们全班在楼下排队准备进场,突然有个小男生跟我说"老师,你看",顺着他的手指方向看去,就看到那个小姑娘站在那里发抖,而她站的地方正在有"水"出来,或许是因为小男生的话,使得全班都往这边看,小姑娘发抖得更厉害了,我急中生智,"没事,可能是别的班的小朋友把水壶洒了",马上带她去厕所清理下,我试图去摸她的裙子,她轻轻地推掉了我的手,而且我看到她夹紧腿碎步挪动就知道了大概,清理好后教育了一番也就过去了,我想可能是刚上一年级不习惯导致。过了几天,下课的时候我看到那个小姑娘坐在位置上有点不知所措,我走了过去看到地上的水渍,又用了谁的水壶洒了这招,赶紧把她从凳子上拉了起来,用我的身体尽量去挡住她的下半身带她远离了那个尴尬的氛围,找了个没人的地方跟她谈了谈,"是不是尿尿没憋住呀""下课怎么不先上厕所呀""跟老师说呀,别的小朋友不知道你尿在身上的,不要怕,跟老师说说",我一个人叽里呱啦讲了一堆,她始终没开口,但我看出她欲言又止,我也就不逼她了,随后我回班级找到一个小朋友,让她每节课下课都带着小姑娘去上厕所,接下去的几天下课都问一问她有没有上厕所,发现过了一个礼拜,那个特别内向的小姑娘不见了,慢慢地她的脸上出现了笑容,也会跟别的小朋友聊天了。

当孩子们有了缺点,班主任又该是一位严师,严肃地指出他的不足,并帮助他改正。

有一天,有个人过来跟我说,有个男生偷了学校的画笔,我带着将信将疑去找这个男生,发现他的抽屉真的多了两盒一样的画笔,马上拉

到办公室批评指正,看着他委屈、知错的样子就原谅了他,过了一个周末上来,我惊呆了,在这个男生的抽屉和书包里塞了满满8盒的蜡笔,瞬间火"噌噌噌"地上来,这次绝对不能心软,要给他上印象深刻的一课,我让他抱着8盒蜡笔站在办公室,假装要报警,小孩哭得眼泪鼻涕一大把,但我始终没心软我知道也不能心软,让他哭了一会儿后,我们都静下心来谈,问一问到底什么原因,原来他就是喜欢画画,想画画,但是没有画笔,这个原因对我来说可能觉得微不足道,但是在这位小朋友的眼中画笔就是他的全部,他的这份小小的天真一定要保护好。

总之,小学班主任工作是一项很繁杂的工作,每个班主任都有过酸甜苦辣,特别是小学低年级的班主任,要带好一班孩子,教育好一班人,确实不容易。我觉得只要自己充满爱心,关心和爱护他们,并严格地要求和教育他们,爱中有严,严中有爱,爱严结合,细致入微,一定会到达令人满意的效果。

回忆自己成长的历程,我的心中承载着满满的感动。眼前呈现出一个个给我帮助、支持、指导的老师:吴正贤老师、陈红卫老师、陆超英老师,一路走来的这些日子里,我是站在这些巨人的肩膀上才做出了一些成绩。我幸运地走进了特别关注教师发展的山小,从而获得了一次次的机会,实现了一个个的自我超越。在此向关心帮助我的老师和学校说声谢谢。

演讲稿13：相亲相爱的一家人

范琪琦

孩提时代，我最敬佩的人是老师，记得最牢的一句话是：教师是人类灵魂的工程师，是太阳底下最光辉的职业。这是多么崇高的评价啊！就是怀着那样的一份激情与执着，我在人生的第一个十字路口，毅然选择了教师这一职业。当我第一次登上讲台时，我才慢慢体会到，要当好一名人民教师，并非一件易事，他要像严父，更要有慈母般的温柔，钓鱼式的耐性，要懂得把自己的知识"得之心而寓之于言表"，更要像一个雕塑师一样，时刻注重体察生活，发现生活中的每一个闪光点，然后用自己的感悟，胆大心细地去雕刻每一个"灵魂"……

著名教育家陶行知先生有句名言："你的教鞭下有瓦特，你的冷眼里有牛顿，你的讥笑中有爱迪生。"作为一名教育工作者，我们的一言一行、一举一动，都会给学生造成很大的影响，但是，只要我们用一颗"爱心"去塑造那小小的心灵，那么不难建起民主、和谐的师生关系。在培养学生的教育过程中，我觉得要注重几方面：首先要理智公正，不该盲目、冲动。假如是因权势而爱，因门第而爱，因金钱而爱，那这种爱只会败坏社会风气，污染学生纯洁的心灵。其次要注重维护学生的自尊。当学生犯错误时，要耐心开导，不讥讽、不训斥、不体罚与变相体罚。如有的学生作业没有完成或没有按照我的要求去做，我不会让学生写上十遍、一百遍，而是单独找他谈话，帮他分析原因，言辞之间坦诚关爱，维护其自尊心，尽量避免对学生造成伤害。再者努力做到严爱结合。现实中往往爱好学生易，爱差学生难。一位全面发展、各科优秀的学生自然会受到老师的关注，但同时我们也不可遗忘了"丑小鸭"，对于那些基础差、接受能力相对欠佳的学生，既要对其提出严格要求，又要体现对学生的尊重友爱，协助学生分析原因，努力创造条件，使他们一步步走向成功，许多事实说明在爱的氛围中教书育人，能产生最佳效果。

我信服梁启超说过的一句话：人生最苦的事莫苦于身上背着一种未来的责任。我想这句话用在教师身上再恰当不过了。我们哪一位教师肩上不背负着学生——这些国家和民族的未来的希望和责任呢？但这样的苦，又是怎样的一种自豪的甘甜啊！我是一名平凡的青年教师，对于当初的选择，今生我无怨无悔。我要趁着年轻，不断学习，不断进

步,不断进取,用今朝和热血去谱写明朝的辉煌,我将用自己的双手和大家一道默默耕耘,共同托起明天的太阳! 童年时代,我最敬佩的人就是老师,记得最牢的一句话是:教师是人类灵魂的工程师——用笔耕耘、用语言播种、用汗水浇灌、用心血滋润,这是人民教师崇高的劳动! 就是这份激情,这份执着给了我无穷的力量,使我的人生信念更加坚定。于是,在人生的第一个十字路口,我毅然选择了教师这个职业。

演讲稿14：平凡之路

张晓婷

时光如白驹过隙，一转眼已经学期末，从9月1日第一天踏上三尺讲台，望着讲台下那41双眼睛时的忐忑不安，到现在的渐渐习惯，驾轻就熟。这短短一个学期的见习经历，我学到了许许多多的东西。

许多人说，教师只有平凡，只有寂寞，没有灿烂，没有辉煌。我觉得不是。当第一次站在讲台上，注视孩子们纯洁的眼睛，面对四十多个渴望知识的心，我感到自己无比神圣，我为我所做的选择感到骄傲和自豪。

我觉得我是幸运的，顺利地考过了教师资格证和编制，进入了离家较近的山阳小学。在这里，我认识了一群热心有爱的小伙伴们，我们一起为一年级展示日活动尽心尽力，给家长和区领导们展示山小最年轻最有活力的一面；我们一起参加辅导员风采秀大赛，换上白衬衫和苏格兰裙，戴上鲜艳的红领巾，仿佛又回到了学生时代；我们一起参加金山区合唱比赛，在忙碌了一天的工作后一起集中在合唱室，在练习的同时也在学习着怎么正确地发声，保护自己的嗓子，优美的歌声，欢快的舞步加上我们全体成员不懈的努力，终于为山小获得了一等奖的荣誉。我们一起为即将到来的公开课紧张，忐忑，却又相互宽慰，相互鼓励；我们一起准备游园会的海报，你上色来我勾线，分工合作，配合默契。我们一起吐槽，一起欢笑，每一天都过得忙碌而充实。还有办公室的"大姨"和"小姨"，她们在我们排练时帮忙看班级、代课，在我遇到困难不知该怎么解决时，她们挺身而出，将她们的经验告诉我、指导我。还有我的师父们，上公开课他们比我还急，他们给我指出上课时的不足；要上汇报课了，杨老师百忙中抽空给我一句一句耐心地指导，一遍一遍修改教案，直到满意为止。

我们班是特别好动的一个班，调皮捣蛋，无所不能。一开始的时候常常觉得苦恼而又无能为力，我甚至觉得尽我所能也无法改变他们了。我的控班能力不足，杨老师为我着急，沈清老师给我支招，给我讲她去年刚接班时的经历，鼓励我不要气馁，不要急躁，一步一步慢慢来。师父告诉我，只要你真的爱一个孩子，包容他的缺点，他也会对你敞开心扉。爱是教育的基础。没有爱，就没有教育，这是千真万确的。疼爱自

己的孩子是本能,而热爱别人的孩子是神圣! 人世间,拥有最多热爱别人孩子机会的职业,就是教师。"小姨们"也经常给我支招,一年级的小朋友需要更多的肯定和表扬,就算只是一点点的进步。批评的话他们可能左耳进右耳出了,但是表扬的话他们会一直记在心里。对于后进生,更应该给予特别的关爱,帮助他们融合到集体当中去。苏霍姆林斯基说过:每一个孩子在他的内心都有做好孩子的愿望的。当一个孩子看不见前进的希望时,他就会抱着无谓的态度来消极抵抗家长与老师对他的督促和教导。而这个时候,我们就更不能丢弃他们,要知道,每个孩子都是一道亮丽的风景线,每个孩子都有进步的愿望,每个孩子都有丰富的潜能。也许他不会伶牙俐齿,可他总会用画笔表达自己的内心世界。也许她没有动人的舞姿,可是她总有讲不完的故事。也许她没有矫健的步伐,可是她拥有活泼开朗的性格,一颗善良、纯真的心。每一个孩子都是天使,关键在于我们怎样培养教育他们。

去年的现在,我选择了教师这条路,当时的我迷茫,彷徨,不知道前面等着我的会是什么,不知道能不能顺利地成为一名教师。而现在,我觉得这真是最好的一条路,因为这条路上,有你们陪我一起前进。

演讲稿15：绿叶的事业

朱　斌

世人对教师的评价一向都很高,有人说教师是人类灵魂的工程师;有人说教师是燃烧自己,照亮别人的蜡烛;还有人说教师是太阳底下最光辉的职业。而我却更喜欢泰戈尔的一句话:"果实的事业是尊贵的,花的事业是甜美的,但是让我们做叶的事业罢,叶是谦逊地专心地垂着绿荫的。"作为教师,我没有惊人的事迹,也没有辉煌的成就,所以我更愿将自己比作一片平凡的绿叶,谦逊地专心地垂着绿荫的绿叶。

我愿做一片谦逊的绿叶,汲取阳光与雨露。

本学期,我非常有幸地回到母校工作。这里有我熟悉的环境,还有多位我可亲可敬的启蒙老师。开学之初,带着一份激动和好奇,我走进了一年级小学生的课堂,一堂课下来,却让我这个已有七年中学教学经验的教师也遭遇了难题。在以前,我只要一个眼神,一个动作,甚至都不需要说上一句话就能管理好的课堂纪律问题上,现在却让我犯了难。课上,面对这一张张可爱的小脸,一次次在课上带着无辜的乞求眼神向我提出要上厕所,我只能一次次地强调课堂纪律之后又一次次地放行。学生们在课堂上也是百无禁忌,有说话的,有喝水的,有离开座位的,也有很多对老师的话充耳不闻的。在这束手无策之际,我求教于经验丰富的老教师,以及自己在网络上观看了一些录播课的视频。从中,我发现了"123"的魅力,在课堂上还引入了小组计分的比赛机制。令我欣喜的是,两周之后,纪律情况大有改观。

我愿做一片专心的绿叶,低垂着绿荫,守护着花蕾和果实。

如今,除了教师的身份,我也是一名学生家长。每天看着孩子身上发生的点点滴滴的变化,听着她滔滔不绝地讲着学校里发生的有趣的事情,老师带给她的新奇的知识,我感到很欣慰,心里充满了对幼儿老师的感激。我相信每个父母的心是一样的,他们都会时刻牵挂自己的孩子在学校的情况,当孩子在课堂上听不懂时,他们希望老师对孩子多一些耐心的讲解;当孩子生病时,他们又多么希望老师也能像对自己的孩子一样付出关爱……孩子的成长路上,牵动的是多少带着期盼的父母的心啊。这种念头便会驱使着我对学生付出更多的关爱!

在我的教学中,我一直相信,兴趣是最好的老师,兴趣是学生主动

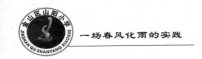

学习、积极思维、大胆质疑、勇于探索的强大动力,所以在教学中,我一直着力于学生兴趣的激发和培养。在我任教的探究课中,由于教学内容的可自由选择性,我会鼓励学生提出自己感兴趣的学习内容,希望学生在学习中可以充分发挥兴趣的作用,真正做到玩中学。所以,我不惜抛弃现成的教学资源——探究学习包,自己开发了《做一辆会动的小车》课程。虽然,抛弃现成教案不用,自己重新开发课程,设计教案耗费了不少的时间和精力,但是,在有一次借班试教之后,当我听到有位学生两次向我当面提出"何时能再来给我们班上一次这样的课?"的请求时,我就知道,这一切都是值得的。另外,在我任教的自然教学中,实验经常是学生最感兴趣的部分。所以,在教学中,我会尽可能地在条件允许的情况下,多安排学生的实验。虽然往往实验器材的准备要花上许多的时间,也在所不惜。

我愿做一片平凡的绿叶,直面阳光,为每一朵花、每一颗果实默默地输送着能量,让每一朵花都能开得更加艳丽,让每一颗果实都能变得更加甜美。

演讲稿16：一路上有你，苦一点也愿意

陈天涯

一路上有你，这个你是谁呢？我认为这个你用英文中的 YOU 来代替更合适，因为"你"并不是一个人，而是鲜活的美丽动人的许许多多的人。

还记得初来乍到，胆怯，心虚。胆怯的是陌生的环境，陌生的脸孔，陌生的饭菜，连空气也都是陌生的。心虚，我不像许多老师是师范毕业的，又有很多实习经历，那时候真正是这不会那不会，批改个作业连打个对勾"√"都觉得心虚，生怕那勾或许不是那样的。

还好，还好这一路上有"你"。

办公室里对我微笑的各位老师，让我渐渐觉得熟悉，慢慢从一个"跟屁虫"变得可以独自在校园里行走，陌生感渐渐消退，熟悉感取而代之。有时候甚至觉得自己在蜜罐里，特别是怀孕的这段期间，只要手里拿个口袋，就算很轻很轻都会被接过去，怕我累着。至于心虚，心虚的最大瞬间莫过于让我上的第一节课，手忙脚乱，心烦意乱，还好这个瞬间有你在，我的师父，帮我理思路，明目标，讲重点，经过一年多的洗礼，虚在心里的位置由3/4降到了1/10。

这一路上有各位美丽的老师，还有谁呢？可爱的孩子们。

如果没有了孩子，"老师"还有什么意义？试想空无一人的教室，怎么上课？上什么课？孩子，有了你，才有我。

至于苦，(现场互动)哪位老师觉得不苦？但是，苦得有意义，有收获，苦得有甜味。

现如今，为了提高学生的学习兴趣，老师们绞尽脑汁，手脚并用，学生们乐了，老师的活也就多了。但是正所谓学海无涯苦作舟，英文里也说"more pain, more gain"(多一点苦，多一点收获)，看来这古今中外对于苦都不约而同地表达了一个看法。那就是，苦能学习到东西，能够有收获。有许多老师在准备公开课的时候都万分忙碌，千分埋怨，十分苦涩，但是在认真完成任务后会感觉自己成长了很多很多，这是安逸和懒惰所换不来的，我亦如此。

正如杨洁老师在经历一节公开课后这样说：虽然没有大大的太阳，但是任务却是慢慢地完成了，感谢我的灿烂英语团队！感谢费总的

第五章 融入"山阳文化"的师生同行

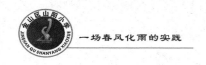

拔刀相助！感谢可爱的孩子们！结果并不重要，与你们并肩同行，我很幸福。

看，她在这路上收获了友情，收获了成长，收获了孩子们快乐的笑脸。正验证了"一路上有你，苦一点也愿意"。

二、2016 学年"山阳故事我来讲"演讲比赛活动方案

（一）活动主旨

山阳，是我们的家乡，如今的她正如同壮丽的画卷，在慢慢展开。"山"意为"山一样的诚信"，"阳"意为"阳光一样温暖"，如同她的名字一样，她始终有着其独特的荣耀。"矢志如山、胸怀朝阳、同舟共济、勇立潮头"是我们山阳人的精神。在美丽的山阳有着一群美丽的山阳人，他们在山阳发光发热，勇于奉献。为了寻找美丽的山阳人，弘扬与传承山阳精神，同时提升教师的综合素养，进一步活跃校园文化生活，为教师创设才艺展示的平台，决定在读书节中举办青年教师讲故事比赛活动。

（二）活动时间：2017 年 1 月 15 日

（三）参加对象：全体青橄榄教师

（四）活动地点：阶梯教室

（五）活动要求：

1. 故事内容选自生活，要健康，充分体现积极进取，健康向上的山阳精神面貌。

2. 参赛选手的仪表自然、大方、得体。

3. 每组参赛选手为 2 人，并在 2—5 分钟脱稿完成。

4. 可根据需要适当运用表情、手势、音乐做辅助手段加强表演的感染力。

2016 学年"山阳故事我来讲"演讲比赛评分标准

序号	教师名单		演讲内容30 观点正确；内容真实；主题新颖	演讲技巧30 普通话标准；表达清晰	演讲效果20 演讲精彩、有感染力；仪表形象	脱稿10 表现熟练的程度	演讲时间10 限时 3—7 分钟	总计得分
1	沈清（小）	张晓婷						
2	金东雅	陈雅琴						
3	陆祎炜	杨梦婷						
4	孙张萍	杨旖						
5	杨洁	费爱萍						

序号	教师名单	评分项目	演讲内容30 观点正确；内容真实；主题新颖	演讲技巧30 普通话标准；表达清晰	演讲效果20 演讲精彩、有感染力；仪表形象	脱稿10 表现熟练的程度	演讲时间10 限时3—7分钟	总计得分
6	韩晶	沈清（大）						
7	许冰清	鄢利春						
8	张吉	周洁						
9	高洁青	韩翠						
10	倪佳瑜	王玲玲						
11	陈天涯	潘皓						
12	曹萍英	范琦琪						

演讲稿1：平凡的路

高洁青　韩　翠

　　时间如白驹过隙，一晃，今年已经是我踏上教师这个工作岗位的第五个年头了。仔细回想我进入山小的这段日子，我从一个学子慢慢转变为一名教育工作者，无论是工作还是生活上，都经历了很多很大的转变。最近读了《大吴老师》一书，更是感慨颇多。

　　"黑发积霜织日月，粉笔无言写春秋"，这是对大吴老师的真实写照。他在平凡的工作岗位上耕耘了数十年，满头华发记载着逝去的青春，飘扬的粉笔灰传递着智慧的火花。"大吴老师"的典型事迹值得推广。

　　正如音乐剧中展现的他，"一副稚嫩的脸庞，一件素净的白色上衣，一条黑色的长裤用腰带束得高高的"，怀着美好憧憬的这位城里人被"流放"到山阳偏远郊区，那里"几间破旧的茅屋、坑洼的操场"都与他显得格格不入，更令他失落的是，当地的落后观念认为"读书没什么出路"，所以孩子们经常缺课或失学。还记得那个劝学的夜晚，蛙声四起，当一声声关门声紧扣心扉，大吴老师坐在高高的草堆上，迎着月亮吹奏了清脆悦耳的笛声，这笛声没有一丝抱怨、没有一丝放弃，有的是对教育的希望、对生活的向往。就在这样的信念下，大吴老师多少次与月亮做伴，在乡间的田埂上来回穿梭，让孩子们重返校园。

　　临近高中毕业时的大吴老师经过一夜思索做了一个值得庆幸的选择——去读师范学校，当一名人民教师。而我在临近大学毕业的时候经过几夜思索做了一个同样值得庆幸的选择——来山阳小学，当一名小学语文老师。

　　改革开放以后，城市经济得到快速发展，越来越多的知识分子相拥到城市争相下海，赚得钱包鼓鼓。就如剧中开始出现的一位女教师，迫于无奈，到城里发展，大吴老师却出乎意料地选择了和自己毫无相关的郊区学校，他留了下来，也用音乐将孩子们留了下来，为乡村的孩子开创一片蓝天，让山阳的艺术教育遍地开花。

　　《大吴老师》书中写道："在人生的重要关口，能够理智地思考，并且做出正确的选择，这的确值得庆幸，也许，这本身就是一种智慧。"那么，

既然选择了这个目标,我也会像大吴老师那样矢志不渝,心无旁骛,坚定地走下去。

大吴老师说:"要想成为一个受学生喜欢的老师,就得首先琢磨孩子的心思,不是让孩子一个劲地适应自己,而是让自己的教学适合孩子的心理。"我现在一直在努力这样实践着。我以前几乎从不表扬学生,觉得读书认真用功,考试考高分都是学生应该做的本分,现在明白了"好孩子是夸出来的",学生最渴望得到老师和家长的肯定和鼓励,这样才能使他们取得更大的进步,因此现在只要学生有一点进步,我就抓紧时机表扬一番,果然他们的积极性会明显地提高。我还特地在网上买了一套教师评语用章,都是学生喜欢的史努比、喜羊羊等卡通形象的图案。别看他们已经是四年级的学生了,应该不吃这一套,可是他们的内心还是很天真的,许多学生都争着要敲章。默写全对能得到喜羊羊的"值得表扬",作业工整能得到史努比的"作业很漂亮",考试有进步能得到懒羊羊的"有进步",练习做得好能得到美羊羊的"善于思考"……学生们平时都会比谁拿的章漂亮、拿的章最多,这样一来,积极性就很好地被调动起来了。

大吴老师说作为一个优秀教师应该有"做学生生命中的贵人"这样一个理念,这个"贵"我认为是可贵的"贵",作为一名教师的可贵就在于,他扎根农村教育五十载,家庭经济的拮据、儿子的前途以及自己身体的每况愈下,大吴老师断然拒绝了高薪补课、高薪职位,而是接受了一篮筐有着山阳味道的瓜果蔬菜,坚持清贫一生,76岁还被山阳中学特聘为乡村学校辅导员,他将教育作为人生的事业不离不弃。

"做学生生命中的贵人"这个要求实在是太高了,至少我距离做学生的贵人还有很长很长的路要走。大吴老师是千千万万老师学习的典范,但又是千千万万老师的缩影。在平凡岗位上同样执着奉献的无数老师更需要得到社会的关注和认可。最后,音乐剧用最后的一段唱词赞颂大吴老师,也送给所有辛苦的老师们:

就像一支粉笔,写下多少习题;

就像一支粉笔,画出别样美丽;

就像一支粉笔,洒下春雨几滴;

莫要问我何求,笑看芬芳桃李。

　　　　第五章　融入"山阳文化"的师生同行

演讲稿2：守岛人

金东雅　陈雅勤

　　就在前不久有消息传出，年内大金山岛将启动保护与开发利用示范工程，为期三年。对于这一巨变，作为上海有名的无人岛——大金山岛四名守岛人之一，吴国华不甚明了，也不细研究，一如当年他接受这份工作，也没想过会面临怎样的困苦。"既然做了，就坚持下去，也算一份小小的坚守。"

　　登陆无人岛，对我镇九龙村村民吴国华来说，既不神秘也无诗意。他所做的是"一座岛，两个人，半个月"的艰苦、寂寥的工作。

上　　岛

　　"这算什么浪？这已经算是风平浪静了。""岛上日子没什么盼头，抽支烟，喝点小酒是最大的娱乐活动。"

　　黄丝绒般的海面下暗藏着一股股力量，凝聚而成的海浪不断冲击着长13米、载重5吨左右的小渔船，渔船上下颠簸、左右摇晃间又与升腾而起的大浪相遇，海水从船头"哗"地冲进舱，56岁的金山山阳镇九龙村村民吴国华憨厚一笑："这算什么浪？这已经算是风平浪静了。"他毫不在意一双黑色旧球鞋被海浪打湿，拍了拍被沾湿的裤脚管，举起右手遥指远处藏于雾蒙蒙中的小岛，"这就是我守的大金山岛"。

守　　岛

　　岛上海拔80米处，一排7间砖瓦房，迈出房门便是依山傍水的露台，脚下植被郁郁葱葱，放眼远眺无垠大海，阵阵海潮声钻入耳畔，背面的乌龟山小岛被绿色植物覆盖，犹如一颗绿宝石嵌在海水中。在"小清新"眼中，坐拥此等"海景房"，面朝大海，春暖花开，多有诗情画意……"什么？有诗意？看一天是蛮好的，看多了也就无聊。"

　　说起守岛生活，没有惊险刺激，也无诗情画意。吴国华只用了一句话概括："早上看猴子，白天看潮水，晚上看老鼠。"原来，守岛人除了要保护海岛资源外，每天最大的任务就是喂养岛上150余只猕猴。1988年秋大金山岛开始饲养10只猕猴，适度繁殖至如今的规模，饲养的猕猴中有些用于做实验，也有的被送至公园。

　　每天，吴国华准时6点起床，还未开门就能听见露台上猕猴们发出

"吼、吼、吼"的叫声。洗漱完毕,自己未吃早饭,吴国华先拿起装有玉米粒的塑料桶,敲了敲桶壁,将玉米粒一把把撒向了猕猴群,猕猴们左右手"开弓",不停地将食物塞进嘴里。

吴国华的岛上生活自由但也单调,除了解决一日三餐,将唯一的上山路打扫干净,就只剩下了看潮起潮落。如今,这样的寂寞稍有缓解,5年前岛上通了电,露台前竖起了一排太阳能板,住地专门辟出一间房放置了电视机、冰箱,下午闲暇时,吴国华和搭档老杨也能瞅上两眼电视节目,不过这已经让吴国华心满意足。记得以前岛上未通电时,食物只能以咸鱼、咸菜、小黄瓜等腌制品为主,晚上点蜡烛照明,那时的换班周期长达一个月,休闲娱乐只靠一台半导体收音机做伴。

对于大金山岛将面临的巨变,吴国华作为一名普通的村民,他也不想去搞懂这些规划研究,对于这与世隔绝如"苦行僧"般的守岛日子,他早就习惯了,也觉得自己能坚守下去,"小岛要怎么开发我不知道,只要我还守得动,只要还需要守岛人,我就会继续做下去"。

　　　　第五章　融入"山阳文化"的师生同行

演讲稿3：80后，以心换心的赛跑

杨　洁　费爱萍

她是光荣的献血队长

2008年，在上海师范大学食堂里，一张张椅子被排得整整齐齐，一个年轻气盛的大学生正伸出手腕，听到有人喊："刘晓薇你醒醒，刘晓薇你醒醒啊！"大家的心一下子绷得紧紧的。她是SSB俱乐部上海师范大学献血志愿者服务队队长，刘晓薇。在大家的合力帮助下，她被扶到了躺椅上休息。过了会，她醒了。"方医生，对不起，我没坚持住。我感觉眩晕了。"刘晓薇脸色苍白，四肢无力地说："400毫升抽满了吗？还要不要抽？"

献血前她体重不合格，就随机应变，早上特地比平时多吃两个包子，又多穿一件衣服，还买了两瓶矿泉水带在身边，轮到她献血前就"咕咚咕咚"地把两瓶水喝下去，才达到了90斤，成功献血。瞒着家人，瞒着男朋友，晓薇又一次随机应变地"为爱撒谎"。

她是幸运的十万分之一

2009年，又是一年毕业季。一心想当一名人民教师的刘晓薇，经过幼儿教育实习，如愿以偿地被家乡山阳幼儿园录取。她接到上海市红十字会的电话，"告诉你一个好消息，你四年前采集的血样已与一位5岁的白血病患儿初配成功！小孩来自天津，名叫鲁嘉麒，目前正在上海道培医院治疗。"她像孩子般欢快地跳动着，报名加入中国造血干细胞捐献者资料库时，总以为配对成功的概率只有十万分之一，这辈子自己只能当"分母"，没想到时隔四年后真的幸运地成了"分子"。如果配对成功，可以挽救一位小孩的生命，这是多么有意义的事情。

经过漫长的等待、体检，2009年7月29日，刘晓薇在家人的陪伴下，赶赴上海市红十字会，签下了造血干细胞义务捐献同意书，光荣地成为自1996年移植第一例造血干细胞以来，全国第1317例，上海分库总第148例、2009年第18例，金山区第10例，全市幼儿教师第1例的造血干细胞捐献志愿者。

小嘉麒一家特地托医生带来了一封感谢信和一段录音："您的恩情我们无法用语言来表达，您的无私奉献给我们带来了希望，真诚地感谢您，祝好人一生平安！"

感动的故事天天在山阳上演。榜样的力量是无穷的。除了刘晓薇的家人,山阳幼儿园的老师们也以刘晓薇为榜样,主动加入中国造血干细胞捐献者资料库。2010 年 11 月的一天,金山区在石化电信大楼广场举行 2010 年第二轮造血干细胞志愿者集体入库活动。刘晓薇身着志愿者红马甲,佩戴鲜红的"第 10 例造血干细胞成功配对的捐赠者"绶带,在现场当起了志愿者。让她感到惊讶的是,山阳幼儿园主任、党支部书记杨红伟带领 6 名教师也来到活动现场,主动报名加入中国造血干细胞捐献者资料库。目前,所有山阳幼儿园青年教师报名入库。

　　刘晓薇用自己的实际行动,彰显了一位人民教师的师德,带动了身边的一批人,书写了人间大爱。她总看别人,还需要什么;她总问自己,还能多做些什么。她制作的每一幅扎染,奉献的每一滴血都滚烫火热。她越平凡,越发不凡,越简单,越彰显简单的伟大。

演讲稿4：凡人善举，情暖山阳

杨梦婷　陆祎炜

山阳好人无处不在，来自基层平凡的他们，忠于职守、默默奉献，传递着平凡的伟大。他们用自己的真诚换来社区平安，以自己的实际行动诠释"真、善、美"，用无私奉献精神托举起山阳梦！

志愿服务，无处不在

金山图书馆新馆自2015年6月20日正式开馆以来，每周三晚6时45分在少儿借阅区开展"读书伴我成长"亲子阅读活动。在我身边就有这么一位每周坚持与孩子们一起活动的志愿者——王静，她与孩子们一起阅读绘本故事、唱儿童歌曲、在孩子父母的协助下一起亲子游戏，让孩子们养成爱书、读书的良好习惯，并增进亲子沟通。家长们也反馈道：自从参加亲子活动以来，在王静姐姐的讲故事、提问、游戏中，孩子的性格渐渐开朗了很多，孩子自己也会阅读很多儿童书籍，这些变化也让家长们很欣慰。

居民捐书，传播美德

"这些书是我多年的收藏。好书不怕放，就怕没人看。现在我年纪大了，视力也下降了，自己看得少了。我要把它们全部捐给社区活动室，让大家阅览。"80高龄的周兰生老人，平日里就爱看书、读报，是个地道的书迷。近日，他将家中的书籍整理好，把报纸装订成册，请楼组长将它们送到了金世纪居委会。居委会现在也已经藏书丰富，种类齐全，书籍已经全部放在社区活动室内供居民们免费借阅。

周兰生老伯的捐书行为受到了小区里其他居民的一致赞扬："这真是丰富了我们的文化生活呀！"

民警智勇，救民危机

近日，家住海欣家园一楼的石阿婆急急忙忙来到居委会，告知家中的天然气灶头正在煮肉，而她出门时碰巧门被风给吹关上了，更无奈的是钥匙也没带在身边，不知该如何是好。

居委会干部第一时间拨打了110，山阳派出所的张斌警官不到5分钟就赶到了现场。此刻石阿婆的厨房也早已冒出了一股焦味。急中生智的张斌警官见形势较为急迫，就拿来一根竹竿，从窗口伸进去尝试着关闭灶头，经过多次努力，终于成功了。

张斌警官化解了石阿婆的危机。此刻百姓也更清晰地发现,在我们身边,有那么一群为我们随时守候、待命的人民警察。

发挥长处,美化渔村

在金山嘴渔村,有位渔民画达人杨火根,他耗时一个多月,创作了一幅渔民海渔生活长卷图,送给了金山嘴渔村。

摊开长卷,劈麻、结线、结网、烤网、合索、开排、赶海、修船等渔民生活劳作的 27 个场景跃然纸上,该画作总长 5.59 米,除了还原生活作业场景外,在每幅画作旁边,他都配以文字进行说明。

杨火根老人说:我画这幅长卷的目的是为了让现在的人看到过去渔民落后而艰辛的生产方式;更希望给后人以启迪,呼吁大家一起保护生态环境,保护海洋资源,保护我们金山嘴滩涂,因为金山嘴是我们的根。

我们生活在金山,生活在山阳。我们生活的山阳不仅有现代化的商场,更有美丽的海滩,悠久的海渔文化。在我们生活的山阳,无处不在的凡人们,用他们的善举,正在温暖着人心,温暖着社会。

演讲稿5：余热生辉

张 吉 周 洁

志愿者,简简单单的三个字,却蕴含着巨大的能量。在山阳小学旁边的阳光之家,有一对志愿者老夫妇——盛继川和周颖英老师,学员们都亲切地称呼他们为"老领导"和"周妈妈"。初见这对老夫妻,"周妈妈"热情开朗,兴致勃勃地跟我们介绍学员们的各种活动和作品,盛老师穿着一袭黑色大衣,双手习惯性地拱着,和蔼稳重又不失亲切。这对老夫妻,结婚已经有46年了。在互相陪伴的日子里,他们一起走过了风风雨雨。退休之后,又一起到阳光之家当起了志愿者,捧着一颗滚烫的心,用余热温暖那些有缺失的孩子。

这对老夫妇与阳光之家的缘分还得从2005年说起,那时候阳光之家刚刚起步,就在老年学校的院子里。阳光之家的学员学习跳舞很困难,经常是左右脚、左右手不分,工作人员就请周颖英一起教他们。周颖英一个爽快的"行",也就是这么一个字,从此,她就当了十年的志愿者。老盛退休前是山阳镇的领导干部,退休后他拒绝了多家企业的高薪邀请,跟妻子一起来到阳光之家。他们说:一名志愿者虽然无工资收入,但这是为社会做好事,内心感到很充实,收获的财富是内心巨大的幸福感。于是,这条善举之路便绵延到了现在。十年时光里,每周一到周五早上八点下午四点,他们穿起工作服,扫地、拖地板、擦桌子什么都干,用自己的力量温暖他人,风雨无阻,无怨无悔。

"在阳光之家我很快乐,我喜欢待在这里。"这对老夫妻特别能感染周围的人。他们认真地教学员学文化、音律、画画、跳舞,同时自编自演节目,手把手地教学员做简单的手工劳动等。周颖英老师是一个特别用心的人,她对待学员就像对待自己的子女一样,和蔼可亲。她与老盛一起广泛收集资料,琢磨着怎么给孩子们上课,开发他们的智力水平,提高学习兴趣。他俩了解到:练习左手珠算,能真实开发右脑,对于学员而言益处颇多。于是专门开设了这门课程,希望能锻炼学员脑部的快速反应,激发学员右脑潜能。看到他们跟我们介绍时,那眉飞色舞的神采,我们不禁感叹,他们俩真是全身心地扑在这份志愿工作上哪。电视上看到一个节目不错,便想与学员们分享,于是"阿姨嘎讪胡"成了阳光之家学员最喜爱的固定节目之一,增广见闻的同时,与学员们聊聊家常,拉近距离。教会这些孩子真不容易,但是他们的良苦用心没有白费,学员们开始露出了笑容,以前一声不吭的孩子也愿意说说话了,还交出了一份份惊喜的作品,表演的多项节目在多个大型演出上获奖。当我们看到一幅幅剪纸作品时,真不敢相信,这么精致细腻、需要极强专注力和动手能力的作品会出自这些孩子的手。

当名志愿者,他们从来不是做做样子,而是苦干实干。2006年10月,"阳光之家"的孩子们要排练舞龙舞狮节目,参加国际邀请赛的演出。七、八、九月正是紧张备战的训练时期,每天五六个小时的训练,夫妇俩和其他志愿者老师顶烈日、冒酷暑,陪伴着队员排练、搬道具、做后勤服务,手把手教,在旁暗示辅导动作,帮穿衣、卸妆……汗如雨下,湿透衣衫,但毫无怨言。每逢队员们怕累嫌烦、发脾气,就耐心与他们谈话、劝慰,给予鼓励。为了让这些孩子学会"狮子跳"的基本动作,他们一边喊"1、2、3,跳",一边牵着孩子们的手一起跳,仅这一个动作就练习了整整一个星期。而当这些孩子上场参加比赛时又出现了记不住动作的问题,他们就在后台给正在演出的孩子们做提示。那时年近六旬的夫妇俩一会儿拍肩膀,一会儿单膝跪,一会儿又跳跃,用肢体语言和孩子们交流。功夫不负有心人,2007年10月,山阳代表队在世界特殊奥林匹克运动会上获得了金牌。得知消息时,他们俩笑得好开心,付出的所有辛劳和汗水都是值得的。

2007年10月底,周颖英由于过于劳累,视网膜出血。她上午去医院输液治眼病,下午仍到"阳光之家"。服药、输液治疗十多天,从不让老盛去医院陪护照看。说起相处之道,他们笑了笑:没什么特别的,就是互相理解,互相支持吧。就这样,他们为这一群社会的弱势群体拨开乌云,带去阳光,用爱融化一颗颗封闭的心,让社会回归最原始的真善美。志愿者并不是一份职业,而是一份精神,就在我们周围,会逐渐感染每一个人。你若要为你的意义而欢喜,你就必须给这个世界以意义。

演讲稿 6：为传播文明 我心里开心

沈　清　张晓婷

　　身边的故事多得很，今朝我只讲一个人。

　　他就住在九龙村，年过花甲有精神。这个人姓顾，照顾的顾。由于他办事认真耐心，待人又和蔼可亲，所以一般人见面都以"老顾"相称。

　　顾老伯在小学里只读到四年级就放弃学习，下田学农参加劳动挣工分。在他的少年时代就已经赫赫有名，为啥？因为他爬树摸鸟窝喊人没称呼，调皮捣蛋，样样做得起来。比如讲：种蚕豆，据了解，一般都是撮 2 粒为一潭，可他却为了多得工分，竟然一潭豆埋了六百零二粒，挖出来一称是二斤三两，你们说可笑吗？所以，他的"顽皮大王"称号就在方圆十里都是很有名。后来，在村党支部领导的关怀下，他进了夜校学文化、学政治，懂得了做人的道理，使"顽皮大王"转变为"五好青年"。根据他转变成长的素材，文广中心的张道余老师创作了一个革命故事叫"范龙进队"。

　　顾老伯后来参加了文艺宣传队，并向张道余和张正余两位老师学习创作，多次参加乡文化站和区文化馆举办的文艺创作学习班经受锻炼。一则由于两位老师的帮助指导，二则由于他本人的努力，在当时他就创作了接口词叫"广积粮"、表演唱"走社会主义道路的带头人"、韵白话剧"三夏战斗献力量"等作品在文汇报的副刊和文艺轻骑的杂志上发表。

　　2007 年，九龙村成立了一支老妈妈的宣传队，他老伴儿范杰伊也是宣传队人员。听老伴儿说，宣传队演的节目既少又单调，唱来唱去是老一套。顾老伯听了心想，自己过去搞过创作，现在还可以动动脑筋为老妈妈宣传队效劳。于是，他就主动要求做一名创作志愿者，得到了领导的支持。搞创作，就得做有心人，平时善于观察、勤于思考。他看到有的村民生活好了，但素质不高，经常乱穿马路，乱扔垃圾，邻里不和吵闹，爱小不愿敬老。唱身边人，演身边事，就创作了四个人演出的表演唱"构建和谐新山阳"。开头就唱的是交通安全，唱词如下：（山阳话）

　　一唱东面杏花村，有位大伯叫阿根。

　　今年已经六十零，头颈硬来像钢筋。

　　上个月，月中旬，阿根特别来精神。

新买一部电瓶车,威风凛凛去上阵。

转眼来到三岔路,自说自话闯红灯。

啊呀,闯不得呀——

硬头颈不肯听,开足马力朝前奔。

只听得声"崩愣登",两车相撞人翻身。

头破血流送了命,屋里厢,哭得是东南西北分不清。

奉劝在座的同志们,出外一定要当心。

红灯停,绿灯行,交通法规要执行。

这节目在文广中心"村居一台戏文艺演出比赛"中获得了创作和演出二等奖。还有传播家庭美德的表演唱"夸媳妇"已演出好多场次,但还有人屡看不厌。汀南8组的单婉宝老妈妈说,我已经看了5遍,但还想看,还想听,节目里唱的人好像就在我眼前,看得着,摸得见,外加听得懂。上次在文广中心大礼堂演出"夸媳妇"刚走下台,就有一位姑娘来讨份剧本,问她原因,她说带回去读给她生病躺在床上的母亲听,让她也高兴高兴。

总之,顾老伯在几年里已创作接口词"永葆市级卫生村",三句半"迎世博",小品"上当受骗",说唱"夸夸我们九龙村"等20多个节目,得到领导肯定,深受村民欢迎。

最近他又在创作刮子书"老年人长寿的奥妙",准备参加今年的"村居一台戏演出比赛"。我见他戴着老花镜,低着头默默地写作,心痛地说"您这样太辛苦了!"他叼着烟,笑嘻嘻地说:"为传播文明,我觉得开心。"啊呀,我忘了告诉您们,他到底是谁?他姓顾,叫顾余发,也是我的老外公。

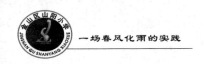

演讲稿7：美丽支教梦

沈　清　韩晶

　　他，是一个土生土长的山阳人，长大以后成为山阳中学的一名普通老师。那一年，作为金山区援滇支教老师，刚领结婚证还没来得及举行婚礼的他就踏上了支教的征程，一年的支教生涯让他终生难忘。

　　来自全国民间文化艺术之乡的他，是一个自小便喜欢民乐的人，但他在几十年痴迷民乐的时光里，从不曾想到，有一天，他会将梦想与民乐放在一起，且成为他在这个秋天倾尽全力去完成的一件事情。

　　六月，他们和宁洱一中的孩子们过完儿童节的时候，又认识了宁洱县曼连小学的 11 个孩子。全校只有这 11 个孩子，都是留守儿童，三年级甚至只有一个学生，老师每天只给这一个孩子上课。

　　他原以为，公益只是救济，没想到，快乐的孩子都是一样的，不快乐的孩子却各有各的不快乐。这是精神上的贫困。

　　第二天，一觉醒来，他决定要办一场演唱会，像央视某套当年，请企业家、公职人员和社会各界，让社会近距离接触留守儿童。

　　接下来的几天，他便开始一点一点地实现着他做了一夜的梦。因为全程要实现免费，就要找到免费的演出场地和免费的演员，以及愿意免费来听的观众。

　　又过了一夜，他觉得演唱会改成音乐会会更好，办一场本土最特别的民乐音乐会。他以最快的速度认识了云南民族乐团的李团长，李团长一脸温和，满面春风，与他一见如故，志同道合，相见恨晚。

　　筹备音乐会的路，一走便是几个月。寻找免费场地的过程最艰辛，兴许这便是人与人之间最难逾越的鸿沟，不是所有人都是李团长，不是所有人都愿意接受并相信他的行动能梦想成真。他有时一连几天都奔波在考察场地的路上，有的热心单位提供的场地不符合音乐会演奏的条件，有的场地提供不了观众需要的大量停车位，有的太远，有的太挤……终于锁定了某高校的演艺厅，他高兴地和李团长喝了一顿酒。

　　音乐会很快提上日程，1 300 张门票一抢而空。他的朋友，他的团队，他们日夜操劳着要为观众献上一场盛宴，为留守儿童唤醒一份全民关注。

　　他完全不懂视频制作，却想将留守儿童的真实生活搬上屏幕，他扛着摄像机去了曼连小学。又买了视频制作软件，对着电脑工作到三个晚上的凌晨两点,每个环节都需要先学上个把小时,再一张图一张图地上传,一点一点地配乐,一遍一遍地修改,苛刻着视频的完美,也苛刻着颈椎的承受力,苛刻完自己又去苛刻身边的朋友,计算机专业的朋友精心为他制作了漂亮的节目单,企业家朋友全力配合着他的筹备。

民乐来了,他们翻腾着爱与乐的巨浪,大气磅礴,浩瀚如空……

曼连小学的 11 个留守儿童来了,他们表情乖巧,面容朴素……

企业家们来了,他们的爱如潮水,感动了人民网的记者……

公仆们来了,老师们来了,他们眼底温热嘴角共抿,掌心在跌宕起伏的乐曲声中,热烈地开出爱的花朵,温暖了这个清冷的雨夜……

许多许多陌生的面孔来了,有年迈的老人,有刚入学的孩童。有老人双手举着望远镜,举累了就微微发抖,像他微微颤抖的年纪,也像他微微颤抖的心情。有一对双胞胎,跟着旋律唱"感恩的心感谢有你",她们稚嫩的声音,一声一声闯入耳膜,顺着体内一脉相连的神经,准确地唤醒泪腺,滴滴答答湿了眼睛……

观众的被感悟和被震撼,铺天盖地;媒体的报道,铺天盖地;送孩子回村时,志愿者和孩子们的眼泪,铺天盖地。

云南省福利彩票管理中心为 11 个孩子每人提供福彩公益金 2 000 元,有企业家朋友和留守儿童结成互助新家庭,更多的爱心潮水般地涌向曼连小学,一个叫许艳的孩子说她有了新妈妈……

民乐曾经是他的梦想,关注留守儿童如今也成了他的梦想。在这个秋天,民乐终于为 11 个孩子光荣奏响。这声音,飘过所有人感受爱和温暖的山顶,到达梦想的彼岸。

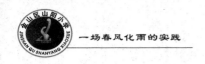

演讲稿8：一串珍贵的"钥匙"

杨　旖　孙张萍

在金悦居民区,活跃着一群热心社区服务的年轻人,他们有个好听的名字——"网络志愿者"。平日里,这群平均年龄只有三十几岁的青年人,不仅维护着小区网上议事厅的网络环境,更是对小区的平安建设、环境卫生等问题特别上心。

9月的一天晚上,小王忙完了公司的事,开着车往家赶。他到了小区后,突然,从车子的反光镜中发现,一边的绿化带内似乎有两道不同寻常的灯光闪了闪。这要是换了旁人,也许不会在意,但是他不仅是小区的网络志愿者,而且还是个地地道道的侦探迷,这绿化带里出现了异常的灯光,他自然要去探个究竟。他开着车子,绕着这片绿化带兜了一圈,在一个角落里终于发现了问题。

只见距离小王前方200多米远的地方,有两个男子,一会儿分开走,一会儿又聚拢起来窃窃私语。手里的两只手电筒,在居民楼、绿化带内、道路上不停地扫来扫去,甚至还朝停在路边的车子底下看个不停。这两个人是谁?他们在干啥?到底有啥不可告人的目的?小王皱着眉头,边开车边思索着这些问题,直到车子停好,小王一拍大腿,想明白了,这两人一定是小偷!小王平时侦探片看得多,晓得一个字叫"踩点"。现在的小偷都很聪明,不论是偷车子、偷珠宝,还是偷钞票,凡是要作案前,统统都会做好功课,不仅摸清东家的底细,还要规划好逃走的线路。回想起刚才看到那两人的一系列举动,不就是正在踩点、伺机而动的小蟊贼么?想到这里,小王第一反应就是拿出手机,登入小区的网上议事厅平台,把自己看到的情况向群里的居民做个汇报,一来提醒居民们注意防盗;二来可以让其他的网络志愿者过来帮忙,同时也给社区的保安做个提醒。但是他又转念一想,抓贼要抓赃,万一打草惊蛇,贼还没抓到,倒弄得人心惶惶也不大好。于是,他决定还是先出马打个前阵,摸摸对方的底细。

小王悄悄来到刚才发现可疑男子的地方,不紧不慢地跟着,人家走,他也走,人家停,他也停,一步不离跟着他们几乎走遍了整个小区。小王越跟越觉得前面那两人模糊的背影有点熟悉,可就是想不起来到底在哪里见过。正在疑惑时,情况有了变化。只见那两人聚在一起一阵嘀咕后,突然加快了脚步,有目的地朝着一个方向奔去。

　　"是要行动了么?"小王心里一阵激动,随手拿起倚在垃圾箱旁的扫帚,快步跟了上去。很快,小王就发现,那两人停了下来,手脚麻利地捣鼓着什么,接着又有一些轻微的响声传了过来。小王牢牢地捏紧手里的扫帚柄,小心翼翼地向那两人靠近,一步,两步……等到小王看清那两人正在"偷"的宝贝时,下巴差点掉下来,这哪里是"偷"宝贝,分明是在翻垃圾桶,正在小王惊愕之际,那两人已经翻好一个垃圾桶,正准备翻下一个。只见原本整洁的道路、草坪上,到处都撒落了垃圾,空气里一股恶臭的味道扑鼻而来。看到这里,小王火大了,心想,"我管你是小偷,还是拾荒者,糟蹋我们小区优美的环境,我小王第一个不同意!"

　　于是,他大声喝止道:"你们两个,干吗呢!"说着一个箭步朝着两人跑了过去,高高举起了扫帚柄。说时迟,那时快,小王身后突然蹿出一个人高马大的壮汉,一把抱住小王,一边往后拖,一边着急地大喊:"不许动! 你想干吗!"小王扭头一看,乐得眉开眼笑,抱住他的,也是小区的网络志愿者,因为长得强壮,大家都叫他"强哥"。小王连忙叫嚷道:"强哥,放手! 我是小王呀! 来得正好,快帮我对付坏人!"强哥听到小王的声音,马上松了手,尴尬地看看小王,又转头问那两个翻垃圾桶的人说:"这唱的是哪出戏呀?"小王糊涂了,跟着强哥的目光望过去,这一眼,小王可看得清清楚楚、确确实实:原本在翻垃圾桶的那两人,不也是小区的网络志愿者小张和小马么,怪不得看背影总觉得有种熟悉感。这到底是怎么回事呢? 原来,当天晚上,小区居民陈小姐回乡下老家时,发现房子钥匙、储物间钥匙和电瓶车钥匙等的一大串钥匙找不到了,心里焦急万分,就在网上议事厅发了一条求助消息。网络志愿者小张、小马和强哥看到后,决定兵分两路为陈小姐找钥匙。由强哥去出租车公司,找那位载过陈小姐的司机,小张和小马就在小区里开展地毯式的搜索,后来想到,陈小姐会不会把钥匙和垃圾放一起丢了,于是就翻起了垃圾桶。巧的是,两人的行动被热心的小王发现,以为是两个小蟊贼,就一路追踪而来。更巧的是,出去找出租车司机的强哥正好回来,看到有人朝小张和小马抢棒子,以为遇到了坏人,来不及多想就冲了上去,于是就有了先前的一幕。四人知道了真相后,忍不住哈哈大笑起来。

　　这时,保安队长举着手机,气喘吁吁地跑了过来,人还未到,兴奋的

声音早已传了过来:"快……快看! 找到……找到钥匙了!"他说着并打开了手机上的页面,显示网上议事厅的聊天群,上面写道:"今天,陈小姐的钥匙不管有没有找到,但我们都找到了一把更加珍贵的钥匙,那就是打开邻里之门的钥匙!"后面还有好多居民紧跟着说:"对!""是!"……

演讲稿9：小人物大善良

曹萍英　范琪琦

大家好，今天讲的是一个真实的故事，主人公就是我的学生，在一年级一班上学，他还有个姐姐，现在在九阳小学读五年级，没记错的话还参加了鼓号队。今天所讲的内容，在我讲的同时，依然在继续发生着。

第一次看到这家人家是在2015年的8月，按惯例的新生家访。看到家访的地址上有两家隔得很近，一家在90号，讲故事要匿名，就叫小涛吧；一家在100号，叫小圆好了。都在南阳北路上，结果并没有约到相同的时间，就先去了这家，90号。

南阳北路就在医院那座大桥往北的桥头，看到小卖部再往西走，不难找。不过那里头都是外来人员群租，电话里那位妈妈大嗓门儿，跟我说，老师，我这个90号里头有十几户人家呢。所以去的时候还是等在外面，等那位妈妈找到我，再带我进去。

进大门绕了几个弯才到一个单间，只有门没有窗，所以开着电灯，地方很小，堆了挺多东西，推门进去差点碰到个电饭锅。一进门看到个小姑娘，挺瘦小的，个子看着像一年级学生，以为就是我要家访的这个孩子，结果她妈妈笑了笑说，老师你认错了，这是我女儿，都五年级了，读在九阳小学，里头那个男孩子才是小涛。然后我就看到屋里站着一个更瘦小的男孩子。说实话，当时的心情挺震惊的，那个女孩子细胳膊细腿一看也是属于长期营养不良，姐弟俩差了四年，可是站一起个头差不了多少，小涛当时笑了一笑，露出来满口蛀牙。我得承认当时我有点儿头晕。坐下来聊的时候，他妈妈跟我讲了家里的情况。我在这里大致复述一下，讲故事需要，所以先后顺序可能调整下，内容不变。

小涛其实除了这个姐姐外，老家还有个亲姐姐，已经读高中了。本来家里条件还可以，爸爸妈妈上班挣钱供姐弟三个，日子虽然紧巴点儿，但也能对付过去。但是几年前（请原谅我记忆不清具体几年），小涛的爸爸查出来得了癌症，花光了积蓄又借钱看病最终也没能治好，就这么撒手人寰丢下一家四口走了。接下去的日子如何艰难我就不复述了，大家也可以想象。不过若只是这么个悲惨的令人同情的煽情故事，我估计也不会拿出来讲。这位妈妈讲着讲着红了眼眶，后来缓了缓情

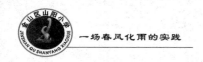

绪跟我继续说,老师啊,我也不是个有能耐的人,但是我再怎么苦,也不能亏欠着人家。我自己孩子跟了我那是他们这辈子没办法享福,但是我欠人家的一定是要还的。他爸爸看病欠了很多医药费还没还,我现在每天下午两点上班一直到晚上十一点才回来,晚班多赚点钱,俩孩子晚上没人给做饭,要么剩饭热一热,要么就饿着,就这样前阵子我刚攒了一万元给人还上。我公公婆婆在老家,年纪都那么大了走路都走不动只能吃低保,我也得养着他们啊,我婆婆还每天自己去种地,但是我也实在是不可能去把他们接过来,只能有钱的时候寄点钱。还好我大女儿送回我自己娘家那里读书了,我自己娘家也没什么钱,他们帮我负担下我大女儿我真的是谢谢他们。

我点点头说,是啊,自己妈妈总归是最帮自己的。她突然挪了挪位子靠过来点说,老师,其实很多人帮我的。小涛的姐姐还好,毕竟大了上学放学都是自己一个人来回的,但是小涛那个时候刚上幼儿园,才多大点啊,我早上倒是能送他上学,但是我下班要到晚上十一点了,老板又不会让你天天中途出来那么久去接孩子的,那个时候我愁啊,想要么索性就关在家里不去幼儿园算了。后来小涛的幼儿园老师也是来家访,听说了这个情况后,幼儿园三年,一直都是小涛的老师放学把他送回来的,那位老师说她有车拐过来也顺路,反正也不麻烦。不过小涛放学的时候我还在上班不在家,桥头那个小卖部的老板就会让小涛待在店里,等姐姐放学回来,再去小卖部带小涛一起回家。小涛姐姐在九阳小学嘛,那里的老师知道我回家晚的,放学也会留下来帮她姐姐补补课什么的。

听到这里的时候我问了一句,那现在小涛上小学,有人接送吗?她妈妈一摊手,送是肯定我送,接么我想他现在也大了,山阳小学也不远,让他自己走回来好了。出于班主任的本能,我说这样你放心我可不放心。我看了看手里的家访地址,上面还有一家南阳北路100号,有了主意。然后跟她妈妈商量说,这样吧,小涛有个同学,就在你隔壁100号,但是我晚上才能见到,我去帮你说说,如果可以的话,让他们家长接孩子的时候顺带把小涛接回来,如果他们接小涛有困难,那就让小涛每天放学待在我办公室做会儿作业,等我下班顺路把他捎回来就成。

那天我让小涛的妈妈下午请个假,等着我消息,一旦小圆家同意,就让小涛妈妈带着小涛一起到小圆家里,两家直接结个对子。

当天晚上的时候,我去了 100 号的小圆家里,例行的家访内容完成后,我跟他们说了小涛家里的情况,挺小心翼翼地问了一句能不能顺带着接小涛回来。小圆妈妈也是个直性子的脾气,说,哎呀别说他们家是这么个情况,就算是普通人家,既然跟小圆又是同学又是邻居,也是缘分啊,顺带接了一起回来,小圆回家路上有个伴儿也挺好,以后还可以一起玩儿。于是我立即就给小涛妈妈打电话,把他们接到小圆家里。

　　至此直到现在,每天都是小圆的妈妈来学校,左手牵着小圆右手拉着小涛,风雨无阻。小涛学习比小圆好,听说周末也经常去教小圆功课,两个孩子相处很愉快。而我所能做的有限,给小涛申请了特困生补助,让他能点亮一个心愿,希望他收到那套新衣服的时候开心。

　　就是这么个故事,我讲完了,故事还在继续。小涛的妈妈,幼儿园的老师,小卖部的老板,九阳小学的老师,还有现在这位小圆的妈妈,希望我们继续善良。

　　山阳南,大海北,山阳有花落;山阳南,大海北,大海有鱼飞。

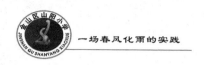

第二节　情　暖　学　生

和山阳人一起回家

朱潇潇

　　开学后的一天,我正在写作业。爸爸走过来对我说:"明天下午我单位里有事,你放学要自己回家了。这是我们家的家门钥匙,你一定要保管好! 在放学路上一定要注意安全!"平时我看到有的同学放学后自己走回家,心里挺羡慕的,可这次我要亲身经历了,心里有点好奇,更多的是紧张。

　　第二天放学后,我便开始了自己的"旅程"。我慢慢地向校门口走去,心想:外面有好多的车啊! 我要是路上遇到坏人怎么办? 要是不认识回家的路怎么办? 要是……就这样想着,想着,我已经走出了校门。看着外面的一切,我觉得挺新鲜。走到山阳二路车站的地方,忽然看见前面有同住一个小区的叶嘉陆同学正在旁边小摊上买烧饼,我想跑上前和他同路回家。可转念一想:他是山阳本地人,每天都是他奶奶来接的。作为班里为数不多的几个本地人,他对我这个外地人向来不怎么搭理,万一他不愿意跟我一起走怎么办? 正想着,他也看见了我,走过来问我:"朱潇潇,你怎么还没人来接?"我说我爸爸今天有事情,不来接我了。他奶奶在旁边听见了笑眯眯地对我说了几句山阳话,可惜我没听懂她在说什么。叶嘉陆见我没反应,就问我:"我奶奶说让你和我一起坐她的三轮车回家行吗?"真的?! 我简直不相信自己的耳朵! 我也不知道怎么的就坐上了叶嘉陆奶奶的三轮车,我们一路说笑、嬉戏,之前的担忧已经消失得无影无踪。我想:其实是我自己想多了,什么外地人山阳人,都不能阻隔我们同学间纯真的友情。

　　我们说笑着,不知不觉就走进了小区,我们先在小区前面的体育器材玩了一会儿,便各自回家写作业了! 晚上爸爸妈妈下班回家后,我高兴地向他们讲述了我搭本地人三轮车回家的经历,他们都夸山阳本地人真善良。

第五章 融入"山阳文化"的师生同行

山阳小学,我的家

路宵宁

三年级下半学期,爸爸带我来到了山阳小学教导处,准备插班。教导处老师先给了我一份数学试卷,我一审题,觉得还不算难。接着老师又给了我一份语文试卷,一看不会的题比比皆是。当时我的头脑还算清醒,忙问:"老师,你们使用的是哪个版本的教材?"老师递给我一本语文书。我一看,哇! 比我在老家学的书大了一半,还厚了许多,内容也大相径庭。最后老师又给了我一份英语试卷,接过来一看,令我眼花缭乱,顿时傻了眼,无奈,只好对老师说:"许多题我都没学过。"这一切令我十分沮丧。

大概教导处老师看我人还算机灵,答应我入学插班进三(5)班就读。回家的路上,我和爸爸都沉默不语。可一进家门,我便按捺不住自己的情绪了,对爸爸抱怨地讲:"假如您不让我转学,也不会有今天的局面;假如您让我从一年级就在上海读书,我也会是很棒的;假如您……"

开学了,爸爸把我送进了山阳小学大门,我忐忑不安地坐在教室里,拿着崭新的书本心里像揣着只小兔子似的好不容易熬过了开学第一天。在这一天里我一句话都不敢多说,生怕我的外地口音遭来同学们的耻笑。

果然第一天放学后,老师把我留了下来。我惴惴不安,低着头不敢抬眼。哪知班主任李老师并未责骂我,而是亲切地把我叫到他的身边,并在一张纸上写下两行字递给我,她和颜悦色地说:"孩子,请你为老师读一下。"我满腔的不安还没平息,但又不敢违抗师命,只好读道:"逆风歧路舟车难,磨砺壮志韧复坚。"接下来李老师又语重心长地为我解释了一番。老师的这番道理,让我茅塞顿开。临走,李老师还告诉我,老师和同学都会帮助我的,让我不要害怕,只要努力就一定能赶上大家的。

以后的日子里,同学们并没有因为我的外地口音而疏远我,各科老师也经常利用课余时间为我补课,用了仅仅两个月的时间,我的学习终于赶上来了,为此,李老师还在班级里号召其他同学向我学习。

转眼两年过去了,我已经是一名毕业班的学生了,每每想起往事,我就特别感谢山阳小学,是山阳小学的老师和同学的关爱,让我这个半路进来的外地学生融入到了山小这个大家庭。还有几个月我就要离开山阳小学了,但是我永远都不会忘记它!

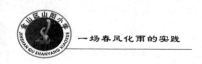

正　能　量

陈星月

　　咱们山阳正能量无处不在,可让我的心湖溅起阵阵涟漪的却只有一个。

　　星期六,一位拾荒老人摔倒了,人们围成了一个圈却没有人去扶,只有一位小姑娘向老人伸出了援助之手。可人们却自以为好心地说:"小姑娘,这是碰瓷的,像这种人太多太多了! 别扶她。"小姑娘的眼中溢满了挣扎,她想起了社会上的种种新闻,一步三回头地远离老人。就在这时老人突然哀号起来,那声音只怕铁石心肠的人都会心软三分。小姑娘也不例外,她的眼神在刹那间坚定起来,只见小姑娘伸出手,小心翼翼地拉老人起来,一边说着:"奶奶,您小心点,别闪着腰了。"老人起来后,眼含泪水,用标准的山阳话说:"谢谢,小妮子。世界上还是好人多。"说完还有意无意地看向我们,我们不约而同地低下了头。这时一位青年正视自己的错误:"以后遇到这事,不管真假,我都帮了!"人们纷纷附和,"对,对!""我也一样!""这事算是给我一个教训!"我也连忙说:"多帮老人,就是多帮自己,毕竟谁都会老。多做些善事,为自己多积积德吧!"可没想到这话让大伙儿叫好,倒是弄得我不好意思地伸手挠了挠头,嘴角却带着一丝甜甜的弧度。

小镜头

陈奕豪

在我周围发生过很多小故事和精彩的小镜头,这一件件小事情,让我的生命多姿多彩。让我记忆最深的事是一件扶起自行车的小事,虽然是小事但也可以让生活美好。

有一次,排队出校门的时候,奶奶来接我,忽然来了一位和奶奶熟悉的阿姨,她们一见面就愉快地交谈起来。

忽然,有一位叔叔为了把自己的车子推出去,不小心把一位没在场的人的自行车撞倒了,可是他却像没有看见一样,我想:我作为一位五年级的学生了,要做一些什么,不然如果每个人都这样的话,那就不好了。

于是我下了车,直奔那个叔叔,叔叔转过身,我就对那个叔叔说:"叔叔你这样做是不对的,如果每个人都像你这样的话,我们这个中国也就只能对文明说再见了,所以请把那辆自行车扶起来好吗?"可那位叔叔不屑地看了我一眼,把我当空气一样不存在,我也没什么办法,我又不是警察,又小又不能对他怎么样,身为一个五年级的学生,我却无能为力,自己感觉好羞愧。

最后,还是我去把那辆被他碰倒的自行车扶了起来,正好,主人也过来了,主人很感谢我,还有几个叔叔阿姨夸奖了我,奶奶也对我的行为刮目相看,我的心里又高兴又担心,高兴的是我得到了夸奖和做了一件力所能及的好事,担心的是,如果文明离我不是越来越近,而是越来越远。我希望不要再远了,要近一点,无论是一件多么小的事,如弯腰捡个垃圾,随手关一下水龙头,帮助一下同学,这都是我们能做的,可也有人不做,也有的人可能说:"这又不是我扔的垃圾,这又不是我开的水龙头,这又不是我做的……"他们就是不想做。请让我们从小事做起,从生活中的一点一滴开始,让我们离文明近一点。

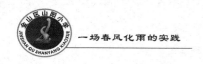

过马路

李　湛

在一个星期六的晚上,爸爸妈妈带我去了万达广场,在去的路上,发生了一件感人的事情。

在一个红绿灯的路口上,有一个白发苍苍的老奶奶在等一个红灯。一眨眼的时间,绿灯到了,只见老奶奶非常缓慢地拄着拐杖走着,一个个路过的人看了一眼就快速地走到了马路对面。一位年轻的小伙子,身穿蓝衣服,头戴红色帽,个子大概一米八左右,他走了过去,看了老奶奶一眼,我以为他跟那些行人一样,瞧不起她,可是,他一只手扶着老奶奶的背,一手扶着老奶奶的手,慢慢地,一步一步走过去,黄灯亮了,红灯到了,更让我感动了,小伙子才扶着老奶奶走了一半,我本以为汽车会照样开,但汽车还是一动不动地在原地,直到小伙子把老奶奶平安地送到了对面,车才缓缓地开走。

像这样的事已经不常有了,只有在电视里才能见到,可它就发生在山阳,发生在我的身边。我们应该向小伙子学习,向汽车司机学习。

一 元 钱

刘鑫宇

　　我的生活丰富多彩,它塞满了记忆的长河,生活中那些酸甜苦辣的事情就像天空中的星星数也数不清,因为这些事,让我结识了许多人。她们身上的优点值得我们好好学习。那件事,我至今都忘不了。

　　那天放学,她背着书包,脸上挂着笑容,迈着轻而快的步伐来到了车站。"姐姐,你可以借我一块钱吗?"这句话打破了一切原有的平静。她一惊,面前的那位扎着两个小辫子的小女孩见了,马上说:"姐姐,我今天不小心把钱丢了,你放心,明天我一定还你。""可……"从她的神情中,我可以知道她在犹豫。要是换作是我,也会有所顾虑,我和她素不相识,干吗要借她?要是我借给她了,她不还我钱怎么办?但是换一个角度去想一想:助人为乐乃快乐之本,我应该养成这种美德不是吗?而且就只是一元钱,又不是一万元,何况在我眼里,这一元钱并不算什么,但对于她来说,关乎她能不能回到家。就在我做内心争斗之时,她已经把钱给了小女孩。小女孩的小辫子衬托着那圆圆的小脸蛋就够可爱的了,现在又露出了笑容,就更逗人喜爱了。与此同时,她也露出了笑容。助人为乐是中华美德。我们应该向她学习。

　　听了这件事,我想大家一定知道她是谁了吧!——刘诗怡。

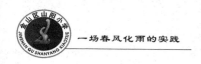
文明之花处处开

汪文婧

　　文明就像一盏灯,灯亮一些,我们身边的黑暗就会少一些。我相信,每个人的心灵都像一扇窗,窗户打开,光亮就会进来。我相信,只要你仔细留意,就会发现其实文明就在我们心中。

　　有一次,我来到公园里散步,只见这里碧空如洗,红日高照。那一片碧绿的草地像撒满了珍珠,熠熠生辉,美丽极了!这时,只见一个小朋友把刚吃完的雪糕棒丢在一棵大树下,大树周围多么干净,有了这根雪糕棒后,真煞风景!我走上前去想要批评这个小朋友,这时一个大哥哥飞快地走过去,麻利地捡起雪糕棒,说道:"小朋友,我们不可以乱丢垃圾,要做一个讲文明的好孩子,对不对?"那个小朋友红着脸,低着头说:"对,我知道错了,以后不会乱丢垃圾了。"

　　文明无处不在,也许就藏在你的心中,所以,我们要做一个文明的小学生,从我做起,从小事做起,让我们齐心协力,让文明之花开在每个人的心中。

让　　座

王浩然

让座是个古老的话题，但是在当今社会这一良好风气正越来越少，人和人之间太冷漠了，不过那天发生的事情让我改变了想法。

那天是周六，一个阳光明媚的日子，我兴高采烈地和几个好朋友坐上公交车出去玩。车上的人越来越多，空位也在逐渐减少，直到完全被人群淹没。

这时，车上来了一位白发苍苍的老奶奶，我心想：这离目的地还有好几站路了，但是，老师经常教育我要做一个尊老爱幼的人呀！正当我犹豫不决时，一个小伙子站了起来，对老奶奶说："老奶奶，您坐我的位子吧！"老奶奶连忙说："没事的，我很快就下去了。"但是，那个小伙子坚持要让老奶奶坐，于是，老奶奶对小伙子笑了笑，坐了下来。

这时，我脸都红了，而车上已经成了"人海"。我看见那个小伙子被挤得满脸汗珠，腰背渐渐弯了下去。终于到了终点站，人们争先恐后地涌出了车门。这时，我看见有人把那位小伙子的腿给撞了一下，他痛得大叫一声。原来他的那条腿也受过伤。

如果我们每个人都学习那位小伙子，我们的生活将会更美好、我们的社会将会更和谐！

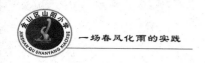

友　谊

隆鹃禅

　　不论是在班级中,还是在生活中,友谊是非常重要的,也许是缘分将我们带到一起,是友情将我们紧紧相连。

　　记得在一二年级的时候,我们还是什么都不懂的小屁孩。我和小间虽要好但总是闹不相合,因为一点点小事就斤斤计较,吵个没完没了。看着对方很不顺眼,总有些仇恨。

　　有一次,下课了,小间就和几个小伙伴待在一起,我正好从她们旁边经过,就听见小间在说我的坏话,当时我心里很不爽,"小间总是在背后说我坏话,还是不是好朋友了啊,还一直说我哪里哪里不好",当时我真想与她说个明白,为什么老是在背后说我坏话,难道我招惹了她?

　　后来想想算了,"反正我也说过她的坏话,一命抵一命",可是她说我坏话也就算了,在我背后说也就算了,居然还说那么大声,弄的周围的同学都听到。我就很生气了,走过去对她说:"间秋蓉,你凭什么说我坏话! 我又没惹你!"小间真是的,说不过我,就哭起来。

　　她还一边哭一边抹眼泪,弄的好像我欺负她似的。我们就像死对头一样,一见到对方就互相撕破情面地骂起来,毫不顾及之前深厚的友谊。

　　可如今,不知道从什么时候开始,我们的关系又慢慢变得好起来了,仿佛以前发生的事都不存在的。现在,我们更是亲密,每当我遇到什么难懂的数学题时,她便热心地教我,总是互帮互助的;有什么好吃的食物,我们总会一起开心地分享;她在画画时,我总会跑过去,与她一起完成;我遇到不开心的事了,她总会开导我,逗我开心。她总是说我助人为乐。小间常说,"以前我们像敌人一样,可如今变成了……"

　　友谊就像一根线,将我们紧紧相连。

街 头 风 波

游玉琪

　　交通安全就像一颗不定时的、威力十足的炸弹,稍不留神就会被引爆。不是这里就是那里发生了交通事故,我也曾直接目睹了那几幕。

　　在星期天的下午,我和妈妈去山阳菜场买菜。我们在买一些水果的时候,妈妈在挑,我在旁边看着。突然后面传来一声巨响,"砰——"我急忙转过头看情况,只见旁边地上是一辆电瓶车和一个人。我对妈妈说了句"妈妈,我去看看"。我就跑了过去。我看见一个女的,她躺在地上,起不来,腰好像摔伤了。路边上有好多过路人,人越来越多,我还以为过路人他们只是来看热闹的,不会来扶一扶这个躺在地上的阿姨。这个阿姨躺在地上嗷嗷叫。妈妈已经在喊我了,我还是想看一下,可太挤了。过了一会儿,有一个年轻的阿姨,小快步地跑上前去,把那个阿姨扶了起来,又接着帮那个阿姨联系她的家人,还打了120。年轻阿姨一边问伤者一边等救护车来。我心想:那些路人不帮,是因为怕跟事故脱不了关系。怕什么怕,人要有爱心! 救护车来了,受伤者去了医院。

　　世上有好心的人也蛮多的,我们应该多一点爱心。

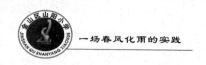

热 心 的 阿 姨

刘菲菲

　　在我们的身边,一定有不少的好人好事,虽然我们不能一一看到,但是我们坚信,这世界上,有他们在默默付出,无私奉献,有他们在世界上助人为乐,传递美德。

　　故事发生在一个星期六,我和妈妈一起去山阳镇的一家大型超市买东西。在超市的二楼,我突然听见一阵撕心裂肺的大哭声,我朝前一看,竟是一个五六岁的小男孩,他号啕大哭,一粒粒豆大的泪珠顺着脸颊滑下来,落在了衣服上,还不时地大喊妈妈,我大概知道了情况,刚想向他跑去,一位阿姨小跑过去,比我先冲到了小男孩跟前。本以为那位女士是他的妈妈,可后来才知道,她只是一位普普通通的路人。那位阿姨气喘吁吁地蹲了下来,歇了一会儿,用温和的声音问道:"小朋友,你怎么了? 为什么哭呀?"小男孩不再大哭,平息了一会儿,抽抽噎噎地回答道:"我,我和妈妈走散了。"阿姨表现出心疼的样子,拿着手中的纸巾,轻轻地帮小男孩擦干眼泪,小男孩大概是看阿姨像妈妈一般温柔,便不哭了,但看得出,找不到自己的妈妈,他的心如刀割一般,未免还是有些忧伤。阿姨见小男孩终于不哭了便用她的大手,拉着小男孩的小手,朝广播室慢慢走去,那背影多么像一对母子……

　　广播重复的回响着,孩子的妈妈匆匆赶来了,还没来得及道谢,阿姨已悄悄地离开了……这也就是"做好事,不留名"。

　　助人为乐是一种美德,是人类文明绽放出的灿烂花朵。我们应该向这位热心的阿姨学习,这样,我们的世界就会变得更美好。

爱 在 山 阳

杜雅宁

我的家在山阳,山阳让我感到温暖,山阳人的爱心感动了我。

因为爸爸妈妈都要上班,非常的忙,很少有时间管我。但房主对我很好。

有一次星期六,我发烧了,但是因为爸爸妈妈要加班,出门的时候,只是叮咛我要吃药多休息,就走了。我躺在床上,睡了一会儿,"咚咚咚",我被敲门声吵醒了,我本来不想理会,但声音越来越大,只好去开门,我打开门一看,是房主,她笑眯眯地说:"我来照顾你了。"我笑了笑说:"谢谢,阿姨。"她皱着眉头说:"你是不是发烧了,脸色那么差。"我点了点头,阿姨愤怒地说:"你爸爸妈妈也真是的,钱哪比孩子重要。"我笑着,沉默不语。阿姨恢复了情绪,说:"你去床上休息,我去给你拿药。"说完,急急忙忙跑出去了,我无奈地摇摇头,阿姨给我冲了药剂,又知道我怕苦,给我了一颗水果糖,我的心里甜滋滋的,吃完了药,阿姨给我做了饭,我看到那桌丰盛的食物顿时就有了胃口,我把那些美味的食物全部都吃光了,吃完了饭,阿姨又给我削了一个苹果,等我烧退得差不多了,阿姨要走了,走的时候,反复地叮嘱我注意,要多休息,多喝水……

山阳本地人的爱心感动着我,山阳这个令人充满回忆的地方,温暖着我。

　　第五章　融入"山阳文化"的师生同行

观山阳镇运动会有感

寇丽琳

山阳,有着体育之乡、故事之乡、艺术之乡的美称。这次,我就讲一下今年发生的运动会。

在今年,我们山阳举办了一次运动会,我呀,当然去看了。我现在就可以把当时的情况告诉你:那儿呀,人山人海,吵吵嚷嚷的人多得几乎要把全场挤爆了!运动员们有的在休息,有的在做赛前准备,每个人都活力十足!比赛开始后,所有选手一下子斗志全部燃烧起来了,我和所有人都很兴奋,我当时在想:谁会是第一名呢?如果当时某某人得了第一名,他的感想是什么?他当时怎样的心情?虽然不是我在比赛,可我仍然和运动员们一样兴奋得无法自拔。运动会的赛跑开始了,只听"砰"的一响,选手们就像离弦的箭一样飞奔出去,我当时的眼睛竟然跟不上他们奔跑的速度,简直就像飞人一样!穿红色衣服的人暂时领先,终于终点就在前方了,眼看就要到了,突然,穿黄色衣服的人逆袭,一下子超过他,穿黄色衣服的人赢得了第一名!全场顿时响起雷鸣般的掌声,这掌声惊天动地,我也十分兴奋,就像是我得了第一名一样,其他名次的运动员们也十分高兴,虽然他们不是第一名,可他们也在为获得第一名运动员喝彩,这才是运动精神!

这就是山阳其中的一个故事,运动员们的精神不正是山阳的精神吗?

阳光体育　阳光精神

林维君

伏尔泰曾经说过:"生命在于运动。"我也将这句话作为自己的座右铭,每天鼓励自己,激励自己。

学校每天都组织大家参加阳光体育锻炼,我从一个弱不禁风的小女孩已经蜕变为风中驰骋的女汉子了。这还得从我刚入学开始讲起。

我可是家里"宝贝公主",听到一声我娇嫩的哭声,一家人都火急火燎地围着我转:"来,奶奶摸摸,哪儿摔疼了?""爷爷带你去买洋娃娃!""不哭,妈妈心疼死了。"就这样,在一家人精心培育的温室中,我小心翼翼地成长着,老天爷像开玩笑似地赐给我个名号——花骨朵。

离开了滑滑梯,离开了童话世界的幼儿园,我上小学了。我讨厌在操场上,不是烈日当头,就是寒风刺骨,都要做着整齐划一的广播体操,不然就是在漫无边际的操场上跑步,跑得我上气不接下气,跑得我大汗淋漓,跑得我一听到音乐就不自觉地迈开了脚。在无数次不情愿中,我突然发现,我瘦弱的小手变得有力气了,我很少"光顾"医院了,我也比预料中长高了,这些惊喜悄然而至,改变了我的生活,改变了我对事情的看法。

记得有一次,我积极参加了学校运动会中的 400 米跑项目,毫无经验但好胜心强的我,一开始加足马力,遥遥领先,可是,没过一会儿,我就像瘪掉的皮球,再也鼓不起劲儿了,看着身边的同学一个个得意地超过我时,我真想找个地缝钻进去,渐渐地,我与其他同学的距离越来越远了,我像断线的风筝,开始停停走走,"不要放弃,一定要尽力呀!"在跑道边观看比赛的老师似乎看出了我的心思,朝我喊道,"加油! 坚持下去!"听到这儿,我顿时来了精神,撒开腿跑了起来,我心里鼓励自己:坚持! 坚持! 虽然那次,我没有取得好成绩,但是同学们都为我感到自豪,他们摸着我浸湿了汗水的衣服,纷纷赞扬道:"咱们赢得了体育精神!"后来,在一次次的挫折中,困难前,我都迎难而上,越挫越勇。

在阳光体育锻炼中,我慢慢成长为一名阳光女孩。面朝阳光,坚持向上。

渔村写生活动体会

李鹏浩

在漫长、愉快的暑期中,我参加了"爱心暑托班"的活动。

有一次,我正在那儿练民乐的时候,张老师走进来,叫了4个人,我就是其中之一。一开始,我糊里糊涂地跟着张老师,后来,经过她的一番解释,我们才知道,我们要到海边去写生。

到了海边,我们沿着一条小路,走进了一座花园。在一座小亭子里,张老师告诉我们各自画什么内容。我和一个男同学被分配到了黄瓜藤那儿,但是,我真的想在亭子下面画池子啊!(因为那时毕竟是夏天。)我俩在烈日底下认真地观察。这时,张老师想要过来指导我们,但是,她发现实在太热了,就拿出了一把遮阳伞,撑着遮阳伞过来。过来之后,她问我们热不热,我们直点头,张老师把伞给了我们。在烈日下,我们坚持画完了写生作品。

这次活动既让我提高了绘画能力,也考验了我的忍耐力,是我印象最深的活动之一。

"加油，快跑！"

丁静

"生活就像一盒巧克力，你永远不知道下一颗会是什么味道。"这是电影《阿甘正传》中，阿甘妈妈告诉他的一句话。

电影中的阿甘是个低能儿，在学校里为了躲避别的孩子的欺侮，听从一个朋友珍妮的话而开始"跑"，在奔跑中他躲避了别人的捉弄；在中学时，同样为了躲避别人，他跑进了一所学校的橄榄球场；就这样，在轻快的奔跑中，他跑进了大学，并成了橄榄球巨星，受到了肯尼迪总统的接见。他用奔跑，跑出了不一样的绚烂人生。

我也很喜欢跑步，尽管没有阿甘与生俱来的天赋，但是我总是在风中、在雨中、在烈日下奔跑。

盼望着，盼望着，一年一度的校运动会又来了。我兴奋得睡不着觉，那可是我一展身手的好机会。

400米跑比赛开始了，赛道两边站满了加油助威的观众，我的心像揣了一只小兔子似的，怦怦乱跳。轮到我了，我先在原地跳了几下，听见老师喊："预备！"我上身前倾，右腿向后一蹬，两臂端举在腰部两侧，身体犹如快要离弦的箭一样。只听"砰"的一声枪响，冲！腿像上了发条的机器一样奔了起来。耳边传来班级同学整齐划一的呐喊，"加油，快跑！"其他运动员们也不甘示弱，像箭一般地飞了出去。慢慢地，呼吸变得有些急促。不好，有人要超过我了。腿似乎有些不听使唤了！糟糕，之前用力过猛，轻视了对手。我捂着翻江倒海的肚子，嘴感觉越来越干渴。一道身影冲到前面去了，怎么办？赛道边传来了熟悉的面庞，班主任老师和一大群同学，焦急、尖锐的声音在耳边回荡"加油，快跑！"鼓鼓劲，冲刺吧！胜负在此一举了。"飞毛腿"似乎重新归来，我甩开双手，一鼓作气，超过了！超过了！我带着一声声"加油，快跑！"冲到了终点。比赛结束了，我得了第一。我心里无比的高兴，如果我是翻筋斗云的孙悟空，我一定要翻出无数个十万八千里。

"加油，快跑！"这是我听到最好听、最舒心的声音，不仅让我感受到了老师们与同学们的殷切期盼，更让我享受到了跑步带来的自信，跑步带来的乐趣。

我愿意像阿甘一样一直奔跑下去，无论下一步是什么！

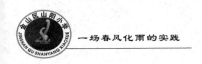

绳 间 飞 舞

李淞培

"啪啪啪啪,"绳子一上一下在空中飞舞,像一条彩带。每次听到绳子飞舞的声音,我的心里总会油然升起一种欣喜的感觉。我很喜欢体育,尤其喜欢跳绳。

每当进行跳绳比赛时,我总是第一个报名,但是每次我都没有被选上。终于有一次我的愿望实现了。那天体育老师要选一些同学去参加比赛。我很高兴,但不知道老师会不会选我,心里好像有一块石头忽上忽下,忐忑不安。体育老师拿着名单走上讲台,报着去跳绳的同学姓名,每当老师报一个名字,我的心情就急得像热锅上的蚂蚁。我皱起眉头,咬紧牙关,捏紧拳头,焦急地等待着老师报名字。"李淞培!"当我听到老师报到我的名字时,我高兴得一蹦三尺高。我下决心要努力,争取得到名次。

每天早上,我一到学校就急匆匆地到老师那里报到,抓紧每一分钟,希望能多练一会儿,提高自己的跳绳速度。每次我都练得汗流满面,手上磨出了好几个泡。跳绳的时候,绳子一直摩擦着水泡,特别疼。每当我想放弃的时候,心里总有个声音在呐喊:"加油! 加油!""坚持下去!""你一定可以的!"每当这时,我总是坚持下去,继续练习。下午放学的时候,也不例外。

有一次,我回到家刚把书包放下,妈妈就带着严肃的神情走过来,拿起我的书包,拉开拉链,拿出我常放在书包里面用的短绳,使劲地扔在地上,指着绳子瞪着带有血丝的眼睛:"你每天就知道跳绳,就是因为这一根绳子让你的学习退步了,这一根绳子就是害人精!"妈妈大吼道。顿时我的脸上热乎乎的,我真想对妈妈说:"运动第一,学习第二,没有好的身体,怎么能学习呢?"可是我看着妈妈严肃的表情久久不敢开口。等妈妈走了,我偷偷地又把绳子放进我的书包,刚好那天是星期六,妈妈正要出去买菜,她出去后,我又开始练习跳绳,不然会被父母发现,没收了我的绳子。

今天是星期一,是比赛跳绳的日子。我们站在操场上拿着绳子,旁边有数不胜数的老师家长,我心里又高兴又害怕,我害怕是因为我怕我跳不好,出了丑被人嘲笑。老师站在我们旁边拿着口哨,随着老师的一声发令,5个同学同时甩动绳子,绳子从高处甩到低处,当甩到低处时,我把双脚轻轻地向上一跳,绳子轻松地从我的脚下甩过。

当我跳到125个的时候,速度渐渐地慢了下来,我的手臂酸了,腿也没有力气了,累得我满头大汗,气喘吁吁,我真想把跳绳扔下,可是这是比赛啊,况且爸爸妈妈是在我软磨硬泡的请求下才来观战的呀!我一定要坚持到底,不能半途而废啊!这时,我恍然看见爸爸妈妈焦急的神情和响亮的加油声。顿时我感觉手臂上有无限的力量,我猛地发力,绳子飞快地又转动起来。等到老师再次发出停止命令,我才停下来,我算了算我总共跳了155个,得到了第二名的好成绩。

学校里,同学们为我祝贺,老师表扬我为班级争了光。回到家,爸爸妈妈竟然出乎意料地表扬我:"你真棒!以前是我不懂,只关心你的学习,现在才明白,跳绳不仅能锻炼你的身体,还能锻炼你的意志,以后你想跳绳就跳吧!"我惊呆了,我高兴地跑过去抱住爸爸妈妈。

从此,我更加爱跳绳了。

第五章　融入"山阳文化"的师生同行

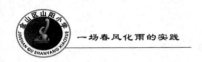

怎一个"趣"字了得？

潘宇航

"哈哈……"操场上传来一阵笑声，于是，我连忙从教室里跑出来，站在走廊上往操场上俯视。哦，原来是老师们正拿着一双又红又大的鞋子，弯腰穿进去后，拉起两条绳子向前踉踉跄跄地奔跑，一不小心，就摔了个跤……看着平时一脸严肃的老师此时出了洋相，同学们都放开了胆子，炸开了锅，乐哈哈起来。听主持人介绍，这项运动项目叫"快乐的大脚"，老师们已经迫不及待地预热，练习起来了呢。果然给大家带来了快乐呀！

今天就是传说中的第一届师生趣味运动会！项目可真多，有"快乐的大脚""龟兔赛跑""同舟共济"……

在黄老师的宣布下，趣味运动会正式开始了。第一个项目就是"快乐的大脚"，这项项目我们班级在"老谋深算"的班主任陈老师的安排下，派出了身体灵巧的陈思婷，周林理，朱贵志和陶世博四位同学，这项项目是我们班PK七班，在力量悬殊下，这场"战斗"我们班战败了。虽有些失落，但是我并不沮丧，因为还有一项我盼望已久并心怀好奇的"龟兔赛跑"项目。

《龟兔赛跑》的故事想必大家都听过吧！骄傲的兔子因为一时大意让慢吞吞的乌龟领了先，在童话世界贻笑大方。这个故事今天该在我们的操场上如何改写呢？欲知详情，请往后观。

由抽签决定，我们班级抽到的是乌龟，而老对手七班抽到了兔子。虽说，童话里的乌龟赢了，但是有天生长跑优势的兔子七班可不会放松警惕，这该如何是好？

拿到服装一看，我们傻眼了！只见在跑道上有两个大型的充气物体。首先映入眼帘的是可爱卖萌的兔子，真像一艘兔子游艇呀，胖乎乎的。上前方是一个小小的兔子头，身体中间有四个圆溜溜的小洞。七班的四位选手迅速钻了进去，排成了一字形，但是一人只能漏出一只眼睛。"哈哈……独眼兔子！""原来里面怀了4个小兔子宝宝呀！"观众席了居然还传来"小兔子乖乖，把门儿开开……"逗得大家前俯后仰。刚笑完对手，我们突然发现，我们的乌龟服装也好不到哪去，光这满身绿色，短短的乌龟头，就足够同学们指着笑，"快看，乌龟！乌龟居然站起来了!"我们四位同样也是同学们眼中的四只"独眼"乌龟宝宝!

　　哨声一响,比赛开始了! 充满空气的"乌龟"衣服并不像我们想象的轻巧,四个人在里面,视线受阻,平时的"飞毛腿"也起不了任何作用,只能喊着口令,脚步一前一后地挪动。稍有不慎,摔倒了,爬起来有些困难了。我们手挽着手,紧张得出了一身汗,而透过一个小洞,只见同学们早笑得合不拢嘴,上气不接下气。七班一开始就加足马力,遥遥领先,我们便奋力追赶。离终点只有 100 米的时候,兔子太过心急,摔了个"兔啃泥",相互搀扶,好不容易才爬起来。我们趁这个机会快速地超过了他们。在离终点只有 50 米的时候,我们精神抖擞,奋力一搏。最后,我们这只笨重的"乌龟"获胜了。同学们欢呼雀跃"乌龟胜利了!"

　　看来,胜利不一定属于天赋异禀的"兔子",可能属于勤奋踏实、小心谨慎、有谋略的"乌龟"呢!

　　活动结束了! 操场上的笑声似乎依然此起彼伏地回荡着,回荡着! 这样的运动会,怎一个"趣"字了得?

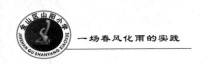

宝剑磨砺，谁与争锋

朱贵志

"加油！加油！"操场上传来一阵阵呐喊声。2015年青少年排球大联盟选拔赛在朱泾小学吹响号角，操场上顿时烽烟四起，吼声震天。这场比赛是我们山小健将们PK实验二小的选手们。

哨声一响，我们气势昂扬，鼓足干劲，实验二小也不落下风。瞧！排球在我们健将刘家永前下降，刘家永猛地一垫，球在空中划出一道完美的弧线，跃到了对方的后场。实验二小的选手没能及时判断出方向，球落地了！"耶！领先一分！"像欢呼雀跃的小鸟，我们紧紧地抱在一起。就这样，我们一个个熟练的动作，一次次漂亮的得分引来全场阵阵掌声。我开始的紧张的心情也慢慢舒缓了，眼中只专注于排球的起起落落，忽高忽低。汗水悄然间已经浸湿衣服，山小的健将们越战越勇，得分越来越高。

谁也不知道，在这"谁与争锋"的背后，我们付出了多少辛苦。在寒风凛冽的冬天，当别人舒舒服服躺在被窝取暖时，我们已经起了一个大早，在冰冷空旷的操场上打小比赛，冰冷通红的手在与排球的互相"问候"间滚烫了起来；同样，在酷暑炎热的夏天，当人们在空调房里享受生活时，我们仍旧利用空闲时间，在体育馆反复训练垫球，不是触地垫，就是对墙垫，甚至还有高低垫，在那些汗水与拼搏的日子里，我们终日与排球为友，以梦想做伴。还记得每次训练发球时，教练要求我们主动出击，把球尽可能发到后场，让对方措手不及，得分才会高；每次打小比赛要全力以赴，互相配合，讲究战术，偶尔小小的失误还会受到教练的斥责呢。但宝剑不磨砺，怎可以争锋？无法想象，当排球在我们手上辗转飞跃，当我们在汗水的芬芳中英姿飒爽地奔跑时，当全场的呐喊声、加油声，声声入耳时，内心的骄傲，内心的自豪无以言语！

思绪回到赛场时，我们早已汗流浃背。比赛结束后，我们以1∶1打平，对手和我们握手，并相互鼓励。在每次的比赛中，我们享受到了运动的快乐，体验了团队作战的力量。以球会友，赛场论道，赛出了友谊，赛出了精神，赛出了进步，这才是运动的目标，这也是山阳小学运动的精神。

我眼中的阳光体育

熊婷婷

"我运动、我健康、我快乐",这是我们山阳小学的体育口号。是呀,只有运动才能保证身体的健康,只有健康的身体才能收获快乐。阳光体育就是我们快乐运动的时间。

每天清早,做完广播体操之后,每个班级绕着操场开始进行长跑锻炼。我们班的同学排着整齐的队伍,精神抖擞地迈着步子。伴随着整齐的口号"一二三四! 一二三四!"和运动音乐,同学们越跑越起劲,好像跑了步就能把所有的烦恼都抛到九霄云外一样。虽然人人脸上都布满了汗珠,但我们一点也没有感觉到疲倦劳累,反而还洋溢着轻松愉悦的笑容。在跑步过程中,我心想:看来,长跑活动不但能缓解疲劳,而且能放松心情,真是一举两得呀!

阳光体育当然不止跑步了,长跑结束后,还有丰富多样的体育活动,有仰卧起坐、立卧撑、50 米跑、跳绳……我最擅长的是 50 米跑,我跑起来就像一只小兔子,好多同学都比不过我,更别说那些小胖墩了。他们确实该在阳光体育中减减肥了,说不定以后他们能跑赢我。操场上到处都是欢声笑语,每个同学脸上都洋溢着灿烂的笑容。我心想:大家都很喜欢阳光体育,阳光体育不但给大家带来了快乐,更重要的是给大家带来了健康。

阳光体育活动,为同学们增添了无穷的乐趣,锻炼了同学们的身体,增强了同学们的体质,开辟了同学们的体育运动之路。这就是我眼中的阳光体育。

毽球给了我自信

丁思雨

我是一个胆小的女孩子。可是偏偏在三年级的时候,褚老师把我选进了学校的毽球队。

虽然我每天勤奋地练习,但是依然得不到老师欣赏的眼神,我觉得自己快要坚持不下去了。

一次队内比赛,褚老师让我们和五年级的大哥哥们比赛,他又站在我这半场,我的心一下子悬了起来。双方你来我往了几个回合后,轮到我发球了。我扫视了一下对方场地,突然发现对方的后场球员位置过于偏右。于是我故意眼睛盯着右边,隐蔽地踢出一记左边的后场球,可惜球太偏往左边,出界了。我心想:糟了,又要挨训!出人意料的是,褚老师并没有批评我,反而暂停比赛走过来,拍拍我的肩,大声地说:"刚才你的表现真棒,你在用脑子打球。你的观察是对的,只是用力稍猛了点,如果你的站位稍微调整一下方向,这球就不容易出界了,加油!"听到褚老师的鼓励,我简直难以置信,抬起头来望了望老师:是真的,老师的眼神充满了信任。刹那间,我紧张得快要崩断的身体一下子轻松了许多。接下来我一连踢出几个好球,老师和队友们在场边使劲儿叫好,我感到浑身充满了能量,越打越顺!

在练习跳起扣球的动作时,腿部动作老是不够及时。褚老师也没有皱着眉头,反而笑眯眯地提醒:"丁思雨,我看过你跳绳,又快又稳,节奏感非常好,其实踢毽球也讲究节奏感。如果你提前在节奏上做好准备,失误就会少多了。"听了老师的点拨,我茅塞顿开。

有时候我状态不好,自己都着急了,可褚老师依然是笑眯眯地看着我,说:"慢慢找感觉,慢慢试,你能行的。"于是,我的天空又变得晴朗起来。

现在,我爱上了练习毽球,每天早上和放学后,我都会汗如雨下地练习一个小时,快乐地练习一个小时!因为这小小的毽球让我充满了自信。

回归运动，释放天性

周秋红

运动是我们的天性，当我们放下书本投身运动时，是我们最快乐的时候。班级里一个个可爱的胖墩摆动着他们的身体；一个个眼镜仔也放下自己眼镜投身运动。

在课间操结束以后，迎来了我们最喜爱的阳光体育时间。同学们精神抖擞，脸上洋溢着灿烂的笑容。我们一个个昂首挺胸，精神饱满，远远望去，真是壮观！此时，充满生机的操场成了我们运动的天地，灿烂的阳光好像华丽的闪光灯照射在我们身上。操场上热闹非凡，瞧这边，"五人六足"的同学们喊着"一、二——一、二"的号子奋勇向前。看那边，跳长绳、仰卧起坐、50 米跑、丢沙包……同学们个个玩得热火朝天。有句话说："如果整天只知道学习或者工作的人，即使聪明也会变成傻瓜的。"是呀，学好文化知识虽然重要，但拥有强健身体也同样重要。因为只有身体好了，才有力量让学习更好。阳光体育让我们有充足的时间投身运动，强健身躯。"阳光"和快乐其实离我们很近，只要我们在阳光体育中得到充分锻炼。一个个可爱的小胖墩会重新瘦下来，一个个戴着眼镜的同学的镜片不会再变厚。少年强则中国强，少年进步则中国进步。所以，身为 21 世纪接班人的我们，更应该锻炼身体，好好学习。

我们已经准备好，张开羽翼准备翱翔。迎着风雨，我们在这里出发；向着阳光，我们舞出生命的精彩。为了能更好地面对明天，今天的我们需要这阳光体育的锻炼，快乐地奔跑。让阳光体育打开谱写我们美好学习生活的大门！

"山阳文化"荣誉墙

图书在版编目(CIP)数据

一场春风化雨的实践 / 沈红主编. —上海：文汇
出版社,2023.4
(教育生态：滋润绿色心灵)
ISBN 978 - 7 - 5496 - 4021 - 8

Ⅰ.①一⋯ Ⅱ.①沈⋯ Ⅲ.①小学—教学研究 Ⅳ.
①G622.0

中国国家版本馆 CIP 数据核字(2023)第 072446 号

一场春风化雨的实践

主 编 / 沈 红

责任编辑 / 熊 勇
封面装帧 / 张 晋

出版发行 / **文匯**出版社
上海市威海路 755 号
(邮政编码 200041)
经 销 / 全国新华书店
排 版 / 南京展望文化发展有限公司
印刷装订 / 上海颛辉印刷厂有限公司
版 次 / 2023 年 4 月第 1 版
印 次 / 2023 年 4 月第 1 次印刷
开 本 / 720×1000 1/16
字 数 / 300 千字
印 张 / 19.5

ISBN 978 - 7 - 5496 - 4021 - 8
定 价 / 78.00 元(全二册)